现代法学教材

物权法学

（第二版）

刘保

中国法制出版社
CHINA LEGAL PUBLISHING HOUSE

作者简介

刘保玉，男，1963年生，河南省郑州市人；法学博士、博士后；中国政法大学法律硕士学院教授、民商法专业博士生导师。兼任：中国法学会民法学研究会常务理事，北京市物权法学研究会副会长，北京市消费者权益保护法学会副会长，中国商业法研究会理事；中国国际经济贸易仲裁委员会、北京仲裁委员会/北京国际仲裁中心等仲裁机构仲裁员。主要研究领域为民法理论、物权法、担保法、合同法、侵权责任法等；发表学术论文百余篇，独著、主编、参编著作、教材三十余部。

序言

PREFACE

自2007年我国《物权法》颁行，至今已有14年。在此期间，学界关于物权理论和物权法的法教义学研究有了长足的发展；最高人民法院也发布了若干司法解释对《物权法》的理解适用问题进行了权威诠释；中国的社会状况和法治环境也发生了重大变化。立法和理论中的一些既有问题尚未完全解决，新的问题又不断出现，因此，如同民商法的其他领域一样，物权法问题的研究永无止境。

严格来说，本书内容的最初版，应追溯到2003年上海人民出版社出版的《物权法》，鉴于当时我国的物权立法尚不完备，该版内容主要是对物权法原理的阐释，兼涉立法建议和对实践问题解决的方案。在我国《物权法》颁行后，2007年由中国法制出版社出版的《物权法学》一书（也即本书第一版），乃根据作者当时的领悟，对物权原理和立法精神及其理解适用所作的阐释和解读。该书面世后，颇受读者欢迎，早已告罄。有鉴于此，五年前笔者即着手本书的修订，但由于我国民法典编纂在即，所以该项工作延宕至今。2020年颁布的《民法典》第二编“物权”，在原《物权法》的基础上，按照党中央提出的完善产权保护制度，健全归属清晰、权责明确、保护严格、流转顺畅的现代产权制度的要求，结合现实需要，进一步完善了物权法律制度，对物权的各项制度尤其是用益物权和担保物权制度作了重大改进；最高人民法院也相继出台了《关于适用〈中华人民共和国民法典〉时间效力的若干规定》《关于适用〈中华人民共和国民法典〉物权编的解释（一）》《关于适用〈中华人民共和国民法典〉有关担保制度的解释》等司法解释。这些立法和司法解释的制定工作，笔者都有幸参与其中，由此对立法和司法解释的精神有了更多感悟。在此背景下，作者在2020年底至2021年初，吸收了最新的立法、行政法规、司法解释和学说理论，结合自身的研究成果，对本书进行了全面、系统的修订，作为该书的第二版，仍由中国法制出版社出版。

本书第二版仍延续之前的写作风格，力求言辞准确、精当、流畅，引证翔实、新颖，观点清晰、明确；对仍存争议、尚无定论的问题和自己研究中发现的疑难问题，也都作有介绍、注释并尽量表明作者的倾向性意见。希望这些努力对读者学习、掌握物权法理论和准确理解、适用我国《民法典》物权编有所助益。但物权理论和制度博大精深，囿于笔者的功力，疏漏与错讹难以完全避免，恳请学界先进和同仁及广大读者批评指正。

刘保玉

2021年5月于北京

凡　例

全称	简称
《中华人民共和国民法典》	《民法典》①
《最高人民法院关于适用〈中华人民共和国担保法〉若干问题的解释》	《担保法解释》
《最高人民法院关于适用〈中华人民共和国物权法〉若干问题的解释（一）》	《物权法解释（一）》
《全国法院民商事审判工作会议纪要》	《九民纪要》
《最高人民法院关于适用〈中华人民共和国民法典〉时间效力的若干规定》	《民法典时间效力的规定》
《最高人民法院关于适用〈中华人民共和国民法典〉有关担保制度的解释》	《担保制度解释》
《不动产登记暂行条例实施细则》	《实施细则》
《最高人民法院关于审理建筑物区分所有权纠纷案件适用法律若干问题的解释》	《审理建筑物区分所有权纠纷案件的解释》
《最高人民法院关于适用〈中华人民共和国民法典〉物权编的解释（一）》	《物权编解释（一）》

① 本书引用的冠以“中华人民共和国”的法律与行政法规，简称时省略“中华人民共和国”字样，法律与行政法规简称均循此规律，不再重复标注。

目录

第六章 用益物权

第一章　物权法概述

第一节　物权法的概念与特征

一、物权法的概念与调整对象

（一）物权法的概念界定

欲界定物权法的概念，需首先明确其调整对象。而关于物权法的调整对象问题，有两种不同的认识：其一是侧重于对物的静态支配关系的认识，其在表述上又可分为占有关系说、支配关系说、静态财产关系说、财产归属关系说，以及占有、利用、归属关系说等不同的概括。依此认识，物权法被界定为“调整人对物的支配关系的法律规范的总称”。[1]其二是侧重于对物的静态支配与动态交易两方面关系的0认识，认为物权法除了规范物权的种类和各种物权的内容外，还要规范物权变动的规则和由此涉及的第三人利益保护制度问题。故此，物权法的基本范畴和所要解决的基本问题可以归纳为“静态秩序，动态安全”八个字。依此认识，物权法被定义为“是关于人对物的支配关系、物权变动以及物权交易安全的法律规范的总和”[2]。

本书倾向于后一种认识，但同时认为：物权变动和交易安全之维护，可以合并为对物的处分关系；而物的占有关系、归属关系、利用关系、处分关系等，均属于人对物的支配关系及因支配所产生的其他民事关系。故此，可以对物权法作

---

① 参见王利明：《物权法论》，中国政法大学出版社1998年版，第70页以下；李景丽：《物权法新论》，西苑出版社1999年版，第7页以下。

② 孙宪忠：《中国物权法总论》，法律出版社2003年版，第93页以下。

如下的简略定义：物权法是调整民事主体基于对物的支配而产生的民事关系的法律规范总称。

应当说明的是，我们通常所称的物权法并不构成独立的法律部门，而只是民法的组成部分。在民法法典化的国家，物权或物权法通常为民法典中的一编；此外，民法典物权编之外的编章以及其他法律规范中也有很多有关物权问题的规定。如同民法有形式民法与实质民法、狭义民法与广义民法的分类一样，物权法上也有相应的划分。狭义上的物权法即形式意义上的物权法，通常指民法典的物权编或以物权法命名的单行法；而广义上的物权法即实质意义上的物权法，还包括其他法律规范中有关物权问题的规定。我国2007年颁行的《物权法》（已废止），2020年颁布、2021年1月1日起施行的《民法典》第二编“物权”，即为狭义或形式意义上的物权法；除此之外，其他有关物权问题的法律、行政法规、司法解释等，均涵盖于广义或实质意义上的物权法之中。本书所称的“《物权法》”“《民法典》物权编”，特指狭义上的物权法；而在标题及一般原理阐述中所称的“物权法”，通常指广义上的物权法。

（二）物权法的调整对象

我国《民法典》物权编的首条（第205条）开宗明义地规定：“本编调整因物的归属和利用产生的民事关系。”其中所言“因物的归属和利用产生的民事关系”以及该编中所规范的物的占有关系、物权变动关系等，均属于因人对物的支配而产生的法律关系。

物权法所调整的民事关系，可以分为四个方面：

1. 物的占有关系

物的占有关系表现为人对物的实际控制而产生的民事关系。从法学角度来看，占有是一种非常复杂的现象：它可能是有基础权利（本权）的占有，也可能只是一种控制物的事实状态；占有还存在自主占有与他主占有、直接占有与间接占有、合法占有与非法占有、善意占有与恶意占有等多种不同的样态，而不同的占有样态在物权法上产生的效果也有所不同。物权法中的诸多制度和规则设计以占有和占有的移转为基础，而且，占有还常常表现为一种独立的对物控制关系，非所有权关系及他物权关系所能涵盖。因此，对占有关系的调整及对占有的保护应为物权法的重要内容。

2. 物的归属关系

这是物归属于民事主体所有而产生的财产关系。基于物的归属关系，物权人得对其物直接支配并享有由此而生的各种利益。物的归属关系是物的利用关系、处分关系等发生的前提和基础。自从有了国家和法律，物的归属秩序便成为法律调整的重要对象。调整物的归属关系的法律规范，构成所有权制度，它是维护和巩固一定社会所有制和基本经济关系的基础性法律制度。应当注意的是，财产的归属秩序涉及范围很广，物权法上仅以有体的不动产和动产之归属秩序为规范对象，而债权、知识产权、股权等权利的归属问题不属于物权法的调整范围。

3. 物的利用关系

这是指民事主体在生产、生活中对物的使用价值与交换价值进行利用而发生的各类财产关系。物的利用有自主利用与他主利用两种情况，前者即所有权人对自有物所为的各种利用，此种情况已为物的归属关系所包容；后者即所有权人将其所有物交由他人为各种利用，此为发生他物权关系的基础。应注意的是，物的他主利用并不限于物权性的利用关系，还包括债权性的利用关系（如借用、租赁等），物权法仅规范物权性的他主利用关系。因应生产的社会化和高效化的要求，现代物权法已从早期的规范物的归属关系为重心向规范物的利用关系为重心转化，所以因物的他主利用而产生的他物权（用益物权、担保物权）制度为物权法的另一重要内容。

4. 物的处分关系

权利主体在对物进行处分时所发生的物权变动及由此所产生的法律关系，通常被归入动态的财产关系之中。动态的财产关系，不仅由合同法来规范，物权法在其中也发挥着重要的作用。在现实生活中，物权经常处于运动状态，对物权的发生、转让、物权内容的变化以及物权因某种原因的出现而消灭等现象，法律必须加以规制，方能维护物的归属秩序并促进交易的发展。对于物权变动中的问题，债权法中的合同规则并不能全部解决，甚至不能解决其中的主要问题。因为在基于民事法律行为（如买卖合同等）而发生的物权变动中，都存在物权变动的原因事实与结果事实这两个不同的法律事实，合同的订立并不能当然引发物权的变动，物权变动的结果必须依赖于不动产的登记与动产的交付。合同法上的规则所解决的，只是原因事实方面的问题，如交易是否符合当事人的真实意思、合同订立的过程及合同是否能有效成立、合同的履行、违约责任等；而物权变动的结果事实问题，如物权变动的公示、物权变动的时间与效力的确定等，只能依靠物权法自身特有的规范即物权变动的规则来解决。对于非基于民事法律行为而发生的物权变动，合同法则无能为力，而须直接由物权法来规范。对物的处分所发生的法律关系，不仅涉及双方当事人的利益，还经常涉及第三人的利益和交易安全的维护问题。①因此，物权变动关系，是物权法所调整的社会关系的重要组成部分；物权人对物的处分规则和第三人利益的保护、交易安全的维护等也是物权法上重要而基本的问题。

二、物权法的性质

（一）物权法为私法

自罗马法以来，法学传统上将法律划分为公法与私法两大基本类别。大体言之，凡规定国家或公共团体为其双方或一方主体者之法律关系，而以权力服从关系为基础者为公法；仅规定私人间或私团体间之相互关系，而以平等关系为其基础者为私法。②民商法为私法，民法典为私法之基本法或普通法，已为共识。物权法既为民法之组成部分，性质上当然应界定为私法。唯有两点值得予以说明：其一，物权法虽属私法，但其规范内容亦常涉及社会公共利益。如果以区分公法、私法标准之一的“利益说”来衡量，则物权法实非纯粹的私法。不过，近代以来，公私法之分类往往具有相对的性质，谓某一法典整个为私法而不许有公法之成分，或整个法典为公法而无私法之成分，殆不可能。因而仅可大体上说某一法律为公法或私法，而不可将其绝对化，物权法也不例外。相对于民法其他部分而言，物权法的公益性更强一些。③其二，物权法中含有不少经济行政法律规范。对物的归属、利用与处分关系的调整，不仅要依靠民事法律规范，而且还须

---

① 参见孙宪忠：《论物权法》，法律出版社 2001 年版，第 36 页以下。

② 梁慧星：《民法总论》（第五版），法律出版社 2017 年版，第 33 页。

③ 陈华彬：《物权法原理》，国家行政学院出版社 1998 年版，第 28 页。

借助一些体现国家干预经济原则的强制性法律规范，如不动产登记制度、土地和其他自然资源的归属和管理规定，禁止流通物或限制流通物的规定，农业用地改为建设用地的审批、土地使用权以及海域使用权、采矿权、渔业权的取得方式规定等，都是调整有关物的支配关系所必不可少的法律规范。从性质上说，这些规范属于经济行政法的范畴，但从广义物权法的角度来理解，它们也是物权法的渊源。因为这些公法性质的规范与物权法中规定和保护各种物权的私法规范是不可分割地密切联系在一起的，只有将这两类规范结合起来，才能对物权关系进行更为全面、系统的调整。因此，尽管物权法中包含不少经济行政法律规范，但并不能因此而改变物权法整体上属于民法、私法的本质属性。[①]

（二）物权法为财产法

自罗马法以来，民法之内容有所谓财产法与身份法的之分。规范经济生活、保护财产秩序的法律为财产法；规范伦理关系、保障身份秩序的法律为身份法。[②]我国民法调整的社会关系分为平等主体之间的人身关系和财产关系两大类，物权法以规范人对物的占有、归属、利用、处分关系为内容，这类关系显然属于财产关系，物权法在性质上也当然属于财产法。

财产法的各部分因目的与作用之不同，再分为财产归属法与财产流转法，物权法主要调整人对物的静态支配关系，其关于物的处分和物权变动的规则也主要在于解决物权变动之结果所产生的新的支配关系，故物权法整体而言应属财产归属法范畴，此与债权法因主要调整财产的动态流转关系（侧重于流转过程）而属于财产流转法正相对应。

三、物权法的特征

（一）调整的财产关系之静态与动态结合性

物权法与债权法（尤其是合同法）同属民法中财产法的基本组成部分，二者

① 王利明:《物权法论》，中国政法大学出版社1998年版，第75页。

② 谢在全:《民法物权论》(上)，中国政法大学出版社1999年版，第2页。

所调整的财产关系既有联系，也有区别。我国21世纪以前的民法理论一般认为，财产关系可分为静态与动态两种形态，“物权法规定和调整财产关系的静态，合同法规定和调整财产关系的动态”[①]。“物权法的重心在保护所有权不受侵犯，旨在维护财产的‘静的安全’；而债法的重心乃在于保护和促进财产流转，旨在维护财产的‘动的安全’。”[②]近年来的物权法理论和立法，则对上述传统观念进行了矫正，认为物权法的调整对象既有静态的物之归属和自主使用关系，也有动态的物之处分及他主利用关系，或者说是“静中有动”。

在此还应当说明的是，物权法与合同法虽然都调整动态的财产关系，但其侧重解决的问题是有差异的，不能理解为在动态财产关系的调整上物权法与合同法发生了重合。物权法关于所有权转移、他物权的设定等物权变动规则中所涉及的动态财产关系，侧重于物权变动的要件、结果及确定物权变动的时点；而合同法上的规定则侧重于合同缔结的过程、合同的内容及其约束力、合同的履行与不履行的违约责任等。另外，物权法中也要规范一些合同关系，如土地使用权出让合同、土地承包经营权合同、地役权合同、居住权合同、抵押合同、质押合同等，这些合同本质上也是反映交易关系的，只是由于其旨在设立、变更或移转物权且与物权变动的规则紧密联系在一起，故从法技术角度考虑，未在合同法（《民法典》合同编）中作为有名合同来规定，但在合同的订立、效力等方面仍要适用合同法的规定。[③]

（二）法律规范适用之强行性

从法律的适用程度来看，可以将其分为强行法与任意法，前者不考虑当事人的自由意志而须绝对适用，后者在适用中则可依当事人的意志加以协商变更。由于物权为对世权，具有绝对性与排他性，关乎当事人之外的第三人利益、社会公共利益以及交易安全，因此物权法实行物权法定和物权公示主义，通常不允许当事人依其协议而排斥法律规定的适用。也就是说，物权法的规范多属必须绝对遵从的强制性

---

① 王家福等:《合同法》，中国社会科学出版社 1986 年版，第 12 页。

② 王家福主编:《中国民法学·民法债权》，法律出版社 1991 年版，第 3 页。

③ 参见王利明:《物权法论》（修订本），中国政法大学出版社 2003 年版，第 62 页。

规范，物权法整体而言为强行法。此点与贯彻契约自由原则因而整体上属于任意法的合同法显有差异。故此，一般而言，在物权法领域，当事人的约定违反法律规定的，不能发生物权的效力；而在合同法领域，当事人的约定与法律规定不同的，原则上仍为有效。物权法上未置可否亦未授权当事人自由约定的事项，原则上应作禁止或否定之解释；而在合同法上则贯彻“法无禁止皆自由”的原则，即只要是法律未明确禁止的事项，均可由当事人自由约定且受法律保护。

当然，谓物权法为强行法、合同法为任意法，只是从整体上而言的，不能将其绝对化。物权法既为民法的组成部分，而私法自治为民法的基本理念，因此在物权法上也有任意性规范和当事人自由意志发挥的空间，如是否为他人设定物权、设立什么物权、对价如何、标的物具体是什么等，均可由当事人自由约定；在《民法典》物权编中，不少条文中也有“当事人另有约定的除外”之但书规定，明确授权当事人可以另行约定。因此，物权法的强行法性和物权法定原则的采行，并非绝对排斥当事人的意思自治。①

（三）规范内容之固有法性

物权法调整物的归属、利用等关系，最直接地确认和体现了一定社会的所有制关系，反映和保护着一国的经济基础和经济制度。而由于各国的基本经济制度（尤其是土地制度）有着明显的差异，加之一国之物权法还受本国历史、地理、文化、民族传统和法律文化继受等方面的影响，因而各国的物权法（尤其是其中的不动产物权制度）都具有鲜明的本国或本民族的特色，互有差异，从而形成物权法的“固有法性”（或称本土性、土著性、民族性）。②故此，一国的物权立法不能简单地直接移植他国的制度，而应重点依据本国国情和需要作取舍、损益。我国建立在公有制基础上的物权法，较之私有制国家的物权法自然会有更多的特殊性。这是我们制定、解释、研究我国物权法律制度时应当特别注意的一个问题。

---

① 参见陈华彬：《物权法原理》，国家行政学院出版社 1998 年版，第 35 页。另见王利明：《关于物权法的若干问题》；苏永钦：《社会主义下的私法自治：从什么角度体现中国特色？》，载中国民商法律网（http://old.civillaw.com.cn/article/default.asp?id=11628），最后访问日期：2020 年 3 月 2 日。

② 参见梁慧星、陈华彬：《物权法》（第三版），法律出版社 2005 年版，第 2—3 页。

物权法的固有法性，与债权法或合同法的规则具有的普适性也形成了明显的区别。合同法是反映财产流转关系的，而在市场经济条件下，财产流转的规则、交易的习惯具有被所有交易者一体遵循的需求。不唯如此，随着国际贸易的发展，在合同法领域还形成了许多国际公约和国际惯例。因此，合同法的规则具有普适性、国际性的特点，各国的合同法差异较小且日渐趋同。

（四）维护利益之公共性

自然资源和社会财富归谁所有、由谁支配，关系着物质资源的分配和全体社会成员共同的生活保障条件，尤其是土地，其为有限、稀缺之自然资源，是人类生存之本，是“一切财富的原始源泉”，[①]在国家的经济生活中具有至关重要的地位，与国家和社会公共利益密切相关。土地所有权也因此而具有了社会的、公共的性格，[②]土地所有权之行使须不违反公共利益，甚至须有利于增进社会的福祉。因此，物权法所调整的财产关系并非纯属私人关系，而常涉及第三人及社会公共利益，具有公共性。物权法一方面要维护物权人对其财产的正当支配利益，另一方面也要对物权进行适当的限制，防止物权的滥用，以维护他人之利益和社会公共利益。此点，与合同法也有明显不同。由于合同法所维护的利益具有私人性，通常仅关涉当事人双方的利益而不涉及第三人的利益及社会公共利益，因而法律对其限制较少。[③]

第二节　物权法的历史沿革与现代发展

一、古代物权法

在私有制出现之前，人类社会中没有所有权的观念，只有“占有”而无“所有”。只有在私有制和国家出现后，统治阶级用法律的形式维护私人对财产的占

---

① 《马克思恩格斯选集》（第3卷），人民出版社1995年版，第127页。

② 温丰文：《现代社会与土地所有权理论之发展》，台湾五南图书出版公司1984年版，第127页。

③ 参见梁慧星、陈华彬：《物权法》（第三版），法律出版社2005年版，第3页。

有关系，对财产的占有才成为一种法律状态，财产权观念及所有权等物权法律制度由此产生。正如马克思所言："私有财产的真正基础，即占有，是一个事实，是不可解释的事实，而不是权利。只是由于社会赋予实际占有以法律的规定，实际占有才具有合法占有的性质，才具有私有财产的性质。"①

（一）外国古代的物权制度

"在每个历史时期所有权以各种不同的方式、在完全不同的社会关系下面发展着。"②在西方古代法的发展过程中，存在过两种具有代表性的物权制度，即罗马法物权制度与日耳曼法物权制度，它们在立法思想、体例、内容上都存在不同特点，并对后世两大法系国家的物权法或财产法制度产生了重要影响。③

1. 罗马法上的物权制度与物权观念

罗马法是奴隶制社会最发达、最完备的法律体系。如前所述，所有权、永佃权、地上权、役权、质权、抵押权等物权的主要类型在罗马法上均已有了较完整的规定，物的分类以及自物权、他物权与占有的基本体系也有雏形。罗马法的物权制度适应简单商品经济发展的需要，以个人本位为立法思想，承认所有权的绝对性、排他性和永续性，确立了以所有权为中心的物权体系，其物权制度的核心在于物的"所有"而非"利用"。

罗马法的物权观念与制度具有以下几个特点：（1）物权是对物的抽象支配权利，而对物的具体利用只是抽象支配权的功效或作用。所有权是支配力最完整、最全面的物权，在所有权的基础上产生的他物权只是所有权的全面支配权所作用的结果，是支配权的表现。这就是"以所有为中心"的物权观念。（2）所有权是对物的完全支配权，所有人对自有物有自由的处分权；一物只能有一个独占性的全面支配和自由处分，所以一物之上只能有一个所有权。此即"一物一权"主

---

① 《马克思恩格斯全集》（第1卷），人民出版社1956年版，第382页。

② 《马克思恩格斯全集》（第4卷），人民出版社1958年版，第180页。

③ 参见王利明等：《民法新论》（下），中国政法大学出版社1988年版，第21页以下；钱明星：《物权法原理》，北京大学出版社1994年版，第98页以下；张俊浩主编：《民法学原理》（上），中国政法大学出版社2000年版，第390页以下；温世扬：《物权法要论》，武汉大学出版社1997年版，第8页以下。

义。（3）所有权是对所有物的绝对无限制的占有、使用、处分的权利，法律对所有权的限制，存在于所有权概念之外，实际上是对所有权行使的限制，而不是对所有权本身的限制。此即“所有权绝对”的思想。（4）所有权原则上是永续的，所有权的某些权能在一定条件下可以与所有权相分离，形成他物权；他物权只是在一定的时间和某些方面对所有权的限制，他物权终止时，分离出去的权能自动复归于所有权，使所有权回复其圆满状态。此即所有权所具有的弹力性或归一力。（5）多人共有一物时，所形成的是所有权的量的分割，而非质的分割。共有人就共享的一个所有权在内部分享不同的权利份额，有量的差别，但所有权的性质并不因分割而改变。此即共有为所有权量的分割观念。（6）所有权是对物的法律上的支配力，而占有是对物的事实上的支配，并未形成权利，因此，本权与占有相分离，所有之诉与占有之诉也相互独立。此为占有不同于所有的观念。

2. 日耳曼法上的物权制度与物权观念

日耳曼法是指公元5—9世纪西欧封建制时期适用于日耳曼部族的法律。由于日耳曼人是从原始社会直接进入封建社会的，因此它一方面具有封建法律的特征，另一方面又保留了较多的原始公社时期的习惯。日耳曼法上的物权制度，以具体的事实关系为基础，没有所有权的抽象概念；主体的身份地位不同，所享有的所有权的性质和范围也不同；权利的客体不同，其权利的性质也有差别。[①]日耳曼法上的动产所有权是排他的、绝对的支配权，与罗马法的所有权无异，而其不动产所有权则因不动产在当时社会经济中的重要地位，被视为收益的源泉，为社会所重视，故以物的利用为中心来构建。日耳曼法的土地所有制形式有马尔克公社土地所有制、大土地所有制、采邑制、农奴份地。其中大土地所有制是西欧封建制度的基础，领主或地主将其土地交由他人耕作，可向耕作人征收佃租、地租或其他代价，这种领主或地主的土地所有权被德国学者称为“上级所有权”，耕作人以支付佃租或地租为代价而利用土地并获取收益的权利则被称为“下级所有权”或“利用所有权”；上级所有权的主要内容为管理权、处分权，下级所有权的主要内容则是利用权、收益权，上级所有权人与下级所有权人均为土地所有权人。这种分割的所有权人之间的关系与共有不同，共有是所有权的量的分割，而分割所有

① 参见由嵘:《日耳曼法简介》，法律出版社1987年版，第48页。

权则是所有权的质的分割，其上级所有权与下级所有权各享有所有权权能的一部分，内容不同的两个所有权依上下关系而结合成为一个完整的所有权。日耳曼法上的物权形式除所有权外，还有土地负担与占有等。占有也因客体的不同而有法律性质的差别：动产的占有是对标的物的事实支配关系，此与罗马法中占有的观念是一致的；不动产占有中对标的物的支配须以适当的权利为基础，而其支配又以用益为形式，因此占有的保护即权利的保护，有占有者即受权利的推定。

概言之，日耳曼法的物权制度是农业经济的法律表现，它以“团体主义”为原则，体现了团体本位、所有权的相对性理念，确立了以物的利用关系为中心的物权法体系。其物权观念与制度的特点主要是：（1）认为所有权不是对物的抽象支配，而是具体的利用权，所有权是相对性的权利。日耳曼法中的“所有”，虽然也包含着归属和全面支配的意义，但主要是表明物的实际占有和利用关系，并根据对物的不同利用形态而确认各种物权，在同一土地上可以有“上级所有权”与“下级所有权”两个所有权（即所谓“双重所有权”）。因此，日耳曼法上“所有”的意义是具体的、相对的。（2）各种具体的利用权，都是独立的物权，不存在所有权派生他物权的观念及所有权与他物权的区别。各种物权都具有同样的效力，只不过在权利的内容上有所差别。不同的利用权有不同方面的利用力，对标的物能全面利用的，是不同利用权全部集合的作用；全面利用与某些方面的利用，是利用权的量的差别。此点，反映了“以利用为中心”的物权观念。（3）物权概念中含有身份权的性质。其土地所有权是财产权兼领主权，具有财产与身份的双重内容。（4）所有权具有浓厚的团体主义色彩。其不动产所有权往往由公社、村落、家族等团体享有，团体再给内部成员以种种使用收益的权利。这种由村落或团体的成员享有一定财产的使用和收益权，由村落或团体享有管理权和处分权、所有权的内容依团体内部的规约加以分割的团体共同所有的形态，即为日耳曼法中特有的财产之“总有”关系和“总有权”概念，充分体现了团体主义的色彩。①（5）数人对同一物可有不同内容的所有权，此种情况下发生所有权质的分割，也即作为所有权内容的占有、使用、收益、处分等权利，可分别由不同的物权人享有。（6）不动产的占有与所有不分，占有具有物权的效力，并受物权法的保护。

① 参见李宜琛：《日耳曼法概说》，商务印书馆1944年版，第52页以下。

日耳曼法在西欧封建社会中，始终是一种被普遍适用的法律。在中世纪的欧洲，除萌芽了不动产登记制度外，物权法律制度似无大的发展，但学者们对罗马法的研究却颇有建树，注释法学派于11—13世纪提炼出了近现代意义上的物权概念，并初步建立了物权学说。

（二）我国古代的物权制度

我国古代历朝有代表性的法典都是采取诸法合体、民刑不分的编纂形式，物权的实质内容散见于各种律例、典籍之中。与以农业经济为主的自然经济相适应，我国古代的物权制度较债权制度发达，并且形成了一个以所有权为核心，以土地及其附着物的权利为基本形态的较完整的物权体系。①

1.所有权。我国古代民法上将财产分为田宅和财物，犹如近现代民法上不动产与动产的区分。古代民法上所称的物、财或财物，大致为动产；所称之产、业或产业、田宅，相当于不动产；统称动产与不动产时一般用“财产”，有时也用“物”一词。动产所有人称为物主或财主；不动产所有人称为业主、田主、地主、房主等。财产与田宅的区别，无论在法律上还是习惯上都具有重要的意义：对田宅尤为重视其使用、收益，因而在田宅上的物权种类多且效力强；对不动产之外的普通财产，则主要是保障其存在，因而普通财产上的物权种类较少。田宅尤其是土地，不仅是私人财产的重要组成部分，而且是国家课税的主要来源，在奴隶制、封建制社会的经济、政治生活中具有特殊重要的地位，故其买卖、典押时的形式要求也较为严格。

土地所有权是所有制关系的直接反映，也是我国古代所有权制度的核心。中国古代的土地所有权制度经历了一个由单一的国家所有向多种所有权形式并存的发展过程。奴隶制社会，土地属于以天子、国王为代表的国家所有，“普天之下，莫非王土”为其时土地所有制度的鲜明写照。春秋战国以后的封建社会，私有土地大量出现，几种不同的土地所有权在各朝各代处于此消彼长的运动过程之中，

---

① 参见钱明星:《物权法原理》，北京大学出版社1994年版，第67页以下；温世扬:《物权法要论》，武汉大学出版社1997年版，第13页以下。关于我国古代民法物权制度的详细介绍，可参阅《中国古代民法》（李志敏著，法律出版社1988年版）、《中国民法史》（孔庆明等著，吉林人民出版社1996年版）等著作。

大土地国有制、大土地私有制和小土地私有制三者并存，与此相应，土地所有权也就表现为国家所有和私人所有两种形态。而且，土地的国家所有权不断萎缩，私人土地所有权则不断扩张，土地的商品化程度不断加深并向自由的、运动的所有权方向发展。但真正自由的、运动的土地所有权直到清末民初方才出现。

动产所有权也有官有与私有两种形态。私人的动产所有权被称为“物主权”，其标的物除犯禁物外，并无其他限制。物在被人窃取、强夺时，物主有追及权；物主权也不因物的遗失而丧失。此外，法律上还有“共有”“伙有”等方面的规定。

2.其他物权。主要有以下几种形态：

（1）土地占有权。将国有的官田授予贵族占有或私人耕种，是我国古代国家土地所有权的存在形式和利用土地的重要方式。受封土地的贵族或被允许耕种土地的农民对土地有占有权和用益权，受法律保护，但该土地不得买卖，国家也可以随时收回。

（2）永佃权。永佃是我国古代固有的制度，萌芽于宋代，盛行于明清。所谓永佃权，即以交付地租为代价而永久租种他人土地的权利。在永佃关系中，地主的权利一般称为“田底权”，佃农的权利称为“田面权”。永佃权是一种强有力的物权，永佃权人得永久耕种土地，除积欠地租或有其他重大违法行为外，业主不得撤佃；纵然业主更换，地主仍不得无故夺佃增租，此即俗语所称“倒东不倒佃”“东换佃不换”。当然，这也是封建剥削关系在法律上的一种反映，实际运用中地主也多有重租盘剥及非法夺佃等情事。

（3）地基权。即使用他人土地建筑房舍的权利，大致相当于近现代法上的“地上权”。我国古代民法上并无“地基权”一词，但一向有“租地造屋、拆屋还基”的民间习惯。地基权只限于建造房屋，至于使用他人土地种植竹木的，习惯上则归之为“佃”，与永佃权具有同一性质。

（4）相邻权与地役权。即供自己土地利用之便宜而使用他人土地的权利。我国古代这种土地使用关系尚未完全与租佃分离，而且多是以礼俗处理相邻关系；有关水源均用、邻地互便等方面的礼俗习惯，与近现代民法上的相邻权、地役权旨趣相合。

（5）质当。质的意义在《说文》中解释为“以物拈赘”，而“赘”则为“以物质钱”之意。我国古代，质有“人质”与“物质”之分，物质则与“当”“典当”“质当”相通。质当物品以担保债务偿还的做法早在汉代就已出现，至唐代以后，典当业已发展为一种普遍的行业并历久不衰，各朝律例对此均有规定。

（6）典卖。典也称“质”或“当”，通常与卖合称“典卖”。典卖中，典主（承典人）支付典价而占有他人（业主）的田宅并使用收益的权利称为典权。业主经济拮据而又不愿出卖田宅时，可以将田宅出典，约定期限再为回赎。《明律集解·户律》中“典卖田宅条”谓：“以田宅质人，而取其财，曰典。以田宅与人，而易其财，曰卖。典可赎，而卖不可赎也。”《清律》中称：“以价易出，约限回赎者，曰典。”典权是我国古代特有的一种物权制度，自汉、唐至明、清，传承不衰并不断完善。

（7）抵押。抵押在我国古代称“指产”“指当”“抵当”，其起源很早，六朝时期即已有记载，唐宋以后渐趋流行，但至清代方正式入律。总体而言，我国古代转移占有的担保物权如典、质等较为发达，相形之下抵押这种不移转占有的担保物权则显得较为逊色。

二、近现代物权法

（一）外国近现代物权法

罗马法与日耳曼法的物权观念与制度，对近现代物权立法产生了重大而又不同的影响。大陆法系的《法国民法典》几乎全盘继受了罗马法的观念与制度，而《德国民法典》既承袭了罗马法的传统，又结合了日耳曼法的一些特点。就英美法系而言，英国的财产法受日耳曼法的影响更大一些，作为其主要法律形式的普通法，即是以日耳曼法的一个分支即盎格鲁-撒克逊法为基础形成和发展起来的，其可谓“传播于世界各大洲的唯一的日耳曼法”。[①]

近代物权法一般是指资本主义自由竞争时期的物权法，以1804年颁行的《法国民法典》为其代表。该法主要继受了罗马法的传统，并根据资本主义的制度需要而有所发展。其所确立的以个人主义为本位的私有财产神圣不可侵犯的原则及所建立的较为完备的财产权体系，对法国法系的其他国家如意大利、荷兰、葡萄牙、西班牙、秘鲁、智利等国的民法物权制度产生了深远的影响。

---

① 《马克思恩格斯选集》（第3卷），人民出版社1972年版，第150页。

现代物权法是指自资本主义进入垄断时期以来的物权法，通常认为以1896年制定、1900年施行的《德国民法典》为其发端。该法典以精密的物权学说理论为指导，正式使用了物权的概念并将物权法单列为法典的一编，建立了完整和严密的物权体系，其整个物权法制度适应当时社会发展变迁的客观情况，体现了社会本位的立法思想。尽管因历史的局限性，该法典对传统制度的改革还不够全面、深入，以致被一些学者认为其是“19世纪的尾声而不是20世纪的序曲”，[①]但其在指导思想、理论学说等方面的发展和在立法技术、结构体例等方面所取得的成就，为世人所称道，并对瑞士、奥地利、日本及旧中国的民法物权制度产生了极为重要的影响，甚至直接被承袭。

大体而言，自近代资本主义社会开始至20世纪前叶，罗马法的物权观念占主流地位，其“个人本位”“所有为中心”的物权观念，适合资本主义初期发展的需要，因而被多数资本主义国家所接受。随着资本主义经济的发展、社会情事的变迁，这些物权观念逐渐不能完全适应社会的需要，而日耳曼法的“团体本位”“所有权的相对性”“利用为中心”等观念日益被重视并渗透到物权法中。“二战”以后，各国纷纷修订和完善其民法典，各种单行法也对物权法的发展起到了重大推进作用，物权制度呈现出诸多新的发展趋势与动向。

1922年的《苏俄民法典》，是第一部社会主义性质的民法典，其物权制度虽也受到德国法等大陆法系国家民法的影响，但因社会制度的差别，其物权制度表现出鲜明的社会主义公有制的特色。该法典物权编中的内容系以所有权制度为中心，另有关于建筑权、抵押权等物权形式的规定，内容不如德国法丰富。1948年，最高苏维埃主席团颁布了《关于公民购买和建筑个人住宅的权利》法令，同时废除了建筑权的规定。在1961年的《苏联和各加盟共和国民事立法纲要》及1964年的《苏俄民法典》中，物权编被取消，取而代之的是所有权编，主要规定了一般原则、国家所有、集体农庄与其他合作社组织所有以及他们的联合组织所有、工会和其他社会团体所有、个人所有、共有、所有权的取得和丧失，以及所有权的保护等内容；主要规范土地利用关系的他物权制度不复存在，抵押权等则作为

---

① ［德］康拉德·茨威格特、海因·克茨：《略论德国民法典及其世界影响》，谢怀栻译，载《法学译丛》1983年第1期。

债的履行担保而置入债权编。这种模式，对包括新中国在内的其他社会主义国家的物权制度产生了较大影响。苏联解体后，俄罗斯等国掀起了私有化浪潮，其社会经济关系发生了急剧的变化。为适应这种变化，俄罗斯国家杜马于1994年10月通过了《俄罗斯联邦民法典》（第一部分）并于1995年1月1日起施行。该法第二编为“所有权与其他物权”，物权制度有所恢复与发展，该法典确认的物权类型除所有权外，还有对土地的终身继承占有权、土地的永久使用权、地役权、财产的经营权和财产业务管理权；抵押（含质押）与留置被规定于债法总则编债的履行担保一章中，仍未明确界定为物权。1995年10月通过、1996年7月1日生效的《越南社会主义共和国民法典》中关于物权制度的规定，主要体现在第二编“财产和所有权”、第五编“关于土地使用权转让的规定”，而财产抵押、质押也是被规定在民事义务的履行担保编章中。可见，这些国家的物权法制度，在体系、内容、制度设计等方面具有更多的自身历史特点。

（二）我国近现代物权法

1.清末的民律草案与民国民法物权编

中国的传统法律制度向近现代法律的转型，肇始于晚清的变法修律。清朝末年，因应社会情况变化之需要，清政府委任沈家本为修订法律大臣，主持变法修律，打破了传统的封建法律体例，相继起草了民律、刑律和诉讼法草案。中国近现代意义上的物权法之制定，起自清宣统三年（1911年）完成的《大清民律草案》物权编（第三编）。该编共设七章，依次为通则、所有权、地上权、永佃权、地役权、担保物权、占有。其中，地上权、永佃权、地役权为用益物权；担保物权则再细分为抵押权、土地债务、不动产质权与动产质权四种；占有作为事实之法律关系，被置于物权编之末。

《大清民律草案》（俗称第一次民律草案）尚未及颁行，清朝即告覆灭。民国成立不久，着修订法律馆开始第二次民律草案的制定，1926年完成了《中华民国民律草案》的编制。物权编仍居第三编，大致是就第一次草案修订而成，变更不多。该编共计九章，废除第一次草案第六章担保物权的章名，将抵押权、质权各立一章，删除土地债务的规定，并增设典权一章。典权之增设及将其作为担保物权的形态处理，为该草案的重要特色。该草案未曾颁行，仅被北洋政府司法部通令暂行参酌采用总则编及债编，但物权编不在其内，唯被作为法理参考引用。

南京国民党政府成立后，于1928年设立立法院，开始编纂各部法典，民法典各编于1929—1930年分别颁布施行。物权编系制定于1929年，此前曾确定物权编之立法原则14项，其中包括采行物权法定主义、不动产物权变动之登记要件主义、所有权社会化原则以及规定所有权取得时效、动产善意取得及典权等制度。当时起草委员会委员傅秉常、史尚宽、林彬、焦易堂、郑毓秀主笔拟就物权编草案，送请讨论通过后，于1929年11月30日公布，1930年5月5日起施行。民国民法物权编仍主要是在前两次民律草案物权编的基础上修订而成，通观此编的规定，其与第一次、第二次民律草案相比较，主要有以下差异：

其一，关于取得时效，仿德国民法，将其规定于所有权章的通则中。而第一次草案系将取得时效规定于总则编。第二次草案则仿瑞士民法，分别于不动产所有权中规定不动产之取得时效，于动产所有权中规定动产取得时效。

其二，关于遗失物之拾得，参酌日本民法，于动产所有权中作出规定，无须另订特别法。而前两次草案中均将相应内容委诸特别法为规定。

其三，关于野栖动物及蜂群等动物的所有权归属，此编中视其为次要事项，未设规定，而前两次草案中对此均设有专条。

其四，我国历史与习惯上并无土地债务与不动产质，就当时经济状况而论，也无采用的必要，故此编只规定动产质权与权利质权，未设土地债务与不动产质制度。第一次草案仿德国民法，规定了土地债务、不动产质及动产质，并将其与抵押权合并列入担保物权一章。第二次草案删除了土地债务，废弃担保物权之章名，将抵押权单列一章；同时，仿效日本民法增入权利质权，并将其与不动产质权、动产质权并为质权一章，该章又设有通则一节，作为各种质权通用之准则。

其五，典为我国特有之习惯，其功能远胜于不动产质权，而与抵押权又有不同，故特设专章对典权予以规定。此与第二次草案略同，而第一次草案则未加规定。

其六，关于留置权的地位，仿瑞士民法，认留置权具有物权的效力，故亦设专章予以规定。而前两次草案均效仿德国民法，认留置权为双务契约之效力，称为给付之拒绝，规定于债权编。[①]

---

① 谢在全:《民法物权论》(上)，中国政法大学出版社1999年版，第4页以下。

从民国民法物权编制定的经过及其内容可以看出，该编除以我国固有法为渊源外，主要参考了德国、瑞士、日本民法，甚至以其立法例为直接蓝本，因而受大陆法系传统的影响甚大。以审慎的法律人之观念来评价，应当说该法典及其物权编在当时乃至今天，相较于其他国家或地区的同类规定，并不逊色，应属先进的立法。[①]自1949年中华人民共和国成立后，民国民法典在中国大陆废止施行。在我国台湾地区，鉴于该法典物权编施行已有数十年，其间社会结构、经济形态及民众的生活观念等均已有重大变迁，而法学理论也日新月异，其他大陆法系国家已纷纷对其早期的民法和物权制度作重点修改，故而立法当局也因应情况发展的需要，以“单行法”的形式对民法物权制度作了不少修改、补充、完善。但由于这种修补过于零散、欠缺系统性，因此立法当局认为应针对当今情况对物权编作全面检讨、详予修订，为此，于1988年组成“民法研究修正委员会物权编研究修正小组”，对物权编作了全面的检讨、修正，历时8年余，经三易其稿，完成了“民法物权编部分条文修正草案暨民法物权编施行法修正草案”，其拟增删修废之条文合计达248条，变动幅度甚大。[②]其后，于1995年、2007年、2009年、2010年、2012年又数次修正部分条文，至2012年6月13日完成物权编的修订。[③]其中增订习惯为物权成立之法源、完善恶意当事人不受保护及加强对善意第三人保护的规定、改进对相邻关系的法律调整、增设区分地上权等关于空间权的规定、废除永佃权而增订农育权章、将地役权改称不动产役权、增订最高额抵押权与最高额质权等修订内容及其所体现的精神，均值得予以关注。

2. 新中国的物权法律制度

在新民主主义革命时期，中国共产党领导下的革命根据地就实行了与国民党统治区不同的法律制度，有关物权制度的法律、法令、条例和政策主要集中在土地权利方面。1949年10月新中国成立后，废除了民国政府的六法全书，旧中国的民法及其物权编在中国大陆不再施行。新中国成立之初，法律、法令和条例、

---

① 陈华彬:《物权法原理》，国家行政学院出版社 1998 年版，第 40 页。

② 详见《民法物权编部分条文修正草案——新旧条文对照表暨修正说明》，台北双榜文化事业出版社有限公司 1997 年版。

③ 参见五南法学研究中心编辑:《民法》，台湾五南图书出版公司 2014 年版，第 98 页。

政策确认和保护土改后形成的农民土地私有权，对土地的出典权及地上权、地役权的设定等亦予承认。随着1956年生产资料的社会主义改造的完成，建立了社会主义公有制，私人土地所有权便不复存在。与此相应，并因受苏联法学界关于所有权以外的他物权为私有制下的特有现象等观念的影响，反映土地财产关系的地上权、土地典权、土地抵押权等他物权也随之消灭。审判实践中虽承认典权与抵押权，但只涉及房屋，而不涉及土地。在新中国成立后相当长一段时间，我国不仅在立法上没有建立物权的体系，而且在法的理论与实践上也否认物权概念与制度。

1979年中国共产党第十一届三中全会以来，我国进行了深入、持久的经济体制改革，经济关系发生了重大变化，对民事立法也提出了新的要求。1982年修订的《宪法》，以基本法的形式确认土地属于国家和集体所有；1986年颁布的《民法通则》，在第五章（民事权利）中专设“财产所有权和与财产所有权有关的财产权”一节（第一节），规定了实际上属于物权的一些权利类型及其取得与保护。但由于时代的局限，该法仍回避“物权”的概念，并禁止土地的商业化利用，经济生活中存在的抵押（含质押在内）、留置等物的担保形态也仿照苏联法律的做法被置于债权一节作为担保方式而加以规定。

1988年4月12日通过的宪法修正案对《宪法》第10条作了修改，确认“土地的使用权可以依照法律的规定转让”。随后，《土地管理法》也据此作了相应的修改，1990年国务院发布了《城镇国有土地使用权出让和转让暂行条例》，使得始于深圳特区试点探索的国有土地使用权出让和转让制度得到了法律、法规的确认，并迅即在全国推广；1994年颁布的《城市房地产管理法》，又对房地产开发、土地使用权出让和转让、房地产抵押等作了进一步的规范。1998年修订的《土地管理法》对土地所有权和土地使用权尤其是农村土地承包经营权作了一些新规定，明确了土地承包经营权的期限并强化了其法律保护。2002年颁布的《农村土地承包法》对农村土地承包经营权作出了系统的规定。1995年颁行的《担保法》，适应经济生活的客观需要，对抵押权、质权、留置权等担保方式作了系统的规定，最高人民法院于2000年9月作出的《担保法解释》对此又作了进一步的完善，初步建立了我国担保物权的体系。另外，在我国20世纪80年代之后颁布的《森林法》《草原法》《水法》《渔业法》《海商法》《矿产资源法》《野生动物保护法》《海域使用管理法》等法律中，也有许多具有用益物权性质的权利规定。

2007年3月16日第十届全国人民代表大会第五次会议审议通过的《物权法》，对我国物权制度的基本原则和各类物权进行了系统和较为完善的规定。此后，我国还有一些新的法律、法规、司法解释等规范性文件相继出台并发布实施，如：2009年8月、2018年12月两次修正后重新公布的《土地承包法》；最高人民法院发布的《关于审理建筑物区分所有权纠纷案件具体应用法律若干问题的解释》（法释〔2009〕7号）、《关于审理物业服务纠纷案件具体应用法律若干问题的解释》（法释〔2009〕8号）、《关于审理房屋登记案件若干问题的规定》（法释〔2010〕15号）、《物权法解释（一）》、《九民纪要》；国务院2014年11月24日公布的《不动产登记暂行条例》（2015年3月1日起施行）、国土资源部2016年1月1日公布施行的《实施细则》；等等。这些法律文件对我国物权法律制度的发展、完善及《民法典》物权编的制定也起到了积极作用。

2014年10月23日中共第十八届中央委员会第四次全体会议通过的《中共中央关于全面推进依法治国若干重大问题的决定》中，提出了“加强市场法律制度建设，编纂民法典”的任务。此后，我国《民法典》的编纂开始紧锣密鼓地进行。经立法机关和包括学术界在内的各界近六年的努力，至2020年5月，《民法典》的编纂任务告竣。物权编位于《民法典》第二编（分则的第一编），为法典的重要组成部分。2020年5月28日，《民法典》由中华人民共和国第十三届全国人民代表大会第三次会议通过，自2021年1月1日起施行。

三、现代物权法的发展趋势

物权法虽不如债权法那样活泼、富于变化，但因其与社会经济发展具有密切的关系，自然也随着社会经济的发展而不断发展、变迁。前面关于物权法律制度发展的历史考察，已有力地说明了这一点。促成物权法发展变迁的因素，既有学说理论的贡献，也有司法实务和灵活迅捷的单行法的推动。物权法发展变迁的内容，既有立法原则的修正、物权体系的调整、具体制度与规范的完善，也有理论的重构及法律解释与适用方法的反省。考察、研究现代各国尤其是市场经济发达国家的物权法的完善过程及其发展趋势，不仅助益于我国的《物权法》和《民法典》物权编的制定，而且在法律颁行后，对于法律规范的理解、阐释和准确适用无疑也具有重要的意义。

关于现代物权法变迁的重要动向与发展趋势，学者有着多种概括总结，大致涉及物权的社会化、价值化、国际化，物权种类的增加，相邻关系之公法与私法双轨规范体系的形成，共有制度之调整，用益物权之消长，担保物权机能之强化与类型的细分，物权关系上的私法自治之扩张，物权法定主义之缓和，物权与债权之相对化等诸多方面。[①]我们认为，现代物权法的发展趋势，从整体上看，最为瞩目之处可以归纳、概括为下列四个方面。[②]

（一）物权法编制的体系化

由于历史的洗礼、法学理论的发展和立法技术的提升，近现代法上物权的体系日益完整、系统，物权法的编制愈益精密、严谨，此为公认之事实，亦为物权法发展的一个重要趋势。物权法编制的体系化，主要表现在两个方面：

其一，物权类型体系的形成。罗马法时代，虽已有诸多具体物权形式的规定，但未抽象出物权的概念，也未形成完整的物权体系。法国民法典时代，虽对各类具体物权的规定有了进一步的完善，但仍未梳理出物权的类型体系，物权与债权的区分也不明晰。而到了德国民法典时代，情况大为改观，物权理论有了长足的发展，直接推进了立法的进步。在德国民法上，抽象的物权概念得到确认，并基于对物的价值支配情况之不同而确立了物权的完整体系，即：对物的价值为全面支配的所有权，对物的使用价值为支配的用益物权，对物的交换价值为支配

---

① 参见王泽鉴：《民法物权》（1），中国政法大学出版社2001年版，第29页以下；谢在全：《民法物权论》（上），中国政法大学出版社1999年版，第7页以下；梁慧星主编：《中国物权法研究》（上），法律出版社1998年版，第4页以下；陈华彬：《物权法原理》，国家行政学院出版社1998年版，第33页以下；余能斌主编：《现代物权法专论》，法律出版社2002年版，第9页以下。

② 参见刘保玉：《现代物权法的发展趋势及其对我国物权立法的启示》，载《烟台大学学报》2005年第3期。

的变价权，[①]以及对物的事实支配状态的占有。这一物权的类型体系，对德国法系乃至整个大陆法系国家的物权制度产生了至为重要的影响，现代的物权类型体系遂得以形成，此即：所有权、用益物权、担保物权及占有。尽管各国法上对用益物权、担保物权的具体类型规定有所差异，但此种物权的基本类型体系在各国法上都被直接规定或间接肯认。迄今为止，可以说没有更科学、合理的物权类型划分来取代这一体系。

其二，物权法独立成编的体制确立。罗马法时代，诸法合体，没有独立的民法。法国民法典时代，民法虽独立于其他法律部门，但由其采用罗马法之《法学阶梯》式编制的方法所决定，物权法并未独立成编，所谓物权法的完整体系主要表现为学者的概括。在德国民法典中，于体系设计和立法技术上有了重大创新与突破，主要是设立民法总则编，然后于分则中将物权、债权、亲属、继承等民法各部分内容独立成编。这一潘德克吞式（即罗马法之《学说汇纂》）的法典编制方法，为世人所称道，谓为最精密、严谨之法典体系，并被广为承袭。尽管有些国家由于法律观念、立法传统等方面的原因，在物权法的编制方法方面有别于德国法系，但对于物权法为民法典相对独立的部分并自成体系，无论在理论上还是立法上，均予承认。不唯如此，各国立法在物权编的内容设计与结构编排上，也具有极大的相似性，如物权编的第一部分通常为物权通则，其后则以所有权、用益物权、担保物权、占有的物权类型体系而设计编章结构（也有的立法将占有列于物权通则之中或之后）。

我国法律自清末以来，受大陆法影响甚大，已形成法制传统。我们认为，在我国民法典制定中，尽管因国情所决定，肯定会有异于他国的制度与内容之设计，但整体上仍应借鉴大陆法发展过程中既已形成的定制，此点不应动摇。物权法（编）部分的编制及其体系，在没有经过缜密论证的更佳方案的情况下，无必要打破既有传统（传统并不一定意味着“落后”），别出心裁地去标新立异。就我国物

① 德国法上的变价权是指将指定之物或物的产物变卖或以其他方式折合价款，并使权利人优先受偿的权利，又称变价求偿权。此在德国之外的国家，一般均概括为担保物权。但在德国民法上没有正式的担保物权的提法和用法，因为担保物权的概念不能涵盖其独特的法律制度——土地债务这一非以担保某项债务为前提的物权形式。参见孙宪忠：《德国当代物权法》，法律出版社 1997 年版，第 32 页、第 257 页以下。

权法的制定来看，在编章结构设计方面还是比较谨慎的，《物权法》中采用了大陆法系国家立法通行的体例，《民法典》物权编中基本继续沿用了这种结构体例。

（二）物权法本位的社会化

法的基本观念，亦即法的基本目的或基本作用、基本任务，学说上谓之法的本位。民法基本观念之演变，因时代不同，大致可分为三个时期，即：自罗马法至中世纪的“义务本位”时期；起始于16世纪，经17、18世纪的发展孕育，成熟于19世纪的“权利本位”时期；自20世纪以来的“社会本位”时期。[①]民法物权制度的发展，也循此轨迹。

所有权绝对原则，为近代民法三大原则之一。其在精神实质上，认为所有权先于国家而生，国家系为保护所有权而存在，所有权为神圣不可侵犯之权利，所有权之行使应不受任何限制。此一原则肇端于罗马法，在资产阶级革命初期又被发扬光大。1789年法国的《人权和公民权宣言》第17条明确提出：“财产是不可侵犯与神圣的权利，除非合法认定的公共需要对它明白地提出要求，同时基于公正和预先补偿的条件，任何人的财产皆不可受到剥夺。”其后的法国宪法沿袭了这一思想，而在《法国民法典》中这种思想更是得到了直接体现，该法典第544条、第545条中规定：“所有权为对物完全按个人意愿使用及处分的权利”，“任何人不得被强制转让其所有权”，尽管该两条款中还有关于“法律及规定所禁止的使用”以及“因公用并事前受公正补偿时”“不在此限”的规定，渐露所有权应受法令限制之端倪，但其仍是以所有权绝对无限制为原则的。因为当时法国人民久为专制政体所困，一旦革命推翻暴政，则一切典章制度，均以个人自由为最高理想，而所有权系个人充分实现其人格自由及保障资本主义自由竞争之发展所不可或缺的工具，故法律上应加以绝对的保护。美国独立战争之后，也深感个人自由的可贵，因而其独立宣言、宪法及其他法律、司法判例等，均认为所有权是一种天赋之权利，应予以绝对的保护。盛行于18世纪至19世纪初的所有权绝对原则，适应了当时经济与社会发展的客观需要，对于保护个人的自由与利益、促进和保护自由竞争及资本主义商品经济的发展，起到了重要的作用。但随着资本

① 详见梁慧星：《民法总论》（第五版），法律出版社2017年版，第40—43页。

主义的进一步发展，所有权绝对原则也日渐产生负面后果：所有权人得利用对所有物的直接、任意的支配而对无产者的人身为间接的支配，从而引发日益深重的社会矛盾；所有权为绝对的权利而不含任何义务，有悖于社会公益发展的需要；所有权人既有行使其权利的固有自由，也有不行使其权利的自由，不适应物尽其用的效益原则；等等。于是，从社会公共利益的需要出发，对所有权的范围和行使予以一定限制并课以一定义务和负担的所有权社会化思想应运而生。19世纪末以来，所有权社会化思想逐渐取代个人本位的所有权思想，物权法的本位也从个人本位向社会本位转移，其所维护的利益之公共性特点日益彰显，主要表现在以下方面：

其一，所有权效力范围的限制。近代物权法上，土地所有权的范围“上穷碧落下黄泉”，土地之上下空间被视为土地所有权的自然延伸，土地所有权人对自己的土地以地表为中心而有上下垂直的支配力，如《法国民法典》第552条第1款即规定，“土地所有权包括该土地上空和地下的所有权”。现代物权法则普遍主张除于土地所有权的行使利益攸关之一定空间外，地表之上下不属于土地所有权的效力范围。如法国1910年的矿业法规定地下矿藏为国家所有，1924年的航空法确认大气空间为公共财产。《德国民法典》第905条虽沿袭旧制而规定，“土地所有人的权利扩及于地面上的空间与地面下的地层”，但同时也限定：“所有人对于他人在地下或高空所为的干涉，无任何利益损害者不得禁止。”《日本民法典》第207条则明确限定土地所有权的范围为：“于法令限制的范围内，及于土地的上下。”这种限制，使得在土地之上空架设管线、通行航空器，在地下敷设管线、通行地铁、修建车库和防空设施等垂直利用成为可能，空间权制度遂得以建立；而地下的矿藏等归国家所有，则使得公共资源有了恰当的归属，经济发展所需要的资源供给有了充分的保障。

其二，物权行使方面的限制。依所有权为绝对无限制的权利之观念，所有人可对其所有物为任意的使用、收益、处分，甚至可以滥用。现代物权法上则因应社会情事变迁的需要，确立了禁止权利滥用原则、诚实信用原则、公序良俗原则，要求权利的行使不得以损害他人为目的，物权的绝对性受到应有的限制，例如《德国民法典》第903条规定，“以不违反法律和第三人的权利为限，物的所有人得随意处分其物，并排除他人的干涉”。

其三，所有权的法定负担的设定。自1919年《德国魏玛宪法》第153条第3项确立“所有权负有义务，其行使应同时有益于公共福祉”原则以来，为公益目的的国家征收、征用和行政管理、环境保护方面的要求、物的闲置浪费方面的限制、不动产相邻关系的负担等制度不断完善，物权法的公共性色彩日益增强。

应当说明的是，物权的社会化仅是对绝对的个人本位、权利本位的调整与矫正，并不意味着弱化私有财产权或对个人权利的否定，更非义务本位法制的复活，其实质在于匡正19世纪时立法过分强调个人权利而忽视社会利益之偏颇，谋求个人利益与社会公共利益的协调发展。为避免矫枉过正，新近之立法与学说，遂强调在坚持权利本位的基础上兼顾社会利益，贯彻个人利益与社会利益协调发展的权利思想。[①]适应这一发展趋势，我国《宪法》和自《民法通则》以来的民事立法中均规定了公序良俗、禁止权利滥用等基本原则，体现了个人利益与社会利益协调发展的权利观念，《民法典》总则编中再次确认了这些原则，分则各编中的诸多具体规定则将这些重要原则和观念贯彻到了实处。

（三）物权理念的价值化

物权尤其是所有权，其本来的目的即是实现所有人自己对财产的现实支配，源自罗马法的“以所有为中心”的物权观念有其自然法上的渊源。这一观念也颇为适合资本主义初期发展的需要，因而曾被广为接受并居主流地位。但随着资本主义经济的发展和社会情事的变迁，这种物权观念逐渐不能完全适应现代社会发展的需要，而日耳曼法的“以利用为中心”的物权理念日益被重视。在现代社会化大生产条件下，利用他人的财产进行生产经营活动已为普遍的方式，公司成为生产经营的基本组织形式，社会财富和资源的优化配置与高效利用成为促进经济发展的重要条件；所有权人常常既不必要也不可能对物的利用事必躬亲，而将所有权的内容予以分化，在所有人保留其所有权的前提下将其权能分离而由他人行使、将其使用价值或交换价值交由他人支配，日渐必要而有益。于是，近现代法上用益物权与担保物权制度得到了空前的发展，其地位日益重要。在所有权与其权能的分离日益普遍、频繁的情况下，所有权获得了一种观念的存在，变成了对物的抽象的支配，但所有权人可以因其权能的分离而获得相应的对价利益或融资

① 参见梁慧星:《民法总论》(第五版)，法律出版社2017年版，第42—43页；陈华彬:《物权法原理》，国家行政学院出版社1998年版，第47页。

利益，使自身利益得到最大的实现；同时，非所有人则可以利用他人的财产组织生产经营，物的价值得到了充分、高效的利用。与此相应，所有权由本来注重对标的物的现实支配的实体权，演变为注重于收取用益之对价或获取融资利益的价值权，此即所谓的物权的价值化趋势。[①]而物权的价值权化发展，实际所反映的正是“从归属到利用”或“从以所有为中心到以利用为中心”的物权理念的转变过程。

应当说明的是，所有权乃“万权之源”，不确认物的所有，也就无法强调物的利用；没有所有权，也就谈不上他物权乃至其他任何民事权利。因此，在任何社会，确认和保护所有权均是物权法基本任务。由物的所有为中心向物的利用为中心转移，并不意味着现代物权法上所有权地位的降低。这一发展趋向只是表明，现代物权法除具有界定财产归属、明晰产权的功能外，最大限度地发挥资源的效用以获得最佳经济社会效益已成为其追求的重要价值目标，“在已对物的所有（归属）利益予以充分保护的基础上，再予重视对物的利用利益的保护，以期达到物尽其用的社会公平，从而有利于在一定程度上限制所有权，提高用益物权等权利的地位，加强其效力”。[②]

物权法的这一发展趋势，对于实行土地及其他重要自然资源公有制的我国，尤其具有重要的启示意义。如何在保持公有制的前提下充分发挥土地和其他自然资源的利用价值，始终是我们面临的重要课题。我国自20世纪80年代后实行的国有土地有偿使用制度、农业用地承包经营权制度、海域使用权制度等，即是解决土地等自然资源的所有与利用关系的成功范例。在我国《民法典》物权编的制定过程中及在此之后，均应坚持物尽其用的理念，不断发展、完善相关的法律制度。

（四）物权种类的现代化

随着现代科技的发展，人类对客观世界的控制能力不断加强，对物质财富的利用程度逐渐加深，而交易形态的发达和国际交往的便捷，亦进一步促使各国法律上的物权类别适应现代生活的要求而发生重要的变化。这一现象可概括为物权

---

① 参见梁慧星、陈华彬:《物权法》(第三版)，法律出版社2005年版，第3页；王利明:《物权法研究》，中国人民大学出版社2002年版，第66页以下。

② 钱明星:《论用益物权的特征及其社会作用》，载《法制与社会发展》1998年第3期。

种类的现代化，其主要表现在：

其一，物权客体的扩张。现代法上，物之概念已不限于有体、有形，凡具有法律上排他的支配、控制之可能性者，皆得为物。于是，物权的客体得到极大的扩张，地上及地下之特定空间以及电、热、声、光、磁波等能量，均可为物权的客体。不仅如此，可转让的财产权利成为物权客体的现象也颇为令人瞩目，如早期权利质权的客体主要为普通债权，而伴随着社会的发展，票据、提单、股权、基金份额、知识产权、应收账款、不动产收益权等也均得为质权的客体，这在早期物权制度中是无可想象的。

其二，物权种类的增加。例如，因空间权法理的发展，产生了空间所有权制度，空间地上权、空间役权及空间相邻关系制度也因此得以形成；海域及陆域水面的利用权等用益物权形式，也日显重要；担保物权种类的增加表现得更为突出，如不移转标的物占有的动产抵押和让与担保、浮动式和固定式的财团抵押、证券抵押、最高额抵押以及最高额质押、流动质押、股权与基金份额质押、知识产权质押、应收账款质押等新的担保物权类别被创设出来并得到法律的普遍承认。

其三，物权类别的国际化。随着现代各国市场经济的发展、交通与信息沟通的便利、国际贸易的发达、法律制度的相互借鉴与融合，物权法也出现了固有法色彩减弱、国际化程度增强的趋向。这不仅表现在各国对物权法定与公示公信原则以及物权的价值化、社会化等基本理念与基本制度方面渐达共识，也表现在物权类别的趋同化。尤其值得注意的是，两大法系的财产权观念与制度也出现了日渐接近和融合的态势，如英美法系的空间权制度、附条件买卖（所有权保留）制度、信托制度、动产担保制度、浮动担保与让与担保制度等，渐次被大陆法系各国的立法或判例所吸纳与借鉴。①而肇端于北美现已广为流行的通过互联网对各种担保权益进行电子登记的做法，亦必将对物权尤其是担保物权的种类变化产生深远的乃至革命性的影响。②

---

① 参见谢在全：《民法物权论》（上），中国政法大学出版社1999年版，第11页以下。

② 例如采行电子登记的美国法上即采行实质性担保物权观念，不区分抵押权、质权、留置权等担保物权的具体形式，只有是具有优先受偿效力的权利通称其为“担保权益”。大陆法系国家引入电子登记制，将会导致担保物权只宜区分为“占有型”和“登记型”，而不占有标的物的抵押权和一些权利质权等将会合一，实质功能不再有明确区分。

对于物权法既具有本土性的特点又有国际化的趋势问题，我们应有一个正确的认识。一方面，我们应迎合物权客体扩张的现实需要，顺应物权种类的现代发展趋势，广泛借鉴发达国家的可以为我所用的新的物权类型（尤其是担保物权制度）。另一方面，还应注意到物权法的国际化发展动向与合同法的国际化程度尚难比拟，物权法的固有法特点还将会长期存在。一些民族性、本土性较强的物权制度（如德国法上的物上负担、土地债务，法国、日本法上的不动产质权，我国固有法上的典权等）虽然难以为他国广为借鉴而走向“国际化”，但这并不意味着该制度在其本国法律上和社会生活中的地位也因此而降低或者应被废弃，关键要看有无适合该制度生存、发展的“土壤”。各国并无须为刻意追求国际化而舍弃符合本国特点的传统制度，“邯郸学步”为立法上之大忌。我国《民法典》物权编在用益物权分编中增设了居住权，而在担保物权，则借鉴、引进功能主义的实质性担保物权观念和规则的同时，维持了形式主义的担保物权的制度体系，并将其巧妙地加以结合。这一新型的颇具创意的立法模式，可为其他大陆法系国家所借鉴。①

第三节　我国物权法与民法典物权编的制定

一、物权法的制定

（一）制定物权法的必要性

如前所述，在2007年《物权法》颁行之前，我国没有形式意义上的物权法，也无系统的物权法律制度。既有的物权制度，与我国社会主义市场经济发展的进程和现代先进物权法律制度之间存在明显的差距与不足，主要表现在：第一，尚

① 参见高圣平:《动产担保交易的功能主义与形式主义——中国民法典的处理模式及其影响》，载《国外社会科学》2020年第4期；刘保玉:《民法典担保物权制度新规释评》，载《法商研究》2020年第5期；谢鸿飞:《民法典实质担保观的规则适用与冲突化解》，载《法学》2020年第9期。

无形式意义上的物权法，欠缺物权基本规则的规定；第二，回避固有、精确的法律术语，也未确立基本的物权类型体系；第三，重要制度的规定多有疏漏，已有的一些规定也过于原则、笼统；第四，计划经济时代的观念仍未彻底摆脱，不同主体的物权未能得到平等的保护。[①]

随着我国经济体制改革的深化和社会主义经济、政治、文化、社会建设的发展，为了适应全面贯彻落实科学发展观、构建社会主义和谐社会的需要，有必要在总结实践经验的基础上制定《物权法》，对物权制度的共性问题和现实生活中迫切需要规范的问题作出规定，进一步明确物的归属，定分止争，发挥物的效用，保护权利人的物权，完善中国特色社会主义物权制度。制定《物权法》，是坚持社会主义基本经济制度的需要，是规范社会主义市场经济秩序的需要，是维护广大人民群众切身利益的需要，也是实现中国特色社会主义法律体系建设目标的需要。[②]我国《物权法》第1条“为了维护国家基本经济制度，维护社会主义市场经济秩序，明确物的归属，发挥物的效用，保护权利人的物权，根据宪法，制定本法”的立法目的之规定，直接体现了制定该法的必要性和重大意义。

（二）制定物权法的指导思想与立法原则

关于制定中国物权法的指导思想问题，学界与立法机关进行过全面的讨论，并形成了高度共识，其中最为基本、最为重要者，应为下述三个方面：

1.坚持权利本位，兼顾社会公益。我国改革开放以来的民商事立法，尤其是作为民事基本法的《民法通则》，都是以权利作为立法的中心，从立法目的到各章名称与内容的规定，均体现了以确认和保护民事权利为核心的立法思想。同时，《民法通则》中也有体现社会本位思想的规定，如关于诚实信用原则、禁止权利滥用原则、公序良俗原则及特殊侵权行为中的无过错责任等规定，均表明《民法通则》在突出权利本位，强调对公民、法人民事权利保护的同时，也提出了兼顾国家利益和社会公益的要求，不允许滥用权利而损害国家、集体和社会公益。《物权法》中，一方面，

---

① 参见刘保玉：《物权法》，上海人民出版社2003年版，第139—141页。

② 参见王兆国：《关于〈中华人民共和国物权法（草案）〉的说明》，载中国人大网2007年3月8日，http://www.npc.gov.cn/wxzl/gongbao/2007-05/29/content_5366955.htm。

应当对民事主体所能享有的各种物权及其客体范围、效力等作出明确的规定，对国家、集体、个人所有权给予平等、严格地保护，对现行法上的农村土地承包经营权、宅基地使用权、国有土地使用权等进行彻底的物权化改造，赋予其物权的强大效力；另一方面，也应当对物权所应承受的社会义务，如权利行使的界限、相邻关系中的负担、国家因公益征收土地等财产的条件及公正的补偿等作出明确规定，以期达到个体与社会、民众与国家、私益与公益、自由与秩序等关系之协调的目的。

2.面向21世纪社会发展的需要，顺应物权法的现代发展趋势。如前所述，现代各国物权法已逐渐将物权法的重心从注重对物的归属与实体支配转向注重对物的价值支配与多样态利用，鼓励、保护、发展对物为有效利用的效益原则已成为物权法的重要立法原则。[①]更由于国际贸易的发达、交通的便利、文化交流的密切与法律制度的融合，物权制度的诸多领域已呈现出国际化的发展趋势。我国物权法的制定，也应顺应物权的价值化、国际化的潮流，面向21世纪市场经济发展的需要，对发达国家有益的立法经验与司法判例予以吸收、借鉴，对适应市场经济发展要求的有利于对物进行充分利用的各种用益物权、担保物权形式予以整理、确认和规范。同时，考虑到立法应有前瞻性，即使实践中出现的某些物权形式尚不成熟、普遍，国外的某些发达制度在我国实行的条件目前尚不充分，只要其符合我国法律的原则，具有发展的潜力和借鉴的必要，也应予以规范，至少应作出原则性的规定，为其留下发展的空间。

3.立足本国实际，尊重中国国情。物权法既有固有法的特点，也有国际化的趋势，而我国社会主义市场经济的发展，既要有本国特点，又要与国际社会接轨。于此情况下，我国物权法的制定，当然“既要学习、借鉴发达国家先进经验，又要考虑、尊重中国国情”，此乃各方之共识。唯有立足本国国情与实际，才能在追随“潮流”与学习“先进”时不失根本，才能做到“移植中有取舍、借鉴中有创新”，制定出真正具有中国特色的先进的物权法。

在上述指定思想下，我国立法机关在制定物权法时所坚持的总的原则是：以邓小平理论和“三个代表”重要思想为指导，全面贯彻落实科学发展观，坚持正确的政治方向，从我国的国情和实际出发，全面准确地体现和坚持社会主义基本

---

① 参见王利明：《物权法研究》，中国人民大学出版社2002年版，第68页。

经济制度；依据宪法和法律规定，对国家、集体和私人的物权实行平等保护的原则，同时针对国有财产流失的情况，加强对国有财产的保护；全面准确地体现现阶段党在农村的基本政策，维护广大农民群众的利益；针对现实生活中迫切需要规范的问题，统筹协调各种利益关系，促进社会和谐。总之，制定物权法必须始终坚持正确的政治方向，坚持物权法的中国特色，坚持一切从实际出发。①

（三）物权法的立法过程

我国立法机关于1993年将物权法的制定列入立法计划，并在1999年《合同法》颁布后具体着手物权法的起草。由于物权法的制定涉及现行经济体制和经济政策的变革之处较多，加之既有法律制度的基础薄弱和理论研究的不足，故其制定有很大的难度。为配合物权法的起草，民法学界于20世纪90年代中后期开始将研究的重心逐渐转向物权法理论，一些重要的物权法著作相继出版，物权法领域的专题研究论文也纷纷发表，这些研究成果为物权法的制定奠定了必要的理论基础。由中国社会科学院法学所梁慧星教授主持的中国物权法研究课题组于1995年提出了《关于制定中国物权法的基本思路》（载《法学研究》1995年第3期），1997年完成了系统性的基础研究成果《中国物权法研究》（法律出版社1998年版），1999年10月，该课题组完成了《中国物权法草案建议稿》的拟订，该建议稿加上说明、立法理由和参考立法例于2000年3月由社会科学文献出版社出版。2000年底，由王利明教授主持的中国人民大学民商事法律科学研究中心组织学者拟订的《物权法草案建议稿》也告完成，该建议稿及说明于2001年4月由中国法制出版社出版。该两个专家建议稿提交立法机关后，全国人大常委会法制工作委员会以此为参考，抓紧了物权法的起草工作，于2002年1月形成了《物权法（征求意见稿）》。2002年12月，九届全国人大常委会对《民法（草案）》及其中的物权编进行了初次审议。之后的十届全国人大常委会恢复了物权法以单行法的形式先行出台的立法方案并将其列入重要立法议程，2004年10月对物权法草案进行了第二次审议，2005年7月对物权法草案进行了第三次审议并向社会全文公布，广泛征求意见；2005年10

① 王兆国：《关于〈中华人民共和国物权法（草案）〉的说明》，载中国人大网2007年3月8日，http://www.npc.gov.cn/wxzl/gongbao/2007-05/29/content_5366955.htm。

月进行了第四次审议，2006年8月和10月分别进行了第五次和第六次审议，2006年12月常委会会议进行了第七次审议并决定将草案提交第十届全国人民代表大会第五次会议审议。2007年3月16日，第十届全国人民代表大会第五次会议审议后高票通过了《物权法》,[①]该法于2007年10月1日起施行。

尽管由于种种原因,《物权法》的制度设计和规范内容仍有不尽如人意的地方，有些问题的规定仍付诸阙如或暂时回避。但该法的颁行，在维护我国基本经济制度，维护社会主义市场经济秩序，鼓励社会财富的创造，明确物的归属、发挥物的效用，平等保护各种权利人的物权，以及维护交易的安全、顺畅和促进交易的发展与经济的繁荣等方面，起到了重大而积极的作用。《物权法》的颁行，也填补了我国民法物权制度的诸多空白，为民法典的制定奠定了又一坚实的基础。

二、物权法与民法典物权编制定中的争议问题

无论在我国《物权法》的立法还是在《民法典》物权编的制定过程中，都存在诸多争议问题，其中既有制度设计和技术规则方面的不同主张，也有意识形态和立法思路方面的论争。

《物权法》制定过程中曾发生过关于意识形态方面的激烈论争。这一论争源于个别守旧势力者公开指责物权法草案“违宪”“背离社会主义方向”“主导思想是想搞私有化”“平等保护原则将会进一步加剧贫富分化”“占有、善意取得制度将会为侵吞国有资产提供法律依据”“奴隶般地抄袭资产阶级的法律条文”，等等，主张物权法草案“应立即下马，彻底整改”。这种欠缺物权法基本理论和法学常识的“无知无畏”的无端指责，纯属无稽之谈，其实质是对我国改革开放以来的政策和中国社会发展潮流的一种“反动”。经过学界的深入讨论和拨乱反正，立法机关最终未采纳这种意见。在2014年之后的民法典编纂过程中，这种意识形态方面的争议已基本偃旗息鼓。

《物权法》制定过程中，也曾出现过立法思路方面的争议。此一争议主要来自

---

① 本次会议对《物权法（草案）》的投票表决结果是：赞同2799票，反对52票，弃权37票，另有1人未按表决器。

一些具有英美法背景的学者，认为物权法草案过多地沿袭了大陆法系国家的立法模式而未吸收英美财产法之所长，存在严重的弊端，主张“废弃大陆法系物权法的僵化模式”，“应依英美财产法模式”“推倒重来”。经过广泛讨论，绝大多数学者认为，经过数次审议的物权法草案，汇集了学界及其他社会各界和立法机关的多方智慧而非哪一个人的立法任意，是各方共同努力的结果，尽管由于种种原因尚有令人不满意的地方，但不宜全盘否定；对于英美法的优秀制度我们当然应当借鉴，但如此并不意味着就应废弃我们承袭已久的大陆法系立法模式。[①]在民法典编纂过程中，尽管仍有关于这一问题的讨论，但并未作为重大问题而引起关注。

关于制度设计和技术规则方面的争论，在《物权法》与《民法典》物权编制定过程中则无处不见。为学习和讨论的方便，在此将理论和立法中的主要争议问题粗列如下：

其一，物权法总则（物权编通则）部分，主要争议问题涉及应如何规范物权法的基本原则体系，物权行为的独立性与无因性（物权抽象原则）、一物一权主义是否应为物权法的基本原则；物权优先于债权是否应明确为一般规则；物权的客体应如何规定；物权法定原则的刚性与柔性及其妥当的表述；不动产物权统一登记制应如何构建；不动产登记的公信力是否应作出明确规定；物权的变动应以公示要件主义为原则，还是宜以公示对抗主义为原则，二者折中的方案是否妥适；登记对抗模式下未登记的物权不得对抗的“善意第三人”的范围如何界定；作为动产现实交付之变通形式的诸种观念交付方式，适用上有无限制，其对抗力如何；物权请求权的诉讼时效适用问题及其与侵权责任制度的适用关系；物权的保护问题单列一章是否有必要；等等。

其二，所有权部分，主要争议涉及在结构设计上是以不动产所有权和动产所有权之区分为主线，还是以所有主体的类别不同为基础，抑或折中其二者；取得时效、添附、先占等所有权取得方法应否明确规定，拾得遗失物、发现埋藏物的规则是应沿袭旧制还是宜另立新规；征收中“公共利益”的范围应否在基本法上

① 笔者的主张是：不论哪种法制、哪国模式，只要适合中国国情、宜于为我们所借鉴，就可以成为我们立法的参考。最终的立法，无论其中勾兑了何种元素、加入了哪种成分、混合了哪种制度，只要适合中国社会的实际需要、有益于推动中国社会的发展，就是“善法”。这方面，一如鸡尾酒的勾兑和其质量的评判。参见刘保玉：《法律移植与融合中的“鸡尾酒论”》，载《法学家茶座》第30卷。

规定及如何规定；国家与国有企业的财产权关系应如何理顺；集体所有权制度应如何具体规定；建筑物区分所有权中的共有权之客体范围如何界定、成员权的行使规则如何规范为宜；等等。

其三，用益物权部分，争议的主要问题为诸类用益物权的具体名称如何确定；用益物权的客体宜否提及“动产”；我国传统法上的典权制度的去与留；作为人役权的居住权宜否明确为用益物权类型，其基本规则如何规定；空间利用权是否应作为独立的用益物权类型；海域使用权、养殖权、捕捞权、探矿权、采矿权、取水权等所谓“特许物权”是否应在物权法上作出规定、如何规定；建设用地（尤其是住宅建设用地）使用权期满后如何处理方为妥当；土地承包经营权中的权利配置如何，土地经营权与宅基地使用权的流转限制应否予以适当放宽；等等。

其四，担保物权部分，有关争议主要涉及是否应规定担保物权的追及效力；担保物权的行使期间如何规定；流担保条款的效力如何对待；浮动抵押、流动质押的规则设计；权利质权的客体范围应否予以开放；商事留置权的规则如何表述为妥；担保物权的顺位规则如何改进；如何为优化营商环境而完善担保物权的其他一些规则，功能主义的担保物权理念如何与形式主义的立法体例融合；等等。此外，是否应规定让与担保、优先权等，也存在不同主张。

其五，占有制度部分，关于其在物权法上的地位及主要内容等争议不大，但在占有的具体类别划分、是否规定占有的状态推定和权利推定规则等问题上，有不同的意见；在内容的详略方面，学界和立法机关的各方案也有一定差异。

上列问题的分歧和争论，有些已在最后通过的《物权法》中得到了回应和解决，有些问题则被暂时搁置；还有些问题在《物权法》颁行后依然存有争议，学界的讨论并未停息。《民法典》物权编制定中，后续又解决了其中的一些遗留问题，并有一些规则的改进和创新。

三、民法典物权编的制定

（一）民法典编纂的指导思想与物权编的制定过程

2014年10月23日党的十八届四中全会作出“编纂民法典”的重大决策之后，

立法机关确定由中国法学会、中国社会科学院法学所、国务院法制办、最高人民法院、最高人民检察院五家单位作为民法典草案起草的牵头单位，各单位立即着手了相关工作。作为民法典编纂第一步的《民法总则》（已废止）于2017年3月通过后，作为第二步的分则各编的编纂工作随后也紧锣密鼓地进行。

立法机关在编纂民法典过程中所坚持的指导思想是：高举中国特色社会主义伟大旗帜，以马克思列宁主义、毛泽东思想、邓小平理论、“三个代表”重要思想、科学发展观、习近平新时代中国特色社会主义思想为指导，增强“四个意识”，坚定“四个自信”，做到“两个维护”，全面贯彻党的十八大、十九大和有关中央全会精神，坚持党的领导、人民当家作主、依法治国有机统一，紧紧围绕统筹推进“五位一体”总体布局和协调推进“四个全面”战略布局，紧紧围绕建设中国特色社会主义法治体系，建设社会主义法治国家，总结实践经验，适应时代要求，对我国现行的、制定于不同时期的民法通则、物权法、合同法、担保法、婚姻法、收养法、继承法、侵权责任法和人格权方面的民事法律规范进行全面系统地编订纂修，形成一部具有中国特色、体现时代特点、反映人民意愿的民法典，为新时代坚持和完善中国特色社会主义制度，实现“两个一百年”奋斗目标、实现中华民族伟大复兴中国梦提供完备的民事法律保障。为贯彻上述指导思想，在民法典编纂工作中遵循和体现了以下基本原则：一是坚持正确政治方向，全面贯彻习近平总书记全面依法治国新理念新思想新战略，坚决贯彻党中央的决策部署，坚持服务党和国家工作大局，充分发挥民法典在坚持和完善中国特色社会主义制度、推进国家治理体系和治理能力现代化中的重要作用。二是坚持以人民为中心，以保护民事权利为出发点和落脚点，切实回应人民的法治需求，更好地满足人民日益增长的美好生活需要，充分实现好、维护好、发展好最广大人民的根本利益，使民法典成为新时代保护人民民事权利的好法典。三是坚持立足国情和实际，全面总结我国改革开放40多年来民事立法和实践经验，以法典化方式巩固、确认和发展民事法治建设成果，以实践需求指引立法方向，提高民事法律制度的针对性、有效性、适应性，发挥法治的引领、规范、保障作用。四是坚持依法治国与以德治国相结合，注重将社会主义核心价值观融入民事法律规范，大力弘扬传统美德和社会公德，强化规则意识，倡导契约精神，维护公序良俗。五是坚持科学立法、民主立法、依法立法，不断增强民事法律规范的系统性、完整性，既保持民事法律制度的连续性、稳定性，又保持适度的前瞻性、开放性，同时处理好、衔接好法典化民事法律制度下各类规范之间的关系。[①]

2017年1月，中国法学会民法典编纂项目领导小组物权法编课题组完成了《民法典物权法编修订条文及立法理由》并提交立法机关，其他各牵头单位也提交了完整的或部分的民法典草案立法建议条文，另有一些高等院校、研究机构和学者也提交了其所拟定的立法建议。

2017年11月，法工委民法室完成了《物权编草案（室内稿）》；2018年8月，法工委完成了物权编一审稿并经十三届全国人大常委会进行了初次审议；2019年4月，完成了物权编二审稿并经全国人大常委会进行了第二次审议；在民法典草案的各分编分别经过二次或者三次审议的基础上，总则与各分编草案合并形成的《民法典（草案）》于2019年12月16日由十三届全国人大常委会第十五次会议进行了审议，之后公开发布征求意见。2020年5月28日，第十三届全国人民代表大会第三次会议审议通过了《民法典》（自2021年1月1日起施行；《物权法》等九部法律同时废止），这是我国首部以法典命名的法律，开创了我国法典编纂立法的先河，具有里程碑式的意义，在我国的法律体系中具有极其重要的地位并将在经济、政治和整个社会生活领域长期发挥基础性法律的作用。

（二）民法典物权编的编章结构

2007年以单行法形式颁行的《物权法》，分为5编（外加“附则”）、19章，共计247条。其编排体系采用了大陆法系国家立法例中通行的“总分结构”。总则中对物权法中的基本、共通性问题作了总括性规定；分则部分则依物权的基本类型分别进行了规定，同时，对占有在物权法中的地位也给予了肯定。编章设计和章节名称既考虑了立法通制，也考虑了我国的国情与特点。这一基本体系设计，整体上是值得肯定的。

在我国《民法典》中，物权编位于第二编，该编设置了5个分编、20章，共

① 参见王晨：《关于〈中华人民共和国民法典〉（草案）的说明——2020年5月22日在第十三届全国人民代表大会第三次会议上》，载《中国人大》2020年第12期。

计258条（第205—462条）；另外，在总则编中也有4个直接关于物权问题的条文（第114—117条）。《民法典》物权编基本维持了原《物权法》中的体系设计，但在编章结构上也有些变化：第一，将原来的“编”，改为“分编”，并将第一分编的编名由“总则”改为“通则”；第二，将第一章的章名由“基本原则”改为“一般规定”；第三，在第三分编中增设“居住权”一章；第四，删除了《物权法》中的“附则”。

《民法典》物权编的体系结构如下：

第一分编“通则”。分为三章：第一章“一般规定”；第二章“物权的设立、变更、转让和消灭”（分为“不动产登记”“动产交付”“其他规定”三节）；第三章“物权的保护”。

第二分编“所有权”。分为六章：第四章“一般规定”；第五章“国家所有权和集体所有权、私人所有权”；第六章“业主的建筑物区分所有权”；第七章“相邻关系”；第八章“共有”；第九章“所有权取得的特别规定”。

第三分编“用益物权”。包括六章：第十章“一般规定”；第十一章“土地承包经营权”；第十二章“建设用地使用权”；第十三章“宅基地使用权”；第十四章“居住权”；第十五章“地役权”。

第四分编“担保物权”。包括四章：第十六章“一般规定”；第十七章“抵押权”（分为“一般抵押权”“最高额抵押权”两节），第十八章“质权”（分为“动产质权”“权利质权”两节）；第十九章“留置权”。

第五分编“占有”。该分编仅有一章：第二十章“占有”。

四、与民法典配套的行政法规、规章和司法解释的出台

《民法典》通过后不久，习近平总书记于2020年5月29日在中共中央政治局就“切实实施民法典”举行的第二十次集体学习时的讲话中强调：“有关国家机关要适应改革开放和社会主义现代化建设要求，加强同民法典相关联、相配套的法律法规制度建设，不断总结实践经验，修改完善相关法律法规和司法解释。”据此指示精神并为配合《民法典》于2021年1月1日的实施，有关部门抓紧了相关法规、规章和司法解释的起草、修改工作。

2020年12月22日，国务院发布《关于实施动产和权利担保统一登记的决定》（国发〔2020〕18号），明确自2021年1月1日起，在全国范围内实施动产和权利担保统一登记。2020年12月30日，中国人民银行、国家市场监督管理总局就生产设备、原材料、半成品、产品等四类动产抵押登记的有关过渡安排发布了公告（〔2020〕第23号）。2021年12月下旬，中国人民银行发布了《动产和权利担保统一登记办法》，于2022年2月1日施行，原《应收账款质押登记办法》（中国人民银行令〔2019〕第4号）同时废止。《不动产登记暂行条例》和《实施细则》也将根据《民法典》的规定作出相应的修改并增补居住权的登记规则等。为了规范农村土地经营、流转行为，保障流转当事人合法权益，加快农业农村现代化，维护农村社会和谐稳定，根据2018年第二次修正后的《农村土地承包法》等法律及有关规定，农业农村部制定、发布了新的《农村土地经营权流转管理办法》（2021年第1号），该办法自2021年3月1日起施行，农业部2005年1月19日发布的《农村土地承包经营权流转管理办法》（农业部令第47号）同时废止。

2020年12月，最高人民法院发布了配套《民法典》实施的7件司法解释，其中与物权编内容相关的包括《民法典时间效力的规定》《物权编解释（一）》《担保制度解释》等；同时，最高人民法院还对27件民事类司法解释进行了修改，其中与物权编问题有关的包括《最高人民法院审理建设工程施工合同纠纷案件适用法律问题的解释（一）》《最高人民法院关于审理矿业权纠纷案件适用法律若干问题的解释》《最高人民法院关于审理买卖合同纠纷案件适用法律问题的解释》《最高人民法院关于审理融资租赁合同纠纷案件适用法律问题的解释》《最高人民法院关于审理建筑物区分所有权纠纷案件适用法律若干问题的解释》《最高人民法院关于审理物业服务纠纷案件适用法律若干问题的解释》《最高人民法院关于审理涉及农村土地承包纠纷案件适用法律问题的解释》《最高人民法院关于审理涉及国有土地使用权合同纠纷案件适用法律问题的解释》《最高人民法院关于审理涉及农村土地承包经营纠纷调解仲裁案件适用法律若干问题的解释》《最高人民法院关于国有土地开荒后用于农耕的土地使用权转让合同纠纷案件如何适用法律问题的批复》《最高人民法院关于审理城镇房屋租赁合同纠纷案件具体应用法律若干问题的解释》《最高人民法院关于审理民间借贷案件适用法律若干问题的规定》，等等。

第四节 物权法基本原则的体系

一、关于物权法基本原则的学说与立法

物权法的基本原则，是贯穿于物权法始终，反映物权的本质、规律和立法指导思想的根本准则，也是制定、解释、适用、研究物权法的基本准则。

物权法的基本原则有社会政治原则和结构技术原则之分。前者是体现物权法与社会经济、政治制度的关系原则，后者则是在物权法的具体制度考量与规则设计中应遵循的基本准则。在资本主义社会，社会政治原则主要是私有财产制度，而在实行社会主义制度的中国，则应当坚持公有制为主体、多种所有制经济共同发展的基本经济制度，同时，也应平等保护各类民事主体的物权等权利。我们这里所谈的物权法之基本原则，主要指结构技术原则。

物权法的基本原则与物权法中的其他规则相比，具有纲领性的作用，对其他规则具有整体的约束力。如同确定民法的基本原则具有重要意义一样，明确物权法的基本原则，对于物权法具体内容与制度的设计及其解释、适用和学习与把握，均具有重要意义。

各国的物权立法上，通常并未对物权法的基本原则作出明确、系统的规定，而一般是通过若干相对集中的法条来表明，或者分散体现于具体问题的规定之中。因此，所谓物权法的基本原则，主要是学者们从法理上对物权法中最重要、最基本的规则所作的抽象概括。

因各国的社会制度、法律传统、法律观念与纯粹的立法技术等诸多方面的不同，关于物权法基本原则的规定也有不同的体现。又由于物权法的基本原则主要是学者的归纳、概括，而学者们的见解并不完全相同，故而对基本原则的认识与归纳也有不同。如在大陆法系民法典型代表之一的德国法上，其物权法除贯彻“私有所有权的承认”这一不言自明的政治经济体制原则外，学者较一致认可的原则也有五项，即物权法定原则、物权绝对原则、物权公示原则、物权特定原则

和物权抽象原则。[①]我国台湾地区学者一般认为，物权法的基本原则包括社会政治原则和结构原则，前者为私有财产制度，后者包含五项具体原则：就物权性质而言，为物权之绝对性；就物权种类而言，为物权法定主义；就物权客体而言，为一物一权主义；就物权效力而言，为物权之优先效力；就物权变动而言，为物权行为无因性、公示原则。物权之绝对性系物权之基本性格，其他四个原则皆源于此种特性。[②]

在我国物权法制定中，应确立哪些基本原则，学者们也进行了深入的讨论，但尚未达成完全一致的认识，主要观点大致可分为以下几类：

其一,二原则说。认为各国物权立法共同遵循、我国物权立法中也应肯定的基本原则有物权法定和公示公信两项。[③]

其二,三原则说。主张我国物权法应确立物权法定、一物一权和公示公信三项基本原则。[④]

其三,四原则说。持四原则说的学者基本都赞同上述三原则，唯关于第四个原则为何，有不同认识。有的认为还应承认物权的效力优先原则；[⑤]有的认为效率或效益原则也应当坚持；[⑥]还有的则认为另应肯定物权行为独立原则。

其四,五原则说。五原则说中，也有观点的分歧。如有的认为应确认物权法定、一物一权、公示公信、物权的效力优先、物权行为独立五项基本原则；[⑦]有的认为只需变更其中的物权行为独立原则为物权变动与其原因行为的区分原则；也有不少学者赞同前述我国台湾学者的观点或德国法上认可的五原则。

另外，在物权法基本原则的讨论中，有学者对一物一权主义在当前是否还具

① 孙宪忠:《德国当代物权法》，法律出版社 1997 年版，第 78 页以下。

② 王泽鉴:《民法物权》(1)，中国政法大学出版社 2001 年版，第 21—23 页。

③ 温世扬:《物权法要论》，武汉大学出版社 1997 年版，第 21 页。

④ 张俊浩主编:《民法学原理》(上)，中国政法大学出版社 2000 年版，第 388 页以下；郭明瑞、唐广良、房绍坤:《民商法原理》(二)，中国人民大学出版社 1999 年版，第 9 页以下；王利明主编:《民法》，中国人民大学出版社 2000 年版，第 147 页以下；李景丽:《物权法新论》，西苑出版社 1999 年版，第 9 页以下。

⑤ 崔建远:《我国物权法应选取的结构原则》，载《法制与社会发展》1995 年第 3 期。

⑥ 王利明:《物权法研究》，中国人民大学出版社 2002 年版，第 68 页、第 73 页。

⑦ 钱明星:《论我国物权法的基本原则》，载《北京大学学报》(哲学社会科学版) 1998 年第 1 期。

有基本原则的价值提出质疑，主张舍弃已过时的内容而将其仍有价值的内容归入其他原则之中；[①]也有学者认为，物权的公信力是物权公示原则作用的结果，公信原则与公示原则密不可分且可为其所涵盖，故不必将其与公示原则并列。[②]

研究学者所提出的物权法建议稿，大致可认为梁慧星教授主持拟订的物权法草案建议稿中，肯定了物权绝对原则、物权法定原则、物权公示原则、物权变动与其原因行为的区分原则，至于物权的效力优先规则，在“一般规定”中也有规定，但未明确其为“原则”；王利明教授拟订的建议稿中，提出了物权法定、一物一权、公示公信原则，同时也明定了物权的优先效力。

二、物权绝对、物权法定、物权公示三原则的归纳

综而言之，立法上与理论上对于物权法定原则、公示公信原则的态度较为一致；对于一物一权原则的内容及其在物权法上的地位有不同的主张；对于物权绝对、物权特定、物权排他和效力优先等，在内容与制度意义上虽无疑义，但是否均应明确为基本原则，态度有所不同；对于物权行为独立及无因性原则，则不仅立法上有截然不同的态度，理论上也有激烈的争论，但对于物权变动与其基础关系或原因行为的区分原则，国内学界均予赞同。

我们认为，归纳、整合我国物权法的基本原则，应着重考虑以下因素：

第一，学理通说和我国法律上的规定。根据《民法典》物权编及总则编的相关规定，大致可认为其明确肯定了坚持社会主义基本经济制度、各类权利人的物权受法律平等保护、物权的排他性、物权客体特定、物权法定、物权公示、物权变动与其原因行为的区分等原则或重要规则。我国物权法基本原则的体系，亦应在此基础上再加抽象概括后确立。理论上争议较大且在我国法律上未有体现的规则，不宜考虑纳入基本原则的体系之中。

---

① 参见梁慧星等:《中国物权法草案建议稿——条文、说明、理由与参考立法例》，社会科学文献出版社 2000 年版，第 99 页；刘保玉:《论物权之间的相斥与相容关系》，载《法学论坛》2001 年第 2 期。

② 参见房绍坤、叶军:《论物权法的基本原则》，载《安徽大学学报》(哲学社会科学版) 1996 年第 4 期。

第二，我们这里所论的物权法的基本原则，限指结构技术性原则。故此，立法上关于坚持社会主义基本经济制度、平等保护等规定，应归为社会政治原则，而非为我们这里谈的结构技术原则。

第三，既称“基本原则”，则应合并同类项，将规范同类问题的规则进行适当的归纳、整合，否则，会有失于规则的繁多和琐碎，基本原则的体系将会显得散乱。

第四，所谓基本原则，应是贯彻于物权法始终，反映物权的本质和最重要、最基本的规则的概括。我们认为，法律关于物权性质和效力的规定，关于物权种类的规定和限制、关于物权变动的基本规则和法律效果的规定，应属于物权法上最重要、最基本的问题，是物权法各项具体规则和制度立足之根基。而其他规定，则均依此而展开或应属于例外的、特殊的规定。

基于以上考虑并结合物权法的规定和学理通说，我们把物权法在结构技术方面的基本原则归纳、整合为三项，即：关于物权性质的“物权绝对原则”、关于物权类型的“物权法定原则”、关于物权变动的“物权公示原则”。本书所称的物权绝对原则中包含了物权的绝对权性、效力的排他性、客体的特定性及物权优先于债权等内容，而物权公示产生公信力的原则和区分原则涵盖于物权公示原则之内。至于一物一权主义，不应居于物权法基本原则的地位，只宜作为所有权这种物权类型的原则；而物权行为的独立性、无因性原则，因学理上尚存较大争议且未能在我国立法中体现，故此，我们未将其纳入物权法基本原则的体系内。

为避免内容的重复，此三项基本原则的具体内容，本书将在第二章、第三章、第四章分别进行阐述并在每章最后一节概括出各项原则的核心内容。

三、物权法三原则之间的逻辑关系

我们认为，物权绝对、物权法定、物权公示三项原则之鼎立，足以支撑起物权法基本制度和规则体系的框架，而且，此三项基本原则构成了完整的、和谐的体系：物权是对特定的物的排他支配权之物权定义，是物权绝对原则的核心内容，也是物权与其他民事权利区分的基本标准；物权的种类有哪些、各类物权的内容如何，是物权法定原则所要解决的主要问题；而物权的存在和变动必须经过公示（不动产登记或动产交付），否则不能引起物权的变动和发生物权法上的效力，这是物权公示原则的要旨。物权绝对原则的意义在于界定物权原本是什么、应当是什么；物权法定原则的意义在于明确哪些权利是物权或可以成为物权，并排斥法律上不欲承认的物权种类；而以公示要件主义为本旨的物权公示原则，除了具有维护物权变动的清晰、明确和维持物权对抗力的质的规定性之基本功能外，还兼具通过公示方法（尤其是登记）的限定，排除那些法律上不欲承认的物权种类之作用。[①]

① 参见刘保玉：《论物权法基本原则的体系》，载孟勤国、黄莹主编：《中国物权法的理论探索》，武汉大学出版社2004年版，第67页以下；刘保玉：《论物权公示原则在物权性质界定与类别划分中的意义》，载《政法论丛》2007年第3期。

第二章　物权的性质与效力

第一节　物权的概念与性质

一、物权的词源

（一）罗马法上的渊源

如同民法上的其他诸多概念的渊源一样，物权的概念也滥觞于罗马法。罗马法曾确认了所有权（dominium）、永佃权（emphyteusis）、地上权（superficies）、役权（servitutes）、质权（pignus）、抵押权（hypotheca）等具体的物权形式，并创设了与对人之诉（actio in personam）相对应的对物之诉（actio in rem），以对上述诸种权利进行保护。罗马法上对物之诉与对人之诉的区分虽主要是从程式诉讼的便利上考虑的，其目的并不在于明确区分物权与债权，但其中无疑已经蕴含了物权与债权区分的理念。罗马法学家也使用过“对物的权利”（eurainre）以及“对物之权”（jus ad res）等名词。不过，具有抽象概括性的“物权”（jus in re）及“他物权”（jus in re aliena）的名词和概念在罗马法中并未出现，它们是中世纪注释法学派在研究、诠释罗马法时创造的。

（二）近现代法上的采用

一般认为，1811年的《奥地利民法典》率先在立法上采用了物权的概念，[①]

① 不过，据国内权威学者的翻译，1804年的《法国民法典》中已使用了物权一词，如该法第2262条规定：“一切物权或债权的诉权，均经三十年的时效而消灭。”参见《法国民法典》，马育民译，北京大学出版社1982年版，第423页；《拿破仑法典（法国民法典）》，李浩培等译，商务印书馆1979年版，第318页；尹田：《法国物权法》，法律出版社1998年版，第233页注。

该法第307条、第308条规定："物权，是属于个人财产上的权利，可以对抗任何人。""物之物权，包括占有、所有、担保、地役和继承的权利。"1896年颁布的《德国民法典》以"物权"为该法典第三编的编名，用了442个条文对物权制度作了系统、完整的规定，奠定了物权作为一项基本民事权利的地位及物权法的基本体系。其后，物权概念为多数国家的立法所接受，物权法也成为现今大陆法系国家民法的重要组成部分。

英美法系国家法律上没有物权的概念，与之相近的词汇是"财产"或"财产权"（property；real right）。不过，英美法中的这一用语与大陆法中的"物权"并非对等的概念，其内涵、外延及所反映的财产权观念等均有差别。

二、物权的概念

（一）关于物权的含义的学说观点

尽管大陆法系诸国民法上均有关于物权制度的系统规定，但通常并未给物权作出明确的定义。而民法理论上对于物权的概念应如何界定，有着诸多不同的学说主张。

从法律关系上着眼来阐释物权的含义，有对物关系说、对人关系说及两方面关系说（折中说）三种学说。对物关系说认为物权乃人与物的关系，是"支配物的财产权"；对人关系说认为物权是人与人之间的关系，是"得对抗一般人的财产权"；折中说认为，前两种观点均有失偏颇，物权同时反映着人与物、人与人之间的关系，它是直接支配物且得对抗一般人的财产权。国内学界的主流观点，系采折中说或两方面关系说，认为物权关系是以对物的占有、支配为媒介而发生的人与人之间的关系。其中，法律规定的权利人支配物的方法及范围，是权利人与物之间的关系；法律赋予物权以对抗一般人的效力，禁止他人的侵害，体现的是人与人之间的关系。权利人直接支配标的物与得对抗一般人，皆为物权的要素，二者相辅相成，不可偏执其一。[①]

---

① 参见钱明星：《物权法原理》，北京大学出版社1994年版，第9—10页；杨振山主编：《中国民法教程》，中国政法大学出版社1995年版，第175页；郭明瑞、唐广良、房绍坤：《民商法原理》（二），中国人民大学出版社1999年版，第26页。

从物权的性质与内容方面着眼而给物权下定义，学者们的见解亦有不同，大抵可归并为四类：第一类，为着重于对物的直接支配性的定义，认为物权为直接支配物之权利；第二类，是着重于对物直接支配与享受利益的定义，指出物权为直接支配特定的物并享受其利益的权利；第三类，乃着重于对物直接支配与排他性的定义，称物权为直接支配、管领特定的物并具有排他性之财产权；第四类，系一并着重于直接支配、享受利益与排他性三个方面，将物权定义为直接支配标的物并享受其利益的排他性权利。①

（二）物权的概念界定

从上述各种定义可以看出，在物权的定义中应表明对物支配的内容，学界已有共识；而对于享受物之利益和权利的排他性之内容在物权的定义中应如何体现，则有不同认识。我们认为，法律规范物权制度，正是为了确定物的归属秩序以及权利人对物的支配方法与范围，故对物支配性应为物权概念中的当然内容。但对物支配仅揭示了权利人对物的关系，而物权人与其他人之间的关系、物权得对抗一般人并排除他人干涉的特性，尚须以排他性的表述来明示。凡属权利皆有利益之内容，物权也不例外，但指明物权为支配物之权利，已隐含了物权中的利益为因支配物所生之利益；而且，在其他民事权利的定义中通常也不指明权利人享受何种利益的内容，故而享受物之利益的内容在物权的定义中无须明言。因此，前述强调“对物支配”与“效力排他”二要素的第三类定义更值得接受，即物权是指权利人直接支配特定的物并具有排他性的权利。简而言之，物权就是对物的排他支配权。②

我国《民法典》在总则编第114条第2款规定：“物权是权利人依法对特定的物享有直接支配和排他的权利，包括所有权、用益物权和担保物权。”这一物权概念的界定，强调了对物支配与效力排他这两个基本要素，并点明了物权的基本类别。

物权的这一定义，包含以下几层含义：

第一，物权主要是以特定的物为客体的权利。（1）物权的主要客体为有体物，

---

① 梁慧星、陈华彬：《物权法》（第三版），法律出版社2005年版，第12—13页。

② 刘保玉：《物权概念的二要旨：对物支配与效力排他》，载《政治与法律》2005年第5期。

它可以是动产、不动产或二者的结合。无体物如科技发明、文艺作品、技术秘密等，为知识产权的客体，在法技术上的处理与物权有别。（2）根据《民法典》第115条和物权编第四分编的相关规定，在法律有特别规定的情形下，无体的财产权利也可以作为担保物权的客体而设定权利抵押权、权利质权，这是由于担保物权重在支配担保财产的交换价值所使然。相较于以物为客体的普通物权，权利物权具有一定的特殊性，为物权的变态形式，在一般规则上准用物权法的规定，故传统理论上通常称其为“准物权”。（3）由于物权系权利人对客体直接支配的权利，客体如不特定则无以进行支配，故作为物权客体的物或财产权利必须是特定的。

第二，物权为对特定的物直接支配的权利。物权系以直接支配标的物为内容。所谓支配，是指依权利人之意思而对标的物加以管领、控制和处置。此种管领、控制和处置，既可以是针对物的实体，也可以是针对物的价值；既包括对物为事实上的使用、处置，也包括通过法律行为对物进行利用与处分。所谓直接支配，是指物权人对于标的物之支配仅依自己的意思及行为即可实现，无须他人的行为或意思之介入。例如，所有权人得依自己的意志对标的物为占有、使用、收益、处分，质权人于债权届期未获清偿或约定事由发生时可以拍卖、变卖质押财产并以所得价款优先受偿。

第三，物权为享受物之利益的权利。物权为民事权利之一种，而权利之本质为法律赋予权利人得享受一定利益的法律之力，所以物权人当然得享受因直接支配特定的物而产生的利益，此为物权的目的之所在。由于各种物权的具体内容与目的不同，各类物权人所享受的物之利益也有不同：所有权人所享受的物之归属利益为包括使用价值与交换价值在内的全部利益，得对物为占有、使用、收益、处分等各种行为；用益物权人因享有物的使用价值而得对物为占有、使用、收益，享受物之用益利益；担保物权人则因对物的交换价值的支配而享有物之担保利益，于债务人届期未履行债务时以担保财产的交换价值优先受偿其债权。

第四，物权为具有排他性的权利。凡属支配权的权利，均具有排他性。物权的支配性与排他性虽为一个问题的两个方面，但二者的角度不同：对物支配是从权利人与物的关系上而言的，强调的是物权的权能；排他性是从物权人与其他人的关系上讲的，强调的是物权的效力。依物权的排他性，当特定的物上依法成立某人的某项物权后，他人即不得再于该物上成立与之性质相抵触或内容不相容的另一物权；相容物权之间则依其设立的先后或效力的强弱而确定其相互关系；物权人之外的一切人均对物权人负有不为妨害的消极义务；当物权的行使和实现遇到任何他人的不法妨害时，物权人得主张物权请求权并凭借其强大的效力排除妨害。

第五，物权的基本类型包括所有权、用益物权、担保物权三种。依据《民法典》第116条“物权的种类和内容，由法律规定”之物权法定原则的规定精神，此外的其他权利，不属于物权这种权利类型。

三、物权的特性

物权的特性，是指物权固有的本质属性，是物权区别于其他权利的标志。物权的特性可以集中概括为以下五个方面：

（一）对世性

这是物权在主体方面的特性。在物权关系中，权利主体总是特定的，而义务主体则是不特定的任何人，物权人之外的其他任何人对物权人都负有不为侵害或妨碍的消极义务或容忍义务。换言之，物权为得对任何人主张的权利。因此，在权利的分类上，物权为“对世权”。

（二）支配性

这是物权在内容方面的特性。物权系以直接支配标的物为内容，即物权人得依自己的意思及行为对标的物为管领处置，实现其利益，而无须他人的意思或行为之介入。因而，在权利的分类上，物权是典型的“支配权”。物权人对标的物为支配的方式，可以是事实上的管领处分，也可以是法律上的管领处分，可以是有形的实体支配，也可以是无形的价值支配，举凡对物所得实施的任何行为均属之。不过，因物权的种类不同，物权人对物进行支配的内容和范围是有一定差别的。

（三）特定性

这是物权在客体上的特性。首先，物权本质上是民事主体对物质资料的占有关系在法律上的反映，同时出于使法律体系和权利类别清晰明确的需要，物权的客体原则上只能是物，而不能是行为或非物质的精神财富。其次，作为对物支配权的物权，其客体还应是特定的、独立的、有形的、既存的物。由于物权系对物直接支配之权利，标的物如不特定或尚不存在，则无以进行支配，且在发生物权变动时也难以进行登记或交付，故作为物权客体的物须是具体指定且既已存在之物；同样基于物权的支配性及公示要求，物权的客体应是独立的物，无从单独支配又难以公示的物之组成部分不得设立物权；为使法律体系和权利类别清晰明确，作为物权客体的物原则上应是有体的动产或不动产。有所例外的是，于法律有特别规定的情形下，可移转的财产性权利可以作为担保物权的客体，未来的物或财产权利也可以列入浮动担保的客体范围。

（四）排他性

这是物权在效力方面的特性。物权作为直接支配物的权利，对外当然具有排除他人干涉而由权利人独占地享受其利益的性质与效力。不过，对于物权排他性的含义如何，学界的认识或表述并不完全相同。多数学者认为，物权的排他性是指同一物上不容许性质不两立的两种以上物权同时存在；也有不少学者认为物权的排他性即指“排除他人干涉”的效力，它一方面是指物权具有不容他人侵犯或者直接排除他人不法妨碍的效力，另一方面是指同一物上不得同时成立两个内容不相容的物权；[①]还有学者指出，物权的排他性中尚包含对任何第三人主张权利的意思。[②]我们认为，物权的排他性与“排除他人干涉”“得对抗一般人”可作同一解释，即应从广义上来理解其含义，物权成立上的排他效力、实现上的排他效力、对债权的优先效力、物上请求权效力等均属物权排他性的应有之义。

（五）绝对性

这是物权在实现方式上的特性。物权在实现上的绝对性，是指除遵守法律之外，物权人行使权利完全基于自己的任意，且仅凭自己的意思和行为即可实现其

---

① 王利明主编：《民法》，中国人民大学出版社2000年版，第143页；马俊驹、余延满：《民法原论》（上），法律出版社1998年版，第363—364页。

② 郭明瑞等：《民商法原理》（二），中国人民大学出版社1999年版，第29页。

权利，而无须不特定的义务人以积极的行为予以协助。物权关系中的义务人承担的只是消极的容忍或不为妨害的义务。因此，物权属于“绝对权”。值得说明的是，凡属对世权的权利，同时亦为绝对权，但两者所强调的重点不同：前者强调的是权利得对一切人主张的效力范围，对应的是义务主体的广泛性和不特定性；后者所侧重揭示的则是权利中的利益仅凭权利人本人的意志和行为即可满足的实现方式，对应的是义务人的消极的不作为义务。

除以上五点特性外，另有不少学者认为物权还具有法定性和公示性的法律特征。[①]物权的种类应为法定，物权的变动需要公示，此乃物权理论及立法上的定制，并已被提升为物权法的基本原则。但对于法定性、公示性究竟是物权本身的固有属性，还是因物权具有绝对性、对世性、排他性而产生的在法律上对其附加的特殊要求并使其成为物权的“法律特征”，学者们的见解尚有分歧。我们倾向于后一种认识，亦即物权的固有属性与法律特征并不是完全等同的关系。同时也应当注意到，法律对物权所附加的公示性、法定性要求，与物权的固有属性具有密切的联系，甚至可以说如影随形、密不可分，其与物权的固有属性一并成为物权与债权相区别的重要标志。

第二节　物权与其他民事权利的关系

一、物权与债权

（一）物权与债权的联系

商品经济条件下的财货流通，不可或缺的前提是对财货所有者的绝对支配权和自由处分权的保护。与此相应，作为近现代市场经济法治基础的民法，遂产生了保障财产所有者不受妨碍地支配其财产的所有权制度与保障所有者按照自己的意思自由交换其商品的契约（合同）制度。随着近现代法上对权利体系性的逻辑

① 参见马俊驹、余延满：《民法原论》（上），法律出版社1998年版，第364页；陈华彬：《物权法原理》，国家行政学院出版社1998年版，第9页。

要求，所有权法律制度与合同法律制度被归纳为物权法和债权法的抽象体系。在欧洲大陆，基于罗马法的传统，至19世纪完成了以所有权为中心，加上用益物权、担保物权和作为事实状态的占有所组成的物权体系的构建；而契约作为债权债务发生的主要原因，与不当得利、无因管理和侵权行为等产生的债权债务关系一并构成了债权体系。在英美法系国家，虽因历史传统与法律观念的原因未产生物权和债权的基本概念，但同样存在与大陆法类似的所有权制度和契约制度。

近现代法上，物权与债权有着紧密的联系，它们作为一组相对应的民事权利，共同构成民法中最基本的财产权形式，而民法关于物权和债权的规定则构成了市场经济运行的基本规则。在商品经济条件下，人和物的结合表现为物权，当物进入流通领域后，在不同的主体之间的交换则体现为债权。没有交易主体对标的物的物权，就无从进行财货交换；财货在不同的主体之间进行交换的过程中，产生债权债务关系，即双方依约定相互承担将自己的财产（商品或货币等）让渡给对方的义务并享有请求对方为对待给付的权利；而交易的目的与结果，则是标的物上之物权在交易主体间的让渡与取得，形成新的物权关系。因此，可以说，财货之所有是商品交换的前提和归宿，即物权是债权发生的基础和前提，也是债权运动的目的和结果。

现代市场经济条件下，虽然财产观念和交易模式发生了的重大变化，但商品经济条件下的传统交易方式仍是我们分析相关法律问题的基本模型，物债二分的格局也仍为财产权类型的基调。

（二）物权与债权的区别

尽管物权与债权有着密切的联系，但其毕竟是两类不同的财产权，反映的是不同的财产关系，二者有着各自不同的特点与法律属性：

1.权利性质上的区别。物权为支配权，债权为请求权，这种权利性质上的差异是物权与债权最基本的区别。物权人无须借助他人的行为而仅依自己的意志与行为即可对标的物进行管领与控制并享受和实现其利益；而债权人欲实现其利益，必须借助于义务人的行为，通过义务人履行义务的积极行为间接地实现自己的利益。在债务人为给付行为之前，债权人既不能直接支配该项给付的标的物，也不得直接支配债务人的行为，而只能请求债务人履行债务。

2.权利客体上的区别。作为对物支配权的物权，其客体是特定的、独立的、既存的、有形的动产或不动产，唯担保物权有所例外。法律禁止流通的物（如土地），也无妨成为物权的客体。通说认为债的客体是行为，即“给付”，至于给付之对象或标的，则可以是物、货币、劳务、智力成果等。[①]同时，作为债权中给付标的之物，也与作为物权客体的物有所不同，它可以是不特定的物，也可以是债权成立时尚不存在的物，但法律禁止流通的物不能作为债权中的给付标的物。

3.权利设定上的区别。物权的设定，受物权法定主义、公示要件的限制，而债权的设定则实行任意主义。由于物权的设定不仅涉及当事人的利益，而且也常关涉国家、社会及不特定他人的利益，故物权的种类及内容均由法律明定而不允许当事人自由创设；而且，物权的设立还须公示，当事人通过合同设立某项物权，如未以登记或交付的方式为公示，只能产生请求权性的债权而不能产生支配权性的物权。债权则不同，它通常涉及的仅是当事人双方的利益，依据契约自由原则，合同债权的设立具有任意性的特点，当事人只要不违反法律的强行性规定和公序良俗，得通过合意任意设定债权或创设新债权；而且，设立债权也无所谓公示问题。

4.权利效力上的区别。首先，物权具有的基本效力为支配力，债权所具有的基本效力为请求力。物权所具有的支配力使其具有排他性和排他效力；同时，当物权的客体与债权指向的对象并存于同一物时，以物权优先于债权为基本规则。而以请求力为基础的债权之间，则具有相容性和平等性，即针对同一给付标的可以并存两个或两个以上内容相同的债权，且数个债权之间的效力一律平等，不因其成立的先后或发生原因的不同而有效力上的优劣之分。[②]其次，物权的效力在

---

① 参见《法学研究》编辑部编著:《新中国民法学研究综述》，中国社会科学出版社1990年版，第363页以下；刘心稳主编:《中国民法学研究述评》，中国政法大学出版社1996年版，第452页。

② 参见［日］我妻荣:《新订担保物权法》，申政武、封涛、郑芙蓉译，中国法制出版社2008年版，第2页；王家福、梁慧星主编:《中国民法学·民法债权》，法律出版社1991年版，第16页；王泽鉴:《债法原理》，北京大学出版社2013年版，第60页；张广兴:《债法总论》，法律出版社1997年版，第27页。不过，近年来我国的司法解释在一物数卖等情形下有认可先成立的合同的履行顺位优先于后成立的合同之现象。这一做法的合理性如何，有不同的认识。参见刘保玉:《论多重买卖的法律规制：兼评〈买卖合同司法解释〉第9、10条》，载《法学论坛》2013年第6期。

范围上及于任何人，而债权的效力原则上只及于特定的债务人。[①]基于物权的对世权、绝对权性质，物权的效力及于不特定的任何人，而且不特定的义务人所负担的是不为妨碍或侵害的消极不作为义务，物权人并得基于物权所生的请求权排除任何人的妨害。而债权为对人权、相对权，债权债务只存在于特定的当事人之间，债权人只能请求特定的债务人履行义务，而不能对债务人之外的他人主张权利。当债权的给付标的被第三人占有、取得时，债权不能像物权那样产生追及效力，债权人不能向第三人请求返还。[②]最后，物权的圆满状态受到妨害时，物权人可凭借物权请求权以保障其对物的圆满支配状态的回复，赔偿损失只是不得已情况下的补充救济方法。而当债权不能正常实现时，主要的救济方法则是赔偿损失。可见，由于权利性质的不同，物权与债权在保护方法上也有差别。[③]

5.权利期限上的区别。物权中的所有权为无存续期限的权利，只要所有物存在，所有权就存在，此即通常所说的所有权的恒久性。此外，某些用益物权（如地役权）也可以是无期限的权利，不过，其他物权通常是有存续期限的。与物权有所不同的是，法律上不允许存在无期限限制的债权，一切债权，无论意定债权还是法定债权，均有其存续期限。该期限可以是当事人约定的期限，也可以是时效期限及其他法定期限。期限届满，债权即归于消灭或失去法律的保护。[④]

（三）物权与债权区别的相对性问题

如上所析，典型的或谓理念型的物权与债权，二者存在明显的区别。但是，现实生活是丰富多彩、复杂多样且交错更迭的，不同事物及法律现象之间的区分

---

① 《民法典》第465条第2款中特别强调“依法成立的合同，仅对当事人具有法律约束力，但是法律另有规定的除外”。

② 不过，在现代民法上债的效力范围有逐渐扩张的趋势，即债的效力于特定情况下亦得具有涉他性，债的保全制度（债权人的代位权与撤销权）以及对第三人侵害债权之责任等的肯认，为其适例。参见张广兴:《债法总论》，法律出版社1997年版，第25页以下、第163页以下；张俊浩主编:《民法学原理》（上），中国政法大学出版社2000年版，第550页。

③ 王利明主编:《民法》，中国人民大学出版社2000年版，第145页；温世扬:《物权法要论》，武汉大学出版社1997年版，第32页。

④ 王家福主编:《中国民法学·民法债权》，法律出版社1991年版，第8页；梁慧星、陈华彬:《物权法》（第三版），法律出版社2005年版，第20页；张广兴:《债法总论》，法律出版社1997年版，第26页。

往往是相对的，物权与债权的区分也是这样。现实生活中的物权与债权，于某些特定部分或情形下处于混合、模糊的状态，其内容、效力、作用等方面会出现一定的交错现象。其表现可归结为三个主要方面：

1.物权与债权的目的性和手段性之更迭与交错。一般而言，物权与债权的联系，往往表现为物权为债权产生的前提，债权是物权变动的基础；物权为目的性权利，债权为手段性权利。“债权关系之首要法律目的，乃是将债权转变为物权或与物权具有相等价值之权利。”[①]但在近现代的市场经济社会中，物权与债权均可为交易之目的或实现交易目的之手段，债权的目的性日渐突出，而且物权与债权的目的性与手段性之交错运用，在更大程度上满足了主体的利益需求，进而推进了经济的繁荣和社会的发展。

在以债权为中介而取得物权的交易关系中，物权具有目的性，债权具有手段性，这既是物权与债权的原始机能之分工，也是迄今为止社会生活中的重要经济现象。例如，通过劳动生产获得财物或作为报酬的金钱，再以债权为信用之纽带进行交易，让渡自己拥有之财物或金钱的所有权于他人，换回自己欲求的他人之金钱或财物，以满足生产和扩大再生产或生活消费的需要。但是，近现代以来尤其是在今日的市场经济社会中，日益增多地出现了相反的经济现象，即以物权为工具和手段而获得债权。为获得租金而将不动产租与他人、为获得利息而将货币存入银行或贷与他人、将所有物提供担保以获得所需资金、中间商“为卖而买”的系列交易等，皆为其适例。在这些现象中，我们可以看到物权的工具性、手段性和债权的目的性。进而言之，现代经济生活中，财产的静的所有与动的交换往往均非交易的终极目的，作为一个交易环节之目的的物权或债权取得或实现之后，通常还将发生新一轮的运动，物权与债权的目的性与手段性经常处在无休止的功能交替之中，以实现主体更大的利益和财产的增值需求。“社会正如一有机体，物权有如该有机体之骨骼或其他永久之组织，债权则如该有机体之血液或其他暂时之组织，不时在静止与运动中交替补充，物权既为交易之出发点，亦为交易之对象，惟有此种出发点与对象存在，债权所需之利益移动方能遂行，反之，

① 林诚二:《论债之本质与责任》，载郑玉波主编:《民法债编论文选辑》（上册），台湾五南图书出版公司 1984 年版，第 32 页。

惟有债权所营之利益移动可畅通无阻，社会之骨骼、财产之集资，方能形成与硕壮。”[①]正是物权与债权在运动状态中发生的功能交错与转换，才真正推动了社会经济的发展。故此，在现今的诸多交易模式中，如果仍从目的性与手段性的功能角度来区分物权与债权或解释二者的关系，时常会陷入困境。

2. 特定领域的“债权之物权化”与“物权之债权化”。即在某些特定的情况下，债权可能被赋予物权的效力，形成所谓“物权化了的债权”，而某些物权也可能发生债权化的趋向。

债权的物权化现象，其主要表现可归纳为四个方面：（1）对债权的处分与对物权的处分均适用处分行为的规则。债权人处分其债权时，其地位与所有权人的地位并无本质的区别，或谓有“类似所有权之地位”。[②]（2）租赁权被普遍赋予了物权效力。租赁权性质上为债权，但为维护租赁关系中承租人的利益，各国法律上普遍采行了日耳曼法上的“买卖不破租赁”规则，在先设立租赁关系且交付租赁物后，出租人纵使将其所有权转让给第三人，租赁合同的效力也不因此而受影响；在出租人出卖租赁房屋等情况下，承租人在同等条件下有优先购买权；租赁期限届满，房屋承租人享有以同等条件优先承租的权利；出租人在已出租并移转占有的标的物上再设定抵押权的情形中，亦适用抵押权的行使不破除租赁的规则。[③]此即所谓“租赁权的物权化”现象。[④]（3）债权的设立本无须公示，但特定情况下为维护债权人的利益，当事人可通过一定的方式明示其权利的存在并取得对抗第三人的效力。房屋等不动产买卖中的预告登记制度，为其适例；[⑤]近年来我国商品房买卖中实行的网签制度，也有类似功效。另外，在一些立法例中，还肯定共有人之间就共有财产的分管和利用达成的协议，如果经过登记亦可产生对抗第三人的效力。[⑥]（4）法律出于特殊政策性考虑，还可以直接规定某些特种债权具有实现上的优先效力。我国《企业破产法》中规定的职工工资和劳动保险费

① 谢在全：《民法物权论》（上），中国政法大学出版社 1999 年版，第 31 页。

② 孙宪忠：《德国当代物权法》，法律出版社 1997 年版，第 24 页。

③ 参见《民法典》第 725 条、第 726 条、第 734 条第 2 款、第 405 条的规定。

④ 参见史尚宽：《民刑法论丛》，台湾荣泰印书馆 1973 年版，第 96 页。

⑤ 参见《民法典》第 221 条的规定。

⑥ 参见王利明：《物权法论》，中国政法大学出版社 1998 年版，第 12 页。

用优先权、《海商法》中规定的船舶优先权、《民用航空法》中规定的民用航空器优先权、《民法典》合同编中规定的建设工程合同的承包人就所承建的工程折价或者拍卖的价款优先受偿权等规定，即是法律因应社会生活之需要，为维护社会的公平正义，出于特殊政策性考虑而作出的特别规定，其作用在于破除债权人平等原则以强化对某些特殊权利的保护。

物权的债权化现象，主要表现在两个方面：（1）在采行登记对抗主义的法制下（如法国、日本），因未登记而不具备对抗第三人要件的物权，没有排他性和对抗力，与债权几乎没有实质的差异，①或可谓之不真正的、效力虚弱的物权。我国《民法典》物权编对动产抵押权与某些不动产用益物权也采用了公示对抗主义（未经登记，不得对抗善意第三人），如此，未登记的动产抵押权、地役权等尽管被规定于物权制度中，但其与真正意义上的物权在效力上有重大差异。②（2）第三人善意取得制度的普遍承认，在相当程度上阻滞了物权请求权的效力。于此情况下，原物权人物权的对抗效力、追及效力即被阻断，其物权请求权将被迫蜕变为对无权处分人的债权请求权。

3.物权与债权的相互渗透与融合。主要表现在：（1）物权与债权结合适用的现象日渐普遍，二者的联系更为密切。例如，担保物权自其产生之初即是配合债权而发生作用的，在现代市场经济条件下的票据质权、应收账款质权、证券抵押权、让与担保、所有权保留买卖、融资租赁、保理以及浮动抵押、最高额担保等现象与法律规定，则更为典型地表现了物权与债权的密切联结。（2）物权与债权相互渗透的情形，更为多见。例如，基于权利的不可侵性和“恶意不受保护”原

① 梁慧星、陈华彬：《物权法》（第三版），法律出版社2005年版，第18页。

② 《担保制度解释》第54条的规定中，进一步弱化了未登记的动产抵押权的效力。该条规定：“动产抵押合同订立后未办理抵押登记，动产抵押权的效力按照下列情形分别处理：（一）抵押人转让抵押财产，受让人占有抵押财产后，抵押权人向受让人请求行使抵押权的，人民法院不予支持，但是抵押权人能够举证证明受让人知道或者应当知道已经订立抵押合同的除外；（二）抵押人将抵押财产出租给他人并移转占有，抵押权人行使抵押权的，租赁关系不受影响，但是抵押权人能够举证证明承租人知道或者应当知道已经订立抵押合同的除外；（三）抵押人的其他债权人向人民法院申请保全或者执行抵押财产，人民法院已经作出财产保全裁定或者采取执行措施，抵押权人主张对抵押财产优先受偿的，人民法院不予支持；（四）抵押人破产，抵押权人主张对抵押财产优先受偿的，人民法院不予支持。”

则而确立的第三人侵害债权制度和一物二卖的处理规则，反映出债权也具有不可侵性和对抗恶意第三人的效力；[①] 上述物权的债权化和债权的物权化现象，从另一角度观察，所体现的也是物权与债权的相互渗透与转换。（3）特定情况下，物权与债权还可能融为一体。在有价证券以及票据、提单、仓单等权利凭证上发生的物权与债权的竞合，为其典型表现。如有价证券所记载的权利本质上只能是请求权，即债权，但有价证券本身又是一种有形之物，而且有价证券尤其是不记名有价证券的流通同样采行的是物权法的交付规则，从而使有价证券变成“有形化的债权”，具有了物权的基本特征，或者说本质上又属于物权，[②] 以至于“在有价证券的权利中，所有权与债权融为一体，很难确定对证券的权利是物权还是债权”[③]。

（四）物权与债权二元划分的意义

对于物权与债权在理论和立法上的“二元划分”，学界主流意见向来持肯定态度，但也存在不同意见。对于应如何认识大量出现的物权与债权区分的相对性现象，学者们的见解亦有分歧。有学者认为上述现象对物权与债权的区分的意义产生了冲击，甚至认为这种区分现今已无实际意义。[④] 还有学者认为物权与债权区分的相对性为现代物权法的“发展趋势”之一。[⑤] 不过，多数学者并不赞同此种观点。

我们认为：物权与债权的概念出现及其性质的区分，是人类法律文化长期发展和积淀的结果，也是对客观经济生活中所形成的不同法律关系的准确概括；在现今经济生活中，物权与债权的基本区别仍是客观存在的，其在理论上、立法上的区分

---

① 我国的立法和司法解释中尚未明确规定第三人侵害债权制度，但诸多司法解释中有关于在先的合同债权人可以对抗恶意的在后债权人的明文规定。参见最高人民法院修改后的《关于审理商品房买卖合同纠纷案件适用法律若干问题的解释》第 7 条、《关于审理涉及国有土地使用权合同纠纷案件适用法律问题的解释》第 9 条、《关于审理涉及农村土地承包纠纷案件适用法律问题的解释》第 19 条、《关于审理城镇房屋租赁合同纠纷案件具体应用法律若干问题的解释》第 5 条、《关于审理买卖合同纠纷案件适用法律问题的解释》第 6 条和第 7 条。

② 参见孙宪忠：《德国当代物权法》，法律出版社 1997 年版，第 24 页。

③ 王利明：《物权法论》，中国政法大学出版社 1998 年版，第 12 页。

④ 谢哲胜：《财产法专题研究》，台湾三民书局 1995 年版，第 183 页；［日］林良平：《物权法》，日本有斐阁 1951 年版，第 11—12 页；［日］于保不二雄：《物权法》，日本有斐阁 1956 年版，第 5—6 页，转引自陈华彬：《物权法原理》，国家行政学院出版社 1998 年版，第 20 页。

⑤ 参见余能斌主编：《现代物权法专论》，法律出版社 2002 年版，第 9 页。

也是明晰可见的，而且这种区分对于运用不同的法律规则调整不同的法律关系、解决不同的权益纠纷、维护交易的安全以及指导当事人正确行使权利和履行义务等，均具有重大意义；从立法技术上看，也正是由于物权与债权的区分，立法上实现了民法分则中物权编与债权编的分立，并据以确定其不同的技术规则，如果不区分物权、债权等不同的权利类型，民法典分则的体系将无以构建。故此，物权与债权的二元划分，应当坚持。但是，现实生活毕竟是纷繁复杂的，债权与物权的性质、因素在某些领域和一定条件下的相互浸入，正是社会经济生活复杂性的体现。承认物权与债权的区分，并不意味着否定现实生活的复杂；同样，承认和正视二者在某些特定情况下的融合、渗透、交错现象，也不能否定二者存在主流上的基本区别。我们既不能用贴标签的简单方法来分析复杂的社会现象，也不能因某些特殊现象的存在而否定物权与债权的基本区别。而且，由于国情与法律观念之不同，各国对物权与债权这两类权利的划分及其具体效力的规定也有一定的差别；随着社会经济生活的发展，物权与债权的类别及其具体权能、效力还会发生新的变化。我们应根据经济社会生活发展的情况对此进行缜密的法技术处理，因应客观情况的需要作出相应的规则调整，以更为准确地反映现实经济生活的需要。①

二、物权与知识产权

知识产权，是指民事主体对其在科学技术或文学艺术等领域内的创造性智力劳动成果所享有的专有权利。根据《民法典》第123条的规定，知识产权是民事主体依法就作品、发明、实用新型、外观设计、商标、地理标志、商业秘密、集成电路布图设计、植物新品种以及法律规定的其他客体享有的专有的权利。知识产权制度的起源大大晚于民法上的物权与债权，至今只有300余年的历史，但其发展却异常迅猛、客体范围亦愈益宽泛，知识产权法现已成为民法的重要组成部分。我国民法理论和立法上也将知识产权列为一项基本的民事权利，与物权、债权等共同构成民事权利的体系。

---

① 刘保玉、秦伟：《物权与债权的区分及其相对性问题论纲》，载《法学论坛》2002年第5期。

（一）物权与知识产权的相同属性

1.二者皆属支配权。物权所反映的主要是对有形财产的占有、支配关系，知识产权所反映的是对无形财产（智力成果）的独占、专有使用关系，其权利的性质均为支配权。

2.二者均为绝对权。无论是物权还是知识产权，其权利的行使与实现均无须借助他人的积极行为而仅凭权利人本人的意思及行为即可完成。

3.二者都是对世权。与物权一样，知识产权关系中的权利主体是特定的，而义务主体是不特定的任何人，不特定的义务主体所承担的义务也是不为侵害的消极义务。

4.二者在法定性、公示性、排他性方面，也有相似之处。知识产权的种类及范围也须由国家法律作出直接而具体的规定，并非任何智力创造性成果都能当然获得法律的承认和保护，因而也具有法定性。知识产权中的专利权、商标权等专有权的取得，须经申请、审查、登记、公告等程序，并允许检索、查询，故也有公示性，但著作权等其他知识产权的取得不以登记为条件。知识产权系以专有使用权为核心的权利，具有独占性与排他性，一部作品、一项发明或商标原则上只能存在一个专有权，而不能重复存在数个专有权；同时，除合理使用、强制许可等法定情形外，非经权利人同意，其他任何人都不能擅自使用为权利人专有的知识产品，也不得妨害权利人的独占使用。

（二）物权与知识产权的不同之处

1.权利的客体不同。物权的客体主要为有形的不动产、动产，它们是占有一定空间、具有一定的形状和体积，并能够为人们的感官所感知的物质实体；而知识产权的客体为作品、发明、商标、商业秘密等无形的财产，它们是没有形体、不占有空间的非物质智力成果或知识产品。因此，物权通常被称为有体财产权，而知识产权则被称为无体财产权。当然，知识产品这种非物质的精神财富，也须通过一定的客观形式表现出来，才能为人们所了解和利用并受法律的承认和保护。但必须明确，作为知识产品表现形式的物质载体，并不是知识产品本身；出卖具有知识产权的标的物与转让知识产权，是两个不同的问题。《民法典》第600

条特别强调："出卖具有知识产权的标的物的，除法律另有规定或者当事人另有约定外，该标的物的知识产权不属于买受人。"

2.对客体的支配形式不同。物权作为对有体物的支配权，其支配物的形式通常表现为有形的占有、使用；而且，在一定的时空条件下，一物只能为一个主体所实际占有、使用。而对非物质的知识产品的支配，无从发生有形的占有，只能表现为无形的认识、控制和利用；而且，其支配与利用并不存在无时空上的客观限制而只有法律上的限制，在有法律授权或权利人许可的情况下，同一项智力成果可以同时为不同的主体使用。由于物权与知识产权在客体及支配方式上的不同，还导致对权利的侵害方式的差别，如对物权的侵害主要表现为对有体物的非法占有、毁损及对物权人行使权利行为的干涉、妨碍，而对知识产权的侵害主要表现为对专有智力成果的剽窃、假冒、擅自使用等。相应地，侵权物权与侵害知识产权的民事责任方式也有所不同。

3.权利的属性不同。物权为单纯的财产性权利；而知识产权领域中的某些权利，如著作权、专利权等，具有财产权与人身权双重属性。

4.权利的确认方式不同。知识产权中的某些权利无须法律的确认、授予而可在满足一定条件时自动取得，而专利权、商标权等知识产权的取得则需经法定的申请、审核、批准、公告等程序，由国家主管机关逐一授予，法律对权利的确认是个别性的。法律对物权的确认和保护则具有原则性和普适性，无须逐一地进行申请、审核、批准等程序，也不存在由什么机关"授予"的问题。尽管多数不动产物权及某些权利物权须经登记方能取得或变更，但这种物权登记的程序与意义和知识产权也有着重大的差别。

5.权利的限制不同。知识产权通常具有地域性和时间性限制，而物权原则上无此限制。按照一国的法律获得承认和保护的知识产权，原则上仅在该国领域内有效，在其他国家并不能当然得到保护。而物权原则上无地域的限制，所有人的财产辗转至其他国家或地区，也能得到所在国家或地区法律的承认和保护。为协调知识产权的专有性和知识产品的社会性之间的矛盾，各国法律还对知识产权中的财产性权利规定了时间限制，权利人仅在法定期限内享有专有权，有效期届满，除依法可以续展者外，权利便自行消失，作为其客体的知识产品或智力成果即进入公有领域，任何人都可以自由、无偿地使用。而在物权体系中，所有权是无期限的；定限物权虽大多有存续期限，但期限届满的后果仅导致定限物权消灭，客体上的所有权并不消灭，且其权能得以回复圆满，此与知识产权期限届满的后果也迥然有别。

三、物权与继承权

继承权是与死者有特定身份关系的人承受死者遗留的个人合法财产的权利。其与物权虽有一定的联系，但其区别也是明显的。

（一）物权与继承权的联系

主要表现在：被继承人生前享有的财产所有权和定限物权，是继承权的重要客体；而作为自然人的物权人死亡后，其生前享有的物权依法律的规定或遗嘱由继承人取得，是物权移转的一种重要方式，继承权的实现即为继承人对被继承人生前所享有的物权的取得。同时，现代法上继承权的客体仅限于财产，故继承权也主要体现为一种财产性权利。

（二）物权与继承权的区别

1.反映的财产关系不同。物权为对财产的支配权，反映的是人对特定财产的管领、支配关系；而继承权不过为取得财产的一种方式，反映的是遗产的移转关系。

2.权利的内容不同。物权为纯粹的财产权，而继承权则与一定的身份关系密切相关，故为兼具财产权和身份权双重性质的权利；①物权得依权利人的意思及法定程序而为转让，而继承权不发生依权利人的意思而转让的问题；物权为对财产的现实支配权，故有占有、使用、收益、处分等多种权能，而继承权仅为获得财产的权利（期待权的一种），仅有主张或放弃的问题，无所谓占有、用益的内容。

3.权利客体不同。物权的客体主要为物，而继承权的客体为死者的遗产。遗产为包括物权、债权、知识产权、股权及债务等在内的综合财产，物权只是可以继承的遗产种类之一。

4.权利主体的范围不同。继承权的权利主体，限于与被继承人有血缘、亲属

① 梁慧星：《民法总论》（第五版），法律出版社2017年版，第72页。

关系的自然人。其他民事主体虽也可以基于遗赠等方式取得死者的遗产，但非以继承权为根据。而物权的权利主体通常无身份上的要求，也无主体类别上的限制，凡是民事主体，无论自然人、法人还是非法人组织，均得享有物权；某些用益物权的权利人纵使有身份上的要求，如家庭承包的土地承包经营权人、宅基地使用权人须为农村集体经济组织成员，其强调的是个体与组织之间的关系，亦非自然人之间的血缘、亲属关系。

四、物权与对物权

（一）对物权的含义

在界定物权的含义时，一些著述中还提到“对物权”或“广义物权”的概念。[①]一般认为，对物权指的是权利人对广义的物（包括有体物、无体物、财产权利及其他具有财产意义的物）直接支配之权利，或者说对物权就是对财产或财产利益的支配权。对物权也就是广义上的物权，而物权法上所规定的以有体物为客体（例外地亦可以权利为客体）的物权，相应地被称为狭义的物权。

（二）物权与对物权的关系

物权与对物权在概念上为种属关系。就客体的限制性而言，物权只是对物权的一种具体形式，在财产法的其他领域也存在对物权，也即是说，除了有体物以外，在无形物和权利之上也可成立对物权，如知识产权和以权利为客体的支配权，亦属对物权。因此，对物权与物权并非同一概念，其在客体范围、权利内容、得丧规则等方面上存在差异，不能完全相互替代。但由于物权与对物权、工业产权确实存在许多相同的性质，即使在以法律概念严谨著称的德国，民法学著述中也常有将物权认同于对物权的观点，也有将物权法的原理应用于工业产权法的解释与实践。[②]

① 参见孙宪忠：《德国当代物权法》，法律出版社1997年版，第21—22页；高富平：《物权法原论》（中），中国法制出版社2000年版，第317页、第321页、第341页。

② 孙宪忠：《德国当代物权法》，法律出版社1997年版，第22页。

与“对物权”概念相对应的权利，在民法学上称为“对人权”或“相对权”（如债权），其二者的区别显而易见。对物权也区别于人格权：人格权的客体为人格利益，它存在于权利主体自身，而对物权的客体是外在于权利主体的有体物、无体物及权利。故人格权虽也属支配权、对世权、绝对权，但却不属对物权的范畴。易言之，对物权是指除人格权之外的绝对权、支配权、对世权。

应当说，对物权的概念及其与对人权、人格权相区别的观念，对于了解私法上的权利类别及其属性的差异，具有一定的理论意义。但对于有些学者提出的扩张物权概念，在民法学上引入广义物权概念，将所有民法上的财产纳入物权的体系之中，施以物权法保护，对股票、债券、提单、汇票等的支配权利，也可以视为物权，适用物权法规则进行保护等建议，[①]我们认为其在立法上并不可行。

五、物权与财产权、产权

财产权是英美法系国家法律上的重要概念，在大陆法系国家也有使用。但两大法系中财产权的概念未尽一致。经济学上对财产权、产权概念的使用则更为普遍。国内的学术著作以及一些法律、法规、政策性文件中也经常使用财产权、产权等概念，但至今人们对其含义的认识仍有分歧，故有必要对财产权、产权与物权的关系作一说明。

（一）物权与财产权

英美法上的财产或财产权的概念，与前述“广义物权”的概念大致相当。[②]而在大陆法系国家，通常认为财产权有广狭二义。广义上的财产权一般是指具有财产价值、体现一定经济利益的权利。它是一种内容广泛的综合性权利，物权、债权、知识产权等均包含在内；一些既有财产价值和经济利益又兼具其他权利属性的权利，如继承权、股权、商业名称权等，通常也可认为属于财产权的组成部分。与财产权相对应的法律名词为非财产权或称人身权，人格权、身份权属之。

① 参见高富平：《物权法原论》（中），中国法制出版社2000年版，第336页以下。

② 参见王利明：《物权法论》，中国政法大学出版社1998年版，第18—24页；高富平：《物权法原论》（中），中国法制出版社2000年版，第341页。

如从广义上使用财产权的概念，其与物权的区别是显而易见的，物权只是财产权的一种。狭义上的财产权，其客体则限于有体物，是指对有体物的支配权，其范围与物权基本相同。一般所言的财产权，均是指广义上的财产权，而狭义上的财产权由于在概念与范围上与物权雷同，故很少被采用。

在我国物权法以及民法典的制定中，曾有些学者提出应以财产权取代物权的概念，以财产权法（编）取代物权法（编）。但多数学者认为，无论从哪种意义上来界定财产权的概念，这种建议从立法技术及法律体系的严密性方面看，均不足取。

（二）物权与产权

产权，是一个在经济学界经常使用而未被法学界普遍接受的概念，但其在一些法规、规章、政策性文件中也有采用。产权也有广狭二义：广义上的产权，与广义上的财产权同义；[①] 在狭义上使用产权一词（如产权登记、房屋产权等），则一般系指不动产物权（尤指不动产所有权及建设用地使用权）。

六、物权与其他民事权利界分的模糊区域问题

（一）“权利的色谱”与权利界分的模糊区域

众所周知，自然界中存在所谓的“原色”（又称基色），它是指能够调配出其他各种颜色而不能为其他颜色调配出来的基本颜色。红、黄、蓝是颜料中的三原色，红、绿、蓝则是色光中的三原色。不同的原色之间进行不同比例的搭配、调和，则可以形成赤橙黄绿青蓝紫等光怪陆离、难以计数的“色相”。一种原色与他种原色之间，则为各原色之色度不同的“间色”（或可俗称其为过渡色），三种以上颜色之混合所形成的颜色则称为“复色”（或可直观地称为混合色）。这些复杂的间色或复色，有些我们可以为其命名，更多的则难以为其命名，而只能以某种有名的颜色或众所周知的某种具有代表性的物质之颜色为

① 中共中央、国务院2016年11月4日发布的《关于完善产权保护制度依法保护产权的意见》中所称的“产权”，即属广义。

参照来描述它，例如所谓“沙滩黄”“孔雀蓝”“枣红”或“接近枣红色的那种颜色”等。在色彩学上，人们通常把各种颜色依一定的顺序（红、橙、黄、绿、蓝、靛、紫等）排列出来的图谱称为“色谱”。由上所述并基于我们的生活常识，我们可知自然界的颜色决非仅有三原色，而是由原色、间色、复色等所构成的一个复杂的色谱。

法律上的基本权利类型及处在基本权利类型“夹缝”中的混合型权利，我们也可以借助“色谱论”来加以形象地说明。我们这里暂且将讨论的对象限定在民事权利的分类上。如果把民法上的物权、债权、知识产权、人格权等基本的私权类型比作“原色”的话（当然，这种“原色”之类别本身就是根据社会生活的实践和运用法技术而作的人为划分，其与自然界三原色之间的客观性差异是不能等同的），其不同“原色”之间的不同比例的搭配，也会形成一个五彩斑斓的“权利色谱”。

假如我们设红色代表典型的物权，黄色代表典型的债权，则物权性之红色素与债权性之黄色素相结合，就会形成橙色；如果其中红色素的色度高，我们称之为桔红或橙红色（更近于物权的权利，可以将之归入“准物权”），而如果黄色素的色度高，则我们称之为桔黄或橙黄色（更近于债权的权利）。进而言之，如果系以债权之黄色素为基础而渗入部分物权之红色素，好比是“债权的物权化现象”，而如果相反，则恰好比是“物权的债权化现象”；红色素不断向黄色素之基础色中渗透其分量，又好比是“由债权向物权过渡中的权利”现象。可见，典型的物权与典型的债权等基本权利类别，都是“原权利”，但这仅是学理上、法律上根据各种权利基本属性的差异而对其所作的基本分类，在物权与债权及其他权利类别之间，还存在大量的非典型的物权与非典型的债权（此好比是间色或复色），对这些非典型的权利现象进行定性，有时是颇为困难的，所谓“准物权”现象就是对非典型的物权所作的一种界定方式。如同自然界的色谱一样，法律上权利的色谱也同样是极为复杂的。处在物权与债权夹缝中的权利，也并非都达到了准物权的程度，还有虽非纯粹的债权，但其性质或更偏重于债权的权利现象，这就如同那些黄色中仅有少许红色素的情况，毕竟它还仅是“桔黄”或其他什么“黄”。

象征物权之红色中不仅可因渗入债权之黄色而形成橙红、橙黄，还可因与其他颜色及多种颜色调配而形成曙红、朱砂、紫红、暗红等。如果我们再将公权力比作白色的话，则白色素渗入红色，形成的是粉红，而粉红也是有多种层次的。判断多种颜色混合而形成的复色是否还是“红色”，或者是否还叫它为“某某红”，当然是要看其红色度的高低，或者说要看其主色调是否还是红色。

以上通过色谱论的描述所试图说明的是，现实生活中存在的和法律上所规定的权利，并非都是典型的物权、债权、知识产权等，还存在大量非典型类别的权利现象。在权利的色谱中，处在物权与其他权利之间的或者说处在两种以上典型权利夹缝中的那些权利现象，就是物权与其他民事权利类型界分中的“模糊区域”。

（二）权利界分中的模糊区域存在的原因及对此种现象的应有认识

民法法系历来讲求概念的准确、权利类别的明晰与逻辑体系的严谨。那么，何以在民法典所规定的物权和其他权利类别之外，会出现大量的处于典型权利类别之间的夹缝中、性质模糊的权利现象呢？我们认为，原因主要在于两个方面：

第一，客观世界的复杂性和社会的发展性。客观世界是纷繁复杂的，欲穷尽对它的认识是不可能的，我们只能不断地接近对它的规律性的认识；而人类的社会生活、社会实践更是不断发展的。随着科技的进步和社会的发展，新的事物会不断出现。例如，早期的法律上根本不存在知识产权问题，原始的建筑技术和人类的生存环境中不会发生建筑物区分所有权问题和空间权问题，传统的传媒技术下也不会产生计算机、互联网和网络虚拟财产、网上交易、电子货币等问题。毫无疑问，更新的事物还会随着社会的进步而不断地涌现出来并对既有的法律制度提出挑战。

第二，法律制度的局限性和权利分类的相对性。法律因对社会生活调整的需要而作的权利分类，尽管反映了不同权利之间质的差别，但这种划分的清晰性总是相对的而不可能是绝对的；法律在调整社会生活问题时，虽然可以也应当具有一定的前瞻性，但要做到与客观世界和社会的发展完全同步，则几乎是不可能的，因此，一定时空条件下人们的认识和所制定出来的法律总有其局限性。

基于以上两方面的原因，权利类型划分中模糊区域的出现和存在，就是客观的、不可避免的，也是法律上所不能完全消除的。因此，我们必须正视这种客观存在的现象，并致力于相关法律问题的调整与解决。[①]至于应如何对待这种现象，在前面关于物权与债权的关系问题上已有清楚的说明，而且这种认识应当具有通用性，故此，这里不再赘述。

第三节　物权的客体

一、物权的客体概说

（一）物权客体的概念

法律上的权利义务必有其主体，亦必有其客体。主体为权利义务之所属，客体为权利义务之所附；主体非人莫属，客体则依权利的种类不同而不同。[②]依据民事法律关系理论，物权的客体是指物权中的权利义务所指向的对象。通说认为，物权的客体为“物”。

但关于物权客体或者物的范围问题，立法例上有不同的规定，学说理论中也尚存在争议，主要有下列几种不同认识：其一，认为物权的客体只能是有体物；其二，认为物权的客体既可以是有体物，也可以是权利；其三，认为物权的客体包括有体物及“法律上可得支配的自然力”；其四，认为物权的客体既可以是有体物，也可以是权利，还可以是法律上可得支配的空间、能源与自然力。

我们认为，在解释物权的客体问题时，首先应予澄清的是：“物权的客体”与“物”是两个既有联系又有区别的概念，不应将其等同。作为物权客体的物，原本即是指有体物；有体物虽然是物权的原始和主要的客体，但并非物权的客体之全部，除此之外，可流转的财产权利以及法律上可得支配的空间、能源与自然力，亦可是物权的客体。如此解释，上述争议基本即可解决。而如果径行将物权

---

① 刘保玉：《物权体系论——中国物权法上的物权类型设计》，人民法院出版社2004年版，第63页以下、第347页以下。

② 梁慧星、陈华彬：《物权法》（第三版），法律出版社2005年版，第22页。

的客体等同于物，再解释“物的范围”以及拟制物和权利是否为物等问题，实在是自取其扰，逻辑上也难以自圆其说。

就物权客体的范围和种类而言，我们赞同上述第四种认识。其中，有体物乃原本的物权客体且至今也是物权的基本和主要客体，故可谓之“本体物”；有别于有体物而能够为人力控制并具有经济价值因而可被“视为物”的特定空间、能源与自然力，可以作为“拟制物”来认识；可转让的财产性权利作为物权的客体，须基于法律的特别规定，其属于特殊的物权客体。①

（二）《民法典》对物权客体的规定

我国《民法典》第115条规定：“物包括不动产和动产。法律规定权利作为物权客体的，依照其规定。”该规定明确区分了“物”与“物权的客体”这两个不同的概念：物包括并仅限于有体的不动产和动产，而物权的客体则不限于有体物，还可以是权利。此外，《民法典》物权编在第二分编“所有权”部分还规定“无线电频谱资源属于国家所有”（第252条），②并对主物与从物、原物与孳息的关系问题作出规定（第320条、第321条）。整体而言，我国《民法典》中对物权的客体问题的规定颇为简略。

在我国物权法及民法典的制定中，学者提出的诸部立法建议稿中建议规定：特定空间以及电、气、光波、磁波等能源和自然力，视为物；除法律另有规定外，无体物准用物权法的规定。③我国物权法草案中对此也曾有体现，④但最终并未被《物权法》及《民法典》所接受。尽管如此，这一主张对于界定特定空间、

---

① 刘保玉：《物权体系论》，人民法院出版社2004年版，第96页。

② 根据国际电信联盟的《无线电规则》的规定，无线电波为频率在3000GHz以下，不用人工波导而在空间传播的电磁波。无线电波都具有一定的频率和波长，即位于无线电频谱中的一定位置，并占据一定的宽度。无线电频谱一般指9KHz—3000GHz频率范围内发射无线电波的无线电频率的总称。就此界定而言，无线电频谱应属于“拟制物”的一种，而我国《民法典》物权编中将其作为所有权的客体来规定，在观念上应系将其“视为物”。

③ 参见梁慧星等：《中国物权法草案建议稿》第10条，社会科学文献出版社2000年版，第6页；王利明主编：《中国物权法草案建议稿及说明》第2条、第8条，中国法制出版社2001年版，第2页、第4页；徐国栋主编：《绿色民法典草案》第28条，社会科学文献出版社2004年版，第8页；刘保玉：《物权体系论》，人民法院出版社2004年版，第94—97页。

④ 如《物权法（草案）》（二审稿）第2条中曾规定：“动产指机器设备等不动产以外的物，包括能够为人力控制的电、气、光波、磁波等物。”

能源和自然力的性质和解决法律适用问题仍有重要价值。结合法律的相关规定，我们认为可以对《民法典》第115条后句扩张解读为：法律、行政法规规定权利等作为物权客体的，依照其规定。

二、物的概念与特征

（一）物的概念

把“物”与“物权的客体”相区别而将“物”限定为有体物之后，仍有物本身的条件限制和范围界定问题。物或者说有体物，有广狭二义。广义上的物，是指物理学意义上的一切物，除包括我们通常所说的不动产和动产之外，日月星辰、雷电、磁波以及人体本身等均包含在内。而狭义上的物，仅限于能够作为民事法律关系客体的物，即人身之外能够为人力所控制、支配并具有经济价值的有体物。物权法上通常系在狭义上来界定物的范围。

（二）物的特征

物权法上的物，须符合以下特征或要件：

1.须存在于人体之外。法律上的物限于存在于人体之外的可为权利客体的物，即所谓权利客体的“非人格性”。由于人是民事法律关系的主体，人之身体为人格所附，故人的身体及作为其组成部分的肢体、器官等不得为权利的客体，但与人体分离的牙齿、毛发、血液、干细胞等，属于物。[①]不过，以人体的器官、血液、干细胞等移植为内容的约定，不得强制执行，以维护人之价值与尊严。[②]另外，应注意的是，人类之尸体、遗骸，虽亦属于物的范畴，但有其特殊性。对尸体、遗骸的所有权，仅限于埋葬、祭祀、供奉及依法用于医学研究等特定目的。并且，继承人不得放弃对遗骸的所有权。[③]

① 与本人身体暂时分离、经医疗处理后再移回或植入本人身体的器官、血液等，应当认为仍属于本人身体的组成部分。

② 参见王泽鉴：《民法总则》，北京大学出版社2009年版，第174页。

③ 参见梁慧星：《民法总论》（第五版），法律出版社2017年版，第152页。

2.须为有体物。物有有体与无体之分，此为罗马法中的分类，法国民法也沿用此分类。[①]有体物指占据一定的空间，依人的五官可以感觉到的物质，包括固体、液体、气体；电、热、声、光、磁等能量，以在法律上有排他的支配可能性为限，亦可作为物来认识。一般来说，作为物权客体的物限于有体物。与有体物相对应的所谓无体物，是指不能为人的五官所感知的物，如科技发明、商标、作品、技术秘密、网络虚拟财产、数据等，其归属和利用等问题不归物权法调整，但某些问题可以类推适用（准用）物权法的规定，以解决同属支配权性质的财产权之共通法律规则的适用问题。[②]

3.须能够为人力所支配。民事法律关系是民事主体针对一定的客体而设定的民事权利义务关系，因此，只有能够为人力所控制、支配的物才能作为民事法律关系的客体。日月星辰、雷电、台风等，虽为有体物，但非人力所能控制、支配，故其只是物理上的物而非法律上的物。不过，随着人类征服自然的能力日益增强，自然界的物成为法律上的物，在范围上有不断扩张的趋势。

4.须独立为一体。物权法上的物必须是能够与其他的物区别开来而独立存在的物，具有独立性。物权法上要求物必须独立为一体的原因主要有两点：一是确定物权支配客体之范围，使其支配的外部范围明确化；二是使得物权便于公示，确保交易的安全。[③]由数个物结合而形成的难以分离的合成物（如机器设备、汽车、船舶、航空器等），应作为一个独立物来看待。而物的一部分或组成部分（即所谓物的成分），不具有独立性，也无从在其之上成立物权。但需要注意的是，物的一部分虽原本不具有独立性，但在某些场合法律可以拟制其具有独立性而认可其得为物权的客体，如对作为建筑物组成部分的权属界线封闭且具有独立使用价值的不动产单元的区分所有，于居住单元内的一个房间及其他必要空间内设立的居住权等。物的构成部分，在与物的本体附合之前或分离之后（如电梯在安装于建筑物之前或被拆除之后，泥土、沙石等与土地、山体分离之后），亦可为独

① 《法国民法典》第516条规定："一切财产，无论是有体物还是权利，都可以分为不动产和动产。"

② 例如，《民法典》第310条关于准共有的规定，同样适用于知识产权等无形财产权的共有。

③ 谢在全：《民法物权论》（上），中国政法大学出版社1999年版，第19页。

立的物。由于物之有无独立的价值、直接支配的实益及公示的可能，是随着社会经济的需求与科技、法律的进步而有所变异的，因此，判断一项动产或不动产是否为独立物，不惟应从其物理属性考察，尚应依社会之一般经济观念及法律规定而为定夺。①

5. 须能满足人们生产生活的需要。也就是说，物权法上的物必须对人有价值，具备有用性。此种价值和有用性，非以金钱和物质利益为限，也包含精神价值和情感利益。因此，一滴水、一粒米等，既难满足生产生活之需要，亦无从独立成为交易的客体，故其虽为物理学上的物，但不能成为法律上的物。故而，人的毛发、祖辈的照片、情人的信笺等，则因具有情感价值，可以成为法律上的物。②

6. 须具有特定性。为使物权关系清晰、明确，便于公示以维护交易安全和第三人的利益，法律上要求物权的客体还必须是具体而明确、能与其他物相区分的物，此在学理上称为物权特定原则或物权客体特定主义。如果物尚不特定或者尚不存在，则难以或无从对其进行支配，虽可为债权关系中的给付对象，但不能为物权法中的物。如此，无法特定化的自然物（如海水和大气）、不能以某种方式加以明确的种类物以及未来物，不能成为物权的客体。如某些原本不特定的物经某种方法加以特定化，如制取出氧气并装瓶、将种类物进行拣选或指定而使之明确具体，则可以成为物权法上的物。另应特别提及的是，根据浮动抵押权的特点，其标的物在“结晶”之前具有不确定性（浮动性），未来物也可作为抵押财产。因此，有学者认为物权客体的特定性原则有缓和的趋势。③

三、物的分类

从不同的角度，可对物作不同的分类，其中诸多分类对于物权的类型划分和规则设计具有重要的影响。

---

① 参见谢在全:《民法物权论》(上)，中国政法大学出版社 1999 年版，第 18 页。

② 参见梁慧星、陈华彬:《物权法》(第三版)，法律出版社 2005 年版，第 24 页。

③ 参见梁慧星、陈华彬:《物权法》(第三版)，法律出版社 2005 年版，第 25 页。

（一）不动产与动产

这是民法上关于物的最基本的划分。根据学理通说和相关法律规定，不动产是指依自然性质或者法律规定不可移动的物，包括土地、海域以及房屋、林木等地上定着物。[①]此处的定着物是指固定地附着于土地的物，如房屋、纪念碑等建筑物，堤坝、桥梁等构筑物以及林木等。[②]动产是指不动产之外的一切有体物，如车辆、船舶、航空器以及机器设备、家具、图书、衣物等。植根并生长于土地的林木等，虽然也可人工移栽于他处，但在与土地分离之前仍属于不动产；可移动的简易房屋、装饰用的假山等，则因并未“定着”于土地，故应作为动产认识。

将物区分为不动产与动产的法律意义在于：第一，由于不动产尤其是土地的稀缺性，法律上对其倾注了更多的关注，作出了较多强制性规定并进行更严格的保护。第二，因不动产与动产性质上的不同，法律对其得丧变更设定了不同的规则。如动产依交付即可取得所有权，而不动产则须办理登记手续；在承认取得时效的立法例上，不动产的取得时效期间要长于动产。第三，不动产与动产的区分影响甚至决定着物权的类型设计。如用益物权的客体一般限于不动产，而留置权和质权的客体则通常限于动产。第四，在民事诉讼中，诉争标的物为不动产或动产，对于确定案件的管辖法院以及涉外民事诉讼中的法律适用等也有着重要的意义。

（二）主物与从物

主物与从物的区分，适用于处理彼此联系而共同发挥效用的数个物之间的关系。在共同发挥效用的物的关系问题上，一般是先确定从物，从物之外皆为主物。从物又称附属物，是指并非主物的构成部分但从属于主物，依交易习惯或当

---

① 我国《担保法》（已废止）第 92 条曾规定：“本法所称不动产是指土地以及房屋、林木等地上定着物。”“本法所称动产是指不动产以外的物。”此后的其他法律文件和学理上，通常仍遵从此一界定方式。如《不动产登记暂行条例》第 2 条第 2 款规定：“本条例所称不动产，是指土地、海域以及房屋、林木等定着物。”

② 梁慧星教授主持拟定的《中国物权法草案建议稿》第 11 条建议规定：“不动产，指依自然性质或者法律规定不可移动的物，包括土地、土地定着物、与土地尚未脱离的土地生成物、因自然或者人力添附于土地并且不能分离的其他物。”

事人的约定辅助主物发挥效用的物。相对于从物而言，主物则是指决定物的性质和效用而又有从物辅助其效用发挥之物。从物的要件有三：一是非主物的构成成分；二是须辅助主物的使用；三是须与主物同属一人。例如电视机与遥控器、锁与钥匙、马与马鞍等都是主物与从物的关系。但如果某匹马属于甲，而乙为制作并拥有马鞍的工匠，则不得认为乙的马鞍当然属于甲的马之从物。汽车之轮胎、房屋之门窗、钢笔之笔帽等，属于前者的构成部分而不属于从物。

此种区分的法律意义在于：对主物的处分原则上及于从物，即在法律没有特别规定或者合同没有特别约定的情况下，从物上的权利随主物权利的转移而转移。《民法典》第320条对主物与从物的关系作了明确规定："主物转让的，从物随主物转让，但是当事人另有约定的除外。"此外，《民法典》合同编买卖合同章的第631条规定："因标的物的主物不符合约定而解除合同的，解除合同的效力及于从物。因标的物的从物不符合约定被解除的，解除的效力不及于主物。"

（三）原物与孳息

原物是指能够产生收益的物之本体，或者说乃孳息所从出之物。孳息是指由原物所产生的收益。孳息依其产生的根据不同，分为天然孳息和法定孳息。依物的自然属性而获得的收益，称为天然孳息，例如果树结果、母畜产崽等；基于某种民事法律关系而产生的收益，称为法定孳息，如储蓄存款之利息、出租物所获之租金等。[①]需要注意的是，依物的自然属性产生的收益，纵使加入了人工劳动，仍属天然孳息；物之自然收益须与原物分离才能称为孳息，如尚未分离（树上的果实、母畜所怀的幼崽），则仍为原物的组成部分。

将物分为原物和孳息的法律意义，在于确定物所生利益的归属。除法律另有规定或当事人另有约定外，孳息的所有权归原物的所有人享有，取得孳息的权利也随原物所有权的转移而同时转移。《民法典》第321条规定："天然孳息，由所

---

① 能够产生法定孳息的原物，是否包括可依法产生收益的"原权利"（如股权），不无疑问。对此，理论和实务上多持肯定说。参见梁慧星、陈华彬：《物权法》（第三版），法律出版社2005年版，第33—34页；孙宪忠：《中国物权法原理》，法律出版社2004年版，第139页。我们认为，尽管"原物"和"原权利"在权利客体的种类上虽有一定差异，但其规则的适用是一致的。

有权人取得；既有所有权人又有用益物权人的，由用益物权人取得。当事人另有约定的，按照其约定。”“法定孳息，当事人有约定的，按照约定取得；没有约定或者约定不明确的，按照交易习惯取得。”此外，《民法典》合同编买卖合同章的第630条规定：“标的物在交付之前产生的孳息，归出卖人所有；交付之后产生的孳息，归买受人所有。但是，当事人另有约定的除外。”

（四）单一物、结合物与集合物

单一物是指形态上独立为一体的物，如一匹马、一本书等。结合物是指由数个物结合而成的物，如手表、汽车、轮船等。结合物的每个构成部分虽可能并未丧失其个性，但形体上已成为一体，法律上也将之与单一物等同对待。集合物是指由多个单一物或结合物集合而成的物，如某人的一群羊、某图书馆的全部藏书、某商店的全部待售商品、某企业的全部财产、夫妻的共同财产等。

对物作此区分的法律意义在于：依一物一权主义，对于单一物或结合物，物权应存在于物的全部，物的一部分不能成为权利客体；对于集合物，原则上来说物权应存在于构成集合物的各独立物之上，即构成集合物的各独立物应分别作为物权的客体，而不得将集合物之整体作为一个物权的客体，但法律另有特别规定的除外。如现代的财团抵押乃是将企业资产的集合作为一个抵押权的客体，此为极个别的例外情况。[①]

（五）可分物与不可分物

可分物是指依物的性质可以分割且分割后不减损其价值的物。不可分物是指依物的性质不能分割或分割后将导致价值减损的物。前者如油料、粮食等；后者如动物、机器、房屋等。

此种分类的法律意义在于：当共有关系终止时，决定对共有物采用何种分割方法；留置财产为可分物的，留置财产的价值应当相当于债务的金额。[②]此外，在

① 参见尹田：《论一物一权原则及其与“双重所有权”理论的冲突》，载《中国法学》2002年第3期；梁慧星：《民法总论》（第五版），法律出版社2017年版，第157页。

② 参见《民法典》第304条、第450条。

债法上，物的这一类别差异还决定多数人之债是属于可分之债还是不可分之债。

（六）特定物与种类物

特定物指具有独特的自然属性或由当事人的意思具体指定的物。种类物又称不特定物，是指当事人依抽象的种类、品质、型号予以限定的物。如独立的建筑物及特定门牌号的公寓、孤本的藏书、古玩字画等均为特定物；而生产厂家库存的某种规格型号的产品，商场经销的家电、服装等，则为不特定的种类物。[①]

将物作此区分的法律意义主要在于债法和侵权法：在债法上，当债的标的为给付特定物时，义务人必须向对方交付约定的特定物，如特定物毁损、灭失，则只能以赔偿损失的方式予以救济；若债的标的为给付种类物，则即使种类物于交付前毁损、灭失，义务人仍应依约定向权利人交付同种类的物。同理，在侵权法上，造成特定物与种类物毁损、灭失的责任方式也会有所不同。在物权法上，需要注意和强调的是：我国《民法典》第114条第2款关于物权的定义规定中所言的"特定的物"以及物权客体特定原则中所言的"客体特定"，强调的是物权的客体须既已存在且具体而明确、能与其他物相区分（即"能够合理识别"），此与物的分类中的"特定物"并非同一概念。无论特定物还是种类物，都存在物权法上的所有权问题，但涉及种类物的交易，一般须因交付或登记而使之具体、明确后方能移转所有权或设立担保物权。

（七）融通物与不融通物

融通物又称流通物，是指可以作为交易标的之物。绝大多数的物为融通物。不融通物是指不能作为交易标的之物，主要包括公有物（如政府机关的办公楼、

---

① 学理及现实生活中，还存在所谓"特定化了的种类物"的概念及如何对待的问题。如某款轿车或某一型号的家具，原本属于种类物，但某人购买后经过了改造、装饰及使用等，因而加入了一定的感情因素或具有了与同类物有所不同的特点；公开出版、批量印刷书籍，也属于种类物，但某人购买后在阅读中经过圈阅、批注等，也可使该书具有独特的价值。对此类物所产生的法律问题，我们认为应根据其"特定化"的程度不同而区别对待并适用不同的法律规则。

国防资产、土地所有权等）、公用物（如道路、河流、公园等）、禁止物（如毒品、假币、淫秽书刊）等。在融通物中，有些物虽可作为交易的标的物，但法律对其作了某些限制性的规定，如金银、文物等，这类物通常被称为限制融通物。

此种区分的法律意义在于：融通物可以归属于任何人，而私人拥有限制融通物和禁止融通物，则须符合法律规定。融通物可以自由流转；而买卖法律、行政法规禁止或者限制转让的标的物，应依照法律、行政法规的相关规定（《民法典》第597条第2款）。限制融通物通常只能在法律允许的主体之间依照法定方式流转；除非符合《国有资产管理法》等法律、行政法规的特别规定，以共有物等不融通物作为交易标的物的，交易行为应属无效。

此外，民法上的物还有代替物与不代替物、消费物与不消费物、消耗物与非消耗物等分类，各有其意义。

四、特种物

（一）货币

货币，指作为法定支付手段的具有强制通用力的铸币和纸币。在法律性质上，货币是以票面标明的金额表现其价值，在民事法律关系中具有特殊作用的物。货币具有一般等价物的特征，它既是用来衡量和表现其他商品的价值的尺度，又是商品交换的媒介、支付的手段。在交易中，货币不仅可以作为民事法律关系的客体，而且还是许多民事法律关系中的对价支付手段。依据国务院2000年2月发布、同年5月1日起施行的《人民币管理条例》（2014年、2018年作过两次修正）的规定，我国的法定货币是中国人民银行依法发行的人民币，包括纸币和硬币。以人民币支付中华人民共和国境内的一切公共的和私人的债务，任何单位和个人不得拒收。

依据通说，货币是民法上的物之一种，为一种具有特殊性的动产。[①]与其他

---

① 参见梁慧星等：《中国物权法草案建议稿》，社会科学文献出版社2000年版，第37页；王利明主编：《中国物权法草案建议稿及说明》，中国法制出版社2001年版，第4—5页；王利明：《物权法研究》，中国人民大学出版社2002年版，第34页；梁慧星、陈华彬：《物权法》（第三版），法律出版社2005年版，第34页、第247页。

动产相比，其特殊性表现在：(1) 货币为具有高度替代性的种类物。法定货币的价值并不在于其自身，其实质是一种“价值符号”，是具有一定购买力的权利凭证。因此，人们对于作为支付手段的货币，往往并不关注其个性，交易时亦不考虑此货币与等额的彼货币的个性差异。(2) 货币为典型的消费物。供人消费几乎是货币的唯一目的，而货币一经所有人使用即转入他人之手，故货币不能由同一主体重复使用，因而为消费物。但由货币的用途所决定，其为耐用的非消耗物，货币本身并不因所有人的一次使用而归于消灭，而可由不同的人反复使用。①

货币异于其他物的显著个性，使得法律上须为其设计特殊的得丧规则，以适应其个性特点和交易的需要。此一特殊的规则即为：“货币的占有与所有一致”，“货币属于其占有人”。但对于个性大于共性的特殊货币（如限量发行的纪念币）、封金、货币的辅助占有、某些专用资金账户中的钱款等，该规则的适用亦有例外。②

（二）有价证券

有价证券是指设定并证明持券人有权取得一定财产权利的书面凭证。有价证券所代表的一定权利与记载该权利的书面凭证合二为一，权利人行使权利须持有证券，原则上不得离开证券进行。常见的有价证券有：票据（包括汇票、本票和支票）、债券（包括企业债券、金融债券和国库券）、股票、提单和仓单。

有价证券具有下列特征：(1) 代表财产权利。有价证券券面所记载的财产价值就是证券本身的价值。(2) 证券上的权利行使，离不开证券。有价证券属于特定物，证券与所记载的财产权利不能分离，只有持券人才能享有和行使证券上所代表的财产权利。权利人一旦丧失证券，就不能行使证券上的权利。(3) 有价证券的债务人是特定的。即证券的持有人只能向对特定证券负有支付义务的人主张证券上记载的财产权利；而有价证券的持有人转让证券，则不影响债务人对证券上记载的债务的履行。(4) 有价证券之债务人的支付义务属于单方义务。即债务人在履行证券上记载的支付义务时，除收回证券外，不得要求持有证券的权利人

① 刘保玉：《物权体系论》，人民法院出版社2004年版，第161页。

② 关于货币所有权的得丧规则，详见本书第五章第八节的“货币的占有”部分。

给付对价。

有价证券的特殊性在于，其持有人享有两种不同性质的权利：一是有价证券本身的所有权；二是有价证券上所记载的权利。有价证券须有其载体，而该载体本身是一种物，该物上存在所有权。有价证券上所记载的权利，因有价证券的种类不同而有所差异，如各种票据、债券上的权利为债权；股票上的权利为社员权；提单、仓单上的权利为请求交付标的物的债权，不过，因提单的交付通常与物的交付有相同的效力，因此其也兼有物权的性质。[①]

（三）外汇

以货币的国别为标准，货币分为本国货币与外国货币（外汇的一种）。所谓外汇，是指下列以外币表示的可以用作国际清偿的支付手段和资产：（1）外币现钞，包括纸币、铸币；（2）外币支付凭证或者支付工具，包括票据、银行存款凭证、银行卡等；（3）外币有价证券，包括债券、股票等；（4）特别提款权；（5）其他外汇资产。

外汇作为一种特殊的物，其性质和在私法上的地位，与本国货币和有价证券相当，差别主要在行政管理上。为加强外汇管理，促进国际收支平衡，促进国民经济健康发展，国务院于1996年1月29日公布实施了《外汇管理条例》（2008年8月修订后重新公布实施），这是我国外汇管理的主要法律依据。依该条例规定，国务院外汇管理部门及其分支机构（统称外汇管理机关），依法履行外汇管理职责。国家对经常性国际支付和转移不予限制。国家实行国际收支统计申报制度。国务院外汇管理部门应当对国际收支进行统计、监测，定期公布国际收支状况。境内机构、境内个人的外汇收入可以调回境内或者存放境外；调回境内或者存放境外的条件、期限等，由国务院外汇管理部门根据国际收支状况和外汇管理的需要作出规定。国务院外汇管理部门依法持有、管理、经营国家外汇储备，遵循安全、流动、增值的原则。国际收支出现或者可能出现严重失衡，以及国民经济出现或者可能出现严重危机时，国家可以对国际收支采取必要的保障、控制等措施。

---

① 参见梁慧星、陈华彬：《物权法》（第三版），法律出版社2005年版，第36页以下。

五、物的观念之扩张

随着现代科学技术的发展和法律调整社会关系的需要，传统的物的概念受到挑战，人们对物的观念亦有扩张的趋势。[①]关于物的观念的扩张，主要表现在如下几个方面。

（一）无形的自然力

罗马法及近代的法国民法中均将物分为有体物与无体物，凡是能成为权利客体者，均为物，权利也包括在内。而德国、日本民法中在物的概念上则排斥无体物，如《德国民法典》第90条规定，法律意义上的物，仅为有体的标的；《日本民法典》第85条规定，本法所称物，谓有体物。日本学者将有体物解释为物质上占有一定空间而有形存在者。据此观念，固体、气体、液体为物，而电、热、声、光等能量与自然力则非物。随着社会经济和科学技术的发展，对电、热、声、光、波、磁等“能”的广泛利用，迫使法律上须扩张物的概念。在包括我国在内的许多国家刑法中，偷窃电、气、热力等也成立盗窃罪；我国《民法典》合同编中也明确规定了供电、水、气、热力合同。在物权法上，电、热、声、光等可为人力所支配的无形的自然力，亦可被视为物（拟制物），而不拘泥于其是否“有形”，但权利仍不包括在“物”的范畴之内。

（二）特定的空间

20世纪以来，随着现代科学技术和建筑业的发展，地上高层建筑及地下建筑比比皆是，具有现代特点的空间权和空间法由此得以形成。美国、日本、德国等，或通过判例、学说，或通过立法，确立了空间权制度。但空间是否为物，可

① 参见梁慧星：《民法总论》（第五版），法律出版社2017年版，第151页以下；梁慧星等：《中国物权法草案建议稿》，社会科学文献出版社2000年版，第117页以下；王利明主编：《中国物权法草案建议稿及说明》，中国法制出版社2001年版，第171页以下；王利明：《物权法论》（修订本），中国人民大学出版社2003年版，第27页以下；孙宪忠：《中国物权法总论》，法律出版社2003年版，第124页以下。

否成为物权的客体，不无疑问。依现今通说，物的概念已不限于有体、有形，凡具有法律上排他的支配或管理的可能性者，皆可以为物，地上或地下之特定空间亦然。空间虽异于一般的有体物，但对空间所占据之位置，如能通过技术手段加以确定并予以支配，无妨将其作为物来看待。我国《民法典》第345条关于建设用地使用权可以在土地的地表、地上或者地下分别设立的规定，实际上已经肯认了空间可以为物权的客体。

（三）人体之器官、胚胎等

依学理通说，活人的身体及其器官，不得为物，唯身体的一部与人体分离后，可以作为物。随着科技的发展及治病救人的现实需要，出现了人体器官、造血干细胞、骨髓以及精子、卵子等的捐献与移植现象，一些国家或地区的法律、法规在不违背公序良俗及不妨害人的生命和健康的前提下，也对此作了有限的承认。[①]以分离身体之一部为标的的契约是否有效，应视其是否悖于公序良俗和法律规定而判断。例如理发、拔去龋齿、切除病变之脏器等，应属有效，而且被去除的发、齿、脏器，如有纪念或医学研究等价值的，可依契约确定其归属。捐献和移植血液、造血干细胞、肾脏等，则须严格遵循法律规定之条件，且此类契约不得为强制执行，以维护人之价值与尊严。但承诺捐献后无正当理由反悔而导致受体遭受损害的，可能发生违约损害赔偿的问题。国内已发生数例有关人体器官、精子、卵子的捐献以及单方废弃夫妻共有的人体胚胎是否构成侵权责任、夫妻双双死亡后其双方存储于医院的受精卵、人体胚胎可否由其继承人继承取得等纠纷。[②]关于器官捐献及人体胚胎等的归属、继承等方面的诸多法律问题，尚值医学界、伦理学界、法学界进一步深入研究。[③]

---

① 如我国台湾地区1987年6月19日发布了“人体器官移植条例”，我国卫生部于2007年3月21日亦发布有《人体器官移植条例》（2007年5月1日起施行），均对人体器官移植的条件作了严格的限制。

② 参见杨立新：《单方废弃夫妻共有的人体胚胎之侵权责任认定》，载《法律适用》2018年第9期；《人的冷冻胚胎的法律属性及其继承问题》，载《人民司法》2014年第13期；《一份标志人伦与情理胜诉的民事判决——人的体外胚胎权属争议案二审判决释评》，载《法律适用》2014年第11期。

③ 参见孙宪忠：《中国物权法原理》，法律出版社2004年版，第118页。

（四）人力尚不能支配的物

在传统民法理论上，法律上的物仅限于人力所能支配者，凡不能为人力支配者，则仅为物理上的物而非法律上的物。但随着科学技术的发展，人类征服、改造自然的能力日益增强，人类活动的范围亦日益扩张，大洋海底、宇宙空间已经成为人类探索、开发的范围。因此，即使人力尚不能支配但有支配可能性者，亦不妨承认其为法律上的物。①

第四节　物权的效力

一、物权的效力问题概说

（一）物权的效力之意义

物权的效力，是指法律赋予物权的强制性作用力与保障力。物权的效力反映着物权的权能和特性，界定着法律保障物权人对标的物进行支配并排除他人干涉的程度和范围，集中体现着物权依法成立后所发生的法律效果。

物权的效力，有各种物权所共有的效力与某种物权特有的效力之分，前者为物权的一般效力或基本效力，后者为物权的特别效力。本节讲述的主要内容为前者，至于某一物权的特有效力留待后面讲述各类具体物权时再予讨论。

物权的效力，为物权法中的一个重要而基本的问题：首先，物权的内容和性质，与物权的效力问题密切相关。若不明确物权的效力，则无以明确物权的属性及其与债权等其他民事权利的区别。其次，物权的效力，关乎物权人相互之间、物权人与债权人及其他人之间的利益关系，既反映着静态的物之归属秩序，也影响着动态的物之交易秩序。最后，物权法上的其他基本问题，如物权变动的规则、物权的保护、物权的位序及其实现规则等，或由此衍生和展开，或与此唇齿

---

① 梁慧星、陈华彬：《物权法》（第三版），法律出版社2005年版，第23页。

相依。不明确物权的效力，物权法的整个体系和各类物权的具体规则无以形成和展开。

（二）关于物权效力问题的学说观点

各国的物权立法上，虽对物权的支配力、优先力、对抗力或排他力、物权请求权等有具体规定，但对物权的一般效力并无系统、完整的规定；而学者们对物权一般效力的认识与归纳，因观察、分析的角度不同而形成多种不同的观点：

其一，二效力说。认为物权的效力有优先效力与物上请求权效力两种，而物权的排他效力与追及效力，应包含于该两种效力之中。①

其二，三效力说。此说中又有不同的归纳，如有的认为物权具有排他效力、优先效力与物上请求权效力；②有的认为物权的效力有对物的支配力、对债权的优先力、对妨害的排除力（即物上请求权）；③还有的认为各种物权共通之效力为排他效力、优先效力与追及效力。④

其三，四效力说。认为物权的效力有排他效力、优先效力、追及效力和物权请求权效力四种。⑤此说在国内学界颇为流行，是所谓“集大成”之学说。

以上诸说，所列举的物权的效力共计有五项，即：支配效力、排他效力、优先效力、追及效力、物上请求权效力，然对其归纳组合或者说对物权各种效力之间的关系，学说上有所分歧；物权的优先效力虽为各说所共同主张，但对其含义如何，学说见解有所不同；至于物权所具有的追及效力（即物权成立后，其标的物不论辗转于何人之手，物权人均得追及物之所在而行使其权利），虽为学界所公认，但对于是否应将其作为物权的一项独立效力来认识，则有肯定与否定两种

① 史尚宽:《物权法论》，中国政法大学出版社2000年版，第10页；钱明星:《论物权的效力》，载《政法论坛》1998年第3期。

② 谢在全:《民法物权论》（上），中国政法大学出版社1999年版，第31页以下。

③ 张俊浩主编:《民法学原理》（上），中国政法大学出版社2000年版，第400页。

④ 姚瑞光:《民法物权论》，台湾海宇文化事业有限公司1995年版，第4页以下。

⑤ 陈华彬:《物权法原理》，国家行政学院出版社1998年版，第91页以下；王利明:《物权法论》，中国人民大学出版社1998年版，第25页以下；郭明瑞等:《民商法原理》（二），中国人民大学出版社1999年版，第41页；崔建远:《物权：规范与学说——以中国物权法的解释论为中心》（上册），清华大学出版社2011年版，第62页以下。

主张。[①]

我们认为，物权的基本效力可以概括为对物的支配效力、对其他物权的排他效力、对债权的优先效力和对妨害的排除效力四个方面。其中，支配效力乃物权于“对物关系”中的效力；而其余三项效力，所体现的均是物权在“对人关系”中的效力，此三种效力亦可一并概括为物权的“对抗力”或“排他力”。至于物权的追及效力及其具体表现，据我们观察，其莫不能由物权实现上的排他效力、对债权的优先效力及物的返还请求权所包含，将物权的追及效力单列确有与物权的其他效力发生重叠之虞。因此，虽在一些具体场合（如登记设立的抵押权）可言物权具有追及效力或强调追及力的意义，但无须也不宜将其单列为物权的基本效力。[②]

二、物权的支配效力

（一）物权的支配效力之含义

物权的支配效力，是指物权所具有的保障物权人对标的物直接为一定行为并享受其利益的作用力。

物权的支配性与支配力，所表明的是物权在对物关系中的特性与效力。作为一种支配权，物权的首要或基本的效力就是对标的物的支配力，以保障物权人管领、控制标的物并享受物之利益。不明示物权的对物支配效力，不足以表彰和支持物权的支配权性，也难以说明物权其他效力的基础。《民法典》第114条第2款在物权的概念中明确规定了物权的支配效力，应属允当。

---

① 肯定说认为，追及效力不能为物权请求权或物权优先效力所完全包括，考虑到使物权得到周严保护之需要及更彻底认识物权之本质，有必要将追及效力作为一项独立的效力来认识。否定说则认为，物权的追及效力“只不过是物权请求权之一侧面”，即物上请求权中的返还请求权，或者认为物权的追及效力实质已为物权的优先效力所包含，因此不应将其作为一种独立的物权效力对待。参见梁慧星、陈华彬:《物权法》(第三版)，法律出版社2005年版，第51页以下；王利明:《物权法论》，中国政法大学出版社1998年版，第31页以下；郭明瑞等:《民商法原理》(二)，中国人民大学出版社1999年版，第45页。

② 刘保玉:《物权的效力问题之我见》，载《山东大学学报》(哲学社会科学版)2000年第2期。

（二）物权支配力的范围与程度

物权具有支配效力，意味着物权人得依自己的意志直接对客体为占有、使用、收益及处分等支配行为并实现其权利的内容，而无须他人的意思或行为的介入。在法律规定的范围内，物权人是自己直接为各种支配行为，还是将标的物交由他人并授权其为某些支配行为，皆依物权人的意志而确定。不过，不同性质与种类的物权，其支配力的范围与程度是不同的：所有权是完全物权，对物有完全的支配力，而他物权是不完全物权，对物仅有不完全的支配力；物权的种类不同，其支配力的内容也有差别，“所有权乃对于物之使用价值与交换价值全面的支配；用益物权乃对于使用价值部分的支配，担保物权则对交换价值全部或一部之支配”。[①]物权法的基本任务之一，即是确认各种物权对物的不同方面（使用价值或交换价值）与不同程度（全面或部分）的支配力。

在理解物权对物的“支配力”时，还应当认识到其与对物的“支配”是有区别的：（1）对物的支配，通常是指直接对标的物为一定的行为，具体表现为对物的占有、使用、收益、处分，而支配力则是法律强制力在物权效力上的具体表现，是能够支配标的物的法律保障；（2）支配通常讲的是一种对物为管领、控制的事实状态，而支配力则是物权人合法支配标的物的意志和行为受到法律保护时所具有的强制性作用力，它所表现的是一种法律状态；（3）支配通常是指对物的现实、有形的控制和管领，而支配力则是无形的法律作用力，如抵押权关系中，抵押权人并不占有抵押财产，但其依据抵押登记所产生的法律效力仍可支配其交换价值。

（三）支配力与物的利益之享有

物权为民事权利之一种，而权利之本质为法律赋予特定人得以享受某种利益的法律之力，故物权人当然得享受支配标的物所生之利益。法律上确认某物归属于某人支配，正在于使其享受该物之利益；而物权人得以享受物之利益，又赖于其物权的支配力。

---

① 刘得宽：《民法诸问题与新展望》，中国政法大学出版社2002年版，第88页。

物之价值，可分为使用价值与交换价值两类；物之利益，则有物之归属利益、物之用益利益与物之担保利益（或融资利益）之分。物之利益的享有，实系对物之不同价值的享受与支配。物权的内容，也因物权人享有的利益之不同而分为所有权、用益物权与担保物权。所有权人享受的是物之归属利益，而归属利益涵盖了物之用益利益与融资利益。申言之，物的所有人既得自己为物之占有、使用、收益，支配物之使用价值而享受物之用益利益，亦得将物之用益利益供与他人而获得相应的对价，或者将物之交换价值附条件地授予他人支配以做担保，而自己享受融资利益，还可将物之整个归属利益让渡给他人，自己转而获得对价之利益。当所有权人将物之使用价值授予他人支配时，该他人即获得用益物权、享受物之用益利益；所有权人将物之交换价值授予他人支配时，该他人则获得担保物权而享受物之担保利益；当所有人将物的所有权转移给他人时，该他人则继受地获得物之归属利益，并得将物之用益利益或融资利益再行供与其他人或另行转让物之归属，复生出新的物权关系。

三、物权的排他效力

（一）物权的排他效力之含义

物权的排他效力，是指物权相互之间的对抗效力，即一项物权排斥内容和性质与其相抵触的另一物权并存于同一标的物之上，或者得压制同一物上的其他物权而先行实现的效力。依此界定，物权的排他效力并不独指相斥物权之间于成立上的排他效力，也包括相容物权之间于实现上的排他效力。或者说，物权的排他效力有绝对的排他效力与相对的排他效力两个方面或层次。[①]

物权的排他效力由来已久、早经确认，罗马法上即有“所有权遍及于全部，不得属于二人”之法谚。现代法上，更应明确排他性既是物权的性质，也是物权的效力。而且，是否取得排他效力应是物权取得与否的标志；[②]某一特定之物上的权利是否具有排他性，也应是判断该权利是否真正为物权的标准之一。物权的排

① 刘保玉：《论物权之间的相斥与相容关系》，载《法学论坛》2001 年第 2 期。

② 王利明：《物权法论》，中国人民大学出版社 1998 年版，第 25 页。

他性、排他效力源于物权的支配权性质和支配力，物权的排他力与支配力之间有着密切的联系，但其表现了物权的两个不同方面的特性和效力，其所针对的事项及所要解决的问题并不等同：支配性与支配力是从物权人与物的关系上而言的，强调的是物权对客体的管领力与控制力；而排他性与排他力是从物权人与其他人的关系上而言的，强调的是某一物权对他人的对抗力或者说对相冲突权利的排斥力。如果否认或者忽视物权的排他效力，一则势必妨害权利人对于标的物之有效支配，二则也势必损及物权之间的和谐秩序与标的物之顺畅交易。因此，尽管物权的支配性必然产生排他性，物权的排他力也源于其支配力，但为切实保障物权人的支配权之实现，将排他性和排他效力作为物权的一个特性与一项基本效力来认识和规定，既有必要，也有实益。我国《物权法》制定时，关于应否在第2条物权的定义中明示排他效力曾有过不同认识，后经反复斟酌，最终将排他性和排他效力在物权的定义中明示出来，[①]《民法典》第114条第2款中亦维持了这一规定。

（二）物权排他效力的强弱之分

不少学者认为：同一标的物上不能有两个以上同一内容或性质之物权同时存在，已存在之物权具有排除互不相容物权再行成立之效力，谓之物权之排他效力；不同的物权，其排他效力有强弱之分，其中所有权的排他效力最强，以占有标的物为内容之定限物权次之，而非以占有标的物为内容之定限物权的排他效力最弱。对于排他效力较弱的相容物权之间的关系，诸多著述中将其归于“物权相互间的优先效力”，并认为此种情况下以“时间在先，权利在先”为其原则。[②]但也有学者对此种似已为“通说”的观点提出了质疑和批评，认为所谓数个内容及性质相容的物权之间的优先效力问题，实系何者得优先行使与实现的排他效力问题，而并不属于何种物权有优先效力或何种无优先效力的问题；同一物上存在有数个相容物权时，也并非全是成立在先的物权优先于成立在后的物权，此仅为某

---

① 参见刘保玉：《物权概念的二要旨：对物支配与效力排他》，载《政治与法律》2005年第5期。

② 谢在全：《民法物权论》（上），中国政法大学出版社1999年版，第32页；梁慧星、陈华彬：《物权法》（第三版），法律出版社2005年版，第49页。

些担保物权（如登记设立的不动产抵押权）之间的顺位规则。[①]我们赞同这种批评意见，并认为将相容物权之间何者能排他地优先实现的问题作为物权排他效力的一种表现（即实现上的排他效力）来解释，既有益于全面认识物权的排他效力，在逻辑上也更为可取。

由于不同的物权关系中对物的占有与支配状态不同，各类物权所生之排他效力也随之产生差别：一物之上客观上不能有两个直接占有与现实支配，故同以直接占有标的物为成立要件和权利内容的物权之间不得并立，这是内容与性质相斥之物权在成立上的排他性；而不以或并非均以直接占有标的物为要件的两个物权之间，得发生并立之情形而无成立上的排他性，内容与性质相容的物权之间仅存在行使和实现上的排他效力，即被法律赋予较强效力之物权得压制、排斥效力较弱之物权而先行实现。相容物权之间，哪一个居于在先之位序而得排他地优先实现，并不单纯决定于其成立的时间先后，更主要的乃是取决于当事人的意志和法律的规定。

将物权的排他效力归纳为成立上的排他效力与实现上的排他效力两个方面，则不存在哪种物权的排他效力绝对为强或绝对为弱的问题，只存在某类物权相对于同类物权或另类物权在某一方面的排他效力较强或较弱的问题。例如，所有权之间，在成立上具有绝对的排他效力，而所有权却概无排斥定限物权成立与实现之效力；某物上的抵押权，并无排斥其他物权再行成立之效力，但在先登记设立的抵押权于实现上却具有极强的排他效力。

（三）各类物权排他效力之表现

1.所有权之间的排他效力。由于所有权是对物的全面支配权，同一标的物在客观上不可能存在两个相同的全面支配权，故而所有权之间具有成立上的绝对排他效力，一物之上只能存在一个所有权。罗马法上即已存在的“一物一权”原则，于所有权关系上表现得最为典型。日耳曼法上存在过的土地之“上位所有

① 张俊浩主编：《民法学原理》（上），中国政法大学出版社2000年版，第401—402页；马俊驹、余延满：《民法原论》（上），法律出版社1998年版，第366页；郭明瑞等：《民商法原理》（二），中国人民大学出版社1999年版，第43页。

权”与“下位所有权”并存（或谓“双重所有权”）的现象，实质上乃土地领主之所有权与耕种人之永佃权的关系；我国封建时代所谓“普天之下，莫非王土”与封建地主的土地所有权之并存现象，其实质则是统治者的国家主权与地主的私人土地所有权之间的关系；现代公司制度中，公司对股东出资的财产享有“法人财产权”为包括所有权、债权、知识产权等在内的综合性权利，而对公司投资的股东的权益称为“股权”（社员权的一种），两者的权利性质有别，并非一物之上存在两个所有权的现象；登记的所有人与真正的所有人不一致时所产生的所谓“法律所有权”与“事实所有权”并存的现象，其后者实质上并非物权法意义上的所有权，其仅能对特定人为请求而不具有物权的支配力与对抗力，性质上更近于债权；[①]英美法信托制度中受托人的“普通法所有权”与受益人的“衡平法所有权”并存的现象，乃此种法律体制中的特例，而以大陆法的眼光来看，其为有限所有权或不完全所有权现象，[②]或者说信托标的物的所有权在信托期间因信托之特殊机制而被分解，但不能解释为“双重所有”。至于数人共有一物的“共有”现象，乃多人共享一个所有权，而并非每个共有人各有一个所有权，此与所有权之间的排他效力问题迥异其趣；建筑物由业主区分所有的问题，应解释为各区分所有权之客体为法律观念上的不同之物，亦非同一标的物上存在数个所有权。因此，上述可能存在争议的诸种现象，均非物权法意义上的所有权并存问题，不能动摇所有权关系上的一物一权规则。

2.用益物权之间的排他效力。用益物权是对他人之物为占有、使用、收益的实体支配权，而于同一物上势难同时成立两个现实占有，因此用益物权之间当然具有成立上的排他性。但也存在例外的情形：其一，地役权之间及地役权与其他用益物权的并存。由地役权的性质、特点所决定，其与土地使用权等用益物权之间可以并存；而且，同一供役地上也可设定两个以上非继续性的地役权（如汲水地役权、通行地役权）。其二，典权之间的并存。在承认典权为用益物权的立法

① 参见孙宪忠：《论物权法》，法律出版社2001年版，第57页以下；刘保玉：《物权体系论》，人民法院出版社2004年版，第90—91页。

② 参见高富平：《物权法原论》（上），中国法制出版社2000年版，第212—213页；徐国栋主编：《绿色民法典草案》，社会科学文献出版社2004年版，第4页（术语的说明）、第352—353页。

上，一般也允许典权人于典期内将典物转典，甚至允许再转典乃至三转典，这样，同一标的物上即得存在两个以上典权。

3.担保物权之间的排他效力。由于担保物权是以获得标的物之交换价值为目的的价值权，因此，除以动产或以权利凭证的交付为成立要件的质权之间具有成立上的排他效力外，其他担保物权及其相互之间原则上无成立上的排他效力而仅有实现上的排他效力，其效力的强弱根据担保物权的法定位序来确定。担保物权的位序规则，一般是依设立的时间顺序，但融资性担保物权（抵押权、质权）与费用性担保物权（如留置权）并存时，通行的规则是后者的效力优于前者。[①]

4.用益物权与担保物权之间的排他效力。因客体方面的原因，用益物权与担保物权之间的排他效力问题，主要存在于用益物权（如居住权）与不动产抵押权之间。此两类权利，一为占有标的物的实体支配、用益之权利；一为非占有标的物的价值支配、担保之权利，故二者之间不发生设立上的排他效力，而仅发生行使与实现上的排他效力，其效力的强弱，原则上依设定的先后而定。[②]与之类同，在租赁权与抵押权并存时，亦适用大致相同的规则。[③]

5.所有权与定限物权之间的排他效力。所有权之间，虽具有绝对的成立上的排他效力，因而所有权通常被视为排他效力最强的物权。但所有权与定限物权（用益物权、担保物权）之间，却不发生成立上的排他效力。定限物权本身即是于一定范围内限制所有权之权利，而且，由于在所有物上为他人设立用益物权或担保物权系出于所有权人的意志或基于法律的规定，因此，同一标的物上的定限物权虽成立于所有权之后，但其效力却当然地优先于所有权。[④]从这个角度而言，所有权的排他效力又为最弱。

---

① 参见《民法典》第414条、第415条、第456条。另见谢在全:《民法物权论》(上)，中国政法大学出版社1999年版，第33页；刘保玉:《论担保物权的竞存》，载《中国法学》1999年第2期。

② 谢在全:《民法物权论》(上)，中国政法大学出版社1999年版，第33页。

③ 参见《民法典》第405条。

④ 谢在全:《民法物权论》(上)，中国政法大学出版社1999年版，第33页；梁慧星、陈华彬:《物权法》(第三版)，法律出版社2005年版，第60页。

四、物权的优先效力

（一）物权的优先效力之含义

物权的优先效力，又称物权的优先权。关于其含义与内容如何，一向有不同意见：有的学者认为仅限于物权优先于债权的效力；也有的学者认为仅指先成立的物权优先于后成立的物权的效力；而较多学者则认为此二者均为物权优先效力的范围。[①]不过，此种“多数说”也遭到了有力的质疑，异议理由是：第一，“先设立的物权优先于后设立的物权”的观点，在逻辑上有错误，将推导出后设立的物权无优先性或某些物权无优先性的错误结论；第二，该命题没有普遍性，只是个别担保物权特有的现象，不能以偏概全；第三，所有权与定限物权可以并存，用益物权与担保物权之间以及担保物权相互之间，有的也可以并存于同一标的物上，但它们之间均是物权之位序或者说物权效力的强弱问题，而非何种物权优先行使的问题。[②]

我国当年《物权法》的制定中，对于物权是否具有优先效力及其含义如何、物权优先于债权应否设为一般规则等问题存在不同意见的争议和分歧，[③]导致

---

① 谢在全：《民法物权论》（上），中国政法大学出版社 1999 年版，第 33 页；梁慧星、陈华彬：《物权法》（第三版），法律出版社 2005 年版，第 49 页；王利明：《物权法论》，中国人民大学出版社 1998 年版，第 27 页以下；魏振瀛主编：《民法》，北京大学出版社 2000 年版，第 207 页以下。

② 张俊浩主编：《民法学原理》（上），中国政法大学出版社 2000 年版，第 401—402 页；郭明瑞等：《民商法原理》（二），中国人民大学出版社 1999 年版，第 43 页；马俊驹、余延满：《民法原论》（上），法律出版社 1998 年版，第 366 页；史尚宽：《物权法论》，中国政法大学出版社 2000 年版，第 10 页注。

③ 参见戴孟勇：《物权的优先效力：反思与重构》，载崔建远主编：《民法 9 人行》（第 1 卷），金桥文化出版（香港）有限公司 2003 年版，第 263—317 页；戴孟勇：《“物权优先于债权”理论之质疑》，载《政治与法律》2010 年第 7 期；崔建远：《为物权的优先效力申辩》，载《民法 9 人行》（第 1 卷），金桥文化出版（香港）有限公司 2003 年版，第 335—349 页。梁慧星教授主持拟订的物权法草案建议稿第 8 条为：“一物之上既有物权又有债权时，物权优先。但法律另有规定的除外。”王利明教授主持拟订的物权法草案建议稿第 7 条为：“在同一标的物之上同时存在物权和债权时，物权优先，但法律另有规定的除外。”“同一物上多项其他物权并存时，应当根据物权设立的时间先后确立优先的效力，但法律另有规定的除外。”“具有物权性质的权利优先于具有债权性质的权利。”法工委拟订的物权法草案自征求意见稿到二审稿的第 8 条都曾规定：“特定的不动产或者动产，既是物权的支配物，又是债权的标的物时，优先保护物权，但法律另有规定的除外。”“在特定的不动产或者动产设立两个以上物权时，优先保护先设立的物权，但法律另有规定的除外。”三审稿之后该条规定被删除。

《物权法》（已废止）上最终未对此问题作出规定，《民法典》中亦未有明文。

如前所述，我们主张将所谓的物权相互之间的优先效力解释为物权排他效力的一个方面，即实现上的排他效力。依此界分，则物权的优先效力限指物权优先于债权的效力，即当特定的物既是物权的客体又是债权中的给付标的物时，无论物权与债权成立的先后，物权均具有优先于债权的效力，但是法律另有规定的除外。同时，我们主张将物权优先于债权作为二者关系的一般性规则来定位。在我国的司法实践中，也是承认并贯彻这一基本规则的。[①]

物权之所以具有优先于债权的效力，乃是基于物权的支配性、绝对性、公示性及由此而产生的对抗力。从广义上而言，物权优先于债权的效力与物权相互之间的排他效力问题，均属于物权的对抗力之表现，故将其合并而称物权具有对抗效力，也无原则上或逻辑上的不妥。只是鉴于物权之间和物权与债权之间的关系因权利的性质与类别相异，确认其效力关系的依据与规则也有重大不同，故将物权之对抗效力分解为物权相互间之排他效力与物权对债权之优先效力两个方面来认识与解释，更为明了。

（二）物权优先于债权之表现

1.所有权优先于债权。例如，在“一物二卖”及“多重买卖”的场合，善意地接受交付或完成登记而先行取得标的物所有权的后买受人，其权利优先于未取得标的物所有权的在先买受人的债权；[②]在所有权人将所有物出借、出租或以所有权保留的方式出卖于他人时，如该他人陷于破产境地，则该物不得被纳入破产财产的范围，所有权人有“取回权”或清算后的优先受偿权；财产共有人以物权为基础的优先购买权优先于共有物承租人的以债权为基础的优先购买权。

---

① 参见最高人民法院民事审判第一庭编著：《最高人民法院物权法司法解释（一）理解与适用》，人民法院出版社2016年版，第14页。

② 参见最高人民法院2020年12月修正后的《关于审理商品房买卖合同纠纷案件适用法律若干问题的解释》第7条，《关于审理买卖合同纠纷案件适用法律问题的解释》第6条、第7条。另见最高人民法院买卖合同司法解释编写组：《关于审理买卖合同纠纷案件适用法律问题的解释的理解与适用》，人民法院出版社2012年版，第163页以下；王利明：《特殊动产一物数卖的物权变动规则》，载《法学论坛》2013年第6期；刘保玉：《论多重买卖的法律规制》，载《法学论坛》2013年第6期。

2.用益物权优先于债权。通说认为，特定的物上如有用益物权存在的，无论其成立时间之先后，该物权有优先于以给付该物为内容的债权的效力，债权人不得向用益物权人请求交付或移转该物，也不得请求除去该物上之物权。反之，如债权的存在妨害物权的实现时，用益物权人得因其权利的行使而除去债权。[①]

3.担保物权优先于债权。有担保物权担保之债权，就担保财产之变价得优先于一般债权人之债权而受偿；债务人或提供担保的第三人破产时，对其特定财产享有担保物权的人就该项财产享有“别除权”；于担保财产毁损、灭失或者被征收等情况发生时，担保物权人就获得的保险金、赔偿金或者补偿金等亦有较一般债权人优先受偿的权利。

（三）物权优先于债权之例外

物权优先于债权固为基本规则，但法律也设有一些例外规定，使特别规定的某些债权居于优先实现的地位。[②]这些例外情形主要有：

1.在先订立租赁合同且已取得租赁物占有的，租赁权不受租赁物之物权变动的影响。前已述及“买卖不破租赁”的传统规则，即在先设立的承租人的租赁权具有不被租赁物受让人的所有权所破除的效力。这是由于租赁权被法律赋予了物权性的对抗效力（即所谓的“租赁权的物权化”）。我国《民法典》第725条规定：“租赁物在承租人按照租赁合同占有期限内发生所有权变动的，不影响租赁合同的效力。”这一规则也同样适用于租赁权与抵押权的关系，《民法典》第405条规定：“抵押权设立前，抵押财产已经出租并转移占有的，原租赁关系不受该抵押权的影响。”对于用益物权能否破除在先设定的租赁关系的问题，我国法律上并未设明文规定，但理论上通常作同样的解释。例如后登记设

---

① 例如，甲国土资源局先将A宗土地出借给乙，后又把该宗土地的建设用地使用权出让与丙并办理了登记手续。于此场合，出借合同关系应随之中止，丙可以对乙主张物的返还请求权。参见崔建远：《物权：规范与学说》（上册），清华大学出版社2011年版，第66页。依此规则，如果已出借的房屋上后来设立物权性的居住权的，则居住权的效力优于借用合同。

② 关于这些例外情形的存在是否动摇了物权优先于债权的一般规则，学界有不同的认识：一种意见认为，由于例外情形太多，足以影响物权优先于债权的一般规则之成立，因此《物权法》上不应设此一般规则；另一种意见认为，例外情形的存在不足以影响一般规则的成立，而且在实践中真正需要援用这些例外规定的情况颇为少见。笔者赞同后一种观点。

立的居住权与在先成立的租赁权发生冲突时应采用与《民法典》第405条规定相同的规则，即居住权设立前抵押财产已出租并转移占有的，原租赁关系不受影响。

对我国《民法典》的上述规定在适用中应当注意的是：（1）法律上对租赁关系予以特殊保护是有条件的，即租赁关系成立在先且承租人已取得对租赁物的占有，而并非所有的租赁合同均具有"物权化"的效力。（2）域外立法上通常将"买卖不破租赁""抵押权的行使不破租赁"规则限定于不动产租赁关系而适用，我国民法上则并未设此限制。（3）房屋等不动产租赁中的"移转占有"或"在承租人占有期间"如何具体界定？是以"交钥匙"等类似的象征性行为即为已足，还是以承租人已实际居住、使用为标准？对此可能会有不同认识。我们倾向于以承租人对租赁物具有实际控制力为判断标准，而不宜作具体方式的限定。

还应提及并讨论的是，不动产的租赁关系还存在登记备案的问题。如我国《城市房地产管理法》第54条规定："房屋租赁，出租人和承租人应当签订书面租赁合同……并向房产管理部门登记备案。"《民法典》第706条也规定："当事人未依照法律、行政法规规定办理租赁合同登记备案手续的，不影响合同的效力。"那么，租赁合同中的"登记备案"在具有"管理"功能的同时是否兼具"公示"的功用呢？我们倾向于肯定的认识。《民法典》立法中，考虑到实践中大量的私房租赁合同等未办理登记备案手续，而已占有、使用租赁物（尤其是长期性的）的承租人的利益须予保护的实际情况，故而在合同编第706条中明确未办理登记备案手续不影响租赁合同的效力，且在物权编第405条、合同编第725条的规定中特别强调了承租人占有租赁物的因素。此种考虑，应是值得肯定的。但第405条、第725条的规定中忽略了房屋等不动产租赁中登记备案的效用，其妥适性则是值得斟酌的。[①]如果不动产租赁合同已办理了登记备案手续，但因某种原因暂

① 最高人民法院2020年修正后的《关于审理城镇房屋租赁合同纠纷案件具体应用法律若干问题的解释》第5条规定："出租人就同一房屋订立数份租赁合同，在合同均有效的情况下，承租人均主张履行合同的，人民法院按照下列顺序确定履行合同的承租人：（一）已经合法占有租赁房屋的；（二）已经办理登记备案手续的；（三）合同成立在先的。""不能取得租赁房屋的承租人请求解除合同、赔偿损失的，依照民法典的有关规定处理。"该条规定中考虑到了房屋租赁登记备案手续的法律效果，值得肯定。

未移转占有，之后出租人又将不动产转让或抵押给他人的，租赁合同或者原租赁关系是否受影响？我们主张，租赁合同的登记备案和租赁物的移转占有，对次后的权利人均应可产生阻止其“善意取得”的效果和对抗效力；有租赁合同的登记备案和租赁物的移转占有中的任一种情况的，即可适用《民法典》第405条、第725条规定。

2.进行了预告登记的买受人的债权。根据《民法典》第221条，《物权编解释（一）》）第4条、第15条的规定，不动产买卖协议（尤其是期房预售合同）如果在登记机构进行了预告登记，该买受人的债权就具有了物权性的排他效力，预售人未经预告登记的权利人同意而对标的物另行处分的（包括再出售及设立建设用地使用权、居住权、地役权、抵押权等），不能发生物权效力。故此，不动产预购人的此种权利可以作为“准物权”对待。[①]

3.被法律赋予了优先受偿效力的特别债权。根据有关法律的规定，在某些特殊情况下，物权（尤其是担保物权）不一定能强于具有优先权效力的特别债权。例如：根据我国《民法典》第807条的规定和最高人民法院《关于建设工程价款优先受偿权问题的批复》，建设工程合同中承包人就所承建工程折价或者拍卖的价款之优先受偿权，优先于抵押权和其他债权；根据《海商法》第22条、第25条的规定，船员工资和社会保险费用的给付请求、港口规费缴付请求、海难救助款项的给付请求等船舶优先权，优先于船舶抵押权受偿；根据《企业破产法》第109条、第132条的规定，对破产人的特定财产享有担保权的权利人，对该特定财产享有优先受偿的权利，但是，破产企业的破产财产不足以清偿破产企业所欠职工的工资和医疗、伤残补助、抚恤费用及基本养老保险、基本医疗保险费用、应当支付给职工的补偿金的，对破产人的特定财产享有担保权的权利人则不得就该特定财产优先受偿；根据《商业银行法》第71条的规定，商业银行破产清算时，在支付清算费用、所欠职工工资和劳动保险费用后，应当优先支付个人储蓄存款的本金和利息；根据《税收征收管理法》第45条的规定，如果纳税人欠缴的税款发生在纳税人以其财产设定抵押、质押或者纳税人的财产被留置之前的，

① 刘保玉：《准物权及其立法规制问题初探》，载王利明主编：《中国民法年刊》（2004年卷），法律出版社2006年版，第374页。

税收应当先于抵押权、质权、留置权执行。

五、物权的妨害排除效力

（一）物权的妨害排除效力之含义

物权的妨害排除效力，是指物权具有的排除他人妨害、恢复权利人对物的正常支配状态的效力。妨害排除效力是物权在法律上的救济力或保护力，从权利的角度观察，可称为排除妨害请求权、物权请求权或物上请求权。物权请求权，是指物权受到侵害、妨害或有妨害之虞时，物权人得请求妨害人除去妨害或防患未然，以回复其物权的圆满状态的权利。

凡属物权，均能发生物权请求权。物权请求权不仅可以基于所有权而发生，也可基于用益物权、担保物权而发生（从广义上讲，占有保护请求权也为物上请求权），不过，基于不同的物权而发生的物权请求权，其具体内容略有不同。物上请求权的行使方式，有诉讼外行使（自力救济）和诉讼方式行使（公力救济）两种，物权人得根据具体情况选择采用。

物权的妨害排除效力或物权请求权制度，源自物权的支配性、排他性与绝对性。该制度滥觞于罗马法，在近现代民法上也得到了普遍承认和理论上的一致认可。我国民法上，未使用物权请求权一词，但其实质内容在《民法典》总则编“民事责任”一章以及物权编通则分编的“物权的保护”一章中均有体现。

（二）物权请求权的内容

物权请求权以排除妨害及回复物权的圆满状态为目的，因此，根据妨害形态的不同，物权请求权也有多种。一般认为，物权请求权分为三类：

1. 物之返还请求权。占有人无权占有他人的不动产或者动产的，发生物权人的原物返还请求权。

2. 妨害排除请求权。物权受到侵害或物权的行使受到妨碍时，发生物权人的妨害排除请求权，权利人可以请求停止侵害、排除妨碍。

3.妨害预防请求权。物权虽未受到现实妨害，但有受到妨害之虞时，发生物权人的妨害预防请求权，权利人可以请求消除危险。

关于造成不动产或者动产毁损但有修复可能时的恢复原状请求权，是属于物权请求权还是债权请求权以及是否罹于消灭时效，理论上尚有不同认识。[①]我们倾向于将其定性为债权请求权。

（三）物权请求权的性质

1.关于物权请求权性质的各种学说。物权请求权的性质如何，学说观点颇有分歧，大致有如下几种不同的见解：[②]

其一，物权作用说，又称物权说。认为物权请求权乃物权之作用（效用），而非独立的权利，其依物权之存在而存在，随物权之消灭而消灭。

其二，债权说，又称纯债权说。认为物权请求权是请求特定人为特定行为（排除妨害）的独立权利，为行为请求权，属于纯粹的债权。

其三，准债权说。认为物权请求权系一种准债权的特殊请求权。物权请求权也是请求特定人为特定行为的权利，此与债权类似；但此项请求权的发生、转移、消灭均从属于物权，故亦非纯债权，仅能谓可准用债权规定之权利。

其四，非纯粹债权说。认为物权请求权系对人之请求权，故非物权本身，而系独立的权利，但其与物权同命运，于物权存续期间不断滋生，故不罹于消灭时效；于破产之情形，此种对人请求权有异于普通债权之强力地位（如有取回权、别除权），表现出其系自物权派生之特色，故非纯粹的债权。

其五，物权派生之请求权说。认为物权请求权系由物权所派生，而经常依存于物权的另一种请求权。

其六，物权效力所生请求权说。认为物权请求权乃物权效力上所生的请求权，与物权不可分离，物权如有移转，此请求权亦当然随同移转。

其七，所有权动的现象说。认为此种请求权系观念的、绝对的近代所有权，

---

① 参见侯利宏：《论物上请求权制度》，载梁慧星主编：《民商法论丛》（第6卷），法律出版社1997年版，第670—716页。

② 参见谢在全：《民法物权论》（上），中国政法大学出版社1999年版，第38页。

对于特定人主张的一种动的现象形态。

2.物权请求权系以物权为基础的独立请求权。以上关于物权请求权的各种观点中，完全否认物权请求权的独立性或将物权请求权看作纯粹的债权的观点，不足为取；其他诸说，都是从物权请求权的不同方面观察而得出的结论，均有相当的道理，唯着重点不同而已。学界通说认为，物权请求权系以物权为基础的独立请求权。[①]说明如下：

第一，物权请求权是请求权，而非物权之本体。物权请求权在物权受到妨害时发生，是物权人请求妨害人为特定行为（除去妨害）的权利，为请求权的一种。该请求权不以对物权客体的支配为内容，故不是物权的本体或其内容的一部，而是与物权相区别的一种独立的权利。

第二，物权请求权为物权所派生，与物权同命运。物权请求权是物权的救济权，是物权的效用，为物权所派生，其以恢复物权的圆满支配状态为目的，以物权及物权的客体的存在为前提，在物权受到侵害或妨害时不断滋生并作为保护手段而发生作用。物权请求权既然为物权所派生，则不能与物权相分离而单独存在或转让，而须依存于物权并与其同生死、共命运，物权转移、消灭时，物权请求权也随之转移、消灭。

第三，物权请求权不同于债权请求权。作为请求权的一种，物权请求权与债权（请求权的典型形态）有一些类似的属性，在其性质许可的范围内，可以适用债权的有关规定，如过失相抵、给付迟延、清偿以及债权让与等。[②]但是，绝不能将物权请求权等同于债权请求权。

一般认为，物权请求权与债权请求权的区别主要在于：（1）二者发生的基础与根据不同。物权请求权以物权为基础，以物权的支配力受到妨害或有妨害之虞为发生根据；而债权本身就是请求权，该请求权以债的关系存在为基础和根据。

---

① 谢在全：《民法物权论》（上），中国政法大学出版社 1999 年版，第 39 页；魏振瀛主编：《民法》，北京大学出版社、高等教育出版社 2000 年版，第 209 页；马俊驹、余延满：《民法原论》（上），法律出版社 1998 年版，第 367 页；陈华彬：《物权法原理》，国家行政学院出版社 1998 年版，第 100 页。

② 参见谢在全：《民法物权论》（上），中国政法大学出版社 1999 年版，第 39 页；钱明星：《论物权的效力》，载《政法论坛》1998 年第 3 期。

（2）目的与作用不同。物权请求权旨在保护物权、排除妨害、恢复物权的圆满支配状态；而债权请求权的目的和效果为实现债权、消灭债的关系。（3）请求权的内容与相对人承担责任的方式不同。物权请求权的内容与相对人承担责任的方式，已如前述；债权请求权的内容主要是请求为给付或弥补损害，责任方式主要是继续履行、修理、重作、更换、赔偿损失等。（4）对过错与损害的要求不同。物权请求权的行使原则上不要求有实际损害及对方有过错；而债权请求权（尤其是损害赔偿请求权）的行使通常要证明损害的实际存在及对方有过错。（5）时效的适用不同。依多数立法例上的规定和学者的主张，物权请求权（或者部分物权请求权）不适用消灭时效的规定，而债权请求权则均适用消灭时效。（6）请求权是否具有优先性不同。当物权请求权与债权请求权并存时，物权请求权优先于债权请求权。[①]

3.物权请求权与债权请求权的并存、竞合与转化。物权受到侵害时，可能发生物权请求权与债权请求权的并存、竞合与转化问题。当物权标的物受到侵害而不复存在时，物权消灭，此时受侵害的权利人只能请求侵害人赔偿损失，物权请求权彻底转化为债权请求权；当物权标的物虽有毁损但原物尚存时，物权人于要求停止侵害、返还原物、恢复原状的同时，亦得对其财产损失（包括物被他人侵占或妨害期间用益利益的损失以及修复后仍然存在的价值贬损等）要求赔偿；在所有物被他人非法占有或擅自使用、处分等情况下，则可能发生物之返还请求权与违约请求权、不当得利请求权、侵权损害赔偿请求权的竞合。[②]应当注意的是，即使在物权请求权与债权请求权发生并存、竞合的情况下，仍应区别认识与对待这两种性质有异的请求权。

（四）物权请求权与诉讼时效的关系

与物权请求权相关的另一个重要问题，是消灭时效（诉讼时效）是否适用于物权请求权，尤其是其中的所有物返还请求权。

---

① 参见王利明主编：《物权法专题研究》（上），吉林人民出版社2002年版，第25页以下；陈华彬：《物权法原理》，国家行政学院出版社1998年版，第101页以下；刘心稳主编：《中国民法学研究述评》，中国政法大学出版社1996年版，第335页。

② 参见梁慧星主编：《中国物权法研究》（上），法律出版社1998年版，第134页。

1.关于物权请求权与消灭时效适用关系的学说与立法例。在学说理论和立法上，对此问题向来有分歧。[①]大致可分为三种主张：

（1）肯定说。认为物权请求权虽非纯粹的债权，但与物权本身异其内容，系请求特定人之给付为标的的独立请求权，物权本身虽不因时效而消灭，但由其所生的请求权则应认为得依时效而消灭。

（2）否定说。认为物权请求权是专为保护物权的救济方法，附随于物权本身而存在，物权既然不适用诉讼时效，物权请求权亦不因时效而消灭。《日本民法典》第167条规定："债权因10年间不行使而消灭。债权或所有权以外的财产权，因20年不行使而消灭。"依此规定，所有权非为消灭时效的客体，但所有物返还请求权是否适用消灭时效，则仍有疑问。日本的审判实务上认为所有物返还请求权不适用消灭时效，其判例谓："鉴于所有物返还请求权系物权的一个作用，非由此所发生的独立权利，因此不得不认为，所有物返还请求权与所有权本身一样，不罹于消灭时效。"[②]日本学者也多持同样的见解。瑞士法上，采纳的也是否定说。依否定说，物的返还请求权唯于占有人对物的占有满足取得时效的条件时方附随原权利人之物权的消灭而消灭。

（3）折中说。认为由动产物权及未登记的不动产物权所生的物权请求权，均得罹于消灭时效，唯已登记的不动产物权所生的请求权不因时效而消灭。《德国民法典》第194条、第195条一般性地规定请求权因30年的普通消灭时效期间而消灭，但第902条又例外地规定已登记的权利所生的请求权，不因时效而消灭。据此可知，物权请求权作为请求权的一种，除已登记的物权（主要指不动产物权）所生的请求权外，其他的物权请求权皆应罹于消灭时效。我国台湾地区"民法"中对消灭时效是否适用于物权请求权，并未明确，但司法解释及判例中，采行了与德国法一致的态度，即物权请求权亦属请求权，当有消灭时效的适用，但

---

① 关于该问题的综论，可参见黄立：《民法总则》，中国政法大学出版社2002年版，第456—459页；陈华彬：《物权法原理》，国家行政学院出版社1998年版，第100页；梁慧星主编：《中国物权法研究》（上），法律出版社1998年版，第101页以下；钱明星：《论物权的效力》，载《政法论坛》1998年第3期。

② 日本大审院判例，大正5年6月23日民录，第1161页。转引自钱明星：《论物权的效力》，载《政法论坛》1998年第3期。

已登记不动产所有人之回复请求权与除去妨害请求权，无消灭时效之适用。[①]

2.我国学界的观点和立法规定。我国学者著述中比较一致的观点是，物权确认请求权以及排除妨害、消除危险请求权，不适用诉讼时效，而赔偿损失请求权和恢复原状请求权则应适用诉讼时效。[②]而对于物的返还请求权是否适用诉讼时效的问题，则有多种不同的观点；在我国《物权法》制定过程中，鉴于该问题争议甚大，最终采用了回避方案，有关司法解释中也未作出明确规定。

在我国的《民法总则》制定过程中，全国人大于2017年7月发布的《民法总则（草案）》（征求意见稿）中采用了折中说，于第175条第2项规定“登记的物权人请求返还财产”的请求权不适用诉讼时效。但这一照搬域外立法例的规定，似不符合我国存在大量未登记不动产的实际情况；而且，对于有登记的特殊动产，这一规则的适用无疑会导致登记权利人的权利落空并产生管理上的混乱，因而受到了学界批评。[③]在最终通过的《民法总则》中，根据我国国情和实际需要并斟酌学界主张，在第196条关于不适用诉讼时效的请求权之规定中，于第1项明确“请求停止侵害、排除妨碍、消除危险”的请求权不适用诉讼时效，并于第2项中创新性地规定“不动产物权和登记的动产物权的权利人请求返还财产”的请求权不适用诉讼时效。《民法典》第196条维持了这一规定。依此规定：无论登记与否，不动产物权的权利人请求返还财产的权利均不适用诉讼时效；已登记的车辆、船舶、航空器等特殊动产权利人请求返还财产的请求权，亦不受诉讼时效的限制；唯普通动产的返还请求权，有诉讼时效的适用。这种方案设计更符合我国的现实情况，不仅有利于相关纠纷的妥善解决，且符合普通民众的法感情，在法理上也无大的障碍，值得

---

① 参见谢在全:《民法物权论》(上)，中国政法大学出版社1999年版，第39页。

② 梁慧星:《民法总论》(第五版)，法律出版社2017年版，第253页。

③ 例如，我国存在大量未登记的不动产（农村的宅基地使用权和房屋所有权、土地承包经营权，以及尚未完成登记的商品房、“小产权房”等），此类的不动产权利人请求返还财产的权利是否受诉讼时效限制？笔者倾向于认为：普通动产的返还请求权，可以适用诉讼时效；而不动产物权（无论登记与否）的权利人请求返还财产的权利，则均不宜适用诉讼时效；已登记的特殊动产权利人请求返还财产的请求权，亦不应受诉讼时效的限制。参见江平主编:《民法学》(第三版)，中国政法大学出版社2016年版，第235页注释。

肯定。[①]

（五）物权的妨害排除效力与物权的保护

我国《物权法》中，未使用物权的妨害排除效力或物权请求权的术语，而是设专章规定了“物权的保护”（第三章）。《民法典》中，维持了这一规定方式。在《民法典》物权编第一分编的第三章中，除对上述三种物权请求权作出规定外（第235条、第236条），还规定因物权的归属、内容发生争议的，利害关系人可以请求确认权利（第234条）；造成不动产或者动产毁损的，权利人可以依法请求修理、重作、更换或者恢复原状（第237条）[②]；侵害物权，造成权利人损害的，权利人可以依法请求损害赔偿，也可以依法请求承担其他民事责任（第238条）。此外，还对物权受到侵害时的纠纷解决途径、物权保护方式的单独适用与合并适用等作了规定（第233条、第239条）。

显而易见，“物权的保护”一章中规定的内容，远比物权请求权的内容宽泛，其中既有物权性的保护方式（物权请求权），也有债权性的保护方式（包括合同责任和侵权责任）；既有民法上的保护，也有行政法和刑法上的保护。故不能将该章所规定的内容等同于“物权请求权”或物权的妨害排除效力。我们认为，《物权法》中单设“物权的保护”一章，与其以单行法的形式出台、自身应有一个完整的体系密切相关。而在《民法典》中继续保留该章内容，无疑会与总则编第八章“民事责任”和合同编、侵权责任编的有关规定重复，体系上难谓严谨。若将该章中有关物权请求权的内容规定于物权编通则分编的第一章，或者规定在所有权分编的“一般规定”一章中并准用于其他物权，或许是更佳方案。[③]

---

① 刘保玉、吴安青：《〈民法总则〉第九章“诉讼时效”规定评析》，载《判解研究》2018年第1期。

② 本条规定中的“修理、重作、更换”纯属合同法上的违约责任问题，与物权的保护无任何关系。

③ 刘保玉、吴安青：《民法典物权编的结构设计与内容安排》，载《甘肃政法学院学报》2017年第6期。

第五节　物权绝对原则

一、物权绝对原则的意义

物权绝对原则，是对物权所固有的基本属性的确认和申明，或者说是对物权为权利人直接支配特定的物且得对抗任何人的权利予以确认的一系列规则的概括。正是基于对物权的特有属性的确认，才有了物权与债权的分野、物权制度与债权制度的差异及物权法与债权法的分立，因此，物权绝对原则应为物权法最基本的原则。各国物权法上无论是否明定其基本原则之地位，对其实质内容都是有充分体现的。

在理论上，关于物权绝对原则有广义、中义与狭义等不同的理解。自广义上言，物权绝对原则可以说是对物权的全部特性的高度抽象，因而涵盖了其他结构技术原则；自狭义上言，物权绝对原则仅指物权的绝对权性和对世权性，并不包含客体特定、效力排他与优先等内容。而在中义上来理解物权绝对原则，大致可认为前述关于物权的五个特性的阐释均属该原则的内涵。

我国台湾地区学者王泽鉴先生于其所著的《民法物权》中关于物权法基本原则体系的阐释，对广义和狭义这两种意义上的物权绝对性原则均有使用。[①]而大陆学者孙宪忠先生在其所著的《德国当代物权法》《中国物权法原理》及其参编的《中国物权法草案建议稿》（第2条的说明）中对物权绝对原则的阐释，大致可认为属于中义的理解。依其解释，物权绝对原则（Prinzip der Absolutheit）或称物权绝对性原则，即物权人绝对行使其支配权的原则，或物权人对妨碍其支配权的任意第三人绝对排斥的原则。《中国物权法草案建议稿》第2条中“物权是

---

① 该书在有关问题的阐述中，一方面，将物权绝对性作为物权法之基本结构原则而与私有财产制之社会政治原则并列，称物权之绝对性系物权之基本性格，其他原则皆源于此种特性；另一方面，又把就物权之性质而言的物权绝对性原则与其他原则并列，称物权法之结构是建立在五个原则之上的。笔者理解，这正是在不同意义上对物权绝对性原则所作的诠释。参见王泽鉴:《民法物权》，北京大学出版社2009年版，第15页。

直接支配特定的物并排除他人干涉的权利”这一物权概念的规定，同时也就是物权绝对原则的宣示，其含义可从两个方面理解：其一，物权人依自己的意思行使物权具有绝对性，即物权人对标的物有绝对的支配权，除遵守法律之外，物权人可以完全基于自己的意思行使其权利，而不必借助于任何他人；其二，物权排他的绝对性，即确定某人对某物享有某种物权，也就同时排除了其他任何人对该物享有同样的物权，权利人并可以根据其权利排除任何第三人的干涉。其同时还提出，“一物一权原则”不过是物权绝对效力或排他效力的表现，此概念远不如“物权排他性原则”科学和准确。①

本书认为，如若从广义上来界定物权绝对原则，则其内容过于宽泛，物权法的其他原则均将被其吸收以至形成物权法的唯一原则，物权法的基本原则体系将无以构成，对物权法之结构体系的建构也无助益，故不宜采用；而如若从狭义上来界定物权绝对原则，则与物权性质紧密相关的几项内容势必被分解而形成若干并列的“具体原则”（如物权客体特定原则、物权排他原则、物权优先原则等），再加上物权法定、物权公示、区分原则等，由此所构建的物权法基本原则体系显得庞杂、散乱，此亦非最佳选择。既称“基本”原则，自应对密切相关的若干具体原则予以合理归并整合方为允当。如此来看，在中间意义上侧重于物权的基本性质和效力来界定物权绝对原则最为得当。②我国《民法典》第114条第2款关于物权概念的界定及其他相关规定，可以认为系采用了中间意义上的物权绝对原则。

二、物权绝对原则的内容

在中义上来界定物权绝对原则，则对其中的“绝对”“绝对性”一词就不能仅局限于从“绝对权”一层意义上来解释，而应从客体的特定性、支配的可靠性、权利行使的任意性、效力的强大性、实现的自力性、保护的严格性等多重角

① 参见孙宪忠：《德国当代物权法》，法律出版社1997年版，第78页以下；《中国物权法原理》，法律出版社2004年版，第149—150页；梁慧星等：《中国物权法草案建议稿》，社会科学文献出版社2000年版，第99页。

② 参见刘保玉：《物权体系论》，人民法院出版社2004年版，第56页。

度来理解。其主要内容有以下几个方面。

（一）物权在内容上为对特定之物的绝对支配权

这一层含义表明：（1）物权是权利人对客体得为直接、可靠、绝对的管领控制的支配权利。（2）由物权的支配权属性所决定，物权的客体须为特定、明确、具体、既存、独立的有体物（或权利）；物之成分在未与物之整体分离之前不得单独为物权的客体。此即所谓"物权客体特定原则"之内容。

（二）物权在行使与实现上具有任意性与绝对权性

这一层含义表明：（1）物权人行使物权（包括在客体上设定他物权），只受法律的限制，其他方面则均听凭自己的意思，不受他人的干涉。（2）物权的实现、物之利益的享受，仅凭权利人自己的意思和行为即可达到，无须借助他人的意思及行为予以协助，义务人只须承担消极的容忍或不为妨害的义务。

（三）物权在效力上具有对世性与排他性

这一层含义表明：（1）物权为得对抗任何人的权利，其义务主体为不特定的一切人。（2）一物之上不得并存两个以上的完全物权（所有权），也不得并存两个以上性质、内容相抵触的定限物权；在相容物权之间，顺位在先者得压制、排斥顺位在后者而先行实现。此即所谓"物权排他性原则"之内容。（3）除法律另有特殊规定外，同一物上既有物权又是债权的给付对象时，物权的保护和实现优先于债权。此即所谓"物权效力优先原则"之内容。

（四）物权在保护上具有绝对性

于标的物之支配领域内，非经物权人同意，任何人均不得侵害或干预，否则即发生物权人对妨害的绝对排除力，此即所谓"物权保护之绝对性"。[①]其意

① 参见谢在全：《民法物权论》（上），中国政法大学出版社 1999 年版，第 26 页以下；王泽鉴：《民法物权》（1），中国政法大学出版社 2001 年版，第 31 页；孙宪忠：《德国当代物权法》，法律出版社 1997 年版，第 82 页；梁慧星、陈华彬：《物权法》（第三版），法律出版社 2005 年版，第 16 页。

义可从三方面来理解：（1）物权为权利人得要求他人就其对标的物之支配状态予以尊重的权利，任何他人都对其负有不为侵害、干涉的消极义务。（2）同一标的物上发生数个权利实现上的冲突时，效力较强的物权得凭借其排他效力、对抗效力而得到实现上的优先保障。（3）任何人妨害物权时，不论有无过错，物权人均得对之行使物权请求权以回复物权的圆满状态；于构成侵权行为时，物权人并得请求损害赔偿。

三、物权绝对性的限制

在理解物权绝对性的同时应当注意的是，任何权利皆有其限度，具有绝对性的物权也不例外。这是因为，效力极为强大的物权，如无任何限制，难免会导致物权人滥用权利，妨害社会公共利益或他人的正当权益。现代各国法上均对早期的极端个人本位的所有权绝对无限制原则进行了修正，我国《民法典》及其他相关法律中也有同样精神。

除民法上关于诚实信用原则、禁止权利滥用原则、公序良俗原则的规定当然适用于物权关系外，法律上对于物权绝对性的限制，主要体现在“物权的行使，不得损害社会公共利益及他人的合法权利”以及“所有权负担义务，其行使应有益于增进社会公共之福祉”等方面的规定上。此外，法律上关于公益征收、征用的规定和不动产相邻关系的规定、所有权受他物权限制的规则、物权优先于债权的例外规定，以及善意取得、取得时效的规定等，也可理解为对物权的绝对性之限制。我国《民法典》总则编第一章“基本规定”中的第8条、第9条关于“民事主体从事民事活动，不得违反法律，不得违背公序良俗”“民事主体从事民事活动，应当有利于节约资源、保护生态环境”的规定，第五章“民事权利”中的第117条、第131条、第132条关于“为了公共利益的需要，依照法律规定的权限和程序征收、征用不动产或者动产的，应当给予公平、合理的补偿”“民事主体行使权利时，应当履行法律规定的和当事人约定的义务”“民事主体不得滥用民事权利损害国家利益、社会公共利益或者他人合法权益”，以及物权编第一章“一般规定”中的第207条关于“国家、集体、私人的物权和其他权利人的物权受法律平等保护，任何组织或者个人不得侵犯”等规定，均为对物权等权利限制的原则性规定。此外，在物权编的其他各章中也还有一些具体的限制性规定。

应当说明的是，对物权绝对性的限制，目的并不是将其“相对化”，更不是抛弃物权绝对原则，而只是对旧的极端的物权绝对原则的修正，使物权人行使权利时必须尊重他人利益和社会公共利益，不得滥用其权利，不得妨害他人利益和社会公共利益的发展，以贯彻个人利益与他人利益、社会公共利益协调发展的精神。鉴于我国历来公权力过分强大，私人乃至集体之民事权利时常有受到公权力无法律根据的侵犯之情况，在对物权的绝对性、排他性予以限制的同时，为防止借口国家利益、公共利益而无端限制甚至剥夺、侵害私人或集体之物权，还有必要依据法治的精神而对限制私人物权的公权力之行使行为，也应设定条件限制。①

四、关于一物一权原则的取舍

在国内诸多物权法著述和我国物权法、民法典物权编制定中，不少学者主张以“一物一权原则”来概括关于物权性质与效力方面的基本原则，但也有一些学者对此不以为然。因此，有必要对一物一权原则或一物一权主义作一介绍和讨论。

（一）一物一权主义的含义

物权是直接支配特定的物并得对抗任何人的绝对性权利，为使其支配的客体范围明确化、便于公示，确保物权的实现及维护交易的安全，自罗马法以来的物权法理论上遂抽象出“一物一权主义”，并将其奉为物权制度的一项基本规则。不少初习物权法者，往往就字面含义来理解“一物一权”，认为其是指一物之上只能存在一个物权，一个物权的客体也仅以一物为限。但在近现代社会，一方面，有物权法上一物一权主义的奉行；另一方面，因应现实生活之需要，“多物一权”与“一物多权”现象也大量出现并获得了法律的普遍承认。②若仅从字面意义来看待一物一权主义，显然难得其解，以致困惑丛生。实际上，关于一物一权主义的含义，人们本来就有认识上的分歧，而多物一权、一物多权现象的大量

① 参见梁慧星等:《中国物权法草案建议稿》，社会科学文献出版社 2000 年版，第 105—107 页、第 192 页。

② 刘保玉:《论物权之间的相斥与相容关系》，载《法学论坛》2001 年第 2 期。

出现，进一步引发了一物一权主义的确切含义应如何理解、其在物权法中的基本原则之地位是否动摇等问题的讨论。

关于一物一权主义的要旨如何，学说理论上主要有三种认识：一是物权客体特定论。认为一物一权主义又称为物权客体特定主义，是关于物权客体的原则或者说是关于物权客体的基本要求，强调的是一项物权的客体应限于一个独立的物。[①]二是物权效力排他论。认为一物一权是对物权的绝对效力、排他效力的形象表述，“意指同一标的物之上不得设立内容和效力互不相容的两个以上物权，尤指一物之上只能存在一个所有权”。[②]三是客体特定与效力排他论（或称综合论），此说为多数学者所主张。该说认为一物一权“是指一个物权的客体原则上应为一物，在一物之上只能存在一个所有权，并且不能同时设定两个内容相互抵触的其他物权”；[③]“一物一权原则实际上包括物权的排他性原则与物权客体特定性原则两个方面的内容”，单纯以物权的排他性原则或者物权的客体特定原则来代替一物一权原则，均有不妥。[④]

依多数学者之见，在以所有权为中心的罗马法上，一物一权中的“一物”，原则上是指物理上或客观上独立、特定的一个有体物；“一权”亦仅指一个所有权。而在现代生活中及法律观念与法律实践上，“一物”的衡量标准发生了重大变化，是指“在法律观念上”具有特定性与独立性的一物，而不限于客观的独立一物；“一权”，也不再局限于所有权，而是包括所有权与其他物权在内的各种物权。一物一权原则的意义是强调一物之上不得并存两个以上内容、性质相抵触的物权，该原则包含以下几项内容：（1）一项物权的客体应为特定的、独立的一物；（2）尚未与物之整体分离的物之组成部分之上，不能单独设立物权；（3）一物之上只能存在一个所有权，而绝不得并存两个以上所有权；（4）一物之上不得同时存在两个以上性质、内容相抵触的物权，但不相抵触的数个物权可以同时存在于一物之上。

---

① 参见谢在全:《民法物权论》(上)，中国政法大学出版社 1999 年版，第 18 页；中国社会科学院法学所物权法研究课题组:《制定中国物权法的基本思路》，载《法学研究》1995 年第 3 期。

② 温世扬:《物权法要论》，武汉大学出版社 1997 年版，第 25 页。

③ 郭明瑞等:《民商法原理》(二)，中国人民大学出版社 1999 年版，第 11 页以下。

④ 王利明:《物权法研究》，中国人民大学出版社 2002 年版，第 79 页。

但是，也有学者尖锐地指出：一物一权主义的准确含义，应是指“一物上仅能设定一个所有权，一所有权之客体，以一物为限”。而诸多学者所作的宽泛解释，并不准确；如果将“一物一权主义”扩张适用于他物权，明显缺乏逻辑支撑，因为一物之上显然不止仅能存在“一权”，而是可以有数个物权并存；集合物之抵押权与集合物之所有权，是两个性质完全不同的问题，法律承认一个抵押权得设定于集合物，不等于承认集合物上得设定一个单独的所有权，将集合物作为一个独立物并成立单独的所有权，既无必要，也不可能。不过，持此严格意义上的一物一权主义观点的学者，也仍然认为一物一权在物权法上的基本原则地位“不可动摇”。①

（二）一物一权原则的取舍

在物权法理论和物权制度中，对于应当如何对待一物一权主义，目前有坚持论、修正论与舍弃论（或称取代论）三种不同的主张。坚持论与修正论者，均主张仍应将一物一权主义奉为物权法的一项基本原则。坚持论者中，采“严格意义上的一物一权主义”观点的学者，认为多物一权、一物多权现象与一物一权主义并不冲突，根本不构成对一物一权原则的挑战，因而原本意义上的一物一权原则应当坚持；而采“宽泛意义上的一物一权主义”的学者，则大多主张将多物一权、一物多权等现象作为一物一权原则的“例外情况”来认识（或谓一物一权原则的缓和、相对化）。持修正论的学者，主张因应现实发展的需要，在理论上对一物一权的含义作出新的解释以求自圆其说。舍弃论者则主张废弃一物一权主义，至少不能继续使其高居物权法基本原则的地位，其中一些仍有价值的内容，可由物权客体特定原则及物权效力排他原则取而代之。

我们赞同舍弃论或取代论者的主张。在我们看来，若是坚持“宽泛意义上的一物一权主义”，而以“例外情况”来解释一物多权和多物一权现象以维持一物一权主义原则的地位，则因例外情况实在是太多，足以动摇其“基本原则”的地位；若以“修正论”者的主张赋予一物一权新的含义，不仅解释上颇费周折，而

---

① 尹田：《论一物一权原则及其与“双重所有权”理论的冲突》，载《中国法学》2002年第3期。

且游离了其原有旨趣，有削足适履之嫌，其与“一物一权”的浅显、直观、练达的字面意义相去甚远，既无必要和实益，也难以使人信服。而若是在“严格意义上”坚持一物一权原则，虽然解释上符合其原本含义，且逻辑明晰，堪值信服，但由于其适用对象的限定性，因而只宜降格定位为所有权制度的原则，而非整个物权法的基本原则。[①]在早期物权法上，系以所有权为核心来构筑物权制度，所有权具有绝对重要的地位，故以当时情况而将一物一权为物权法的基本原则，尚可接受。而今日之物权法律制度，已“从所有为中心转向以利用为中心”，他物权成为物权法中不可或缺且最为活跃的组成部分，如此，仍使仅适用于所有权而并不适用于他物权的“一物一权主义”居于整个物权法的基本原则之地位，显有不妥。故此，我们主张在物权法基本原则的体系中，舍弃传统法上的一物一权原则。当然，舍弃该原则并不等于否定物权客体的特定性与效力的排他性、优先性等固有属性，唯将其统归于物权绝对原则之中而已。[②]

---

① 参见孙宪忠:《中国物权法总论》，法律出版社2003年版，第149页。

② 刘保玉、李燕燕:《一物一权原则质疑——兼论关于物权性质的物权绝对原则》，载《政法论丛》2004年第3期。

第三章　物权的种类与体系

第一节　物权的种类和分类

一、物权的法定种类

（一）近现代各国民法上的物权种类

近现代各国物权制度中，均奉行物权法定主义并使其成为物权法上的基本原则之一。据此原则，物权的种类及各种物权的具体内容均须由法律明文规定，不允许当事人自由创设或依其意志而擅加改变。近代欧陆各国民法法典化以来，均对法律所承认的物权类型作了明确规定。

1804年《法国民法典》中的物权体系，由三个部分构成：一是第二卷第二编、第三编、第四编中有关所有权和各种用益物权的规定；二是第三卷第十七编、第十八编中对担保物权的规定；三是第三卷第二十编中有关占有的规定。其所确立的物权类型体系为：所有权，用益权、使用权、居住权、役权或地役权，质权、抵押权、优先权、留置权以及受法律保护的占有等。法典中没有规定地上权和永佃权，但其后的司法实践中承认地上权和类似于永佃权的长期租赁权。

1896年颁布的《德国民法典》第三编（物权编）中所确立的物权类型主要为：占有，所有权，地上权、役权（包括地役权、用益权和限制的人役权）、实物负担，抵押权、土地债务、定期金土地债务、质权（包括动产质权与权利质权）等。

1898年施行的《日本民法典》是受法国、德国立法的影响与自身传统相结合的产物。该法典第二编（物权）所确立的物权类型体系为：占有权，所有权，地上权、永佃权、地役权，留置权、先取特权、质权、抵押权等。

1907年的《瑞士民法典》将物权法置于法典的第四编，分“所有权”“限制物权”“占有及不动产登记簿”三大部分，主要规定了所有权，役权及土地负担（包括地役权、用益权、其他役权、土地负担），不动产担保（包括不动产抵押、抵押担保附债务及定期金）、动产担保（包括动产质权、留置权、权利质、当业质权）等。

2004年修订的《意大利民法典》中，物权的类型主要被规定于第三编“所有权”中，包括所有权、地上权、永佃权、用益权、使用权和居住权、地役权等；而担保物权则被规定于该法典第六编“权利的保护”中，包括先取特权、质权、抵押权等。

1994年通过的《俄罗斯联邦民法典》（第一部分），其第二编为“所有权和其他物权”，包括一般规定、所有权的取得、所有权的终止、共有、土地所有权和其他物权、住房的所有权和其他物权、经营权和业务管理权、所有权和其他物权的保护等八章。而抵押、留置等则被置于第三编“债法总则”中作为债务履行的担保方式来规定。

1992年的《荷兰民法典》第三编“财产法总则”和第五编“物权”中，规定了所有权、地役权、使用权、抵押权、优先权、留置权等物权类型。

在民法典之外，各国的民商事单行法或特别法上还规定有许多特别的或新型物权种类，司法实践中对一些非典型物权也有确认。总体而言，近现代各国立法上所确认的物权基本类型均可界分为所有权、用益物权、担保物权以及占有四大形态；在物权的具体种类方面，各国立法规定也有诸多共同之处。但因国情、立法传统、物权观念等方面的不同，各国法律在物权种类的具体规定方面也存在一些差异。

（二）我国法律上规定的物权种类

在1997年《物权法》颁布之前，我国并无系统的物权制度，法律规定中甚至未使用“物权”一词。但《民法通则》以及《土地管理法》《城市房地产管理法》《担保法》《海商法》《矿产资源法》《水法》《渔业法》《森林法》《草原法》《海域使用管理法》《农村土地承包法》等法律中确立了诸多实际上属于物权的权利类型，主要有：财产所有权，国有土地使用权、农村土地承包经营权、宅基地使用权、相邻权、自然资源使用权、采矿权、渔业权、水权、海域使用权，抵押权、质权、留置权等。

在我国物权法的制定过程中，对于如何规范物权的种类，学界和立法机关及其他相关部门进行了广泛的讨论与深入的推敲，《物权法》中最终确定的物权类型包括所有权、用益物权、担保物权三大类，同时也专设编章规定了占有。其所系统规定和提及的物权的具体种类包括：所有权（含国家所有权、集体所有权、私人所有权、业主的建筑物区分所有权、相邻关系、共有）；土地承包经营权、建设用地使用权、宅基地使用权、地役权以及海域使用权、探矿权、采矿权、取水权、养殖权、捕捞权；抵押权（含一般抵押权、最高额抵押权）、质权（含动产质权、权利质权）、留置权。《民法典》物权编中，基本维持了上述物权的类型体系，唯在用益物权部分增设了“居住权”。整体而言，我国法律上的规定，在物权的理念、基本类型等方面与域外制度大致相当，但在物权的具体种类、称谓和内容设计上，与传统制度也存在一定差异。

二、物权的学理分类

（一）自物权与他物权

这是根据物权的标的物为自有还是他有而作的分类。自物权是指权利人对自己所有的物所享有的物权，自物权通常指所有权，但也存在“所有权人抵押权”及“担保性所有权”等特殊现象。[①]他物权是指在他人所有之物上所设定或成立

---

① 在德国等国外民法上，存在所有权人在某种条件下对自有物享有限制物权的特殊现象，以所有权人抵押权为其典型。我国的物权法理论与司法实践中，也例外地承认于特定条件下得设定或存在所有权人抵押权。参见孙宪忠:《德国当代物权法》，法律出版社 1997 年版，第 33 页；刘保玉:《我国特别法上的担保物权之规范梳理与立法改进》，载董学立主编:《担保法理论与实践》（第一辑），中国法制出版社 2015 年版，第 73 页。另外，在功能主义的物权观念中，也存在“担保性所有权”特殊现象，我国《民法典》关于所有权上保留买卖、融资租赁交易中对此也有规定。参见刘保玉:《民法典担保物权制度新规释评》，载《法商研究》2000 年第 5 期。

的物权。他物权派生于所有权，其依据当事人的约定或法律的规定使所有权中的部分支配权能与所有权相分离并由他人享有而产生。所有权以外的物权均属于他物权。

自物权与他物权是对物权的最基本的类别划分，物权的其他分类均以此为基础而展开。

（二）完全物权与定限物权

这是根据权利人对标的物的支配范围之不同而作的分类。完全物权是指对标的物的使用价值与交换价值为全面支配的物权，完全物权即自物权、所有权。所有权人对自己所有的物得为占有、使用、收益、处分等各种支配行为，且其支配力及于物的各个方面，是物权中最完整、最充分的权利。定限物权或是对标的物的使用价值予以支配，或是对其交换价值进行支配，权利人仅能在法律规定或合同约定的范围内对标的物为支配，其对物为支配的范围不完全、不充分，故为不完全物权。所有权以外的其他物权均为定限物权。一方面由于他物权的权能不完全，另一方面由于一物之上设定其他物权后，标的物所有人的权利就在该他物权的支配效力范围内受到了限制，因此他物权也具有限制所有权的作用，故又称限制物权。

区分二者的意义，除可明晰二者在权利主体、权利内容及权利存续的条件与期限等方面的差异外，更主要的在于明确定限物权具有限制所有权的作用，其效力强于所有权。

（三）不动产物权、动产物权与权利物权

这是以物权客体的种类不同为标准而作的分类。不动产物权，主要有不动产所有权、不动产用益物权以及不动产抵押权等；动产物权，主要包括动产所有权、动产质权、动产抵押权与留置权等；以可流通、转让的财产性权利为客体的权利物权，主要包括权利抵押权与权利质权两种。权利抵押权的客体通常限于土地使用权等不动产用益物权，而权利质权的客体通常是不动产权利之外的其他可流通的财产性权利。不过，各国法律上的具体规定有所不同，例如有些国家法律上承认在动产上亦得设定用益性的物权，也有的规定有不动产收益质权，另有些

立法例上则不承认动产抵押权，等等。

此种类别区分之实益在于：这三类物权的成立与变动之要件、公示方法及法律上的限制程度不同。如不动产物权以登记为公示方法，动产物权通常以占有为公示方法，权利物权根据权利的性质不同而分别以登记或权利凭证的交付为公示方法；不动产物权于社会公共利益影响较大，故法律上往往设有诸多限制，而动产物权则一般不作特别限制。

（四）用益物权与担保物权

在定限物权中，根据权利人对权利客体支配的内容不同，再分为用益物权与担保物权。用益物权是以支配标的物的使用价值为内容，以对标的物使用、收益为目的的物权。建设用地使用权（地上权）、土地承包经营权（永佃权或农育权）、宅基地使用权、居住权、地役权、典权等为用益物权。用益物权的实现以对标的物的实体加以支配为基础，故又称为实体物权。担保物权是以支配客体的交换价值为内容，以保障债权的实现为目的的物权。抵押权、质权、留置权等属之。担保物权着重于支配客体的交换价值，并通过对客体的变价而实现，故又称为价值物权。

区分用益物权与担保物权，在物权法上具有重大意义：首先，通过揭示此两类物权的设立目的和对客体支配的内容不同，从而对他物权的类型进行系统化整理，形成定限物权的基本类型体系。其次，便于根据两类定限物权的不同特点以确立相应的法律技术规则。例如：用益物权须以占有、利用其客体而达其目的，故一物之上一般不能存在两项用益物权，而一物或一项财产权利之上可有多项担保物权同时存在；由于用益物权与不动产抵押权对不动产的支配内容不同，此两类物权原则上可以并存于同一标的物之上；用益物权客体之形态发生变化或灭失，必然影响其用益，而担保物权客体纵使变形乃至灭失，只要仍有残值或转化的价值形态（如赔偿金等）存在，担保物权就可以继续存续；不动产（尤其是土地）价值较高且属稀缺资源，拥有不易，其用益功能与所有权相分离而由不同主体享有的社会需求较强，故用益物权通常仅以不动产为标的，而动产价值通常较低，获得也比较容易，将其利用价值与所有权分离而为不同的人所支配，并无多大社会意义，故法律上多不允许在动产上设定具有支配权性质的用益物权；[1]担保物权为价值权，以客体具有交换价值为必要，不动产、动产以及财产性权利，均可为其客体。

（五）意定物权与法定物权

这是根据物权成立原因的不同而作的分类。意定物权是指依据当事人的合意并经公示而设定的物权。绝大多数物权都属于意定物权。法定物权是指非依当事人的意思而根据法律的直接规定而成立的物权。有些立法例上规定的法定物权包括法定抵押权、法定质权、留置权及优先权（先取特权）等，我国法律上只明确规定留置权为法定物权而未承认法定抵押权和法定质权，至于法律所规定的诸种优先权的性质如何，则有不同的认识。此种分类主要系针对他物权而言，而所有权似只能归入法定物权之列。

此种区分的意义在于：二者之成立要件及适用条件有异。

（六）登记物权与非登记物权

此系以物权的成立及变动是否须经登记为标准而作的划分。登记物权，是指物权的设立、变更、转让及终止须经登记机构登记方能产生相应效力的物权。不动产物权大多属于登记物权；不以交付权利凭证为要件的权利质权，法律上通常也规定须经登记方能设立，故亦属登记物权。非登记物权，指其得丧变更无须经登记而即可发生相应法律效力的物权。普通动产物权多以物之占有及占有的移转（交付）为公示方法和成立要件，属非登记物权；以权利凭证之交付为成立要件的权利质权，亦属于非登记物权。法律上对船舶、航空器、机动车等特殊动产也设有登记制度，但对于该登记是否为物权登记、其效用是否等同于不动产登记的问题，有不同认识。依我国《物权法》和《民法典》物权编中的规定，动产（包括船舶、航空器、机动车等特殊动产）抵押权的设立采行登记对抗主义，抵押权基于合同而设立，登记仅是产生“对抗善意第三人”

①　参见谢在全:《民法物权论》(上)，中国政法大学出版社 1999 年版，第 51 页；郭明瑞、唐广良、房绍坤:《民商法原理》(二)，中国人民大学出版社 1999 年版，第 37 页。不过，我国《物权法》及《民法典》中考虑到未来社会发展的需要，亦允许在动产上设定用益物权，但目前尚无具体类型的规定。

效力的要件，故其应属非登记物权；家庭承包的土地承包经营权基于合同而设立并能产生完全的物权效力，应属非登记物权；家庭承包的土地承包经营权的转让、土地经营权的设立及其抵押、地役权的设立亦采登记对抗主义，亦应归类于非登记物权。①

此种区分的意义在于：其得丧变更和产生对抗效力之法律要件不同。

（七）独立物权与从属物权

根据某项物权的存在是否以物权人享有的其他民事权利为前提，物权可分为独立物权与从属物权，或谓“作为主权利的物权”与“作为从权利的物权”。②独立物权，是指不以权利人享有的其他民事权利为前提而能够独立存在的物权。所有权与大多数用益物权均属独立物权。从属物权，系指依附、从属于权利人所享有的其他权利而存在的物权。以担保债权实现为目的的担保物权和以增进需役地的利用效益为目的的地役权，为从属物权。从属物权自身并无独立的存在价值，其存在是为了所从属的权利得以实现或发挥更大效益。

区分二者的意义在于：独立物权得单独存在，且在变动、消灭上有独立的命运，而从属物权的命运则附随于主权利。

（八）有期物权与无期物权

这是根据物权之存续有无期限限制而作的分类。有期物权是指有存续期限且仅能于约定或法定期限内存在的物权。其中担保物权的期限多以所担保的债权的期限为基础，用益物权的期限则因法律的规定或合同的约定而有所不同。无期物权是指无存续期限，得永久存在的物权。所有权为客观上无存续期限限制的物权；

---

① 从公示方式的角度看，与此种分类密切相关的另一种分类是占有型物权与非占有型物权。非登记物权多属于占有型物权，而登记物权多属于非占有型物权。不过，在不实行公示要件主义的场域，这种分类不完全适用。如采行登记对抗主义的动产抵押权及某些非继续性地役权的设立；家庭承包的土地承包经营权基于合同而设立并能产生完全的物权效力。这些物权类型既不属于登记型物权，也不属于占有型物权。

② 也有著述中称其为“主物权”与“从物权”。但这种称谓有失严谨，因为在担保物权与其所担保的债权之间的关系上，债权为主权利，担保物权为从权利，此无疑义，但如称担保物权为“从物权”，则难以解释与其对应的“主物权”为何。

他物权多属有期限的物权，但我国的宅基地使用权的存续也无期限限制，某些地役权也得由当事人约定为无期限的权利。

此种区分的意义在于：有期物权因存续期间的届满而归于消灭；无期物权则只可因标的物灭失、权利人抛弃权利等原因而消灭。

（九）普通法上的物权与特别法上的物权

因法律依据的不同，物权可分为普通法上的物权与特别法上的物权。[①]民法典或其他民事普通法上所规定的物权，无论为意定物权还是法定物权、一般物权抑或特别物权，均为普通法上的物权；特别法所规定的具有物权性质的财产权，为特别法上的物权。[②]如传统大陆法国家的民法典中原本不承认动产抵押，而其后的单行法或特别法上因应现实社会发展需要而确立的动产抵押权及让与担保，相对于其民法典中所规定的物权种类而言即为特别物权。我国《民法典》物权编中对所欲承认的物权种类进行了系统整理，但也不排除以特别法或者行政法规、司法解释等形式对新型物权作出规定的可能。[③]

作此区分的意义在于：二者在法律适用上有所不同。特别法上的物权应优先适用特别法的规定，只有在其没有特别规定时，才适用普通法的规定。

（十）本权与占有

此系根据物权关系是否有物权之实质内容为标准所作的区分。占有是指对标的物有管领力的一种事实状态。除日本民法典等少数立法例上明定占有为权

---

① 有些著述中称之为普通物权与特别物权。但笔者认为这种称谓易生歧义，不宜采用。因为“普通物权”与“特别物权”还另有其他的标准与含义。普通法上规定的“特别物权”（如最高额抵押权、浮动抵押权、共同抵押权等），仍应属普通法上的物权。

② 不少著述中将民事特别法或者行政法中规定的物权类型称为“准物权”或“特许物权”。参见李开国：《民法基本问题研究》，法律出版社1997年版，第291—292页；张俊浩主编：《民法学原理》（上），中国政法大学出版社2000年版，第397页；孙宪忠：《中国物权法总论》，法律出版社2003年版，第68页以下；梁慧星等：《中国物权法草案建议稿——条文、说明、理由和参考立法例》，社会科学文献出版社2000年版，第102页。

③ 参见刘保玉：《我国特别法上的担保物权之规范梳理与立法改进》，载董学立主编：《担保法理论与实践》，中国法制出版社2015年版，第56页以下。

利外，大陆法系民法中大都认为占有并非物权，而只是一种受法律保护的事实状态。由于占有本身也受法律保护并能产生物上请求权，因此在学理上又常将其称为“类物权”或“类似物权”。[①]也有人认为占有属于既不同于一般的利益，又有别于法定权利的一种“法益”。[②]本权是相对于占有而言的，指当事人不仅对标的物有事实上的管领力，而且有产生该管领力所依据的权利。也就是说，对物进行占有所依据的基础权利，即为本权。需要注意的是，不仅所有权及以占有标的物为内容的他物权为占有之本权，租赁权、借用权等债权也属于本权。

区分本权与占有的意义主要在于：确定当事人对标的物的占有是否有权利基础，并据以采用不同的保护方法。

（十一）物权的其他分类

除上述分类之外，在理论上时有提及的物权分类还有广义物权（即“对物权”）与狭义物权、形式物权与实质物权、法律物权与事实物权、单一主体的物权与共同主体的物权、可分物的物权与不可分物的物权、公法中的物权与私法中的物权、制定法中的物权与习惯法中的物权、国际法中的物权与国内法中的物权、既得物权与物权取得权等，[③]这些分类也均有其意义。

---

① 参见王泽鉴:《民法物权》(1)，中国政法大学出版社 2001 年版，第 48 页；钱明星:《物权法原理》，北京大学出版社 1994 年版，第 67 页；郑立、王作堂主编:《民法学》(第二版)，北京大学出版社 1995 年版，第 180 页；马俊驹、梅夏英:《论物权法的发展与我国物权法体系的完善》，载《武汉大学学报》(哲学社会科学版)》1996 年第 2 期；孙宪忠:《中国物权法总论》，法律出版社 2003 年版，第 72 页；陈华彬:《物权法》，法律出版社 2004 年版，第 93 页。

② 参见李岩:《民事法益的界定》，载《当代法学》2008 年第 3 期。

③ 参见孙宪忠:《中国物权法总论》，法律出版社 2003 年版，第 52 页以下；孙宪忠:《德国当代物权法》，法律出版社 1997 年版，第 21—22 页；孙宪忠、常鹏翱:《论法律物权和事实物权的区分》，载《法学研究》2001 年第 5 期；陈华彬:《物权法》，法律出版社 2004 年版，第 87 页；高富平:《物权法原论》(中)，中国法制出版社 2000 年版，第 317 页、第 321 页、第 341 页；刘保玉:《物权体系论——中国物权法上物权类型设计》，人民法院出版社 2004 年版，第 88 页以下。

第二节　物权类型体系的宏观梳理

物权法上的各种物权类型（无论是法定种类还是学理分类），均可以归入“范物权”“准物权”与“类物权”之三大类别中，此三元物权体系之划分，可谓综合各种物权的典型性、重要性、有无物权的实质内容、在物权法上的地位等诸多因素而对物权的类型体系所作的最为宏观的梳理和概括。[①]

一、范物权

所谓范物权，即普通法上规定的典型物权。[②]在大陆法系国家的民法典上详为规定的范物权，经过长期的立法积淀与理论整理，已形成所有权、用益物权、担保物权三大次级类型体系。迄今为止可以说尚无更科学、合理的物权类型划分来取代这一体系，故绝大多数学者认为此一传统分类方法值得为我国立权法采用，我国的《物权法》及《民法典》物权编实际上也正是依据范物权的此三种基本类型来安排其通则之后各部分的结构体系的。至于在所有权、用益物权、担保物权之次级类型之下，再确定哪些具体的物权种类，则可根据立法传统、国情和现实需要等而为取舍，并可对其进行三级乃至更多层级的分类。例如，所有权既可以根据客体的不同而分为不动产所有权、动产所有权，也可以从主体的角度而分为国家所有权、集体所有权、私人所有权；担保物权可以再分为抵押权、质权、留置权等三级类型，而抵押权又包括不动产抵押权、动产抵押权、权利抵押权，普通抵押权与特殊抵押权，质权也有动产质权与权利质权之分。

① 刘保玉:《物权体系论》，人民法院出版社2004年版，第125页以下。

② 范物权称谓中的“范”字，取其典范、示范、范本、范式之意。

二、准物权

所谓准物权，系指在物权法所规定的范物权种类之外，性质与要件等相似于（典型）物权并准用物权法有关规定的财产权，也就是通常所谓的非典型物权或特别法上的物权。准物权一词中的“准”字，其汉语含义为“程度上不完全够，但可以作为某类事物看待”[①]。亦可将其简解为：“近而未达，同类视之。”根据前面的说明和引述，可知准物权的名词在学说著述中颇为常用，但对于其确切含义、性质、范围、种类及其在物权法上的地位与规制方法等问题，尚存在较大分歧。例如：关于准物权在性质上是否为物权，有是、不是和不完全是三种态度；关于准物权的类别或范围，有的认为权利物权（如权利质权、权利抵押权）为准物权，有的认为特别物权或特别法上的物权（如渔业权、矿业权、取水权等）为准物权，也有的认为物权取得权（如优先购买权、期待权等）为准物权，还有的认为准物权的标准与类型非为单一，以上三种或其中的两种均可界定为准物权；关于准物权在物权法上的地位与规范方式，有的主张不予规定，有的主张作出原则规定，也有的认为应当作出较为详细的规定。笔者的基本观点是：准物权就是处于物权与其他权利分界之“模糊区域”中偏重于物权但又“不完全是”物权的那些权利类型；准物权的标准与种类不是唯一的，准物权的种类不限于准用益物权（如探矿权、采矿权、取水权、渔业捕捞权等），还可以有准担保物权（如所有权人抵押权、优先权、“买卖型担保”或让与担保以及所有权保留、融资租赁中出卖人、出租人登记的所有权等）、准所有权（如准共有权、有限所有权、有期限的所有权等）和物权取得权（如经预告登记的不动产买受人的请求权、所有权保留买卖和融资租赁中买受人、承租人最终取得标的物所有权的期待权等），且其为一个不断发展变化、颇为开放的权利体系；为明确准物权与范物权的关系和解决法律适用的问题，有必要在法律上对其作出原则规定，具体事宜则应留归

① 中国社会科学院语言研究所词典编辑室编：《现代汉语词典》，商务印书馆1978年版，第1511页。

特别法或司法解释详为规定。[①]

三、类物权

所谓类物权，系指具有“类似物权”的地位而受法律保护的占有某物的事实状态。对物的占有之事实状态，虽尚未构成权利，但物权法上的占有制度对于占有的效力、占有的保护等规定，使其具有了类似于物权的地位并能产生物上请求权，具有了“法益”的性质，故学理上通常将其称为“类物权”或认为其“类似物权”。[②]而且，占有制度中关于占有的分类、占有的移转与消灭、占有的状态推定与权利推定效力、占有的保护等问题的规定，是诸多物权制度及其规则建立的基础。因此，在大陆法系各国的民法中，“占有”均是其物权法体系中不可缺少的重要组成部分。我国《物权法》和《民法典》中也均对占有作了专章规定，笔者认为可依多数学者的认识将占有作为类物权来定位。

四、物权类型三元化宏观划分的意义

范物权、准物权、类物权的三元物权类型体系的梳理与划分，对于物权法的体系结构设计和基本制度构建影响甚大，其既涉及物权法（编）“分则”部分的体系应如何展开的问题，也与“通则”中的物权法定原则、物权公示原则、物权客体的界定以及物权与其他权利的关系等问题密切相关。例如：范物权显然是物权法规范的重点，立法上应对此作出详尽的规定，而所有权、用益物权、担保物权的范物权次级类型之三分，则直接决定了物权法分则部分的结构，并影响着通则编的诸多内容和制度的设计；从立法技术角度出发，准物权

---

① 参见刘保玉：《准物权及其立法规制问题初探》，载王利明主编：《中国民法年刊》（2004），法律出版社2006年版，第363页以下。

② 参见钱明星：《物权法原理》，北京大学出版社1994年版，第67页；郑立、王作堂主编：《民法学》（第二版），北京大学出版社1995年版，第180页；马俊驹、梅夏英：《论物权法的发展与我国物权法体系的完善》，载《武汉大学学报》（哲学社会科学版）1996年第2期；王泽鉴：《民法物权》（1），中国政法大学出版社2001年版，第48页；孙宪忠：《中国物权法总论》，法律出版社2003年版，第72页；陈华彬：《物权法》，法律出版社2004年版，第93页。

的具体内容应主要由特别法规定，除个别事项外，物权法上只宜对其作出原则规定以明确其在物权法中的地位，并解决普通法规范与特别法规范在适用上的关系问题；同时，鉴于准物权现象的客观存在，有必要在理论上和司法实践中对物权法定原则作有条件的缓和解释；在没有经过缜密论证的更佳方案的情况下，我们仍应依体系严谨且已成通例的所有权、用益物权、担保物权三种范物权之基本类型来安排物权法“分则”部分的结构体系，而没有必要别出心裁地去标新立异，更不能舍弃大陆法系民法编制的传统体例而另立所谓的“财产权法”体系；作为类物权的占有，无从在其他法律中作出规定，而且其是物权法中诸多制度、规则的基础，故此，物权法中不仅应予以其一席之地，而且应对其作出完整、全面的规定。

第三节　物权法定原则

一、物权法定原则的意义

物权法定原则又称物权法定主义，系关于物权的种类或类型的原则，是指物权的种类及其内容均由法律明确规定，当事人不得任意创设新物权或变更物权的法定内容之原则。

关于物权的种类和内容的创设问题，历史上曾有放任主义（自由主义）与法定主义（限制主义）两种做法和主张。近现代以来绝大多数国家在立法上采行或者在解释上承认物权法定主义，而采行放任主义的则极为鲜见。诸多国家或地区的民法中明确规定：物权，除本法或其他法律规定者外，不得创设。[①]法国、德国、瑞士等国民法对此虽无明文规定，但其精神是有充分体现的，解释上也均承认此项主义。我国《民法典》第116条（原《物权法》第5条）明确规定：“物权的种类和内容，由法律规定。”

---

① 参见奥地利民法第308条、日本民法第175条、韩国民法第185条等。

对于立法上采行物权法定原则的理由和原因，学界有多方面的阐释。[1]概言之，系由于物权乃绝对权，得对抗任何人，具有极强的效力，对他人的利益和社会经济秩序都有直接关系，只有以强行性规范规定物权的种类、内容、效力、变动等事项，才能使物权的存在明朗化、物权的变动公开化，才能既保障物权人的利益，又不至于发生当事人任意创设新的物权种类或滥用权利而损害第三人利益、危害社会经济秩序的现象；同时，实行物权法定主义，对物权的类型进行系统的整理，还有利于维护一国的基本经济制度，并防止对物权设定过多限制，促进物的效用充分发挥。

二、物权法定的内容

关于物权法定的内容如何，主流观点认为“法定”的内容为物权的种类和内容两项；也有观点认为，除此之外，还包括物权的效力、公示方法、取得方式等事项的法定性。我们认为，物权法定原则的内容，应以种类与内容法定为主，兼及其他重要事项。

（一）物权的种类法定

理论上通常称此为“类型强制”，即物权的种类由法律明确规定，当事人不得以协议的方式创设法律所不认可的物权类型。例如，当事人不能依约定创设我国法律未认可的典权、不动产质权、不动产留置权等。

（二）物权的内容法定

理论上通常称此为“类型固定”或“内容强制”，即各种物权的内容（主要指当事人的权利义务）由法律明定，当事人不得创设与法定物权内容不相符的物权。例如，当事人协议限制土地承包经营权人、建设用地使用权人正当权利的条款，在抵押、质押合同中约定担保物权的存续期限、约定“流押”“流质”条款，或者约定抵押人不得就抵押财产再向他人设定担保等，均因与法律规定相悖而不

① 参见梁慧星、陈华彬：《物权法》（第三版），法律出版社2005年版，第40—42页。

具有相应的法律效力。

（三）其他重要事项的法定性

基于物权各制度之间的关联性和物权法各基本原则之间的协调性，物权制度中的其他若干重要事项也具有法定性，主要包括：（1）物权的效力法定，即各类物权具有怎样的效力均由法律所规定，当事人不得依协议扩张或限缩物权的法定效力；（2）物权的公示方式法定，即由法律明确规定各种物权发生变动时所应采用的公示方法及登记机构，非依法定公示方式所为的物权变动，不为法律所承认或不能对抗第三人；（3）物权的某些取得方式亦具有法定性，违反法定方式或不符合法定条件的，不能取得物权。例如，在我国法律未承认取得时效或拾得人能够取得遗失物所有权的情况下，自不存在依此方式而取得物权的根据。

三、违反物权法定原则的后果

总体来说，非依法律规定的物权种类、内容而设定的物权，不得认可其为物权或者具有物权的效力；物权的设定虽然无效，但该行为符合其他法律行为的生效条件时，许可其产生相应的法律后果。[①]具体来讲，违反物权法定原则的，应依违反的情况不同而产生不同的后果：

（一）违反物权种类规定的，不得认可为物权

即对于当事人违反法定的物权种类而自行创制的“物权”，不得认可其为物权。此为违反“类型强制”规则的后果。明确这一后果，一方面有助于维护物权法定原则的权威性，另一方面可以指导和规范民事主体设定物权的各种行为。应当说明的是，当事人约定设立的物权在《民法典》上虽无规定，但在其他法律上有特别规定的，则不属于违反物权法定原则，应认定为有效。

① 梁慧星等：《中国物权法草案建议稿》，社会科学文献出版社2000年版，第103页以下；孙宪忠：《物权法》，社会科学文献出版社2005年版，第66—68页。

（二）违反物权内容规定的，无物权的效力

即违反法律规定的物权内容而设定的物权，不具有物权的效力。此属违反“内容强制”规则的后果。例如，当事人约定设立不须登记而须将不动产权属证书交由债权人掌控的不动产抵押权、将机动车的合格证交由债权人控制而设立的“车辆质押”，约定发包人得因自身的需要而收回或调整土地承包经营权，约定抵押权、质权的存续期间或限制物权关系一方当事人法定正当权利的条款等，此种约定即不能发生物权的效力和物权法上的效果。但法律条文中授权当事人自由规定的事项，当事人的约定应为有效，且在适用上优于法律的规定。

（三）物权法未明确规定亦未授权当事人自由约定的事项，原则上应推定为禁止

对当事人约定的有关物权的事项，在物权法上无明确规定亦未授权得由当事人约定时，一般应视同违反法律的强制性或禁止性规定，应认定为无效或不能发生物权法上的效力。[①]此为依据物权法定原则的精神和物权法为强行法的特征所作出的当然解释。这一推定规则与合同法中“凡法律未明文禁止的事项均得由当事人自由约定”（即所谓“法无禁止皆自由”）的解释规则正好相反。其原因即在于物权法具有强行法的特征而合同法具有任意法的特征，物权法实行法定主义而合同法贯彻自由主义。但应说明的是，这一推定规则并不具有绝对性。因立法时的犹豫、疏忽或社会情况的变化等出现法律上不置可否的事项，而该事项又为当事人约定时，在不违背物权法精神的情况下，其行为或可被认定为有效，此即为下面所要谈的物权法定原则的缓和解释问题。

（四）部分违反物权法定原则但不影响其他部分效力的，其他部分仍可有效

《民法典》第156条规定：“民事法律行为部分无效，不影响其他部分效力的，其他部分仍然有效。”这一法律行为效力认定的规则，在物权法上亦当然适用。

① 参见梁慧星、陈华彬：《物权法》（第三版），法律出版社2005年版，第43页。

例如，根据《民法典》第401条、第428条的规定，当事人在抵押、质押合同中约定债务人到期不能清偿债务时由债权人直接取得担保财产所有权的“流担保约款”，因违反了担保物权的效力及实现方式的规定，应属无效，但抵押权、质权的设立如果符合法律规定的要件的，该权利本身仍为有效；当事人约定抵押权或质权存续期间的条款，亦同。

（五）违反物权法定原则，并不排除产生其他法律行为的效果

即当事人设定物权的行为或针对物权的事项之约定虽因违反物权法定原则而归于无效，但其行为若符合其他法律行为的生效要件时，仍可产生该法律行为的效力。[①]这通常是指当事人的约定不符合物权法的规定，不能产生物权法上的效果，但其行为如果无违法律的效力性强制规范，则在当事人之间仍能产生合同法上的约束力。例如，租赁合同的当事人约定承租人享有能够对抗任何人的具有物权效力的优先购买权，此在物权法上并无依据，但仍可认定该约定具有债权的效力，出租人违反约定时，应负债务不履行的损害赔偿责任。[②]在第三人与债权人约定设立无须登记的不动产抵押权或以移转占有的方式设立不动产质权的情形下，抵押权、质权虽不能成立，但当事人之间以该不动产的价值作为债务履行担保的意思表示却是真实的，如果并无导致合同无效的事由，应当认为抵押合同、质押合同有效，债权人有权于债务人届期不履行债务时就该不动产变卖的价款受偿其债权，唯其不具有担保物权的优先受偿效力而已。[③]

四、法的范围界定与物权法定原则的缓和

（一）物权法定中法的范围界定

法有广义与狭义之分，物权法定中所言的“法”应如何界定，并非没有疑

① 此一规则与本书第四章第四节“物权公示原则”中所论的“区分原则”具有内在的逻辑一致性，应注意其联系。

② 参见谢在全：《民法物权论》（上），中国政法大学出版社1999年版，第45页。

③ 参见刘保玉：《论“区分原则”在担保合同效力认定中的应用》，载《北京仲裁》2016年第3辑；《担保制度解释》第46条。

义。大陆法系国家的学说与立法一般认为，物权法定原则所言之“法”，系指狭义上的法律（民法典及其他法律），法规、命令等不包括在内，“盖因物权有关人之权利义务甚大，许以命令创设，殊未适宜”①。国内学界也多采此主张。②不过，在我国《物权法》制定中，也有不少学者基于我国当时的物权制度不够成熟、完善的客观情况，认为承认行政法规、部门规章、地方性法规、司法解释等有关物权问题规定的效力，亦有其积极意义。③我们主张，我国《民法典》第116条关于物权法定原则之规定中所言的“法律”，应解释为包括法律、行政法规在内，至于对法律上未具体规定的事宜以及《民法典》颁行后出现的新情况、新问题，许可由司法解释等作出规定，属于物权法定在适用中的缓和解释问题。

（二）物权法定原则的缓和解释问题

再完备的法律也难以穷尽社会生活中的所有问题，而且在法律颁行后，社会生活还会有新的发展、变化，而法律又不能时时更新，因此，如何避免刚性的物权法定主义过于僵化和可能出现的限制社会发展之弊端，是物权法上的一个不可忽视的问题。这一问题的核心，是对于法律颁行后于交易习惯中新生的物权（即所谓习惯法上的物权及非典型物权）应如何对待。晚近以来，学说及实务上曾尝试以下述诸种方法解释和解决这一问题：（1）物权法定无视说。即认为应根本无视物权法定主义，承认习惯上物权的效力。（2）习惯法包含说。即认为可援引民法总则中有关政策与习惯等的效力问题的规定，将习惯法包含于物权法定中“法”的含义内，承认习惯法上物权的合法性。（3）习惯法物权有限承认说。认为物权法定主义中所称的“法”，虽不包含习惯法在内，但社会习惯上所生的物权如果不妨碍物权法体系的建立，且能以适当方法公示时，可突破物权法定主义的拘束，直接予以承认。（4）物权法定缓和说。其理由与第三说大致相同，认为社会交易

① 郑玉波：《民法物权》，台湾三民书局1988年版，第16页。

② 参见梁慧星等：《中国物权法草案建议稿》，社会科学文献出版社2000年版，第101页以下。

③ 参见钱明星：《论我国物权法的基本原则》，载《北京大学学报》（哲学社会科学版）1998年第1期；马俊驹、余延满：《民法原论》（上），法律出版社1998年版，第345页；王利明主编：《中国物权法草案建议稿及说明》，中国法制出版社2001年版，第157页。

习惯上新生的物权，如果不违反物权法定主义的立法旨趣，且又有一定的公示方法时，可以从宽解释物权法定主义的内容，将其解为非新种类的物权。①

我们认为，习惯法有限承认说与物权法定缓和说均有相当的道理。正如郑玉波先生所言："物权法定主义过于硬化，难以适应现实社会经济之发展，倘于习惯上能有适宜的公示方法之新物权之生成，自不妨予以承认。同时旧习惯之物权，虽因不合现行法之规定，而被抹煞，但行之自若者，亦非无有，对此种社会事实，若绝对严守物权法定主义而不予承认，则法律不免与社会脱节，若竟视若无睹，不加可否，则又将贻人以掩耳盗铃之讥。"②谢在全先生也认为："物权之新种类或不同内容，是否能为物权法定主义所容许，应是以其是否无违物权之直接支配与保护绝对性，以及能否公示，以确保交易安全为判断基准。果能符合此项基准，且社会上确有其实益与需要时，即可认为与物权法定主义存在之宗旨无违，当能透过物权法定缓和之运作，加以接受，习惯法上物权之能否存在，亦应以此为度。……然社会上有新物权发生后，最佳因应之道乃属尽速立法，自不待言。"③而德国学者Raiser教授的观点更值得赞同，他认为：民法所以采物权法定主义，其目的非在于僵化物权，阻止法律的发展，而旨在以类型之强制限制当事人的私法自治，避免当事人任意创设具有对世效力的新的法律关系，借以维持物权关系的明确与安定，但此并不排除于必要时，得以补充立法或法官造法之方式，创设新的物权，盖法律必须与时俱进，始能适应社会之需要。④

值得予以关注的是，在学界的呼吁和实践的推动下，我国台湾地区2009年修订后的"民法"第757条规定："物权除依法律或习惯外，不得创设。"该条规定中的"习惯"，"系物权编修正时为解决争议及缓和物权法定主义之适用所增订"；这里的习惯"系指具备惯行之事实及法的确信，具有法律上效力之习惯法而言"。"惟因物权法定主义旨在建立物权体系，以确保物权特性及交易安全，故习惯法形成之物权，必须具有确定性、填补社会经济之必要性，无违物权法定主

---

① 参见梁慧星、陈华彬：《物权法》（第三版），法律出版社2005年版，第42—43页。

② 郑玉波：《民法物权》，台湾三民书局1988年版，第28页。

③ 谢在全：《民法物权论》（上），中国政法大学出版社1999年版，第48页。

④ 转引自王泽鉴：《民法学说与判例研究》（1），中国政法大学出版社2003年版，第162页。

义存立之旨趣，能依一定方法予以公示者，始足当之。”[①]

我国学界对“物权法定主义之缓和”的观点多有认同，诸多学者认为，物权法定主义并不意味着物权法是一成不变的封闭性立法，而应随着社会生活的发展有所发展、变化，因此，在特定情况下可以对物权法定主义进行目的性扩张的解释。[②]另外，由于法律具有稳定性的特点，难以及时通过修改、补充来反映实践中新出现且值得肯定的物权现象，而往往是由行政法规及司法解释先予承认，此后再上升为立法，因此于一定条件下认可行政法规、司法解释所确认的物权的效力、适当扩大物权法定主义中“法”的范围，也是有必要的。[③]

我国《民法典》第10条规定：“处理民事纠纷，应当依照法律；法律没有规定的，可以适用习惯，但是不得违背公序良俗。”此条规定中承认了不违背公序良俗的习惯的效力，且此处所称的“法律”在解释上系指广义的法。[④]物权编的规定中，实际上也是承认习惯的法源地位的。例如，依据《民法典》第289条的规定，在法律、法规没有规定的情况下，可以按照当地习惯处理相邻关系纠纷；《民法典》中未对“先占”取得所有权的情形作出规定，但却无碍人们依据不违背公序良俗的习惯而先占取得无主动产的所有权。[⑤]故此，对于《民法典》第116条关于物权法定原则规定中所言的法，亦应作相对广义的解释，认为其包括法

---

① 谢在全:《民法物权论》(上)，台北·自版，2014年修订第六版，第34—35页。

② 我国物权法制定过程中，还曾有“物权法定否定说”和将物权法定原则改为“物权限定原则”等意见。考虑到物权法定原则确有需要作缓和解释的问题，《物权法》(草案)五审稿、六审稿在第5条“物权的种类和内容，由法律规定”之后，还曾规定“法律未作规定的，符合物权特征(或性质)的权利，视为物权”。鉴于有学者认为此项规定开的口子太大，足以威胁到物权法定原则的成立，且极易导致出现其他意想不到的问题，有害于物权秩序的维护；另外，哪些权利可以“视为物权”、如何认定及由谁来认定“符合物权性质”，亦有待再作解释和说明。此项规定在七审稿之后被删除。参见梁慧星:《物权法草案的若干问题》，载《中国法学》2007年第1期；黄薇主编:《中华人民共和国民法典释义》(上)，法律出版社2020年版，第228页。

③ 参见王利明主编:《中国物权法草案建议稿及说明》，中国法制出版社2001年版，第157页；王利明:《物权法研究》，中国人民大学出版社2002年版，第78页；崔建远:《物权：规范与学说——以中国物权法的解释论为中心》(上册)，清华大学出版社2011年版，第27页。

④ 参见黄薇主编:《中华人民共和国民法典释义》(上)，法律出版社2020年版，第29页。

⑤ 参见黄薇主编:《中华人民共和国民法典释义》(上)，法律出版社2020年版，第29页、第598页。

律、行政法规、司法解释和不违背公序良俗的习惯等。[①]

我们认为，法律应当与时俱进，助推社会经济的发展，而绝不应起到相反的作用！因此，有必要采取开放性的立法模式，采纳“物权法定主义之缓和”的观点，允许在一定条件下对物权法定主义进行目的性扩张解释，对于那些在正常交易活动中出现的、符合物权的性质和特点且能通过适当方式公示的新的物权形式（其中有些已在地方法规、部门规章等规范性文件中有所规定或者为习惯所认可），原则上应当持肯定态度，认可其物权地位并赋予其相应的效力。[②]特别值得赞许的是，《民法典》第388条第1款中增加的“担保合同包括……其他具有担保功能的合同”之规定，扩大了与担保物权设立有关的担保合同的范围，明确了融资租赁、保理、所有权保留以及让与担保等非典型担保合同的担保功能。此一规定与同样具有开放性的动产和权利担保统一登记制度，为物权法定原则在担保物权领域的适用提供了极大的缓和空间。[③]

① 参见黄薇主编：《中华人民共和国民法典释义》（上），法律出版社2020年版，第227—228页。

② 刘保玉：《我国特别法上的担保物权之规范梳理与立法改进》，载董学立主编：《担保法理论与实践》，中国法制出版社2015年版，第57页。

③ 参见刘保玉：《民法典担保物权制度新规释评》，载《法商研究》2020年第5期；《担保制度解释》第1条、第63—70条。

第四章　物权的变动与公示

第一节　物权变动的概念与形态

一、物权变动的概念

物权的变动，就是指物权发生、移转、变更和消灭。物权的变动，就物权自身而言，是物权的运动状态；就物权主体而言，则为物权的得丧变更；就法律关系而言，是指人与人之间对于物之归属和支配关系的变化。

物权变动是物权法上重要而基本的问题。在现实生活中，物权经常处于运动状态之中，某一物上的物权发生或设立、内容的变更以及物权的移转和消灭，都是常见的现象。为维护物的归属与利用秩序、充分发挥物的效用、促进交易的发展，法律必须对此加以规制。如前所述，对于物权变动的原因、过程和结果等一系列问题，需要合同法与物权法从不同的角度对其进行双重调整方能竟其功。我国《物权法》中，根据学说理论的发展并借鉴域外的立法经验，设“物权的设立、变更、转让和消灭”之专章（第二章）对物权变动的问题作出了较为系统的规定，《民法典》物权编通则分编的第二章维持了这一立法体例。

二、物权变动的形态

物权的变动，包括物权的发生、变更、移转与消灭四种形态。

（一）物权的发生

物权的发生，是指物权与特定主体相结合，即某一主体取得对某物的物权。

物权的发生或产生，通常又称为物权的设立或设定，我国《物权法》及《民法典》中使用的即是“设立”之称谓。但严格来说，上列词语的含义及所适用的场合还是有一定差异的。基于法律行为或事实行为、双方行为或单方行为而使某一物权与特定主体相结合，均可称为物权的发生、产生；而物权的设立或设定，往往限指通过当事人双方的法律行为而由一方为另一方创设物权（且主要是他物权）的情况，其含义较为狭窄。

从获得物权的主体角度而言，物权的发生又称物权的取得，包括原始取得与继受取得两种情况，二者在具体取得方式和法律效果（如能否涤除物上的原有权利负担）等方面有所不同：

1.物权的原始取得。又称物权的固有取得或权利的绝对发生，指非依他人既存的权利及权利人的意志而取得物权。原始取得实际上包括三种情况：一是一物之上不存在任何人的所有权，主体第一次或最初取得该物的所有权。例如，对自己劳动创造的物取得最初的所有权，依先占而取得无主物的所有权等。二是物上原本存在他人的所有权，但法律上不予承认，而是依法律或国家权力而强制取得，如依法没收财产归国家所有等。三是法律上承认原物上的权利，但新物权人不依据原权利人的意志而依法取得新的物权，如国家征收、因添附而发生的物权变动、时效取得等。

由于原始取得不以他人既存的权利及权利人的意志为依据，因此，原始取得的物权通常只能是所有权，而不能是其他物权；又由于原始取得多基于事实行为、法律的直接规定或公法上的行为，因而原始取得一旦完成，此前标的物上之一切负担皆归于消灭，原权利人不得就标的物再行主张权利。[①]

2.物权的继受取得。又称物权的传来取得或物权的相对发生，是指基于他人既存的权利及权利人的意志而取得物权。在继受取得中，由于对标的物的权利系因继受而来，基于权利人不得将大于其所有的权利让与他人的法理，标的物上的

---

① 郭明瑞、唐广良、房绍坤：《民商法原理》（二），中国人民大学出版社 1999 年版，第 48 页。但应注意的是，上述规则在适用中也有例外。例如，通说认为“善意取得”属于原始取得的情况，但第三人善意取得的物权不限于所有权，还可以是其他物权（参见《民法典》第 311 条第 3 款）；抵押物的归属依添附的规则发生变化时，抵押权人的权利仍能及于抵押人所得的补偿金或抵押人的共有份额之上，而并不当然消灭（参见《担保制度解释》第 41 条）。

既有负担得继续存在，而转由取得人承继。[①]例如，将设立有地役权、居住权、租赁权的不动产转让给他人时，原地役权、居住权、租赁权依然存在。

依继受取得方法的不同，可再分为创设的继受取得与移转的继受取得。创设的继受取得简称创设取得或设定取得，是指在自己所有的物上为他人设定用益物权或担保物权的情形。例如，所有人在自己的不动产上为他人设定地役权、居住权、抵押权等。创设取得实际上是在一物之上通过法律行为而再设定另一物权，因此只能是他物权的取得方式，并且创设取得的物权是与原物权人的物权不同的物权，所有权则不能依创设的方式继受取得。移转的继受取得简称移转取得，是指就他人的物权依其原状移转而取得，例如，基于买卖或赠与而受让某物的所有权或基于继承而取得被继承人的某一物权。不仅所有权可以依移转的方式继受取得，其他物权大多也可以依此方式取得（例如基于转让而取得建设用地使用权，附随债权的让与而取得该债权的担保物权等），但法律另有规定的除外（如用益物权中的居住权不得转让、继承，宅基地使用权、家庭承包的土地承包经营权的转让受有一定限制等）。移转取得的物权与原物权人的物权在性质和内容上通常是相同的。由于移转取得是从他人手中获得物权，其同时导致前手的物权消灭和后手取得物权的双重效果，故从前手的角度看，继受取得又是物权消灭的原因之一。

依继受取得的范围与形态之不同，还有特定继受取得与概括继受取得之分。特定继受取得，指对特定标的物之物权的继受取得；概括继受取得，指就他人的权利义务予以全部继受而取得物权，因继承而取得被继承人的权利义务为其典型方式。这种区分的实益，在于明确概括继受取得中的取得人不但要承继前手的权利，也要承继其义务及个人负担，而特定继受取得中的取得人仅继受前手对标的物之权利义务而不及于个人的负担，纵使其个人负担系因该标的物而生，亦同。例如，甲将其计算机委托乙修理完毕后取回，在尚未清结修理费时，甲即把该计算机出卖于丙并为交付。在此情况下，丙属于特定继受取得，其对于计算机之修理费不负清偿义务。但如果丙为甲之继承人而依继承方式取得该计算机的所有权，则对甲所欠乙的修理费负有清偿义务。

---

① 参见谢在全:《民法物权论》(上)，中国政法大学出版社1999年版，第54页。

（二）物权的变更

物权的变更，有广狭二义。广义的变更，包括物权的主体、客体与内容等要素中的一项或数项的变更；狭义的变更，仅指物权客体与内容的变更，而不包括主体的变更（物权的移转）。

物权客体的变更又称物权的量的变更，是指物权客体在量上有所增减。例如，所有权的客体因附合而增加，抵押权的客体因抵押财产部分灭失而减少等。物权内容的变更称为质的变更，是指物权发生内容上的扩张或缩减、期限延长或缩短等变化。例如，共同共有变更为按份共有、土地使用权存续期限的延长或缩短，地役权的利用目的、方式发生变化，抵押权顺位的协议变更等。

物权的主体变更，包括主体的人数变更（如共有变为单独所有、单独所有变为共有及共有人数量的增减）和主体的变更（如物的所有权人由甲变为乙）。鉴于主体的变更乃至份额的变化涉及物权的取得与丧失，实质上属于物权的移转问题，因此，物权法上所讲的物权变更通常不包括主体的变更这种情况。①

（三）物权的移转

物权的移转，又称物权的转移，是指已经存在的物权在不同主体之间的流转，其最典型的情形为一物上的物权因买卖、互换、赠与、继承等原因而从一个权利人手中转移至另一个权利人手中。此外，以不动产或动产作价出资（入股）、法人的合并与分立而导致的物权转移、共有人人数变化或者共有份额的变化等，也属于物权移转的情形。

物权的移转，是从理论上及非当事人的角度而对物权变动的一种情况所作的观察。如果从前手的角度来观察，物权的移转意味着其物权的丧失，是物权消灭的原因；而从后手即次后取得物权的主体角度来观察，则是物权的继受取得。故此，也有不少著述中将物权的转移并入物权的发生之中，谓物权变动的形态有发

---

① 物权主体数量的增减，如单独所有变为共有及共有的人数、份额的变化，是属于物权的变更问题还是属于物权移转的情形，不无疑问。根据《实施细则》第 27 条的规定，应将其作为物权移转的情形对待。参阅本章第三节中关于移转登记与变更登记的阐释。

生、变更与消灭三种。[①]

物权的移转通常又被称为物权的转让，我国《民法典》物权编中使用的即是“转让”一词。但严格来说，二者也是有差异的。物权的转让，一般是指通过当事人之间的有偿法律行为（如买卖）而使物权由转让人移转于受让人的情形。而物权的移转等同于继受取得中的移转取得，非基于民事法律行为而发生的物权的流转（如征收、继承）及无偿的赠与，也属于物权的移转，但这种情况通常不适用转让的规则。[②]故此，应当认为转让只是物权移转的一种情况。[③]我国《不动产登记暂行条例》和《实施细则》中规定了“转移登记”的类型而未使用“转让登记”的名称，应属准确。

（四）物权的消灭

物权的消灭，就物权人方面观察，为物权的终止或丧失，即物权与其主体分离。

物权的消灭分为绝对消灭与相对消灭。前者是指权利人的物权消灭，且他人也不能取得该物的物权，如物权因标的物灭失而消灭。后者是指物权虽与原主体分离，但又与另一新主体相结合。例如，因买卖而发生的所有权转移，从出卖人角度看为其物权的消灭，而从买受人的角度看则为物权的传来取得，因此，物权的相对消灭与物权的传来取得乃“一体两面”的关系。还应注意的是，物权在因有偿转让而消灭时，对原物权人来讲，其在原有物上的物权虽丧失，但可获得价金等对价物上的所有权；对受让人来讲，其取得了受让标的物的物权，但又将价金或作为对价的其他财产转移给了让与人。因此，对转让人与受让人双方来讲，

---

① 参见梁慧星、陈华彬:《物权法》(第三版)，法律出版社2005年版，第59—61页。

② 参见《物权编解释（一）》第9条。

③ 法律上与移转、转让近似的词语还有“买卖”“流转”。买卖通常仅指有偿移转有体物所有权的交易类型（参见《民法典》合同编第九章“买卖合同”的规定），而对于所有权之外其他客体的有偿流转，则通常使用“转让”一词（参见《民法典》物权编关于建设用地使用权和土地承包经营权转让的规定、合同编第二十章“技术合同”以及《公司法》《专利法》《商标法》《著作权法》等的相关规定）；我国《农村土地承包法》和《民法典》在土地承包经营权的移转方面还使用“流转”一词，其含义更为宽泛，除转让外，还包括转包、互换、入股、抵押等情形。

其物权均是相对消灭。

三、物权变动的原因

物权变动的原因，是指引起物权变动的法律事实。物权变动的原因多种多样，从性质上可以分为三类：

其一，民事法律行为。包括单方法律行为与双方法律行为。前者如物权的抛弃、遗赠等；[①]后者是指通过合同而设定、变更及转让物权的行为。

其二，事实行为与事件。引起物权变动的事实行为，如商品的生产与制造、房屋的建造与拆除、遗失物的拾得与埋藏物的发现，以及先占、添附、混同等；[②]能够引起物权变动的事件，如法定期间的届满、物权人的死亡及继承的发生、因不可抗力导致标的物灭失等。

其三，行政行为及司法裁判。公法上的行政行为或司法行为、准司法行为也

---

① 物权法上所讲的抛弃，是指依权利人的意思表示，使物权归于消灭的单方行为。抛弃物权，除须有抛弃的意思表示外，并须抛弃对该物的占有或办理注销登记，始生抛弃的效力。权利人抛弃其物权，乃行使其处分权的表现之一，原则上得自由为之，但如果妨害公益和他人正当权益的，则不得为之，否则应属无效或应承担侵权责任。又由于抛弃属单方的处分行为而非事实行为，故仍以行为人有相应的行为能力为必要。

② 物权法上所谓的混同，是指同一物上的两个物权（如所有权与某项他物权）同归于一人的事实。此种情况下，他物权通常会因无继续存在的必要而归于消灭（如地役权设立后，地役权人取得了供役地的所有权）。此与债法上的债权和对应的债务同归于一人的混同，情况有所不同。物权的混同是否导致或当然导致某一物权的消灭，立法上有不同的态度。《德国民法典》中原则上采不消灭主义，如该法第 889 条规定：于他人土地上设定的权利，不因土地所有人取得此项权利，或权利人取得土地所有权而消灭；另外，该法第 1163 条、第 1177 条还承认在债权人与抵押人混同的情况下发生所有权人的抵押权，抵押权并不消灭。多数国家和地区民法上则采原则与例外相结合的折中主义，即当两物权发生混同时，原则上某一物权消灭，例外的情况下则不消灭。例如当所有权与其他物权因某种原因归属于一人时（如享有不同物权的法人合并），其他物权原则上因混同而消灭，但如果其他物权的存续于所有人或第三人有法律上的利益时，其他物权则例外地不消灭；在所有权以外的物权与以该物权为标的的权利归属于一人时，也适用相同的规则。参见梁慧星、陈华彬：《物权法》（第三版），法律出版社 2005 年版，第 241—242 页。我国法律及法学理论上，采取的也是折中主义。例如，在抵押权人将其债权连同抵押权一并为他人转设权利质权后，如果抵押权人与抵押人发生合并，则由于其抵押权的存续对质权人有法律上的利益，不能因混同而消灭。

可以引起物权的变动。例如，因政府征收不动产的决定，人民法院、仲裁机构在分割共有财产案件中作出的判决书、裁决书、调解书，人民法院在执行程序中作出的拍卖成交裁定书、以物抵债裁定书等，均可导致物权关系发生变动。[①]

在此三类原因中，民事法律行为（尤其是双方民事法律行为）是物权变动最重要、最常见的原因。基于民事法律行为而发生的物权变动，通常以不动产登记或动产的交付（即公示）为其生效要件，此为各国物权法上物权变动规则所规范的重点。后两者一般被合称为非基于民事法律行为而发生的物权变动，此种物权变动通常不以公示为要件，法律上通常对其规则另作规定。

第二节　物权变动的规范模式

一、基于民事法律行为的物权变动之规范模式

（一）立法例上的三种规范模式

在引起物权变动的法律事实中，最重要的是法律行为或称民事法律行为。[②]物权因何种性质的法律行为而发生变动，其要件如何，是各国物权立法政策与立法技术中的重要问题。大陆法系国家的民法在基于法律行为的物权变动上，主要有三种不同的学说主张和立法规范模式。

1. 债权意思主义

又称债权合意主义或意思主义，以法国、日本民法为其代表。此种主义下，所有权的移转等物权变动以买卖契约等债权契约为根据，既不须另有物权行为或物权合意，也不以交付或登记为其生效要件。例如，依《法国民法典》第1583条的规定，在因买卖契约而发生的所有权转移中，当事人就标的物及其价金相互

① 参见《物权编解释（一）》第7条。

② 理论上及域外立法例上所称的法律行为，专指因意思表示而发生私法上效果的行为，而我国立法上将此种行为称为“民事法律行为”。故此，我们所称的民事法律行为与域外立法和学理上所称的法律行为同义。

同意时，即使标的物尚未交付、价金尚未支付，买卖即告成立，而标的物的所有权即依法由出卖人移转于买受人。依《日本民法典》第176—178条的规定，物权的设定及移转，只因当事人的意思表示而发生效力，但非依登记法规定进行不动产物权登记或将动产交付的，不得以之对抗第三人。

概言之，依此种模式，物权因法律行为而变动时，仅须由当事人订立债权合同即为已足，不须以登记或交付为其成立或生效要件。其要旨为：（1）物权变动是债权行为的当然结果，发生债权的意思表示与发生物权变动的意思表示二者合一，不承认存在单独的物权变动之合意。（2）由于不承认物权行为的独立存在，物权变动的结果当然就受其原因关系即债权行为效力的影响，原因行为无效或被撤销的，物权变动的结果随之失效。（3）物权公示原则所要求的登记或交付，并非物权变动的成立或生效要件，而只是发生对抗力的要件（即所谓的“公示对抗主义”）。

2.物权形式主义

简称形式主义，以德国法为其典范。此种主义下，买卖标的物所有权的移转，除须有买卖契约及登记或交付外，尚须当事人于买卖契约之外就标的物所有权的移转成立一个独立的合意，此合意即所谓以物权的变动为内容的物权合意或物权契约。《德国民法典》第873条规定：为了移转土地所有权、在土地上设定某项他物权，以及为了移转此项权利或在此项物权上更设其他物权，除法律有特别规定外，须由权利人及相对人对于权利变更成立合意，并将此种权利变更之事实，登记于土地登记簿内。第929条规定：动产所有权的让与，必须由所有人将物交付于受让人，并就所有权的移转由双方成立合意；如受让人已经占有该物时，仅须成立移转所有权的合意，即生效力。通常认为，我国台湾地区“民法”上采行的也是德国式的形式主义。

概言之，依此种模式，物权因法律行为而发生变动，除有债权契约之原因行为外，还须另有物权变动的合意（物权合意或物权契约）以及登记或交付的法定形式，始能成立或生效。其要旨为：（1）引起债权发生的债权契约与引起物权变动的物权行为是两个不同的法律行为，一个法律行为不能引起债权发生和物权变动的二重效果，故物权行为与债权行为相分离而独立存在。（2）物权行为不仅独立存在，而且物权行为的效果不受债权行为效力的当然影响，具有无因性。纵使债权行为无效或被撤销，物权变动的结果并不当然随之无效或被撤销。（3）物权公示原则所要求的登记或交付为物权行为的法定形式，是物权变动的生效要件和物权的成立要件而非对抗要件。非经登记或交付，物权变动根本不能发生（即所谓的“公示要件主义”）。

3. 债权形式主义

又称债权意思与登记或交付之结合主义，其以1811年的奥地利民法为典型，故又称奥国主义。依此种主义，物权因法律行为发生变动时，除当事人间须有债权合意（债权行为）外，仅须另外践行登记或交付的法定方式，即生物权变动的效力。由于该主义实系对前述两种模式的综合，所以又被称为折中主义。

此种物权变动模式的要旨如下：（1）发生债权的意思表示同时即为物权变动的意思表示，二者合一，并无区别。此点与意思主义相同，而与形式主义有异。（2）欲使物权变动实际发生，仅有当事人的意思表示（债权契约）尚有未足，还须践行登记或交付的法定方式，公示为物权变动的生效要件。此点与形式主义相同，而与意思主义有异。（3）单纯的债权契约固然不能同时引起债权发生与物权变动的双重效果，但物权的变动仅须在债权意思表示之外加上登记或交付的外在形式即为已足，不需另有物权变动的合意，故无物权行为的独立存在。（4）既然无独立的物权行为存在，则物权变动之效力自然受其原因关系即债权行为之影响，因而也无所谓物权行为的无因性可言，至于交易安全的维护，则委诸于公示公信原则。①

一般认为，1907年《瑞士民法典》中关于物权变动问题采行的也是折中主义立法。该法第714条规定，动产所有权的移转，应移转占有。关于不动产，其以原因行为、登记承诺与登记相结合而发生物权变动的效力。依其规定，不动产物权变动效力的发生，须具备三个要件：其一，须有法律上的原因或原因行为。所谓原因行为，包括移转不动产所有权的契约和设定他物权的契约。其二，须有不动产所有人的登记承诺。此登记承诺，兼有物权契约的意义。其三，须有国家主

① 参见谢在全：《民法物权论》（上），中国政法大学出版社1999年版，第63页以下；梁慧星、陈华彬：《物权法》（第三版），法律出版社2005年版，第74页以下；梁慧星主编：《中国物权法研究》（上），法律出版社1998年版，第177页以下；郭明瑞、唐广良、房绍坤：《民商法原理》（二），中国人民大学出版社1999年版，第51页以下。

管机关依不动产所有人的登记承诺所作的登记。瑞士法上的这种折中主义立法，究竟是“债权形式主义”的模式，还是“部分承认物权行为”（即承认物权行为的独立性但不承认或模糊其无因性）的模式，理论上尚有不同的认识。之所以出现这种争论，其原因或许正在于瑞士立法者对物权行为理论故意保持暧昧的态度。[①]

1958年公布的《韩国民法典》，是第二次世界大战后民事立法运动的一项重要成果。该法典关于物权变动的规则采行了与《奥地利民法典》大体相同的立场，即意思主义与登记或交付之结合。该法第188条规定，基于法律行为的不动产物权变动，非经登记，不生效力；动产物权的让与，非移转动产之占有，不生效力。而在此以前，韩国法上关于物权变动系采意思主义，但立法机关摒弃争议而最终选择了意思主义与登记或交付的结合，立法理由书就此写道：之所以如此，在于使物权变动明确化，以保护交易安全。学说称此为“从意思主义到形式主义的转换”。[②]

（二）简要的评析和我国立法的选择

以上物权变动的三种规范模式，在理念和规则设计等方面是有显著差异的。[③]一般认为，意思主义的优点在于使交易便捷迅速。但物权的变动仅因债权意思表示即发生效力，不仅不能从外部认识其变动和变动的时间，不利于保障变动的交易安全，而且公示对抗要件主义的采用，又导致了物权法律关系在当事人内部与对第三人之外部关系发生不一致的复杂问题，引发因未公示而不能对抗第三人的物权（实际只有债权的效力）现象出现，理论上难称严谨。[④]至于物权形式主义

① 参见陈小君等：《物权法制定的若干问题研究》，载王利明主编：《物权法专题研究》（上），吉林人民出版社2002年版，第153—154页。

② 参见梁慧星、陈华彬：《物权法》（第三版），法律出版社2005年版，第76页。

③ 例如，依形式主义及债权形式主义的认识，仅有买卖合同而未经移转登记或交付标的物的情况下，物权变动未发生；而依意思主义，物权变动仅依债权合同即可发生，未经公示的，只是不具有对抗第三人的效力而已。在出卖人对标的物为多重转让的情况下，意思主义的规范模式认为，第一个买卖合同生效，标的物所有权随即发生移转，出卖人此后再行处分的行为属于无权处分并应依相应的规则处理；而依形式主义和债权形式主义的规范模式，则认为第一个买卖合同成立后，在对标的物为移转登记或交付之前，所有权并未发生转移，出卖人的再行处分仍属于有权处分，应按照一物二卖或多重买卖的规则处理。

④ 详见刘保玉：《试论物权公示原则在物权性质界定与类别划分中的意义——兼评公示要件主义与对抗主义的立法模式选择》，载《政法论丛》2007年第3期。

与债权形式主义何者更优，学界尚有不同认识。目前的主流观点认为，物权形式主义以登记或交付为物权变动的生效要件，使当事人之间的内部关系与对第三人的外部关系完全一致，法律关系颇为明晰，有利于保障交易安全。但其承认抽象物权行为的独立存在及其无因性，与社会生活的实际状况未尽相符。严格来说，物权变动的明确化乃来自物权变动的公示方法，而非因形式主义。因形式主义与无因性相结合的结果，物权形式主义就静的安全之保护也有不周之处，交易安全的维护实际上是赖于公示的公信力而非物权行为的无因性。而债权形式主义则兼有上述两种模式的优点，而无明显的缺点，故为第二次世界大战以后各国民事立法所广泛采用，代表着物权变动立法规制模式的潮流和趋向。①

我国在《民法通则》颁行前，立法上关于物权变动问题未有明文。民法理论与实践所持的通行观点是，除房屋所有权的变动应以登记为准外，允许双方当事人在买卖合同中就标的物所有权的转移作出约定。当事人无约定时，则所有权移转时间依标的物是特定物或种类物而分别确定：标的物为特定物的，所有权在契约成立时移转于买受人；标的物为种类物的，则所有权移转时间以标的物的实际交付时间为准。②此系采纳了苏联民事立法和民法理论的立场。《民法通则》中对此规则进行了反思和修正，于第72条第2款规定："按照合同或者其他合法方式取得财产的，财产所有权从财产交付时起转移，法律另有规定或者当事人另有约定的除外。"依此规定并结合其他有关法律、法规的规定，可以明确：（1）基于买卖合同、赠与合同、互易合同而发生的动产所有权的转移，以交付为准，即交付为动产物权变动的必要条件。（2）所有权移转不要求在债权合同之外另有移转所有权的所谓物权合意，所有权移转是债权合同的履行所产生的当然结果。（3）动产交付的规定属于任意性规范，当事人约定对所有权的移转附有条件的，从其约定。③（4）法律对不动

---

① 参见王泽鉴:《民法学说与判例研究》(1)，中国政法大学出版社2003年版，第272页；梁慧星、陈华彬:《物权法》(第三版)，法律出版社2005年版，第75页以下。

② 参见佟柔主编:《民法原理》(修订本)，法律出版社1987年版，第145页、第289页；马原主编:《中国民法教程》(修订本)，中国政法大学出版社1996年版，第202页。

③ 《最高人民法院关于贯彻执行〈中华人民共和国民法通则〉若干问题的意见（试行）》第84条规定："财产已经交付，但当事人约定财产所有权转移附条件的，在所附条件成就时，财产所有权方为转移。"

产所有权的转移等另有规定的，依照法律的规定。而不动产物权的变动，法律、法规中普遍实行的是登记要件主义。[①]由此可见，我国《民法通则》时代的法律、法规中关于物权变动的立法主义，非属德国式的物权形式主义，也不是法国、日本式的债权合意主义，而是债权意思主义与登记或交付相结合的模式，既不要求物权变动须有物权合意，也未承认物权变动的无因构成。[②]

在我国《物权法》的制定及《民法典》的编纂过程中，学者们对物权变动应采纳何种规范模式问题也进行了深入的讨论，并形成了多种观点。但主流意见仍是采纳折中的债权形式主义立法模式。从《民法典》第208条、第209条、第224条（原《物权法》第6条、第9条、第23条）等规定来看，我国立法上采行的是债权意思主义与登记或交付相结合的模式，物权变动既不要求物权合意，也未承认物权变动的无因构成。但学界对债权形式主义和物权行为理论的讨论，仍在进行之中。

值得注意的是，我国《民法典》中关于因法律行为而发生的物权变动之规则，并不等同于前述立法例中的债权形式主义，表现在：（1）在不动产物权变动的规则上，《民法典》第209条第1款于规定“不动产物权的设立、变更、转让和消灭，经依法登记，发生效力；未经登记，不发生效力”的同时，还设但书规定：“法律另有规定的除外”，且除外规定的规则也有多种不同情况：其一，“依法属于国家所有的自然资源，所有权可以不登记”（第209条第2款）。其二，“土地承包经营权自土地承包经营权合同生效时设立”（第333条第1款）。依此规定，土地承包经营权基于合同生效而取得，纵使未经登记，也具有完全的物权效力（此规则在物权的设立上与意思主义近似，但在效力规定上则有重大不同）。不过，在土地承包经营权互换、转让、设立融资担保以及流转期限为五年以上的土地经营权，相应的物权变动自合同生效时设立，但“未经登记，不得对抗善意第三人”。[③]其三，“地役权自地役权合同生效时设立。当事人要求登记的，可以向

---

① 国务院1983年颁布的《城市私有房屋管理条例》、1990年颁布的《城镇国有土地使用权出让和转让暂行条例》，国家土地管理局1989年发布的《土地登记规则》以及1994年颁行的《城市房地产管理法》等法律、法规中，均要求房屋和土地的权属变动应依法进行登记，否则，不能发生物权变动的效力。

② 参见梁慧星、陈华彬：《物权法》（第三版），法律出版社2005年版，第78—79页。

③ 参见《民法典》第334条、第341条；《农村土地承包法》第35条、第47条。

登记机构申请地役权登记；未经登记，不得对抗善意第三人”（第374条）。其四，“宅基地使用权的取得、行使和转让，适用土地管理的法律和国家有关规定”（第363条）。而依据《土地管理法》及其实施细则和登记的有关规定，宅基地使用权的取得适用申请、审批的方式，当事人虽然可以申请办理宅基地使用权登记，但登记与否不影响宅基地使用权的取得和效力。（2）在动产物权变动的规则上，《民法典》第224条于规定“动产物权的设立和转让，自交付时发生效力”的同时，也有“但是法律另有规定的除外”之规定。根据第225条的特别规定并结合第224条的一般规定可知，船舶、航空器和机动车等特殊动产上物权的设立、变更、转让和消灭，同样是自交付时发生效力，但是未经登记的，不得对抗善意第三人。此外，由于动产抵押权的设立不存在抵押物交付的问题，故《民法典》中也采行了另外的规则：“以动产抵押的，抵押权自抵押合同生效时设立；未经登记，不得对抗善意第三人”（第403条）。在登记对抗规则的采用上，我国立法上统一采用的是“未经登记，不得对抗善意第三人”的表述，这与域外的一些意思主义的立法例也有明显差异。因此，有学者将我国立法中所规定的物权变动模式概括为“多元混合模式”。[①]大致可以认为，我国《物权法》和《民法典》物权编对各种物权变动的立法模式之所长根据我国国情和需要进行了兼收并蓄和扬长避短之选择，其中有些规定也是颇有创意且具有可行性的。但有关规定是否尽为妥适，尚待学理推敲和实践的进一步检验。

二、非基于民事法律行为的物权变动之规范模式

（一）非基于民事法律行为的物权变动之主要情形

一般来说，非因民事法律行为而发生的物权变动，不经登记或交付即可直接生效，故此类物权变动又称为不必公示的物权变动。其主要情形为：

1.依法律、法令的直接规定而发生的物权变动。如新中国成立初期依据有关法令没收官僚、买办资产阶级及地主的土地所引起的所有权变动，以及依据土地

① 崔建远：《物权：规范与学说——以中国物权法的解释论为中心》，清华大学出版社2011年版，第76—77页。

改革法所发生的土地权属的变化等。这些物权变动是依据公法进行的，具有极强的效力，能够满足物权变动对排他效力的需求，故物权变动在法律、法令下达时生效。

2. 因公益征收而发生的物权变动。如国家因公益需要而征收集体的土地或者单位、个人房屋等不动产。此亦属因公权力而取得物权，不以登记为生效要件。

3. 因法院或仲裁机构的裁判文书而发生的物权变动。由国家的审判机关和依法设立的仲裁机构作出的生效的裁判文书，均具有强制执行力，本身已具有公示性，故自裁判文书生效之日即可引起物权变动。但其中所称的裁判文书，学说与立法例上通常将其限于形成之诉的裁判文书。

4. 因继承而发生的物权变动。在被继承人死亡并留有遗产的情况下，遗产的所有权及其他权利在被继承人死亡时发生转移，即继承中的物权变动自继承开始之时径行生效。

5. 因事实行为而发生的物权变动。如建造及拆除房屋、依据先占及时效制度取得物权等，依法理也应是在事实条件成就时直接发生物权变动的结果。不过，因遗失物的拾得与埋藏物的发现、添附等事实行为而引起的物权变动，情形较为复杂，我们将在所有权的取得方式部分另行讨论。

我国《物权法》第28—30条对非因法律行为而发生的物权变动的主要情形作了规定，且采用了通行规则，《民法典》物权编中基本维持了这些规定，于第二章第三节（其他规定）第229—231条规定："因人民法院、仲裁机构的法律文书或者人民政府的征收决定等，导致物权设立、变更、转让或者消灭的，自法律文书或者征收决定等生效时发生效力。""因继承取得物权的，自继承开始时发生效力。"[①]"因合法建造、拆除房屋等事实行为设立或者消灭物权的，自事实行为成就时发生效力。"另据《物权编解释（一）》第7条、第8条的规定，人民法院、仲裁机构在分割共有不动产或者动产等案件中作出并依法生效的改变原有物权关系的判决书、裁决书、调解书，以及人民法院在执行程序中作出的拍卖成交裁

---

① 《物权法》第29条规定的是"因继承或者受遗赠取得物权的，自继承或者受遗赠开始时发生效力"。鉴于该条中关于遗赠问题的规定与我国《继承法》及《民法典》继承编的有关规定存在龃龉，故《民法典》第230条规定中将涉及遗赠的规定予以删除。

定书、以物抵债裁定书，应当认定为《民法典》第229条所称导致物权设立、变更、转让或者消灭的法律文书；[①]依据《民法典》第229条至第231条规定享有物权，但尚未完成动产交付或者不动产登记的物权人，依据《民法典》第235条至第238条的规定请求保护其物权的，人民法院应予支持。

（二）不动产物权取得人的处分权限制

非基于民事法律行为而发生的不动产物权变动，虽不经登记即可生效，但毕竟此类物权变动不一定为社会一般人所明知，为维护交易的安全及不动产登记的连续性，法律通常对不动产物权取得人的处分权作出一定的限制，也就是说，登记在非基于民事法律行为而发生的不动产物权变动中也起着一定的作用。在意思主义的立法例上，因内在的协调性要求，登记同样是非基于法律行为的物权变动之对抗要件；而在其他立法例上，登记则被规定为不动产物权取得人处分其权利的前提要件。处分要件的含义是：除法律特别规定外，非因法律行为而取得的不动产物权，于进行不动产变动登记之前，权利取得人不得处分其物，否则，不发生物权法上的效力。在因尚未公示而造成权利的实像与虚像不符的情况下，交易中的善意第三人可受公信力的保护。

我国以往的法律规定和学说理论上，对非基于民事法律行为而发生的不动产物权变动，采用的也是这种公示处分要件规则。[②]《民法典》物权编中维持了既有规则，于第232条规定："处分依照本节规定享有的不动产物权，依照法律规定

---

① 《民法典》第229条（原《物权法》第28条）中所称的"生效法律文书"，是仅限于形成之诉的裁判文书，还是也包括确认之诉、给付之诉的裁判文书？裁判文书是否包括调解书以及人民法院在执行程序中作出的拍卖成交裁定书、以物抵债裁定书？这些问题在学理上和司法实践中曾有不同意见和做法。司法解释的这一规定对上述争议问题作了明确的回应。依此规定，给付之诉中的裁判文书，不属于能够直接发生物权变动的"生效法律文书"。如此，则因买卖合同的履行而发生的诉讼（给付之诉），买受人主张履行合同而要求出卖人交付标的物或办理产权登记并为生效法律文书所支持的，仍属于"基于法律行为的物权变动"之情形（但其与德国法上的"基于物权行为的物权变动"并非同类情形）。

② 参见《城市房地产管理法》第37条第6项；《物权法》第31条。另参见孙毅：《物权法公示公信原则研究》，载梁慧星主编：《民商法论丛》（第7卷），法律出版社1997年版，第485页以下；梁慧星等：《中国物权法草案建议稿——条文、说明、理由与参考立法例》，社会科学文献出版社2000年版，第111页、第188页以下。

需要办理登记的，未经登记，不发生物权效力。”

关于该条规定，有三点值得说明：（1）对于非基于民事法律行为而发生的不动产物权变动，该条规定中并未限制不动产物权取得人处分其权利，亦未否定其行为在合同法上的效力，只是限定在依照法律规定需要办理登记的情形下，未经办理登记而先行处分的，不发生物权法上的效力。（2）该条规定中对非基于民事法律行为发生的动产物权变动并未作同类限定，如此，动产物权的取得人即使尚未取得物的实际占有，亦不妨碍其依指示交付等方式移转物的所有权。另外，非基于民事法律行为而取得船舶、航空器、机动车等特殊动产物权的，于处分该财产时是否须先办理登记，法条中未予明确。根据立法精神，同样应依《民法典》物权编中第224—228条关于动产物权的变动的相关规定处理。（3）《民法典》第209条第2款规定：“依法属于国家所有的自然资源，所有权可以不登记。”依此款特殊规定，国家依法取得自然资源的所有权，虽亦属非因法律行为而取得，但其不在物权编第二章第三节“其他规定”之列，故也不适用第232条的限制性规定。

三、物权行为理论及其争议问题

物权变动最重要的原因是法律行为，而作为物权变动之根据的法律行为，在德国法系国家被称为物权行为。但对于究竟何谓物权行为、其构成如何，当事人变动物权的合意是客观存在还是抽象存在抑或根本就是人为的拟制，物权行为与其原因行为（即债权行为）之间的关系如何等问题，从物权行为理论产生之日开始，至今仍争论不休。在我国物权理论和物权立法上，对物权行为理论应采取何种态度，争论也颇为激烈。因此，有必要对物权行为理论作一介绍和说明。

（一）物权行为理论的产生及其基本内容

物权行为与债权行为的分离、处分行为与负担行为的对应，是学理上进一步将法律行为概念和理论精致化的产物，也是德国民法最基本的观念之一。一般认为，物权行为的观念起源于中世纪的德国“普通法法学”。17世纪时德国法学家所编纂的《实用法律汇编》中所采纳的“名义与形式相一致取得所有权的原则”

（titulus und modus adquirendi）已体现有类似精神。[①]19世纪初德国法学大儒萨维尼在大学讲学中提出了这一思想：以履行买卖合同或其他以所有权转移的合同为目的的交付，并不仅仅是一个纯粹的事实的履行行为，而是一个特别的以所有权移转为目的的“物权契约”。之后，其在1840年出版的巨著《现代罗马法体系》一书中进一步阐述了物权契约概念：“私法上的契约，以各种不同制度或形态出现，甚为繁杂。首先是基于债权关系而成立的债权契约，其次是物权契约，并有广泛的适用。交付具有一切契约的特征，是一个真正的契约，一方面，包括占有的现实交付，他方面也包括移转所有权的意思表示。此项物权契约常被忽视，例如在买卖契约，一般人只想到债权契约，但却忘记交付之中也包括一项与买卖契约完全分离，而以转移所有权为目的的物权契约。”萨维尼在区别了债权行为与物权行为之后，进一步主张物权行为必须抽象化（无因化），与作为其基础的债权行为分离，并认为一方当事人为履行买卖契约而交付某物，但他方当事人误认为赠与而受领时，此种错误对于物权契约之效力不生影响，不排除所有权的转移。萨维尼谓：“交付虽有错误，但仍完全有效，丧失所有权之人，仅能以不当得利之规定请求返还。”[②]

按照萨维尼的主张，在基于买卖契约而发生的物权交易中，同时包含两种法律行为，即债权行为与物权行为（物权契约），而且后者的效力不受前者之影响。一般所谓的买卖过程可以分解为三个行为：一是买卖合同即债权行为、负担行为，它使出卖人承担交付出卖标的物的义务，而买受人承担支付价款的义务；二是双方当事人达成物权合意并为不动产登记或动产交付，完成标的物所有权移转的行为；三是买受人向出卖人支付价款，完成价款的所有权转移的行为。标的

① 该原则强调所有权的取得必须有其合法有效的根据，认为物的所有权移转必须具备“名义”（titulus）和“形式”（modus）两个条件。所谓名义，即当事人为所有权的移转而建立的法律关系，如买卖或赠与合同，它是所有权移转的原因；而形式，则是指物的实际交付或者其他代替交付的履行行为。不过，该汇编的编纂者并没有认为这种“形式”本身就包含一种“物权的合意”，因而也就没有提出物权行为这一概念。但其强调所有权移转的原因和所有权移转的后果的区别，认为它们是两个法律事实这一点，应当说对物权行为理论的产生具有积极的影响。

② 转引自王泽鉴：《民法学说与判例研究》（1），中国政法大学出版社2003年版，第263页。

物所有权的转移行为是不同于订立买卖合同的“处分行为”，即所谓的物权行为，该行为与债权行为应当区分开来。物权的合意并不仅仅存在于买卖合同之中，而是存在于一切双方或多方的关于物权变动的法律行为之中。而且，有些行为直接以物权变动为目的，并不因债的关系而生，如德国法上的土地债务设立契约；另外，单方物权行为也是存在的，如所有权的抛弃以及遗嘱中关于物权设定、变更的行为等。

萨维尼的论述中，包含了物权行为理论的最基本观点：（1）交付是一个独立的契约。交付行为本身既具有意思表示，又具有外在行为，其目的是完成物权的设立、移转、变更或废止，因此交付已经具备作为一个独立合同的条件。既然交付是一个独立的合同，那么它就不可能与其原因行为是一个法律关系，而是其原因行为之外的另一个法律关系。（2）交付中的意思表示是独立意思表示，该意思表示与当事人在原因行为中的意思表示性质不同。在原因行为中，当事人所作的意思表示是要承担债法或其他法律上的义务；而在交付中，当事人所作的意思表示是要完成物权的创设、变更、移转或废止。（3）变动物权的意思表示必须具有外在的形式。交付中不仅有设立、变更、废止物权的意思表示，“还必须加上物的实际占有取得作为其外在的行为”，即该意思表示必须具备公示的形式要件。（4）交付引起的物权变动之效果不受原因行为效力的影响。即物权行为所引起的物权变动的效力，不因债权合同的无效或被撤销而当然丧失其效力。此即萨维尼所言“一个源于错误的交付也是完全有效的”之内在含义。[①]

从萨维尼的思想中，德国民法学理论发展出了一系列对德国民法物权体系具有决定性意义、与法国法系和英美法系的物权法或财产法所不同的原则，这些原则成为物权行为理论的重要组成部分和基本内容：

1.分离原则（Trennungsprinzip）。该原则的意义，是将主体承担的移转标的物的交付义务与其完成物权的各种变动的行为作为两个法律行为来理解，前者为债权行为、原因行为，后者为物权行为。这两个行为各自有其独立的意思表示和成立方式，因而是相分离的两个不同的法律事实。依分离原则，德国民法实现了物权法与债权法及其他民法制度在法学理论上的彻底的明确的划分，物权从此有

① 参见孙宪忠：《物权行为理论探源及其意义》，载《法学研究》1996年第3期。

了自己独特的设立、变更和终止的法律根据，即物权合意。

2.抽象原则（Abstraktionsprinzip）。该原则是指物权行为在其效力和结果上不依赖其原因行为而独立成立，原因行为的无效或撤销不能导致物的履行行为的当然无效和撤销，也就是说，物的履行的效力已经从债务关系的效力中被“抽象”出来。我国学者通常将此称为物权行为的“无因性”原则。该原则是依据分离原则进行推理的必然结果，因物的履行根基于物的合意而不是根基于原因行为（如债的合同）；物的履行行为（如动产的交付）的效力只与物的合意成立因果关系，而不与债务关系成立因果关系，因而当债权行为（如买卖合同）无效或被撤销时，物的履行行为却不能当然失效，因为当事人之间物的合意并未失效，物的取得人因此取得的物权不能随之而丧失。不过，根据抽象原则并不能想当然地认为物权取得人可以无根据地取得他人的财产，当原因行为被宣告无效或被撤销后，已为物的交付的当事人可以向物的取得人提起不当得利的返还之诉，对此《德国民法典》第812条有明确的规定。

3.形式主义原则。即物权变动的公示要件主义原则。因为物的合意乃是对物的交付行为中存在的意思表示的抽象，所以必须有一个具有公示性的行为来表达或记载这一物的合意；该公示行为不仅应具有表示该物的合意成立的效力，而且应具有物权的对抗第三人的效力。没有该公示行为，物的合意便不能成立，更不能引起物权变动效果的发生。《德国民法典》为贯彻这一原则，为动产选择了交付这一公示方式，为不动产选择了登记这一公示方式。公示对物权的意思表示起着决定作用，无公示者，物权的设立、变更和废止也为无效。但不能忽略的是，物权的变动虽然无效，但债权行为仍可成立和生效，当事人间得发生债法上的权利义务关系。①

（二）物权行为理论的价值与功能及其对立法的影响

根据研究德国法的学者的一般认识，物权行为理论的基本价值可以概括为：第一，根据当事人的意思表示发生物权变动时，确定当事人的物权意思在物权变动中的独立作用；第二，物权独立意思必须通过一定的形式加以确认，因此在法

---

① 孙宪忠:《物权行为理论探源及其意义》，载《法学研究》1996年第3期。

律上建立了物权公示原则；第三，根据一定形式确认的物权意思确定对物的支配权利和支配秩序。

物权行为理论的基本功能及对民法发展的贡献主要表现在：第一，物权独立意思表示的发现，进一步发展了法律行为理论，使其臻于完善；第二，物权行为与债权行为的区分原则，揭示了债权意思表示不能当然发生物权变动后果的法理，为物权法规定物权变动制度奠定了理论基础；第三，物权行为理论的形式主义原则，既揭示了物权独立意思表示的表现方式，又科学地支持了物权公示原则；第四，根据物权行为理论建立了物权公示原则，借助不动产登记和动产占有、交付的公示作用，完成了保护善意第三人、维护交易安全的使命；第五，对债权让与行为、票据行为等处分行为制度的完善及其与负担行为的区分等，也具有重要的作用。①

萨维尼的物权行为理论产生了极大的影响，并为德国民法典的立法者所接受，成为该法典的立法理论基础，该理论也因此被称为“德意志法系的特征”。②物权行为理论对德国民法典总则编中的法律行为制度和总则编的体系构建、物权编中的物权变动规则的设计，以及对债务关系编中债权让与和债务免除规则、不当得利制度等，都具有直接的影响。并且，该理论对于后来继受德国法律传统的国家和地区的民法典的制定以及学术研究，也都或多或少有所影响。③

（三）物权行为理论讨论中的争点

无论是在德国民法理论中，还是在其他国家以及我国的民法理论中，关于物权行为理论的争论甚多，可以将其概括为以下几个重要方面。④

---

① 参见孙宪忠：《论物权法》，法律出版社 2001 年版，第 164 页以下。

② ［德］K. 茨威格特、H. 克茨：《抽象物权契约理论——德意志法系的特征》，孙宪忠译，载《外国法译评》1995 年第 2 期。

③ 详见孙宪忠：《论物权法》，法律出版社 2001 年版，第 165 页以下。

④ 有关问题的讨论及观点出处可一并参见孙宪忠：《物权行为理论探源及其意义》，载《法学研究》1996 年第 3 期；王利明：《物权法研究》，中国人民大学出版社 2002 年版，第 138 页以下；王利明主编：《物权法专题研究》（上），吉林人民出版社 2002 年版，第 287 页以下；王泽鉴：《民法学说与判例研究》（5），中国政法大学出版社 2003 年版，第 6 页以下；谢在全：《民法物权论》（上），中国政法大学出版社 1999 年版，第 66 页以下；田士永：《物权行为理论研究》，中国政法大学出版社 2002 年版，第 5 页以下；尹田：《物权行为理论评析》，载梁慧星主编：《民商法论丛》（第 24 卷），金桥文化出版（香港）有限公司 2002 年版。

1. 关于物权行为的概念与构成要件

萨维尼虽然提出了物权行为理论并被《德国民法典》所肯定，但其均未对物权行为进行概念的界定，这就使物权行为的概念界定以及登记与交付究竟应是物权行为的成立要件还是生效要件的问题始终存在争议。而对此问题认识的不同，对其他相关问题所持的态度亦具有重要影响。

学说理论上，对物权行为的概念界定，因着眼点不同而有不同的见解。大致来说，主要有以下几种定义方式：

其一，目的说。该说从物权行为的目的角度出发，认为物权行为是指以物权的设立、移转、变更和废止为目的的法律行为，或者说是以物权变动为目的的法律行为。

其二，内容说。该说从物权行为的内容角度分析，认为物权行为是以物权变动为直接内容的法律行为。

其三，要件说。该说从物权行为的构成要件出发而作定义，但对于物权行为的构成，学界也有不同见解，主要有物权意思说和物权意思与登记或交付结合说。前者认为，物权的意思表示（包括物权合意）本身即为物权行为，登记或交付则为其生效要件；后者主张，物权行为系物权变动的意思表示与登记或交付相结合而成立的要式行为，登记或交付应为物权行为的成立要件（或特别成立要件），单独的物权合意不得谓之物权行为。要件说中持后一主张者居多。[①]

其四，效果说。该说从法律效果的角度界定物权行为，认为物权行为是发生物权法效果的法律行为。而所谓物权法上的法律效果，是指物权权利状态的变动。

其五，目的与要件结合说。该说认为物权行为是指以物权变动为目的并须具备意思表示及交付或登记两项要件的法律行为。

笔者认为，单纯以物权变动的目的来界定物权行为，明显不妥：一方面其未能明确究竟什么是物权行为，另一方面也难以将其与债权行为明确区分开来（例如，我们很难说买卖合同中毫无变动物的所有权之目的）。内容说与目的说似无

---

① 关于公示是物权、物权行为或物权变动的成立要件还是生效要件，学理上有不同的表述，也有的对此不加区分。笔者的认识是：由于物权变动与物权的成立之间并无时间差，所以，各种表述并无实质差异。但严格来说，公示成立要件应是针对物权而言的，而公示生效要件则应是针对物权变动或物权行为而言的。

本质不同，只是将当事人变动物权的目的作为法律行为的内容解释而已，故其存在与内容说同样的问题。要件说中的物权意思说也有不足，因为仅有物权的意思而未登记或交付的，尚不具备法律事实的一般构成要素，也不具有体现该意思表示的外形，物权变动不能单纯因此而发生，故仅有物权意思难谓已经成立了法律行为。为准确界定物权行为，免生歧义，笔者认为可采效果说与要件说相结合的定义，即物权行为是指直接发生物权法效果而以变动物权的意思与登记或交付相结合构成的法律行为。这一概念表明：第一，物权行为是法律行为的一种；第二，物权行为属于处分行为，能够直接引起物权变动效果的发生；第三，物权行为由物权变动的意思与登记或交付的外在形式所构成，“物权意思+公示”为其成立要件，处分人对标的物的处分权为其生效要件。

2. 物权行为的具体表现与认定

在物权行为理论的讨论中，对于单方物权行为，如抛弃所有权、遗赠等，学者间似无不同意见，[①]但对于双方物权行为及其具体表现，则存在争议。

一般认为，在买卖合同、赠与合同等移转标的物所有权的双方行为中，买卖合同与赠与合同本身属于债权合同、负担行为，而蕴含有物权变动的合意在其中的不动产登记或动产的交付行为，则为物权行为、处分行为。[②]对此，争议也不大，至少肯定物权行为理论的学者在认识上是基本一致的。

对于设定用益物权、担保物权的合同是物权契约还是债权契约的问题，即使在承认物权行为理论的学者中也存在不同的认识。一种观点认为，限制物权如地上权和抵押权的设立契约本身就是典型的物权行为；另一种观点认为，限制物权的设立契约是债权契约，而随后当事人在不动产物权登记时所为的意思表示才是物权契约。我们认为后一种认识较为符合物权行为理论的旨趣。理由主要是：设定或转让他物权的合同与买卖合同具有同等的性质和效力，应一致对待；设定他物权的合同订立后，仍然残留合同约定义务的履行问题，而物权行为为处分行为，不残留履行

① 不赞同物权行为理论的学者，多将抛弃、遗赠等称为“单方法律行为”，而回避“单方物权行为”的表述。

② 不过，与物权行为如何定义的问题密切相关，因不动产登记实际上由当事人提出申请和登记机构的登记两个行为所构成，究竟是当事人申请登记的行为本身即是物权行为还是“申请＋登记”二者共同构成物权行为，学界仍有不同认识。

问题；“设定他物权的约定（合同）”与“他物权的设定”是不同的概念，也是性质不同的行为，前者为债权契约（负担行为），后者为物权契约（物权行为、处分行为）。[①]尽管我国《合同法》及《民法典》中并未将设定用益物权的各种合同以及设定担保物权的抵押合同、质押合同等明定为债权合同，但学者们的观点与立法规定的精神，在以下两点上是有共识的：第一，合同法总则（《民法典》合同编的通则分编）的规定对这些设定他物权的合同也是适用的；第二，仅有这些合同的订立而无物权登记或标的物交付的，不能发生物权设立或转移的效果。

3. 关于物权行为是客观存在还是抽象存在问题

由于不动产登记与动产交付的行为，不可否认是一种客观存在，所以，关于物权行为是客观存在还是抽象存在的问题，争议的焦点实际上集中在“物权的意思表示”或“物权合意”是客观存在还是抽象存在，抑或根本就不存在。质言之，由于法律行为以意思表示为要素，无意思表示即无法律行为，因此，如果认为登记与交付中存在物权变动的意思表示，则其就符合法律行为的构成要件，而如果认为其中并无所谓物权变动的意思，则就只能认为其是债的履行行为，属于事实行为而非法律行为。

对于单方的物权行为，如抛弃动产物权的行为，通说认为除须有抛弃该物的占有之表征外，还须有抛弃的主观意思，始能产生抛弃的效力。抛弃所有权的意思，可能是明示的（如明确宣称“不要了”），也可能是默示的（如将旧物抛掷于垃圾箱中），默示的意思表示实际上是根据抛弃行为的具体情况（如抛弃物的价值、抛弃的场所等）所作的推定，因此应当说具有一定的抽象性。在抛弃不动产物权的情况中，非经向不动产登记机构提出注销权利登记的申请并办理注销手续，也不能发生抛弃的效力，而提出注销申请并出示必要的文件，当然表现出抛弃物权的意思表示。在通过遗嘱而变动物权的情况下，变动物权的意思表示更为明确。因此，可以说在单方变动物权的行为中，都存在明示或默示的物权变动的意思表示，故其符合法律行为的构成要件。

基于双方行为的物权变动，物权合意的存在情况较为复杂，而且通常是抽象

---

① 参见王泽鉴：《民法学说与判例研究》（5），中国政法大学出版社2003年版，第116页；王利明、崔建远：《合同法新论·总则》，中国政法大学出版社1996年版，第559页。

的存在。因此，人们的认识也颇有分歧：

首先，对于一手交钱一手交货的即时清结的动产交易来说，往往无书面买卖合同的存在，但该行为肯定是法律行为。至于其中的意思表示一致，究竟是债权合意还是物权合意，抑或是同时含有债权合意与物权合意，人们的解释并不一致，但似乎怎么说都讲得通。而且即时交易中的“合意”，本身就无客观的或有形的体现，不论认为是哪种合意，该合意都是抽象存在的。

其次，在订立有书面合同的交易中，发生债权债务关系的债权合意就体现在书面的合同上，有其外形或物质载体，因而有直观的体现。而事后为履行合同进行不动产登记或动产交付时，在法律上及交易习惯上往往无须再有一个表现物权合意的载体（德国法上的规定除外）。承认物权行为理论的学者认为，物权变动的合意就体现在或者说蕴含在当事人双方申请物权变动登记或收受标的物的行为中，因此可以说有物权合意的抽象存在。例如，设立动产质权，仅有质押合同显然是不够的，还须出质人将质物的占有移转给质权人而质权人予以接受的行为，此中应认为有物权合意的存在。再如，只有买卖合同，物权变动尚不能发生，动产须经交付才能发生所有权的转移。而在交付之前，如不能形成转移所有权的合意，出卖人或买受人均可以请求解除合同，甚或拒绝交付或受领，则基于物权合意的物权变动不能发生。[①]故此，应认为在履行合同而为的动产交付中，存在物权合意（尽管是抽象的）。在不动产买卖中，只有买卖合同，物权变动显然不能发生，甚至当事人一方拿着体现债权合意的买卖合同前往办理不动产物权变动登记时，其登记申请也将不被获准；双方共同前往办理登记并提交登记申请书等材料，登记方能获准，而此一行为之中，自然应认为存在变动物权的合意。[②]就此

---

① 在发生纠纷的情况下，如果经过司法裁判及强制执行导致买卖标的物所有权的转移，是属于“基于法律行为的物权变动”还是属于“非基于法律行为的物权变动”，尚有不同的认识。多数学者基于合同关系的存在及司法裁判对债权行为效力的确认而认为其仍属于基于法律行为的物权变动。但可以肯定的是，此种物权变动不属于基于物权合意或物权行为的物权变动。

② 但否认物权行为独立性和物权合意客观存在者也可以提出这样的反驳：动产交付中的抽象物权合意，纯属人为的“拟制”，说有即有，说无亦无；不动产物权变动登记需要双方同时到场（或提交授权委托书委托代理人办理）并提交权属证书、登记申请等必要材料，这只是登记机构为确认交易合同的真实性、合法性，以免登记出现错误而采取的程序性保障措施，并非要求当事人必须形成所谓的“物权合意”。此种反驳意见似乎也不无道理。

来看，双方物权行为中的物权合意也是存在的，只不过该合意有时表现得直观、明确一些，有时表现得抽象、隐晦一些而已。

4.关于物权行为的无因性问题

对于物权行为无因性的争论，焦点主要集中在承认独立性是否意味着必然承认无因性、无因性是否违反交易活动中的公平正义问题上。

（1）什么是物权行为的无因性。法律行为有所谓要因与不要因之分，要因行为以原因行为作为本法律行为之要件，而不要因行为（无因行为）则不以原因行为作为本法律行为之要件。物权行为之有因性或无因性，是指立法和理论如何解决作为原因的债权行为与物权行为的关系问题，即物权行为的法律效力是否受债权行为的影响。“若债权行为会左右物权行为之效力，则该物权行为系有因行为（有因主义）。反之，倘物权行为之效力，不受其原因即债权行为所影响时，则该物权行为系无因行为（无因主义），具有无因性。”① 依物权行为无因性理论，原因行为即债权行为不成立、无效或被撤销的，并不影响物权行为的效力，而物权行为一旦生效，就发生物权变动的效果。例如，买卖标的物交付之后，买卖契约因其内容违反公序良俗或意思表示有瑕疵而导致无效或者被撤销的，物权行为的效力或物权的变动并不因此而当然受影响，买受人对于接受的标的物仍能保有所有权，丧失所有权的出卖人只能依据不当得利的规定请求返还。

我们认为，讨论物权行为的无因性问题，首先应明确三个前提：第一，物权行为的有因、无因问题只存在于除即时交易之外的双方法律行为之中。只有在一个完整的交易中既存在债权行为又存在物权行为，先有债权行为而发生债权债务关系，当事人因此负有履行义务的情况下，方有所谓物权行为的有因无因的问题。如果仅有债权行为而无物权行为（如雇佣、借用等），或者仅有物权行为而无债权行为（典型情形为抛弃、遗赠等单方物权行为），则均不发生无因性理论的适用。第二，导致法律行为不成立、无效或被撤销的事由或称“瑕疵”，可能单独存在于债权行为，也可能单独存在于物权行为，但更多的情况下则是既存在于债权行为也存在于物权行为（即所谓的“共同瑕疵”）。而讨论物权行为的无因性问题时，仅仅是针对“瑕疵”单独存在于债权行为这一种情况下。明确这一

---

① 谢在全：《民法物权论》（上），中国政法大学出版社1999年版，第71页。

前提，极为重要，否则讨论就会无的放矢，纠缠不清。第三，依承认物权行为理论学者的观点，在一个完整的双方交易行为中，通常情形是先有债权合同，后为物权行为，最后达到物权变动的结果，物权行为效力的发生即物权变动结果的实现。故此，应认为债权行为只是物权行为的“因”，而物权行为是物权变动结果之“因”（或者说是直接原因、近因。如此，则债权行为充其量只是物权变动的间接原因或称远因）。这里讨论的问题，名为“物权行为的无因性”，实际上是“物权行为的效力”或“物权变动的结果”是否受债权行为效力的影响，而债权行为实际上并不是“物权变动”的“原因”。因而，这里存在“名”与“实”不符的问题，所谓“物权行为的无因性”只是一个习惯的提法。此点亦应明察，以免引起误解。[①]

（2）对物权行为无因性理论的两种评价。肯定物权行为独立性和无因性的学者，一般认为无因性理论的优点在于：第一，有利于区分各种法律关系，准确适用法律。根据无因性理论，买卖可以分为三个独立的法律行为，法律关系非常明晰，容易判断，且有利于法律的适用。第二，充分保护交易当事人的利益和交易安全，在整体上较好地平衡了各有关当事人之间的利益。第三，有利于完善民法体系，支持法律行为理论，并有助于明确债权和物权、债权法与物权法的区别。[②]

早在德国普通法时期以及德国民法制定时，包括无因性理论在内的全部物权行为理论即受到了不少学者的批判和质疑。诸多学者认为，这完全是一个不顾国民生活感情而由法学家拟制出来的“技术的概念”。如德国学者基尔克尖锐地指出：“如果我们勉强的将单纯的动产让与分解为相互完全独立的三个现象时，的确会变为学说对实际生活的凌辱。到商店购买一副手套，当场付款取回标的物者，今后也应当考虑到会发生三件事情：其一，债权契约，基于此契约发生当事人双方的债权债务关系；其二，与此债权契约完全分离的物权契约，纯为所有权

---

① 如此来看，梁慧星先生主持拟定的《中国物权法草案建议稿》中关于“物权变动与其原因行为的区分原则”的提法，是直接将债权行为作为物权变动的“原因行为”的，此应属否定物权行为理论的表述方式，与梁先生不赞同在我国立法上采纳物权行为理论的观点一致。

② 参见王泽鉴：《民法学说与判例研究》（1），中国政法大学出版社 2003 年版，第 264—265 页；王利明：《物权法研究》，中国人民大学出版社 2002 年版，第 146—147 页。应当说明的是，此处的参引，并不意味着综述者对此持肯定态度。

的让与而缔结；其三，交付的行为完全是人为的拟制，实际上只不过是对于单一的法律行为有两个相异的观察方式而已。今捏造两种互为独立的契约，不仅会混乱现实的法律过程，实定法也会因极端的形式思考而受到妨害。”[①]德国民法典制定后，学界对于物权行为及其无因性理论的争论依然存在。

我国否定物权行为及其无因性的学者认为，该理论及其立法的最大缺点，在于严重损害了出卖人的利益，违背了交易活动中的公平正义。在交付标的物之后发现买卖契约未成立、无效或被撤销，因物权行为之无因性，不受债权行为的影响，买受人仍取得标的物所有权，出卖人仅能依不当得利之规定请求返还，于是出卖人由所有权人变为债权人，不能享受法律对物权的特殊保护方法，其地位十分不利：第一种情形，如果买受人已将标的物转卖，第三人即使属于恶意亦能获得所有权，出卖人不能对该第三人行使任何权利，他只能向买受人请求返还转卖所得价金；第二种情形，如果买受人已在标的物上设定担保物权，因担保物权在法律效力上优于债权，出卖人不能请求返还标的物，只能向买受人请求赔偿；第三种情形，如果买受人的其他债权人对该标的物为强制执行，则出卖人不能依法提出异议之诉；第四种情形，如果买受人陷于破产，出卖人不能依所有权行使别除权从破产财产中取回标的物，他只能同其他债权人一起，按债权额比例受清偿；第五种情形，如果非因买受人的过失致标的物毁损灭失，买受人可以免责。反之，如不承认物权行为的无因性，则在买卖契约不成立、无效或被撤销时，所有权不发生转移，出卖人仍保有标的物的所有权，他可以得到物权法的特别保护。在前述第一种情形中，如第三人属于恶意，则出卖人得直接对该恶意第三人起诉，请求返还标的物；第二种情形，则担保设定行为应属无效；第三种情形，出卖人得依法提出异议之诉；第四种情形，出卖人得依法行使别除权，从破产财产中取回标的物；第五种情形，如买受人对于买卖契约之不成立、无效或被撤销有过失，则不能免责。前四种情形，出卖人可望依法取回标的物，后一种情形也可望获得赔偿。[②]

---

① 转引自刘得宽：《民法诸问题与新展望》，台北五南图书出版公司1979年版，第468页。

② 梁慧星、陈华彬：《物权法》（第三版），法律出版社2005年版，第70—71页；王泽鉴：《民法学说与判例研究》（1），中国政法大学出版社2003年版，第265—267页。

上述否定论者关于物权行为及其无因性理论对出卖人的地位非常不利、违背交易活动中的公平正义的观点，似乎仅考虑了“先交货、后付款”的交易情形，而如果通观“先付款、后供货”以及“钱货两清”之交易情形，则会发现这些否定理由有失片面。[①]但无因性理论是否一定具有肯定论者所称的那些优点，也是值得推敲的。

（3）关于物权行为无因性理论的相对化问题。反对物权行为无因性理论的学者指出，鉴于物权行为无因性理论和立法有上述缺点，于是德国判例学说通过解释方法对物权行为无因性理论之适用予以限制，使物权行为的效力受债权行为之影响，此即所谓物权行为无因性的相对化理论。该理论主要有三种：第一，共同瑕疵说。认为物权行为与债权行为得因共同的瑕疵而无效或被撤销。例如，物权行为与债权行为均存在当事人的行为能力有欠缺、意思表示有瑕疵，或者均违反法律规定及公序良俗原则等问题时，会导致物权行为与债权行为均为无效或一并撤销。第二，条件关联说。认为债权行为与物权行为虽为两个行为，但可解释为当事人的意思系使物权行为的效力与债权行为的效力联系在一起，即只有债权行为有效存在，物权行为始能生效。并认为当事人的这种意思可以是明示，也可以是默示，且在很多情况下可以解释当事人有默示的意思。第三，法律行为一体性说。即将物权行为与债权行为合为一个不可分割的整体法律行为，适用民法关于法律行为一部无效而导致整个法律行为无效的规定。因此，当债权行为无效时，物权行为也归于无效。[②]

坚持物权行为无因性的学者则认为，以上述学说为基础而得出“物权行为无因性之相对化”或有“无因性之相对化的趋势”，在德国法理论上既无法理上的根据，也无事实上和司法实践上的根据。在德国现代法学上确实有所谓“对物权行为理论予以限制”的理论，所提出的限制方法共有四种，即附加条件、行为统一、瑕疵一致以及司法裁判。但对物权行为无因性进行限制的观点，恰恰是肯定物权行为理论的学者和法官为反驳否定论者的观点而归纳出来

---

① 参见赵勇山：《论物权行为》，载《现代法学》1998年第4期。

② 参见王泽鉴：《民法学说与判例研究》（1），中国政法大学出版社2003年版，第268页；梁慧星、陈华彬：《物权法》（第三版），法律出版社2005年版，第71—72页；王利明：《物权法研究》，中国人民大学出版社2002年版，第149—150页。

的，其目的乃在于完善物权行为的无因性理论而不是否定该理论。其中所谓的“附加条件”（即我国学者所说的“条件关联”），最典型也是唯一的情形就是附所有权保留条件的买卖，对于其他的物权变动是否可以债权法上的意思作为条件束缚，不论是在德国法学中还是在司法实践中均持否定态度。所谓“行为统一”（即我国学者所说的“法律行为一体性”），指的是按照《德国民法典》第139条关于“部分无效”的规定，将物权行为和债权行为理解为一个整体，在债权行为部分无效时，物权行为部分依法也应归之于无效。这种将物权行为的效力与债权行为的效力联系起来的观点，被认为是彻底地违背了德国民法制度，在德国法学及司法实践中基本上无人认可。所谓“瑕疵一致”或“瑕疵统一”（即我国学者所说的“共同瑕疵”），虽然能够导致债权行为与物权行为均为无效或被撤销，但此种情况并非对抽象原则的破坏，而恰恰是对物权行为独立性的肯定，因为物权行为作为法律行为，其成立、生效当然必须符合法律行为成立生效的一般条件，所以依据法律行为的共同规则确认物权行为无效或撤销该行为的情况，并不是根据债权的意思表示瑕疵来否定物权的意思表示。所以在法学逻辑上，不能将此种情况理解为对无因性原则的破坏。至于在物权行为违背法律的情况下，由法院裁判撤销物权行为的情况，由于司法权是公权力，在任何情况下依据公权力撤销债权行为、物权行为等私法上的行为，都不是私法上的意思表示的结果。因此，不能将此类撤销当作依据债权意思表示来撤销物权行为。[①]

（四）我国学界对物权行为理论的肯定说、否定说与折中说

物权行为理论经过历史的演变与发展、修正，至今仍然在德国民法上居于统治地位。我国台湾地区“民法”在主流态度上也坚持该理论。我国大陆学者中也有许多物权行为理论的坚定支持者，但学界和立法上的主流观点乃是否定说。有学者对物权行为理论的优缺点作了如下概括：（1）有利于使法律关系明晰，但有悖于生活常情，物权行为概念出自人为的拟制，属于极端的形式主义；（2）有利

① 孙宪忠:《再论物权行为》，载其所著《论物权法》，法律出版社2001年版，第186页以下。

于交易安全，但善意取得制度已能达到同样之功效，故非没有物权行为理论不可；（3）有利于减少举证困难，但它属于登记或交付主义的功能所在，与物权行为及其无因性理论无关；（4）物权行为无因性理论和物权合意主义立法的最大缺点，在于严重损害出卖人的利益，违背交易活动中的公平正义。[①]此说大致勾勒了否定论者的主要理由。

不过，据笔者涉足的材料来看，否定物权行为理论的学者，也往往不是彻底的否定。而是一方面否定物权行为的独立性、无因性，另一方面又承认负担行为与处分行为的区别、承认单方的物权行为，并承认法律行为制度的一般理论，或者承认有抽象的物权合意，但将其合并于债权行为之中。

在肯定说与否定说之外，还有一些学者持“部分承认物权行为理论”（即承认物权行为的独立性但不采纳无因性）的“折中观点”，认为：瑞士、荷兰、智利等国的民法上即是采用的这种模式；从理论上讲，承认物权行为的无因性当然也就意味着承认了其独立性及物权行为的概念本身，但反过来并不如此。承认物权行为概念本身，但并不一定必须承认物权行为的独立性和无因性，抑或虽然承认物权行为的概念及其独立性，但并不一定必须承认其无因性。我国学界否定物权行为理论是从否定其无因性开始的，进而连独立性也否定了，殊不知物权行为独立于债权行为而存在是区分对世权与对人权的逻辑使然，而物权行为的无因性却仅仅是立法政策的选择，而与逻辑性无关。持此观点的学者还认为，采纳物权行为的独立性但否认其无因性的物权变动模式，具有以下优点：其一，采纳物权行为的独立性与有因性，既承认了物权行为理论所具有的优点，又克服了物权行为无因性所导致的弊端；其二，承认物权行为的独立性，有助于物权法、债权法上诸制度相互配套，并有利于保持民法体系的和谐。[②]实际上，这种主张也是认为物权法的公示公信

① 梁慧星：《我国是否承认物权行为》，载《法学研究》1989 年第 6 期；渠涛：《不动产物权变动制度研究与中国的选择》，载《法学研究》1999 年第 5 期。

② 参见李永军：《我国民法上真的不存在物权行为吗？》，载《法律科学》1998 年第 4 期；陈小君等：《物权法制定的若干问题研究》，载王利明主编：《物权法专题研究》（上），吉林人民出版社 2002 年版，第 153 页以下；苏永钦：《物权行为的独立性与相关问题》，载其主编：《民法物权争议问题研究》，台湾五南图书出版公司 1999 年版，第 23—45 页。

原则和善意取得制度已足以解决交易安全的维护问题，尽管其与无因性对保护交易安全的机理有所不同，但在功能上基本是重合的，可以此取代物权行为的无因性。

诸多学者主张在结合物权形式主义和债权意思主义的基础上，采行债权形式主义。其中，王泽鉴先生的观点可谓最具代表性，他认为：法国、日本等纯粹的债权意思主义立法，“程序简单，便利交易活动，是为其优点，但物权变动欠缺一项足由外部辨识的表征，对交易安全甚有妨害，自立法政策以言，似不宜采取”。而在我国台湾地区，“物权行为与债权行为分离，独立存在，但通说多方设法使物权行为之效力系属于债权行为，使物权行为成为有因性，此就逻辑言，显然欠缺一贯性，盖既承认物权行为之独立性，自不能使其与债权行为同一命运，但由此可知，物权行为是否具有独立存在价值，殊有疑问。债权行为与物权行为在概念上加以区别，系法学上一项重大成就，并符合当事人之价值，如就买卖而言，当事人除有成立债之关系之意思，尚有移转标的物所有权之意思，此在标的物所有权非即时移转之情形，特为显著。然而，此种移转所有权之意思，似不必加以独立化，使其成为独立之物权行为，在理论上尽可将其纳入债权契约之意思表示中，同时表示之”。“现行法上关于物权变动之规定，似有检讨余地，宜改采意思主义与交付、登记原则之混合制度。其基本内容，计有三点：（1）基于买卖、互易、赠与、设定担保约定等债权行为而生之物权变动，无需另有一个独立之物权行为。（2）使物权发生变动之意思表示，在观念上虽有独立存在之价值，但可纳入债权行为之中，与成立债之关系之意思一并表示之，不必加以独立化，自成一个法律行为。（3）为使物权变动具有外部之表征，以达公示之原则，‘民法’所规定‘交付’为动产物权变动之要件，及‘登记’为不动产物权变动之要件，此项原则应予维持。”“在此种制度下，独立之物权行为已不存在，因此亦不发生无因性之问题，其所产生之状态，较明确合理，分三点言之：其一，当事人纵有买卖契约或其他移转设定物权之合意，但未践行交付或登记之法定方式者，尚不生物权变动之效力。其二，债权行为不成立或无效时，纵标的物已为交付或登记，物权仍不生变动，就买卖契约言，尚不发生所有权移转之效力，出卖人得对买受人或其他第三人，主张标的物所有人之权利。其三，善意第三人依善意取得制度受到保护，物权行为无因性理论虽不存在，对交易安全，不生影响。”[①]谢在全先生也认为：“与其承认物权行为之独立性与无因性，然后再巧立学说，以求减轻因此所带来之弊害，不如根本上以解释方法改采折中主义之理论，或在方法上改采折中主义之立法例，即所谓意思主义与形式主义混合之制度，使物权行为不必与债权行为分离单独存在，不过在债权行为后，必须践行登记或交付之程序，始能生物权变动之效力，再辅以公信原则即现有不动产登记有绝对效力与动产善意取得之制度，则原物权人之利益与社会交易之安全，均能兼顾而获保障。”[②]陈华彬教授认为：在现代民法确立起物权变动的特殊的公示公信制度、善意取得制度后，无因性构成的生存空间几已丧失殆尽，其所谓“交易保护机能”已被这些制度所抽空。[③]其他学者的观点，与此略同。

2012年，最高人民法院发布了《关于审理买卖合同纠纷案件适用法律问题的解释》（法释〔2012〕7号，2020年已修改），该解释第3条曾规定：“当事人一方以出卖人在缔约时对标的物没有所有权或者处分权为由主张合同无效的，人民法院不予支持。”“出卖人因未取得所有权或者处分权致使标的物所有权不能转移，买受人要求出卖人承担违约责任或者要求解除合同并主张损害赔偿的，人民法院应予支持。”该条司法解释与我国原《合同法》第132条关于出卖人应当对所出卖的标的物有处分权和第51条关于无权处分标的物的合同为效力待定的合同之规定旨趣有异。[④]依据该条司法解释，“出卖人在缔约时对标的物没有所有权或者处分权，并不影响作为原因行为的买卖合同的效力，但能否发生所有权移转的物权变动效果，则取决于出卖人嗣后能否取得所有权或处分权，物权变动处于效力待定状态”。即出卖他人之物的合同应当认定为有效；但该出卖之标的物所有权

---

① 王泽鉴:《民法学说与判例研究》（1），中国政法大学出版社2003年版，第271页以下。

② 谢在全:《民法物权论》（上），中国政法大学出版社1999年版，第72—73页。

③ 陈华彬:《论基于法律行为的物权变动——物权行为及无因性理论研究》，载梁慧星主编:《民商法论丛》（第6卷），法律出版社1997年版，第154页。

④ 我国原《合同法》第132条规定：“出卖的标的物，应当属于出卖人所有或者出卖人有权处分。”“法律、行政法规禁止或者限制转让的标的物，依照其规定。”第51条规定：“无处分权的人处分他人财产，经权利人追认或者无处分权的人订立合同后取得处分权的，该合同有效。”此条规定，在立法精神上认为无权处分人与他人缔结的合同处于效力未定状态。参见梁慧星:《如何理解〈合同法〉第51条》，载《人民法院报》2001年1月8日。

是否发生移转，则处于效力待定状态。其在精神上系将原《合同法》第51条的规定作限缩解释：该条中所指称的“处分”“合同”，仅指处分行为即标的物之物权的移转变更，而不包括负担行为及处分合同在内；处分合同的效力并非未定，而是确定有效的，真正效力未定的应当是处分人履行合同的行为以及履行合同的结果，即无权处分行为效力未定。①这一司法解释的规定和司法机关的态度，再次引发了关于物权行为理论及其应用价值的讨论。

应当注意的是，我国《民法典》合同编中已经删除了原《合同法》第51条的规定，并相应地在第597条中将原《合同法》第132条修改为：“因出卖人未取得处分权致使标的物所有权不能转移的，买受人可以解除合同并请求出卖人承担违约责任。”“法律、行政法规禁止或者限制转让的标的物，依照其规定。”依此规定精神，除法律、行政法规禁止或者限制转让的标的物外，不仅对就未来物签订的买卖合同有效，就现实的物的交易，纵使转让人欠缺处分权，买卖合同亦属有效；至于买卖标的物的所有权移转问题，则适用《民法典》物权编的有关规定。而对于是否承认物权行为的存在这一争议问题，立法上仍持模糊态度。

（五）简略的总结

国内肯定物权行为理论的学者与否定物权行为理论而主张债权形式主义的学者，都否定纯粹的意思主义（即债权行为直接引起物权变动）的理论和立法，均肯定物权变动的公示公信原则、物权变动与债权合同的区分原则、善意取得制度以及民法基本原则和法律行为制度在物权法上的适用，且通常也不否认处分行为与负担行为的差异。如此，则实质分歧已趋消弭，真正需要运用物权行为及其独立性、无因性理论解决的问题甚为少见。

尤其应当注意的是，在现实生活中，单纯的债权行为有瑕疵而物权行为无瑕疵的情况实属罕见，绝大多数情形下二者是存在“共同瑕疵”的，无因性适用的空间甚为狭小。例如，对于现实生活中存在的有意思表示之瑕疵的交易行为，很难举出欺诈、胁迫、乘人之危等瑕疵单独存在于债权行为，而在进行不动产登记

---

① 参见最高人民法院民事审判第二庭编著：《最高人民法院关于买卖合同司法解释理解与适用》，人民法院出版社2012年版，第69页、第79页。

或动产交付行为（物权行为）时却无瑕疵的事例。对于订立合同时标的物有流转的法定限制而嗣后该限制被解除、缔约时欠缺审批等手续而嗣后予以弥补甚至在诉讼终结前得以弥补等情形，我国司法实践中对其行为的效力一般持肯定意见，并无太大的争议。对于缔约时标的物并不违禁的买卖合同，应属有效，嗣后为登记或交付时受到法令限制的（如地方政府后来发布了房屋、车辆限购令，因发现某种药品对人体有害而下令禁售等），则构成嗣后给付不能（物权变动不能发生），可以根据情事变更的规则处理。对于自然人缔约时有行为能力的欠缺（未成年或患病），但履约而为登记、交付时取得行为能力（成年、病愈）的情况，应认为登记、交付而导致的所有权转移有效（因为物权行为无瑕疵；依否认物权行为的观点，亦可认为事后的追认可补正合同的效力）。若自然人缔约和履约时均欠缺行为能力，则因有"共同瑕疵"而不能发生物权变动后果（即使否认有单独的物权行为存在，亦当然应认为该行为无效）。自然人缔约时有行为能力而履约时发生行为能力障碍（如患精神病）的，关于能否因交付或提货而发生标的物所有权转移的问题，可能会发生认识上的分歧：若将交付看作独立物权行为，则因物权合意不能形成而不能发生物权变动的效果；而若将履行合同的交付行为看作事实行为，不需要行为能力之要素，则所有权的转移应属有效。但由于此种情形在现实生活中极少发生，无论持何认识，于社会经济发展与交易秩序的维护，均无大碍。由此可见，正、反两论的观点，在一些最重要、最基本、最常见或者说原本争议最大的问题的处理上，应当能够得出并无实质性分歧的大致相同的结论，只是在观念上或解释的角度上有所不同而已。

大致来说，可以认为物权行为理论具有论理深奥、逻辑严密、法律关系明晰、体系一致、前后连贯、触类旁通等优点，且该理论是法律行为理论与制度、负担行为与处分行为之类别区分的支撑。但该理论也确实存在过于抽象、晦涩，难以被一般民众及法律初习者理解、把握的缺点，甚或还有导致恶意第三人也受到法律庇护之嫌。而债权形式主义的主张与立法，具有简洁明快、易于接受和把握等优点，且其同样承认债权合同与物权变动结果的区分、物权公示的公信力、善意第三人保护制度等，交易的安全保障问题可资维护，故以此为基础来解决物权变动的规制问题，立法成本及操作成本可能低一些。但若完全否认物权行为的存在，则如何系统地阐释并支持法律行为制度，如何释明处分行为与负担行为的差异，殊有疑问。而承认物权行为的独立存在但不承认或限制其无因性的主张，有其颇具实用性之所长，但其逻辑上是否存在龃龉，不无疑问。因此，究竟以采行何种模式为优，似还有再进行深入讨论的空间，也具有进行细致的实证分析之必要。“我们不得不承认，任何可供选择的法律制度总是有缺陷的。一种制度，只要针对一种主要的、基本的、常见的事实现象作出合理的规范，便已足矣。当采用一种制度会产生某种弊端，而采用另一种制度则会导致另一种弊端时，如果两种弊端均发生于特别情形而非普遍情形，则无论作何选择，均可成立。”①我们赞同这样的主张，即在物权行为理论的问题讨论还没有完全清晰之前，立法者不宜对此作出肯定或者否定的决绝判断，而最好是采用一种模糊的立场。②

就笔者目前对该问题的认识而言，倾向于承认物权行为与债权行为、处分行为与负担行为的区分理论及其对法律行为制度构建的贡献，但同时认为，由于我国法律上已经承认了物权公示的法律效力，并采纳了物权变动与债权合同的效力区分原则，而在基于双方法律行为的物权变动中，单一债权行为有瑕疵而物权行为无瑕疵的情形极为鲜见，故而物权行为无因性理论发挥作用的空间甚为狭小，几可忽略不计。鉴于我国物权立法及民法典编纂中均以采纳债权形式主义为主流意见，为教学的便利，本书亦主要依此观点来解释和说明有关问题。

第三节 物权变动的公示方法

一、不动产登记

（一）不动产登记的意义

不动产登记，是指不动产登记机构根据当事人的申请并经审查，依法将不动产物权的设立、变更、移转、消灭及其他法定事项登录记载于特定簿册的行为。

---

① 尹田：《物权行为理论评析》，载梁慧星主编：《民商法论丛》（第24卷），金桥文化出版（香港）有限公司2002年版，第190页。

② 参见田士永：《物权行为理论研究》，中国政法大学出版社2002年版，第444页。

不动产由于价值重大、拥有不易、总量稀缺，故其历来是法律规制的重点。古代法上的不动产物权公示制度，多是以在土地上树立柱、桩、碑等方式来体现不动产的归属和抵押权等物权的存在。[①]不动产的登记公示制度，起源于12世纪前后德国北部城市关于土地的物权变动须记载于市政会所掌管的都市公簿的制度，不过，这一制度后因继受罗马法而在多数地方一度被废止。至18世纪，不动产登记制度重新在欧陆各国复活，1722年普鲁士的《抵押及破产法》、1783年德国的《抵押法》、1795年法国的《抵押法》等，是近代抵押登记制度的先驱。随着对不动产的重要意义认识的增强和国家管理上的需要及登记制度的发展，现今各国法律上均对不动产登记的机构、程序、内容、效力等作出明确的规定，建立了较为完善的不动产登记公示制度。不动产登记，是表彰不动产物权及其变动状况的法定公示手段，是基于法律行为的不动产物权变动的生效要件，也是非基于法律行为发生的不动产物权变动的处分要件；是不动产物权获得法律承认和保护的基本依据；是公示物权状况、警示交易风险、维护不动产交易安全的有效措施；也是国家对不动产进行行政管理、课征税赋等的依据。因此，不动产登记制度在物权法以及行政法、税法等法律上均具有重要的意义。我国法律上也明确规定有不动产物权登记制度。《民法典》物权编在《物权法》原有规定的基础上，在第208条规定物权公示原则的同时，于第209条第1款规定："不动产物权的设立、变更、转让和消灭，经依法登记，发生效力；未经登记，不发生效力，但是法律另有规定的除外。"

从立法例来看，关于不动产登记的机构、程序、内容、效力等事项，通常由专门的不动产登记法予以规定。但由于不动产登记是民法典物权编的重要组成部分，民法典中也应当对登记制度的基本问题作出规定，至于具体问题，则可由专门的不动产登记法律或法规进行详细规定。我国《民法典》物权编一方面在物权的设立、变更、转让和消灭一章第一节"不动产登记"对不动产登记的基本问题作出了规定，另一方面也明确了不动产统一登记的范围、登记机构和登记办法

---

① 如恩格斯在其著作中谈到古希腊氏族制度的崩溃与雅典国家的产生时提到："在阿提卡的田地上到处都竖立着抵押柱，上面写着这块地已经以多少钱抵押给某某人了。"［德］恩格斯：《家庭、私有制和国家的起源》，人民出版社1972年版，第109页。

等，由法律、行政法规另行规定。

为整合不动产登记职责，规范登记行为，方便群众申请登记，保护权利人合法权益，根据《物权法》等法律的规定，国务院于2014年11月公布了《不动产登记暂行条例》（2015年3月1日起施行）。之后，国土资源部（2018年3月后并入自然资源部）负责制定的《实施细则》也于2016年1月公布施行（2019年7月16日根据《自然资源部关于第一批废止和修改的部门规章的决定》作有修改）。该条例和《实施细则》在《民法典》颁行后仍将继续适用（但会作出必要的修订）。

国务院也于2020年12月22日发布了《国务院关于实施动产和权利担保统一登记的决定》，自2021年1月1日起在全国范围内实施动产和权利担保统一登记。动产和权利担保的登记，在登记内容、编成方式、效力等方面与不动产登记具有重大差异。本节所讲的登记，限于不动产物权登记，不含动产物权和不动产权利之外的权利物权的登记制度。

（二）不动产登记的机构与一般程序

1. 不动产登记的机构

在大多数国家或地区，负责不动产物权登记事宜的机构是统一的，不论是土地、房屋还是其他不动产，也不论是何种不动产物权，均由统一的机构进行登记，此即所谓的"统一登记制"。至于登记机构的具体设置，则不尽相同，有的是由法院或其他司法机关负责登记，有的是由行政机构或专门设立的登记机构。如德国的不动产登记机构为地方法院的土地登记局，瑞士的不动产登记机构是各州的地方法院，日本的不动产登记机构是作为司法行政机构的法务局、地方法务局及其派出机构，澳大利亚是地权登记局。

在《物权法》颁行前，我国虽然也有不动产登记制度，但主要是将不动产登记作为行政机关的一项职权，是公权力对不动产归属和交易秩序的一种干预和管理，而不是作为物权变动的公示方法对待，从而形成了与各种不动产行政管理机关的职能相对应的多头管理、分别登记的体制。土地、建设、农业、林业、地质矿产、海洋等行政主管部门分别在各自的职责范围内管理着不动产权属登记工作。而且，各登记机构的登记程序、登记簿和权属证书记载的内容、登记的效力、登记的收费标准、登记事项的查询等规定也均不统一。这种分别登记制存在许多弊端，导致登记的物权变动公示作用和公信力明显不足，非常不利于交易秩序和交易安全的维护。有鉴于此，在我国《物权法》制定中，学者们一致主张采行统一登记制，实现登记机构、法律依据、登记程序、登记效力、权属证书、收费标准等的统一。但对于将不动产登记机构统一于何处，存在不同意见。[①]立法机关经过调查研究，基本赞同统一登记制的立法建议，同时又基于当时情况的考虑，在《物权法》中对不动产统一登记问题作了三个方面的规定：其一，第10条第1款关于"不动产登记，由不动产所在地的登记机构办理"的规定，确定了不动产登记的属地办理原则。其二，第10条第2款在确立"国家对不动产实行统一登记制度"之原则的同时，又规定："统一登记的范围、登记机构和登记办法，由法律、行政法规规定。"其三，在附则中（第246条）补充规定："法律、行政法规对不动产统一登记的范围、登记机构和登记办法作出规定前，地方性法规可以依照本法有关规定作出规定。"[②]

为整合不动产登记机构，规范登记行为，方便群众申请登记，保护权利人合法权益，国务院于2014年11月发布了《不动产登记暂行条例》（2015年3月1日起施行，2019年修订），由国土资源部负责制定的《实施细则》也于2016年1月发布施行（2019年作了修订），由此建立了我国的不动产统一登记制度。《民法典》第210条再次确认了不动产统一登记制度："不动产登记，由不动产所在地的登记机构办理。国家对不动产实行统一登记制度。统一登记的范围、登记机构和登记办法，由法律、行政法规规定。"根据《不动产登记暂行条例》第6条、第7条的规定，国务院国土资源主管部门负责指导、监督全国不动产登记工作。县级以上地方人民政府应当确定一个部门为本行政区域的不动产登记机构，负责不动产登记工作，并接受上级人民政府不动产登记主管部门的指导、监督。不动产登记由不动产所在地的县级人民政府不动产登记机构办理；直辖市、设区的市人民政府可

---

① 参见梁慧星等：《中国物权法草案建议稿》，社会科学文献出版社2000年版，第139页以下；王利明主编：《中国物权法草案建议稿及其说明》，中国法制出版社2001年版，第185页以下。

② 参见胡康生主编：《中华人民共和国物权法释义》，法律出版社2007年版，第43—45页。

以确定本级不动产登记机构统一办理所属各区的不动产登记。跨县级行政区域的不动产登记，由所跨县级行政区域的不动产登记机构分别办理。不能分别办理的，由所跨县级行政区域的不动产登记机构协商办理；协商不成的，由共同的上一级人民政府不动产登记主管部门指定办理。国务院确定的重点国有林区的森林、林木和林地，国务院批准项目用海、用岛，中央国家机关使用的国有土地等不动产登记，由国务院国土资源主管部门会同有关部门规定。[①]

2.不动产登记的一般程序

根据《民法典》物权编、《不动产登记暂行条例》和《实施细则》的规定，不动产登记的一般程序分为申请、受理、审核、核准登记与发证四个步骤：

首先，由当事人向不动产所在地的登记机构提出书面登记申请。《民法典》第211条规定："当事人申请登记，应当根据不同登记事项提供权属证明和不动产界址、面积等必要材料。"《不动产登记暂行条例》第14—16条规定："因买卖、设定抵押权等申请不动产登记的，应当由当事人双方共同申请。属于下列情形之一的，可以由当事人单方申请：（一）尚未登记的不动产首次申请登记的；（二）继承、接受遗赠取得不动产权利的；（三）人民法院、仲裁委员会生效的法律文书或者人民政府生效的决定等设立、变更、转让、消灭不动产权利的；（四）权利人姓名、名称或者自然状况发生变化，申请变更登记的；（五）不动产灭失或者权利人放弃不动产权利，申请注销登记的；（六）申请更正登记或者异议登记的；（七）法律、行政法规规定可以由当事人单方申请的其他情形。""当事人或者其代理人应当向不动产登记机构申请不动产登记。不动产登记机构将申请登记事项记载于不动产登记簿前，申请人可以撤回登记申请。""申请人应当提交下列材料，并对申请材料的真实性负责：（一）登记申请书；（二）申请人、代理人身份证明材料、授权委托书；（三）相关的不动产权属来源证明材料、登记原因证明文件、不动产权属证书；（四）不动产界址、空间界限、面积等材料；（五）与他人利害关系的说明材料；（六）法律、行政法规以及本条例实施细则规定的其他材

---

① 2018年3月之后，根据《第十三届全国人民代表大会第一次会议关于国务院机构改革方案的决定》《国务院关于机构设置的通知》（国发〔2018〕6号），主管不动产登记工作的国土资源部并入了新组建的自然资源部。

料。”在申请登记的事项被记载于不动产登记簿前，申请人可以撤回登记申请。

其次，由有登记管辖权的登记机构受理当事人的申请。《不动产登记暂行条例》第17条规定：“不动产登记机构收到不动产登记申请材料，应当分别按照下列情况办理：（一）属于登记职责范围，申请材料齐全、符合法定形式，或者申请人按照要求提交全部补正申请材料的，应当受理并书面告知申请人；（二）申请材料存在可以当场更正的错误的，应当告知申请人当场更正，申请人当场更正后，应当受理并书面告知申请人；（三）申请材料不齐全或者不符合法定形式的，应当当场书面告知申请人不予受理并一次性告知需要补正的全部内容；（四）申请登记的不动产不属于本机构登记范围的，应当当场书面告知申请人不予受理并告知申请人向有登记权的机构申请。不动产登记机构未当场书面告知申请人不予受理的，视为受理。”

复次，由登记机构审核、查验申请材料是否真实、合法、齐全。《不动产登记暂行条例》第18条规定：“不动产登记机构受理不动产登记申请的，应当按照下列要求进行查验：（一）不动产界址、空间界限、面积等材料与申请登记的不动产状况是否一致；（二）有关证明材料、文件与申请登记的内容是否一致；（三）登记申请是否违反法律、行政法规规定。”第19条规定：“属于下列情形之一的，不动产登记机构可以对申请登记的不动产进行实地查看：（一）房屋等建筑物、构筑物所有权首次登记；（二）在建建筑物抵押权登记；（三）因不动产灭失导致的注销登记；（四）不动产登记机构认为需要实地查看的其他情形。对可能存在权属争议，或者可能涉及他人利害关系的登记申请，不动产登记机构可以向申请人、利害关系人或者有关单位进行调查。不动产登记机构进行实地查看或者调查时，申请人、被调查人应当予以配合。”

最后，核准登记与发证。登记机构经审核，认为资料真实、合法、齐全的，依法将物权变动的事项登载于不动产登记簿。至此，登记即告完毕，不动产物权变动生效。《不动产登记暂行条例》第20条、第21条规定：“不动产登记机构应当自受理登记申请之日起30个工作日内办结不动产登记手续，法律另有规定的除外。”“登记事项自记载于不动产登记簿时完成登记。不动产登记机构完成登记，应当依法向申请人核发不动产权属证书或者登记证明。”另外，该条例第22条还规定：“登记申请有下列情形之一的，不动产登记机构应当不予登记，并书面告知申请人：（一）违反法律、行政法规规定的；（二）存在尚未解决的权属争议的；（三）申请登记的不动产权利超过规定期限的；（四）法律、行政法规规定不予登记的其他情形。”

（三）不动产登记机构的职责与登记错误造成损害的赔偿责任

1.不动产登记机构的职责

根据《民法典》第212条、第213条、第223条和《不动产登记暂行条例》的有关规定：登记机构收到当事人提交的申请和必要材料后，应当查验申请人提供的权属证明和其他必要材料，就有关登记事项询问申请人，如实、及时登记有关事项，并履行法律、行政法规规定的其他职责。申请登记的不动产的有关情况需要进一步证明的，登记机构可以要求申请人补充材料，必要时可以实地查看。[①]登记机构不得要求对不动产进行评估、以年检等名义进行重复登记，也不得有超出登记职责范围的其他行为。不动产登记费按件收取，不得按照不动产的面积、体积或者价款的比例收取。

不动产登记机构在办理登记事宜时对登记申请的审查，有所谓的形式审查制和实质审查制之分，但对二者划分的标准，认识上并不完全不同。采用何种审查标准对于登记的公信力、登记的效率和质量以及登记错误的赔偿责任承担等有着重要的影响。[②]值得注意的是，单纯的形式审查和实质审查在效率和准确性两方面各有不足，而无论采用何种审查制，其都须兼顾登记审查的效率和登记的公信力之维护，惟其选择的方式有所不同而已。如不少国家将有关材料的公证作为登记的前置程序，此一做法在采行形式审查的国家是为了提高登记的准确性，而在采行实质审查的国家则是为了提高登记的效率，减轻登记审查工作的压力。就

---

① 根据《不动产登记暂行条例》第19条和《实施细则》第16条的规定，不动产登记机构必要时进行实地查看，主要是指下列情形：（1）房屋等建筑物、构筑物所有权首次登记，查看房屋坐落及其建造完成等情况；（2）在建建筑物抵押权登记，查看抵押的在建建筑物坐落及其建造等情况；（3）因不动产灭失导致的注销登记，查看不动产灭失等情况；（4）不动产登记机构认为需要实地查看的其他情形。

② 采用形式审查制的立法上，登记机构通常并不负有保证登记内容真实、正确的义务，所以也不存在登记机构的赔偿责任问题。

我国法律上的相关规定而言，究竟采用的是何种审查制，有不同的理解。[①]而参与立法的同志认为，立法过程中既没有试图界定什么是实质审查、什么是形式审查，也没有明确立法上究竟采用了哪种审查制，而只是在调研我国不动产登记的实际情况并听取各方面意见的基础上作出了原则规定，目的是使登记机构能够正确、充分履行职责，尽可能地保证如实、准确、及时地登记不动产物权的有关事项，避免登记错误。[②]根据立法上的这种考虑并结合《不动产登记暂行条例》和《实施细则》的规定，我们认为，我国法律、法规上关于登记申请审查方面的规定，既非形式审查主义，亦非实质审查主义，而是介于二者之间，但偏重或更接近于实质审查，较为灵活。为解决既要保证登记的准确性和公信力，又要提高登记的效率之问题，《实施细则》第12条对代理申请不动产登记的事宜也作出了规定。至于一些学者提出的借鉴德国等国的做法引入公证机制作为不动产登记的前置程序的建议，其必要性和可行性尚值进一步讨论。

2. 登记错误造成损害的赔偿责任

《民法典》第222条规定："当事人提供虚假材料申请登记，造成他人损害的，应当承担赔偿责任。""因登记错误，造成他人损害的，登记机构应当承担赔偿责任。登记机构赔偿后，可以向造成登记错误的人追偿。"

不动产登记的正确与否不仅影响到当事人的利益，而且关系到整个社会交易活动的安全与秩序。因此，在发生登记错误而给他人造成损害的情况下，有关责任人或登记机构当然应当承担赔偿责任。从实践情况看，造成登记错误的原因主要有三种情况：一是登记机构的工作人员疏忽大意、怠于履行职责所致；二是当事人提供虚假材料、采用欺骗手段或者与登记机构工作人员恶意串通进行虚假登记所致；三是申请人提供的材料有瑕疵或不齐全，而登记人员又有疏忽、审查不严，双方的共同过错导致登记错误的发生。因当事人的原因导致登记错误所造成的损失，应由当事人承担，此无异议。而因登记机构的原因导致登记错误而给真正的权利人或交易的相对人造成损失时，登记机构应否负赔偿责任，则不无争

① 最高人民法院物权法研究小组编著：《中华人民共和国物权法条文理解与适用》，人民法院出版社2007年版，第80页。

② 胡康生主编：《中华人民共和国物权法释义》，法律出版社2007年版，第48页。

议。在我国物权立法中，多数意见主张对登记机构的赔偿责任作出明确规定。[①]但对于登记机构错误登记时的赔偿责任在性质上究竟是民事赔偿责任还是国家赔偿责任以及赔偿的范围等问题，则有不同认识。[②]考虑到不动产登记机构的性质和登记行为的性质如何尚有待随着登记机构管理体制的改革进一步明确，暂不宜明确规定登记机构的国家赔偿责任，相关问题还可作进一步的研究并留待在将来的不动产登记规则中作出规定。故此，《物权法》第21条只对登记机构的赔偿责任问题作了原则性规定，[③]《民法典》第222条维持了原有规定。

最高人民法院2010年8月发布的《关于审理房屋登记案件若干问题的规定》（法释〔2010〕15号）第1条规定："公民、法人或者其他组织对房屋登记机构的房屋登记行为以及与查询、复制登记资料等事项相关的行政行为或者相应的不作为不服，提起行政诉讼的，人民法院应当依法受理。"第12条规定："申请人提供虚假材料办理房屋登记，给原告造成损害，房屋登记机构未尽合理审慎职责的，应当根据其过错程度及其在损害发生中所起作用承担相应的赔偿责任。"第13条规定："房屋登记机构工作人员与第三人恶意串通违法登记，侵犯原告合法权益的，房屋登记机构与第三人承担连带赔偿责任。"该规定的精神显然是对登记机构的赔偿问题采用行政诉讼、国家赔偿的方案；对于"混合侵权""共同侵权"情况下如何对登记申请人的责任一并处理，尤其是登记申请人、第三人的民事责任与登记机构的行政责任之间如何分担或者连带承担，该规定中未予明确。不过，根据相关规定的精神，其意在采用"行政附带民事诉讼"的解决方案。[④]我国于2014年、2017年修改后的《行政诉讼法》第61条规定："在涉及行政许可、登记、征收、征用

---

① 参见梁慧星等：《中国物权法草案建议稿》，社会科学文献出版社2000年版，第179—180页；王利明主编：《中国物权法草案建议稿及其说明》，中国法制出版社2001年版，第187—191页。

② 参见刘保玉：《不动产登记机构错误登记赔偿责任的性质与形态》，载《中国法学》2012年第2期。

③ 参见胡康生主编：《中华人民共和国物权法释义》，法律出版社2007年版，第64页；最高人民法院物权法研究小组编著：《中华人民共和国物权法条文理解与适用》，人民法院出版社2007年版，第109页。

④ 参见赵大光、杨临萍、王振宇：《〈关于审理房屋登记案件若干问题的规定〉的理解与适用》，载《人民司法》2010年第23期。

和行政机关对民事争议所作的裁决的行政诉讼中，当事人申请一并解决相关民事争议的，人民法院可以一并审理。”“在行政诉讼中，人民法院认为行政案件的审理需以民事诉讼的裁判为依据的，可以裁定中止行政诉讼。”这是有关行政附带民事诉讼的原则规定，《最高人民法院关于适用〈中华人民共和国行政诉讼法〉的解释》（法释〔2018〕1号）第137条进一步明确了其具体适用的问题。[①]为厘清不动产纠纷案件中的民事诉讼与行政诉讼的关系问题，《物权编解释（一）》第1条规定：“因不动产物权的归属，以及作为不动产物权登记基础的买卖、赠与、抵押等产生争议，当事人提起民事诉讼的，应当依法受理。当事人已经在行政诉讼中申请一并解决上述民事争议，且人民法院一并审理的除外。”[②]

我们倾向于认为，现有立法、司法解释中关于不动产登记机构错误登记赔偿责任的规定所存在的问题，其根本原因在于未区分不动产登记中的管理登记（日本法上称为“标示登记”，主要体现在初始登记之中）与权利登记（或称物权登记，主要体现为物权变动登记）的差异；[③]对此问题的妥适解决方案，应是区分“管理登记”和“权利登记”两种不同登记的性质之差异而分别规定登记机构的责任性质：前者为行政责任，适用国家赔偿程序，后者为民事责任，适用民事赔偿程序。[④]

（四）不动产登记簿与不动产权属证书、登记证明

《民法典》第214条规定：“不动产物权的设立、变更、转让和消灭，依照法律规定应当登记的，自记载于不动产登记簿时发生效力。”第216条规定：“不动

---

① 不过，行政附带民事的方案如何具体操作，目前并无成熟的规范设计；而对于“共同侵权”的问题，登记申请人或第三人的民事责任与登记机构的行政责任之间如何“连带”，也不无疑问。故此，上述问题的妥善解决，仍有讨论的空间。参见丁宇翔：《不动产错误登记司法救济中民事诉讼与行政诉讼之博弈——以诉讼程序选择规则的设计为中心》，载《民事审判指导与参考》2015年总第60辑。

② 关于该条规定的含义阐释，参见最高人民法院民事审判第一庭编著：《最高人民法院物权法司法解释（一）理解与适用》，人民法院出版社2016年版，第25页以下。

③ 参见［日］我妻荣：《民法讲义Ⅱ新订物权法》，有泉亨补订，罗丽译，中国法制出版社2008年版，第79页；王江：《不动产登记错误赔偿问题研究》，北京航空航天大学2016年硕士学位论文。

④ 刘保玉、吴安青：《民法典物权编的结构安排与内容设计》，载《甘肃政法学院学报》2017年第6期。

产登记簿是物权归属和内容的根据。”“不动产登记簿由登记机构管理。”第217条规定：“不动产权属证书是权利人享有该不动产物权的证明。不动产权属证书记载的事项，应当与不动产登记簿一致；记载不一致的，除有证据证明不动产登记簿确有错误外，以不动产登记簿为准。”结合《不动产登记暂行条例》和《实施细则》的具体规定，兹对上述规定事项说明如下：

1.不动产登记簿

不动产登记簿，是登记机构专门登录记载不动产权属和物权变动事项的特定簿册，该登记簿作为登记档案由登记机构管理，是确定物权归属和内容的法定根据。因此，现代物权制度中不动产登记簿具有非常重要的地位和作用。按照物权公示原则的要求，一般认为不动产登记簿具有四个基本特征：一是统一性。即一个登记区域内的不动产登记簿只能有一个，如此该区域内的不动产物权变动的各种情况才能得到准确地反映，物权交易的秩序才能良好建立。二是权威性。即不动产登记簿是国家登记机构建立的档案簿册，其公信力为法律所承认和保障，其可信度最高、效力最强，在作为证据使用时最具权威性。三是持久性。即不动产登记簿由登记机构长期保存，为当事人和利害关系人提供长期的保障，使其利益不因时间的经过而受到损害。四是公开性。即不动产登记簿不应是秘密档案，应允许权利人和利害关系人查询，而且登记机构还应为其查询、复制提供方便。[①]也正是基于这些特性，不动产登记簿只能存放于登记机构并由其妥善保管。

《不动产登记暂行条例》中专设“不动产登记簿”一章（第二章），该章中的第8条规定：“不动产以不动产单元为基本单位进行登记。不动产单元具有唯一编码。”[②]“不动产登记机构应当按照国务院国土资源主管部门的规定设立统一的不动

① 参见胡康生主编:《中华人民共和国物权法释义》，法律出版社2007年版，第49页；最高人民法院物权法研究小组编著:《中华人民共和国物权法条文理解与适用》，人民法院出版社2007年版，第93—94页。

② 《实施细则》第5条规定:“《条例》第八条规定的不动产单元，是指权属界线封闭且具有独立使用价值的空间。”“没有房屋等建筑物、构筑物以及森林、林木定着物的，以土地、海域权属界线封闭的空间为不动产单元。”“有房屋等建筑物、构筑物以及森林、林木定着物的，以该房屋等建筑物、构筑物以及森林、林木定着物与土地、海域权属界线封闭的空间为不动产单元。”“前款所称房屋，包括独立成幢、权属界线封闭的空间，以及区分套、层、间等可以独立使用、权属界线封闭的空间。”

产登记簿。”“不动产登记簿应当记载以下事项：（一）不动产的坐落、界址、空间界限、面积、用途等自然状况；（二）不动产权利的主体、类型、内容、来源、期限、权利变化等权属状况；（三）涉及不动产权利限制、提示的事项；（四）其他相关事项。”第9条规定：“不动产登记簿应当采用电子介质，暂不具备条件的，可以采用纸质介质。不动产登记机构应当明确不动产登记簿唯一、合法的介质形式。”“不动产登记簿采用电子介质的，应当定期进行异地备份，并具有唯一、确定的纸质转化形式。”第10条规定：“不动产登记机构应当依法将各类登记事项准确、完整、清晰地记载于不动产登记簿。任何人不得损毁不动产登记簿，除依法予以更正外不得修改登记事项。”第12条规定：“不动产登记机构应当指定专人负责不动产登记簿的保管，并建立健全相应的安全责任制度。”“采用纸质介质不动产登记簿的，应当配备必要的防盗、防火、防渍、防有害生物等安全保护设施。”“采用电子介质不动产登记簿的，应当配备专门的存储设施，并采取信息网络安全防护措施。”第13条第1款规定：“不动产登记簿由不动产登记机构永久保存。不动产登记簿损毁、灭失的，不动产登记机构应当依据原有登记资料予以重建。”

2.不动产权属证书与登记证明

不动产权属证书与登记证明，是在依法办理完毕不动产登记手续后由登记机构制作的记载登记的主要事项并颁发给权利人收执作为其享有不动产物权的证明书件。该权属证书或登记证明是不动产登记簿所记载的主要内容的外在表现形式，可以在不动产物权交易中作为证据使用。但根据物权公示原则，达成不动产物权公示效用的是不动产登记，确定不动产物权归属、内容和变动情况的根据仍然是不动产登记簿。因此，不动产权属证书与登记证明并不具有代表不动产物权的功能，权利人享有和行使其物权不以持有证书或证明为必要；证书或证明丢失、毁损的，可以申请补发或换发；权属证书或证明的占有移转也并不意味着物权变动的发生。由于不动产权属证书与登记证明是依据不动产登记簿的登记内容制作的，故其内容应与登记簿相一致。当权属证书或证明中记载事项的内容与登记簿出现不一致的情况时，除有证据证明不动产登记簿的记载确有错误外，应以不动产登记簿的记载为准。

《实施细则》中对不动产权属证书和登记证明的有关事项作有具体规定。《实施细则》第20条规定：“不动产登记机构应当根据不动产登记簿，填写并核发不动产权属证书或者不动产登记证明。”“除办理抵押权登记、地役权登记和预告登记、异议登记，向申请人核发不动产登记证明外，不动产登记机构应当依法向权利人核发不动产权属证书。”“不动产权属证书和不动产登记证明，应当加盖不动产登记机构登记专用章。”“不动产权属证书和不动产登记证明样式，由自然资源部统一规定。”第21条规定：“申请共有不动产登记的，不动产登记机构向全体共有人合并发放一本不动产权属证书；共有人申请分别持证的，可以为共有人分别发放不动产权属证书。”“共有不动产权属证书应当注明共有情况，并列明全体共有人。”第22条规定：“不动产权属证书或者不动产登记证明污损、破损的，当事人可以向不动产登记机构申请换发。符合换发条件的，不动产登记机构应当予以换发，并收回原不动产权属证书或者不动产登记证明。”“不动产权属证书或者不动产登记证明遗失、灭失，不动产权利人申请补发的，由不动产登记机构在其门户网站上刊发不动产权利人的遗失、灭失声明15个工作日后，予以补发。”“不动产登记机构补发不动产权属证书或者不动产登记证明的，应当将补发不动产权属证书或者不动产登记证明的事项记载于不动产登记簿，并在不动产权属证书或者不动产登记证明上注明‘补发’字样。”第23条规定：“因不动产权利灭失等情形，不动产登记机构需要收回不动产权属证书或者不动产登记证明的，应当在不动产登记簿上将收回不动产权属证书或者不动产登记证明的事项予以注明；确实无法收回的，应当在不动产登记机构门户网站或者当地公开发行的报刊上公告作废。”

3.关于不动产物权变动生效时间的确定

对于依法应当登记的不动产物权设立、变更、转让和消灭发生效力的时间如何确定，有三种认识和做法：一是以不动产物权登记申请日为准；二是以记载于不动产登记簿的时间为准；三是以发放权属证书的日期为准。根据前述申请登记、核准登记、发放证书的意义之不同，并依物权公示原则的精神，《民法典》第214条中明确我国法律上对于不动产物权变动的生效时间系以记载于登记簿的时间为准。

关于不动产物权变动“自记载于不动产登记簿时发生效力”之规定，尚有三个彼此密切相关的问题值得讨论：其一，其中的“时”是指“日期”还是“时刻”？其二，其中的“发生效力”是指发生什么效力？其三，如有针对同一标的物的数个物权变动申请，则提出申请的时间、登记机构受理的时间先后有无法律意义？我们认为，按照登记规则和实践情况，由于当事人提出登记申请与登记机构核准登记通常有一定的间隔，往往并非一日即可办竣，因此在针对同一标的物提出数个物权变动的申请（主要指设定数个抵押权）情形下，登记申请的时间和受理的时间先后对于各有关当事人来说是具有重要意义的。《实施细则》第67条规定："同一不动产上设立多个抵押权的，不动产登记机构应当按照受理时间的先后顺序依次办理登记，并记载于不动产登记簿。当事人对抵押权顺位另有约定的，从其规定办理登记。"据此并结合《不动产登记暂行条例》第17条的规定可知，除申请人提交的申请资料不齐全或不符合法定形式等原因而不予受理外，当事人提出申请的时间影响着登记机构受理的时间，而受理的时间为确定登记顺序的依据（当事人对顺位另有约定的除外）。不过，申请登记和受理的时间仅对登记机构办理登记和其他知情的利害关系人有相应的效力，并不具有对抗善意第三人的效力。[①]不动产登记簿的记载所发生的效力，是物权变动的效力和公信力。为公平地维护有关当事人的正当权益，避免因登记的"时间"以"日"为单位而可能发生同日受理、同日登记即处于同一顺序的情况发生，每一物权变动登记应以登记的具体时间为准并在登记簿上予以记载，以明确其处于不同顺位。在登记实践中，登记机构也通常是根据受理申请的时间先后而为数个抵押权采用编号的方式明确其顺序的。而在当今普遍采用电子登记的情况下，登记的顺序系由登记系统瞬间自动升成，"同时登记"的问题已不复存在。

4. 关于登记资料的查询

基于物权公示原则，登记的物权变动情况应当公开，允许查询、复制。但在物权立法中，关于究竟哪些人可以查询和复制登记资料，有不同的意见。一种意见主张登记资料对全社会公开，任何人都可以查询；另一种意见主张允许权利人和利害关系人查询、复制即可而无需对全社会公众公开。考虑到必要性和实际价值，《物权法》第18条中采纳了后一种意见，《民法典》中维持了这一做法。《民法典》第218条规定："权利人、利害关系人可以申请查询、复制不动产登记资料，登记机

---

① 参见最高人民法院物权法研究小组编著：《中华人民共和国物权法条文理解与适用》，人民法院出版社2007年版，第83页。

构应当提供。”同时，为防止利害关系人滥用权利而损害权利人的正当利益，第219条还规定：“利害关系人不得公开、非法使用权利人的不动产登记资料。”

应当提及的是，不同主体查询、复制登记资料范围和程序等也是有一定要求和限制的。《实施细则》中设专章（第六章“不动产登记资料的查询、保护和利用”）对不同主体可查询的范围、查询申请材料、查询结果证明的出具、不予查询的情形等作出了规定；2018年3月国土资源部还公布施行了《不动产登记资料查询暂行办法》（2019年7月16日根据《自然资源部关于第一批废止和修改的部门规章的决定》作有修改），对有关问题作出了进一步细化的规定。

（五）不动产登记的类别

《不动产登记暂行条例》第3条规定：“不动产首次登记、变更登记、转移登记、注销登记、更正登记、异议登记、预告登记、查封登记等，适用本条例。”第5条规定：“下列不动产权利，依照本条例的规定办理登记：（一）集体土地所有权；（二）房屋等建筑物、构筑物所有权；（三）森林、林木所有权；（四）耕地、林地、草地等土地承包经营权；（五）建设用地使用权；（六）宅基地使用权；（七）海域使用权；（八）地役权；（九）抵押权；（十）法律规定需要登记的其他不动产权利。”[①]《实施细则》中对上列各种登记的程序事项等均作有具体规定。

依据上述规定并根据各种不动产登记的内容、作用、效力等的差异，可以将不动产登记作以下分类：

1. 首次登记、变更登记、转移登记、注销登记

这是根据不动产登记自发生到消灭的一般过程而作的分类。

（1）首次登记。又称初始登记、原始登记，是指不动产权利第一次登记，即对未登记的不动产权利首次办理登记。例如，新建的房屋，申请人应在房屋竣工后一定期限内提交有关证明文件向登记机构申请房屋所有权首次登记。在未办理房屋所有权登记手续之前，合法建造的房屋权属也受法律保护（有学者谓之“事实物权”），但不得转让（《城市房地产管理法》第37条）。违法、违章建筑，如不能事后获得法律的认可、补办有关手续的，不能办理登记，也无法进行正常的

---

① 关于居住权登记事项的规定，尚待根据《民法典》的相关规定补充。

交易。[①]根据《实施细则》第24条、第25条的规定，除法律、行政法规另有规定的外，未办理不动产首次登记的，不得办理不动产其他类型登记。除房屋等建筑物所有权的首次登记外，市、县人民政府也可以根据情况对本行政区域内未登记的不动产组织开展集体土地所有权、宅基地使用权、集体建设用地使用权、土地承包经营权的首次登记。办理上述首次登记所需的权属来源、调查等登记材料，由人民政府有关部门组织获取。

（2）变更登记。是指办竣首次登记后，因权利人的姓名、名称或不动产的状况等发生变更而进行的登记。《实施细则》第26条规定："下列情形之一的，不动产权利人可以向不动产登记机构申请变更登记：（一）权利人的姓名、名称、身份证明类型或者身份证明号码发生变更的；（二）不动产的坐落、界址、用途、面积等状况变更的；（三）不动产权利期限、来源等状况发生变化的；（四）同一权利人分割或者合并不动产的；（五）抵押担保的范围、主债权数额、债务履行期限、抵押权顺位发生变化的；（六）最高额抵押担保的债权范围、最高债权额、债权确定期间等发生变化的；（七）地役权的利用目的、方法等发生变化的；（八）共有性质发生变更的；（九）法律、行政法规规定的其他不涉及不动产权利转移的变更情形。"

（3）转移登记。通常又称移转登记，民间俗称为过户登记，是指因转让、赠与、继承、司法裁判等原因发生不动产权属转移时所进行的登记。《实施细则》第27条规定："因下列情形导致不动产权利转移的，当事人可以向不动产登记机构申请转移登记：（一）买卖、互换、赠与不动产的；（二）以不动产作价出资（入股）的；（三）法人或者其他组织因合并、分立等原因致使不动产权利发生转移的；（四）不动产分割、合并导致权利发生转移的；（五）继承、受遗赠导致权利发生转移的；（六）共有人增加或者减少以及共有不动产份额变化的；[②]（七）因

---

① 关于违章建筑或违法建筑（含所谓"小产权房"）的地位、能否成为交易的客体等问题，理论和实践中还存在诸多问题值得探讨。有关问题，可参见王洪平：《违法建筑的私法问题研究》，法律出版社2014年版。

② 财产由单独所有变为共有或共有人数量的增减，曾被作为权属登记的"变更"事项，之前的登记办法中也有这样的规定。《实施细则》中将其作为"移转登记"的事项之一，应是考虑到共有人数量的变化涉及权利内容或份额的"移转"问题。

人民法院、仲裁委员会的生效法律文书导致不动产权利发生转移的；（八）因主债权转移引起不动产抵押权转移的；（九）因需役地不动产权利转移引起地役权转移的；（十）法律、行政法规规定的其他不动产权利转移情形。”

（4）注销登记。又称涂销登记，是指在不动产灭失、权利人放弃权利及因其他原因导致权利消灭的情况下，登记机构根据当事人申请而对原有的登记予以销除而作的登记。《实施细则》第28条规定：“有下列情形之一的，当事人可以申请办理注销登记：（一）不动产灭失的；（二）权利人放弃不动产权利的；（三）不动产被依法没收、征收或者收回的；（四）人民法院、仲裁委员会的生效法律文书导致不动产权利消灭的；（五）法律、行政法规规定的其他情形。”“不动产上已经设立抵押权、地役权或者已经办理预告登记，所有权人、使用权人因放弃权利申请注销登记的，申请人应当提供抵押权人、地役权人、预告登记权利人同意的书面材料。”

2. 所有权登记与他物权登记

这是根据登记的权利为自物权还是他物权而作的分类。

根据《不动产登记暂行条例》和《实施细则》第四章的规定，不动产所有权登记主要包括：集体土地所有权登记；房屋所有权登记（包括建设用地上的房屋和宅基地上的房屋的所有权登记）；其他建筑物、构筑物所有权登记；森林、林木所有权登记等。他物权登记又称他项权利登记，主要包括：国有建设用地使用权登记；集体建设用地使用权登记；土地承包经营权登记；宅基地使用权登记；居住权登记；[①] 地役权登记；海域使用权登记；不动产抵押权登记等。不同的登记，申请人及其所需提交的材料等也有所不同。

3. 预告登记、更正登记、异议登记、查封登记

这是根据各种登记的作用不同而对其他登记所作的分类。《实施细则》中专设“其他登记”一章对上述几种登记作出了规定。

（1）预告登记。预告登记是与正式登记相对应的概念。一般所讲的不动产登记，是指对现实的不动产物权所进行的正式登记；而预告登记，是指为保全一项

① 《民法典》物权编用益物权分编中增设了居住权并采行登记要件主义，故此，登记类别中应增设居住权登记。

以将来发生的不动产物权变动为目的的请求权而作的提前登记。在理论上及域外立法例上，预告登记又称为预先登记、暂先登记、预登记、假登记。纳入预告登记的请求权对后来发生的与该请求权内容相抵触的处分行为具有物权性的排他效力，因而能确保将来只发生该请求权所期待的法律效果。因而，进行了预告登记的买受人的债权请求权等权利，具有准物权的性质。[①]在我国，预告登记主要适用于正在建设中的商品房预售行为（期房销售或称卖楼花），是为保护承购人的权利、防止预售人（房地产开发企业）日后再行出售房屋而设立的一项行之有效的措施。除此之外，预告登记还可适用于其他情形。《民法典》第221条规定："当事人签订买卖房屋的协议或者签订其他不动产物权的协议，为保障将来实现物权，按照约定可以向登记机构申请预告登记。预告登记后，未经预告登记的权利人同意，处分该不动产的，不发生物权效力。""预告登记后，债权消灭或者自能够进行不动产登记之日起九十日内未申请登记的，预告登记失效。"根据《物权编解释（一）》第4条、第5条的规定，未经预告登记的权利人同意，转移不动产所有权或者设定建设用地使用权、地役权、抵押权等其他物权的，应当依照《民法典》第221条第1款的规定，认定其不发生物权效力；买卖不动产物权的协议被认定无效、被撤销、被解除，或者预告登记的权利人放弃债权的，应当认定为《民法典》第221条第2款所称的"债权消灭"。《担保制度解释》第52条对预告登记的抵押权的效力问题补充规定："当事人办理抵押预告登记后，预告登记权利人请求就抵押财产优先受偿，经审查存在尚未办理建筑物所有权首次登记、预告登记的财产与办理建筑物所有权首次登记时的财产不一致、抵押预告登记已经失效等情形，导致不具备办理抵押登记条件的，人民法院不予支持；经审查已经办理建筑物所有权首次登记，且不存在预告登记失效等情形的，人民法院应予支持，并应当认定抵押权自预告登记之日起设立。"[②]"当事人办理了抵押预告登记，抵押人破产，经审查抵押财产属于破产财产，预告登记权利人主张就抵押财产优先受偿的，人民法院应当在受理破产申请时抵押财产的价值范围内予以支持，但是在人民法院受理破产

---

① 关于预告登记的法律效力问题，可参见王利明：《论民法典物权编中预告登记的法律效力》，载《清华法学》2019年第3期。

② 根据登记程序规则，不动产抵押权的预告登记在建筑物所有权办理首次登记时自动随之转为正式登记，故司法解释中作此规定。

申请前一年内，债务人对没有财产担保的债务设立抵押预告登记的除外。”

《实施细则》中对预告登记的适用范围、登记申请材料等问题作出了更为具体的规定。该细则第85条规定：“有下列情形之一的，当事人可以按照约定申请不动产预告登记：（一）商品房等不动产预售的；（二）不动产买卖、抵押的；（三）以预购商品房设定抵押权的；（四）法律、行政法规规定的其他情形。”“预告登记生效期间，未经预告登记的权利人书面同意，处分该不动产权利申请登记的，不动产登记机构应当不予办理。”“预告登记后，债权未消灭且自能够进行相应的不动产登记之日起3个月内，当事人申请不动产登记的，不动产登记机构应当按照预告登记事项办理相应的登记。”《实施细则》第86—88条对不同类型的预告登记当事人应当提交的材料也作有具体规定。关于预告登记的注销问题，《实施细则》第89条规定：“预告登记未到期，有下列情形之一的，当事人可以持不动产登记证明、债权消灭或者权利人放弃预告登记的材料，以及法律、行政法规规定的其他必要材料申请注销预告登记：（一）预告登记的权利人放弃预告登记的；（二）债权消灭的；（三）法律、行政法规规定的其他情形。”

在讨论预告登记制度时，还应注意其与房地产交易中“网签”的管理措施之关系。建设部1994年发布、1995年11月1日起施行的《城市商品房预售管理办法》（曾于2001年、2004年作过两次修改）第10条中规定了商品房预售合同的登记备案手续（即所谓的“网签”）；此后，许多地方的建设行政主管部门在存量房交易中也大力推进“网签”的做法。2010年国务院办公厅《关于促进房地产市场平稳健康发展的通知》要求进一步建立健全存量房交易合同网上备案制度。住房和城乡建设部也于2016年4月提出要对存量房交易实行网签全覆盖。网签制度在加强房屋预售和存量房买卖的管理、维护房屋交易双方的合法权益、防止一房两卖等方面取得了良好的效果。但应注意的是，网签是房产交易中的行政管理措施，其与物权法上的预告登记虽在防止一房两卖等方面有近似的作用，但其不具有物权登记的效用，故不能将二者混为一谈。[①]

① 有关网签制度的具体内容及其与预告登记制度的关系，参见常鹏翱：《存量房买卖网签的法律效力》，载《当代法学》2017年第1期；李辉：《房屋买卖网签制度的法律探析》，北京航空航天大学2017年硕士学位论文。

（2）更正登记。是指权利人或利害关系人申请对登记错误进行更正，或登记机构发现登记错误时依职权对原登记进行更改、修正所进行的登记。更正登记能够彻底地终止现实登记权利的正确性推定效力，是对既有登记内容的改变。因此，更正登记必须在查明属实的前提下才能进行。更正登记的发起方式，可以是权利人、利害关系人认为不动产登记簿记载的事项错误而提出更正申请，在不动产登记簿记载的权利人书面同意更正或者有证据证明登记确有错误的情况下，由登记机构审查核实后办理，也可以是登记机构发现登记确有错误时依职权和法定程序予以更正；另外，法院、仲裁机构的生效裁判文书也是进行更正登记的依据。《民法典》第220条第1款规定："权利人、利害关系人认为不动产登记簿记载的事项错误的，可以申请更正登记。不动产登记簿记载的权利人书面同意更正或者有证据证明登记确有错误的，登记机构应当予以更正。"《实施细则》第79条、第80条规定：权利人申请更正登记的，应当提交不动产权属证书、登记确有错误的证明材料及其他必要材料；利害关系人申请更正登记的，应当提交利害关系的证明、证实不动产登记簿记载错误的材料及其他必要材料。权利人或者利害关系人申请更正登记后，不动产登记机构认为不动产登记簿记载确有错误的，应当予以更正，但在错误登记之后已经办理了涉及不动产权利处分的登记、预告登记和查封登记的除外。不动产权属证书或登记证明填制错误以及不动产登记机构在办理更正登记中需要更正不动产权属证书或登记证明内容的，应当书面通知权利人换发，并把换发不动产权属证书或者不动产登记证明的事项记载于登记簿。不动产登记簿记载无误的，不动产登记机构不予更正，并书面通知申请人。《实施细则》第81条还对登记机构依职权进行的更正登记作出了规定：不动产登记机构发现不动产登记簿记载的事项错误，应当通知当事人在30个工作日内办理更正登记。当事人逾期不办理的，不动产登记机构应当在公告15个工作日后依法予以更正；但在错误登记之后已经办理了涉及不动产权利处分的登记、预告登记和查封登记的除外。

（3）异议登记。异议登记是与更正登记相配套而规定的登记类型，它是指真正权利人或利害关系人对现实登记的权利的正确性提出异议而进行的登记。该登记的直接法律效力，是对抗现实登记的权利的正确性推定，从而暂时中止现实登记的权利人按照登记权利的内容行使权利或阻止第三人依登记的公信力而受让不动产物权。当出现登记的权利与真实的权利不符或不动产登记簿的记载有其他错误的情况时，法律上允许权利人或利害关系人申请更正，但更正登记要求“不动产登记簿记载的权利人书面同意更正或者有证据证明登记确有错误”，条件较严格、时间一般也较长，因此在情势紧迫的情况下，有必要建立异议登记制度或其他类似制度（如某些国家民事诉讼法上规定的“假处分”制度），作为一种临时性保护措施。异议登记与更正登记有密切的联系，通常是在登记的权利人与真正权利人不一致、真正权利人或利害关系人不能马上提出足够证据证明登记错误，而登记权利人不同意更正登记的请求且意图或即将实施行为损害后者利益（如处分登记在其名下的不动产）的情况下，法律赋予后者一种简便的、临时的保护措施，目的在于使其能够便捷地阻止登记权利人对不动产的现时处分或者能够进行事后追索。[①]《民法典》第220条第2款规定，权利人、利害关系人提出更正登记的申请后，“不动产登记簿记载的权利人不同意更正的，利害关系人可以申请异议登记。登记机构予以异议登记，申请人自异议登记之日起十五日内不提起诉讼的，异议登记失效。异议登记不当，造成权利人损害的，权利人可以向申请人请求损害赔偿”。根据《物权编解释（一）》第2条、第3条的规定，当事人有证据证明不动产登记簿的记载与真实权利状态不符、其为该不动产物权的真实权利人，请求确认其享有物权的，人民法院应予支持。异议登记因法定事由而失效后，当事人仍可提起民事诉讼，请求确认物权归属，异议登记失效不影响人民法院依法受理和对案件进行实体审理。

另据《实施细则》第82—84条的规定：利害关系人认为不动产登记簿记载的事项错误，权利人不同意更正的，利害关系人可以申请异议登记。利害关系人申请异议登记的，应当提交证实对登记的不动产权利有利害关系的材料和证实不动产登记簿记载的事项错误的材料及其他必要材料。不动产登记机构受理异议登记申请的，应当将异议事项记载于不动产登记簿，并向申请人出具异议登记证明。异议登记申请人应当在异议登记之日起15日内，提交人民法院受理通知书、仲裁委员会受理通知书等提起诉讼、申请仲裁的材料；逾期不提交的，异议登记

---

① 参见刘保玉：《异议登记与财产保全关系的处理模式及其选择》，载《法商研究》2007年第5期。

失效。异议登记失效后，申请人就同一事项以同一理由再次申请异议登记的，不动产登记机构不予受理。异议登记期间，不动产登记簿上记载的权利人以及第三人因处分权利申请登记的，不动产登记机构应当书面告知申请人该权利已经存在异议登记的有关事项；申请人申请继续办理的，应当予以办理，但申请人应当提供知悉异议登记存在并自担风险的书面承诺。

（4）查封登记。是在诉讼程序中，登记机构根据人民法院的《协助执行通知书》而对涉案不动产予以封存所作的登记。人民法院对不动产查封，是民事诉讼法上财产保全制度的组成部分，从不动产查封登记的作用、效力等方面讲，其不属于物权登记的范畴。因此，我国《物权法》及《民法典》物权编中并未对此作出规定。但鉴于对不动产的查封登记与登记机构的职责有关，因此《不动产登记暂行条例》和《实施细则》中对这一登记类型作出了规定。根据《实施细则》第90—93条的规定，人民法院要求不动产登记机构办理查封登记的，应当提交人民法院工作人员的工作证、协助执行通知书及其他必要材料。两个以上人民法院查封同一不动产的，不动产登记机构应当为先送达协助执行通知书的人民法院办理查封登记，对后送达协助执行通知书的人民法院办理轮候查封登记。轮候查封登记的顺序按照人民法院协助执行通知书送达不动产登记机构的时间先后进行排列。查封期间，人民法院解除查封的，不动产登记机构应当及时根据人民法院协助执行通知书注销查封登记。不动产查封期限届满，人民法院未续封的，查封登记失效。人民检察院等其他国家有权机关依法要求不动产登记机构办理查封登记的，参照上述规定办理。

二、动产交付

（一）动产占有与交付的意义

动产物权的公示方法，自古以来即为占有与占有的移转（即交付）。这是由于动产的数量难以计数且交易频繁，若均要求登记，既无必要也无可能，更不利于交易的便捷。依一般生活观念和交易习惯，现实占有某物而有所作为者，当然推定占有人为物的权利人；动产物权的变动，也以标的物的现实交付为外观，法律上遵从此一观念，因而确认了“占有之所在即为动产物权之所在”的理念。

我国《民法典》物权编第二章中专设一节（第二节）规定了“动产交付”，第224条（原《物权法》第23条）规定：“动产物权的设立和转让，自交付时发生效力，但是法律另有规定的除外。”该条中的前句，为动产物权变动的一般规则，具有普适性，而后句则为例外规定。这里所指的“法律另有规定”，有以下四种情形：（1）特殊动产物权变动的规则。如前所述，船舶、航空器和机动车等特殊动产，法律上也有登记制度，但此种登记与不动产登记的效力有所不同。故此，船舶、航空器和机动车等特殊动产的物权变动规则，与不动产和普通动产均有差异。《民法典》第225条（原《物权法》第24条）规定：“船舶、航空器和机动车等的物权的设立、变更、转让和消灭，未经登记，不得对抗善意第三人。”结合动产物权变动的一般规则的规定，应当认为：此类特殊动产物权的变动，仍是以交付为生效要件，而登记是产生对抗善意第三人效力的要件。[①]关于第225条规定中的“善意第三人”的范围问题，《物权编解释（一）》第6条规定：“转让人转让船舶、航空器和机动车等所有权，受让人已经支付合理价款并取得占有，虽未经登记，但转让人的债权人主张其为民法典第二百二十五条所称的‘善意第三人’的，不予支持，法律另有规定的除外。”（2）动产抵押权的设立。抵押权的设立，原本即不存在移转占有的问题，故此，《民法典》第403条规定：动产抵押权自抵押合同生效时设立；未经登记，不得对抗善意第三人。（3）法律允许当事人另有约定的情形。根据《民法典》第158条、第160条、第641条、第739条、第757条关于附条件、附期限法律行为的规定以及保留所有权买卖的规定、融资租赁合同期间届满租赁物的归属的规定等，标的物虽然已经交付，但

---

① 在船舶、航空器、机动车等特殊动产物权的变动中，订立合同、交付标的物、办理登记各有其不同的法律意义。不过，关于交付和登记在特殊动产物权变动中的意义如何，存在不同的认识。参见王利明：《特殊动产物权变动的公示方法》，载《法学研究》2013年第4期；崔建远：《机动车物权的变动辨析》，载《环球法律评论》2014年第2期；王利明：《特殊动产一物数卖的物权变动规则——兼评〈买卖合同司法解释〉第10条》，载《法学论坛》2013年第6期；刘保玉：《论多重买卖的法律规制——兼评〈买卖合同司法解释〉第9、10条》，载《法学论坛》2013年第6期。

当事人可以约定标的物的所有权并不因此而转移。（4）动产的所有权保留买卖合同和融资租赁合同中标的物的所有权登记。动产所有权原本不存在登记问题，但为防止保留所有权买卖和融资租赁交易中买受人、承租人违背诚信处分标的物而损害出卖人、出租人利益的情况发生，《民法典》第641条、第745条中对出卖人、出租人的动产所有权也赋予了登记能力，并采用了“未经登记，不得对抗善意第三人”的规则。

值得说明的是，不动产和船舶、航空器、机动车等特殊动产登记由于有国家行政力量的介入、经过严格的程序并有书面的记载，因此所公示的物权状况与真实的物权状况出入极小，准确性较高。而动产占有人占有物的原因很多，占有人未必是享有物权的人（如保留所有权买卖中的买受人以及承租人、借用人、保管人等对物的占有），而且占有所公示的物权究竟是何种物权，通常还要依据合同及占有人的意思来推断和认定，因此，占有与交付作为物权享有与变动的外形，其准确性相对较低，故往往还需考虑一些其他“参数”（如有无购买发票等凭证、交易的场所、交易的性质以及受让人有无过失等）以提高对其法律效果判断的准确性。

（二）交付的一般形态——现实交付

现实交付又称直接交付，是指一方将物的直接占有移转给另一方的行为。动产物权变动一般规则中所规定的和我们通常所讲的交付，即是现实交付。此种交付，自动产由一方移转给另一方占有时完成，按照约定或者交易习惯需要一并交付提取标的物单证以外的有关单证和资料（如发票、产品合格证、质量保证书、保险单等）的，单证和资料应附随交付，[①]但单证和资料交付与否并不影响物权变动的生效。

现实交付，可以是受让人自提标的物，也可以是让与人送交标的物。现实交付还有委托交付与拟制交付两种形式。委托交付，是指让与人根据约定将动产交付给承运人或邮局的交付方式。此种交付方式中，办理完毕托运、交邮等手续，即为交付。拟制交付，是指让与人将代表和提取标的物权利的有效凭证（如提单、

---

① 参见《民法典》第599条。

仓单、票据等）交付给受让人，交付即告完成的交付方式。交付的具体时间认定以及标的物意外灭失的风险负担等问题，在合同法上作有明确规定。[①]

应当注意的是，交付当然意味着占有的转移，但单纯的交付本身并不意味着受让人当然能够取得动产上的所有权或其他物权。因为交付的原因有很多，可能是出卖、赠与或设定质权，也可能是出借、出租、委托保管等，因此，欲使交付发生物权变动的效果，还需当事人之间有买卖合同、赠与合同、质押合同等转移所有权或设定质权的合意。在附条件买卖或保留所有权买卖以及约定最终由承租人取得租赁物所有权的融资租赁等交易中，标的物虽然交付，但其所有权则应待所附条件成就时方为转移。

（三）交付的变通形态——观念交付

现实生活中，为了交易的便利，在动产的现实交付之外，还存在一些变通的交付方式，即所谓“观念交付”，它是指在特殊情况下，法律允许当事人通过特别的约定，不现实交付动产而采用变通的或观念上的方法设立、转移物权的交付方式。观念交付主要包括下列三种形式：

1.简易交付。又称在手交付、先行占有，是指动产物权的受让人已因其他法律关系先行占有了标的物，而后双方又达成了物权变动的合意，因而不必再行交付，物权变动自合同生效时发生效力。先租后买或先借后质等情形，为其适例。《民法典》第226条规定：“动产物权设立和转让前，权利人已经占有该动产的，物权自民事法律行为生效时发生效力。”简易交付中，并非标的物没有实际交付，而是在物权变动的合意形成前即已先行交付，因此其实际效果与现实交付无异。在这个意义上，也有人将简易交付视为现实交付的一种情况；而前述的拟制交付，也有人将其归为观念交付的情形之一。

2.指示交付。又称长手交付、替代交付或返还请求权的让与，是指当标的物由第三人占有时，让与人将对该第三人的返还请求权让与给受让人并通知占有人，以代物的实际交付。例如，对标的物享有所有权的出卖人将交由他人仓储的动产出卖给买受人时，只需将其对于保管人的返还请求权转让给买受人，并通知

① 参见《民法典》第604—611条。

保管人即可。《民法典》第227条规定：“动产物权设立和转让前，第三人占有该动产的，负有交付义务的人可以通过转让请求第三人返还原物的权利代替交付。”另据《九民纪要》第63条、《担保制度解释》第55条关于流动质押的设立与监管人的责任的规定，动产质权亦可以指示交付、第三方监管的方式设定。

3. 占有改定。占有改定是指出让动产时，出让人仍有必要继续占有该项动产的，可以与受让人另行约定仍由其实际占有该动产而使受让人取得对物的间接占有，以代替实际交付的情形。占有改定实际上是标的物的所有权转移，但现实占有不转移，只是占有人的占有名义发生了变更（原来是所有权人的占有，现在是以借用人、承租人、保管人等名义占有）。占有改定在售后回租或卖出借回等“混合交易”（买卖与借用、租赁、保管等关系同时发生）的情形下，有其适用价值，而且其是让与担保制度设立的必要基础。《民法典》第228条规定：“动产物权转让时，当事人又约定由出让人继续占有该动产的，物权自该约定生效时发生效力。”[①]

显而易见，观念交付在现实生活中具有重要的适用价值，其在特定的交易情形下可以简化交易的程序，颇为便捷和经济，有利于减少往返交付所造成的无端损耗。但观念交付中的占有改定与指示交付，毕竟未伴随有标的物占有的移转，因此，不具备完整的公示作用，也不具有公信力。为维护交易的安全，法律上有必要对其适用条件及引起物权变动的效力予以适当的限制。例如，学说理论和立法例上通常不允许以占有改定的方式设定动产质权；[②]无权处分人与受让人约定以占有改定的方式为交付的，不能发生善意取得的后果或者不具有对抗第三人和原权利人追索的效力；[③]以指示交付的方式设定动产质权，质权人尚应采取适当措

---

① 本条规定，仅适用于“物权转让”的情形。动产质权设立中的交付，不适用本条规定。

② 参见《德国民法典》第1205条、第1253条；《瑞士民法典》第884条第3款；《日本民法典》第345条。

③ 参见《德国民法典》第933条；《瑞士民法典》第717条。另参见［日］近江幸治：《民法讲义Ⅱ：物权法》，王茵译，北京大学出版社2006年版，第117—118页；刘得宽：《民法诸问题与新展望》，中国政法大学出版社2002年版，第368页以下；王轶：《物权变动论》，中国人民大学出版社2001年版，第266—275页；叶金强：《取得占有与动产善意取得》，载《甘肃政法学院学报》2005年第2期，第37—38页；王利明主编：《中国物权法草案建议稿及说明》，中国法制出版社2001年版，第11页（第42条占有改定）、第203—204页。

施控制质物并表彰其权利（如在库房粘贴质押封条、在存放质物的库房加锁等），否则，该质权不能对抗善意第三人。我们认为，该做法值得借鉴。[①]

三、物权变动的其他公示方式

不动产登记和动产交付，是物权变动的一般公示方式，除此之外，还应承认存在其他“特殊公示方式”。[②]由于登记和交付之外的特殊公示方式通常是起辅助作用的，故亦可称其为“辅助的公示方式”。例如：不动产买卖、租赁等交易中不动产占有的移转，不仅在合同法上有其意义，在物权法上也有其重要的作用；[③]一些国家或地区法律上所规定的于动产担保物上打刻标记、粘贴标牌的“明认方式”，以指示交付的方式设定动产质权时须在存放质物的处所粘贴质押封条、加锁，以票据设定质押时的背书等方式，亦属于特殊的公示；社会实际生活中常见的图书馆及个人藏书上的印章和签名、在个人饲养的动物身上涂烙标记等，其意义也在于以原始而朴素的方式明示其所有权归属。基于计算机网络的现代发展，通过互联网而进行的“电子登记”已成为物权公示的重要方法，其在动产抵押权及权利质权设定中的适用尤其普遍。中国人民银行的信贷征信机构作为法定的应收账款质押的登记机构，已经率先通过电子化的信贷登记咨询系统推进全国联网的电子登记制度，这一做法对我国物权公示方式的改革与发展产生了重要的影响。在我国的《不动产登记暂行条例》和《实施细则》中，已推行以电子介质进行的不动产登记。[④]我国《民法典》中，拟对动产和不动产物权之外的财产权利也采行统一登记制并为其预留了空间，而电子介质的登记应是首选的登记方法。

---

① 参见刘保玉：《论物权公示原则在物权性质界定与类别划分中的意义》，载《政法论丛》2007 年第 3 期。

② 孙宪忠：《中国物权法总论》，法律出版社 2003 年版，第 184 页。

③ 我国《民法典》合同编买卖合同章中所称的标的物交付及标的物毁损、灭失的风险负担规则，同样适用于不动产；在物权编关于不动产物权变动的规则上，不动产占有的移转虽非法定的公示方式，但在先的买受人取得占有的，通常具有否定第三人善意取得的效用；不动产租赁权的物权化，也应以承租人已经占有租赁物为条件（参见《民法典》第 405 条、第 725 条）。

④ 参见《不动产登记暂行条例》第 9 条、《实施细则》第 7 条。

可以看到，我国的物权登记制度本着稳妥而又积极的态度，在登记的机构和登记的方式等方面遵循着这样两个轨迹逐步推进：其一，从分别登记制──→部分统一登记（不动产登记的先行统一）、部分分别登记制并存──→全面统一登记制（区分不动产和动产）；其二，从纸质书面登记制──→书面登记、电子登记并行──→全面统一的电子登记制。

第四节　物权公示原则

一、物权公示原则的意义

物权公示原则是关于物权变动的基本规则，主要适用于基于法律行为而发生的各种物权变动。至于非因法律行为而发生的物权变动，则适用法律的特殊规则，即不以公示为要件，但未经公示的，物权取得人不得处分其物权或者其处分不能发生物权的效力。

所谓物权的公示，是指以公开的、外在的、易于查知的适当方式展示物权存在和变动的情况。至于公示的方式，则因不动产物权或动产物权的不同而有所区别，已如前述。物权公示原则，就是法律上要求当事人必须以法定的方式公开展现物权变动的事实，否则，不能发生物权变动的效力和公信力之原则。学理上通常将公示、公信原则并列作为物权变动的基本原则，还有不少著述中单独讲述物权变动与其原因行为的区分原则。我们认为，物权的公示，不仅是决定物权变动的法律效果能否发生或能否产生对抗力的依据，而且法律还确认依法公示出来的物权状况具有使社会一般人信赖其正确的效力，并保护基于此合理信赖而实施的行为的效力；当事人变动物权的意思表示，非经公示的，并非无任何约束力，只是不发生物权法上的效力而已。因此，通常所谓的公信原则和物权变动与其原因行为的区分原则，与公示原则密切相关，可以为公示原则所涵盖。我们这里所言的物权公示原则，即包括公信原则与区分原则在内。

物权的公示与公示的公信力，历来是物权法上的重要问题。物权为具有支配性、对世性及排他性效力的权利，物权的变动如不能以一定的方式公开、透明，则既不利于明确物权人的权利并加以保护，也不利于维护善意第三人的利益，难免对交易安全造成妨害；同时，依法公示的物权若不能产生公信力，则公示的效力难谓完整，他人仍将无所适从，交易的安全也将无以维护，交易的发展更无从谈起。因此，为维护物权秩序和交易安全，近代以来各国物权法无不实行公示公信原则。我国《民法典》物权编在通则分编第一章“一般规定”中的第208条也对物权公示原则作出了明确规定：“不动产物权的设立、变更、转让和消灭，应当依照法律规定登记。动产物权的设立和转让，应当依照法律规定交付。”同时，在第二章“物权的设立、变更、转让和消灭”中分三节（分别是“不动产登记”“动产交付”“其他规定”）对物权变动的公示问题作了系统的规定。

二、物权公示的效力

如前所述，我们通常称物权的公示方式为不动产登记与动产的交付，或者简称其为登记与交付。而若从物权的享有与变动（静态与动态）两方面完整地来看，不动产物权的公示方法应为登记与登记的变更，动产物权的公示方法应为占有与占有的移转（即交付）。当物权的得丧变更满足了法定的公示要求时，就会引起相应的法律后果，这就是公示的效力。该效力包括：决定物权的变动能否生效或能否发生对抗第三人的效力；公示权利的正确性推定效力；对第三人的善意保护效力。此外，物权公示还具有交易风险的警示效力。[①]

学理上，一般将物权公示的上述三种效力分为两个方面：其一为物权公示的

① 由于不动产物权的各种变动情况原则上均应纳入登记，因此，当某项不动产上已有他项权利登记时，就该不动产进行交易的相对人就可明了该权利上既存的他项权利负担，从而避免遭受不测的风险；而登记记载所作的明确宣示以及登记簿允许当事人和利害关系人查阅的规定，视为登记记载事项已为或应为相对人所知，相对人不得以不知此前的登记事项为由否定已有的权利负担。当所有权人处分其动产而该动产为他人实际占有时，他人占有物的事实也对受让人具有交易风险的警示作用，提醒其对占有人是否对该物拥有一定的权利（如质权、租赁权等）作必要的了解，以免使交易的后果与其预期相悖。

形成力或对抗力，其二为物权公示的公信力。[①]前一方面是决定物权的变动是否发生或能否对抗第三人的效力；后一方面为权利正确性推定效力和善意保护效力。

（一）物权公示的形成力或对抗力

此为物权公示所具有的决定物权变动是否发生或者能否对抗第三人的效力。

关于物权公示的效力及其与物权变动的关系，大致可分为三种不同的立法主义：

其一，公示要件主义。又称公示生效要件主义、公示成立要件主义、形式主义。依此主义，物权的变动以完成公示为其生效要件（同时也是新物权的成立要件），仅有当事人变动物权的意思而未依法予以公示的，不能发生物权变动的法律效果。在不动产物权的变动中，登记为其必要、充分条件，登记完成则物权变动生效，新的物权关系成立，而不论不动产的占有是否移转；如果未办理登记，即使不动产已经交付，物权变动也不能发生。在动产物权的变动中，则以交付为生效要件，否则动产所有权不能发生转移、质权不能成立。这种立法例使物权公示具有形成力，即决定物权变动的效力。因其与物权变动的形式主义或债权形式主义立法模式具有内在的逻辑联系，故德国法系国家通常采此做法。

其二，公示对抗主义。又称公示对抗要件主义，依此主义，物权的公示并非物权变动的要件而仅为发生物权对抗力的要件。换言之，物权变动的效果仅依当事人的意思表示即为已足，但未经登记或交付的，不得对抗第三人（或善意第三人），第三人得以未经公示为由否定其物权变动的效果。例如，所有权的移转以及地上权、地役权、抵押权等物权变动，仅因当事人的协议即可发生，未经登记或交付的，该物权变动只是不具有对抗（善意）第三人的效力而已。在这种立法例中，物权公示并不具有决定物权变动是否发生的形成力，而只具有决定物权变动能否对抗第三人（或善意第三人）的效力。此种做法与意思主义的物权变动模式具有内在一致性，故为法国、日本等国立法所采行。

其三，折中主义。即兼采公示要件主义与公示对抗主义的立法模式，换言

---

① 参见孙宪忠：《德国当代物权法》，法律出版社 1997 年版，第 83 页以下；梁慧星等：《中国物权法草案建议稿》，社会科学文献出版社 2000 年版，第 110 页；孙毅：《物权法公示公信原则研究》，载梁慧星主编：《民商法论丛》（第 7 卷），法律出版社 1997 年版，第 475 页以下。

之，折中主义是对一些种类的物权变动采行公示要件主义，而对另一些种类的物权变动则采行公示对抗要件主义。较常见的做法是以公示要件主义为原则，以公示对抗主义为例外。

我国《民法典》第209条第1款规定："不动产物权的设立、变更、转让和消灭，经依法登记，发生效力；未经登记，不发生效力，但是法律另有规定的除外。"第224条规定："动产物权的设立和转让，自交付时发生效力，但是法律另有规定的除外。"此为对物权公示之效力的基本规定，即原则上采用公示要件主义，但另设有诸多除外规定。结合《民法典》物权编中关于特殊动产物权变动（第225条）、土地承包经营权的流转（第335条）、地役权的设立（第373条）、动产抵押权的设立（第403条）等规定中"未经登记，不得对抗善意第三人"的规定，通说认为我国采用的是以公示要件主义为原则、以公示对抗主义为例外的折中主义。①

需要注意的是，域外立法例上关于登记对抗主义的规定，多表述为"未经登记，不得对抗第三人"，而我国立法上则表述为"未经登记，不得对抗善意第三人"。不同的表述，其法律效果是有差异的。

（二）物权公示的公信力

物权公示的公信力，是指依法定方式进行公示的物权，具有使社会一般人信赖其正确的效力，即使公示的物权状况与真实的权利状态不符，法律对信赖公示的善意第三人从公示的物权人处所取得的权利仍予以保护。具体来说，物权公示的公信力主要表现在两个方面：

1.权利正确性推定效力

是指以法定方法公示出来的物权，具有使社会一般人信赖其为真实、正确的物权之效力。依此效力：在不动产登记簿上记载某人享有某项物权时，依法应推定登记记载的权利人为真正的权利人，登记记载的权利为真实、正确的权利；登

① 也有学者认为二者并重，并无原则与例外的主辅关系。至于此种做法是否允当，有不同的见解。有不少学者主张，关于不动产物权变动应一律采用登记要件主义，而动产物权变动仍可维持登记对抗主义的做法；也有学者主张对各类物权变动一律采用公示要件主义；还有的学者则特别推崇公示对抗主义。

记记载的权利人的物权及其对该权利的处分，受法律保护；在登记簿上涂销某项物权时，应推定该项权利消灭；动产的占有人对其占有物实施某项行为时，应推定该人依法有为此种行为的权利。

不动产登记簿记载的物权与真实的不动产物权一致，动产的占有与真正物权一致，是正常的法律秩序的基本要求。然而，由于现实生活的复杂性，公示出来的权利与真实的物权也可能出现不一致的情况，如动产的实际占有人并非真正权利人、“借名登记”的权利人并非真正权利人等；因当事人的过错或登记机构的疏忽而导致的登记错误也偶有发生。即便如此，不动产登记与动产交付所表现出来的物权，对第三人而言也都应该被推定为是正确的，因为不动产登记是以行政行为支持的物权公示手段，其法律效果当然为社会所普遍信服；动产的占有与交付是依据社会生活常识建立的公示手段，其法律后果亦应予以承认。[①]基于国家登记机构所为登记的信誉和一般的生活习惯，不动产登记权利与动产的实际占有，具有一种使人产生合理信赖的“权利外观”，如果该权利外观所表现的权利状况不能为社会一般人所信赖，则势必造成物权秩序的混乱，窒碍交易的进行，交易的安全也难以得到维护。因此，自德国民法确认物权公示的权利正确性推定效力规则以来，该规则得到各国法律的普遍接受，即使在法国、日本这些采行公示对抗主义的国家，实际上也是承认该规则的。[②]

2. 善意保护效力

是指第三人因合理信赖物权公示而从公示的物权人处取得的物权，不受任何人的追夺，法律对其予以强制保护的效力。换言之，在公示的物权状况与真实的物权状况不一致的情况下，信赖公示而与公示的物权人进行交易行为的，法律承认其产生与真实的物权人进行交易的相同效果，但第三人于取得权利时知悉或应当知悉公示的权利有瑕疵的除外。依法律推定的规则，除非有相反的证据，否则信赖公示而进行交易的第三人，应推定为善意。非真正权利人处分登记在其名下的不动产或者占有人处分其所占有的他人的动产时，善意第三人可以从其手中受让该项物权的“善意取得”制度，为此效力的典型表现。

---

① 梁慧星等：《中国物权法草案建议稿》，社会科学文献出版社2000年版，第110页。

② 孙宪忠：《德国当代物权法》，法律出版社1997年版，第84页以下。

我国物权法制定过程中，关于是否明确规定物权公示的权利正确性推定效力和公信力，曾有过反复，最终通过的《物权法》及2020年颁行的《民法典》物权编中对此均未设明文，而只对善意取得制度等作有规定。[①]不过，在学理和解释上对物权公示的这种效力均是肯定的。

在此还应提及的是，登记对抗规则中“未经登记，不得对抗善意第三人”和公示物权所产生的善意保护效力以及善意取得制度中，均涉及“善意”的认定标准问题。而此问题，学说理论和立法例上有不同的认识，大致可归纳为不知真情即为善意、不知真情且无过失为善意和不知真情且无重大过失为善意三种主张。通说认为我国学说理论和立法精神上采纳的是最后一种主张；至于是否构成重大过失，应以是否违反一般人在同等情况下的基本注意义务为标准。[②]《物权编解释（一）》第14条关于“受让人受让不动产或者动产时，不知道转让人无处分权，且无重大过失的，应当认定受让人为善意”“真实权利人主张受让人不构成善意的，应当承担举证证明责任”的规定，符合法理通说，值得肯定。

三、物权法上的公信原则及其与公示原则的关系

物权法理论上通常所讲的公信原则又称公信力原则，是指依法定方式进行公示的物权，具有使社会一般人信赖其正确的效力，即使公示的物权与真实的权利状态不符，法律对信赖公示的善意第三人从公示的物权人处所取得的权利仍予以保护。易言之，公信原则即赋予公示的物权以公信力的原则。

---

① 物权法草案四审稿第5条曾规定：“记载于不动产登记簿的人是该不动产的权利人，动产的占有人是该动产的权利人，但有相反证据证明的除外。”第22条也曾规定：“基于不动产登记簿享有的物权受法律保护，但记载于不动产登记簿的权利人在取得权利时知道或者应当知道权利有瑕疵的除外。”或许是为了避免不动产登记的公信力规则与不动产善意取得制度对同一问题的“重复规定”，立法机关后来在五审稿中删除了原第22条的规定，六审稿中又将“权利推定”的规定改为关于物权公示原则的规定，《物权法》第6条和《民法典》第208条维持了这一规定。笔者认为，明文规定不动产登记的权利推定效力、公信力规则应为上选方案，基于此规定而对善意第三人取得的权利予以保护，与不动产善意取得规定的适用条件和所欲解决的问题是有不同的，不应将二者混为一谈（参见本书第五章第八节中关于善意取得制度的阐释）。在《民法典》已经颁行的情况下，仍不妨通过学理解释来树立这种理念和规则。

② 参见刘保玉：《物权法中善意取得规定的理解与适用》，载《南都学坛》2008年第6期。

应当强调的是，物权公示产生公信力，并不意味着在登记状态与真实状态不符等情况下对真正权利人利益的忽视，也不意味着公信力对任何人均能产生。因为在发生登记的不动产物权与真实物权状态不一致的情况下，真正权利人可以申请“异议登记”和“更正登记”，以切断原有登记的公信力；另外，公信力只适用于对善意第三人的保护，即法律只对不知真情且无重大过失而信赖公示的物权并与权利人进行交易行为的人予以保护，而明知公示的权利有瑕疵仍与其发生交易行为的恶意第三人或其他不符合善意条件的人，则不具备受公信力保护的前提，其行为的效力和所取得的权利得被否定与追夺。

理论上通常将公信原则与公示原则并列作为物权变动的原则，二者相辅相成，以不同的功能确保物权变动快捷、顺畅、安全地完成。“公示原则的作用主要在于使人‘知’，公信原则的作用则在于使人‘信’。”[①]公信原则以公示原则为基础，并在功能上加以补充：公示原则只提供给当事人消极的信赖，即“只要没有公示就没有物权变动”的信赖，而公信原则则进一步保护当事人积极的信赖，即“只要有公示就有物权变动”的信赖。[②]依法公示的物权若不能产生公信力，则公示的效力难谓完整，交易的安全仍难以维护，或将导致征信成本过高，影响交易的发展。公信原则有力地保护了信赖公示而从事正常交易活动的善意行为人，体现了鼓励交易和维护交易安全的立法宗旨。尽管公信原则可能会对真正物权人的权利有所牺牲，但由于有适用条件和范围的限制，能够实现真正物权人与善意第三人之间利益的相对平衡，兼顾财产的静态安全与动态安全。正因如此，公信原则获得各国法律的普遍确认，理论上也通常将其与公示原则并列作为物权变动的基本原则。

我们认为，在理论上无论是将公信原则与公示原则并列作为物权变动的原则，还是明确肯定公示原则并确认物权公示具有公信力，只是观察的角度和对物权法基本原则的体系归纳方式稍有不同，两者并无实质的差异，均可成立。本书系将公信原则囊括于公示原则之中。

---

① 钱明星:《物权法原理》，北京大学出版社1994年版，第43页。

② 参见孙毅:《物权法公示公信原则研究》，载梁慧星主编:《民商法论丛》(第7卷)，法律出版社1997年版，第465页。

四、物权变动与债权合同的效力区分

（一）区分原则的含义

在物权公示原则的适用中，还应当注意，在物权变动实行登记要件主义规则的情形下，未经登记或交付，只是不能发生物权变动，但不能因此而否定合法订立的债权合同的约束力。[①]否则，合同将成为没有任何约束力而可任意撕毁的废纸，合同秩序将无以维护。“公示的欠缺不能反射到原因行为之上而使债权合同无效，因为公示不具有对债的关系的形成力，这是各国物权法理论公认的基本原理之一。相反，‘登记得本于债权契约而强制之’，有效的债权契约是完成公示的根据。”[②]此项原理被学者提炼为物权变动与其原因行为的区分原则，[③]也有的著述中称为物权变动与其基础关系的区分原则、物权变动的原因与结果的区分原则等。本书中将其称为“物权变动与债权合同的效力区分原则”（亦可称物权变动与合同效力的区分原则），并认为这一称谓更符合此项规则的主旨和法律规定的精神。

所谓物权变动与债权合同的效力区分原则，简称“区分原则”或“分离原则”，是指在基于法律行为的物权变动中，物权变动的结果和作为原因行为的债权合同是两个法律事实，它们的成立生效应依据不同的法律根据之原则。区分原则的基本含义，可以归纳为两点：其一，物权变动的基础关系即原因行为、债权合同的成立，应当按照该行为成立的自身要件予以判断，而不能以物权变动的要件是否成就为判断标准；其二，物权的变动，必须以动产的交付与不动产的登记为必要条件，而不能认为基础关系或原因行为的成立生效就必然发生物权变动的

---

① 学界和实务界曾有人将设立用益物权或担保物权的合同理解为所谓的“物权合同”，这种认识显然是错误的。

② 孙毅：《物权法公示公信原则研究》，载梁慧星主编：《民商法论丛》（第7卷），法律出版社1997年版，第479页。

③ 参见孙宪忠：《论物权变动的原因与结果的区分原则》，载《法学研究》1999年第5期；梁慧星等：《中国物权法草案建议稿》，社会科学文献出版社2000年版，第7条、第310条、第312条、第363条及其说明。

效果。[①]

以具有典型意义的房屋买卖合同为例来加以说明：买卖双方订立了买卖合同，且符合主体适格、意思表示真实等要件，其合同即为有效；但买卖合同有效成立，甚至房屋和价款也均已交付，并不意味着房屋的所有权随即发生转移，房屋所有权的变动应以物权法上的移转登记之完成为其要件；未办理移转登记手续的，只是意味着房屋的所有权尚未转移，出卖人的义务尚未履行完毕，但不能因此而否认买卖合同的效力；出卖人不履行移转房屋所有权之义务的，买受人有权基于买卖合同而要求出卖人实际履行合同或承担违约责任。动产买卖中的物权变动与买卖合同效力的关系，原理相同，惟物权变动的要件为标的物的交付而已。

以买卖合同为例而分析其中物权变动的原因与结果的关系，可以看出：（1）买卖合同涉及的两种基本财产权利有着本质的区分。买卖合同可以直接产生的权利是债权，而买卖合同顺利履行的结果是移转标的物的所有权。（2）债权发生与物权变动的法律基础不同。买卖合同在当事人就合同的内容达成意思表示一致时即告成立，并产生债权法上的约束力；而物权的变动则只能在动产交付或不动产登记时才发生。（3）有债权的成立未必一定能发生物权变动的结果。买卖合同中债权的发生与物权的变动通常存在时间上的差异，就交易习惯与交易过程看，通常是先订立合同而后再为履行（动产交易中即时清结的情况除外），买卖合同的成立生效，并不当然地发生标的物上的物权变动的结果，标的物所有权的转移只能是在合同实际履行也即动产交付或不动产登记时才发生。而且，买卖合同中还可以对标的物所有权的移转附条件和期限，合法成立的合同或许因客观原因而不能发生物权变动的结果（如标的物意外灭失或因其他客观原因导致合同履行不能），也可能出现出卖人违背诚信而“一物二卖”或宁可违约也不履行移转标的物所有权之义务等情形。于此情况下，因物权变动的公示要件未能完成，买卖标的物的所有权尚未转移或者无法移转。（4）物权变动未发生的，并不影响合同的效力和买受人的债权请求权。根据《民法典》第465条、第502条、第577条等的规定，除法律另有规定或者当事人另有约定外，依法成立的合同，自成立时发生法律效

① 关于此问题的详细论述，参见孙宪忠:《论物权变动的原因与结果的区分原则》，载《法学研究》1999年第5期。

力；尚未发生或不能发生物权变动的，不影响合同本身的效力，因合同履行问题而发生的争议，应依据合同法的规定处理，当事人一方不履行合同义务或者履行合同义务不符合约定的，应当承担继续履行、采取补救措施或者赔偿损失等违约责任。

上述分析同样适用于其他以债权合同作为原因行为的物权变动。如设立不动产抵押权或动产质权时，当事人订立的抵押合同与质押合同，自依法成立时生效，并产生抵押人、出质人为债权人设立抵押权、质权的义务，而债权人享有相应的请求权；该合同的成立生效，只是为抵押权和质权的设立提供了合法的原因，而不能当然发生抵押权、质权的成立和排他效力产生的效果；只有在办理了抵押权登记或交付质物时，抵押权、质权才告成立；如因抵押人、出质人的原因导致抵押权、质权不能有效成立，抵押人、出质人同样应承担合同法上的责任。[①]

（二）关于区分原则的立法规定及其理解

我国《民法典》物权编在第二章第一节的第215条（《物权法》第15条）规定："当事人之间订立有关设立、变更、转让和消灭不动产物权的合同，除法律另有规定或者当事人另有约定外，自合同成立时生效；未办理物权登记的，不影响合同效力。"该条规定所体现的正是区分原则的精神。

依据前述区分原则的阐释并结合其他相关规定，理解、适用该条规定时应重点把握以下几点：

1.不动产物权变动与动产物权乃至权利物权的变动，均有区分原则的适用，应当一体把握。该条规定因位于"不动产登记"一节中，故只规定了不动产物权变动与合同的效力关系。但从相关立法规定和学理通说看，动产物权变动、不动产外的权利物权变动与基础合同的效力关系（如动产所有权的转移与买卖合同的关系，动产质权、权利质权的设立与质押合同的关系等），也适用同样的规则。[②]故此，关于区分原则的完整规定和表述，应当是："当事人之间订立有关取得、

---

① 参见刘保玉:《论"区分原则"在担保合同效力认定中的应用》，载《北京仲裁》2016年第3辑。另见《九民纪要》第60条;《担保制度解释》第37条、第46条、第50条、第63条。

② 参见《民法典》物权编中的第224条、第429条、第441条、第443—445条，合同编中的第465条、第502条、第577条等。

变更、移转和消灭物权的合同，除法律另有规定或者合同另有约定外，自合同成立时生效；未办理不动产登记或者交付动产的，不影响合同效力。”①

2. 区分原则的规定，只适用于基于民事法律行为且实行公示要件规则的物权变动，而不适用于非基于民事法律行为的物权变动和实行意思主义或公示对抗主义的物权变动。本条规定中“当事人之间订立有关取得、变更、移转和消灭物权的合同”以及“除法律另有规定或者合同另有约定外”之表述，均体现了其适用条件的限制。依《民法典》的相关规定，此处所称的取得、变更、移转和消灭物权的合同，主要包括买卖合同、不动产抵押合同、质押合同、居住权合同及建设用地使用权出让合同等。对于非基于民事法律行为的物权变动之规则，《民法典》物权编第二章第三节的“其他规定”中，已专门对其作了另外规定；而实行意思主义或登记对抗主义规则的物权变动，登记并非发生物权变动的决定性因素，②故亦无区分原则适用的空间。

3. 物权变动是否发生，应依据物权法的规定。《民法典》物权编中对基于民事法律行为的物权变动的公示要件作有明文规定，除法律另有规定外，不动产登记与动产交付具有决定物权变动是否发生的效力；当事人之间订立有关取得、变更、移转和消灭物权的合同，虽然自合同成立时生效，但未经办理不动产登记或者交付动产（包括某些权利质权设立中的权利凭证）的，不能发生物权变动的法律效果。

4. 未办理不动产登记或者交付动产的，不影响合同的效力。这里的“不影响合同效力”之表述，非常准确。依此，在未依法公示而未发生或不能发生物权变动的情况下，并不因此而影响当事人之间订立的债权合同的效力；而合同的效力及相关问题的解决则应依《民法典》合同编及总则编民事法律行为的有关规定而为判定和处理，也即是说，合同可能有效，也可能无效或者可撤销；如果合同依法有效，守约方当然可以依法要求对方继续履行或者承担违约责任；合同无效或者被撤销的，亦应依合同编的有关规定处理。

---

① 参见刘保玉、吴安青：《民法典物权编的结构设计与内容安排》，载《甘肃政法学院学报》2017年第6期。

② 参见《民法典》第333条、第335条、第341条、第374条、第403条等。

（三）区分原则的理论意义与应用价值

由前面的阐述可知，作为原因行为的债权合同的成立生效与物权变动的结果之间的区分，并不是人为的拟制，而是对客观事实的准确描述。在原因行为中，当事人享有债法上的权利，并承担债法上的义务；而在完成动产交付或不动产登记之后，物权的变动方能发生并产生排他性的后果。区分原则与物权公示的效力规则具有内在一致性，其不但符合物权为排他权而债权为请求权的基本法理，而且是一条分清物权法和债权法的不同作用范围、为物权变动与债权变动建立科学的规范基础、区分当事人的不同法律责任的行之有效的原则。①

区分原则的理论意义和应用价值，主要表现在：其一，在合同生效而物权变动尚未成就的情况下，发挥保护合同当事人的债权请求权的作用，使其可以依不同的情形而请求实际履行或者请求支付违约金、赔偿金。其二，在原因行为生效与物权的公示异时完成的情况下，发挥确定物权变动的准确时间界限和保护第三人正当利益的作用。其三，有利于建立严密、和谐的物权法理论体系，并匡正既往的有关规定和实践做法中的错误。②

由于我国以往物权法理论研究的薄弱，对物权变动的原因与结果的关系问题一直存在诸多模糊认识乃至错误的规定，物权公示原则也未能得到彻底的贯彻。例如，许多人曾将“房屋买卖合同自办理房屋过户手续时生效”视为正确的规则；最高人民法院也曾作出“签订房屋买卖协议后，提出解除买卖协议，未办理产权转移手续，应视为该民事法律行为依法尚未成立，一方反悔是可以的”这样的内容错误的批复。③最高人民法院1995年12月27日印发的《关于审理房地产管理法施行前房地产开发经营案件若干问题的解答》中，有些规定符合区分原则的精神（如第12条、第13条），有些规定则与此相反（如第14条前句，第15条、第16条），反映了对有关问题在认识上的模糊和规定的随意。而《担保法》（已废止）第41条中“抵押合同自登记之日起生效”、第64条中“质押合同自质物移

① 孙宪忠：《论物权变动的原因与结果的区分原则》，载《法学研究》1999年第5期。

② 孙宪忠：《论物权变动的原因与结果的区分原则》，载《法学研究》1999年第5期。

③ 见《最高人民法院给黑龙江省高级人民法院关于房管二所与哈铁办事处房屋买卖争议的批复》，载《司法文件选编》1990年第10期。

交于质权人占有时生效”的规定，则明显地将物权的成立要件与债权合同的生效要件混为一谈，在法理上极为混乱，在实践中也引发了诸多问题。有鉴于此，吸收学者的正确建议并总结审判实践的经验教训，最高人民法院2000年发布的《担保法解释》在第56条第2款、第86条中对其进行了修正。[①]在我国《物权法》中，吸收了学者建议稿中的意见和司法解释中的已有规定，对区分原则作了明确规定，并将其贯彻于物权变动的各项具体规定之中，彻底匡正了既往的错误规定和模糊认识；《民法典》物权编以及随后发布的有关司法解释中，再次对区分原则作出了明确规定。

另应一并提及的是，区分原则或分离原则，原本来自德国法的物权行为理论，但如前所述，物权行为理论在我国学界存在极大争议，也未得到立法的明确肯定。而区分原则的合理性、正确性及其重要价值，则不仅得到了我国立法的确认，而且在理论上、实务上得到一致的认同。由此可见，我国立法上肯定区分原则，与接纳或者否定物权行为理论的观点分歧，并无直接的关系。

（四）区分原则与物权公示原则的关系

国内有些著作中，鉴于区分原则的重要性而将其单列为物权法的基本原则之一。笔者认为：区分原则的内容与物权公示原则及物权法定原则中蕴含的“非经公示不能发生物权变动的效果”“物权变动虽然无效，但其行为符合其他法律行为的生效要件的，许可其产生相应的法律效果”等内容，具有逻辑上的一致性，其内涵上并未超出物权公示原则的范畴，故不必将其单独作为物权法的一项基本原则来定位。[②]本书也是将其作为物权公示原则的组成部分来阐释的。

五、物权公示原则与物权绝对、物权法定原则的体系协调

根据前面关于物权公示的形成力与对抗力的立法规定之差异分析，我们可

① 参见最高人民法院物权法研究小组编著:《中华人民共和国物权法条文理解与适用》，人民法院出版社2007年版，第90页以下。

② 刘保玉:《物权体系论——中国物权法上的物权类型设计》，人民法院出版社2004年版，第108页。

知，物权公示原则实际上有两种不同的立法语境，即公示要件主义下的物权公示原则与公示对抗主义下的物权公示原则，而其与物权法上的物权绝对原则、物权法定原则之间的协调性如何，也是颇值讨论的问题。

（一）公示要件主义下的物权公示原则在物权的性质认定与种类划分中的意义

如前所述，物权公示原则无疑是关于物权变动（物权的动态）的基本原则，但不容忽视的是，该原则在认定某种权利是否为物权以及是何种物权（物权的静态）方面也是具有重要意义的。公示要件主义效力模式下的物权公示原则在物权的性质认定和种类划分方面的意义，可以归纳为以下几点：

1.未经公示，原则上即无物权的存在和变动。其要旨有三：（1）依法定方式所进行的公示，具有决定物权设立、变更、转移和消灭是否发生的效力，即具有物权和物权变动的形成力。（2）"不公示，无物权"（法律另有特殊规定的除外）。这是基于物权公示原则和公示要件主义的意旨所得出的一般结论，这一精神在我国《民法典》第208条、第209条第1款和第224条有关物权公示原则的一般规定中有明确的体现。另依物权编的其他有关规定可知：当事人签订的建设用地使用权合同、居住权合同、不动产抵押合同和多数权利质权合同等，如未经登记，不得认可当事人之间约定设立的权利为物权；动产质押合同和票据、证券质押合同，未经交付质押财产或者权利凭证的，不能成立质权。唯基于区分原则的精神，当事人之间的约定可以发生合同法上的效力。（3）法律、法规及登记规则中未规定公示方法的权利，无法成为物权。依物权法定原则和物权公示原则，法律对其所承认的各类物权都同时赋予了其登记能力并规定了其公示的方法（包括登记机构）；而没有法定公示方法的权利，通常是法律上不欲承认其具有物权的性质。因此，法律上不为某种权利的设立预设登记等公示方法本身，就限制或基本排除了此种权利成为物权的可能。例如，我国《民法典》物权编中没有规定典权，登记规则中未规定典权的登记问题，如此，纵使民间有设立典权关系的契约，由于无法进行物权登记，其只能在当事人之间产生合同上的约束力。

2.公示的方法和内容不同，物权种类也有不同。表现在：（1）公示的方法是登记还是交付，是区分某种物权是登记物权还是非登记物权、是不动产物权还是动产物权的主要因素（尽管并不绝对）。（2）同以登记为公示方法的物权，也可因登记的机构、事项的不同而导致权利的归类不同。例如，以土地上的用益物权设定担保而在不动产机构办理登记的，属于权利抵押权；而以其他财产性权利设定担保在规定的登记机构登记的，我国法律上则将其归类为权利质权；再如，登记的事项、内容不同，是区分担保物权和用益物权以及何种用益物权的基本依据。（3）以动产设定担保，是办理登记还是移交占有，是区分动产抵押权与动产质权的基本标志；在当事人约定不明的情况下，公示方式也是认定其所设定的权利是抵押权还是质权的依据。例如，当事人约定设立动产抵押权并办理了抵押登记，但同时又移转了抵押物的占有的，应认定其设立的是抵押权，抵押物占有的移转不具有物权法上的意义；再如，当事人订立“担保合同”或“抵押合同”，但未要求办理抵押登记却约定要移转担保物的占有的，则应认为其所设立的是动产质权。

3. 无须公示的物权须由法律作出明确规定，否则不能认可其为物权。在立法通例及物权法理论上，均承认在特殊情况下可以不经公示而取得和享有物权，该制度主要针对非基于民事法律行为的物权变动而设，但亦存在其他的例外规定，如我国《民法典》第209条第2款“依法属于国家所有的自然资源，所有权可以不登记”的规定，第227条和第228条关于“指示交付”和“占有改定”的规定，第333条中关于“土地承包经营权自土地承包经营权合同生效时设立”的规定以及宅基地使用权的取得不以登记为要件的相关法律规定，等等。

（二）公示要件主义下的物权公示原则与物权绝对、物权法定原则的内在和谐性

依据物权公示原则，在公示要件主义的适用领域，未经公示，就无物权的存在和变动，更无从发生对抗第三人的效力。凡属物权，就应具有对特定的物的支配力和对不特定第三人的对抗力或排他力；无对抗第三人效力的权利，不符合物权的本质属性，不应认定其为物权；在基于民事法律行为而发生的物权变动中，当事人之间订立的合同不足以引起物权变动的发生，物权变动的法律效果只有在满足公示要件时方能发生。在这种模式下，不存在不具有排他效力的地上权、地役权和不得对抗第三人（或善意第三人）的抵押权等“物权”。故此，可以认为

以德国法为代表的采行公示要件主义的大陆法系国家的物权制度，在基本原则和主要规则方面具有内在的体系和谐性与逻辑一致性，没有瑕疵或瑕疵甚少。

（三）意思主义和公示对抗效力模式引发的问题

物权变动规范模式中的意思主义和公示对抗主义，以法国法和日本法为代表。在此种立法模式下，物权变动依据债权合同即可发生，公示不具有决定物权变动是否发生的形成力，而只是决定其有无对抗第三人的效力。而依据“未经公示，不得对抗第三人”的规则模式，则会发生物权是否可以分为“有对抗力的物权”和“无对抗力的物权”以及无对抗第三人效力的物权究竟是否为真正物权的理论问题以及法律规则的逻辑自洽问题。

在法国民法中，并未明确物权与债权的区分，甚至未明确使用物权的概念，故其采用意思主义的物权变动模式，不明确物权与债权的差异，而只强调有些权利不能对抗第三人、有些可以对抗第三人，逻辑上似乎可以自洽。但日本民法中，一方面采纳了德国法的概念和立法模式而明确了物权与债权的二分，另一方面又在物权变动的模式等方面受到了法国法的影响，以至于出现了法律文化继受方面的矛盾现象。在日本法及其学界通说上，也是承认物权的绝对性和物权法定、物权公示原则的，惟其在物权公示的效力上采用的是法国式的公示对抗要件主义。[①]但依物权变动的意思主义和公示对抗主义的旨趣，经由当事人的意思决定的物权变动，纵未公示亦生物权变动之效力，惟在践行公示之前，该物权或物权变动不得对抗第三人而已。此一模式贯彻的结果，必然会导致物权得否被区分为“有对抗力的物权”和“无对抗力的物权”的理论困惑。而在日本法上，物权也是被定性为“直接支配物并获益的排他的权利（直接的排他的支配权）”的。[②]如此，则进一步引发了未经公示而不具有对抗力的物权究竟是否为真正物权的两难选择：如果答案为否定，则与公示对抗主义的意旨不合；而如果答案为肯定，

---

① 参见［日］我妻荣:《日本物权法》，台湾五南图书出版公司1999年版，第22页、第65页以下;［日］田山辉明:《物权法》（增订本），陆庆胜译，法律出版社2001年版，第4页以下、第30页以下。

② ［日］我妻荣:《日本物权法》，台湾五南图书出版公司1999年版，第8页;［日］田山辉明:《物权法》（增订本），陆庆胜译，法律出版社2001年版，第8页。

则又与物权的本质相悖且将导致物权与债权难以区分。难怪连日本学者也难以说明这个问题，而只能以未公示而无对抗力的物权是“不真正的物权”“效力不完全的物权”等模糊概念来作解释。①

另值提及的是，在法国法和日本法上，同样也承认物权对债权的优先效力。②但依其登记对抗主义的意旨，未登记的物权则是不具有优先于债权的效力的，未登记的抵押权虽可据以进行拍卖，但对其他债权人等不得主张优先权。③于是，这又产生了对一般债权不具有优先效力的抵押权、质权究竟是否为物权及其是否符合担保物权的固有旨趣的问题。

可见，意思主义和公示对抗主义模式的物权变动规则，与物权的固有性质和物权法定、物权公示原则之间存在龃龉，可能导致大量的不具有对抗力的“物权”存在，偏离了物权公示原则的固有旨趣，物权法定原则也形同虚设，会引起物权自身类型体系的混乱并加剧物权与债权区分的相对化。因此，其制度设计是不够严谨的。④

（四）我国法律上“未经登记，不得对抗善意第三人”规定的解释与适用问题

如前所述，我国法律上采行的是所谓债权形式主义的物权变动模式；在基于民事法律行为的物权变动中，对物权公示（尤其是登记）的效力兼采了公示要件主义和公示对抗主义，此外还有其他一些特殊规定，颇有中国特色且不少规定值得肯定；在适用公示对抗主义的情形中统一采用了“未经登记，不得对抗善意第

① 这是在2004年11月20—21日于青岛召开的“中日韩民法制度趋同道路的探索国际研讨会”上，笔者向日本权威学者提出此一问题时所得到的答复。参见渠涛主编：《中日民商法研究》（第4卷），法律出版社2006年版，第297—298页。

② 参见尹田：《法国物权法》，法律出版社1998年版，第29页；［日］我妻荣：《日本物权法》，台湾五南图书出版公司1999年版，第18—19页；［日］田山辉明：《物权法》（增订本），陆庆胜译，法律出版社2001年版，第15页以下。

③ ［日］我妻荣：《日本物权法》，台湾五南图书出版公司1999年版，第19页、第63页；［日］近江幸治：《担保物权法》，祝娅等译，法律出版社2000年版，第109页。

④ 参见刘保玉：《试论物权公示原则在物权性质界定与类别划分中的意义》，载《政法论丛》2007年第3期。

三人”的表述，亦有别于登记对抗主义的传统表达。

尽管成型于《物权法》的“未经登记，不得对抗善意第三人”的效力表达方式及其含义遗留有尚待解释的疑惑问题并引起了学界和实务界的讨论及质疑，但这一表达方式及其所适用领域为《民法典》全盘承继并有扩张，如此，原有的一些问题还需继续讨论并明确：

其一，未经登记而不具有对抗善意第三人效力物权或物权变动，是否等同或近乎于债权的效力？对此问题，立法机关的态度和通说的解释，均认为此种情况也能发生物权设立或物权变动的效力，或者说物权编中所规定的“不得对抗善意第三人”的物权仍是物权，而不能将其视为仅具有债权的效力。①

其二，“不得对抗善意第三人”的表述，是否得依反对解释而将其解读为“只能对抗恶意第三人”？对此问题，权威解释和多数说认为不能从字面进行推论而作如此机械的理解。通常认为，未经登记而流转的土地承包经营权和未经登记设立地役权、动产抵押权等，不仅可以对抗“恶意的第三物权人”，而且具有对抗、优先于普通债权的效力（无论普通债权人的主观状态如何）。

其三，在担保物权顺位确定规则中，是否须考虑其他物权人的善意、恶意因素？我们认为答案是否定的。根据《民法典》第414—416条、第456条等规定，担保物权的位序只考虑登记、交付的时间先后或者直接依据法律的顺位规定，无所谓在后公示的权利人善意、恶意及能否被对抗的问题。依此，在先设立的动产抵押权如果未登记，则一律不得对抗他人依登记、交付规则设立的抵押权和质权，哪怕后者设立的时间在后且权利人知道标的物上存在有未登记的抵押权，亦同。②

其四，船舶、航空器、机动车等特殊动产物权的转让，如未登记，可否对抗转让人的债权人？对此问题，《物权编解释（一）》第6条规定：“转让人转让船舶、航空器和机动车等所有权，受让人已经支付合理价款并取得占有，虽未经登记，但转让人的债权人主张其为民法典第二百二十五条所称的‘善意第三人’

---

① 参见黄薇主编：《中华人民共和国民法典释义》（上），法律出版社2020年版，第432—433页、第721—722页、第780—781页；最高人民法院民法典贯彻实施工作领导小组主编：《中华人民共和国民法典物权编理解与适用》（上下），人民法院出版社2020年版，第138—140页、第1077—1080页。

② 参见龙俊：《动产抵押对抗规则研究》，载《法学家》2016年第3期。

的，不予支持，法律另有规定的除外。”此一规定，已经解决了《民法典》第225条（原《物权法》第24条）规定在适用中存在的疑问。

其五，在抵押物被查封、抵押人破产等情况下，未登记的动产抵押权是否具有优先于普通债权人而受偿的效力？对此问题，理论与实务中长期存在不同的认识。[①]为统一规则，最高人民法院发布的《担保制度解释》第54条在尊重《民法典》规定精神的前提下，进一步弱化了未登记的动产抵押权的效力。该条规定：“动产抵押合同订立后未办理抵押登记，动产抵押权的效力按照下列情形分别处理：（一）抵押人转让抵押财产，受让人占有抵押财产后，抵押权人向受让人请求行使抵押权的，人民法院不予支持，但是抵押权人能够举证证明受让人知道或者应当知道已经订立抵押合同的除外；（二）抵押人将抵押财产出租给他人并移转占有，抵押权人行使抵押权的，租赁关系不受影响，但是抵押权人能够举证证明承租人知道或者应当知道已经订立抵押合同的除外；（三）抵押人的其他债权人向人民法院申请保全或者执行抵押财产，人民法院已经作出财产保全裁定或者采取执行措施，抵押权人主张对抵押财产优先受偿的，人民法院不予支持；（四）抵押人破产，抵押权人主张对抵押财产优先受偿的，人民法院不予支持。”我们对此解释规定持肯定态度，且认为其所体现的精神对其他采用登记对抗规则的物权变动也是适用的。

---

① 参见龙俊：《中国物权法上的登记对抗主义》，载《法学研究》2012年第5期。

第五章　所有权

第一节　所有权概述

一、所有权的概念与特征

（一）所有权的概念

所有权是一个具有多重含义的概念，可以从不同角度来理解。人们通常在不同的语境中于三种意义上使用所有权的概念：一是作为法律制度的所有权，即调整财产所有关系的法律规范的总和，这些规范构成所有权制度；二是作为民事法律关系的所有权，即所有权人因享有所有权而与其他人所发生的权利义务关系，这种关系称为所有权关系；三是作为民事权利的物权之一种的所有权，各国民法和学说理论上大都是从这个意义上来规定和阐释所有权的。

所有权是最典型、最基本的物权，是物权的原型和产生其他物权的基础。但究竟何为所有权，学者们的意见与立法例上的规定并不完全一致，主要有两种定义方式：

其一，具体列举式定义。即通过列举所有权的具体权能或效用来明确所有权的概念。如《法国民法典》第544条规定："所有权是对于物有绝对无限制地使用、收益及处分的权利，但法令所禁止的使用不在此列。"《日本民法典》第206条规定："所有人于法令限制内，有自由使用、收益及处分其所有物的权利。"《意大利民法典》第832条规定："在法律规定的范围内并且在遵守法律规定的义务的前提下，所有权人对所有物享有完全的、排他的使用和处分的权利。"可见，在列举式的立法例中，所有权通常被认为是对物占有、使用、收益及处分的权利集合或各种作用的综合。[①]

其二，抽象概括式定义。即不具体列举所有权的内容，而是通过规定所有权的抽象权能或作用而确定所有权的概念。罗马法中即认为所有人的权利是不可能以列举的方式加以确定的，因而采取抽象的概括主义，将所有权定义为“对物最一般的实际主宰或潜在的主宰”。[②]《德国民法典》第903条规定：“物的所有人，只要不违反法律或损害第三人利益，可以根据自己的意愿处分其物并排除他人的任何干涉。”《瑞士民法典》第641条规定：“物之所有人，于法令之限制内，得自由处分其物。”

上述两种立法例各有其优缺点。具体列举式定义明确了所有权的基本权能，便于人们理解和掌握，但欲举所有权之一切作用尽网罗之而无遗漏，乃为至难之事，且其将所有权之本体与所有权之作用（权能）混为一谈，未能揭示出所有权的实质。[③]同时，也给人们造成一种所有权就是占有、使用、收益、处分四项权能简单相加的印象，不能解释为何在所有权人失去部分权能时仍能享有完整的所有权之现象。[④]抽象概括式定义，逻辑严谨，反映出所有权是对物的全面支配权这一根本法律属性，但失之抽象，不利于人们理解和把握。

我国《民法通则》第71条、《物权法》第39条均采用了所有权的权能列举式定义，《民法典》中维持了这一定义方式，于第240条规定：“所有权人对自己的不动产或者动产，依法享有占有、使用、收益和处分的权利。”而学界则提出与立法规定有所不同的定义方式，较有代表性的观点是：（1）所有权是指所有人在法律规定的范围内独占性地支配其所有物的权利，所有人可以对其所有物进行占有、使用、收益、处分，并可排除他人对于其财产违背其意志的干涉；[⑤]（2）所有权是指所有人依法排除他人干涉，独占其所有物，并得依自己之意愿通过占有、

① 王利明等：《民法新论》（下册），中国政法大学出版社1988年版，第32页。

② 参见［意］彼德罗·彭梵得：《罗马法教科书》，黄风译，中国政法大学出版社1992年版，第194页。

③ 参见倪江表：《民法物权论》，台湾正中书局1982年版，第55—56页。

④ 王利明主编：《中国物权法草案建议稿及说明》，中国法制出版社2001年版，第218页。

⑤ 钱明星：《物权法原理》，北京大学出版社1994年版，第143页。

使用、收益及处分等方式利用其所有物，以实现其作为物之所有人之应享利益的权利；[①]（3）所有权是指所有人在法律规定的范围内，全面支配其所有物，并排除他人干涉的权利；[②]（4）所有权是指在法律的限制范围内，权利人对于所有物为全面的支配的物权；[③]（5）所有权是指在法律规定的范围内自由支配标的物并排除他人干涉的权利。[④]

我们赞同这样的认识，“抽象概括式和具体列举式并不是完全矛盾的概念表述方式，而只是对所有权描述的层面和角度不一而已”。[⑤]根据我国法律的规定并吸收抽象概括式定义之所长，所有权的概念可以表述为：所有权是指在法律规定的范围内，权利人对自己的不动产或者动产以占有、使用、收益、处分等方式为自由支配并排除他人干涉的权利。其中，“自由支配”、“排除他人的干涉”和“在法律规定的范围内”，系为了表明所有权行使的任意性、效力的绝对性和其在法律上的限制；“动产或者不动产”之客体描述，系为了表明所有权的客体限于有体物；“占有、使用、收益、处分”是所有权的主要权能，将其明确表述出来便于民众把握，而四项权能后加上“等方式”，则是为了克服四项权能列举的局限性和不周延性。[⑥]

（二）所有权的法律特征

所有权除具有客体的特定性、内容的支配性、效力的绝对性与排他性等物权的一般特性外，还具有以下显著特征：

1. 自权性。这是指所有权系所有人对自己的物所享有的物权，即“自物权”，这是所有权与“他物权”的根本区别。

---

① 彭万林主编：《民法学》，中国政法大学出版社 1994 年版，第 218 页。

② 郭明瑞、唐广良、房绍坤：《民商法原理》（二），中国人民大学出版社 1999 年版，第 64 页。

③ 梁慧星、陈华彬：《物权法》（第三版），法律出版社 2005 年版，第 102 页。

④ 梁慧星等：《中国物权法草案建议稿——条文、说明、理由与参考立法例》，社会科学文献出版社 2000 年版，第 213 页。

⑤ 王利明主编：《中国物权法草案建议稿及说明》，中国法制出版社 2001 年版，第 218 页。

⑥ 刘保玉：《物权体系——中国物权法上的物权类型设计》，人民法院出版社 2004 年版，第 132 页。

2.全面性。又称完全性，是指所有权是最完全的物权，是主体对物所能享有的最完整、最充分的权利。在法律规定的范围内，所有人对于所有物得为占有、使用、收益及处分等全面的概括性的支配；其所能支配的物之价值，既包括使用价值，也包括交换价值。与所有权不同，限制物权则仅限于对标的物的使用价值或交换价值为支配，而不能为全面的支配。因此，所有权被称为对物的“全面支配权”，而限制物权被称为“一面的支配权”。这是所有权与限制物权的又一重要区别。

3.整体性。又称单一性、浑一性或统一支配力，是指所有权系对标的物具有概括管领力或统一支配力的物权。所有权尽管有占有、使用、收益、处分等各种权能或作用，但其并不是这些权能或作用的相加或总和，而是各种权能浑然一体的整体性权利。因此，所有权本身不得在内容或时间上加以分割。在基于所有权而设定用益物权、担保物权或债权性使用权时，并不是分割出所有权的某种权能，而是将所有权的单一内容的一部分予以具体化，由他人享有之。①

4.弹力性。又称归一性或归一力，是指所有权的内容可以自由伸缩，其具体权能可以于一定情况下往复分出、回归。在所有物上设定限制物权时，所有人对物的全面支配权因受到限制而减缩，而于该限制解除时，所有人又可恢复对物的圆满支配状态。所有权的弹力性是附随于所有物之上设定的限制物权以及债权性使用权而产生的，如果没有这些权利存在而导致的所有权与其部分权能在一定时空条件下的分离，所有权的所谓弹力性也就无从体现。在现代社会，因所有权的弹力性，使所有权逐渐趋于观念化，即所有权不再囿于直接支配标的物的固有形态，而可以系观念的存在。这种现象，学说上称之为所有权的观念化、价值化（或观念性与价值性）。②

5.恒久性。又称为永久性、无期性，是指所有权为无期限的物权，因标的物的存在而永久存续，不得预定其存续期间。所有权的恒久性并非指所有权永不消灭或不可消灭，标的物灭失、抛弃、取得时效等原因都可导致所有权的消灭。这

---

① 梁慧星、陈华彬：《物权法》（第三版），法律出版社2005年版，第103页。

② 参见梁慧星、陈华彬：《物权法》（第三版），法律出版社2005年版，第104—105页；最高人民法院物权法研究小组编著：《中华人民共和国物权法条文理解与适用》，人民法院出版社2007年版，第157页。

里的恒久性，只是指所有权不得如地上权、典权等预定存续期间，当事人不得依合同限制所有权的存续期间，有关禁止所有物处分的特约亦为无效，但这并不妨碍对以处分所有权为目的的法律行为附加条件或期限。[①]所有权的恒久性，也是其与他物权的重要区别。

以上关于所有权的法律特征或特性的通说，至今未受根本的动摇。但由于社会的发展和法律问题的复杂性，上述通说也遇到了现实的挑战，如分时度假制中出现的“有期限的所有权”问题、信托财产关系中的“不完全所有权”问题、我国公房改制中出现的“部分所有权”（部分产权）问题、网络虚拟财产的权属问题等；还有人主张扩张所有权的客体范围，进而提出所谓对著作的所有权、对专利的所有权等“权利的所有权”概念以及权利的买卖（即转让）等问题。我们倾向于将不完全所有权现象从“准所有权”、受限制的所有权的角度来解释；而对“权利的所有权”之说，则与法理和法律关于民事权利的基本分类相悖，应予摒弃。[②]

二、所有权的本质

（一）关于所有权本质的诸种学说观点

关于所有权的本质（也有学者称之为所有权的存在根据、所有权的价值等），理论上众说纷纭，主要有以下学说：

1.先占说。先占说起源于罗马法，后为荷兰学者格劳秀斯所倡导。该说认为，无主物的先占是所有权的起源，且为所有权存续的理由。在古代，万物无主，如果有人先行占有了某物，就与该物产生了一种特殊的关系，他人即不得侵夺，这就是所有权的最初形态。所以，所有权的本质是对无主物先占的一种认可。

先占说对于解释所有权的起源具有一定的意义，且对无主物的所有权之发生也能予以说明。但这种学说无法说明一切财产所有权的来源，如通过让与、继承

① 梁慧星、陈华彬：《物权法》（第三版），法律出版社2005年版，第104页。

② 参见本书第三章第一节就有关问题的阐述。

等所取得的所有权与先占并无关系。而且先占不过是一种单纯的事实，非有正当理由不能以此取得所有权。所以先占说并不能充分说明所有权的本质。

2.劳动说。又称劳力说，为英国学者洛克所倡导，法国学者卢梭也持此说。该说认为，所有权是劳动的结果，劳动是所有权存在的基础。如农民的收获、工人的工资、商人的盈利等，都是劳动的产物，都可以产生所有权。因而所有权的本质在于对劳动所得的认可和保护。如洛克在《政府论》“论财产”一章中指出：“每个人对他自己的人身享有一种所有权，除他以外任何人都没有这种权利。他的身体所从事的劳动和他的双手所进行的工作，我们可以说，是正当地属于他的。所以，只要他使任何东西脱离自然所提供的那个东西所处的状态，他就已经掺进他的劳动，在这上面参加他自己所有的某种东西，因而使它成为他的财产。既然是由他来使这件东西脱离自然所安排给它的一般状态，那么在这上面就由他的劳动加上了一些东西，从而排斥了其他人的共同权利。”①

劳动说在一定程度上说明了所有权产生的依据，但并不能解释非通过劳动而取得所有权的现象。同时，劳动说掩盖了私有制下有产者无偿占有他人劳动的事实。故劳动说不能正确说明所有权的本质。

3.天赋说。又称自然权说。该说认为，所有权乃基于天赋的、与生俱来的自然法上的权利，为天赋人权的一部分，任何人不得剥夺。这种学说对近代民主国家的立法产生过深刻的影响，且为美国独立运动与法国大革命的理论基础之一。美国《独立宣言》明示所有权为与生俱来、不可剥夺的权利；法国《人权宣言》明定所有权为神圣不可侵犯的权利。这些规定被日后欧洲各国民法采纳，所有权绝对原则也成为民法的三大原则之一。该学说虽曾一度兴盛，但现已随自然法学说一并趋于衰微。

天赋说尽管产生过重大的历史影响，但其并不能说明为何同为自然之人，但不同人拥有财产的多寡会有天壤之别。故天赋说也无法说明所有权存在的正当理由。

4.社会说。社会说为德国学者拉德布鲁赫所倡导。该说认为，所有权的根据，不应仅依个人主义的观念出发，而应从社会公共福祉上着想；所有权的归属与行

---

① ［英］洛克：《政府论》（下篇），商务印书馆1964年版，第19页。

使应分别观察，其归属虽不妨属于个人，但其行使则须顾及社会公益，亦即个人的所有权原为公益而存在。因而个人的所有权是一种附条件并可以加以限制的权利，所谓“所有权神圣不可侵犯”是不存在的，纯属幻想。[①]与此说相类似的是法国学者狄骥所倡导的社会连带说，认为所有权不是所有者的权利，仅为增进人类的共同需要而赋予，为社会之机能，基于社会连带关系而产生和存在。在民法史上，因社会说与社会连带说的产生，最终促成了近代民法由权利本位演进到社会本位。

社会说在解释所有权的行使原则方面是有道理的，但其并没有揭示出所有权的本质，因而也不足取。

5.人性说。人性说为18、19世纪的许多西方学者所主张。该说认为，所有权出于人性，人类若不借外物以为供养就无法生存，故人人都会奋力争夺外物以求生存。但外物归属于何人，完全视其争夺的强力。后来人们意识到相互争夺外物对人类不利，于是要求对财产各安其分，互不侵夺，所有权观念由此产生。所以，所有权所保护的是人类之本性的基本要求。

人性说从人与物的关系和人与人的关系两个方面阐述了所有权产生的必要性及所有权的作用，有其合理性。但这种学说从抽象的人性出发，把所有权看成人类永世共存的现象，则抹杀了所有权的历史属性和法律属性，因而是不正确的。[②]

6.法定说。法定说认为，人类需要外物，固为天性，然而若没有法律的保护，人人以其强力争夺，则社会难以安宁。所以，所有的事实须借助于法律予以认定，该事实经法律认定后，就成为所有权。在没有法律之前，不可能存在所有权的概念。因此，所有权为法律所创设。当代西方许多法学家都持这种观点。

法定说准确地说明了所有权的法律属性，这是正确的。但许多学者指出，法定说只是说明了所有权现象，而没有揭示出其内在的本质，即经济根源。因而，

---

① 参见郑玉波:《民法物权》，台湾三民书局1986年版，第52页。

② 参见钱明星:《物权法原理》，北京大学出版社1994年版，第146页。

法定说也没有完全说明所有权的本质。①

此外，关于所有权的本质问题还有诸如神授说、契约说、意志说、需要说、进化说、经济说等多种学说。这些学说也都没有真正揭示出所有权的本质。②

（二）我国学界对所有权本质的认识

我国学者通常是从所有权与所有制的关系来认识所有权的本质的，认为所有权的本质在于表现和保护特定的所有制关系，是所有制在法律上的反映。但这一命题，也已经受到许多学者的批评。③我们认为，根据马克思主义的观点，作为法律制度的所有权固然决定于一定的经济基础，但如果就此简单地认为所有权就是所有制在法律上的反映则是有失偏颇的。因为所有权与所有制并非一一对应的关系，例如，私有制社会并不存在公有制，但却要保护公有财产所有权，而公有制社会并不存在私有制，却仍要保护私有财产所有权；无论是私有制社会还是公有制社会，都不存在与股份制经济相对应的“股份制所有权”，也不存在与法人所有权相对应的“法人所有制”。④可见，所有权并不只是单纯地反映所有制，其本质应是对现有的财产归属关系的法律确认。因此，我们认为从所有制与法律规定两方面认识和解释所有权的本质，较为可取。

三、所有权的社会作用

所有权制度，为调整人类社会生活中有关物的归属与支配关系的重要法律制度。就一个国家和社会而言，财产尤其是土地等不动产的归属关系如何，不仅直接决定一个国家的基本经济制度，同时也间接决定一个国家的基本政治制度；就个人而言，将一定财产据为己有，供作生产和生活消费之用，是个人生存与发展

---

① 参见王利明等:《民法新论》(下册)，中国政法大学出版社 1988 年版，第 38—39 页；钱明星:《物权法原理》，北京大学出版社 1994 年版，第 147 页。

② 参见郭明瑞等:《民商法原理》(二)，中国人民大学出版社 1999 年版，第 66 页以下；梁慧星、陈华彬:《物权法》(第三版)，法律出版社 2005 年版，第 108—109 页。

③ 参见刘心稳主编:《中国民法学研究述评》，中国政法大学出版社 1996 年版，第 355—356 页。

④ 郭明瑞等:《民商法原理》(二)，中国人民大学出版社 1999 年版，第 70 页。

的前提。因此，人类社会自从有了国家和法律，物的归属关系便成为法律规定和调整的对象，所有人对物的支配关系也因此受到国家公权力的保护。法律调整物之归属关系的规范总和，构成所有权制度。时至近代，所有权制度不仅成为一个国家经济体制的法的基石，而且也是社会整体发展与个人人格健全的必要基础。[①]所有权的意义及其社会作用可归纳为以下几个方面：

（一）所有权制度为支撑一个国家基本经济体制的基石

社会制度的差异，根基于不同的财产所有制，尤其是作为社会基本财富的土地所有制。我国实行的是社会主义公有制，社会财富的公有所有权占主导地位，个人财产的私有权之存在并不能动摇公有制，而且，个体经济、私营经济等非公有制经济是社会主义市场经济的重要的和有益的组成部分。在个人权利与社会公益协调发展的观念下，个人利益与公共利益均不可偏废。而在物权法上对所有权制度加以规定，对于国家基本经济体制的巩固，无疑具有重要意义。

（二）所有权制度是交易的进行和市场经济发展的前提

交易进行的前提是参加交易的双方对所交易的财产拥有所有权，交易的结果是双方财产的所有权互易，从而满足其不同需求。这点，从古至今，无论是对个人还是对团体、法人乃至在国家之间，均为不变之法则。没有必要的财产，交易无法进行；没有充足的财物，交易不能繁荣；没有共守的规则，交易难以有序；而如果没有平等、自由、安全、有序、繁荣的交易，则就没有市场经济。因此，在市场经济发展中，财产所有权制度具有其他制度不能替代的基础性作用。

（三）所有权是人格发展的阶梯和人权保障的基础

社会成员个人人格的自我实现与健全发展，必须有其可以支配的财产；没有必要的、基本的财产所有权，也就无所谓真正的独立人格。[②]同时，由于所有权

① 参见梁慧星、陈华彬：《物权法》（第三版），法律出版社2005年版，第106页。

② 参见尹田：《无财产即无人格——法国民法上广义财产理论的现代启示》，载《法学家》2004年第2期；《再论无财产即无人格》，载《法学》2005年第2期。

制度保障个人对社会财富的合法拥有，因而其结果可激发个人对财富的追求，由此促进整个社会财富总量的增长。而整个社会财富的增长，国库的殷实，又是国家对人权进行保障的物质基础。对一个尚不能解决国民温饱的国度，阔论高贵的人权之尊重与保护，无异于强其所难；而对一个衣不蔽体、食不果腹的个人，高谈个人的隐私、名誉与尊严，则绝对是一种讽刺。因此，公有的所有权是人权保障的基础，而私人的所有权则是人格发展的阶梯。必要的和充足的财产的拥有及其法律保护，无论是对个人和团体，还是对社会和国家，都是不可或缺的。

（四）所有权是一切权利和权力的源泉

所有权在行使和运行中，不仅可以产生用益物权和担保物权等物权类型，而且还可以产生债权、股权、继承权；知识产品的创造和知识产权的取得，也离不开必要的物质条件和财产的所有权；如前所述，人格权的健全和发展，离不开财富的基础，国家和国家机关公权力的运作，亦仰赖于所有权制度的支撑。因此，谓“所有权乃万权之源”，[①]实不为过。

第二节　所有权的内容

所有权为所有人就标的物为全面支配的物权，但所有人对于标的物之支配并不止于抽象的存在，而通常表现为若干具体形式，这些形式即所有权的权能。一般来说，所有权的内容就是指所有权的权能或作用，即所有人为实现其利益而于法律规定的限度内可以对物采取的各种支配措施和手段。理论上，通常将所有权人对所有物的占有、使用、收益、处分等基本权能称为所有权的积极权能；而所有权所具有的排除他人干涉的权能，通常被称为所有权的消极权能。此外，所有权的行使并不是绝对任意的，而是具有法定限制的。

---

① 此为已故民法学家杨振山教授于1997年在山东大学法学院讲学时提出的一个重要命题。

一、所有权的积极权能

（一）占有权能

占有权能是指所有权人对于标的物为实际控制、管领的权能。占有为所有权的事实权能，是所有权的基本权能之一，行使物的占有权能也是行使对物的直接支配权的基础与前提。占有权能可以由所有权人亲自行使，也可以授权他人享有与行使，也就是说，作为所有权的一项权能，占有权能于一定条件下可以与所有权分离。当占有权能与所有权分离而由非所有人（如保管人、承租人、质权人等）享有时，后者对物的占有权同样受法律保护，所有人不能随意请求返还原物而恢复其对所有物的占有；当非所有人的合法占有被他人侵夺时，其同样可以诉请法律保护。

在此值得说明的是，应当将所有权中的占有权能与占有制度中的占有区别开来。前者主要涉及所有权人对物的占有及授权他人占有（均为有本权的占有）与其法律保护问题，此仅为占有中的一种具体形式，且非为占有制度规范的重点。占有制度中重点规范的，则是无本权和有无本权不能确定的占有某物之事实状态，以及占有的状态推定、权利推定等问题。

（二）使用权能

使用权能是指依物的性能或用途，在不毁损所有物本体或变更其性质的情形下对物加以利用，以实现物的使用价值之权能。所有权的使用权能根基于所有物的使用价值，行使使用权能为实现物之使用价值的手段。行使物之使用权能以对物的占有为前提，因此享有物之使用权能必然同时享有物之占有权能。但在某些场合，享有物之占有权能却并不一定享有物之使用权能，例如质权人、保管人即只能对标的物进行占有，而不能任意加以使用。

物的使用权能作为所有权的权能之一，既可以由所有人自己行使，也可以由非所有人行使。非所有人行使对物的使用权，须有合法的依据（如借用人、承租人、用益物权人的使用等）。无法定或约定原因而使用他人之物的，为无权使用或非法使用，使用人须返还因对物之使用而获得的不当得利并承担其他民事责任。

（三）收益权能

收益权能是指收取所有物产生的孳息和其他经济利益的权能。这里所讲的收益，不限于纯粹的天然孳息和法定孳息，而且包括劳动收益和生产经营活动的利润等。

收益权能与使用权能有着密切的联系，通常是有使用方有收益。但所有人也可以将使用权能授予他人，而自己保留收益权能（如出租）；同时，收益权能也可以与所有权相分离。在现代市场经济条件下，收益权能常与所有权相分离，且其分离的形式复杂多样。归纳言之，主要有三种情形：其一，所有人与经营人订立契约，在让与资产占有权、使用权、处分权的同时，让与部分收益权，保留部分收益权，从而与经营人按一定比例分享资产的利益（如资产信托）；其二，所有人让与占有权、使用权和部分收益权，保留处分权与部分收益权（如建设用地使用权和土地承包经营权的设立）；其三，在一定期限内让与占有权、使用权和全部收益权而仅保留处分权（如对“四荒”土地设立一定期限内的无偿使用权和开发经营权）。[①]

（四）处分权能

处分权能是指依法对物进行处置，从而决定物的命运的权能。处分权能为所有权内容之核心和最重要的权能。对物的处分，包括事实上的处分与法律上的处分两种情况：前者是指对物进行实质上的变形、改造、消费或毁损等物理上的事实行为，如拆除房屋、消费可消耗物等，事实上的处分导致原物所有权的绝对消灭；后者是指使标的物所有权发生移转、受到限制或被消灭，从而使所有权或其权能发生变动的法律行为，如出卖、赠与、抛弃标的物等，这种法律上的处分导致所有权相对消灭。通说认为，在所有物上为他人设定抵押权、质权等，也属于法律上的处分，但此种处分并不当然导致所有权消灭，而仅使所有权受到一定的限制并有导致所有权消灭的可能。由处分权能的重要性所决定，该权能通常只能

---

① 参见彭万林主编:《民法学》，中国政法大学出版社 1994 年版，第 222—223 页；梁慧星、陈华彬:《物权法》（第三版），法律出版社 2005 年版，第 123 页。

由所有权人自己行使，除非有法律规定或所有权人的授权，否则他人不得行使。

如前所述，所有权中的一项、两项乃至数项具体权能，均可能在一定时空条件下与所有权人分离，但只要没有导致所有权消灭的原因，所有权人的权利就不会因这些权能的分离而消灭；相反，权能的分离与回复，通常恰是所有权人行使和实现其所有权的表现（受法律强制分离的情况除外）。所有权的弹力性、归一力或权能分离理论，对于我们认识和解释诸多法律现象，具有重要的意义。

二、所有权的消极权能

所有权的消极权能又称为排除他人干涉的权能，是指所有权人得依法排除他人对其所有物或所有权的不法侵夺、干扰或妨害。由于此项权能须于遭受他人不法之干扰、妨害或侵夺时始能表现，否则仅隐而不彰，故称为消极权能。至于所有权的消极权能之根据，则在于所有权的绝对性。排除妨害的方法，主要为法律所规定的所有人的物权请求权，此一内容在本书第二章第四节“物权的效力”部分已有详述，于此不赘。

三、所有权的限制

所有权为所有人对所有物享有的自主、全面的支配权，其享有与行使当然受到法律的保护。但与其他权利一样，所有权也不是绝对无限制的。现代社会，绝对无限制的所有权已不复存在；所有权的行使须符合法律的规定或在法律允许的范围内进行，否则即构成权利滥用，不仅不能受到保护，还要依法承担相应的责任。我国《民法典》第8条、第9条、第132条关于所有权的行使应当有利于节约资源、保护生态环境，不得违反法律和违背公序良俗，不得滥用民事权利损害国家利益、社会公共利益或者他人合法权益等规定，即为对所有权的限制之原则规定。法律之所以对所有权予以一定的限制，目的在于保护社会公益和他人的正当权益，也就是前面提到的“所有权的社会性”问题。

法律上对所有权的限制，既有私法上的限制，也有公法上的限制；既有明文规定的限制，也有公序良俗的隐性限制；既有保护公共利益的需要而为的限制，也有保护他人正当利益的需要而为的限制。从所有权所受法定限制的情形来看，主要可分为三种：其一为所有人的容忍义务，即要求所有人容忍他人对其所有物于一定限度内的“妨害”行为，基于相邻关系而产生的限制多属此类；其二为所有人的不作为义务，即要求所有人不得任意实施某种自由支配行为，如不得破坏环境、擅自改变耕地的用途等；其三为所有人的作为义务，即所有人于一定情况下不仅有行使其所有权的权利，而且还应负有积极行使的义务，如应及时拆除或加固危房、不能使土地撂荒等。此外，法律上规定的征收、征用制度以及所有权保护中的诉讼时效制度等，从某种角度上说，也可认为是对所有权的限制。所有权除上述法定限制外，还有约定的限制。例如，所有人在所有物上为他人设定用益物权或担保物权的情况，从一方面看，是所有人行使其所有权的表现；而从另一方面看，其他物权一经设立，即对所有人的权利行使构成了限制。

第三节　所有权的类型

从不同的角度、依据不同的标准，可以对所有权作不同的分类。了解这些分类，对于理解所有权的本质、功能及不同所有权的特点、作用等，具有重要的意义。所有权的分类中最重要者，为从所有权的主体、客体、主体的数量和权能的范围方面所作的下述分类。

一、国家所有权、集体所有权、法人所有权和私人所有权

根据所有权的主体不同，所有权可作此分类。在实行社会主义公有制的我国，这种分类尤其具有重要意义。《民法典》物权编第五章即采用了国家所有权和集体所有权、私人所有权（含法人所有权）的分类。

（一）国家所有权

国家所有权是指国家对全民所有的财产享有的占有、使用、收益和处分的权利。我国《民法典》第246条第1款规定：“法律规定属于国家所有的财产，属于

国家所有即全民所有。”

根据学理共识和法律的规定，国家所有权具有如下主要特点：

1.所有权的主体具有唯一性。国家财产所有权的主体是国家，该主体具有唯一性，而其他类别的所有权主体均无此特性。应当说明的是，国家具有多重身份，其既是社会管理者，又是国际法上的主体，还可以是民法上的主体。在规定和讨论国家财产所有权问题时，国家是以特殊民事主体和“物权的权利人”的身份出现的。

2.所有权的客体具有广泛性。国家所有权的客体具有无限的广泛性，任何财产都可以成为国家所有权的客体，而法律规定专属于国家所有的不动产和动产，任何单位和个人不能取得其所有权。《民法典》第247—254条规定：矿藏、水流、海域、无居民海岛、无线电频谱资源、国防资产，属于国家所有；法律规定属于国家所有的野生动植物资源、文物，属于国家所有；铁路、公路、电力设施、电信设施和油气管道等基础设施，依照法律规定为国家所有的，属于国家所有；城市的土地，属于国家所有；法律规定属于国家所有的农村和城市郊区的土地，属于国家所有；森林、山岭、草原、荒地、滩涂等自然资源，属于国家所有，但是法律规定属于集体所有的除外。

3.所有权的某些取得方法具有专属性。诸如征收、没收、税收等只能产生国家所有权，其他主体的所有权不能以这些方法产生。依据我国《民法典》的规定，无人认领的遗失物、漂流物等，也归国家所有，是国家所有权取得的特殊方式。

4.所有权的行使具有特殊性。国家所有权基本上不由国家直接行使，而由代表国家的专门机关或单位行使。《民法典》第246条第2款规定：“国有财产由国务院代表国家行使所有权。法律另有规定的，依照其规定。”第255—257条规定：“国家机关对其直接支配的不动产和动产，享有占有、使用以及依照法律和国务院的有关规定处分的权利。”“国家举办的事业单位对其直接支配的不动产和动产，享有占有、使用以及依照法律和国务院的有关规定收益、处分的权利。”“国家出资的企业，由国务院、地方人民政府依照法律、行政法规规定分别代表国家履行出资人职责，享有出资人权益。”①

① 始于《物权法》第55条的此一规定，改变了《民法通则》时代的国家所有权与所谓国有企业经营权的“两权分离”模式和相关立法规定，其重要意义不容小视。

5.所有权的保护具有严格性。物权法中一方面应坚持平等保护的原则，另一方面鉴于目前经济领域国有财产受到侵害最严重的现状，有必要加强对国有财产的保护力度、切实防止国有财产流失。[①]《民法典》第258条规定："国家所有的财产受法律保护，禁止任何组织或者个人侵占、哄抢、私分、截留、破坏。"第259条规定："履行国有财产管理、监督职责的机构及其工作人员，应当依法加强对国有财产的管理、监督，促进国有财产保值增值，防止国有财产损失；滥用职权，玩忽职守，造成国有财产损失的，应当依法承担法律责任。""违反国有财产管理规定，在企业改制、合并分立、关联交易等过程中，低价转让、合谋私分、擅自担保或者以其他方式造成国有财产损失的，应当依法承担法律责任。"

（二）集体所有权

集体所有权，是指集体经济组织依法对集体财产享有的占有、使用、收益、处分并排除他人干涉的权利。集体所有权是我国公有所有权的重要组成部分，具体包括农民集体所有权和城镇集体所有权两类。《民法典》第261条第1款规定："农民集体所有的不动产和动产，属于本集体成员集体所有。"第263条规定："城镇集体所有的不动产和动产，依照法律、行政法规的规定由本集体享有占有、使用、收益和处分的权利。"

集体所有权具有如下主要特点：

1.集体所有权的主体具有团体性，是由个体成员所组成的集合体。因此，集体所有既不同于成员的个体所有，也不同于法人所有和一般的共同共有，[②]而类同于"总有""合有"。其中农民集体所有权具有集体财产集体所有、集体事务集体管理、集体利益集体分享的显著特点，享有权利的集体成员还具有平等性、地域

---

① 参见胡康生主编：《中华人民共和国物权法释义》，法律出版社2007年版，第132页；黄薇主编：《中华人民共和国民法典释义》（上），法律出版社2020年版，第476页。

② 尤其应注意的是，农民集体所有并不等同于本集体成员的共同共有。其主要区别是：第一，集体成员之间共同关系的产生并非源于当事人的约定；第二，集体成员对集体所有的财产不享有潜在的份额，脱离集体成员身份时亦不得要求分割集体财产；第三，共同关系的维持和解散不取决于集体成员的意思。参见最高人民法院物权法研究小组编著：《中华人民共和国物权法条文理解与适用》，人民法院出版社2007年版，第197—198页；胡康生主编：《中华人民共和国物权法释义》，法律出版社2007年版，第139页。

性和身份性的特征。[①]但同时也应注意到，集体所有权与共同共有的某些规则也具有相通性，故也可以说集体所有“是一种特殊的共有”。[②]

2.集体所有权的主体是为数众多的劳动群众集体组织，具有多元性，而不像国家所有权那样具有主体的唯一性。集体所有中的每一个集体成员，并非集体所有权的主体。

3.集体所有权的客体范围受到一定限制，具有有限的广泛性。《民法典》第260条规定：“集体所有的不动产和动产包括：（一）法律规定属于集体所有的土地和森林、山岭、草原、荒地、滩涂；（二）集体所有的建筑物、生产设施、农田水利设施；（三）集体所有的教育、科学、文化、卫生、体育等设施；（四）集体所有的其他不动产和动产。”应注意的是，该条第1项所列财产，其主体仅限于农民集体而不包括城镇集体。

4.集体所有权可以由集体组织直接行使，也可以由其代表行使，重要事项应依照法定程序经本集体成员决定。[③]《民法典》第261条第2款规定，农民集体所有权行使中的“下列事项应当依照法定程序经本集体成员决定：（一）土地承包方案以及将土地发包给本集体以外的组织或者个人承包；（二）个别土地承包经营权人之间承包地的调整；（三）土地补偿费等费用的使用、分配办法；（四）集体出资的企业的所有权变动等事项；（五）法律规定的其他事项”。第262条规定：“对于集体所有的土地和森林、山岭、草原、荒地、滩涂等，依照下列规定行使所有权：（一）属于村农民集体所有的，由村集体经济组织或者村民委员会依法代表集体行使所有权；（二）分别属于村内两个以上农民集体所有的，由村内各该集体经济组织或者村民小组依法代表集体行使所有权；（三）属于乡镇农民集体所有的，由乡镇集体经济组织代表集体行使所有权。”第264条规定：“农村集体经济组织或者村民委员会、村民小组应当依照法律、行政法规以及章程、村规民约向本集体成员公布集体财产的状况。集体成员有权查阅、复制相关资料。”

---

① 胡康生主编：《中华人民共和国物权法释义》，法律出版社2007年版，第141页。

② 参见王利明：《物权法研究》，中国人民大学出版社2002年版，第306—308页。

③ 依据《土地管理法》《农村土地承包法》《村民委员会组织法》等的规定，决定重要事项的法定程序通常须经村民会议三分之二以上成员或者三分之二以上村民代表同意，有些事项还需报乡（镇）人民政府批准。

5. 集体财产所有权及集体成员的合法权益同样受法律的严格保护。《民法典》第265条规定："集体所有的财产受法律保护，禁止任何组织或者个人侵占、哄抢、私分、破坏。""农村集体经济组织、村民委员会或者其负责人作出的决定侵害集体成员合法权益的，受侵害的集体成员可以请求人民法院予以撤销。"

在两类集体所有的财产中，《物权法》侧重于农民集体所有的财产及其权利行使问题而为规定，《民法典》中延续了这一做法。这一方面是因为农民集体所有权涉及土地问题和农民的切身利益，其地位更为重要；另一方面还在于城镇集体财产的复杂性和变化性。城镇集体所有，主要是指《城镇集体所有制企业条例》中所规定的城镇集体经济组织财产的所有权问题。我国的城镇集体企业是自20世纪50年代以来逐步形成的。在几十年的进程中，几经发展变化，有些集体企业是由国有企业为安排职工子女就业、知识青年回城设立的，有些是国有企业在改制中为分离辅业、安置富余人员设立的。城镇集体企业产生的背景和资金构成等情况十分复杂，如有些企业最初是由个人以现金或实物折价入股的，后来有的退还了原始股，有的未退；有些企业的资金来源主要是借贷，国家和其他方面都没有投资，但国家提供了政策支持和各种优惠待遇。近些年来，城镇集体企业通过改制又发生了很大变化。按照党的十六大以来的精神，目前城镇集体企业改革还在继续深化。就实际情况来看，有些城镇集体企业已经改制为股份有限公司，有的改制为职工全体持股，有的实际上已经成为私人企业。鉴于这种历史和现实情况，而且由于城镇集体财产不像农民集体财产属于本集体成员所有那样清晰、稳定，城镇集体企业的成员也不像农民集体经济组织成员那样相对固定，因而对城镇集体财产的归属，难以不加区别地规定为"属于本集体成员集体所有"，因此，《民法典》中对城镇集体财产仅从物权的角度作了原则性规定（主要体现在第260条第2项至第4项、第263条和第265条第1款）。这符合当前实际情况，也为今后深化改革留下了空间。[①]

---

① 参见王兆国：《关于〈中华人民共和国物权法〉的说明》；胡康生主编：《中华人民共和国物权法释义》，法律出版社2007年版，第146—148页；黄薇主编：《中华人民共和国民法典释义》（上），法律出版社2020年版，第486—488页。

（三）私人所有权

私人所有权，是指私人对合法取得的不动产和动产享有的占有、使用、收益、处分并排除他人干涉的权利。这里的私人，是与国家、集体相对应的概念，其不仅包括我国公民，也包括在我国拥有合法财产的外国公民和无国籍人；不仅包括自然人以及由有特定身份关系的数人组成的“户”（如个体工商户、农村承包经营户），还包括个人独资企业、个人合伙等非公有制企业。《民法典》第266条规定：“私人对其合法的收入、房屋、生活用品、生产工具、原材料等不动产和动产享有所有权。”

自我国改革开放政策实施以来，随着经济的发展，人民生活水平不断提高，私有财产日益增加，迫切要求切实保护他们通过辛勤劳动合法取得和经营积累的财产。对此，我国宪法和其他法律、法规等均已作有明确规定，《民法典》物权编中自然也必须对私有财产的保护问题作出规定。值得强调的是，我国《民法典》在对不同主体的物权进行分类规定的同时，也坚持了“平等保护国家、集体和私人的物权”的原则。[①]《民法典》第113条规定：“民事主体的财产权利受法律平等保护。”第206条规定：“国家坚持和完善公有制为主体、多种所有制经济共同发展，按劳分配为主体、多种分配方式并存，社会主义市场经济体制等社会主义基本经济制度。”“国家巩固和发展公有制经济，鼓励、支持和引导非公有制经济的发展。”“国家实行社会主义市场经济，保障一切市场主体的平等法律地位和发展权利。”第207条规定：“国家、集体、私人的物权和其他权利人的物权受法律平等保护，任何组织或者个人不得侵犯。”第267条再次明确：“私人的合法财产受法律保护，禁止任何组织或者个人侵占、哄抢、破坏。”

（四）法人与社会团体所有权

《民法典》第207条中规定，“国家、集体、私人的物权和其他权利人的物权受法律平等保护”。其中的“其他权利人”，就是指与所有制的类型相对应的物权

① 参见王兆国：《关于〈中华人民共和国物权法〉的说明》；刘保玉：《所有权的类型化与平等保护原则的结合》，载《法学评论》2005年第6期。

主体之外的其他物权人，如法人和公益性基金会等社会团体。[①]

根据《民法典》和其他有关法律、法规的规定，法人是具有民事权利能力和民事行为能力，依法独立享有民事权利和承担民事义务的组织。社会组织成为法人，须符合法定条件。法人包括营利法人、非营利法人和特别法人三类。法人所有权，是指各类法人对其不动产和动产依照法律、法规及章程享有的占有、使用、收益、处分并排除他人干涉的权利。根据《民法典》第58条、第60条的规定，法人应当有自己的财产或者经费；法人以其全部财产独立承担民事责任。《民法典》第269条规定："营利法人对其不动产和动产依照法律、行政法规以及章程享有占有、使用、收益和处分的权利。""营利法人以外的法人，对其不动产和动产的权利，适用有关法律、行政法规以及章程的规定。"同时，《民法典》第268条还对企业出资人的权利作了规定："国家、集体和私人依法可以出资设立有限责任公司、股份有限公司或者其他企业。国家、集体和私人所有的不动产或者动产投到企业的，由出资人按照约定或者出资比例享有资产收益、重大决策以及选择经营管理者等权利并履行义务。"

社会团体是指我国公民行使结社权利自愿组成的，为实现会员的共同意愿，按照其章程开展活动的非营利性社会组织。我国目前的社会团体主要包括人民群众团体（如工会、共青团、妇联）、社会公益团体（如希望工程基金会）、专业团体（如律师协会）、学术研究团体（如法学会）、宗教团体（如佛教协会）。社会团体可以是法人，也可以不是法人，但都必须是依法成立的。社会团体合法的资产和经费来源主要是会员缴纳的会费、捐赠、政府资助、开展有偿服务的收入及开办的经济实体上交的利润等。有关社会团体的成立、资产管理、活动宗旨、权益保护等的法律法规主要有《慈善法》《公益事业捐赠法》《基金会管理条例》《宗教事务条例》《社会团体登记管理条例》《民办非企业单位登记管理暂行条例》等。《民法典》第270条对社会团体财产权的保护问题作了原则规定："社会团体法人、捐助法人依法所有的不动产和动产，受法律保护。"

---

① 参见黄薇主编：《中华人民共和国民法典释义》（上），法律出版社2020年版，第412—413页。

二、不动产所有权与动产所有权

这是根据所有权客体的性质不同而作的分类，也是各国法律上对所有权进行分类规范的基础。

不动产所有权是以不动产为客体的所有权。在立法上，不动产所有权通常分为土地所有权和建筑物、构筑物所有权，建筑物所有权又有建筑物的普通所有权和建筑物的区分所有权之分；另外，不动产所有权中还涉及相邻关系问题。不动产中的土地，是人类的生存之本、财富之母，而且，由于土地是不可再生的稀缺资源，在国家的经济生活中具有至关重要的作用，因此立法上历来对土地所有权极为关注；房屋以及其他不动产价值一般也颇为重大，而且也是创设他物权尤其是用益物权的基础，因此立法上对其也着墨较多。

动产所有权是指以动产为客体的所有权。动产的范围相当广泛，除土地及其附着物外，其他有体财产都属于动产的范围，其种类庞杂、数量繁多，且可以通过人类劳动不断创造、再生。动产所有权的内容及行使，并无更多的特殊性，唯因动产的交易和变动较为频繁，理论研究与立法规范多从其取得方式的角度着手。

动产所有权与不动产所有权，在主体范围的限制、取得方法、公示原则等方面存在明显差别，因而是所有权的一种基本分类，各国法律上通常也是以此分类来构建所有权制度的框架。在我国的物权制度中，这种分类无疑也具有重要意义，例如，在我国《物权法》和《民法典》中关于物权变动的规则即区分不动产和动产分别规定。但考虑到我国社会主义公有制的特点以及将所有权的取得方式问题单列一章规定的体例安排，因此我国法律上着重从主体的角度对所有权进行分类规范，同时，对不动产所有权中的特殊问题另设章节加以规定，至于动产所有权则未再单独规定。鉴于这种规范方式的选择和不动产所有权问题的重要性与复杂性，后面我们将设专节讲述不动产所有权中的一些特殊问题。关于动产所有权取得方式的特殊之处，一并于“所有权的取得方式”一节中讲述。

三、单独所有权与共同所有权

这是根据所有权主体数量的不同而作的分类。

单独所有权是指所有权人为一人的所有权，这是所有权的常态，通常所讲的所有权均指单独所有的形态。共同所有权是指所有权人为二人以上的所有权。在共同所有权关系中，不仅涉及所有权人与其他人的关系，也涉及共有人内部的关系，情况较为复杂和特殊，因此后面将作专节论述。对于既有单独所有权又有共同所有权和成员权的建筑物区分所有权问题，后面亦设专节加以阐述。

四、完全所有权与限制所有权

这是根据所有权的权能范围及存续期间有无限制而作的分类。

完全所有权是指具备所有权的全部权能内容、符合所有权典型特征的所有权，这是所有权的常态，各国民法或物权法上所规定的所有权均为完全所有权。限制所有权是指所有权的权能范围或存续期间等受到一定限制的所有权。限制所有权或可谓非典型所有权、准所有权，①其乃所有权的变态形式，其一方面符合所有权的基本特征，另一方面在权能内容的全面性、存续的恒久性等方面又与典型的所有权形态有异。例如：我国城镇住房制度改革中出现的“部分所有权”或“有限产权”问题，②“经济适用房”、“央管房”、集资建房中对自由转让设定限制的现象，信托关系中的有限所有权或不完全所有权现象；③国外作为新型旅游消费方式的分时度假（Timesharing）制中产生的有期限的所有权问

① 刘保玉:《物权体系论》，人民法院出版社 2004 年版，第 356 页。

② 参见崔建远等:《中国房地产法研究》，中国法制出版社 1995 年版，第 163 页以下；郭明瑞等:《民商法原理》（二），中国人民大学出版社 1999 年版，第 72 页以下；刘保玉:《物权法》，上海人民出版社 2003 年版，第 194—196 页。

③ 参见高富平:《物权法原论》（上），中国法制出版社 2000 年版，第 215 页、第 217 页；徐国栋主编:《绿色民法典草案》，社会科学文献出版社 2004 年版，第 4 页（关于一些术语的说明）、第 352—353 页。

题等，[①]都可以作为限制所有权的形态来认识。关于限制所有权中的诸多问题，学界的研究尚待深入。

第四节　土地所有权

一、土地所有权的概念和特点

（一）土地所有权的概念

土地所有权是指以土地为权利客体的不动产所有权。在不同的语境下，土地有广、狭不同的含义：狭义上的土地，一般是指供耕作、建筑的陆地；较广义上的土地，是指除供耕作、建筑的土地之外，还包括草地、林地、山岭、荒地、滩涂、内陆水域等；最广义上的土地，则是指由土壤、地貌、水文、生物和气候等构成的自然综合体。法律上所言的土地，通常限于前两种意义所讲的土地。

土地是人类生存之本和最为重要的物质财富，是“一切财富的原始源泉”“财富之母”，在国家的经济、政治生活中占据至关重要的地位，关系着一个国家的经济基础与国计民生。在民法上，土地与其他财货虽同属物的范畴，但在经济性质上，其与一般财货又有不同的品性，如土地为单纯的自然物，且为一切生物和财富的源泉，土地具有连绵不断的整体性，总量的固定性、稀缺性与不可再生性，以及位置的不可移动性、品级的差异性等特殊的自然属性。因此，立法历来对土地所有权极为关注，将其作为最为重要的物权。同时，土地所有权也是不动产用益物权的权源。

（二）土地所有权的特点

由土地的特殊自然品性所决定，近代以来土地所有权表现出以下两个明显的

① 参见高富平：《物权法原论》（上），中国法制出版社2000年版，第212—213页；陈耀东、任容庆：《所有权型分时度假对传统所有权理论的冲击与发展》，载《法学杂志》2005年第1期。

特点：

1. 土地所有权的公益性强于其私益性

土地所有权体现了私益性与公益性的结合，即土地所有权所蕴含的利益不仅为个人的利益而存在，还为全体社会成员的利益而存在。综观各国土地所有权，莫不体现了私益性与公益性的结合，此点并不因土地归属制度（公有制或私有制）之不同而有差异。就私人及私团体而言，必须占有、利用一定范围的土地，否则将无以为生，亦无从发展。土地这种私有的、独占的经济品格的法律表现即土地的私益性。土地的私益性，不仅包括以土地作为确保生活或生存的"生存性利益"，还包括土地所有人将土地作为资产加以保有或利用的"财产性利益"。[①]同时，由土地的自然属性所决定，其除了具有一般财货私有的、独占的属性外，还有社会的、公共的属性。[②]土地所有权与国家、民族和社会整体利益密切相关，故其还须为社会全体人民的公共利益而存在和行使，此即土地所有权的公益性。就低层意义上的公益性（或消极意义的公益性）而言，土地所有权之行使须不得违反公共利益；就高层意义上的公益性（或积极意义的公益性）而言，土地所有权之行使非但不得违反公共利益，而且还须有利于增进公共福祉。土地所有权的公益性集中体现在土地公有及对土地私有权的限制上。即使在资本主义私有制国家，由于土地的社会功能及公共资源性，土地国有现象也十分普遍，例如美国百分之五十的土地属于联邦或州政府所有，加拿大也仅有百分之十左右的私人土地。而且，对于私人的土地，国家也常在公法与私法上予以限制与管理，使其权利的行使符合公益要求。从前面关于近现代物权法发展趋势的阐述可知，现代法律上对土地所有权的公益性的关注已远远超过了其私益性。

土地所有权的私益性与公益性理论对我国来说尤具重要意义。我们必须正确处理好土地公益性与私益性之间的关系，决不可单纯强调一面而偏废另一面。由于我国实行土地的社会主义公有制，个人不能拥有土地所有权，社会成员对土地

---

① 参见梁慧星、陈华彬：《物权法》（第三版），法律出版社2005年版，第148页。

② 参见温丰文：《现代社会与土地所有权理论之发展》，台北五南图书出版公司1984年版，第127页。

的私益性需求主要通过各种土地使用权体现。过去，我国对土地公益性强调过多，相比之下对农村居民和城镇居民的土地的私益使用保护较弱，土地的利用效率低下，窒碍了社会生产力的发展。今后我们在强调土地公有权的重要性并予以严格保护的同时，也应重视公有土地的私益性，提升单位和个人的土地使用权的重要性并加强对其保护的力度，进一步理顺我国土地公益性与私益性之间的关系，使土地公有制的优越性得以充分发挥。

2.土地所有权优位向土地用益权优位的转变

19世纪及其之前，土地所有权具有优越性、强大性和绝对性，土地所有人可以任意占有、利用土地，甚至可以滥用。土地的利用人与土地的所有人相比，则处于低下的奴仆地位，弱势的土地利用人很容易被土地所有人所欺压，而无以与之对抗。这种状况如长期存在下去，既不利于土地所有人和利用人的利益平衡、提高土地的利用效益，也违背资本主义的资本运动法则。于是19世纪以来，出现了“土地所有权的现代化”的强烈呼声，即主张改变土地所有权为中心的土地立法，转换为以土地的现实利用人保护为中心的土地立法。20世纪开始，各国土地立法纷纷对土地所有权的绝对性加以限制，提高土地利用人的地位，由此产生了“土地所有权向土地用益权让步”的现象。[①]这一现象，一方面体现在土地用益权的类型扩张方面，另一方面体现在土地所有与土地利用相分离时，提高并强化土地利用权人（不论是物权性的利用权人还是债权性的利用权人）的法律地位，使之得以与土地所有权人相抗衡。提升和强化土地利用权人地位的手段主要有：确保土地利用权的存续期间及使用权人的延展请求权，赋予土地利用权对抗所有权的效力，以及赋予土地利用人在期满时的有益费用偿还请求权、工作物取回请求权或买取请求权等。

我国实行土地公有制度，个人不得拥有土地，这是由我国社会主义公有制经济制度所决定的。但新中国成立以后的二三十年中，我国土地公有制的优越性非但未能于经济上充分实现，反而造成了土地的破坏与浪费，这与过分强调土地的公共所有而忽视对土地的实际利用是分不开的。自1979年以来，我国于农村实行了土地承包经营制度，改“集体所有，集体使用收益”为“集体所有，农民

---

① 参见梁慧星、陈华彬:《物权法》(第三版)，法律出版社2005年版，第150—151页。

使用收益”，大大提高了农村土地的利用效率和促进了生产力的发展。1987年以后，国家又进行了城镇国有土地使用权制度改革，实行城镇国有土地使用权有偿出让、转让制度，取得了巨大效益，实现了所有者利益和利用人利益的双赢。当然，在土地的所有权和利用权的关系问题上，我们仍存在一些有待进一步解决的问题。《物权法》和《民法典》中肯定了改革的成果，同时也致力于妥善协调土地所有权与土地利用权的关系，并强化对土地承包经营权和建设用地使用权的保护。这一立法指导思想是值得肯定的。

二、土地所有权的范围及其限制

土地所有权的范围，指土地所有权的效力及其行使所及之界限。由于土地连绵无垠，涉及地表上下，因此土地所有权范围可从“横”“纵”两方面理解。于横的方面，可通过人为设置的经纬度确定其坐标，划定四至（即地界）来确定土地所有权的范围并登记造册以确定其面积。于纵的方面，现代各国民法修正了罗马法及近代民法奉行的土地所有权“上达天宇、下及地心”的法则，对其纵向范围予以必要限制。如《德国民法典》第905条规定：“土地所有权的权利扩及于地面上的空间和地面下的地层，但如所有人对排斥他人空中或地下的干涉并无利益时，则不得排斥此种干涉。”《日本民法典》第202条规定：“土地所有权，于法令限制内，及于土地的上下。”可见，土地所有权人的权利虽可及于地面上下的必要空间，但在对其利益并无影响的前提下，不得排斥他人对地上空间和地身的利用。对于土地所有权的纵向范围，立法例上一般以“于其行使有利益的范围内”加以限定。至于该范围的判定，则应依具体情况与妨害形态，并考量土地的位置、性状和一般的生活与交易观念加以衡量，而难以订立统一的判定标准。

此外，法律关于土地相邻关系的规定，以及出于国防、电信、交通等公共利益和对自然资源和环境、名胜古迹保护的需要，也会对土地所有权的范围及其行使作出必要的限制。

三、空间权的产生与发展

传统的土地制度系以地表为中心，土地所有人和利用人对其所有或利用的土地，以地表为中心而有上下垂直的支配力，此即学说所谓土地之“垂直所有、利用形态”。调整此种土地所有和利用关系的法律，称为“土地法”。随着19世纪欧陆工业化革命的完成，社会生产力得到了极大的发展，工商业由此繁荣，各国的都市化程度迅速提高，城市的土地资源日显稀缺和珍贵。社会发展的需要，促使人们对土地的利用扩及于土地的空中和地中，从而形成对土地的“水平的所有、利用形态”。而现代建筑技术的提高和法律上对土地所有权范围的限制，为土地利用的立体化发展和空间权的产生奠定了坚实的基础。所谓空间权，是指以土地地表之上的一定空间或地表之下的一定地身范围为客体而成立的一种不动产权利。高架桥、高架铁路、空中走廊、地下铁道、地下街道、地下商场、地下停车场等为土地立体化利用的典型形态，而调整这种利用形态的法律，被称为“空间法”。空间权制度产生于20世纪初，当今在许多国家和地区已受到普遍的重视，并有相关的立法。我国《民法典》第345条（原《物权法》第136条）也对空间利用权作了简要规定。

依据空间权的法理，空间权可依不同的标准作多种分类。如根据客体之位置不同，可分为地上空间权（即空中权）与地下空间权（即地中权）；依存续期间的不同，可分为有期限性空间权与无期限性空间权；依空间权之性质与内容的不同，可分为空间所有权与空间利用权等形态。空间利用权除物权性的空间地上权、空间地役权外，还包括债权性的空间租赁权及空间借贷权。[①]空间所有权（包括相邻关系与共有关系）以及物权性空间利用权，除其客体具有特殊性外，关于其客体的特定性、效力的排他性及公示等问题，均准用不动产物权的相关规定。

---

① 梁慧星、陈华彬:《物权法》(第三版)，法律出版社2005年版，第164页。

四、我国的土地所有权制度

（一）我国实行土地的社会主义公有制

依据《宪法》《土地管理法》《城市房地产管理法》《民法典》等法律的规定，我国实行土地的社会主义公有制。我国的土地所有权具有以下特点：

1. 主体的限定性。土地所有权的主体只能是国家或农民集体经济组织，其他任何组织及个人都不得成为土地所有权的主体。

2. 交易的禁止性。在我国，于土地权益上具有流转功能的，只能是土地的使用权，国家法律严禁土地所有权依自由交易的方式流转，包括不得买卖、互易、抵押及以土地所有权进行投资。基于主体的限定性和交易的禁止性，我国土地的权属具有高度的稳定性。土地所有权变动的情况，除对自然新增土地（如河流冲积地、淤积地）的权属确认外，仅有国家征收一种，即通过国家征收而将集体土地所有权转变为国家土地所有权。

3. 实现手段的特殊性。国家或农民集体除保有少量的土地供其直接使用外，其土地所有权的行使与实现、土地效用的发挥，通常通过权能分离的手段来达到，即作为所有权人的国家或农民集体一般并不直接行使土地所有权的全部权能，而是通过设立建设用地使用权和农业用地承包经营权等方式将土地交由全民所有制或集体所有制单位、其他组织、集体成员或其他个人使用和经营。而于分离土地的占有权、使用权、收益权给土地使用者的同时，土地所有权人也获得了相应的利益。

4. 用途管制的严格性。我国的国情是人口多、耕地少，现在全国耕地保有量只有18.3亿亩，人均耕地只有1.4亩，是世界平均水平的三分之一。因此，国家政策确定耕地保有量必须保持在18亿亩以上，这是一项约束性指标，是不可逾越的底线。实行最严格的土地管理制度，特别是切实保护基本农田，是我国面临的一项十分紧迫而又艰巨的任务。依据《土地管理法》等法律、法规的规定，国家实行土地用途管制制度。由国务院土地行政主管部门统一负责全国土地的管理和监督工作，代表国家编制土地利用总体规划，规定土地用途，将土地分为农用地、建设用地和未利用地；严格限制农用地转为建设用地，控制建设用地的总量，对耕地实行特殊保护；使用土地的单位和个人必须按照土地利用总体规划确定的用途使用土地。《民法典》第244条中也明确：“国家对耕地实行特殊保护，严格限制农用地转为建设用地，控制建设用地总量。不得违反法律规定的权限和程序征收集体所有的土地。”

（二）国家土地所有权

国家土地所有权是指国家对于全民所有的土地依法享有占有、使用、收益和处分的权利。在新中国成立后至1956年的社会主义改造过程中，国家通过没收、征收、收归国有等法律手段，逐步建立了土地国家所有权制度，并通过1982年的《宪法》明确了城市土地属于国家所有。这是我国目前最为重要的土地所有权形式，在社会经济生活中发挥着举足轻重的作用。根据《宪法》《土地管理法》《城市房地产管理法》《民法典》等法律的规定，国家所有的土地所有权具有以下特点：

1.所有权的主体为国家。只有代表全体人民意志和利益的国家才能作为国家土地所有权的主体，并且只有法律授权的国家土地行政管理机关，才有权管理国有土地。其他任何国家机关、组织和个人都不能成为国家土地所有权主体，也无权代表国家对国有土地进行管理。

2.所有权的客体具有确定性和广泛性。根据法律规定，国有土地包括：城市市区的土地；法律规定属于国家所有的农村和城市郊区的土地；国家未确定为集体所有的林地、草地、山岭、荒地、滩涂、河滩地以及其他土地。随着我国城市化进程的加快，城镇国有土地的范围还在不断的扩大之中。

3.国家土地所有权可以因征收取得。征收是国家土地所有权产生的特殊方式，根据《宪法》第10条及《民法典》第117条、第243条、第244条和《土地管理法》的有关规定，国家为了公共利益的需要，依照法律规定的权限和程序可以征收集体所有的土地，但应当给予公平、合理的补偿。征收集体所有的土地，应当依法及时足额支付土地补偿费、安置补助费以及农村村民住宅、其他地上附着物和青苗补偿费等费用，并安排被征地农民的社会保障费用，保障被征地农民的生活，维护被征地农民的合法权益。同时，由于国家对耕地实行特殊保护并控制建设用地总量，因此要严格限制农用地转为建设用地。

4.国家土地所有权的行使具有自己的特点。由国家的性质所决定，国家虽拥有国有土地所有权，但其不可能直接利用或经营每一块土地。因此，客观上国家只能将国有土地交由国家机关、全民所有制企事业单位和其他组织及个人使用、经营，通过在国有土地上设定使用权来实现国家土地所有权，发挥国有土地的效用。体现于具体制度上，就是对国有土地使用权通过划拨方式的无偿使用制度和通过出让方式的有偿使用制度。国有土地使用权可以与所有权分离而进入市场，实行国有土地使用权有偿出让、转让制度，是我国经济体制改革的重大成果，我国的建设用地使用权这一重要的用益物权形式，正是在此基础上产生的。另外，国有农业用地依法可以由农民集体使用并实行承包经营制度。

（三）集体土地所有权

集体土地所有权，是指农民集体经济组织对于依法属于自己所有的土地享有占有、使用、收益和处分的权利。新中国成立之初，国家通过土地改革，确认了广大农民对土地的私有权，之后通过引导农民互助合作，成立互助组、合作社和高级合作社，于1956年基本完成社会主义改造任务，1958年在高级合作社的基础上成立人民公社，逐步建立了农民集体所有制和土地的农民集体所有权。我国目前绝大部分农用地及农村建设用地都属于集体所有，因而集体土地所有权也是我国一种非常重要的土地所有形式。依据法律的规定，我国的集体土地所有权具有如下特点：

1.集体土地所有权的主体为农民集体。根据《土地管理法》第11条的规定，集体土地所有权主体主要包括三种：村农民集体、村内的农民集体经济组织和乡镇农民集体。据此可知，集体土地所有权的主体具有多元性的特点。《民法典》第262条规定：“对于集体所有的土地和森林、山岭、草原、荒地、滩涂等，依照下列规定行使所有权：（一）属于村农民集体所有的，由村集体经济组织或者村民委员会依法代表集体行使所有权；（二）分别属于村内两个以上农民集体所有的，由村内各该集体经济组织或者村民小组依法代表集体行使所有权；（三）属于乡镇农民集体所有的，由乡镇集体经济组织代表集体行使所有权。”

2.集体土地所有权的客体为国有土地之外的其他土地。根据《土地管理法》

的规定，农村和城市郊区的土地，除由法律规定属于国家所有的以外，属于农民集体所有；宅基地和自留地、自留山，属于农民集体所有。农民集体所有的土地，可分为农用地、建设用地和未利用地。农用地是指直接用于农业生产的用地，包括耕地、林地、草地、农田水利用地、养殖水面用地等；建设用地是指建造建筑物、构筑物的土地，主要包括乡（镇）村企业用地、工矿用地、乡村公益事业用地和公用设施用地、旅游用地及农村宅基地等。

3.农业用地依法实行土地承包经营制度。根据《土地管理法》《农村土地承包法》《民法典》的规定，农民集体所有和国家所有由农民集体使用的耕地、林地、草地以及其他用于农业的土地，依法实行土地承包经营制度。本农民集体经济组织的成员按照平均享有、人人有份的原则享有承包经营权并按户进行承包经营。

4.集体土地进行非农业使用具有限制性。根据《土地管理法》《城市房地产管理法》和《民法典》的规定，农村村民依法可以拥有宅基地并享有宅基地使用权，农民集体所有的土地可以依法用于兴办乡镇企业、公益设施等。但农民集体所有的土地用于非农业建设的，须由县级人民政府登记造册，核发证书，确认建设用地使用权；集体成员的宅基地也有面积和数量的限制；同时，国家严格限制耕地转为非耕地，实行占用耕地补偿制度和基本农田保护制度，涉及农用地转为建设用地的，应当办理农用地转用审批手续；城市规划区内的集体所有的土地，必须经依法征收转为国有土地后，该土地的使用权才可有偿出让。集体土地不得进行商业性房产的开发建设并对外销售；以集体所有土地的使用权设立抵押的，实现抵押权后，未经法定程序，不得改变土地所有权的性质和土地用途。

当前，我国的农民集体土地所有权法律制度仍存在一些缺陷，实践中也存在不少问题，如主体虚位、管理机构不健全、土地界限不清、利用效率较低、耕地流失较为严重，非法开发利用以及国家征收土地时对集体利益和承包人利益保护不足，等等。这些缺陷和问题，尚有待通过法律手段和有力的行政措施加以解决。

第五节　房地关系与建筑物区分所有权

一、房屋所有权及其与土地权属的关系

（一）房屋所有权的概念与分类

一般来说，房屋是指定着于土地而由四壁和梁柱构成的特定空间，属于建筑物的一种。不过，我们也经常以房屋或房产来泛指地上建筑物和构筑物等。如《城市房地产管理法》第2条第2款即规定“本法所称房屋，是指土地上的房屋等建筑物及构筑物”。“房地产”一词中的“房产”，同此意义。还应说明的是，法律上所称的“地上定着物”“土地上的房屋”，并非将房屋或建筑物的位置限于土地之地表，位于地下或地上之建筑（如地下室、地下商场、空中走廊等），亦在其列。

所谓房屋所有权，是指所有人在法律规定的范围内对其房屋（或包括其他建筑物和构筑物）独占性地支配并得排除他人干涉的权利。

根据房屋所处位置的不同，房屋所有权可分为城镇房屋所有权和农村房屋所有权。我国对城镇房屋的管理制度相较于农村房屋要完善一些，如城镇房屋已普遍实行了产权登记制，而农村房屋则还未完成全部的房屋产权登记。

从房屋所有权的主体数量和权利构成上而言，房屋所有权还可以分为单独所有权、共同所有权和区分所有权。其中，房屋的共同所有权的问题包含于以下“共有”一节中，本节以下内容主要阐释区分所有权的问题。

此外，根据房屋所有权主体的不同，房屋所有权亦有国家所有权、集体所有权、法人所有权及私人所有权之分；根据房屋的用途不同，还可分为住房所有权和其他用房（如写字楼、商场等商业用房、办公用房以及桥梁、堤坝、烟囱、水渠等用于工业或农业的建筑物等）所有权。这些分类，对于房地产关系的法理和法律规则的适用，并无实质性影响。

（二）房屋与土地的关系

房屋等建筑物、构筑物均属于地上定着物，与土地有着极为密切的关系，法律上也通常将两者统称为不动产或房地产。从自然属性上讲，房屋等建筑物是不可脱离土地而存在的，但在法律上，关于两者的关系如何，亦即是否可将其作为相互独立的两项不动产来认识，存在两种不同的立法例：一种是结合主义，即将房屋与土地结合作为一个不动产，房屋为土地的一部分，并不构成独立的不动产。这主要为罗马法及受其影响的德国法所采用，依"土地吸收地上物"的原则，土地所有权人拥有房屋所有权，但在房屋所有权人与土地所有人相异时，房屋所有人可依地上权而保有其房屋所有权。[①]另一种是分离主义或分别主义，即房屋与土地各为独立的不动产，但两者仍存在密切的关系。如日本《不动产登记法》中规定，房屋与土地须分开登记，房屋是独立的所有权客体，任何情况下都不被土地吸收。现今，分别主义的模式为多数国家立法所采行。另应注意的是，由于两种立法例上都规定有地上权制度，因此其实质差异已渐趋式微。

一般认为，我国法律上采取的是分别主义，但由于我国实行土地的社会主义公有制，因此我国的房地产关系与国外的制度设计又有差异，颇具"中国特色"：其一，房屋与土地各为独立的不动产，房屋所有权独立于土地所有权，且大多数情况下其主体是不一致的。非公有房屋的所有权属于私人或法人，不发生土地吸附房屋的问题，亦不存在土地的公有所有权因房屋的私有而发生归属之变化的问题。唯国有土地上的国有房产和集体土地上的集体房产，其房屋和土地的所有权归属才是一致的，即使如此，法律上也是将其二者作为各自独立的权利客体来规范和登记的。其二，土地所有权只归国家所有或农民集体所有，且不得进行交易，承载土地利用和交易功能的是土地使用权。因此在我国房屋与土地的关系问题主要体现为房屋所有权与土地使用权的关系，而土地使用权与房屋所有权亦属于两种性质不同的权利（或财产），各为独立的不动产。其三，土地使用权与房屋所有权之间又有着密切的联系。法律上实行房屋产权

---

① 参见［意］彼得罗·彭梵得：《罗马法教科书》，黄风译，中国政法大学出版社 1992 年版，第 203 页；孙宪忠：《德国当代物权法》，法律出版社 1997 年版，第 12—13 页。

与房屋占有土地的使用权“权利人一致原则”“共同流转原则”“同时抵押原则”，即人们通常所谓的“房随地走”“地随房走”的“房地一体流转”规则。[①]《民法典》中坚持了既有规定并有所完善，第397条规定：“以建筑物抵押的，该建筑物占用范围内的建设用地使用权一并抵押。以建设用地使用权抵押的，该土地上的建筑物一并抵押。”“抵押人未依照前款规定一并抵押的，未抵押的财产视为一并抵押。”第398条规定：“乡镇、村企业的建设用地使用权不得单独抵押。以乡镇、村企业的厂房等建筑物抵押的，其占用范围内的建设用地使用权一并抵押。”第417条规定：“建设用地使用权抵押后，该土地上新增的建筑物不属于抵押财产。该建设用地使用权实现抵押权时，应当将该土地上新增的建筑物与建设用地使用权一并处分。但是，新增建筑物所得的价款，抵押权人无权优先受偿。”应当说，这种立法模式符合我国的国情，有利于保护房屋和土地的不同方面、不同主体之间的权利和利益，较为妥善地解决了房地产之间的关系问题。

二、建筑物区分所有权的概念与特点

（一）建筑物区分所有权的概念

建筑物区分所有权问题，是随着经济的发展和都市化进程的加快、城市人口的膨胀、诸多居民集中居住于同一高层建筑物内而又分别拥有其单元住宅的情况而出现的一种复杂且特殊的不动产所有权现象。这种所有权，既不是效力及于建筑物之全部的单独所有权，也不是按份共有或共同共有的建筑物之共同所有权，而是既非单独所有又非共有的区分所有制度。建筑物的区分所有问题有着较为久远的历史，今日社会这一问题更为突出和重要。各国（地区）立法中也对此给予了足够的重视，纷纷在民法典中对其作出特别规定，许多国家和地区还另行制定有单行法，如法国的《住宅分层所有权法》、日本的《建筑物区分所有权法》、奥地利的《区分所有权法》、德国的《住宅所有权及长期居住权的法律》（通常简称《住宅所有权法》）、英国的《住宅法》、美国的《公寓所有权标准示范法》、我

---

① 参见《城市房地产管理法》第32条等。

国香港地区的《多层大厦（业主立案法团）条例》等。随着我国住房制度的改革和高层建筑、住宅小区的大量出现，由此引发了大量的区分所有权问题，为解决这些问题，国务院和有关部委也相继出台了一些行政法规和部门规章，原《物权法》中也设专章规定了“业主的建筑物区分所有权”，《民法典》中维持了既有的基本规定并作了改进。此外，最高人民法院还专门发布《关于审理建筑物区分所有权纠纷案件适用法律若干问题的解释》《关于审理物业服务纠纷案件适用法律若干问题的解释》等司法解释，明确了其中诸多具体问题的处理规则。

建筑物区分所有权，又称公寓所有权、分层所有权或简称为区分所有权，是指多人共同拥有一栋区分所有建筑物时，各区分所有权人对建筑物专有部分所享有的专有所有权和对共用部分所享有的共有权以及因共同关系所生的成员权的总称。我国《民法典》第271条规定：“业主对建筑物内的住宅、经营性用房等专有部分享有所有权，对专有部分以外的共有部分享有共有和共同管理的权利。”

建筑物区分所有权的权利名称，在不同的立法例上有不同的称谓。关于其概念的内涵，也存在多种意见的争议，学说上主要有一元说、二元说、新一元论说及三元说等不同的主张，并为不同的立法例所支持。持一元说的学者中，或者认为建筑物区分所有权系区分所有权人对区分所有的建筑物中的专有部分所享有的专有所有权，或者将区分所有建筑物整体视为由全体区分所有权人所共有而认为区分所有权是共同所有权；二元说者认为建筑物区分所有权是由区分所有建筑物的专有部分所有权与共用部分持分权所构成的权利；新一元论说则将区分所有建筑物的专有部分与共用部分合并而称为“享益部分”，认为区分所有权就是指区分所有人就该享益部分所享有的权利；三元说又称最广义区分所有权说，认为建筑物区分所有权是由专有部分所有权、共用部分持分权和因共同关系所生的成员权共同构成的一种特别所有权。[①]各说之分歧，其实质在于对区分所有权究竟包括专有权、共有权及成员权中的哪几项有不同认识，尤其对成员权是否为区分所有权的构成要素争议最大。我国学者多持三元说，但也有学者赞同二元说。依多数学者的认识，建筑物区分所有权中的物权性权利应系由专有权与共有权构成，

① 参见梁慧星、陈华彬:《物权法》(第三版)，法律出版社2005年版，第167页以下。

而成员权实质上是区分所有人（即所谓“业主”）为了更好地行使专有权和共有权而共同管理区分所有的建筑物，在业主团体中所享有的权利（如参与制定管理规约、对共同事务的表决权等），该权利的享有以其享有的专有权、共有权为前提并附随于区分所有权，其内容本身并非物权性的权利，故不宜作为区分所有权的物权性构成要素。[①]但在认识和把握区分所有权人的权利内容时，仍有提及成员权的必要；于法律上规范完整的建筑物区分所有权制度时，也应对共同管理权予以规定。

（二）建筑物区分所有权的特点

1.内容的复合性。即建筑物区分所有权系由专有部分的所有权、共有部分的共有权以及参与共同事务管理的成员权所构成。

2.专有所有权的主导性。在区分所有权的诸构成要素中，专有部分的所有权具有主导性，表现在：区分所有人（业主）取得专有所有权即意味着同时取得了共有权及成员权，而如果失去了专有部分所有权，也就失去了其他权利；专有所有权部分的大小还决定着共有权及成员权（如表决权）的大小；在区分所有权的成立上，仅须登记专有所有权即可。《审理建筑物区分所有权纠纷案件的解释》第1条规定：“依法登记取得或者依据民法典第二百二十九条至第二百三十一条规定取得建筑物专有部分所有权的人，应当认定为民法典第二编第六章所称的业主。”“基于与建设单位之间的商品房买卖民事法律行为，已经合法占有建筑物专有部分，但尚未依法办理所有权登记的人，可以认定为民法典第二编第六章所称的业主。”

3.权利主体身份的多重性。即区分所有权人同时是专有部分所有人、共有部分的共有人及共同事务管理的成员权人。

4.流转上的一体性。即专有所有权与共有权及成员权结为一体，不可分离，于转让、处分、抵押、继承时须一并进行。《民法典》第273条第2款规定：“业主转让建筑物内的住宅、经营性用房，其对共有部分享有的共有和共同管理的权利一并转让。”

---

① 参见郭明瑞等:《民商法原理》(二)，中国人民大学出版社1999年版，第83页。

三、业主专有部分之所有权

专有部分所有权又称专有权、特别所有权，是指建筑物区分所有人（业主）对建筑物中属于其独立所有的部分予以自由使用、收益、处分的权利。此系区分所有权的“单独性灵魂”，专有部分所有权的具体内容及其限制，与一般的单独所有权大致相同。[①]《民法典》第272条规定：“业主对其建筑物专有部分享有占有、使用、收益和处分的权利。业主行使权利不得危及建筑物的安全，不得损害其他业主的合法权益。”考虑到区分所有权的特殊性，业主改变住宅用途的，应受到一定的限制，《民法典》第279条规定：“业主不得违反法律、法规以及管理规约，将住宅改变为经营性用房。业主将住宅改变为经营性用房的，除遵守法律、法规以及管理规约外，应当经有利害关系的业主一致同意。”

建筑物区分所有权中的专有部分，是指在构造上能明确区分，具有排他性且可独立使用的建筑物之构成部分，如公寓楼中的一套单元住宅、商务楼中的一个楼层。通说认为，构成专有部分，须具备两项要件：其一为构造上的独立性，即某一专有部分须与建筑物的其他部分在建筑构造上能够客观地区分其范围；其二为利用上的独立性，即专有部分须与一般独立的建筑物相同，具有能满足一般生活目的的独立机能，能够单独使用并具有独立的经济效用。[②]建筑物区分出来的专有部分，因具有以上要件而有排他支配的可能性，于是可透过法技术之运作，借登记簿上所登记之笔数、位置、面积等完成不动产公示，表现出其独立的所有权性质。这是对物权法上“一物一权”主义的发展，并不违背一物一权、物权客

---

① 诸多学者认为区分所有权中的专有所有权系对由建筑材料所组成的“空间”加以管领支配的“空间所有权”（参见梁慧星、陈华彬：《物权法》（第三版），法律出版社2005年版，第175页；郭明瑞等：《民商法原理》（二），中国人民大学出版社1999年版，第85页）。但笔者对此似已成为“通说”的观点持有异议，认为：没有一定的建筑材料所围成空间，不能构成房屋；无论何种房屋，一定的空间均是其固有成分。因此，建筑物区分所有权中的专有所有权，与一座单独构建的房屋之所有权并无实质区别。也就是说，作为房屋构成要素中的“空间”与空间权制度中所讲的“空间”，非为同一意义。否则，我们无法解释何以单独构建的房屋上存在的是“有体物”之所有权，而高层建筑中的单元房屋之所有权却成了“空间所有权”。

② 梁慧星、陈华彬：《物权法》（第三版），法律出版社2005年版，第175—176页。

体特定的宗旨。《审理建筑物区分所有权纠纷案件的解释》第2条规定："建筑区划内符合下列条件的房屋，以及车位、摊位等特定空间，应当认定为民法典第二编第六章所称的专有部分：（一）具有构造上的独立性，能够明确区分；（二）具有利用上的独立性，可以排他使用；（三）能够登记成为特定业主所有权的客体。""规划上专属于特定房屋，且建设单位销售时已经根据规划列入该特定房屋买卖合同中的露台等，应当认定为前款所称的专有部分的组成部分。""本条第一款所称房屋，包括整栋建筑物。"

关于专有部分范围的具体界定，学术见解不无分歧，大致有下列四种学说：其一为中心说或壁心说，认为专有部分之范围达到墙壁、柱、地板、天花板等境界部分厚度之中心；其二为空间说，认为专有部分之范围仅限于由墙壁（共同墙壁）、地板、天花板所围成的空间部分，而墙壁、地板、天花板等界限点上的分割部分等则为全体或部分区分所有人所共有；其三为最后粉刷表层说，认为专有部分的范围及于壁、柱、板等境界部分表层所粉刷之部分，而境界壁与其他境界之本体则属共用部分；其四为壁心和最后粉刷表层说，也称"中央部分属于共用部分，表面属于专有部分说"，该说认为专有部分之范围应区分内部关系与外部关系而定。于区分所有人之间，尤其是在建筑物之维持、管理关系上，专有部分应包含壁、柱、地板及天花板等境界部分表层所粉刷之部分，但于外部关系尤其是对第三人的关系（如买卖、保险、税金等）上，专有部分应达壁、柱、地板及天花板等境界部分厚度之中心线。以上各说中，以第四种观点为通说。[①]依据此说和我国相关法律规定，业主的专有、专用部分之范围，在内部之管理、使用等方面，只及于与其他业主分界的四壁及天花板、地板之外部粉刷层；而在专有部分面积之计算、费用之分摊与纳税、保险等外部关系上，则及于与其他业主分界的墙、板之中心线。而各户分界的墙壁与天花板、地板，由于客观上不可拆分，故从另一角度看，其应属于相邻业主之共有物。

---

① 参见温丰文：《论区分所有建筑物之专有部分》，载台北《法令月刊》第42卷第7期，第276页；陈华彬：《现代建筑物区分所有权制度研究》，法律出版社1995年版，第105—107页。

四、业主共有部分之共有权

共有部分的共有权，也称共用部分持分权或简称为共有权，是指建筑物区分所有人依照法律或管理规约的规定，对建筑物专有部分以外的共用部分所享有的占用、使用及收益的权利。《民法典》第273条第1款规定："业主对建筑物专有部分以外的共有部分，享有权利，承担义务；不得以放弃权利为由不履行义务。"

共有所有权是区分所有权中另一物法性要素，其与专有所有权共同构成区分所有权制度的"两个灵魂"。区分所有权制度中的共有部分所有权与一般的共有所有权在主体、客体、内容等方面有一定的差异，而且其得丧变更决定于专有所有权的得丧变更，区分所有人亦不得请求共有部分的分割，在共有权伴随专有权的转让而转让时，其他区分所有权人一般也无优先购买权。[①]

建筑物区分所有中的共有部分，是指建筑物及建筑规划区内除专有部分之外由全体或部分区分所有人共同所有、共同使用的其他部分。共有部分依不同的标准可作多种分类，如可分为法定共有部分（如基地、外壁、楼顶、梁柱以及道路、公用设施等）与约定共有部分（如停车场、绿地等），对建筑物的共有部分与对其附属物的共有部分，全体业主的共有部分（如建筑区划内的道路、绿地、管道、庭院、公共场所和公用设施等）与部分业主的共有部分（如各单元内的楼梯、电梯、各楼层间之楼板、两套单元住宅间的隔墙等）等。

区分所有人作为共有人，对共有部分享有以下主要权利：第一，正当使用权。此为共有人的基本权利。各区分所有权人在兼顾其他共有人权益的前提下，有权对共有部分按其正常用途予以使用（包括共同使用与轮流使用）；非按共有部分的本来用途使用共有部分，但无损于建筑物之保存、不违反甚至有益于区分所有人之共同利益的（如在走廊之墙壁上悬挂字画或镜架，在楼顶修建花园或摆放花盆等），亦属正当使用。第二，收益分享权。因共有部分为营利性使用所生的利益，如将共有庭院、墙壁、广告位等出租的收益，区分所有人应按其应有

---

① 参见段启武：《建筑物区分所有权之研究》，载梁慧星主编：《民商法论丛》（第1卷），法律出版社1994年版，第321页。

份额分享之。第三，修缮改良权。区分所有人为方便、美观、实用的需要，可以在不影响或损及共有部分固有性质前提下对建筑物或其附属设施的共用部分予以修缮或改良。但此一般仅限于耗费微小且无损共有部分之实体的单纯的修缮与改良，涉及共有部分的改建和重大的修缮、改良行为，则不得擅自为之。

区分所有人作为共有人的义务，主要有：第一，依共用部分的性质及本来用途使用共用部分的义务。不得为不当的使用而损及共有部分的性质、功能或妨害他人的正当利益，如区分所有人不得于共用楼道和庭院堆放杂物、丢弃垃圾、违章搭建，民用住宅不得擅自改变而作为饭店、歌厅等经营性使用。第二，分担共同费用和负担的义务。所谓共同费用和负担，一般包括日常维修及更新建筑物的共同部分和公共设备的费用、管理事务的费用（包括管理人的薪酬）等。关于费用和负担的分担原则，立法上通常按区分所有人就共用部分所占共有持分（亦即区分所有人对共用部分之潜在的应有份额）的比例算定；属于部分区分所有人共同使用的部分，则由该部分区分所有人按其持分比例分担。但在共有持分的比例之计算上，各国规定不尽一致。一般认为，各共有人的应有份额依其专有部分面积的比例来计算的做法，较为允当。[①]

我国《民法典》在原《物权法》和国务院之前颁布的《物业管理条例》等有关规定的基础上，又作了大量的调查研究，并借鉴国外的有益经验，对业主共有权的客体范围及其权利义务等问题作了较为全面和妥善的规定。该法第274条规定："建筑区划内的道路，属于业主共有，但是属于城镇公共道路的除外。建筑区划内的绿地，属于业主共有，但是属于城镇公共绿地或者明示属于个人的除外。建筑区划内的其他公共场所、公用设施和物业服务用房，属于业主共有。"第275条规定："建筑区划内，规划用于停放汽车的车位、车库的归属，由当事人通过出售、附赠或者出租等方式约定。""占用业主共有的道路或者其他场地用于停放汽车的车位，属于业主共有。"第276条规定："建筑区划内，规划用于停放汽车的车位、车库应当首先满足业主的需要。"第281条规定："建筑物及其附属设施的维修资

---

① 参见段启武:《建筑物区分所有权之研究》，载梁慧星主编:《民商法论丛》（第1卷），法律出版社1994年版，第327页；梁慧星、陈华彬:《物权法》（第三版），法律出版社2005年版，第179—180页。

金，属于业主共有。经业主共同决定，可以用于电梯、屋顶、外墙、无障碍设施等共有部分的维修、更新和改造。建筑物及其附属设施的维修资金的筹集、使用情况应当定期公布。”“紧急情况下需要维修建筑物及其附属设施的，业主大会或者业主委员会可以依法申请使用建筑物及其附属设施的维修资金。”第282条规定：“建设单位、物业服务企业或者其他管理人等利用业主的共有部分产生的收入，在扣除合理成本之后，属于业主共有。”第283条规定：“建筑物及其附属设施的费用分摊、收益分配等事项，有约定的，按照约定；没有约定或者约定不明确的，按照业主专有部分面积所占比例确定。”《审理建筑物区分所有权纠纷案件的解释》第3条补充规定：“除法律、行政法规规定的共有部分外，建筑区划内的以下部分，也应当认定为民法典第二编第六章所称的共有部分：（一）建筑物的基础、承重结构、外墙、屋顶等基本结构部分，通道、楼梯、大堂等公共通行部分，消防、公共照明等附属设施、设备，避难层、设备层或者设备间等结构部分；（二）其他不属于业主专有部分，也不属于市政公用部分或者其他权利人所有的场所及设施等。”“建筑区划内的土地，依法由业主共同享有建设用地使用权，但属于业主专有的整栋建筑物的规划占地或者城镇公共道路、绿地占地除外。”

五、共同事务管理之成员权

区分所有权人共同事务管理的成员权，也可谓业主的成员权或共同管理权，是指建筑物区分所有人基于对区分所有建筑物的共同关系而形成的作为管理团体成员对共有部分和共同事务管理所享有的权利和承担的义务。

建筑物区分所有权不仅仅是一种财产关系、物权，其同时也包含管理关系和成员权的内容。专有部分的所有权和共有部分的共有权为建筑物区分所有权制度中的“物法性”因素，成员权则是其中的“人法性”因素。我国《民法典》中在建筑物区分所有权的构成问题上虽采纳了三元说的观点，但并未使用“成员权”的概念，而代之以“共同管理权”的表述，不过其二者间并无质的差异。应说明的是，作为区分所有权人的业主不唯对“共有部分”享有共同管理权，对全体或部分区分所有权人的“共同事务”也享有共同管理权；享有共同管理权的业主，不限于同一幢建筑物的业主，而应包括同一建筑区划内的建筑物及其附属设施的全体业主。

区分所有权人享有的成员权或共同管理权的内容，主要包括表决权、参与订立规约权、选举和解任管理人的权利以及对公共事务管理和共同收益分享的请求权等；区分所有权人作为成员权人应承担的义务，主要是遵守管理规约的义务、执行业主会议决议的义务和接受管理人管理的义务等。

我国《民法典》第277条、第278条、第280条、第284—287条中，对业主就共有部分和共同事务管理的成员权的内容，作了颇为全面的规定。①根据其规定：业主可以设立业主大会，选举业主委员会。业主大会、业主委员会成立的具体条件和程序，依照法律、法规的规定。地方人民政府有关部门、居民委员会应当对设立业主大会和选举业主委员会给予指导和协助。下列事项由业主共同决定：（1）制定和修改业主大会议事规则；（2）制定和修改管理规约；（3）选举业主委员会或者更换业主委员会成员；（4）选聘和解聘物业服务企业或者其他管理人；（5）使用建筑物及其附属设施的维修资金；（6）筹集建筑物及其附属设施的维修资金；（7）改建、重建建筑物及其附属设施；（8）改变共有部分的用途或者利用共有部分从事经营活动；（9）有关共有和共同管理权利的其他重大事项。业主共同决定事项，应当由专有部分面积占比三分之二以上的业主且人数占比三分之二以上的业主参与表决。决定前款第6项至第8项规定的事项，应当经参与表决专有部分面积四分之三以上的业主且参与表决人数四分之三以上的业主同意。决定前款其他事项，应当经参与表决专有部分面积过半数的业主且参与表决人数过半数的业主同意。业主大会或者业主委员会的决定，对业主具有法律约束力。业主大会或者业主委员会作出的决定侵害业主合法权益的，受侵害的业主可以请求人民法院予以撤销。业主可以自行管理建筑物及其附属设施，也可以委托物业服务

---

① 《民法典》在《物权法》的既有规定基础上进一步完善了建筑物区分所有权制度，主要表现在：其一，明确地方人民政府有关部门、居民委员会应当对设立业主大会和选举业主委员会给予指导和协助（第277条第2款）。其二，适当降低业主共同决定事项，特别是使用建筑物及其附属设施维修资金的表决门槛，并增加规定紧急情况下使用维修资金的特别程序（第278条、第281条第2款）。其三，结合疫情防控工作，明确物业服务企业和业主的相关责任和义务，增加规定物业服务企业或者其他管理人应当执行政府依法实施的应急处置措施和其他管理措施，业主应当依法予以配合（第285条第2款、第286条第1款）。参见王晨：《关于〈中华人民共和国民法典（草案）〉的说明》，载《中国人大》2020年第12期。

企业或者其他管理人管理。对建设单位聘请的物业服务企业或者其他管理人，业主有权依法更换。物业服务企业或者其他管理人根据业主的委托，依照《民法典》合同编有关物业服务合同的规定管理建筑区划内的建筑物及其附属设施，接受业主的监督，并及时答复业主对物业服务情况提出的询问。物业服务企业或者其他管理人应当执行政府依法实施的应急处置措施和其他管理措施，积极配合开展相关工作。业主应当遵守法律、法规以及管理规约，相关行为应当符合节约资源、保护生态环境的要求。对于物业服务企业或者其他管理人执行政府依法实施的应急处置措施和其他管理措施，业主应当依法予以配合。业主将住宅改变为经营性用房的，除遵守法律、法规以及管理规约外，应当经有利害关系的业主一致同意。业主大会或者业主委员会，对任意弃置垃圾、排放污染物或者噪声、违反规定饲养动物、违章搭建、侵占通道、拒付物业费等损害他人合法权益的行为，有权依照法律、法规以及管理规约，要求行为人停止侵害、排除妨碍、消除危险、恢复原状、赔偿损失。业主或者其他行为人拒不履行相关义务的，有关当事人可以向有关行政主管部门报告或者投诉，有关行政主管部门应当依法处理。业主对建设单位、物业服务企业或者其他管理人以及其他业主侵害自己合法权益的行为，有权请求其承担民事责任。另外，相关的司法解释中，对业主的权利义务等问题还有许多细致的规定。

第六节　不动产相邻关系

一、相邻关系的概念与特点

（一）相邻关系的概念与意义

不动产相邻关系简称为相邻关系，是指相互毗连或邻近的不动产所有人或使用人之间在行使所有权或使用权时，因相互之间依法应当给予方便或接受限制而发生的权利义务关系。这种权利义务关系从权利角度讲，又称为相邻权。

自罗马法以来，相邻关系一直是民法上的一项重要制度。由于不动产往往是相互毗邻的，如果一项不动产的所有人或使用人仅注重自己权利的行使，则必然与相邻他方所有人或使用人的利益发生冲突。为调和其冲突，各国法律均设有相邻关系的规定，对不动产相邻各方的利益加以调整，使相邻各方享有法律规定的权利并允许在法律规定的范围内适当扩张，同时也应承担法律规定的义务，从而使其权利受到一定的限制。相邻关系的实质，即是相邻的不动产所有人或使用人的权利在法律允许范围内的扩张及所应受到的合理限制；其功能，正在于合理扩张或延伸一方的所有权或使用权，限制他方对其不动产的自由支配和“妨害排除请求权”，课以作为的协力义务或不作为的容忍义务并设补偿制度，以实现相邻各方当事人利益关系的平衡。相邻关系制度中的这种权利的扩张与限制，既无损于所有人或使用人的合法权益，又给予了相邻他方必要的便利，有利于增进物的利用效益和社会的和谐、邻里的团结，因而其是一种备受推崇的良善制度。

（二）相邻关系的特点

相邻关系作为不动产所有权或利用权的一种当然扩张与限制，具有如下特点：

1.相邻关系的主体是相邻近的不动产所有人或使用人。如果不动产不毗邻，则所有人或使用人之间不会发生权利行使的冲突问题，自然也就不会发生相邻关系。应当注意的是，此处所谓的不动产的毗邻，并不以不动产相连或邻接为必要，只要不动产所有人或使用人行使权利会影响到其他不动产所有人或使用人的利益，即可产生相邻关系；相邻的不动产，既可以是土地，也可以是建筑物、构筑物等地上定着物；相邻关系的主体，既可以是不动产的所有人，也可以是不动产的使用人（如用益物权人、承租人等）。动产之间不发生相邻关系的问题，位置相邻的动产在所有权的行使等方面发生冲突，可以通过位置移动等简单方式加以解决。

2.相邻关系的客体不同于一般物权的客体。关于相邻关系或相邻权的客体为何，理论上有不同的看法。第一种观点认为，相邻权的客体是不动产本身；第二种观点认为，相邻权的客体是行使不动产权利所体现的利益；第三种观点认为，相邻权的客体是相邻各方所实施的行为（作为或不作为）。我们认为第二种观点较为可取。因为相邻人之间对各自的不动产所有权或占有使用权并无争议，双方只是在行使不动产权利时发生了利益冲突，相邻关系所要解决的也正是这种利益冲突。相邻各方在行使权利时，既要实现自己的合法利益，又要为邻人提供方便，尊重他人的合法权益。因此，相邻关系的客体是行使不动产权利时所体现的利益或彼此应给予方便或接受限制的权利义务关系。[①]而不动产本身及其客观的邻近关系只是相邻关系发生的条件，相邻各方的行为则是相邻关系或相邻权的内容，故而此二者皆不宜作为相邻权的客体来认识。

3.相邻关系的内容十分复杂。相邻关系包括土地与房屋的相邻关系、通行与管线铺设的相邻关系、用水与排水的相邻关系、日照妨害与危险防免的相邻关系等多个方面，是一种综合性的不动产法律关系，其因种类不同而有不同的内容。不过，对复杂多样的相邻关系，也可根据一定标准进行归类，如人们通常根据相对人义务的内容而将其分为以不作为的容忍义务为内容的相邻关系和以作为的协力义务为内容的相邻关系，其中前者为相邻关系的常态和多见形式。无论相邻关系以何种权利义务为内容，均应限定于法律规定的必要的、合理的范围内，否则，即不属于权利的当然延伸或限制的相邻关系，而应属于地役权关系，甚至可能蜕变为侵权行为关系。

4.相邻关系并不构成一种独立的权利类型。相邻关系虽然有时也被称为“相邻权”，但其实质乃是法律对相邻不动产的权利人发生权利冲突时的衡平调整，是在合理的和法律许可的范围内对不动产所有权和利用权内容的当然扩张或限制，是法律对相邻不动产利用所进行的必要的和最低限度的调节。因此，相邻关系本身并不构成独立的民事权利或物权的一种，其依附、从属于不动产上的所有权及各种使用权。此与构成独立用益物权类型的地役权显有区别。

5.相邻关系的产生有法定性。相邻关系不是由当事人通过合同设定的，其产生和处理规则由法律直接规定，且无需登记。

二、相邻关系的处理原则

《民法典》中维持了《民法通则》第83条、《物权法》第84条规定的精神，于第288条规定：“不动产的相邻权利人应当按照有利生产、方便生活、团结互助、公平合理的原则，正确处理相邻关系。”第289条规定：“法律、法规对处理

① 参见郭明瑞等:《民商法原理》(二)，中国人民大学出版社1999年版，第156页。

相邻关系有规定的，依照其规定；法律、法规没有规定的，可以按照当地习惯。”据此规定并结合司法实践，在处理相邻关系时应当坚持以下原则：

（一）有利生产、方便生活

相邻关系是人们在生产、生活中，因行使不动产权利而产生的，与人们的生产、生活直接相关。法律规定相邻关系的目的就是为了充分发挥相邻不动产的使用效益，以满足相邻各方的利益需要。因此，在处理相邻关系时，应当从有利生产、方便生活的原则出发，妥善满足各方的利益需要。当有利生产和方便生活之间发生冲突时，应衡量轻重缓急、利弊得失后作出妥善的处理。

（二）团结互助、公平合理

相邻关系发生在相邻不动产的所有人或使用人之间，要求相邻各方在行使自己的权利时必须尊重相邻人的权利，互为相邻他方行使权利提供方便。因此，处理相邻关系必须遵循团结互助的原则，本着互助互便、合理安排、克制忍让、友好协商的精神妥善解决。公平原则是民法的基本原则之一，也是处理相邻关系的一项原则。在确认相邻关系各方的权利义务关系和处理相邻关系纠纷时，应当公平合理。相邻各方在从对方获得便利、扩张或延伸其权利时，应当限定在必要的、合理的限度内，并应采取适当措施防止给他方造成损害或应将损害降至最低限度，如果仍不能避免损害发生的，则应当按照公平合理的原则给予赔偿。《民法典》第296条规定：“不动产权利人因用水、排水、通行、铺设管线等利用相邻不动产的，应当尽量避免对相邻的不动产权利人造成损害。”这一规定通用于各种相邻关系问题的处理，其所体现的精神可以概括为：“合理限制，致害赔偿。”

（三）尊重历史和习惯

不动产相邻关系往往不是一朝一夕形成的，而是有其历史沿革和当地的习惯因素。因此，在处理相邻关系时就必须尊重历史和当地习惯，这也是各国处理相邻关系所普遍遵循的原则。例如，能否进入他人土地割草、樵牧、拾取自家树木的枯枝或自落的果实，以及房屋滴水檐的设置、两房的间距等，往往有当地的风俗习惯，应当遵从；建筑物范围内历史形成的通道，一方不得堵塞而妨碍他人的通行；建筑物、构筑物之间的日照、采光、通行、通风等关系，原则上应考虑建筑的先后顺序来衡量当事人之间的利益关系。《民法典》第289条中关于“法律、法规没有规定的，可以按照当地习惯”处理相邻关系的规定，是对法律、法规规定不足情况下的重要补充，起到了拾遗补阙的作用，同时赋予了法官一定的自由裁量权，对于妥善解决纷繁复杂的相邻关系纠纷具有重要的意义。

三、相邻关系的种类

相邻关系的种类很多，情况十分复杂，各国法律的规定也详略不一。[①]根据我国法律的规定和实践中的情况，较为常见的相邻关系有以下几种。

（一）相邻用水和排水关系

对于自然水流，无论是地上水还是地下水，相邻各方均有合理利用的权利。水源地或上游地的不动产权利人虽有优先利用的自然权利，但不得因其利用而妨害邻人及下游权利人的用水利益。相邻各方在利用同一自然水流时，应当保持水的自然流向，遵循“由近及远，由高至低”的原则依次用水。任何一方不得为自己利益而擅自改变水路、截阻水流、垄断水流的使用权。确需阻截水流或改变流向的，应征得有利害关系的他方同意，并对由此造成的损失给予适当的补偿。一方擅自改变、堵截或独占自然水流而影响他方正常生产、生活的，他方有权请求排除妨碍；造成他方损失的，应负赔偿责任。

关于高地的不动产权利人向低地排水的权利，因排放的水是自然流水还是人工排水的不同而有所不同：对于自然流水，高地的权利人基于自然流向而享有向低地排放的“排水权”，低地的不动产权利人有承受的义务，不得妨阻；对于人工排水，高地的不动产所有人或使用人则没有向低地排放的当然权利，其也不得设置屋檐或其他工作物而使雨水等倾注于他人不动产上，但各国法律上通常承认其享有采取适当排水措施使水流通过低地而排放至江河或公共排水系统的“过水权”。我国司法实

① 参见梁慧星、陈华彬：《物权法》（第三版），法律出版社2005年版，第200页以下；郭明瑞等：《民商法原理》（二），中国人民大学出版社1999年版，第158页以下。

践中也遵循通行的做法，通常把握的规则是：相邻一方必须使用另一方的土地排水的，他方应予准许；但应在必要限度内使用并采取适当的保护措施排水，如仍造成损失的，由受益人合理补偿。相邻一方可以采取其他合理的措施排水而未采取，向他方土地排水毁损或者可能毁损他方财产，他方要求致害人停止侵害、消除危险、恢复原状、赔偿损失的，应当予以支持。对于相邻房屋屋檐设置不当，因屋檐滴水造成他人损害的，有过错的一方应当承担排除妨碍、赔偿损失的责任。

我国《民法典》第290条对相邻用水与排水关系作了原则规定："不动产权利人应当为相邻权利人用水、排水提供必要的便利。""对自然流水的利用，应当在不动产的相邻权利人之间合理分配。对自然流水的排放，应当尊重自然流向。"关于邻人利益的保护，第296条统一规定："不动产权利人因用水、排水、通行、铺设管线等利用相邻不动产的，应当尽量避免对相邻的不动产权利人造成损害。"

（二）相邻土地通行关系

在相邻的土地之间，如果一方土地处于邻人的土地包围之中或为邻人的土地所阻隔，以致其非经过邻人土地不能为正常使用的，可以通行周围土地以到达自己的土地或公共道路，而周围土地所有人或使用人则负有容忍其通行的义务。这种土地通行的相邻关系，在学理和立法例上被称为"围绕地通行权""袋地通行权""邻地通行权""必要通行权"等。依各国法律的一般规定，通行人在择路通行时，应选择对周围地的所有人或使用人损害最小的路线。例如只需要小路即可，就不得开辟大道；能够在荒地上辟路，就不应在耕地上通行。同时，为平衡双方的利益关系，贯彻民法公平正义的理念，因通行邻地而致他人损失时，应当予以合理补偿。

我国《民法典》中也将邻地通行关系作为一种重要的相邻关系加以规定，该法第291条规定："不动产权利人对相邻权利人因通行等必须利用其土地的，应当提供必要的便利。"另根据第296条的规定，通行他人土地的，应当尽量避免对相邻的不动产权利人造成损害。

（三）建筑物营缮及管线铺设的相邻关系

不动产权利人在其界域内或近旁营造、修缮建筑物及铺设管线时，如有临时利用相邻不动产的必要，该相邻不动产的权利人应当准许使用并提供必要的便利。此种相邻关系通常被称为相邻土地的“建筑物营缮关系”和“管线安设关系”。权利人行使此项权利时，当然亦应选择对邻人损害最小的方法和线路为之，事后还应妥善清理现场，如仍造成邻人损害的，还应予以赔偿。

我国《民法典》第292条规定：“不动产权利人因建造、修缮建筑物以及铺设电线、电缆、水管、暖气和燃气管线等必须利用相邻土地、建筑物的，该土地、建筑物的权利人应当提供必要的便利。”另根据第296条的规定，此种情况下利用相邻不动产的，亦应尽量避免对相邻的不动产权利人造成损害。

（四）相邻不动产的损害防免关系

不动产权利人在行使其权利时，应当注意防止、避免给相邻他方造成损害。就具体情形而言，相邻不动产的损害防免关系主要包括以下四种：（1）地基动摇的防免关系，即土地所有人或使用人挖掘土地或修筑建筑物时，不得因此使邻地地基动摇或使邻地的建筑物受到损害。（2）建筑物倒塌的防免关系，即建筑物或构筑物有倾倒而致邻人受损害的危险时，相邻他方有权请求采取必要的预防措施以防止损害的发生。（3）不可量物侵入的防免关系，[①]又称相邻环保关系，是指不动产权利人在行使其权利时，应当遵守环境保护法的有关规定，采取措施防止废气、废水、废渣、恶臭、震动、噪声、粉尘、放射性物质等不可量物侵入邻地而对他人造成干扰性妨害或损害。[②]（4）日照妨害的防免关系，[③]即不动产所有人或

---

① 不可量物侵害（“Immission”之意译），是19世纪以来德国和瑞士民法上的一个重要概念和制度，其他国家立法上也都有与此相关的规定，但用语有所不同，如法国法上称为“近邻妨害法理”（trouble de voisinge），英美法上称为“安居妨害”（Nuisance）或“不法妨害”等（由于英美法上无所谓物权请求权制度，因而将其归入侵权法的范畴）。

② 鉴于在现代社会中，每个人都生活在各种气体、辐射、噪声等的包围中，完全禁止这些不可量物侵入是不可能的，因此基于“容忍限度论”，对于侵入轻微或按不动产的性状及地方习惯认为并未超过必要限度的，相邻人有容忍的义务。参见梁慧星、陈华彬：《物权法》（第三版），法律出版社2005年版，第209页以下；郭明瑞等：《民商法原理》（二），中国人民大学出版社1999年版，第160页。

③ “日照妨害”一语，由日本立法、判例及学说所创，我国及其他一些国家一般称为“采光妨害”或“采光权侵害”。德国法上，对于“积极的日照侵害”（如光反射等）适用不可量物侵害之规定，而对于“消极的日照侵害”则适用日照、采光保护的规定；在英美法上，此为“安居妨害”之一种。

使用人在建筑房屋或其他工作物时，应当与相邻方的房屋或其他工作物保持适当的距离或限制适当的高度，不得妨碍相邻方不动产的日照、采光和通风。[①]

我国《民法典》第293—295条对上述各项损害防免关系均作了概要规定："建造建筑物，不得违反国家有关工程建设标准，不得妨碍相邻建筑物的通风、采光和日照。""不动产权利人不得违反国家规定弃置固体废物，排放大气污染物、水污染物、土壤污染物、噪声、光辐射、电磁辐射等有害物质。""不动产权利人挖掘土地、建造建筑物、铺设管线以及安装设备等，不得危及相邻不动产的安全。"

（五）越界的相邻关系

关于现实生活中时常发生、立法例上多有规定的越界的相邻关系，主要有三类情况：（1）建筑越界。相邻一方在其地界修筑房屋等建筑物时，应与他人之地界线保持适当的距离，不得越界侵占他人的土地。如若一方逾越疆界而为建筑，他方当然有权请求排除。但邻地不动产权利人如果知道越界之情形而未在一般社会观念所认为的适当时间内及时提出异议，为维持物的价值和效用考虑，则其一般不得再请求拆除或变更已成之建筑物。此种情况下，为平衡相邻关系当事人之间的利益，法律通常赋予被侵占土地一方以土地购买请求权、租金请求权和损害赔偿请求权。所谓土地购买请求权和租金请求权，即被侵占土地一方得提出适当的价格，请求越界建筑一方购买越界部分所占用的土地（或土地使用权）或参照租赁关系而支付相应的租金，对此请求，越界建筑一方不得拒绝。另由于越界建筑本质上属违法行为，唯法律因顾及社会的整体利益，使未及时提出异议的相邻方负有容忍义务，但其因此而受到损害时，当然可请求损害赔偿。此项损害赔偿请求权，可与土地购买请求权、租金请求权合并行使。[②]（2）竹木根枝越界。相邻各方在自己地界一侧栽培竹木时，应当与界域保持适当的距离，以防止竹木根枝越界侵入对方的土地。如果邻地竹木的根部或枝条越界侵入对方土地而影响其

---

① 至于采光妨害需达到何种程度才算逾越社会一般人的忍受程度，通常可以根据纷争地所在的地理区域、受害的程度、土地利用和房屋建筑的前后关系、加害行为的形态、加害建筑物的公共性及损害避免的可能性等情况作为判断依据。参见梁慧星、陈华彬：《物权法》（第三版），法律出版社2005年版，第209页。

② 参见谢在全：《民法物权论》（上），中国政法大学出版社1999年版，第200页。

使用的，相邻人得请求竹木所有人将其伐去、刈除；竹木所有人逾期不伐除的，相邻人可以自行采取措施将其伐除。（3）果实越界而自落于邻地。越界竹木的果实因成熟或风吹而自然坠落于邻地所产生的相邻关系，主要涉及果实的所有权归属问题。对此，各国民法上采用的规则不尽一致。一般认为，果实自落于邻地的，应归邻地所有人或使用人所有；但邻地如为公有地的，则果实仍归果树所有人所有；当地另有习惯的，从其习惯。[①]

我国法律上对越界相邻关系问题未作明文规定，可以按照习惯处理，上述通行规则亦可作为处理相关问题的参照。

第七节　共　有

一、共有概述

（一）共有的概念与特征

在古今中外的社会生活和法律制度中，共有都是一种常见的法律现象，我国《民法典》第297条中也规定："不动产或者动产可以由两个以上组织、个人共有。"所谓共有，即共同所有，是指两个以上的权利主体对同一物共同享有所有权的法律状态。在共有关系中，共同享有所有权的数人称为共有人；共有的不动产或者动产称为共有物或共有财产。

在共有关系中，同一财产有多个共有人并不意味着每个共有人都享有一个独立的所有权，而是共有人联合行使或分享一个所有权，因此，共有没有违背所有权制度上的一物一权主义。

共有作为物权法上的一项重要制度，其法律特征是：

1.共有的主体为两个以上，即共有的主体具有复数性。至于两个以上的共有人是自然人、法人抑或其他组织，均不影响共有的成立。

---

① 参见梁慧星、陈华彬：《物权法》（第三版），法律出版社2005年版，第207页；郭明瑞等：《民商法原理》（二），中国人民大学出版社1999年版，第165页。

2.共有的客体是同一项财产，即共有的客体具有同一性。这里所说的同一项财产，既可以是单一的不动产或者动产，也可以是结合物或特定财产的集合。

3.共有的内容包括对内对外双重权利义务关系，即共有的内容具有双重性。在共有的内部关系中，各共有人或是按照确定的份额分享权利和承担义务，或是不分份额、平等地共享权利、承担义务；在共有的对外关系中，共有人作为单一的一方主体而同他人发生民事法律关系，行使权利、负担义务。

4.共有是所有权的联合而不是一种独立的所有权类型，即共有具有所有权的联合性。共有通常是多个权利主体为了共同的生产经营目的或共同的生活需要而形成的，是所有权联合的一种法律形式。这种联合既可以是同一类型的所有权的联合（如个人与个人的共有、集体与集体的共有），也可以是不同类型的所有权的联合（如个人与集体的共有、国家与集体或个人的共有等）。值得说明的是，共有和公有是两个不同的概念，二者有着本质的区别，不可混淆。

（二）共有的成立原因与分类

共有的发生原因通常分为两类：一是基于当事人的意思而发生，即共有人因为具有共有的目的、意思而成立共有关系，如数人共同出资购买一项财产并共有其所有权等；二是基于法律的直接规定而发生，如夫妻财产、家庭财产的共有，遗产分割前数个继承人对遗产的共有，数人基于先占、添附等而发生的共有等。

关于共有的分类，各国立法的规定有所不同。有的国家立法只规定了按份共有，如德国、日本；有的国家立法则规定有按份共有和共同共有（公同共有），如瑞士等国；另外，不少国家立法中也有涉及对有体物之外的财产或权利的准共有。根据我国《民法典》第297条、第310条的规定，我国法律上所称共有包括按份共有和共同共有两种主要形式，此外，理论上和立法上也承认准共有。

（三）共有关系的意义

财产共有是社会经济生活中十分常见且非常重要的现象。不仅自然人之间基于婚姻家庭关系和财产继承关系而产生的共有关系普遍存在，自然人、法人及其他各种民事主体相互之间因共同生产经营等而发生的共有关系也大量存在。随着市场经济的发展，自然人之间的合伙经营和法人之间的横向合作而形成的财产共有关系还会更加普遍，因而财产共有关系在经济生活中的地位也会更加重要。法律确认和保护财产共有关系，对于巩固和发展各类主体间的经济联合，妥善处理共有的内部关系和外部关系、预防和减少纠纷，以及促进夫妻之间和家庭成员之间的和睦团结，构建和谐社会等，均有着重要的意义。

二、按份共有的特征与性质

（一）按份共有的概念与特征

按份共有又称分别共有，是指数人按照确定的份额对同一物分享其所有权并分担义务的共有。按份共有主要基于当事人的意思和预先约定而发生，是共有的原始形态或通常形态，也是各国民法所普遍规定的共有制度。我国《民法典》第298条规定："按份共有人对共有的不动产或者动产按照其份额享有所有权。"

按份共有作为共有的一种形式，除具有共有的一般特征外，还具有以下法律特征：

1.按份共有人之间的联系不以存在共同关系为必要。即按份共有人之间不需要存在团体性的结合关系或特殊的身份关系（如亲属关系），而且通常情况下按份共有人之间原本并无共有的基础关系，他们之间的联系是偶然的。《民法典》第308条规定："共有人对共有的不动产或者动产没有约定为按份共有或者共同共有，或者约定不明确的，除共有人具有家庭关系等外，视为按份共有。"这种法律认定的依据，正在于按份共有的此一特点。

2.各共有人对共有物分别享有确定的份额。该份额通常称为各共有人的"应有部分"或"应有份额"，一般由共有人通过协议约定，没有约定也无法确定出资额的，法律上一般推定其为均等。《民法典》第309条规定："按份共有人对共有的不动产或者动产享有的份额，没有约定或者约定不明确的，按照出资额确定；不能确定出资额的，视为等额享有。"

3.按份共有人对其应有份额享有相当于所有权的权利。各共有人虽应依据其应有份额的多少享有相应的权利和分担相应的义务，但须明确的是，按份共有人的应有部分之份额不是对共有物量上的分割，而是就所有权进行量的分割的结果，其“量”虽不及单独的所有权之大，但其内容、性质与效力则与所有权并无质的差异。故从内容上看，按份共有人就其应有部分享有相当于所有权的权利。[①]在法律或共有协议未作限制的情况下，按份共有人随时都可要求分出或转让其应有部分，退出共有关系，也可以就其应有部分设定负担；[②]共有人死亡时，其继承人有权继承其应有份额。

（二）按份共有的性质

按份共有的性质如何，决定于对按份共有人之应有部分的性质之认识。对此问题，理论上存在标的物分割主义和权利分割主义两类主张。其中标的物分割主义又有实在部分说与想象部分说两种学说，权利分割主义又有内容分属说、计算部分说和权利范围说三种学说：

1. 实在部分说。该说认为，各共有人的应有部分确有实在的部分存在，各共有人实质上是就其实在的部分上分别享有所有权。这主要是罗马法学家所倡导的学说，因与所有权的性质不符且与一物一权原则相悖，因此未得到各国立法的承认。

2. 想象部分说。该说认为，分别共有是将共有物想象地分成几个部分，分别共有人就该想象的分割部分而于标的物上各自享有一个所有权。这种学说将共有人的权利设定在想象的部分上，不仅有违所有权的观念，而且各共有人既然有一个想象的所有权，则实在的所有权将无从归属，故其不符合共有的性质。

3. 内容分属说。该说认为，所有权有数种作用和权能，可以分别由各共有人享有。按份共有实际上就是各共有人分别享有所有权的不同作用而形成的。这种观点实质上是将按份共有视为所有权的质的分割，从而导致与总有相混淆。[③]

---

① 参见梁慧星、陈华彬:《物权法》(第三版)，法律出版社2005年版，第260页。

② 对于按份共有人是否可以就自己的应有部分设定负担，理论上有不同的看法。通说认为，共有人有权就其应有部分设定负担，但这种负担只能以不移转标的物的占有为内容（如设定抵押权），而不能设定以占有为内容的物权负担。我国有关法律规定的精神和司法实践中也是如此把握的。

③ 所谓总有，是日尔曼法上村落共同体的所有形态。具体而言，是将所有权的管理权能和收益权能分别归属于村落团体和村民，将所有权进行权能分割，也即质的分割。

4.计算部分说。该说认为，所有权有金钱计算的价格，按份共有就是分割共有物的价格而由各共有人按其价格比例分别享有。这种观点不能说明按份共有的本质，因为共有人共有的是物，而非物的价格。

5.权利范围说。该说认为，一物由数人共同享有其所有权时，为避免权利行使的冲突而不得不确定一定的范围，将所有权从量上划分为数部分，以其各部分分属于各共有人，使各共有人在其范围内行使其权利，此范围便是个人的应有部分。①

以上诸说中的权利范围说为通说并为多数立法例所采纳。依此认识，按份共有中所谓的应有部分，是指各共有人对于同一标的物所有权分量享有的部分。此应有部分既不是所有权标的物的划分，也不是所有权的权能或作用的割裂，而是各共有人行使其权利范围的比例。根据我国法律的规定，按份共有就是各共有人按照各自的份额对共有物共同享有所有权，共有人的权利和义务的范围取决于其应有份额的大小。可见我国立法上对于按份共有的性质，采纳的也是权利范围说。②

三、共同共有的特征与性质

（一）共同共有的概念与特征

共同共有是指数人基于一定原因而成立的共同关系，不分份额地共享一物所有权的共有。《民法典》第299条规定："共同共有人对共有的不动产或者动产共同享有所有权。"

与按份共有相比而言，共同共有具有如下法律特征：

1.共同共有以数人之间存在共同关系为基础和前提。所谓共同关系，指两个或两个以上的人因共同目的而结合，成为共同共有之基础的法律关系，如夫妻关系、家庭关系等，其通常仅存在于互有特殊身份关系的自然人之间。没有这种人

① 参见郑玉波：《民法物权》，台湾三民书局1986年版，第121页；郭明瑞等：《民商法原理》（二），中国人民大学出版社1999年版，第138—139页。

② 参见钱明星：《物权法原理》，北京大学出版社1994年版，第243—244页；郭明瑞等：《民商法原理》（二），中国人民大学出版社1999年版，第139页。

的结合之共同关系，便无从成立共同共有，而至多可以成立按份共有（纵使其份额均等，也不属于共同共有）；共同关系消灭，共同共有关系也就随之消灭。[①]正因如此，一些国家的民法典在物权编仅规定按份共有，而在亲属编规定夫妻及家庭财产的共同共有，在继承编规定遗产的共同共有。

2.共同共有是不分份额的共有。共同共有关系中没有各共有人的应有部分或份额之说，这是共同共有与按份共有的另一重要区别。[②]在共同共有中，只要共同关系存在，共有人对共同共有的财产就不能划分自己的应有份额；只有在共同关系消灭时，才能确定各共有人的应有份额。

3.各共有人对共有财产平等地享有权利和承担义务。在共同共有关系中，各共有人对于共有物不分份额地平等地享有占有、使用、收益和处分的权利，也平等地承担义务；除另有约定外，对共有物的处分或重大修缮等行为应经全体共有人同意；因对共有财产的权利义务不存在份额比例关系，因此在对外关系上，共同共有人享有连带权利、负担连带义务。

基于以上特性的差异，可知共同共有与按份共有在成立的原因、存续的期间、权利的享有、应有部分的有无、分割共有物的限制及共有物的管理等方面都存在明显的区别，其为两种性质不同的共有。[③]这些差异，在后面阐释共有人的权利义务时，还有具体的体现。

（二）共同共有的性质

关于共同共有在性质上如何，学界有不同的见解，主要有三种观点：

1.不分割的共同所有权说。该说认为，共同共有是无应有部分的共同所有权；即使是认为有应有部分，其也只是潜在地存在，只有在共同共有关系消灭时才能得以实现。此说为多数学者所主张。[④]

---

① 参见彭万林主编:《民法学》，中国政法大学出版社 1994 年版，第 256 页；郭明瑞等:《民商法原理》(二)，中国人民大学出版社 1999 年版，第 148 页。

② 参见郭明瑞等:《民商法原理》(二)，中国人民大学出版社 1999 年版，第 148 页。

③ 参见梁慧星、陈华彬:《物权法》(第三版)，法律出版社 2005 年版，第 254—255 页。

④ 参见梁慧星、陈华彬:《物权法》(第三版)，法律出版社 2005 年版，第 254 页；郭明瑞等:《民商法原理》(二)，中国人民大学出版社 1999 年版，第 149 页。

2.社员权说。也称人身权说，该说认为，在共同共有关系中，各共有人都有其应有部分，但该应有部分并非物权法上的应有部分，而是人格法上的应有份额，具有人身权的性质，类似于社员权。

3.结合的共有权说。该说认为，共同共有虽然也属于共有权，各共有人也都有其应有部分，但不得自由处分自己的应有部分，因此这种共有权与一般意义上的共有权并不完全相同。

我们认为，共同共有的成立以共有人之间存在某种特殊的共同关系为前提，各共有人之间的共有应是一种没有应有份额的共有，只有在共同关系结束时，各共有人之间才能进行财产分割，才能就财产享有确定的份额。因此，对共同共有的性质以采不分割的共同所有权说为宜。

（三）共同共有的类型

根据我国的实际生活情况和法律的规定，常见的共同共有类型有如下几种：

1.夫妻财产共有。根据《民法典》婚姻家庭编第1062条的规定和有关司法解释，除法律另有规定或夫妻另有约定的外，夫妻在婚姻关系存续期间所得的下列财产，为夫妻的共同财产，归夫妻共同所有：工资、奖金、劳务报酬；生产、经营、投资的收益；知识产权的收益；继承或者受赠的财产（但不包括遗嘱或者赠与合同中确定只归一方的财产）；其他应当归共同所有的财产。夫妻对共同财产，有平等的处理权。但应注意的是，《民法典》第1065条中同时规定："男女双方可以约定婚姻关系存续期间所得的财产以及婚前财产归各自所有、共同所有或者部分各自所有、部分共同所有。"因此，夫妻对婚姻关系存续期间的财产并非一定全部是共同共有。

2.家庭财产共有。家庭共有财产是指家庭成员在家庭共同生活关系存续期间共同创造、共同积累并共同享有所有权的财产。应当注意的是，家庭共有财产不包括家庭成员各自所有的财产。关于家庭共有财产的共有人范围如何确定，理论上有不同的认识。有的认为所有的家庭成员都是家庭共有财产的共有人，这样有利于稳定家庭关系，促进家庭的和睦团结。也有的认为仅限于对家庭共有财产的形成作出贡献的家庭成员，而并非每一个家庭成员都当然是共有人。我们赞同后一种观点，依此观点并不会产生未成年及无劳动能力的家庭成员生活无着的问题，因为法律上还有家庭成员间的扶养义务和监护人的职责等规定。因此，民间所谓的“分家析产”实际上有两种情况：一种是真正意义上的终止家庭财产共同共有关系、分割共有财产，此种情况自应遵循共同共有财产的分割规则；而另一种实质上是父母等部分共有人将其共有的财产分割并“赠与”给其他家庭成员，这种情况在不违反法律规定的情况下，悉遵赠与人的意愿。另应注意的是，家庭共有财产中一般也都包含夫妻共有财产，在“分家析产”时亦应加以区分。①

在家庭成员共同共有的家庭财产之外，实践中还存在家族共同共有祠堂、族产、先辈遗物的情况。②自广义而言，可将这种共有也归入家庭共有财产的类别中。

3.遗产分割前的共有。在继承关系中，如果继承人有数人，在继承开始之后、遗产分割之前，则会发生对遗产的共有。根据我国法律的相关规定和学界的通说，这种共有为共同共有的一种情况。③而且，继承人要求分割共同共有的遗产，也不适用诉讼时效的规定。但对此不应一概而论，如有学者指出，继承开始后如果共同继承人约定按份额继承遗产且共同管理、共同经营的，这种情况下遗产虽未实质分割，也发生按份共有，④或者说应视为转化成了按份共有；在遗嘱继承中，如果遗嘱已对继承人的范围及各继承人继承的遗产范围或其份额作了明确指定的，则在遗产分割前的共有更宜解释为按份共有，各继承人得随时要求分割。⑤

除上述共同共有的基本类型外，实践中还存在一些特殊的共有形态，而其究竟是属于共同共有还是按份共有，在理论上和立法上有不同的认识。例如：对于合伙财产的性质，有的认为应是按份共有；有的认为应是共同共有；⑥有的认为应界定为按份共有，但同时承认其具有某些共同共有的特征（如原则上不得随意要

① 参见马原主编：《中国民法教程》（修订本），人民法院出版社 1996 年版，第 242—244 页；刘保玉主编：《中国民法原理与实务》，山东大学出版社 1994 年版，第 297—298 页；郭明瑞等：《民商法原理》（二），中国人民大学出版社 1999 年版，第 152—153 页；最高人民法院物权法研究小组编著：《中华人民共和国物权法条文理解与适用》，人民法院出版社 2007 年版，第 297—298 页。

② 参见杨立新：《共有权研究》，高等教育出版社 2003 年版，第 141 页。

③ 参见梁慧星、陈华彬：《物权法》（第三版），法律出版社 2005 年版，第 258 页。

④ 杨立新：《共有权研究》，高等教育出版社 2003 年版，第 142 页。

⑤ 刘保玉主编：《中国民法原理与实务》，山东大学出版社 1994 年版，第 288 页。

⑥ 参见魏振瀛主编：《民法》，北京大学出版社、高等教育出版社 2000 年版，第 254—255 页。

求退伙、分割合伙财产）；[①]还有的认为因内部合伙协议的约定不同，其可以是按份共有，也可以是共同共有。[②]我国台湾地区“民法”第668条则规定各合伙人的出资及其他合伙财产为全体合伙人“公同共有”（即共同共有）。另如，在建筑物区分所有权中，由于共有部分不得单独分割、转让，且不发生其他人的优先购买权问题，因此业主对其共同占用的土地使用权以及建筑规划区内依法属于业主共有的道路、绿地、公共场所、公用设施等，究竟是按份共有还是共同共有抑或属于此外的特殊或新型的共有形态，学界有不同的认识。[③]再如，“遗产分割前的共同共有”是否包括共同受遗赠或者既有继承人也有受遗赠人的情况，亦值得推敲。对上述问题之所以会有不同的认识，我们认为一方面是由于现实生活的复杂性，另一方面是由于按份共有与共同共有的类别划分的局限性。例如，在实践中，我们不能排除一方面共有人之间存在人合性的共同关系，另一方面其又约定有各自份额的情况，也不能排除共有人之间并无明确的份额划分（甚或还约定或由法律规定限制共有物的分割、转让），但当事人之间欠缺亲属等特定身份关系的情况；《民法典》第308条的文句表述，是否存在“约定的共同共有”之情况及其所指为何，以及“家庭关系等”中的“等”字应如何解释，不无疑问。[④]而对于共同共有的认定，其中的“共同关系”与“不分份额”这两个主要特征是否须同时具备，理论上存在不同的认识；合伙关系、建筑物区分所有关系乃至共同受遗赠关系，是否亦可认为属于“人合性的共同关系”，其本身即存在疑问。

对于上述问题，笔者倾向于认为，虽有特定的人合性共同关系（如婚姻、家庭）之基础，但当事人明确约定了各共有人的应有份额的，应适用按份共有的规

---

① 最高人民法院物权法研究小组编著：《中华人民共和国物权法条文理解与适用》，人民法院出版社2007年版，第298页。

② 刘保玉主编：《中国民法原理与实务》，山东大学出版社1994年版，第288页。

③ 参见最高人民法院物权法研究小组编著：《中华人民共和国物权法条文理解与适用》，人民法院出版社2007年版，第298页；王利明：《物权法论》，中国政法大学出版社2008年版，第165—166页；艾尔肯、方博：《论建筑物区分所有权之共有权——透过〈物权法〉相关规定分析》，载《湖北社会科学》2010年第1期。

④ 参见胡康生主编：《中华人民共和国物权法释义》，法律出版社2007年版，第234页；最高人民法院物权法研究小组编著：《中华人民共和国物权法条文理解与适用》，人民法院出版社2007年版，第297页、第323页。

则，即共有人随时可以要求分出、转让其应有份额，其他共有人也有优先购买权（当事人另有约定的，依其约定；依《民法典》第308条规定的精神，共有人虽无应有份额的约定（或者约定为等额、推定为等额），但欠缺婚姻、家庭（包括收养）等紧密的共同关系的，仍应以推定按份共有为原则。根据《民法典》合同编关于合伙合同的有关规定，全体合伙人对合伙财产共有的形态以认定为共同共有为宜，但其对内、对外的权利义务关系，应首先适用合同编第二十七章有关合伙合同的规定；至于建筑物区分所有权中的共有，则应属于按份共有和共同共有之外的特殊规定，亦应优先适用。这样处理，便于对共有进行归类并适用不同的规则，也有利于明确共有人内部及其对其他人的权利义务关系、减少矛盾纠纷。

四、共有的内部关系与外部关系

共有关系，是指因财产的共有而发生的共有人内部之间以及共有人与其他人之间的权利义务关系。在物权法著述中，多将按份共有与共同共有的内部、外部关系分别阐述。鉴于两种共有中共有人的权利义务既有不同点，也有相同点，而且相同点更多一些，因此我国《物权法》和《民法典》中采用了相同之处一并规定，不同之处单独规定（或在条文表述中体现出差异），且将有密切联系的权利、义务合并于同一条文中规定的方式。如此规定，有利于体现共有制度的整体性，更具简洁性和逻辑性，且避免了条文的重复。[①]从立法技术的角度而言，这种规定模式值得赞赏。

根据学说理论和我国《民法典》的规定，可将共有中的内部与外部的权利义务概括为以下主要方面。

（一）共有物的占有、使用、收益

所有权的占有、使用、收益等权能，共有人也同样享有。《民法典》第298条、第299条的规定中当然包含了按份共有人和共同共有人所享有的这些权利。在共同共有中，各共有人对共有物享有平等地占有、使用、收益的权利，各共有人的权利

---

① 参见梅夏英：《物权法·所有权》，中国法制出版社2007年版，第303页。

平等地及于共有物的全部，任何共有人不得主张对共有物的特定部分行使权利。在按份共有中，各共有人依其应有份额对共有物进行占有、使用、收益，无论应有部分的多寡，各共有人权利的行使同样及于共有物的任何构成部分。如果根据共有物的性质，全体共有人不能同时对共有物进行占有、使用、收益时，最佳的处理办法是由共有人进行协商，并按协商一致的意见处理。在意见不一致时，可以按照拥有共有份额一半以上的共有人的意见处理，但不得损害其他共有人的利益。

（二）共有物的一般管理

共有物的管理是事关各共有人利益的重要事项，也是共有法律规范中的重要内容；对共有物进行管理既是共有人的权利，也是其义务。而这一权利义务，无论对按份共有人还是对共同共有人都是基本相同的，因此《民法典》第300条规定："共有人按照约定管理共有的不动产或者动产；没有约定或者约定不明确的，各共有人都有管理的权利和义务。"

共有物的管理，是指为维持共有物的物理机能、效用而对其所为的一切维护和管理行为。广义的管理行为，包括对共有物的保存、利用方法、简易修缮、重大修缮和改良乃至处分等。《民法典》第300条的规定只涉及对共有物的一般的、日常的和普通的管理，不含重大修缮和处分行为。依据本条规定和各国立法通行做法，共有物的管理形式分为两种，一是共同管理，即由全体共有人共同对共有物进行管理，各共有人都有共有物之事务管理的参与权；二是通过分管协议进行管理，即共有人约定共有物的管理专属于共有人中的一人或数人或者约定各共有人的管理范围。[①]本条规定中的"按照约定管理"，就包括通过分管协议进行的管理。依本条规定的精神，对共有物的管理方式和管理行为有约定的，应当按照约定；没有约定或者约定不明的，就保存、利用方法和简易修缮等一般管理行为，各共有人都有进行管理的权利和义务。

共有物管理中的保存行为，是指维持、保全共有物物质上或权利上的利益，防止共有物的毁损、灭失或权利丧失及受限制的行为，包括事实行为和法律行

---

① 参见王利明：《物权法研究》，中国人民大学出版社2002年版，第339页；杨立新：《共有权研究》，高等教育出版社2003年版，第106页。

为。如对共有物进行保管、养护，向义务人主张权利以中断时效等。共有物的简易修缮，通常是为保持、维护共有物的现状而对共有物进行日常的、简易的、无需费用或耗费甚微的修缮行为。简易修缮亦可作为保存行为的一种，或将其二者等同对待。保存和简易修缮行为，由于是为了维持共有物的现状，防止共有物及其权利遭受损害而实施的，对其他共有人有利而无害且通常无需什么费用，所以多数国家或地区的法律上规定共有物之简易修缮及其他保存行为得由各共有人单独为之，而无需其他共有人的同意。对于我国物权法中的规定，也可进行从宽解释，而不必拘泥于约定。[①]为满足共有人的共同需要的，共有人还可在不变更共有物性质的前提下就其使用、收益方法进行约定，例如约定各共有人对共有物分部分或者分时间使用、由部分共有人使用而对其他共有人给予补偿，或者约定将共有物出租而由共有人共享或按各自份额分享租金收益等。使用方法属于共有物的管理问题，此不同于所有权权能中的使用和收益分配。对于共有物的使用方法，有约定的应遵从约定，没有约定的，各共有人可以依物的性质和用途以正常的方法而加以使用，发生争议时应协商解决。[②]

（三）共有物的处分与重大修缮

对共有物的处分和重大修缮，事关重大，因此需要对其作出不同于对共有物进行一般管理的规定。借鉴国外立法例的有关规定，我国《民法典》第301条中为区分按份共有和共同共有而作了不同的规定："处分共有的不动产或者动产以及对共有的不动产或者动产作重大修缮、变更性质或者用途的，应当经占份额三分之二以上的按份共有人或者全体共同共有人同意，但是共有人之间另有约定的除外。"[③]

对共有物的处分是决定共有的不动产或者动产之事实上和法律上命运的行为，如将共有物消费、抛弃、转让或设定物权负担等。鉴于对共有物处分的后果

---

① 参见最高人民法院物权法研究小组编著：《中华人民共和国物权法条文理解与适用》，人民法院出版社2007年版，第300页。

② 法院可否介入共有物的使用、管理方法问题并对争议进行裁判，有不同的见解。参见最高人民法院物权法研究小组编著：《中华人民共和国物权法条文理解与适用》，人民法院出版社2007年版，第301页。

③ 应注意的是，本条中的规定是对"共有物"整体的处分，而不涉及按份共有中各共有人对其应有部分的处分，后一问题的处理应适用第206条的规定。

重大，立法上通常要求应经全体共有人同意才可进行。对共有物的重大修缮，又称为改良，是指在不改变共有物性质的前提下，增加共有物的价值或提高其效用的行为，如对共有物进行耗费较大的修理、加工或改造、改建等。这种行为通常没有保存或简单修缮那样紧迫、必要，并且会或多或少地改变共有物的现状，同时改良行为所需要的费用往往较高，所以不能由某一个或部分共有人单独进行，而一般须经全体或多数共有人同意方可进行。

我国《民法典》制定中，在对按份共有物的处分和重大修缮、变更性质或者用途问题上，考虑到如果采用须经全体按份共有人同意的方案，不仅易使共有人间滋生矛盾、丧失合作信心，也会阻碍对共有物及时、有效的利用，导致难以把握稍纵即逝的交易机会，妨害物尽其用，因此根据兼顾效率和公平的原则，实行"多数决"原则，即经占份额三分之二以上的按份共有人同意即可为之，但共有人之间另有约定的除外。[①]而对于共同共有物的处分和重大修缮行为，考虑到维持共有人之间的亲密、和谐、稳定、平等的共同关系之需要，采行了"一致决"原则，即除了共有人之间另有约定的外，应当经全体共同共有人同意。整体来说，我国《物权法》中对按份共有物的处分行为，比域外多数立法例规定的条件要宽松；而对于共有物的重大修缮或改良行为，则比传统立法例规定的条件要严格。[②]

（四）共有物管理费等必要费用的负担

共有物的管理费和其他负担，既包括因保存、改良或利用行为所支付的费用，也包括其他费用，如税费、保险费以及共有物致人损害时应承担的损害赔偿金等。《民法典》第302条规定："共有人对共有物的管理费用以及其他负担，有约定的，按照其约定；没有约定或者约定不明确的，按份共有人按照其份额负担，共同共有人共同负担。"

---

① 第301条中规定的"多数决"为"绝对多数决"，即占共有份额的三分之二以上的按份共有人同意（而非共有人数的三分之二）。对于共有物的改良行为，有些实行"相对多数决"，如我国台湾地区"民法"第820条规定："共有物之改良，非经共有人过半数，并其应有部分合计已过半数者之同意不得为之。"

② 参见胡康生主编：《中华人民共和国物权法释义》，法律出版社2007年版，第222—225页；最高人民法院物权法研究小组编著：《中华人民共和国物权法条文理解与适用》，人民法院出版社2007年版，第303页。

在确定管理费等费用的负担问题时，应注意区分必要费用和非必要费用，支出非必要费用的共有人一般无权要求其他共有人分担。另外，对于共有人之一支出的必要的管理费及其他负担超出其应当承担的份额时，有无权利向其他共有人请求偿还或分担的问题，《民法典》第302条中未作明文规定。依据共有的一般规则，多数学者认为可以参照该法第307条关于共有债务偿还的规定处理。

（五）共有关系的维持与共有物的分割

共有关系成立后，一方面，共有人负有遵从约定而维持共有关系存续的义务，不得出于个人利益而任意要求分割共有物或终止共有关系；另一方面，任何共有也都不得限定共有人须永久地、绝对地保持共有关系而要求在任何情况下都不得请求分割共有物或退出共有关系。另外，由于按份共有与共同共有的情况不同，共有人对共有关系的维持义务与共有物分割请求权行使的条件也有差异。《民法典》第303条规定："共有人约定不得分割共有的不动产或者动产，以维持共有关系的，应当按照约定，但是共有人有重大理由需要分割的，可以请求分割；没有约定或者约定不明确的，按份共有人可以随时请求分割，共同共有人在共有的基础丧失或者有重大理由需要分割时可以请求分割。因分割造成其他共有人损害的，应当给予赔偿。"对这一规定，应把握以下几点原则和精神：

第一，遵从约定与重大事由除外规则。如果共有人为维护共有关系的长期性和稳定性而约定在一定期限内不得分割共有财产的，应当尊重其约定。此为合同自由原则和合同的效力所使然。但客观情况总是有变化的，一旦出现共有人因有重大事由而需要分割共有财产的情况，如仍不许分割，则有悖事理和法律精神，故而应允许在共有人有重大理由的情况下请求分割共有财产。纵使共有人约定有永远不得请求分割共有财产的约定，亦同。[①]此为《民法典》第303条前句的含义理解。其中的"重大理由"的把握，应分情况，合理判断，例如：某一共有人或其家人患重病，急需分割其应有份额以筹集治疗费用等即属之，而欲分割出共有份额变现后购买轿车、炒股票等，则显然不属于"重大理由"；共有人虽有"重大理由"，但其另有其他财

① 此点，如同男女双方缔结婚姻时约定任何一方都永远不得提出离婚。纵有此约定，当出现法定事由时，任何一方仍得诉请离婚，双方亦得协议离婚。

产足以敷用的，通常亦不得违反协议而要求分割共有财产。

第二，无约定或约定不明时，按份共有实行分割自由的原则，而共同共有则贯彻分割受限的原则。在共有人对共有财产分割的条件和期限等没有作出约定限制或约定不明的情况下，共有人可否随时、自由地要求分割共有物，因共有的情况不同而不同。对于按份共有的财产，立法例上多规定各按份共有人可以随时要求分出其应有部分、退出共有，或者请求分割共有物以消灭共有关系。此为个人主义的分别共有制度所使然，盖此种共有制度之共有人间并无人的结合关系，故而各个共有人得随时自由处分其应有部分以脱离共有关系，亦得随时请求分割共有物，以消灭其共有关系；立法政策上，也通常将分别共有视为单独所有的一项例外，而于尽可能的范围内使其易于终止和消灭。这种解决方案，对于共有物的改良与融通，避免共有人之纷争，于公私皆有裨益。[①]我国《民法典》中遵循立法通例，规定“没有约定或者约定不明确的，按份共有人可以随时请求分割”，这一规定是非常科学合理的，同时也体现了“允许按份共有人请求分割共有财产是常态，不允许分割是特例”的精神。与基于个人主义的按份共有之立法精神不同的是，对于共同共有的财产，由于人的结合关系比较密切，为了维持共同共有关系的稳定、和谐，法律上通常以“不允许分割为原则，以允许分割为例外”。[②]我国《民法典》第303条的规定中也遵循了这一通行规则：在没有约定或者约定不明确的情况下，“共同共有人在共有的基础丧失或者有重大理由需要分割时可以请求分割”。其中因“共有的基础丧失”而请求分割共有财产，如婚姻关系的解除，共同居住、共同生活的家庭解体等；“有重大理由”需要分割的情况，如在婚姻关系存续期间，夫妻二人约定将原来的夫妻共同财产制改为夫妻分别财产制，家庭财产共有人因实际需要而约定部分财产仍归家庭共同共有、部分财产为各自所有等。允许共同共有人在特殊情况下请求分割共有物，同时又可以不解除共有关系，是我国法律规定的一个特点，也是对传统共有制度的有益改进。

第三，损害赔偿原则。根据损害赔偿的原理，因分割共有财产而对其他共有

---

① 参见谢在全：《民法物权论》（上），中国政法大学出版社1999年版，第304—305页。

② 最高人民法院物权法研究小组编著：《中华人民共和国物权法条文理解与适用》，人民法院出版社2007年版，第307—308页。

人造成损害的，请求分割的人自应对其他共有人所遭受的损失予以赔偿。在发生重大事由时，一方面不得不允许共有人请求分割共有财产，另一方面由于某一共有人或部分共有人对共有财产的分割可能会导致整个共有财产的价值贬损、功能丧失或者削弱，因而给其他共有人造成损害。因此，法律规定：因分割对其他共有人造成损害的，应当给予赔偿。

（六）按份共有人份额的转让与其他共有人的优先购买权

前已说明，按份共有人的应有份额，是其对于共有财产所有权的比例，其性质等同于所有权。因此，按份共有人对其应有份额得依所有权行使的法理予以转让和处分，“法律自无不许各共有人自由处分之理，此为个人主义下之共有制度所当然，亦为分别共有之本质所在。”[①]在某一共有人转让其应有份额时，为维持共有关系和维护其他按份共有人利益，“限制共有人人数的增加，简化共有关系”，[②]促进物的利用、减少和避免共有人之间及其与他人的矛盾和纠纷，各国法律上普遍地赋予了其他共有人在同等条件下的优先购买权。这一规则也为我国立法所遵循，[③]《民法典》第305条规定：“按份共有人可以转让其享有的共有的不动产或者动产份额。其他共有人在同等条件下享有优先购买的权利。”第306条规定：“按份共有人转让其享有的共有的不动产或者动产份额的，应当将转让条件及时通知其他共有人。其他共有人应当在合理期限内行使优先购买权。”“两个以上其他共有人主张行使优先购买权的，协商确定各自的购买比例；协商不成的，按照转让时各自的共有份额比例行使优先购买权。”

按份共有人对应有份额的转让与对共有物的分割有所不同。前者通常只存在于按份共有关系中，后者则可发生于任何共有关系中；前者只是对“应有份额”进行法律上的处分，并不一定涉及对“共有物”的分割，而后者则是对共有的不动产或者动产本身的分割，且这种分割通常是指对共有物进行事实上的、物理意义上的处分；某一按份共有人转让其应有份额，其他共有人的份额仍然存在，其

---

① 谢在全：《民法物权论》（上），中国政法大学出版社 1999 年版，第 281 页。

② 谢在全：《民法物权论》（上），中国政法大学出版社 1999 年版，第 282—283 页。

③ 参见《民法通则》第 78 条第 3 款；《物权法》第 101 条。

权利通常也不受影响，更不一定会导致共有关系的解体，而对共有物的分割，对其他共有人的影响较大，且通常将会导致按份共有关系的终止和解散。不过，二者在不少情况下也会发生密切的联系。考虑到二者的不同，《民法典》中对按份共有人应有份额的转让和其他共有人在平等条件下的优先购买权问题单独作了规定；鉴于按份共有份额的转让与共有物的分割又时常发生内在联系，所以，关于共有物分割的规定及其限制亦应适用于按份共有人份额的转让。例如，按份共有人约定不得分割或转让其应有份额的，应遵从其约定，但在有“重大理由”的情况下，仍可以要求转让其应有份额。[①]

按份共有人转让其应有份额时其他共有人享有的优先购买权，其性质如何，有不同的认识。如有的认为是一种期待权，有的认为是形成权或者是附条件的形成权；有的认为是债权，有的认为是物权，还有的认为是物权性质的债权。我们认为，由于共有人的这种优先购买权唯在某一共有人以转让的方式处分其份额时方才发生，而且需出于同等条件，故可认为其属于期待权；其本质上并非对物或共有物的份额的支配权，故以认定其性质上为债权较为妥当，但又由于该购买权系基于共有关系而发生，相较于共有人之外其他人（包括共有物的承租人）具有优先性，故其也具有物权的某些特质。因此，可以认为共有人的优先购买权为物权化的债权之期待权。[②]但该期待权得因共有协议的相反约定而被排除，亦不能对抗善意的其他购买人，故其物权性具有相当的局限性。[③]根据理论通说和司法解释的有关规定，共有人行使优先购买权须符合下列条件：（1）限于在共有人向共有人之外的人有偿转让其份额时方得行使。《物权编解释（一）》第9条规定：“共有份额的权利主体因继承、遗赠等原因发生变化时，其他按份共有人主张优先购买的，不予支持，但按份共有人之间另有约定的除外。”第13条规定：“按份共有人之间转让共有份额，其他按份共有人主张依据民法典第三百零五条规定优先购买的，不予支持，但按份共有人之间另有约定的除外。”当某一共有人的份额被司法

---

① 参见最高人民法院物权法研究小组编著：《中华人民共和国物权法条文理解与适用》，人民法院出版社2007年版，第315页。

② 参见最高人民法院物权法研究小组编著：《中华人民共和国物权法条文理解与适用》，人民法院出版社2007年版，第316页。

③ 参见胡康生主编：《中华人民共和国物权法释义》，法律出版社2007年版，第231页。

机关查封并受强制执行时或者以公开拍卖的方式出售时，其他共有人还有无优先购买权，不无疑问。不少立法例上否认此等情形下共有人的优先购买权。[①]我国的司法实践中则一般认为，基于前述共有人优先购买权存在的理由，并为防止共有人的优先购买权被无端规避、排斥，此种情形下仍应保护共有人的优先购买权，仅是其行使的条件、方法及期限等有所不同而已。（2）须在同等条件下行使。根据《物权编解释（一）》第10条的规定，这里的“同等条件”，应当综合共有份额的转让价格、价款履行方式及期限等因素确定。（3）须在一定的合理期间内行使。《物权编解释（一）》第11条规定：“优先购买权的行使期间，按份共有人之间有约定的，按照约定处理；没有约定或者约定不明的，按照下列情形确定：（一）转让人向其他按份共有人发出的包含同等条件内容的通知中载明行使期间的，以该期间为准；（二）通知中未载明行使期间，或者载明的期间短于通知送达之日起十五日的，为十五日；（三）转让人未通知的，为其他按份共有人知道或者应当知道最终确定的同等条件之日起十五日；（四）转让人未通知，且无法确定其他按份共有人知道或者应当知道最终确定的同等条件的，为共有份额权属转移之日起六个月。”此外，该解释第12条还规定：“按份共有人向共有人之外的人转让其份额，其他按份共有人根据法律、司法解释规定，请求按照同等条件优先购买该共有份额的，应予支持。其他按份共有人的请求具有下列情形之一的，不予支持：（一）未在本解释第十一条规定的期间内主张优先购买，或者虽主张优先购买，但提出减少转让价款、增加转让人负担等实质性变更要求；（二）以其优先购买权受到侵害为由，仅请求撤销共有份额转让合同或者认定该合同无效。”

当共有人的优先购买权与共有物承租人的优先购买权发生竞存时，何者为优？通说认为，此两种优先购买权发生的基础不同，基于物权优先于债权的原理，以及保持并维护、简化既有的共有关系、减少纠纷的需要，应使共有人的优先购买权优先于承租人的优先购买权，而且，基于买卖不破租赁的规则，此一处理方式对承租人并不产生重大的不利影响。[②]至于数个共有人

---

① 参见《德国民法典》第512条；《俄罗斯民法典》第250条。

② 参见最高人民法院物权法研究小组编著：《中华人民共和国物权法条文理解与适用》，人民法院出版社2007年版，第318页。

之间发生竞争而都主张优先购买权的情形时应如何处理的问题，《民法典》第306条已作出了明确的规定，这一问题已得到妥适的处理。另应提及的是，我国《物权法》和《民法典》中仅对按份共有中共有人份额的转让及其他共有人的优先购买权作了规定，而未规定共同共有中有无类似情形及其处理规则。《最高人民法院关于贯彻执行〈中华人民共和国民法通则〉若干问题的意见（试行）》（已废止）第92条曾规定："共同共有财产分割后，一个或者数个原共有人出卖自己分得的财产时，如果出卖的财产与其他原共有人分得的财产属于一个整体或者配套使用，其他原共有人主张优先购买权的，应当予以支持。"我们认为，其与现行法的规定和共有的规则并不抵触，司法实践中仍可依此精神处理。

按份共有人转让其享有的共有的不动产或者动产份额，只是其行使所有权中的处分权的一种形式，除此之外，还有赠与、抛弃、设定负担等。应有份额的赠与，是指按份共有人将其应有份额无偿转移给其他共有人或共有人之外的人，而其自己退出共有关系。对于赠与份额的取得，其他共有人并无优先的权利。共有人以自己的意思抛弃其应有份额而退出共有关系，亦属行使处分权的表现，法律自应允许。但抛弃行为不得损害国家、社会的利益及他人的合法权利（如不得借抛弃应有份额而逃避个人债务）。对于部分共有人行使抛弃权后，相应的份额是否可归其他共有人取得的问题，理论上有否定说和肯定说两种不同的主张。否定说认为，应将抛弃的份额作为无主财产归国家所有，或者得由共有人及其他人依先占的规则取得；肯定说则主张某一共有人抛弃的份额应由其他共有人按比例取得。我们赞同肯定说的主张。[①]对于共有人是否可以就自己的应有份额设定负担，理论上虽有不同的看法，但通说认为，共有人有权就其应有份额设定负担，但这种负担只能以不移转标的物的占有为内容，如可以设定抵押权，而不能设定以占有为内容的物权。我们认为这种观点是合理的，但同时应注意的是，法律或合同对设定负担有限制的，应遵从其限制。

---

① 郭明瑞等:《民商法原理》(二)，中国人民大学出版社1999年版，第142页；刘保玉主编:《中国民法原理与实务》，山东大学出版社1994年版，第290页。

（七）因共有物产生的债权的享有与债务的承担

因共有物产生的债权的享有与债务的承担，既涉及共有人的内部关系，也涉及共有人全体的对外关系。《民法典》第307条规定："因共有的不动产或者动产产生的债权债务，在对外关系上，共有人享有连带债权、承担连带债务，但是法律另有规定或者第三人知道共有人不具有连带债权债务关系的除外；在共有人内部关系上，除共有人另有约定外，按份共有人按照份额享有债权、承担债务，共同共有人共同享有债权、承担债务。偿还债务超过自己应当承担份额的按份共有人，有权向其他共有人追偿。"

本条规定中的"对外关系"，也即因共有物产生的债权债务关系的对外效力，是指共有人作为一个整体与共有人之外的第三人发生的权利义务关系。[①]根据法律规定，无论是共同共有还是按份共有，只要是因共有物产生的债权债务，共有人在对外关系上都享有连带债权、承担连带债务，唯在法律另有规定或者第三人知道共有人不具有连带债权债务关系的情况下除外。这是因为，按份共有人虽按照应有份额享有权利，但该份额是抽象的而不是具体的，各共有人享有的应有份额并不局限于共有物的特定部分，而是抽象地存在于整个共有物及其任何微小部分上。所以，各共有人基于自己的应有部分，在共有物受到第三人非法侵害时，可以就共有物的全部对第三人行使请求权。当然，由于各共有人的应有部分具有与所有权相同的性质，各共有人也可就其应有部分对第三人单独行使请求权。共有人可行使的请求权，既包括物权请求权，也包括债权请求权。而根据共同共有的特点，全体共同共有人就共有物发生的债权债务享有连带的权利义务，自属当然。我国法律上作出的这种连带权利义务的规定，其目的是充分地保护各共有人的权利，并便于其权利的行使；同时，也是为了妥善地保护第三人的权益，避免因个别共有人欠缺赔偿能力而导致其权利不能得到全部实现。如此，若第三人损害了共有物，则任一共有人都享有请求赔偿全部损失的权利；而若是共有物致他人损害，则任一共有人也都负有赔偿全部损失的义务。但是，在法律另有规定或

---

① 应注意的是，此处所谈均为"因共有物"产生的债权债务的享有与承担问题，其与"因共有人"而发生的债权债务关系在性质和处理规则上均有不同，不可混为一谈。

者第三人知道共有人不具有连带债权债务关系的情况下，共有人应按照法律的特别规定或者约定的权利享有和义务承担的方式，或者按照各自享有的应有份额各自享有按份债权、承担按份债务。[①]

本条中规定的“内部关系”，也即因共有物产生的债权债务在共有人内部产生的效力。共有人内部对债权债务的享有与承担的方式和范围，首先要看共有人之间有无约定，有约定的，应依约定。如无约定，则应根据按份共有与共同共有的性质而分别对待：按份共有人按照份额享有债权、承担债务，偿还债务超过自己应当承担份额的按份共有人，有权向其他共有人追偿，请求其分担自己份额内的债务；共同共有人则不分份额地共同享有债权、承担债务，故也不存在某一共有人承担的债务“超过自己应承担份额”及向其他共同共有人追偿的问题。正因如此，法律上没有规定共同共有中的追偿权问题。[②]

五、共有关系的终止与共有物的分割

（一）共有关系终止的原因

共有关系因法定或约定的原因而发生，也会因一定情况的出现而终止。引起共有关系终止的原因很多，较为常见的有：共有物灭失、一个共有人取得共有物的单独所有权、共有人协商终止、共同共有基础关系的解除或消灭等。

（二）共有物分割的原则

共有关系终止，自然应进行共有财产的分割。关于共有物的分割问题，《民法典》第304条规定：“共有人可以协商确定分割方式。达不成协议，共有的不

---

① 不过，这种情况似乎仅在按份共有的情况下方可能发生。其在共同共有中是否亦可能存在，颇值怀疑。

② 参见最高人民法院物权法研究小组编著：《中华人民共和国物权法条文理解与适用》，人民法院出版社2007年版，第322页。不过，共同共有中是否绝对不能发生共有人之间追偿权的问题，值得斟酌。笔者认为，在共同共有关系依然存续且共有财产的价值已足以满足承担债务的需要的情况下，不会发生追偿问题；但在共有财产的价值不足以满足债务清偿的需要（如共有的机器、车辆等造成他人重大人身伤害，导致巨额赔偿），因而某一共同共有人另以共有物之外的个人财产补足赔偿额时，如若日后共同共有关系解除，则可能会发生其向其他原共同共有人追偿的问题。

动产或者动产可以分割且不会因分割减损价值的，应当对实物予以分割；难以分割或者因分割会减损价值的，应当对折价或者拍卖、变卖取得的价款予以分割。”“共有人分割所得的不动产或者动产有瑕疵的，其他共有人应当分担损失。”

据此并结合其他有关法律的规定，在对共有物进行分割时，应把握以下几个原则：

一是遵从约定和法律规定原则。根据《民法典》第303条的规定，对共有物能否要求分割以及分割的时间和条件等，共有人有约定的，应当按照约定，但是共有人有重大理由需要分割的，可以请求分割；没有约定或者约定不明确的，按份共有人可以随时请求分割，共同共有人在共有的基础丧失或者有重大理由需要分割时可以请求分割。另外，共有人分割共有物时除应遵守《民法典》物权编的规定外，还应遵守婚姻家庭编、继承编的规定以及《合伙企业法》等有关法律的规定，不得损害国家的、社会的或他人的利益。

二是保存和发挥物的效用原则。分割共有物时，不能毁损共有物的价值，对于不能进行实物分割或实物分割会损害其价值的共有物，应采取其他方式分割。分割共有财产时，还应适当照顾各共有人生产、生活的实际需要等情况，如对于从事某种职业所必需的物品，应尽量照顾到有特殊需要的共有人。

三是平等协商、团结和睦原则。共有人对共有物分割的范围、期限、方式等应本着公平合理、和睦团结的精神进行友好的平等协商。参照《民法典》第301条的规定，除另有约定的外，按份共有财产的分割方法，应经占份额三分之二以上的按份共有人同意；而共同共有物的分割方法，则须经全体共同共有人同意，否则不发生法律效力。依共有人的协议进行的分割，称为协议分割，此为分割共有物的主要方式；[①]共有人对共有物的分割方式达不成协议的，可请求人民法院或

---

① 共有人达成的分割共有物的协议性质上为债权合同。该协议达成，并不意味着共有人即时取得应分得部分的单独所有权，某一或某些共有人不按协议履行的，其他共有人可以向人民法院提起诉讼而请求履行该协议，此类诉讼为给付之诉（而不是分割共有物之诉），故而应适用诉讼时效的规定。超过诉讼时效期间后请求履行分割协议的，人民法院不予支持；如果不能另行达成新的分割协议，则应视为当事人之间没有分割协议，只能诉请裁判分割。参见最高人民法院物权法研究小组编著：《中华人民共和国物权法条文理解与适用》，人民法院出版社2007年版，第311—312页。

仲裁机构进行裁判分割。

四是瑕疵担保与损失分担原则。《民法典》第303条中关于因分割共有物“造成其他共有人损害的，应当给予赔偿”的规定精神，已如前述。第304条第2款“共有人分割所得的不动产或者动产有瑕疵的，其他共有人应当分担损失”则是关于共有物分割时的瑕疵担保责任的规定。瑕疵担保责任包括物的瑕疵担保责任和权利瑕疵担保责任。前者是指共有人对其他共有人应担保其分得部分于分割前不存在瑕疵；后者是指共有人应担保第三人就其他共有人分得之物，不得主张任何权利。[①]无论有何种瑕疵，只要是分割共有财产时未予明确并作相应的价值扣减的，其他共有人均有分担的义务。这是出于公平的考虑，防止共有物分割后，因某一共有人分得的物存在瑕疵或因有权利负担而导致其独担损失所作的规定。大多数国家或地区的立法上都有此规定，其立法精神等同于合同法中的出卖人对买受人所负的瑕疵担保责任。

（三）共有物分割的方法

不论是协议分割还是裁判分割，最终的具体分割方法不外乎以下三种：

1.实物分割。即对共有物进行实体分割。实行这种分割的条件是共有物为可分物，不因分割而损害物的价值。实物分割后，各共有人取得自己的应有部分。

2.变价分割。即拍卖、变卖共有物，所得价金由共有人按份额比例分配。这种方式一般适用于分割实物将严重损害共有物的价值或各共有人都不愿单独取得共有物的情况。

3.作价分割。又称作价补偿，即由共有人中一人或数人取得共有物，并由取得共有物的共有人对其他共有人以金钱等方式对其应分得部分的价值予以补偿。

六、准共有

所谓准共有，是指两个以上权利主体共同享有所有权以外的财产权的共有形态。我国《民法典》第310条规定：“两个以上组织、个人共同享有用益物权、

---

① 王泽鉴：《民法物权》（1），中国政法大学出版社2001年版，第370—371页。

担保物权的，参照适用本章的有关规定。”

在现实生活中，大量存在数人共有所有权以外的财产权的现象，如数人共享一项用益物权或担保物权以及债权（含债务）、知识产权等。准共有的客体限于所有权以外的财产权，而不能是有形的财产，也不能是人身性权利。这种类型的共有与普通的共有（即对有体物所有权的共有）在性质上没有什么差别，所以，各国民事立法在规定了共有之后，一般也都附带对准共有作出规定。通行做法是：准共有除适用法律的特别规定外，准用物权法（编）中关于共有的规定。[①]我国《民法典》第310条所规定的准共有，仅限于二人以上共同享有用益物权或者担保物权的情况。至于究竟是准用共同共有还是按份共有的规定，则同样应当视其共有关系的性质而定。对于用益物权和担保物权之外的其他财产权的准共有问题，《民法典》中虽然未作规定，但通说认为，除《民法典》其他编章或其他法律另有规定外，亦可参照适用物权编共有一章中的有关规定。

第八节　所有权的取得方式

一、所有权的取得问题概说

（一）所有权取得的概念与分类

所有权的取得，指所有权与特定主体相结合，即某一主体取得对某一不动产或者动产的所有权。如前所述，所有权的取得或发生，是物权变动的典型形态之一。所有权的取得方式甚多，诸如劳动生产、合法建造房屋、移转所有权的合同、继承、遗赠、先占、添附、收取孳息、没收、征收、判决、时效取得，等等。这些所有权的取得方式，可分为原始取得与继受取得两类情形。

---

① 参见《德国民法典》第741条;《日本民法典》第264条；等等。

（二）所有权取得的一般规定与特别规定

所有权取得的一般规定或者说原则规定，是不针对具体取得方式而就任何取得方式均予适用的通行规则。这种具有普适性的规则，主要涉及两个方面：

其一，所有权取得的合法性问题。根据《民法典》第8条、第10条规定的精神，所有权的取得和行使不得违反法律，不得违背公序良俗；就所有权的取得问题发生纠纷的，依照法律规定处理，法律没有规定的，可以适用不违背公序良俗的习惯。这些规定可以解释为所有权取得问题的最一般规定。凡法律对所有权的某种取得方式、条件等未作具体规定的，均得依据此一般规定而为判断。

其二，所有权取得的时间与要件问题。《民法典》第208条规定："不动产物权的设立、变更、转让和消灭，应当依照法律规定登记。动产物权的设立和转让，应当依照法律规定交付。"此外，《民法典》物权编第二章关于物权变动的规定，也可认为是关于所有权取得的时间、要件问题的一般规定，但其中也涉及一些具体的取得方式，如不动产或动产买卖中的登记、交付问题，因继承或受遗赠、合法建造以及因法院、仲裁机构的法律文书或政府的征收决定等而发生的所有权取得问题等。

所有权取得的特别规定，是法律单独针对所有权某种具体的取得方式的要件、限制、效果等而作的专门规定。如域外立法例上关于动产所有权的章节，主要规定的即是动产所有权的特殊取得方式问题。我国《民法典》物权编中专设了"所有权取得的特别规定"一章（第九章），其中所规定的就是一些具体情况下所有权取得的特别规定及其适用条件和范围，其内容涉及善意取得、拾得遗失物、发现埋藏物、从物、孳息、添附等问题；另外，不动产的征收问题在《民法典》中也有规定。所有权取得中的有些问题（如从物、孳息等），本书前面已有阐述，此处不再重复；而先占、取得时效、货币所有权的取得等虽未在《民法典》中规定，但鉴于其重要性，我们将其与所有权取得的其他几种具体方式及其特殊规则在后面一并予以讲述。

从立法技术上讲，法律不可能对任何一种物权的取得方式均加以详细规定，而物权取得的原理和规则在许多方面是相通的。因此，《民法典》抽象出了物权取得的一般规定和物权变动的一般规则。而一些既适用于所有权也适用于其他物权的取得方式（如善意取得、取得时效等），法律上通常设“准用”或“参照”条款加以解决，也即是说《民法典》有关所有权取得的规定和本节讲述的内容，对其他物权的取得具有示范意义。因此，除特别情况外，本书不再对他物权的相应取得方式进行单独介绍。

二、先占

（一）先占的概念与性质

先占是指占有人以所有的意思，先行占有无主动产而取得其所有权的事实。从古至今，各国都承认这种所有权的取得方式，[①]近现代各国法律上对此也大都设有明文规定。

关于先占的法律性质，理论上的见解不一，主要有三种学说：一是法律行为说。该说认为，先占的成立须以先占人以所有的意思占有无主动产为条件，而所有的意思即是先占人取得所有权的效果意思，故先占应是一种法律行为。二是准法律行为说。该说认为，先占是以意思表示为要素的准法律行为中的非表现行为，属于法律对于一定的意思行为直接承认其有取得所有权效果的制度。三是事实行为说。该说认为，先占的成立中的“以所有的意思”，并非指效果意思，只须先占人事实上对物有支配管领的意思即可。法律系基于先占的事实而赋予占有人取得其所有权的效果，先占人只需具备一定的意思能力，而不需要具有完全的民事行为能力，故此先占应属于事实行为。通说认为，先占在法律性质上是一种事实行为，不以先占人具有民事行为能力为必要。

（二）先占的成立要件

依多数国家的法律规定和学界共识，先占须具备如下几个条件：

1.先占之物须是无主物。无主物是指现在不属于任何人所有之物，而不论其

---

① 我国古代著名的法家人物商鞅于《商君书·赋盗篇》中云：“一兔走，百人逐之，非以兔可分以为百也，由名分之未定也；夫卖兔者满市，而盗不敢取，由名分已定也。”以此来说明先占取得所有权的问题，至今仍具典型意义。

过去是否有主。无主物主要包括野生动植物、其他自然物和抛弃物等。

2.先占之物限于动产。现代法律上，无主不动产通常只能归国家所有，或可依时效取得，但不能成为先占取得的标的物。同时，也并不是所有的动产都能成为先占的标的物，一般认为下列几类动产不能成为先占的标的物：（1）法律禁止流通的物；（2）依公共秩序和善良风俗不得认定为无主物的物，如遗体；（3）受法律特殊保护的文物与珍稀动植物；（4）位于他人有所有权或使用权的土地或者水域的无主动产，非经土地使用权人许可，不得依先占取得，但依照当地习惯无须许可的除外。

3.先占人须以所有的意思占有动产。一方面，先占人应有“所有的意思”，即先占人将占有的动产归于自己管领支配的意思；另一方面，先占人须实际占有无主动产。非以据为己有的意思或者行为人仅发现无主动产而未予占有，均不能构成先占。不过，占有不限于亲自为之，利用或指使他人为之（辅助占有），亦无不可。

4.先占之行为不违反法律、法规的规定。基于所有权取得的一般规定，先占作为取得无主动产所有权的方式，自应具备合法性要件。违法的行为，如在封山育林之地砍柴采药，在禁猎区、禁渔期内狩猎、捕鱼，猎获、伐取受法律保护的珍稀野生动物、植物，以及法律禁止先占取得所有权之物，均不能成立先占。

（三）先占的法律效果

先占的基本效力或者说法律效果，是先占人原始取得无主物的所有权，但各国立法规定并不一致。关于先占的效力主要有两种立法例：一是先占自由主义，即不分动产与不动产，法律均允许自由先占而取得所有权；二是先占权主义，即无主不动产只有国家才有先占权，动产则在法律不禁止的情况下得由先占人取得其所有权。后一种立法例为多数国家的民事立法所采用。

我国民事立法中并未对先占制度作出明确规定，实践中可依据当地的共同生活习惯而予以认可。《民法典》第10条中，已将不违背公序良俗的习惯作为处理民事纠纷的法源；依《民法典》关于民事权利取得的一般规定，亦可认为其属于不违反法律规定的所有权取得方式。但许多学者认为，先占的要件和限制等问题并非一般生活常理所能全部解决，应以在法律上对其作出明确规定为宜。①

三、添附

（一）添附的意义

添附是指不同所有人之物附合、混合在一起或者不同人的劳力与物结合在一起而形成新物的事实状态。依各国立法，添附是能够导致所有权变动的法律事实之一。

在学理和立法上，添附包括附合、混合、加工三种形式。其中，附合与混合为物与物相结合，加工为劳力与他人之物相结合。添附之所以成为所有权取得的一种方式，在于两个以上的附合或混合成为一个新物或因物之加工而成为新物时，或者不能恢复原状，或者虽有可能恢复原状但费用过巨，不合经济效益原则。因此，从增进社会财富、充分发挥物的效用的原则出发，应承认添附可以发生物权的变动，重新确认添附所形成的新物的归属，使其归于一人所有或形成共有。未取得添附物所有权的一方所受之损失，得依法律关于侵权行为、不当得利等规定，通过请求添附物所有人支付赔偿金或补偿金的方式得到弥补。

（二）附合

附合，是指不同所有人的物结合在一起而形成某种新物。因附合而形成的新物，称为附合物。在附合的情况下，不同所有人的财产虽从外观上可以识别，但非经毁损不能分离或虽能分离但耗费过巨。附合的具体情形有如下三种：

---

① 在我国物权法起草中，数个学者建议稿均借鉴国外立法例并斟酌我国情况对先占问题作了详略不同的规定；法工委2004年8月3日的物权法草案（修改稿）第107条也曾规定："自然人、法人对抛弃物，可以因先占而取得所有权。自然人、法人对野生动植物，在法律许可的范围内，可以因先占而取得所有权。"但在正式的审议稿中，均未出现该规定。笔者认为，对于先占问题可作如下三款规定："以自己所有的意思，先行占有无主动产的，取得该动产的所有权。""野生动植物等的先占取得，不得违反法律的规定。""位于他人有使用权的土地上的无主动产，非经土地使用权人许可，不得依先占取得，但是依据当地习惯无须许可的除外。"参见刘保玉：《刍议物权法草案中所有权取得的若干规定及其完善》，载《法学论坛》2007年第1期。

1.动产与不动产的附合。这是指动产附合于不动产之上，成为不动产组成部分的情形。例如，将砖瓦、石板、木料、壁纸等建筑装修材料铺砌、安装、粘贴在房屋中。这种附合需具备三个条件：一是动产附合于不动产之上，即附合者为动产，被附合者为不动产。二是动产成为不动产的重要组成部分。动产附合于不动产之后，其相互结合的程度在一般观念上已被视为一物，非经毁损或变更其性质不能使二者分离，或者虽能分离但花费过大。三是动产与不动产须原本属于不同的人所有。若其原本就属于同一人，则不发生附合物的归属如何确定的问题。至于附合的发生是人为的原因或自然的原因、行为人是善意还是恶意及有无行为能力等，均不影响附合的构成。

通说认为，动产附合于不动产后产生的法律效果为：第一，不动产所有人取得动产的所有权且不问行为人是否为善意。此时，不动产的所有权扩及于整个附合物。这种取得在性质上是基于法律的规定而发生的原始取得。第二，动产所有权因附合而消灭。原动产所有人不能请求恢复原状，但可依不当得利的规定要求不动产所有人给予补偿；若不动产所有人恶意为附合，还可能发生侵权损害赔偿问题。

2.动产与动产的附合。这是指不同所有人的动产互相结合而成为一物的情况。例如将油漆涂刷于他人的家具上，将钻石镶嵌于他人的戒指上。这种附合的成立也须具备三个条件：一是附合之物与被附合物都是动产；二是附合后所形成的附合物非经毁损不能分离或分离花费过大；三是原动产应分属于不同的人所有。

动产和动产附合后，所发生的所有权变动的法律效果表现在：第一，原来各动产的所有人共有附合物，形成共有关系，各共有人的应有部分依附合时的价值比例确定或由各共有人协商确定；第二，如果可区别主物和从物或者一方的动产价值明显高于他方的动产价值，则应由主物的所有人或价值明显高的原动产的所有人取得附合物所有权，并依据公平原则由其对因附合而丧失权利或遭受损失的他方给予适当补偿。但恶意为动产附合行为者，不得取得附合物的所有权。

3.不动产与不动产的附合。不动产与不动产的附合现象也是存在的，其主要情形可以分为两类：

（1）基于自然原因而发生的不动产附合，例如河流泥沙淤积形成的土地附合于河流两岸的土地、河流改道导致的土地状况变化等。这种情况下所发生的土地权属问题，一般由土地法来调整。依我国法律规定的精神，淤积地、冲积地原则上归国家所有。

（2）基于人为原因而发生的不动产附合，例如在他人所有的土地上进行建筑或者在建筑物上增添附属物等情况。基于正当权源而在他人土地上进行建筑的问题，适用房地关系的一般规则；无正当权源的，则属于违法建筑的处理问题。至于实际生活中时常发生的非产权人在使用他人的不动产上增添附属物的情况（如承租人、借用人等在其租借的他人院落内增建厨房、厕所、围墙或在原有房屋上加建等），我国司法实践中通常采用的处理规则是：财产所有人同意增添，并就财产返还时附属物如何处理有约定的，按约定办理；没有约定又协商不成，能够拆除的，可以责令拆除；不能拆除的，也可以折价后归财产所有人所有，造成财产所有人损失的，应当负赔偿责任。这种做法也适用于动产附合于不动产问题的处理。另外，对于实践中经常发生的承租房屋因改扩建和装饰装修问题产生的纠纷处理问题，《关于审理城镇房屋租赁合同纠纷案件具体应用法律若干问题的解释》第6—12条中针对不同情况分别作出了相关规定，其中涉及添附问题的处理规则，亦值得注意。

（三）混合

混合是指不同所有人的动产混杂在一起而成为新物的情形。混合物通常由气体、液体、颗粒或粉末状物结合而成，原物已难以识别更难以分离。例如，将不同所有人的水泥和石灰、砂石掺在一起而形成混凝土，不同所有人的金属融化后合成新物等。混合的成立应具备三个条件：一是发生混合的各物都是动产；二是混合物各部分已无法识别，或者虽能采用某种方法识别甚至将其分离，但花费过巨；三是混合前的各项动产分属于不同的所有人。

立法例上的通行做法和理论通说认为，动产混合后所发生的法律效果准用动产与动产附合的处理规则。

（四）加工

加工是指对他人的动产进行制作、改造，使之形成一种具有更高价值的新物。例如，将他人的布料做成衣服、将他人的玉石雕成工艺品、对他人的画进行装裱等。因加工形成的新物称为加工物。加工的构成应具备四个条件：一是需要有制作或改造等加工行为。二是加工的标的物仅限于动产。不动产并不发生加工的问题，因为不动产虽然可以改造，但不会形成新的不动产，如对他人的房屋进行装修，并不会引起所有权的变动。三是加工的标的物必须是他人所有的物。四是因加工行为而形成新物，即加工物与加工之前的动产必须是不同的物品。另应明确的是，物权法上讲的加工之构成及其处理规则，只适用于在当事人之间没有合同约定的情形下，依法处理加工物的归属问题。如果当事人系根据承揽合同等的约定而为加工，则应适用合同法的规定。

关于加工物的归属问题，早在罗马法时期就有加工物应归加工人所有的加工主义（普罗库卢斯学派的主张，简称“普派”）和加工物应归原材料所有人所有的材料主义（萨比努斯学派的主张，简称“萨派”）两种主张。至优士丁尼时期采行折中主义，根据加工物能否回复原状而区分完全加工与不完全加工两种情形，分别实行加工主义与材料主义。①现代各国立法上普遍采用折中主义的做法，或者以加工主义为原则、以材料主义为例外，抑或以材料主义为原则、以加工主义为例外，根据材料价值和加工增值的价值之大小并考虑加工人为善意或恶意而决定加工物的归属。我们主张，在确定加工物的归属时，应采纳以材料主义为原则、以加工主义为例外的做法：加工物所有权原则上应归属于原材料的所有人，唯在加工人为善意（有合理的理由误认为原料归自己所有而为加工）且加工后增值的价值明显高于原物价值的情况下，方可由其取得所有权。加工人主观上若为恶意，无论增值部分价值大小，加工人均不能取得所有权。在加工人不能取得加工物的所有权，但其加工行为使财产增值因而原料的主人受有利益的情况下，基于公平的考虑，加工人得请求补偿加工费用；如果加工人的行为非但未使物增值反而致其毁损，自有损害赔偿责任之发生。

（五）我国法律上关于添附问题的处理规则

在《民法典》之前，我国法律上没有关于添附问题的系统规定，但在理论上及司法实践中均承认添附这种取得所有权的方式。②在物权法草案的数个学者建

① 参见周枏：《罗马法原论》（上），商务印书馆 1994 年版，第 345—346 页。

② 如《最高人民法院关于贯彻执行〈中华人民共和国民法通则〉若干问题的意见（试行）》第 86 条曾对非产权人在使用他人的财产上增添附属物的问题作有规定，《担保法解释》第 62 条曾对抵押物发生添附时相关问题的处理作有规定。

议稿中，均对添附问题作了较详细的规定；物权法草案二次审议稿中，也曾用四个条文对加工、附合、混合所形成的新物归属、求偿关系等作了较为详细的规定，其规则也基本合理、可行，唯其条款中未涉及“第三人权利”问题。笔者也曾在借鉴学者建议稿和物权法草案二审稿中的条文设计及域外立法规定的基础上提出立法建议。①而在物权法草案的三次、四次审议稿中，出于概括、简约的考虑，将其合并为一条。②但该条规定因失之粗略而导致规则不明以及存在混淆合同关系与物权关系的问题而受到学界诟病，其后干脆将其删除。

在我国《民法典》编纂中，多数意见仍建议对添附问题作出规定，《民法典》在原物权法草案规定的基础上，于第322条增加了关于添附问题的规定：“因加工、附合、混合而产生的物的归属，有约定的，按照约定；没有约定或者约定不明确的，依照法律规定；法律没有规定的，按照充分发挥物的效用以及保护无过错当事人的原则确定。因一方当事人的过错或者确定物的归属造成另一方当事人损害的，应当给予赔偿或者补偿。”③值得注意的是，《担保制度解释》第41条规

---

① 笔者于《刍议物权法草案中所有权取得的若干规定及其完善》（载《法学论坛》2007年第1期）一文中提出的建议条文如下：第1条［附合物、混合物或者加工物的归属］附合物、混合物或者加工物的归属，除法律另有规定或当事人另有约定的外，按照下列规则确定：（一）动产附合于他人不动产而为不动产的重要成分的，由不动产所有权人取得该动产的所有权。（二）动产与他人的动产附合、混合而形成合成物、混合物，不能分离或者分离不符合经济原则的，由主物所有权人或者价值较大的原物所有权人取得合成物、混合物的所有权；无法辨识主从物关系或者价值大小的，合成物、混合物的所有权由各动产所有权人共有。附合人、混合人为恶意的，不得取得合成物、混合物的所有权。（三）加工他人动产的，加工物的所有权属于材料的所有权人。但善意为加工行为且因加工所增加的价值明显大于他人的材料价值的，由加工人取得加工物的所有权。第2条［第三人权利］依照第1条规定，动产的所有权消灭时，该动产上的第三人的权利随之消灭，但第三人的担保物权可以继续存在于代位物上。第3条［求偿关系］依照第1条的规定，丧失权利而受有损失的人，可以依照法律规定请求赔偿损失，但不得请求恢复原状。恶意附合、混合、加工，造成他人损害的，应当承担赔偿责任。

② 该条规定：“因加工、附合、混合而产生的物的归属，有约定的，按照约定；没有约定或者约定不明的，依照法律规定；法律没有规定的，按照充分发挥物的效用以及保护无过错的当事人的原则确定。因一方当事人的过错或者取得物的归属给另一方当事人造成损失的，应当给予赔偿。”

③ 增补的本条规定，其规范内容并不令人满意：前句中“有约定的，按照约定”，乃合同法上的承揽合同问题而非物权法上的问题；“没有约定或者约定不明确的，依照法律规定”，没有实际意义，因为我国法律上恰恰欠缺相关规定。而真正涉及物权问题的前句后端和第二句话的规定，又过于原则。

定："抵押权依法设立后，抵押财产被添附，添附物归第三人所有，抵押权人主张抵押权效力及于补偿金的，人民法院应予支持。""抵押权依法设立后，抵押财产被添附，抵押人对添附物享有所有权，抵押权人主张抵押权的效力及于添附物的，人民法院应予支持，但是添附导致抵押财产价值增加的，抵押权的效力不及于增加的价值部分。""抵押权依法设立后，抵押人与第三人因添附成为添附物的共有人，抵押权人主张抵押权的效力及于抵押人对共有物享有的份额的，人民法院应予支持。""本条所称添附，包括附合、混合与加工。"该条规定不仅关乎抵押权的效力及于添附物的问题，而且关乎添附物归属规则的立法缺失之弥补，其规则设计颇值赞同。此外，对于因租赁房屋的改扩建和装饰装修而产生的有关添附问题的处理，《关于审理城镇房屋租赁合同纠纷案件具体应用法律若干问题的解释》第6—12条中也作有规定，应一并把握。[①]

---

① 该解释第6条规定："承租人擅自变动房屋建筑主体和承重结构或者扩建，在出租人要求的合理期限内仍不予恢复原状，出租人请求解除合同并要求赔偿损失的，人民法院依照民法典第七百一十一条的规定处理。"第7条规定："承租人经出租人同意装饰装修，租赁合同无效时，未形成附合的装饰装修物，出租人同意利用的，可折价归出租人所有；不同意利用的，可由承租人拆除。因拆除造成房屋毁损的，承租人应当恢复原状。""已形成附合的装饰装修物，出租人同意利用的，可折价归出租人所有；不同意利用的，由双方各自按照导致合同无效的过错分担现值损失。"第8条规定："承租人经出租人同意装饰装修，租赁期间届满或者合同解除时，除当事人另有约定外，未形成附合的装饰装修物，可由承租人拆除。因拆除造成房屋毁损的，承租人应当恢复原状。"第9条规定："承租人经出租人同意装饰装修，合同解除时，双方对已形成附合的装饰装修物的处理没有约定的，人民法院按照下列情形分别处理：（一）因出租人违约导致合同解除，承租人请求出租人赔偿剩余租赁期内装饰装修残值损失的，应予支持；（二）因承租人违约导致合同解除，承租人请求出租人赔偿剩余租赁期内装饰装修残值损失的，不予支持。但出租人同意利用的，应在利用价值范围内予以适当补偿；（三）因双方违约导致合同解除，剩余租赁期内的装饰装修残值损失，由双方根据各自的过错承担相应的责任；（四）因不可归责于双方的事由导致合同解除的，剩余租赁期内的装饰装修残值损失，由双方按照公平原则分担。法律另有规定的，适用其规定。"第10条规定："承租人经出租人同意装饰装修，租赁期间届满时，承租人请求出租人补偿附合装饰装修费用的，不予支持。但当事人另有约定的除外。"第11条规定："承租人未经出租人同意装饰装修或者扩建发生的费用，由承租人负担。出租人请求承租人恢复原状或者赔偿损失的，人民法院应予支持。"第12条规定："承租人经出租人同意扩建，但双方对扩建费用的处理没有约定的，人民法院按照下列情形分别处理：（一）办理合法建设手续的，扩建造价费用由出租人负担；（二）未办理合法建设手续的，扩建造价费用由双方按照过错分担。"

四、拾得遗失物

（一）拾得遗失物的概念与成立要件

拾得遗失物，又称遗失物之拾得，指发现他人遗失之物并予以占有的事实。通说认为，拾得遗失物同先占一样，也是一种事实行为，不以拾得人具有民事行为能力为必要。

拾得遗失物的成立，须具备以下两个要件：

1.须有拾得的行为。所谓拾得，是指发现并且实际占有遗失物的行为。只发现而不占有，不能构成拾得。

2.标的物必须是遗失物。遗失物是指被所有人或合法占有人丢失而未被任何人占有的动产。构成遗失物一般须具备四个条件：一是应为动产。不动产依其性质不存在遗失问题。二是必须是他人之物。即必须是有主物，如果是无主物则只能成为先占的标的物。三是遗失人丧失了对物的占有。至于是否构成丧失占有，应依社会一般观念和具体情况而定。四是占有的丧失不是出于遗失人的本意。即遗失人主观上并不想丧失对物的占有，而是由于某种客观原因导致占有的丧失。若丧失占有是出于权利人的本意，则是物的抛弃，该物应属无主物而不是遗失物。

（二）拾得遗失物的法律效果

关于拾得遗失物的效力，立法上有两种不同的体例，即拾得人不能取得所有权主义和依一定的条件而取得所有权主义。

依多数国家的民事立法的规定，拾得人在履行一定义务的前提下，可以取得无人认领的遗失物的所有权，或者在找到失主的情况下享有一定比例的报酬请求权。各国民法中通常规定，遗失物的拾得人应承担以下四项义务：（1）通知义务。拾得遗失物后，不能据为已有，而应当通知遗失人，或以一定的方式进行失物招领。（2）保管义务。拾得人在将遗失物交还之前，处于无因管理人的地位，应尽善良管理人的义务，对遗失物进行妥善保管。遗失物易于腐烂、变质的，拾得人可将其作变价保存，以免其价值丧失。（3）报告及交存义务。在不知失主为何人或在何处时，拾得人应向主管机关（通常为警务机关）报告并交存拾得物。（4）返还义务。在一定期间内（通常为警务部门的招领公告期限内），遗失人认领其遗失物的，拾得人应当返还。拾得人享有的权利，主要为三项：（1）费用偿还请求权。拾得人可以请求遗失物受领人偿还其所支出的保管费、公告费、送还之交通费及误工费等合理费用。（2）报酬请求权。在经通知或公告找到失主时，多数国家法律上都承认拾得人有法定比例的报酬请求权。报酬的比例根据标的物的价值而分别计算（一般采用比例递减制，其比例标准各国规定不一，但均限定在标的物价值的3%—30%之内），失主不予支付该报酬的，拾得人得留置拾得物。（3）遗失物所有权的取得权。经通知、公告等程序仍不能找到失主的，或失主于公告期限内未予认领的，主管机关得确定由拾得人取得拾得物的所有权或其变价价值。拾得人享有报酬请求权及取得遗失物所有权之权利，以履行前述义务为前提，否则，如若私自据为己有、拒不交出并为不法使用或处置，不仅将丧失此两项权利，且成立侵权行为或不当得利，甚至会构成犯罪。①

我国自《民法通则》至《物权法》，均采用了拾得遗失物应当归还失主、无人认领的遗失物归国家所有的处理规则，未承认拾得人能够取得无人认领的遗失物的所有权及享有报酬请求权（失主悬赏的情况除外），而仅规定了必要费用偿还请求权。《民法典》在既有规定的基础上，对拾得遗失物问题的处理规则稍作改进，第314条规定："拾得遗失物，应当返还权利人。拾得人应当及时通知权利人领取，或者送交公安等有关部门。"第315条规定："有关部门收到遗失物，知道权利人的，应当及时通知其领取；不知道的，应当及时发布招领公告。"第316条规定："拾得人在遗失物送交有关部门前，有关部门在遗失物被领取前，应当妥善保管遗失物。因故意或者重大过失致使遗失物毁损、灭失的，应当承担民事责任。"第317条规定："权利人领取遗失物时，应当向拾得人或者有关部门支付保管遗失物等支出的必要费用。""权利人悬赏寻找遗失物的，领取遗失物时应

① 参见梁慧星、陈华彬：《物权法》（第三版），法律出版社2005年版，第231—232页；郭明瑞等：《民商法原理》（二），中国人民大学出版社1999年版，第102页。

当按照承诺履行义务。”“拾得人侵占遗失物的，无权请求保管遗失物等支出的费用，也无权请求权利人按照承诺履行义务。”第318条规定：“遗失物自发布招领公告之日起一年内无人认领的，归国家所有。”对此规定，有的认为其在立法价值取向上有利于弘扬拾金不昧的传统美德，符合我国几千年来形成的习俗和现阶段和谐社会建设的实际需要。[①]但也有不少学者认为，这种规定超出了现阶段（社会主义初级阶段）人们的一般觉悟程度，对社会中普通人的行为提出了过高的要求，其在实践中适用的效果也并不令人满意；对于价值极其微小的遗失物，亦规定须经公告，且在公告期满无人认领的情况下归国家所有，并无多少实际意义，也难以操作。拾得漂流物、发现埋藏物的规定中，也存在同样的问题。[②]

五、发现埋藏物

（一）发现埋藏物的概念和成立要件

发现埋藏物，是指发现埋藏物的所在并予以占有的事实行为。发现埋藏物的成立，需要具备如下两个条件：

1.标的物须为埋藏物。广义上的埋藏物包括隐藏物在内，是指埋藏于地下或隐匿于他物之中且所有权归属不明的动产。“他物”又称包藏物，其既可以是不动产，如土地和房屋，也可以是动产。埋藏物须满足以下条件：（1）应为动产。埋藏物仅限于动产，并且通常指金银财宝等，不动产（如矿脉等）不适用发现埋藏物之规则。（2）须是埋藏于土地或隐藏于他物之中而不易被发现之物。至于埋藏或隐藏的原因究竟是出于人为还是自然力，在所不问；埋藏时间的久暂亦非构

① 参见黄薇主编：《中华人民共和国民法典释义》（上），法律出版社2020年版，第607—608页；最高人民法院民法典贯彻实施工作领导小组主编：《中华人民共和国民法典物权编理解与适用》（上），人民法院出版社2020年版，第561—562页。

② 参见梁慧星、陈华彬：《物权法》，法律出版社1997年版，第201页；郭明瑞等：《民商法原理》（二），中国人民大学出版社1999年版，第97页以下；高富平：《物权法原论》，中国法制出版社2000年版，第815—816页；梁慧星等：《中国物权法草案建议稿——条文、说明、理由与参考立法例》，社会科学文献出版社2000年版，第378页以下；刘保玉：《刍议物权法草案中所有权取得的若干规定及其完善》，载《法学论坛》2007年第1期。

成埋藏物的要件。(3)须是所有人不明之物。埋藏物及隐藏物在性质上应是有主物，只是所有人是谁无法查明、判定而已。①

2.须有发现行为。发现是指认识到埋藏物的存在或存在地点。通说认为，发现人只须有发现行为，不需要直接占有即可构成发现。但涉及物的归属问题的，则一般应以发现人实施占有为前提。

(二)发现埋藏物的法律效果

关于发现埋藏物所产生的物权变动之后果，立法上有三种体例：一是发现人有条件取得所有权主义。即埋藏物在无人认领的情况下，由发现人所有，或由发现人与土地所有人各取得一半。二是国家取得所有权主义。即无论在何种情况下，埋藏物只能归国家所有。三是报酬主义。即埋藏物或隐藏物归包藏物的所有人所有，但发现人可以请求包藏物的所有人支付一定比例的报酬。

我国自《民法通则》以来的法律上对埋藏物等的归属采公有主义，《民法典》中维持了既有规定，于第319条规定："拾得漂流物、发现埋藏物或者隐藏物的，参照适用拾得遗失物的有关规定。法律另有规定的，依照其规定。"不少学者指出，这种规定也存在忽略了市场经济条件下人们对利益的追求，过高地估计了人们的思想觉悟程度，与现实相脱离，形同虚设的问题，因而主张采取发现人有条件取得所有权主义或报酬主义。当然，对于具有重要考古、艺术、文化价值的埋藏物，应归于国家所有并由国家给予一定的物质奖励。②

---

① 自然产生又自然埋藏于地下的物(如"乌木"、化石等)，应定性为土地的组成部分。此类物与埋藏物无关，亦不属于"无主动产"。参见最高人民法院民法典贯彻实施工作领导小组主编：《中华人民共和国民法典物权编理解与适用》(上)，人民法院出版社2020年版，第570—574页。

② 梁慧星、陈华彬：《物权法》(第三版)，法律出版社2005年版，第235—236页；郭明瑞等：《民商法原理》(二)，中国人民大学出版社1999年版，第107页。最高人民法院民法典贯彻实施工作领导小组主编：《中华人民共和国民法典物权编理解与适用》(上)，人民法院出版社2020年版，第569—570页。

六、善意取得

（一）善意取得的概念和意义

善意取得又称即时取得，是指无处分权人将其占有的或登记在其名下的他人财产转让给第三人，若第三人在交易时出于善意即可取得该财产的所有权，原所有权人不得追索的法律制度。

罗马法上，奉行“任何人不得将大于其所有的权利让与他人”及“发现己物，我即收回”的原则，侧重于对所有权人的保护，无善意取得制度的踪迹。一般认为，善意取得起源于日耳曼法“以手护手”制度（hand muss hand wahren）。依此制度，所有人的动产由他人占有后被无权转让给第三人的情况下，其只能向侵犯其权利的相对人要求返还或赔偿，而不能向第三人要求返还；不知情的第三人取得对财产的占有具有转移所有权之效力。近代以来各国法律所承认和规定的善意取得制度，无不源于此。

法律规定善意取得制度，主要是为了维护交易安全，而该制度的基础，乃是物权公示所产生的公信力。法律所保护的财产秩序的安全，有静态安全和动态安全两方面。从保护所有人的立场而言，其所有权不能因他人的无权处分而消灭，所有人得追及物之所在，而受让人仅能从无权处分人处寻求救济。但是，如果绝对贯彻所有权保护原则，漠视受让人对让与人占有物或权利登记之事实的合理信赖，则可能导致交易难以进行或使征信成本极大提高；在市场交易频繁、迅捷、复杂的现代经济生活中，要求买受人详为查知让与人是否为有权处分，常属不可能之事。善意取得制度与物权公示的公信力制度密切联结并协调一致，区分受让人善意或恶意之不同情况并对善意第三人的利益予以保护，在公平原则基础上兼顾了动的安全与静的安全两种价值，适应了社会经济发展的要求，是一种合理允当的良善制度，因而被近现代各国民法普遍采用。[①]

---

① 参见《法国民法典》第2279条；《德国民法典》第932条；《瑞士民法典》第714条；《日本民法典》第192条；等等。英美法系国家法律上，对该制度亦有普遍的承认。

关于善意取得的制度根据或理论基础，有取得时效说与非时效说两类。非时效说又有权利外像说、法律赋权说、占有效力说、法律特别规定说等不同的主张。其中，以法律特别规定说为通说。[①]我国多数学者认为，善意取得制度是国家立法为了保护交易安全而对原权利人和受让人之间的权利所作的一种强制性的物权配置，受让人取得财产所有权是基于物权法的直接规定而不是基于法律行为，因而具有确定性和终局性。[②]

值得说明的是，国外立法上善意取得的客体仅限于动产，我国《物权法》和《民法典》上则规定不动产与动产均有善意取得的适用。关于这种规定是否妥当，与其他相关规定是否协调，学界有不同的评价意见。笔者认为，关于从无处分权人处善意取得不动产的问题，有两种方案可资选择：其一，通过不动产登记的公信力规则解决，域外立法例大多采行这种做法；其二，通过善意取得制度解决。无论选择哪一种，并无绝对的正误之分，而只有哪种选择更为妥当的问题。一般来说，动产的善意取得与不动产的善意取得，分别是基于动产占有的公信力和不动产登记的公信力，易言之，都是基于公示的公信力，其制度基础与内在逻辑关系大致相同。唯不动产登记由于有国家登记机关的参与和审查，实践中登记的权利人与真正的权利人不一致且引发争议的情况也并不多见，因此不动产登记的公信力要远远强于动产的占有。故此，不少国家立法上对从瑕疵登记的权利人处取得不动产权利的问题通过物权登记的公信力制度加以解决，而对从无处分权的动产占有人处取得动产权利的问题，则另设动产善意取得制度加以规范。但由于二者的制度设计都是基于物权公示的公信力，制度构成上都要求处分人并非真正的权利人、第三人须为善意且须基于有偿的交易行为而取得，故而我国《物权法》和《民法典》中将其一并规定于善意取得制度中，亦不失为立法上的一种可行选

① 参见杨与龄：《民法物权》，台湾五南图书出版公司1985年版，第88页；梁慧星、陈华彬：《物权法》（第三版），法律出版社2005年版，第215—216页；郭明瑞等：《民商法原理》（二），中国人民大学出版社1999年版，第116页。

② 参见梁慧星等：《中国物权法草案建议稿》，社会科学文献出版社2000年版，第366页；梁慧星、陈华彬：《物权法》（第三版），法律出版社2005年版，第223页；最高人民法院物权法研究小组编著：《中华人民共和国物权法条文理解与适用》，人民法院出版社2007年版，第329页。

择。[1]

（二）善意取得的构成要件

由于善意取得将会导致原权利人丧失所有权，发生物权变动的重要后果，因而各国均对其规定了严格的条件。我国《民法典》第311条第1款（《物权法》第106条第1款）规定："无处分权人将不动产或者动产转让给受让人的，所有权人有权追回；除法律另有规定外，符合下列情形的，受让人取得该不动产或者动产的所有权：（一）受让人受让该不动产或者动产时是善意；（二）以合理的价格转让；（三）转让的不动产或者动产依照法律规定应当登记的已经登记，不需要登记的已经交付给受让人。"据此规定并结合相关司法解释和学理，善意取得应符合下列条件。

1.让与人须为动产的占有人或者登记的不动产权利人

该条件实质上是说让与人（无权处分人）对其所处分的他人之物，须具有权利的外观。这一条件是善意取得发生的前提。善意取得的制度基础在于物权公示的公信力，而不动产登记与动产的占有，均为物权的公示方法。非真正权利人而登记为不动产所有权人（如真正权利人借用子女或他人名义为房产登记或者共有的不动产只以一人的名义进行登记等）或者现实占有他人的动产（如承租人、保管人、借用人及所有权保留买卖中买受人占有他人动产的情形等），方能给不特定的第三人以权利外观，使其合理地信赖登记权利人或占有动产的人就是真正权利人而与其进行交易。[2]而对标的物没有任何权利外观的人处分他人之物，根本

---

① 不过，这种制度选择可能存在的问题是：在"借名登记"的情况下登记的权利人对不动产的处分，应界定为有权处分还是无权处分。从善意取得规定的适用来看，似应将其界定为无权处分，如此方能与善意取得的制度逻辑相符；但若从登记的公信力角度而言，则宜将其认定为有权处分。

② 应当注意将无权处分与无权代理区分开来。无权处分系以自己的名义处分他人之物，而无权代理则必须是以他人的名义而为行为。因此，对于实践中遇到的登记的权利人之外的人（如房主的子女或房屋的承租人）通过骗取房地产证原件、伪造房主的身份证件及授权委托书等必要书件的手段，骗取了第三人和登记机构的信任而处分他人的不动产的情况，多数学者认为因其系以真正权利人的代理人身份而为处分行为，故应构成无权代理；第三人信赖其身份和处分权而与之为交易行为的，应依表见代理的规则处理。但对于伪造身份信息等而"冒名处分"他人不动产的情况，是应适用《民法典》第311条第1款的规定，还是应依无权代理（表见代理）的规则处理，理论界与实务界尚存在不同意见。

无从发生第三人的合理信赖与善意取得的问题。

2.让与人须无处分权

善意取得与无权处分权相对应，唯有在无权处分的情况下，才有可能发生第三人善意取得的问题。因此，善意取得的另一要件，是让与人虽对他人的财产有权利之外观，但并无处分的权利。一般认为，让与人无处分权既包括根本即无处分权，也包括欠缺完整的处分权（如共有人之一未经其他共有人同意而处分共有物等）。如果登记的权利人或动产的占有人受权利人之委托而为处分（包括越权处分），法定代表人越权代表而为处分行为，或者本无处分权但嗣后取得处分权或得到权利人的追认等情况，均不适用善意取得的规则。[①]还应注意的是，善意取得制度中无权处分人所处分的应是他人之物，其对自己的财产的处分权依法受到限制（如被监管、扣押、查封）却擅自为处分行为的，善意第三人能否受保护的问题，应依其他规则处理，不属于此处所言的善意取得问题。[②]

3.须基于交易行为而以合理的价格转让

善意取得制度旨在保护交易的安全，故而只有在让与人与受让人间存在交易行为时，才存在善意取得问题。非通过交易行为而以受赠、继承等方式无偿取得财产的，不能发生善意取得的效力，否则将会造成各方利益保护上的明显失衡。我国《民法典》第311条第1款第2项将“以合理的价格转让”作为善意取得的要件之一，体现了善意取得制度旨在维护交易的安全的价值目标。根据《物权编解释（一）》第18条的规定，此处所称“合理的价格”，应当根据转让标的物的性质、数量以及付款方式等具体情况，参考转让时交易地市场价格以及交易习惯等因素综合认定。据此，善意取得不仅应基于有偿的交易行为，而且要求以合理的对价为其成立条件。虽为有偿行为但以明显的低价转让财产的，会影响到对第三人“善意”的判定，不能构成善意取得。至于约定的“合理的对价”是否已由受让人实际支付，一般并不影响善意取得的成立；该价款尚未支付的，让与人或

① 参见胡康生主编：《中华人民和共和国物权法释义》，法律出版社2007年版，第241页。另见《民法典》第61条、第162条、第172条、第504条；《担保制度解释》第7条等。

② 参见《民法典》第61条、第504条等；《担保制度解释》第37条等。

者原权利人均可以向受让人主张债权请求权。[①]

另应注意的是，善意取得仅是涉及转让人无处分权情况下第三人能否取得转让财产的所有权问题，至于转让合同本身是否存在效力瑕疵，则应依合同法的规定处理。根据《物权编解释（一）》第20条的规定，如果无权处分中的转让合同因违法而被认定无效或者被撤销的，受让人不能基于善意取得的规定而取得所有权。

4.受让人受让财产时须为善意

受让人从无权处分人处受让不动产或动产时须为善意，乃善意取得的必备条件。至于让与人是否为善意，则在所不问。关于善意的认定标准，理论上有积极观念说与消极观念说两种不同主张：前者认为受让人须具有将让与人视为所有人之观念始为善意；后者认为受让人不知或不应知让与人无处分权即为善意。后者为通说并为多数立法例所采用，其典型的规范模式为《德国民法典》第932条“受让人明知或因重大过失而不知物不属于让与人者，视为非善意者”的规定。依据该通说，受让人于受让财产时不知让与人无处分权且无重大过失的，即构成善意。[②]而受让人明知或应知但因重大过失而不知让与人无处分权的，则属于非善意（即恶意）。“重大过失”的认定，应采客观标准，即以一般人根据具体的情形、凭借交易经验皆可作出的正常判断作为衡量的依据。[③]低于一般人于正常情况下的注意程度与合理判断标准的，方为重大过失，否则仅为一般过失或轻微过失，无妨善意的成立。[④]应当注意的是，由于不动产登记的公信力要远远强于动产的占有，所以在不动产与动产的善意取得中对“善意”的认定标准有所不同，在动产善意取得中对受让人注意义务的要求要高于或严于不动产的善意取得。[⑤]

---

① 参见最高人民法院民事审判第一庭编著：《最高人民法院物权法司法解释（一）理解与适用》，人民法院出版社2016年版，第449页以下。

② 学说与立法例上对于善意的认定，有不同的标准：其一，认为“不知让与人无处分权”或者“不知真情”，即为善意。此说过于宽泛，极易为悖于诚信、图谋不轨而规避法律者所利用。其二，认为“不知让与人无处分权且无过失”或者“不知真情且无过失”，方为善意。此说过于严苛，要求第三人于交易中不得有丝毫的麻痹、疏忽、大意，有强人所难之嫌，也不合常理。其三，认为“不知让与人无处分权且无重大过失”或者“不知真情且无重大过失”为善意。此说衡平公允，最为恰当。

③ 参见梁慧星等：《中国物权法草案建议稿》，社会科学文献出版社2000年版，第364页。

④ 参见刘保玉：《物权法中善意取得规定的理解与适用》，载《南都学坛》2008年第6期。

⑤ 参见王利明：《善意取得制度的构成》，载《中国法学》2006年第4期。

确定受让人是否为善意的时间界限，应以其受让不动产或者动产当时的情况为准，至于其后受让人是否知晓真实情况，不影响善意取得的成立。基于公示的权利之正确性推定规则和立法通行做法，受让人是否为善意，原则上应由主张受让人非为善意的一方负举证责任；受让人仅于他方举出反证证据时，方有必要举证证明自己的善意之成立。根据上述理论通说并借鉴立法例上的通行规则，《物权编解释（一）》第14条规定："受让人受让不动产或者动产时，不知道转让人无处分权，且无重大过失的，应当认定受让人为善意。""真实权利人主张受让人不构成善意的，应当承担举证证明责任。"第15条规定："具有下列情形之一的，应当认定不动产受让人知道转让人无处分权：（一）登记簿上存在有效的异议登记；（二）预告登记有效期内，未经预告登记的权利人同意；（三）登记簿上已经记载司法机关或者行政机关依法裁定、决定查封或者以其他形式限制不动产权利的有关事项；（四）受让人知道登记簿上记载的权利主体错误；（五）受让人知道他人已经依法享有不动产物权。""真实权利人有证据证明不动产受让人应当知道转让人无处分权的，应当认定受让人具有重大过失。"第16条规定："受让人受让动产时，交易的对象、场所或者时机等不符合交易习惯的，应当认定受让人具有重大过失。"

5.转让的标的物须已经完成移转登记或者交付

善意取得的完成，以转让的不动产或者动产已经登记或交付为要件，即依照法律规定应当登记的已经完成移转登记，不需要登记的已经实际交付给受让人。如果无权处分人与受让人双方仅达成了转让标的物的合意而尚未办竣登记或尚未交付，则只产生债的关系，不发生善意取得，标的物的所有权人得及时阻止其交易。所谓"已经交付给受让人"，是否限于现实交付，占有改定能否发生善意取得的效果，理论上和立法上有不同的主张。[①]学说和立法例上一般认为，简易交付或指示交付无妨成立善意取得，而无权处分人若系以占有改定的方式为交付而使受让人仅取得动产的间接占有的，则在实际交付之前，或者不能发生善意取得

① 参见梁慧星、陈华彬：《物权法》（第三版），法律出版社2005年版，第220页；梁慧星等：《中国物权法草案建议稿》，社会科学文献出版社2000年版，第364—365页；最高人民法院物权法研究小组编著：《中华人民共和国物权法条文理解与适用》，人民法院出版社2007年版，第328页。

的效力，[①]或者该动产物权的变动不得对抗第三人，包括不能对抗所有权人的追索。[②]根据我国《民法典》规定的精神和理论通说，《物权编解释（一）》第17条、第19条中规定：《民法典》第311条第1款第1项中所称的“受让人受让该不动产或者动产时”，是指依法完成不动产物权转移登记或者动产交付之时。当事人以《民法典》第226条规定的简易交付的方式交付动产的，转让动产民事法律行为生效时为动产交付之时；当事人以《民法典》第227条规定的指示交付的方式交付动产的，转让人与受让人之间有关转让返还原物请求权的协议生效时为动产交付之时。[③]法律对不动产、动产物权的设立另有规定的，应当按照法律规定的时间认定权利人是否为善意。在特殊动产的无权处分中，转让人将《民法典》第225条规定的船舶、航空器和机动车等交付给受让人的，应当认定符合《民法典》第311条第1款第3项规定的善意取得的条件。[④]

（三）善意取得的法律效果

1.物权效力

善意取得的发生，在受让人与原所有人之间产生物权变动的效力，即受让人取得不动产或者动产的所有权，而原权利人丧失该财产的所有权，不得向受让人主张返还。由于受让人善意取得受让财产的所有权系基于法律规定，有合法的根据，因此原所有人亦不得向受让人主张不当得利或侵权损害赔偿请求权。

---

① 如《德国民法典》第933条规定：依占有改定移转动产所有权的，须受让人自让与人处受让动产的交付，且受让人于交付之际为善意，才可以取得其所有权。

② 参见王利明主编：《中国物权法草案建议稿及说明》，中国法制出版社2001年版，第11页、第203—204页。。

③ 如前所述，对于让与人依《民法典》第228条规定的占有改定的方式交付动产受让人能否发生善意取得的问题，理论与实践中有不同的认识，司法解释中对此也未予明文规定。我们主张，受让人若系以占有改定方式取得动产的，该权利的转让不得对抗第三人，也不能对抗所有权人的追索。

④ 笔者认为，该条规定主要适用于船舶、航空器和机动车等发生借名登记的情况下，否则，转让人欠缺登记的权利外观，仅凭占有特殊动产的事实尚无法形成第三人的“合理信赖”，故而通常无法构成“善意”受让。另依《民法典》第225条规定的精神，仅将此类标的物交付给受让人而尚未办理移转登记的，善意取得的效力同样“不得对抗善意第三人”；至于能否对抗真正所有权人的追索权，或有不同理解，笔者倾向于否定说。

关于善意取得动产所有权的性质如何，理论上有原始取得说、继受取得说和原始取得或继受取得之争无意义说等不同的认识。多数学者认为，善意取得中受让人取得标的物的所有权系出于法律的直接规定，而非基于当事人之间法律行为的效力，故其属于原始取得。①但善意取得发生后，是否能够一概涤除标的物上的原有权利负担，不宜一概而论。②我国《民法典》第313条规定："善意受让人取得动产后，该动产上的原有权利消灭。但是，善意受让人在受让时知道或者应当知道该权利的除外。"这一规定区分善意受让人知情与否之不同情况而决定其应否承受动产上的原有权利负担，符合诚信原则和风险分担的通行规则，合情合理，值得赞同。至于不动产上是否存在他物权等负担，应根据有无登记来认定，如果有登记，则当然应认为受让人知道且应承受该负担；如果系债权性的负担（如租赁、借用等），对于其是否因第三人善意取得不动产所有权而消灭的问题，我们认为亦应依上述规定的精神处理。

2. 债权效力

善意取得的发生，可在原所有人与无权处分人之间产生债的关系，原所有人可就自己的损失向其选择行使以下几种权利：一是债务不履行的违约损害赔偿请求权。当原所有人与无权处分人（让与人）之间存在租赁、借用、保管等债务关系时，原所有人可依债务不履行制度，请求违约损害赔偿。二是侵权损害赔偿请求权。让与人在无处分权的情况下非法处分他人的财产，从另一角度看是一种侵权行为，原所有人可请求侵权损害赔偿。三是不当得利返还请求权。让与人有偿让与他人财产给善意第三人，其所得价金构成不当得利，原所有人可以向其主张返还。③我国《民法典》第311条第1款在规定了善意取得的条件后，于第2款规定："受让人依据前款规定取得不动产或者动产的所有权的，原所有权人有权向无处分权人请求损害赔偿。"至于损害赔偿的请求权基础，则可以有多个选择。

---

① 参见梁慧星、陈华彬：《物权法》（第三版），法律出版社2005年版，第222—223页。

② 参见《德国民法典》第936条的规定。

③ 谢在全：《民法物权论》（上），中国政法大学出版社1999年版，第231—232页；最高人民法院物权法研究小组编著：《中华人民共和国物权法条文理解与适用》，人民法院出版社2007年版，第329页。

此外，依据学界通说，如果受让人已经依登记或交付而善意取得不动产或动产的所有权，但价款尚未结清的，让与人可以向其主张债权请求权或追究其违约责任。[①]而如果受让人虽依善意取得规定取得了让与人转让的不动产或动产，但若标的物存在瑕疵时，受让人可否依转让合同要求让与人承担瑕疵担保责任，理论上存在不同认识，此与是否承认物权行为以及对无权处分行为和善意取得的定性有关。笔者认为，法律上使受让人得依善意取得的规定取得标的物的所有权并能够对抗原所有权人的追索，是为了解决受让人与原所有权人之间的关系，以维护交易的安全；而无权处分人与受让人之间的转让合同，对其二者仍应认为是有约束力的，故而一方面无权处分人可以向受让人主张价款的清结，另一方面受让人亦得向转让人主张瑕疵担保责任。

（四）善意取得规定适用的扩张与限制

1.善意取得规定适用的扩张

国外立法上除规定动产所有权的善意取得外，通常还承认动产质权以及使用权、用益权等也可善意取得。我国《民法典》中一方面将善意取得的客体扩张于不动产，另一方面又于第311条第3款规定："当事人善意取得其他物权的，参照适用前两款规定。"依此规定，善意取得的客体种类不限于所有权，在符合法定条件的情况下，不动产用益物权以及抵押权、质权等担保物权，亦可有善意取得的适用。[②]唯留置权得否善意取得的问题，曾有不同的认识，笔者认为，留置的标的物纵不属于债务人本人，债权人亦得依据正当、合法的原因而取得并行使留置权，且不以其是否知道标的物不属于债务人为条件，亦即留置权无所谓善意取得问题。[③]

由于善意取得的权利不限于所有权，还包括其他物权，因此，也可将善意取

① 参见最高人民法院物权法研究小组编著：《中华人民共和国物权法条文理解与适用》，人民法院出版社2007年版，第329页。

② 应予注意的是，其他物权在发生善意取得时，其中的对价要素不同于所有权的善意取得。本款规定中的"参照适用"之表述，已经体现出了其构成要件的差异。

③ 参见刘保玉：《物权法学》，中国法制出版社2007年版，第224—225页。最高人民法院2000年的《担保法解释》第108条中似对留置权的善意取得持肯定态度，而2020年的《担保制度解释》第62条则对此进行了必要的修正。

得定义为：行为人无权处分他人财产，受让人取得该财产是出于善意，则受让人将依法即时取得该财产的所有权或其他物权的法律制度。[①]

2. 善意取得制度对占有脱离物的适用

由所有人以外的人占有的动产，概可分为“占有委托物”与“占有脱离物”两类：前者是指基于所有人的意思和保管、借用、租赁等合同关系而由他人占有的物；后者是非基于权利人的意思而丧失占有的物，如遗失物、盗赃等。前种情况下，动产由他人占有，因其出于所有人的意思而创造了一个可以使第三人信赖的对物控制之状态，可能对交易安全产生危险，因此理应由其承担动产被占有人无权处分所带来的不利益。因此各国法律普遍承认占有委托物的善意取得。[②]而后种情况下，物之脱离所有人并非出于所有人的意思而且是违背其意志的，因此导致的后果自不宜等同于前者。因此，各国法律上对于占有脱离物是否得发生第三人善意取得的问题，作出了与占有委托物有所不同的特别规定。例如，依《德国民法典》第935条第1款的规定，原则上不承认第三人对占有脱离物的善意取得；《俄罗斯联邦民法典》第302条的规定，也采同样精神。而法国、瑞士、日本等国的民法上，则一方面肯认所有人于一定期限内的“无偿回复请求权”，另一方面又规定于受让人通过公开市场或拍卖而取得等情况下，所有人只能“有偿回复”其所有权，亦即承认第三人于特定条件下的善意取得。[③]

我国以往的法律制度原则上否定善意取得对盗赃和遗失物的适用。但这种做法是否允当，值得推敲。在物权法制定中，诸多学者主张应借鉴域外有关立法的做法，区分不同情况分别对待：首先，赋予所有权人一定期限内的无偿回复请求权，即在受让之动产为遗失物、盗赃的情况下，所有人或其他有受领权的人有权在丧失占有之日起的一定期限（如一年）内向该动产的受让人请求返还；善意受让人的损失，有权要求非法让与人承担赔偿责任；逾此期间未请求

---

① 最高人民法院民法典贯彻实施工作领导小组主编：《中华人民共和国民法典物权编理解与适用》（上），人民法院出版社2020年版，第525页。

② 参见王泽鉴：《民法物权》（2），中国政法大学出版社2003年版，第125页。

③ 参见梁慧星、陈华彬：《物权法》（第三版），法律出版社2005年版，第224—225页；胡康生主编：《中华人民共和国物权法释义》，法律出版社2007年版，第242—243页。

回复的，受让人则可以取得该动产的所有权。其次，为维护信赖公开市场的善意买受人的利益和正常的交易秩序，在具备一定条件的情况下，受让人可以善意取得，但原所有人仍享有有偿回复请求权。具体来说，如果盗赃、遗失物等是受让人由拍卖、公开市场或经营同类物品的商人处购得，所有人请求返还时，必须向受让人偿还其购买时所支付的价金。否则，购买人得拒绝其返还请求。另外，由金钱和无记名有价证券的特殊性所决定，盗赃、遗失物如属此类，则不论受让人是否为善意，原所有权人均不得请求回复。[①]物权法草案的第一次、第二次、第三次审议稿中也曾采纳了这种建议，其所规定的得有条件地适用善意取得规定的占有脱离物之范围，除遗失物外，尚包括“盗窃物”或者“赃物”“被盗、被抢的财物”，而在四审稿之后则将盗赃删除，只保留了关于遗失物善意取得的规定。立法机关的考虑是：对被盗、被抢的财物，所有权人主要通过司法机关依照刑法、刑事诉讼法、治安管理处罚法等有关法律的规定追缴后退回。在追赃过程中，如何保护善意受让人的权益，维护交易安全和社会经济秩序，可以通过进一步完善有关法律规定解决，物权法中可以对此不作规定。[②]《民法典》中，维持了这一做法，[③]第312条中仅对遗失物的善意取得问题作了特别规定：“所有权人或者其他权利人有权追回遗失物。该遗失物通过转让被他人占有的，权利人有权向无处分权人请求损害赔偿，或者自知道或者应当知道受让人之日起二年内向受让人请求返还原物；但是，受让人通过拍卖或者向具有经营资格的经营者购得该遗失物的，权利人请求返还原物时应当支付受让人所付的费用。权利人向受让人支付所付费用后，有权向无处分权人追偿。”[④]这一做法是否允当，学界仍存有不同的认识。笔者主张该条规定对“被

① 参见梁慧星等:《中国物权法草案建议稿》，社会科学文献出版社2000年版，第368页以下；王利明主编:《中国物权法草案建议稿及说明》，中国法制出版社2001年版，第236页以下。

② 胡康生主编:《中华人民共和国物权法释义》，法律出版社2007年版，第244页。

③ 黄薇主编:《中华人民共和国民法典释义》(上)，法律出版社2020年版，第604页。

④ 除未规定盗赃物的善意取得外，本条规定中的规则设计堪称合理。其中的“自知道或者应当知道受让人之日起二年内向受让人请求返还原物”的期间限制，应属于权利行使期间的特别规定，而非诉讼时效。参见最高人民法院民法典贯彻实施工作领导小组主编:《中华人民共和国民法典物权编理解与适用》(上)，人民法院出版社2020年版，第543页。

盗、被抢的财物”亦得适用。[①]

应当说明的是，我国《物权法》《民法典》中虽未对盗赃的善意取得问题作出明确规定，但在规定精神上也并未否定刑事法律和司法解释对此问题作出肯定的规定。实际上，司法实践中对盗赃的善意取得问题已有所承认，[②]今后的司法解释中也会继续对相关问题予以关注和完善。[③]

3. 不适用善意取得的物

所有权的取得不得违反法律规定，此乃所有权取得的一般原则，《民法典》关于善意取得的规定中也明确了“除法律另有规定外”。据此并依据其他有关法律规定，一般来说，记名有价证券须依背书或办理过户手续予以转让，不发生善意取得；货币现金通常适用“占有即所有”的规则，而不适用善意取得的规则；法律禁止流通物，如毒品、枪支弹药、国家专有财产、文物等，依法不能善意取得。

还应说明的是，物权法上的善意取得规定只适用于两种情况：其一，无处分权人处分他人的物权而为第三人善意取得；其二，无处分权人所处分的虽为物权之外的其他权利，但为善意第三人所设定的或者第三人所取得的权利属于物权（如将他人的债权、股权、知识产权等为第三人设定权利质权）。也即是说，物权法上善意取得的规定并不涉及物权之外的其他权利的无权处分与第三人取得的问题。在无处分权人将本属于他人的债权、股权、知识产权等转让给第三人（或将知识产权许可他人使用）的情况下，虽然原则上亦有善意第三人受法律保护的规则适用，且其与物权善意取得的原理相当，但此不属于物权法上的善意取得问

---

① 参见刘保玉：《刍议物权法草案中所有权取得的若干规定及其完善》，载《法学论坛》2007年第1期。

② 例如，《最高人民法院、最高人民检察院关于办理诈骗刑事案件具体应用法律若干问题的解释》第10条规定：“行为人已将诈骗财物用于清偿债务或者转让给他人，具有下列情形之一的，应当依法追缴：（一）对方明知是诈骗财物而收取的；（二）对方无偿取得诈骗财物的；（三）对方以明显低于市场的价格取得诈骗财物的；（四）对方取得诈骗财物系源于非法债务或者违法犯罪活动的。他人善意取得诈骗财物的，不予追缴。”基于遗失物与盗赃的性质，本着举轻明重的解释规则，我们认为关于盗赃的善意取得问题，应参照适用《民法典》第312条的规定，而不应直接适用第311条。

③ 最高人民法院民法典贯彻实施工作领导小组主编：《中华人民共和国民法典物权编理解与适用》（上），人民法院出版社2020年版，第545页。

题，不宜将其混为一谈。[①]

七、国家征收

（一）国家征收的意义

所谓征收，是国家以行政权力强制性地取得其他主体的不动产所有权的行为。征收的特点：征收的主体限于国家，由政府代表国家进行，其他任何组织均无权为之；征收的对象，为其他组织、个人的不动产；征收具有强制性，是一种公法上的行政行为，属于政府行使行政强制权，不以被征收人的意志为转移，被征收人必须服从；征收的目的，通常限于公共利益的需要，而不得出于商业目的；征收应依法律规定的程序进行，并应给予被征收人公平、合理的补偿。

为顺利实现国家的社会公共管理职能和发展社会公共利益的需要，各国法律上均有关于国家征收私人、团体的财产的规定，此与社会制度如何并无关系。不过，各国法律上关于征收的具体规定，有一定的差异。征收虽主要属于公法上的问题，而不属于民事关系，但由于征收是导致私人和团体所有权丧失的一种原因，是对所有权的限制，同时又是国家所有权取得的一种方式，因此各国民法上通常也都对征收这种导致物权变动的特殊情况作出原则规定。国家征收的核心，在于不以被征收人的意志为转移而强制取得其财产的所有权，因此其与国家法律保护财产所有权的规则是相冲突的。为妥善协调国家和民众、公共利益和私人利益的关系，防止政府滥用征收措施而侵犯、损害私人的利益，各国法律上都对国家征收行为限定了条件，进行严格的控

---

① 参见刘保玉：《物权法中善意取得规定的理解与适用》，载《南都学坛》2008年第6期；刘保玉、郭栋：《权利外观保护理论及其在我国民法典中的设计》，载《法律科学》2012年第5期；最高人民法院民法典贯彻实施工作领导小组主编：《中华人民共和国民法典物权编理解与适用》（上），人民法院出版社2020年版，第535页。2020年12月第二次修正后的《最高人民法院关于适用〈中华人民共和国公司法〉若干问题的规定（三）》第27条第1款规定："股权转让后尚未向公司登记机关办理变更登记，原股东将仍登记于其名下的股权转让、质押或者以其他方式处分，受让股东以其对于股权享有实际权利为由，请求认定处分股权行为无效的，人民法院可以参照民法典第三百一十一条的规定处理。"其中所言的"参照处理"，体现了其与物权法制度的区别。

制。控制的途径主要包括四个方面：一是征收必须是基于“公共利益”的需要；二是征收必须依照法律规定的权限进行；三是征收必须符合法律规定的程序；四是征收必须给予被征收人以公平、合理的补偿。其中最为重要的方面，在于“因公共利益的需要”和“公正补偿”两个条件上。[①]例如《法国民法典》第545条规定：“任何人不得被强制转让其所有权，但因公用并在事前受公正补偿时，不在此限。”《德国基本法》第14条第3款规定：“剥夺所有权只有为公共福利的目的才能被允许。剥夺所有权只有依照法律或者法律的原因进行，而且该法律对损害赔偿的方式和措施有所规定。该赔偿必须在对公共利益和当事人的利益进行公平地衡量之后确定。对损害赔偿额的高低有争议时可以向地方法院提起诉讼。”《意大利民法典》第834条规定：“不得全部或部分地使任何所有权人丧失其所有权，但是，为了公共利益的需要，依法宣告征收并且给予合理补偿的情况不在此限。”“有关为公共利益进行征收的规则由特别法规定。”

我国目前仍属于发展中国家，处于社会主义初级阶段。改革开放政策实施以来，我国的社会生产力有了极大的提高，社会结构和城乡面貌有了翻天覆地的变化，相应地，公共设施建设任务也十分繁重，因此征收措施被较多地和经常地采用。其在城市，主要是因为旧城改造、城市规划调整而征收居民的房产；在农村，主要是因为公共设施建设和城市的扩张而征收集体的土地及其他不动产。征收集体所有的土地和城乡居民的房屋，关系到广大人民群众的切身利益，加之以往我们在征收措施的实施中确实存在不少问题，因此为社会所普遍关注，法律上也需要对国家征收集体土地和单位、个人的房屋等问题作出明确规定。《宪法》第10条第3款规定：“国家为了公共利益的需要，可以依照法律规定对土地实行征收或者征用并给予补偿。”《土地管理法》第2条第4款规定：“国家为了公共利益的需要，可以依法对土地实行征收或者征用并给予补偿。”

① 参见梁慧星等：《中国物权法草案建议稿》，社会科学文献出版社2000年版，第192页；胡康生主编：《中华人民共和国物权法释义》，法律出版社2007年版，第101—102页；最高人民法院物权法研究小组编著：《中华人民共和国物权法条文理解与适用》，人民法院出版社2007年版，第163页。

（二）征收的条件、程序与补偿

我国《宪法》第10条第3款规定：“国家为了公共利益的需要，可以依照法律规定对土地实行征收或者征用并给予补偿。”《土地管理法》第2条第4款重申了这一规定，并在第47条对补偿的标准等问题作了规定。鉴于征收是一种导致所有权变动的极为特殊的方式，同时也是国家所有权产生的原因之一，因此民法上也需要对征收问题作出原则性的规定。我国《民法典》在《物权法》既有规定的基础上，于第117条规定：“为了公共利益的需要，依照法律规定的权限和程序征收、征用不动产或者动产的，应当给予公平、合理的补偿。”第243条规定：“为了公共利益的需要，依照法律规定的权限和程序可以征收集体所有的土地和组织、个人的房屋以及其他不动产。”“征收集体所有的土地，应当依法及时足额支付土地补偿费、安置补助费以及农村村民住宅、其他地上附着物和青苗等的补偿费用，并安排被征地农民的社会保障费用，保障被征地农民的生活，维护被征地农民的合法权益。”“征收组织、个人的房屋以及其他不动产，应当依法给予征收补偿，维护被征收人的合法权益；征收个人住宅的，还应当保障被征收人的居住条件。”“任何组织或者个人不得贪污、挪用、私分、截留、拖欠征收补偿费等费用。”第244条规定：“国家对耕地实行特殊保护，严格限制农用地转为建设用地，控制建设用地总量。不得违反法律规定的权限和程序征收集体所有的土地。”上列规定中之所以将征收的对象限于不动产，主要是考虑到动产一般都有多种形式的替代品，政府无须通过征收的方式取得，确有必要时可以采用征用的方式；根据我国土地制度的特点，国家征收的土地也仅限于集体所有的土地。

根据上述规定和其他有关法律、法规的规定，征收的条件、程序如下：

1.征收必须是为了公共利益的需要。这也是各国立法上的通行规定。但对于究竟何谓“公共利益”以及法律上应如何具体界定和规定的问题，在我国《物权法》制定中就有不同意见，这也是关于征收的规定中争议最大的问题。一种意见认为，为防止商业开发而以公共利益的名义进行征收，损害民众利益，限制政府滥用征收权力，应当明确界定公共利益的范围。梁慧星教授等拟定的物权法草案建议稿第48条中提出：“所谓公共利益，指公共道路交通、公共卫生、灾害防治、科学及文化教育事业，环境保护、文物古迹及风景名胜区的保护、公共水源及引水排水用地区域的保护、森林保护事业，以及国家法律规定的其他公共利益。”也有些学者建议采用“定义+列举+排除”三管齐下的方案来界定公共利益的范围。而多数人则持另一种意见，认为公共利益存在多样性和复杂性，在不同的社会条件下其内涵与外延也有所不同，难以对其作出概括性规定和具体限定，国外立法中也极少对其加以界定，个别已有的规定也不够科学和周延；《物权法》是一项基本法律，且为私法，其重在规定由此导致的所有权变动和补偿问题，从立法技术而言也不宜对公共利益作出具体规定，由其他有关法律、法规规定更为妥当。立法过程中，曾考虑将“为了公共利益的需要”表述为“为了发展公益事业、维护国家安全等公共利益的需要”，但有关部门和专家认为这样规定仍不清楚。立法机关会同有关部门和学界专家反复研究后认为：在不同的领域内和不同的情况下，公共利益是不同的，情况相当复杂，物权法难以对公共利益作出统一的具体界定，还是分别由土地管理法、城市房地产管理法等单行法律规定较为切合实际。现行的法律如信托法、测绘法也已经对公共利益的范围作了一些具体规定。因此，《物权法》中只对公共利益作出原则规定即可。①此后，在2011年1月19日国务院发布的《国有土地上房屋征收与补偿条例》第8条规定：“为了保障国家安全、促进国民经济和社会发展等公共利益的需要，有下列情形之一，确需征收房屋的，由市、县级人民政府作出房屋征收决定：（一）国防和外交的需要；（二）由政府组织实施的能源、交通、水利等基础设施建设的需要；（三）由政府组织实施的科技、教育、文化、卫生、体育、环境和资源保护、防灾减灾、文物保护、社会福利、市政公用等公共事业的需要；（四）由政府组织实施的保障性安居工程建设的需要；（五）由政府依照城乡规划法有关规定组织实施的对危房集中、基础设施落后等地段进行旧城区改建的需要；（六）法律、行政法规规定的其他公共利益的需要。”在此基础上，2019年8月26日第三次修正后的《土地管理法》第45条进一步完善了关于公共利益的规定：“为了公共利益的需要，有下列情形之一，确需征收农民集体所有的土地的，可以依法实施征收：（一）军事和外交需要用地的；（二）由政府组织实施的能源、交通、水利、通信、邮政

① 胡康生主编：《中华人民共和国物权法释义》，法律出版社2007年版，第102页。《民法典》中维持了这种做法，亦未对公共利益问题作出具体界定。

等基础设施建设需要用地的；（三）由政府组织实施的科技、教育、文化、卫生、体育、生态环境和资源保护、防灾减灾、文物保护、社区综合服务、社会福利、市政公用、优抚安置、英烈保护等公共事业需要用地的；（四）由政府组织实施的扶贫搬迁、保障性安居工程建设需要用地的；（五）在土地利用总体规划确定的城镇建设用地范围内，经省级以上人民政府批准由县级以上地方人民政府组织实施的成片开发建设需要用地的；（六）法律规定为公共利益需要可以征收农民集体所有的土地的其他情形。”“前款规定的建设活动，应当符合国民经济和社会发展规划、土地利用总体规划、城乡规划和专项规划；第（四）项、第（五）项规定的建设活动，还应当纳入国民经济和社会发展年度计划；第（五）项规定的成片开发并应当符合国务院自然资源主管部门规定的标准。”上述规定中对公共利益界定，应该说是比较清晰、允当的。对于实践中发生的涉及公共利益征收的纠纷案件，人民法院在审理时要综合各种因素、严格审查判断征收是否基于公共利益的目的。[①]

2.征收必须依照法律规定的权限和程序进行。关于征收的权限和程序问题，在《国有土地上房屋征收与补偿条例》《土地管理法》及其实施条例中均有规定。如就征收土地的权限而言，根据《土地管理法》第46条的规定，征收永久基本农田、永久基本农田以外的耕地超过35公顷的或者其他土地超过70公顷的，由国务院批准；征收上述规定以外的土地的，由省、自治区、直辖市人民政府批准。征收农用地的，还应当依法先行办理农用地转用审批。就征收程序而言，根据《土地管理法》第47条的规定，国家征收土地的，依法定程序批准后，由县级以上地方人民政府予以公告并组织实施。县级以上地方人民政府拟申请征收土地的，应当开展拟征收土地现状调查和社会稳定风险评估，并将征收范围、土地现状、征收目的、补偿标准、安置方式和社会保障等在拟征收土地所在的乡（镇）和村、村民小组范围内公告至少30日，听取被征地的农村集体经济组织及其成员、村民委员会和其他利害关系人的意见。多数被征地的农村集体经济组织成员认为征地补偿安置方案不符合法律、法规规定的，县级以上地方人民政府应

① 最高人民法院物权法研究小组编著:《中华人民共和国物权法条文理解与适用》，人民法院出版社2007年版，第165页。

当组织召开听证会，并根据法律、法规的规定和听证会情况修改方案。拟征收土地的所有权人、使用权人应当在公告规定期限内，持不动产权属证明材料办理补偿登记。县级以上地方人民政府应当组织有关部门测算并落实有关费用，保证足额到位，与拟征收土地的所有权人、使用权人就补偿、安置等签订协议；个别确实难以达成协议的，应当在申请征收土地时如实说明。相关前期工作完成后，县级以上地方人民政府方可申请征收土地。《土地管理法实施条例》中还对征收土地的程序问题作有更详细的规定。《民法典》第244条中，对于严格保护耕地，禁止违法征收土地作了进一步的强调。

3.应当依法给予被征收人以公平合理的补偿，维护被征收人的合法权益。在物权立法过程中，针对现实生活中存在征收土地的补偿标准过低、补偿不到位、侵害被征收人利益等问题，许多人建议对补偿问题作出较为具体的规定。立法机关考虑到各地发展很不平衡，具体的补偿标准和补偿办法，宜由《土地管理法》等有关法律、法规根据本法规定的补偿原则和补偿内容，视不同情况作出规定，故而《物权法》第42条第2款、第3款中仅对征收的补偿原则和补偿内容作了明确规定；针对现实生活中补偿不到位和侵占补偿费用的问题，第42条第4款中强调任何单位和个人不得贪污、挪用、私分、截留、拖欠征收补偿费等费用。此后，根据2016年11月4日中共中央、国务院发布的《关于完善产权保护制度依法保护产权的意见》的精神，2017年颁行的《民法总则》（现已废止）第117条首次在立法上明确了“应当给予公平、合理的补偿”。《民法典》中，维持了上述规定。2019年第三次修正后的《土地管理法》第48条规定：“征收土地应当给予公平、合理的补偿，保障被征地农民原有生活水平不降低、长远生计有保障。”“征收土地应当依法及时足额支付土地补偿费、安置补助费以及农村村民住宅、其他地上附着物和青苗等的补偿费用，并安排被征地农民的社会保障费用。”“征收农用地的土地补偿费、安置补助费标准由省、自治区、直辖市通过制定公布区片综合地价确定。制定区片综合地价应当综合考虑土地原用途、土地资源条件、土地产值、土地区位、土地供求关系、人口以及经济社会发展水平等因素，并至少每三年调整或者重新公布一次。”“征收农用地以外的其他土地、地上附着物和青苗等的补偿标准，由省、自治区、直辖市制定。对其中的农村村民住宅，应当按照先补偿后搬迁、居住条件有改善的原则，尊重农村村民意愿，采取重新安排宅基地建房、提供安置房或者货币补偿等方式给予公平、合理的补偿，并对因征收造成的搬迁、临时安置等费用予以补偿，保障农村村民居住的权利和合法的住房财产权益。”“县级以上地方人民政府应当将被征地农民纳入相应的养老等社会保障体系。被征地农民的社会保障费用主要用于符合条件的被征地农民的养老保险等社会保险缴费补贴。被征地农民社会保障费用的筹集、管理和使用办法，由省、自治区、直辖市制定。”第49条中有针对性地强调：“被征地的农村集体经济组织应当将征收土地的补偿费用的收支状况向本集体经济组织的成员公布，接受监督。”“禁止侵占、挪用被征收土地单位的征地补偿费用和其他有关费用。”《土地管理法实施条例》和地方法规中，对征收土地的补偿标准等问题作有具体规定。

整体来看，我国《民法典》及其他有关法律、法规关于征收问题的规定是既积极又稳妥的，在原有规定的基础上有所改进，对被征收人合法权益的保护水平也有所提高。但这些原则性的规定，仍待有关行政法规、地方法规加以具体规定，切实解决补偿标准偏低的问题，把对被征地人合法权益的保护落到实处。

（三）征收与征用的区别

征用，是国家出于紧急状态的需要而强制使用组织、个人财产的行为。不少国家的法律上都对征用问题作有规定，我国的《宪法》《土地管理法》《防震减灾法》《防洪法》《传染病防治法》《药品管理法》《国防法》《戒严法》《国家安全法》等法律中也对征用作有规定。考虑到征用也是对所有权的限制，且事后会发生返还及补偿问题，民法上也应对其作出规定，故此，《民法典》除在第117条中规定“征收、征用不动产或者动产的，应当给予公平、合理的补偿”外，还对征用问题单列一条（第245条）作出了规定：“因抢险救灾、疫情防控等紧急需要，依照法律规定的权限和程序可以征用组织、个人的不动产或者动产。被征用的不动产或者动产使用后，应当返还被征用人。组织、个人的不动产或者动产被征用或者征用后毁损、灭失的，应当给予补偿。”

虽然征收和征用都是政府通过法定权限和程序对组织和个人财产所有权的剥夺或限制，都具有公权性和行政强制性，但二者也存在明显的差异，不可混为一谈。其不同之处主要表现在：（1）适用的条件不同。征收是基于“公共利益的需要”；而征用则是基于“抢险救灾、疫情防控等紧急需要”。（2）适用的对象不同。征收的对象仅限于不动产；而征用的对象不仅可以是不动产，也可以是动产。（3）法律效果不同。征收的结果是国家取得被征收财产的所有权，不存在返还的问题；而征用的目的和结果是国家仅取得对标的物在特定时间和特定需要下的使用权，事后发生标的物的返还问题。（4）补偿标准不同。征收中应当对被征收人就不动产的损失及可得利益损失等给予公平、合理的补偿，其补偿标准一般较高；而在征用的情况下，主要考虑补偿被征用人所受到的直接损失，动产被征用后毁损、灭失的，还应补偿标的物本身的损失，但征用中的补偿通常不及于可得利益的损失，其补偿标准相对较低。①

我国《民法典》中明确区分征收与征用，并对征用的条件和程序、补偿等民事问题作出规定，对于妥善协调国家的紧急需要与个人财产权利的保护之间的矛盾，维护被征用人的正当权益，具有重要的意义。

八、取得时效

（一）取得时效制度概说

1.取得时效的概念

取得时效又称占有时效或时效取得，是指无权利人以行使所有权或其他财产权的意思公然、和平地持续占有他人的财产，经过法律规定的期间，即依法取得该财产的所有权或其他财产权的法律制度。

近现代民法上，取得时效与消灭时效共同构成完整的时效制度。消灭时效为权利消灭或抗辩权发生的原因之一，而取得时效则是所有权等财产权利的取得方式之一。通说认为，取得时效因系基于法律的直接规定而取得权利，故其性质上

① 参见梁慧星等:《中国物权法草案建议稿——条文、说明、理由与参考立法例》，社会科学文献出版社 2000 年版，第 193—194 页；胡康生主编:《中华人民共和国物权法释义》，法律出版社 2007 年版，第 107 页；最高人民法院物权法研究小组编著:《中华人民共和国物权法条文理解与适用》，人民法院出版社 2007 年版，第 167 页；黄薇主编:《中华人民共和国民法典释义》（上），法律出版社 2020 年版，第 458 页；最高人民法院民法典贯彻实施工作领导小组主编:《中华人民共和国民法典物权编理解与适用》（上），人民法院出版社 2020 年版，第 231—232 页。

属于事实行为，而非法律行为；依时效而取得权利，也非继受取得前权利人的权利，故应属于原始取得，其本质系立法上就社会财货之归属与分配所作的一种强制性配置。[①]

2.取得时效制度的价值与功能

取得时效制度肇端于罗马法，最初是在原始的公有制过渡到私有制时，为调解财产所有人和需要人之间的矛盾、平衡有余与不足、鼓励人们使用他人废置之物（如土地、奴隶、牲畜等），以促进物尽其用而设，及至《十二表法》时，进一步被用来补救形式主义造成的所有权取得方式的缺陷。其后随着罗马商品经济的发展，又演进为一种尊重持续的事实状态，维护社会经济秩序的制度。[②]近现代法上的取得时效制度，其功能虽几经变迁，然在确定权利归属，促进物尽其用及作为证据之替代等基本方面与罗马法并无二致。我们认为，取得时效的功能之核心，乃在于奉行“事实胜于权利”的原则，以长久存在的事实状态代替真实权利，以维护社会秩序的稳定，促进物尽其用，并避免举证上的烦琐。取得时效制度既具有实体法上的价值，也具有程序法上的价值。[③]具体来说，该制度之功用主要表现在：

其一，维护因一定事实状态达一定期间所建立起来的新的财产秩序，以便尽速确定当事人之间的法律关系，具有弥补权利取得的缺陷、维护交易安全的作用。一方面，在交易主体的能力或交易行为的要件有欠缺时，取得时效可以其特有的机制加以弥补，“法学专家制定的这个‘时效取得’提供了一个自动的机械，通过这个自动机械，权利的缺陷就不断得到矫正，而暂时脱离的所有权又可以在可能极短的阻碍之后重新迅速地结合起来。”[④]另一方面，无权利人以行使所有权或其他财产权的意思公然、和平、继续占有他人之物达一定期间后，人们常会信其与真实的权利关系相符，从而与其在该物之上建立各种其他的法律关系。如果轻易地否定此一系列关系，任由权利人随时诉请返还，势必造成财产关系与法律秩序的混乱，与法律维护共同生活之和平秩序的目的相违

---

① 梁慧星、陈华彬：《物权法》（第三版），法律出版社 2005 年版，第 137 页。

② 周枏：《罗马法原论》（上），商务印书馆 1994 年版，第 319 页、第 345 页。

③ 刘保玉、王仕印：《论取得时效的制度构建》，载《法学杂志》2007 年第 2 期。

④ ［英］梅因：《古代法》，沈景一译，商务印书馆 1959 年版，第 163 页。

背。[1]因此，确立取得时效制度，有利于稳定社会经济秩序，维护在上述情况下所发生的交易之安全。

其二，使长期地继续地占有他人之物者，无论善意与否均能取得所有权，具有促进物尽其用的社会功能。由近代民法到现代民法，权利本位为社会本位所替代，权利人负有善尽财产利用之义务，如果权利人长期眠于权利之上，法律自无予以保护之必要。无权利人占有他人之物并行使某种权利持续较长时间以后，法律与其保护长期消极不行使权利、对权利漠不关心的原权利人利益，不如保护与财产休戚相关的现实占有人的利益，更符合物尽其用的价值取向。法律规定取得时效制度，一方面可以给权利人以压力，促使其积极行使权利，减少财产的闲置和浪费；另一方面也使占有人敢于把占有物投入流通，参与民事流转，尽可能发挥物的效用。[2]

其三，取得时效制度的设立，使事实代替证据，可以有效地避免因岁月流逝导致的当事人举证与法院查证的困难与烦累，有利于纠纷的解决。[3]一定的事实状态持续较长时间以后，证明真实权利关系的证据往往散佚，纵使耗费大量人力、物力获得相关证据，也往往真假难辨，不如径行以长期存在的事实状态代替证据，避免当事人举证的烦累，也有利于法院及时地解决纠纷。从权利存在的盖然性上而言，长期存在的事实状态往往与真实的权利状态相符，基于此种权利存在的盖然性，法律遂使长期之一定事实状态变为权利关系。[4]真正的权利人如果否认他人因取得时效制度取得其物，应承担相应的举证责任。另外，依取得时效取得所有权者，通常为非权利人，但也不尽然，如果真正的权利人特别是动产所有人因年代久远、证据灭失，难以证明自己为所有权人时，也可以长期存在的事实状态作为证据之替代，主张依时效取得所有权，故取得时效亦具有保护所有权

---

① 谢在全:《民法物权论》(下)，中国政法大学出版社1999年版，第146页。

② 王利明:《物权法论》(修订本)，中国政法大学出版社2003年版，第234页。

③ 参见梁慧星主编:《中国物权法研究》(上)，法律出版社1998年版，第288页以下；刘保玉、钟淑健:《取得时效制度若干问题探讨》，载《罗马法·中国法与民法法典化》，中国政法大学出版社2001年版，第303页以下。

④ 谢在全:《民法物权论》(下)，中国政法大学出版社1999年版，第147页。

的机能。[①]

因此，设立取得时效制度，使“事实胜于权利”，可以说是各国立法经过各种利益衡量后作出的正确选择。

3. 取得时效制度的沿革与立法例

取得时效制度早在《十二表法》颁布以前即已存在于罗马习惯规则中，[②]《十二表法》中将其成文化，于第六表中规定：“使用土地的，其取得时效为2年，其他物件为1年。”罗马帝政时期，裁判官法又创设了长期时效，规定时效取得的期间为：不论动产与不动产，当事人同住一省的为10年，异省的为20年。到了尤帝时期，规定动产的时效取得期间为3年，不动产的时效取得期间则视当事人居于同省或异省，分别为10年和20年。罗马法上的取得时效制度及其理念，对后世立法产生了直接的影响。

《法国民法典》中关于取得时效制度的规定，几乎全盘承袭了罗马法。该法所规定的取得时效分为普通时效（长期时效）与短期时效两种。其第2262条关于普通时效的规定为：“一切物权或债权的诉权，均经三十年而消灭，援用此时效者无须提出权利证书，他人亦不得对其提出恶意的抗辩。”第2265条关于短期时效规定为：“因正当权利证书及善意占有不动产的人，如真正所有权人居住在其不动产所在地的上诉法院管辖区内时，经过十年时效而取得不动产所有权；如真正所有权人居住在上述管辖区以外时，经过二十年而取得不动产所有权。”

《德国民法典》中所规定的取得时效，坚持了罗马法中所确立的三个基本条件，即善意（fides）、自主占有（possessio）、时效届满（tempus）。[③]该法第937条对动产所有权的取得时效规定为：“自主占有动产经过十年者，取得其所有权。”“取得人在取得自主占有时为非善意或在以后知悉所有权不属于自己者，不成立因时效而取得所有权。”对于不动产取得时效，该法中规定了两种：一种是已经登记为不动产所有权人而尚未取得实际所有权的人，经过30年而取得实际所有权的时效，即“登记取得时效”（第900条）；另一种是对他人的不动产经过

① 王泽鉴：《民法物权》（1），中国政法大学出版社2003年版，第187页。

② ［英］梅因：《古代法》，沈景一译，商务印书馆1959年版，第161页。

③ 孙宪忠：《德国当代物权法》，法律出版社1997年版，第318页。

三十年自主、公开、和平、持续的占有并通过公示催告程序申请登记为所有权人的时效，这种时效被称为“占有取得时效”（第927条）。[①]《瑞士民法典》中，对动产的占有时效，也坚持了善意、自主占有等条件，该法第728条第1款规定：“善意地以所有人的意思占有他人的动产，且无争议、无间断地占有五年之久时，因时效而取得所有权。”对于不动产的占有时效，该法规定了普通与特殊两种。其普通时效为：“无权利人，以所有人的名义在不动产登记簿上登记，只要其为善意，并没有争议地连续占有十年，取得所有权”（第661条）；其特殊时效为：“作为所有人，没有争议地连续三十年占有尚未在不动产登记簿上登记的土地时，得请求所有权登记”（第662条第1款）。

《日本民法典》中规定的取得时效，根据占有人善意与否而适用不同的时效期间，并得适用于其他财产权的时效取得。关于所有权的取得时效，该法第162条规定：“以所有的意思，二十年间平稳而公然占有他人物者，取得该物所有权”；“以所有的意思，十年间平稳而公然占有他人不动产者，如果其占有之始系善意且无过失，则取得该不动产的所有权”。对于其他财产权的取得时效，该法第163条规定：“以为自己的意思，平稳而公然行使所有权以外的财产权者，按前条区别，于二十年或十年后取得该权利。”

我国台湾地区“民法”中关于取得时效的规定，借鉴了德国、瑞士、日本等国立法规定之所长，带有一定的综合性。该法第768条对动产所有权的取得时效规定为：“以所有之意思，五年间和平公然占有他人之动产者，取得所有权。”对于不动产所有权的取得时效，则区分占有人是否为善意而规定了长期时效与短期时效两种：以所有之意思，20年间和平继续占有他人未登记之不动产者，得请求登记为所有人（第769条）；而如果其占有之始为善意并无过失者，满10年即得登记为所有人（第770条）。上述规定，对于所有权以外的财产权，亦准用之。

《意大利民法典》中，根据标的物的性状、有无适当的所有权转移证书、占有人是否为善意等情况的不同，对取得时效进行了更为细致的分类。该法中对不动产的取得时效规定了普通时效、短期时效与特别时效三种。该法第1158条规

---

① 孙宪忠：《德国当代物权法》，法律出版社1997年版，第201页以下。

定：经过20年对不动产以及不动产上的物权的连续占有，取得不动产的所有权以及不动产上的其他物权。第1159条规定：依据适当的所有权移转证书和合法的转移所有权登记的效力，自非所有权人处善意取得不动产的人可以自所有权登记之日起经过10年完成时效取得；该规定同样适用于取得不动产上的其他物权的情况。第1159条的附加条中对于乡村不动产所有权的特别时效取得又分为两种：属于山区的乡村土地及其附属建筑的所有权经过15年的连续占有取得；依据适当的所有权转移证书和合法的转移所有权登记的效力，自非所有权人处善意取得属于山区的乡村土地及其附属建筑的人，可以自所有权登记之日起经过5年完成时效取得。对于动产的取得时效，该法也规定了三种，即动产集合体的时效取得（第1160条）、动产的时效取得（第1161条）、在公共登记处登记的动产的时效取得（第1162条）。动产集合体的普通占有时效期间为20年，而如果系依据适当的所有权转移证书的效力，自非所有权人处善意取得动产集合体或集合体上其他物权的人，经过10年即完成时效取得；一般动产的时效取得，根据是否具有适当的所有权转移证书、实行占有之时是否为善意，其时效期间分别规定为10年、20年；须登记的动产的时效取得，如系依据适当的所有权转移证书和合法的转移所有权登记的效力而自非所有权人处善意取得，其时效期间为自所有权登记之日起3年，如不具备上述条件，其时效期间则为10年。

从上述立法例的规定可知，关于取得时效的种类，各国立法上无例外地区别动产与不动产而规定两类不同的时效，所有权以外的其他财产权准用所有权取得时效之规定；绝大多数国家的立法上还区分占有人的占有是否为善意占有而规定不同的时效期间；此外，一些国家的立法上对不动产（或者包括须登记的动产）的取得时效还再分为占有取得时效与登记取得时效两种不同的类型。

另值得注意的是，尽管各国法律上对取得时效均作出了规定，但该制度在其民法典上所处的位置有所不同，从而显现出时效制度立法体制上的差异：

其一，取得时效与消灭时效统一并存之体例。这种做法因袭中世纪罗马法复兴时期注释法学派之主张，着眼于取得时效与消灭时效之共同法律本质，将二者统一于“时效”概念之下，并使其成为时效的两种类型，于民法典总则编中设专章集中予以规定。法国、奥地利、日本、越南等国民法典均采此制。不同的是，法国民法将时效一章规定于“取得财产的各种方法”一编，而日本等多数国家民法中将其置于“总则”编。

其二，取得时效与消灭时效分立并存之体例。这种做法系继受了罗马法的体例，并在观念上受历史法学派影响，侧重于取得时效与消灭时效的区别而将其视为两种不同的制度，分别在总则编与物权编予以规定。德国、瑞士、意大利等多数大陆法系国家采此体例。不过，取得时效居于物权编的哪一部分，各国规定也有不同：德国等多数国家立法上，考虑到取得时效主要是所有权取得的方法之一，故将其列于物权编所有权部分，并准用于其他物权或财产权（主要是用益物权）；而意大利等国的民法中，考虑到取得时效与占有密不可分，故而将其规定于物权编占有一章中。

在我国学者的著述和立法建议中，多主张规定取得时效制度并认为应将其规定于物权制度中；在2002年12月九届全国人大常委会第三十一次会议曾经审议过的《中华人民共和国民法（草案）》中，也对取得时效作出过规定（将取得时效与诉讼时效一并规定于总则编第八章“时效”中）；司法实践中，依据取得时效的精神处理土地权利等纠纷的情况也是存在的。但我国《物权法》及《民法典》中均未对取得时效作出规定。[①]

（二）所有权取得时效的一般构成要件

取得时效的构成要件，主要涉及主观要件、客观要件与时间要件三个方面。各国立法上对所有权取得时效的种类及基本要件的规定既有趋同性，又有具体问题规定上的差异性。从前述立法例的考察可知，在以自己所有之意思，公然、和平、持续占有他人财产这一要件方面，各国的立法规定或其解释是颇为一致的，但在是否要求占有人主观上须为善意以及时效期间之长短方面的规定上，则有所不同。另外，对于是否应在规定“占有取得时效”的同时另对不动产设立“登记取得时效”，立法上也有不同的态度。

依立法例的通行规定和多数学者的意见，所有权取得时效的一般要件如下：

① 由于我国《民法典》未规定取得时效制度，故而对与此制度相关的占有的类型、地役权的类型等规定也颇为简略。依据《民法典》第196条第2项规定的精神，唯有普通动产上尚有取得时效适用的空间与可能。

1. 占有之标的物须为他人之物

依占有时效而取得所有权的标的物须为他人的动产或不动产，而不能是自己所有之物，也不能是无主物。对自己之物自不发生时效取得的问题；无主物可因先占而取得，亦不发生取得时效的适用问题。关于他人之物的具体范围，学界一般认为：他人的动产与不动产（无论是否登记），均有取得时效的适用；共有财产也可以作为取得时效的标的物。但禁止流通物不得为取得时效的标的物，国家专有财产和公用物亦不适用取得时效。①

2. 占有他人之物的状态须为自主占有、和平占有、公然占有

所谓自主占有，是指以自己所有之意思而占有标的物，此为取得时效的核心要件。自主占有的构成，应具备客观条件（又谓“体素”）和主观条件（又谓“心素”）两个条件，即要求占有人须在客观事实上能排他地支配占有物，主观上有自己所有的意思。占有人以自己所有的内心意思的认定，不应仅根据占有人的主张，还应从占有期间占有人的意思表示、管领方式等事实状态来判定。自主占有须具备占有的事实和自己所有的意思，因此区别于单纯的“持有”，也区别于依运送、保管、租赁、借用、承揽、质押等占有媒介关系而发生的“他主占有”。对物的持有与他主占有，均不能发生时效取得的问题。因为对于时效利益获得者来说，自主占有具有一种向真正所有人“报警”的功能（一旦占有他人财产的人公开地以所有人名义为占有行为，无异于直接向所有人“宣战”）。而对财产的暂时持有人及他主占有人来说，其暂时持有、他主占有本身就是对所有人的权利的确认。②不过，在现实生活中与立法上，占有媒介关系的存在也并非绝对排除自主占有的发生和取得时效的适用。例如，当存在多级间接占有的情况下，其中一个间接占有人若以自己所有的意思而控制标的物，即使其不直接对标的物进行事实占有，亦可因具备时效取得的其他构成要件而取得所有权；立法例上也均承认

---

① 参见梁慧星、陈华彬：《物权法》（第三版），法律出版社 2005 年版，第 139 页；郭明瑞等：《民商法原理》（二），中国人民大学出版社 1999 年版，第 125 页；刘保玉、钟淑健：《取得时效制度若干问题探讨》，载《罗马法 · 中国法于民法法典化》，中国政法大学出版社 2001 年版，第 331 页以下。

② 参见尹田：《法国物权法》，法律出版社 1998 年版，第 234 页。

“他主占有向自主占有的转换”或“占有名义的转换”“占有的变更”，[①]也就是说，在占有人明示所有之意思或因新的事实而变为以所有之意思占有的情况下，仍得发生取得时效的适用，而且他主占有向自主占有的转换，应为取得时效适用中一种颇为常见的情况。

所谓和平占有，指非以暴力或胁迫手段取得或维持的占有。这一要件排除了不法行为人以强力占有他人之物而取得其所有权的情形。由于强暴占有与和平占有并非绝对一成不变，在一定条件下二者可以互相转化，因此在计算时效期间时应注意掌握二者转化的界限，只计算和平占有的期间。具体认定占有的样态时，除应从取得和维持占有的手段方面判断是否为和平占有外，还应从占有人与原所有人所处的地位方面来分析。若占有人在取得及维持其占有时处于明显优势，足以使原所有人不敢主张其权利，亦应断定此占有非和平占有，否则有鼓励巧取豪夺之虞。[②]

所谓公然占有，指不带隐秘瑕疵的占有，即向社会公开对标的物为占有的事实而不加隐瞒。公然占有并不要求对所有的人公开，只需对占有物的利害关系人为公然占有即为已足；此外，认定占有为公然还是隐蔽，应依一般社会观念而为判断。[③]和平、公然占有这两个要件，决定了取得时效本质上不会鼓励哄抢、私占公共财产，而且也将其与侵犯财产权的犯罪行为区分开来。

3.须经过法定期间

一定期间之经过，为取得时效的另一必备要件。但由于时效观念与法律传统等差异，各国立法上对取得时效的期间长短规定有所不同，唯在不动产的取得时效期间应长于动产、善意占有的取得时效期间应短于恶意占有等方面，各国立法及学说较为一致。我国学界对于取得时效期间规定为多长方为允当虽有不同的主张，但多数学者认为：动产取得时效的期间以规定为10年为宜，但如果占有之始为善意，经过5年即可取得其所有权；不动产的取得时效以规定为20年为宜，在占有或登记之始为善意的情况下，时效期间可缩短为10年；所有权以外的其他财产权的取得时效期间，准用动产与不动产取得时效期间的规定。

---

① 参见《日本民法典》第185条,《意大利民法典》第1164条，等等。

② 参见谢在全:《民法物权论》(上)，中国政法大学出版社1999年版，第149页；陈华彬:《物权法原理》，国家行政学院出版社1998年版，第242页。

③ 梁慧星主编:《中国物权法研究》(上)，法律出版社1998年版，第291页。

占有人对他人财产的占有，于占有之始是否须为善意，立法例和理论上有不同的态度。考察各国之立法规定，对于善意占有在取得时效中的意义虽有不同之态度，但均未规定善意为时效取得的绝对必备要件。德国、瑞士等的立法上，虽肯定善意占有为动产取得时效的要件，但对于不动产的取得时效，则不以善意为必备要件；法国、日本民法中，对动产的取得时效期间不区分占有为善意或恶意而为统一规定，对不动产的取得时效则区分善意与否而规定了不同的时效期间；意大利及其他许多国家民法典中所规定的取得时效，则完全否定了善意占有为取得时效的要件，因为其对任何一种取得时效均区分善意与否而规定了长短不同的两种时效期间。在理论上，肯定善意应为取得时效之要件者主要认为，让恶意占有者取得时效利益，有悖于民法的诚实信用原则，不利于维护社会正义。①但大多数学者认为善意并非取得时效的必备要件。②我们认为，时效制度设置的基本价值即在于承认久已存续的事实状态，稳定社会经济秩序和确保交易安全，至于占有人对他人之物的占有是否为善意，并不具有决定性意义；在现实生活中，对他人之物于占有之始为善意并因而发生时效取得的情况并不多见，若使善意占有为取得时效的必备要件之一，则必然极大地限制了取得时效制度作用发挥的空间，也在相当程度上否定了取得时效作为民法上的一项重要制度而存在的价值。因此，对于占有人的善意，既不应规定为取得时效的必备要件，也不应漠视其在取得时效中的意义。妥善的处理方式是借鉴多数立法例上的通行做法，区分占有人的占有是否为善意而规定长短不同的时效期间。③

（三）取得时效期间的计算

1.取得时效的起算

取得时效期间的起算点，应是占有人开始以自己所有的意思和平、公然地占有之时。即取得时效起算之时应是财产的最后占有人或财产的让与人（前占有人）

① 史浩明:《取得时效制度研究》，载《天津社会科学》1994年第3期。

② 陈华彬:《物权法》，法律出版社2004年版，第215页；温世扬、廖焕国:《取得时效立法研究》，载《法学研究》2002年第2期；董学立等:《时效取得制度中的善意与恶意》，载《山东公安专科学校学报》2003年第6期。

③ 刘保玉、王仕印:《论取得时效的制度构建》，载《法学杂志》2007年第2期。

符合取得时效事实要件之时，后一种情形被称为“占有的合并”。所谓占有的合并，指将前占有人的占有与后占有人的占有予以合并计算，以期获得较长的有效占有期间。[①]依各国立法的通制，后一占有人主张与前占有人的占有合并时，应同时继受前占有人占有的瑕疵，换言之，占有人主张占有之合并时，若前后占有人之占有均为善意，按善意占有合并计算时效期间，否则均应按恶意占有计算时效期间。现实占有人主张时效取得时，得视情况是否对己有利，自由选择仅主张自己的占有，或者主张与前一占有人的占有予以合并以补足时效期间。

2. 取得时效期间的中止与中断

取得时效期间的中止，是指在时效期间进行中，因发生一定的法定事由使时效暂时停止计算，待阻碍时效进行的法定事由消除后，再继续计算取得时效期间。时效期间中止的目的，是将权利人由于法定事由而不能行使其权利、不能自我保护或难以自我保护的时间排除在取得时效期间之外。各国立法上对取得时效中止的事由（或时效不完成事由）通常不另作出专门规定，而是准用消灭时效中止的规定。

取得时效期间的中断，是指在取得时效期间进行中，因发生一定的法定事由致使已经经过的时效期间归于无效，待时效中断的事由消除后，时效期间重新起算。取得时效中断的目的，在于维持取得时效的基础事实状况，督促真正权利人行使权利，阻止非权利人取得权利。依学说和立法，取得时效的中断包括自然中断和法定中断。[②]自然中断的事由主要包括占有人自行中止占有、占有的意思变更（占有人变为不以自己所有的意思而占有）、占有丧失（占有被他人侵夺而未在法定期间内回复占有）和占有的性质变更四种情况。此类情况的发生，由于与取得时效进行的基础相违背，自应导致取得时效的中断。因当事人所为的法律行为引起的时效期间之中断为法定中断，主要有他主占有的承认、权利人提起诉讼和向占有人主张其权利等。依多数立法例的规定，取得时效的法定中断事由，除法律另有规定外，亦准用消灭时效中断的规定。

---

① 参见尹田：《法国物权法》，法律出版社 1998 年版，第 236 页；梁慧星主编：《中国物权法研究》（下），法律出版社 1998 年版，第 1121 页。

② 梁慧星主编：《中国物权法研究》（上），法律出版社 1998 年版，第 294 页。

（四）取得时效中的举证责任

取得时效中举证责任的分配体现了立法者的价值倾向，并与物权法其他制度密切相关，对当事人而言更是关系重大。一般而言，主张依时效而取得所有权的人，应就其对标的物的占有及占有的时间负举证责任。但对于占有的样态，法律上多设有推定规则，即在相对人不能提出足够的反证的情况下，推定占有人的占有为自主、善意、和平、公然和继续的占有，即无瑕疵占有。原权利人主张占有人的占有有瑕疵而不符合取得时效之要件的，须对自己的主张负举证责任。关于占有的状态推定问题，本书第八章还将作详细介绍，此处从略。

（五）取得时效的效力及其对其他财产权的适用

1. 取得时效的效力

取得时效作为所有权和其他物权的取得方法之一，其法律上的基本效力即发生物权变动，非权利人取得权利。在所有权取得时效中，非所有人以所有的意思，和平、公然地占有他人之物达法定期间的，即可取得该动产或不动产的所有权。

关于时效取得究竟是原始取得还是传来取得的问题，自罗马法以来就有争议，但通说认为其属于原始取得，能够涤除标的物上的原有权利负担。

2. 所有权以外的其他财产权的取得时效

取得时效不仅适用于所有权，而且适用于其他财产权。许多国家的立法上明确规定，关于所有权以外的财产权的时效取得，准用动产或不动产所有权时效取得的规定。

不过，对于可以适用取得时效的所有权以外的财产权，究竟包括哪些权利，理论上及立法上并非没有争议。一般认为，非以占有为要件的财产权（如抵押权、知识产权等），无从适用取得时效；依法律的规定和某种权利的性质不得适用取得时效的，如不表现的地役权和非继续的地役权等，也不发生时效取得的问题。可适用取得时效的其他财产权，应主要是指用益物权，也就是说，以行使某种用益物权的意思，和平、公然、持续占有标的物并行使该权利达一定期间者，得准用所有权取得时效的规定而取得该财产权。[①]至于动产质权与留置权是否可依时效取得，有学者持肯定态度，但从质权与留置权自身的成立要件和取得时效的期限较长等特点来看，此类担保物权的时效取得并无多大实际价值，因此我们倾向于否定说。[②]

九、货币的占有

（一）货币所有权及其特性

一般认为："货币所有权，即以货币为标的物成立的所有权。货币所有人凭借其所有权，可对货币予以自由使用、收益及处分。"[③]不过，如同其他有价证券一样，由于货币实质上是一种价值符号，因此于其上所成立之所有权，形式上是对有形的货币（纸币或铸币）的所有权，而实质上则是对货币所承载的价值成立的所有权。基于货币本身的特性，笔者认为货币所有权可以定义为：以现实占有为要件而对货币及其所承载、蕴含的价值所拥有的使用权、收益权。货币的所有权具有以下特性：

1. 价值权性。如经济学家所言：人们需要货币，不是需要货币作为特定商品本身，而是需要它作为购买商品的媒介。货币不必以本身具有价值的商品来表示，而可以用纸币这样一种符号来表示。[④]纸币本身虽然是并无什么价值的纸片，但在交易活动中提供服务或货物的经营者却乐意作为对价而接受它，因为他相信，未来会有某位第三者愿意接受它来换取其认为有价值的东西，而第四个人、第五个人也是如此。"对餐馆老板和我们社会的其他人来说，你的现金或支票代表了对未来物品与劳务的占有权。"[⑤]同样，从法律的角度来看，货币所有权主要

① 王利明主编：《中国物权法草案建议稿及说明》，中国法制出版社2001年版，第232—233页。

② 刘保玉、王仕印：《论取得时效的制度构建》，载《法学杂志》2007年第2期。

③ 梁慧星、陈华彬：《物权法》（第三版），法律出版社2005年版，第247页。

④ 卢峰：《经济学原理》（中国版），北京大学出版社2002年版，第386页。

⑤ ［美］曼昆：《经济学原理》（下册），梁小民译，北京大学出版社2001年版，第226页。

的也并不是体现为对纸质的货币本身（价值符号的载体）的所有，而是体现为对货币所蕴含的购买力价值的拥有。因此可以说，货币所有权是一种典型的价值权，或者说“所有权客体价值化之极端即为货币”。[①]

2.最大信用性。货币本身不像土地、房屋、机器设备等那样是有形的财富，但却是“物质财富的一般代表，因为它能直接转化成任何商品”。[②]在一个稳定、有序的社会中，我们相信货币可以转换为任何你想要的商品，即货币可以通过购买或投资等行为转变为任何非货币资产。“只要我们约定俗成地相信本身没有价值的纸片能够作为交换媒介被广泛接受，那么这一纸片就可能取代高贵的金银跃居被人人看重的地位。在这个意义上，货币是一种有关信用的社会合约和制度。”[③]“对法定纸币的讨论不能与信用相割裂，法定纸币的信用是法定的、永久的。”[④]国家中央银行依法发行并维持其信誉的法定货币，其价值储藏和支付手段、交易媒介等功能，是以国家信用和法律的强制力为基础的，而国家的信用乃为最可靠的信用，唯有在发生巨大的社会动荡和严重经济危机的情况下，国家信用才可能会有所动摇。因此我们可以说，以国家信用为基础的法定货币之购买力信用和货币所有权可以转化为任何其他财产所有权之交换媒介信用，远较其他任何信用更为可靠，为最大的、终极的信用。

3.占有与所有的一致性。基于货币本身的特殊性，货币所有权的权属确认及其变动的规则也具有鲜明的个性。“于一般之物，所有与占有不妨分别成立，但在货币却不然。在货币之占有与所有的关系上，货币的所有者与占有者一致，称为‘所有与占有一致’原则。依此原则，货币的占有者即货币的所有者，货币的所有者必为货币的占有者。”[⑤]法谚所谓“货币属于其占有者”，即是说货币的所有权与货币的占有融为一体，不可两分，这是自货币产生以来亘古不变的规则，其在当今学界和实务界也有高度的共识。基于此一原则，占有为货币所有权成立的前提和要件，无占有即无货币所有权，因而在货币所有权的权能中，无须再设

---

① 梁慧星、陈华彬：《物权法》（第三版），法律出版社2005年版，第105页。

② ［德］马克思：《资本论》（第1卷）（上），人民出版社1975年版，第153页。

③ 卢峰：《经济学原理》（中国版），北京大学出版社2002年版，第386页。

④ 陆泽峰：《金融创新与法律变革》，法律出版社2000年版，第224页。

⑤ 梁慧星、陈华彬：《物权法》（第三版），法律出版社2005年版，第247页。

"占有权能"一项。

4. 使用权能与处分权能的合一性。同样基于前述货币本身的特性以及货币所有权的占有与所有的一致性，货币的使用须以将其交付他人为前提，而其结果即导致原所有人之所有权的丧失和收受货币者取得其所有权，也就是说，对货币的使用即意味着对货币所有权的处分。[①]因此，货币所有权不像其他实物所有权一样同时具有使用权能和处分权能，货币的使用权能与处分权能必然是合一的。

5. 移转的无因性。因货币的使用而交付货币，将导致货币所有权的变动，因此货币的使用、交付行为显然应属处分行为或者说属于物权行为。如前所述，虽然物权行为理论至今只有德国等少数国家和地区采用，我国学界和立法上的主流意见系采否定态度，但这并不妨碍我们根据该理论来说明货币所有权移转的无因性。事实上，无论我们对物权行为及其无因性理论持何种态度，在货币所有权问题上，不问货币占有之变动原因如何，均能导致所有权移转的结果，这一点为大家所公认。因此谓货币所有权的移转具有无因性，应无争议。

6. 物权请求权效力的局限性。货币所有权是物权、所有权的一种，当然也具有排他效力（同一货币之上不能成立两个所有权）、优先效力（取得货币占有者的权利，优先于未占有货币的债权人之权利）等物权效力，但其也有特殊性，这主要体现在货币所有权一般不具有物权请求权效力。当货币的占有（也就是所有权）丧失后，原所有人不能行使原物返还请求权，也不享有追及权，而只有请求返还等额货币的权利，而此请求权为债权请求权。[②]另外，货币所有权的行使一般也不存在排除妨害、消除危险的问题。因此，货币所有权的物权请求权效力与其他种类的物权相比，是具有较大局限性或受限性的。[③]

---

① 当然，对货币也可作图案欣赏等使用，但这种"使用"不属于货币所有权本身的功能。至于对货币为故意毁损之"事实处分"，属非法行为，为法律所禁止（参见《人民币管理条例》第 27 条）。

② 钱明星：《物权法原理》，北京大学出版社 1994 年版，第 235 页。

③ 刘保玉：《物权体系论》，人民法院出版社 2004 年版，第 161 页以下。

（二）货币的流转与其权属得丧的一般规则

1. 货币流转的主要方式

（1）基于法律行为的流转。较为常见和重要的情况有以下几种：其一，作为买卖或接受服务等的对价而为货币之支付；其二，作为价值储藏而将货币储蓄于银行等金融机构；其三，将货币作为资本而向他人经营的事业（尤其是公司）为投资；其四，将自己拥有的货币向他人为有偿的借贷或无偿的出借；其五，出于特定目的而将货币作为通用财产赠与他人。

（2）非基于法律行为的流转。主要有以下几种情况：其一，因事实行为而发生的货币占有之转移，如无行为能力人因消费等原因而向他人为现金交付，货币的丢失与他人的拾得等；其二，基于事件而发生的货币之流转，如死者生前所拥有的金钱作为遗产而由其继承人取得；其三，基于公法上的行为和司法裁判而发生的货币流转，如国家划拨资金给具体用款单位、个人，法院为执行生效判决而提取被执行人的现金；其四，基于盗抢、诈骗等犯罪行为而发生货币的占有转移。

2. 货币的占有即所有——货币所有权归属与流转的基本规则

如前所述，基于货币本身的特殊性，货币的所有权具有“占有即为所有”“所有与占有一致”的基本规则。显然，这一规则较之其他财产所有权的变动规则是极具特殊性的。对其成因，我国台湾地区学者郑玉波先生有精辟的论述：其一，由货币之固有本质所使然。货币贵乎流通，并于流通过程中完全湮灭其个性，因而于现实支配（占有）之外，若谓尚有法律的可能支配（所有权），实属不可想象。其二，由货币的价值所使然。货币之购买力，并非基于作为货币之物质素材的价值，一片薄纸（纸币），其本身的材料价值几乎等于零，而仍不失其购买力者，实因国家的强制力及社会的信赖。此种价值属于抽象的，与一般之物先有使用价值、复有交换价值者，不可同日而语。质言之，货币之所在，即其价值之所在。因而对于货币的现实占有人，即不问其取得原因如何，有无正当权利（尤其所有权），而迳认其为货币价值之归属者。进而言之，不承认于占有者以外，尚有所有者存在。其三，由交易上的需要所使然。于交易上，如货币之占有与所有可以分离，则于接受货币之际，势必逐一调查交付货币之人（占有人）是否具有所有权，否则即难免遭受不测之损害。如此则人人惮于接受货币，货币的流通机能势将丧失殆尽，有碍交易甚巨。为交易上之需要计，货币之所有权必须与其占有相融合、相一致。①

鉴于货币的性质及其权属变动规则与有形之动产具有重大的差异，笔者认为：将货币作为动产或特殊动产的传统认识有所不妥，而将其作为“特种物”来认识更为妥当；基于客体的差异，货币所有权也应当是与不动产所有权和动产所有权并列的一种所有权类别。我国《物权法》和《民法典》中对货币及其所有权流转规则问题只字未提，殊值遗憾。借鉴物权法学者建议稿的设计，②笔者主张应于“物”或“物权的客体”的规定中单设一条，规定：“货币、有价证券为特殊的物”；于“所有权取得的特别规定”中亦应单设一条，规定：“货币所有权因占有的移转而发生转移，法律另有规定的除外。”“无记名有价证券所有权的取得，准用前款规定。”“记名有价证券与指示有价证券所有权的取得，依照有关法律的规定。”③

3. 货币的“所有与占有一致”规则的具体适用

（1）货币占有的取得即意味着货币所有权的取得，而占有的丧失即意味着货币所有权的丧失。值得强调的是，这里所谓货币的占有，仅指现实占有（直接占有），间接占有（代理占有）等无从在货币上发生；相应地，占有的丧失也当然仅指直接占有的丧失。将货币的直接占有授与他人之人，在丧失货币占有的同时，也丧失货币的所有权。④因此，在为购物、偿债、借贷、借用而交付钱款的情况下，货币所有权人当然因丧失对货币的占有而失去其所有权。纵使是在无行为能力人交付货币、将货币委托他人保管，以及货币被遗失、盗抢等情况下，也均发生货币所有权的转移。

（2）货币不发生所有物返还请求权与占有回复之诉的问题。在货币上不存在无权占有与无权处分问题，也不发生原物返还的物权请求权，而只可能发生返还

---

① 参见郑玉波：《民法物权》，台湾三民书局1986年版，第417—418页。

② 参见梁慧星等：《中国物权法草案建议稿》第175条、第176条；王利明主编：《中国物权法草案建议稿》第14条。

③ 刘保玉：《物权体系论》，人民法院出版社2004年版，第169页。

④ 参见［日］铃木禄弥：《物权法讲义》，创文社1994年版，第351—353页；梁慧星、陈华彬：《物权法》（第三版），法律出版社2005年版，第249页。

同等价值、金额之货币的债权请求权问题。如：在接受无行为能力人交付之货币及拾得他人丢失之货币的场合，仅可发生不当得利返还请求权问题；在将货币委托他人保管或转交而占有人擅自使用的情况下，仅发生基于契约的返还请求权问题；在货币被盗抢、挪用等场合，也仅发生基于侵权行为的损害赔偿问题和同等金额的货币追回问题（至于刑事责任，另当别论）。因此，货币之上不发生善意取得的问题，亦即动产的善意取得规则不适用于货币所有权。[①]

（3）在民众或企业将其拥有的货币现金向特定金融机构为储蓄或将暂时闲置的资金存入银行账户时，“货币的占有与所有一致”规则同样适用。此种情况下货币的所有权转归于银行，银行得以所有人的身份对该笔资金为法律所允许的任何支配、使用。此时存款人获得的是存折、存款单、进账单等提取货币的权利凭证，其可以凭存款关系而于需要时请求银行向其给付存款的本金和利息，而此一权利性质上是一种基于储蓄合同而发生的债权。[②]在企业存于银行账户中资金的权属确定问题上，实践中常常发生分歧。主要原因在于法院等司法机关冻结、扣划债务企业账户中的款项时，债务企业或利害关系人经常以该笔款项系由于委托合同关系、预付款关系、借用关系等理由而提出异议和抗辩，而法院在这种情况下也常常不知该笔钱在法律上应属于谁的钱以及能否冻结、扣划。我们认为，进入某企业账户的钱，就应视为是该企业的钱（尽管其在法律上的准确定性应为债权），该企业与付款人之间的合同关系，不得用以对抗第三人和司法机关的强制措施。

（4）取得支票、汇票、本票等票据的人，并不一定意味着取得了票面上所记载金额的货币所有权。因为票据也同样只是一种权利凭证，合法取得票据的人，只是取得了请求付款人（如承兑银行）向其支付相应票款的权利，该权利能否实

① 值得提及的是，不少著述（包括一些权威著作）中经常有自相矛盾的论述：一方面其在货币所有权制度中明确提出“货币所有权不发生善意取得问题”，但另一方面却又在论述动产善意取得制度中讲“货币得绝对适用善意取得之规则而不得请求回复”。这一谬误殊值纠正。

② 在现实生活中，人们普遍将存入银行的钱仍当然地视同自己的钱（而不是只享有对银行的债权），之所以出现这种情况和认识，乃是由于这种债权的实现非常可靠（除非商业银行发生破产的极端情况），因为它是以银行信用乃至国家信用来保证存款人的利益的，也唯有在这个意义上，我们才可以说存于银行的钱就是自己的钱。

现（即变为对票款的所有权）以及得以实现的时间，尚依赖于其他因素。不过，由于票据的信用性，取得真实、合法的票据之人，其付款请求权的实现同样非常可靠，故此有“得到票据，也就意味着拿到了钱”之认识，票据也因此而有“信用货币”之称。但从法律上严格来说，票据与现金货币，其性质是有明显区别的。

（5）将货币作为资金而向他人经营的事业或公司投资入股者，丧失货币的所有权，其所换得的是股权，而接受入股资金的公司则取得了该货币资金的所有权。货币的占有即所有规则在这一领域也当然适用，国家对国有企业的投资关系，亦同。①

（三）“货币的所有与占有一致”的规则在适用中的例外

因社会生活的复杂性，“货币的所有与占有一致”的一般规则在适用中也有例外。这些例外主要有以下几种情况：

1.货币的辅助占有。所谓辅助占有，是指对于他人之物，基于特定之从属关系并受他人指示而为之占有。②货币上也经常存在辅助占有问题，例如营业员及其他雇员占有、管领其工作单位或雇主的货币现金。从法理上说，占有辅助人仅能“持有”某物，而不是“占有”某物，因此占有辅助人持有单位或雇主的货币时，单位或雇主仍是货币的占有人及所有人。但如果职工、雇员将单位或雇主的货币与自己的货币混在一起时，单位、雇主则丧失其货币的所有权，而只能享有同等数额货币的返还请求权（债权请求权）。③当辅助占有人将单位或雇主的钱款带离工作场所甚或侵占、挪用时，货币的所有权也同样发生移转，侵占人、挪用人除负有返还同等数额的货币之义务外，还可能因构成犯罪而承担刑事责任。

2.个性大于共性的特殊货币。国家限量发行的主要用作纪念或收藏的特种货币，收藏家所收藏的具有显著个性特征的货币（如号码特殊的货币、印制有误的纸币等），以及因人的行为或其他原因而特定化或具有特殊意义的货币等，其性质与普通货币有异，一般不应适用占有的丧失即所有权的丧失、占有的取得即所

---

① 参见《民法典》第257条、第268条、第269条。

② 参见谢在全：《民法物权论》（下），中国政法大学出版社1999年版，第946页。

③ 钱明星：《物权法原理》，北京大学出版社1994年版，第236页。

有权的取得之规则。

3. 以封金的形式特定化而设定质权的货币。根据金融实践和司法实践的一般认识，债务人或第三人可以将其金钱（包括外币）以封金的形式特定化后，移交债权人占有而设定质押担保。债权人占有设定质押的封金，并不能直接取得其所有权，也不得擅自动用，而只能在债务人不履行债务时就该笔金钱或其变价优先受偿。

4. 某些专用资金账户中的钱款。依据有关法律、金融法规和最高人民法院的有关司法解释，某些专用资金账户（俗称“特户”）中的钱款的归属问题，不完全适用“占有与所有一致”规则。其最为典型的是保证金账户、信托资金账户中的钱款，其所有权不属于占有该资金的银行、信托公司，而仍然应属于交付该笔钱款的开证申请人、委托人；这些专用账户中的钱款也不得因其他债权债务关系而被冻结、查封、扣划。值得说明的是，专用账户或特殊账户中的钱款，也并非一概不适用“占有与所有一致”规则。例如上市公司募集资金账户、军用资金账户、公害防治资金和救灾资金账户、国家机关的办公经费资金账户等，虽也具有其特殊性，但仍适用“占有与所有一致”规则及前述银行账户中钱款之权属确定规则。此类资金账户的特殊性，只是在于对相应钱款的使用、监管以及司法保全措施、强制执行措施的采用等，法律上有不同于普通账户资金的特殊限制。

第六章　用益物权

第一节　用益物权概述

一、用益物权的概念与特征

（一）用益物权的概念

用益物权，是以一定范围内的使用、收益为目的，以支配物之使用价值为内容而在他人之物上设立的定限物权。我国《民法典》第323条、第324条规定："用益物权人对他人所有的不动产或者动产，依法享有占有、使用和收益的权利。""国家所有或者国家所有由集体使用以及法律规定属于集体所有的自然资源，组织、个人依法可以占有、使用和收益。"据此可知，用益物权是物权的一种，具有物权的性质和效力；用益物权是在他人之物上设立的物权，是他物权、定限物权。

应当指出的是，在对他人之物的使用、收益的方式上，除了设定用益物权外，还可以通过设定债权性用益合同来实现，如有偿的租赁和无偿的借用等。债权性的用益与物权性的用益，在权利的性质、成立要件、效力、转让的条件与限制、存续期间、标的物修缮义务、受侵害时的保护等方面均有不同，不可混为一谈。[①]依物权法定原则，除为立法所明确规定为物权的用益物权类型外，其他对物的用益方式原则上均应归属于债权性用益。不过，某些立法例上所规定的不动产租赁尤其是长期的土地租赁权与用益物权非常近似，甚至有的立法上径行将其

① 参见梁慧星、陈华彬：《物权法》（第三版），法律出版社2005年版，第272—273页。

确定为用益物权的一种。

（二）用益物权的特征

1.用益物权是一种定限物权。用益物权派生于所有权，只具有对标的物占有、使用、收益等权能，其行使限于一定范围和一定的期限之内，故属于定限物权。此与作为完全物权的所有权，在权能内容上显有不同。

2.用益物权的成立和实现以占有他人之物为前提。这一特点包括两层含义：一是用益物权只存在于他人之物上，为他物权的一种；二是用益物权的成立和实现须有对他人之物的占有，也只有实际占有了标的物，用益物权人才能实现对标的物的使用和收益。

3.用益物权的标的物主要是不动产。从历史和现实情况来看，用益物权的标的物一般限于不动产。这是因为不动产（尤其是土地）价值较高且总量稀缺，拥有不易，社会上对其所有权与利用权分别归不同的人享有的需求较强，故用益物权通常仅以不动产为标的物。而动产价值通常较低，获得也比较容易，将其利用价值与所有权分离而由不同的人为支配并无多大社会意义，且以占有的方式亦难以表彰复杂的用益物权关系，故法律上多不允许在动产上设定具有支配权性质的用益物权。①但在立法上也存在由不动产和动产构成的综合财产为标的物的用益物权，法国、德国、瑞士等民法上的“用益权”属之。我国《民法典》第323条在用益物权的客体中提及了动产，但目前并无关于动产用益物权的具体规定，立法意图应是为将来通过特别法的规定在超级游轮、大型客机等体量与价值巨大的特定动产上设立用益物权预留一定的空间。②也有学者认为，民法典应确认现实生活中已经存在的融资租赁用益权、信托动产使用权、公共资源专用权三种动产用益物权类型，未来还可望有更多的动产用益物权类型出现。③

---

① 参见谢在全：《民法物权论》（上），中国政法大学出版社1999年版，第51页；郭明瑞、唐广良、房绍坤：《民商法原理》（二），中国人民大学出版社1999年版，第37页。

② 参见最高人民法院物权法研究小组编著：《中华人民共和国物权法条文理解与适用》，人民法院出版社2007年版，第350页；最高人民法院民法典贯彻实施工作领导小组主编：《中华人民共和国民法典物权编理解与适用》（下），人民法院出版社2020年版，第599—600页。

③ 参见孟勤国：《民法典应设立三种动产用益物权》，载《月旦民商法杂志》2015年第50期。

4.用益物权的设立目的是对物进行使用和收益。物的价值有使用价值和交换价值之分，用益物权侧重于支配物的使用价值，且以对物为使用、收益，获取最大的经济效益为目的。

5.用益物权是一种独立物权。用益物权虽由所有权所派生，但其一经设立，便具有独立于所有权而存在的特性，其不以用益物权人对标的物的所有人享有其他权利为存在的前提（唯地役权有所例外），不随他权利的让与而让与，也不随他权利的消灭而消灭，而仅以法律的规定或当事人之间的约定为根据而独立存在。

二、用益物权的社会作用

用益物权制度在物权法中居于重要的地位，这与用益物权的社会作用是分不开的。从宏观方面来说，用益物权制度的功能与作用可以归结为三个方面：

（一）提高资源的利用效率，践行物尽其用的价值理念

自古以来，人们对物质资料的占有和需求之间就有矛盾。一方面，社会成员对物质资料的所有存在差异，所有人在一定条件下不必或者不能直接利用标的物；另一方面，非所有人在一定条件下又急需利用该物，同时又不想或不能取得该物的所有权。为了解决这种物的所有和利用之间的矛盾，提高资源的利用效率，弱化所有权的绝对性，需要构建一种兼顾所有人和利用人双方利益的法律制度，这就是用益物权制度。近现代大陆法系各国继受罗马法传统，在其民法典中均规定了颇为完善的用益物权制度并使之居于重要的地位，其他法系国家也有与之类似的制度。近现代以来，还出现了所谓从物的所有向物的利用为中心发展的趋势，用益物权在物权法和社会生活中的地位日益突出，该制度对于践行物尽其用的理念，充分发挥不动产的效用，促进整个社会经济的发展，具有其他制度所不能替代的重要作用。从我国的情况来看，由于土地、矿藏、山岭、海域、水流等自然资源皆为公有，长期以来我们过于重视资源的归属而漠视资源的合理利用关系，致使规范对土地等自然资源利用关系的用益物权制度长期未得到重视，在相当程度上窒碍了社会生产力的发展。就改革开放40多年来的实践来看，我国经济体制改革和市场经济启动的最重要的权利杠杆就是用益物权制度，并且其将在推动经

济结构的进一步调整和市场经济向纵深发展中继续并持久地发挥作用。此外，由于我国的土地等自然资源皆不能依民事方式流转，为解决公有制条件下私权进入土地等自然资源市场的难题，充分发挥资源的利用效益，也必须以完善用益物权制度为前提。因此建立和完善用益物权制度，在我国有着更为重大的现实意义。

（二）维护资源的利用秩序，协调用益人与所有人及其他人之间的关系

随着现代社会的发展，人与土地等自然资源的关系进一步紧张，物的所有和物的利用之间的矛盾更加突出，用益物权制度在维护资源的利用秩序，实现用益人与所有人、个体与社会的利益平衡方面，发挥着更为重要的作用。首先，用益物权并非纯为物之用益人而建立的制度，其在维护用益人权利的同时，还要兼顾所有人的利益。法律通过用益物权的制度设计，确定所有权人与用益物权人之间的权利义务，以协调双方的利益关系，达到各权利人之间的利益平衡；除法律许可当事人自由约定的事项外，任何一方都不得变更法定的权利义务之安排，以此来维护各方的权益不致遭受他方的损害。其次，用益物权通常需以登记的方法将不动产上存在的权利状态昭示于社会，以公示的效力来维护其权利存续和实现的安全，并对抗来自所有人及其他任何人的干涉和侵害；同时，法律上也要求用益物权人不得逾越权利的界限，不得对所有人和其他人的正当权益带来损害。

（三）强化资源的利用管理，促进社会经济又好又快地发展

为解决个体与社会的利益冲突，化解人类的无止需求与有限资源的可持续利用、经济的发展与自然环境保护之间的矛盾关系，现代各国普遍实行公共所有的自然资源有偿使用制度，并加强了对资源开发利用的管理。用益物权制度在赋予用益物权人对土地等自然资源的占有、使用和收益等权利的同时，要求用益人须交纳资源使用的对价以增加社会财富的公共积累，这对于实现个体与社会的利益均衡，推进国民整体生活水平和质量的提高具有重要的意义。法律通过对用益物权的设立目的、土地等自然资源的用途等的登记和一系列管理制度，强化对自然资源利用的管理，并要求用益物权人依法承担保护和合理开发利用资源的义务，防止用益物权人任意改变土地等自然资源的用途、滥用其权利，这对于维护自然

资源的利用秩序和利用效益，构建人与自然环境的和谐关系，推进社会经济又好又快并可持续地发展，具有重要的意义。[①]

三、用益物权的种类

（一）域外法律上关于用益物权类型的规定

1.域外立法规定情况概说

用益物权制度是一项古老的法律制度，早在《汉穆拉比法典》中就已经出现了永佃权的萌芽。至罗马法时代，由于简单商品经济的发展，对于物的利用也越来越广泛，并确立了地役权、人役权、地上权、永佃权等多种用益物权类型。

近现代大陆法系各国继受罗马法传统，在其民法典中均规定了用益物权制度。但由于用益物权主要以不动产为标的物，而不动产作为最重要的物质生产资料，其制度设计必然和各国的历史传统、地理环境和习惯等紧密相连，从而使得各国法律上的用益物权种类呈现出本国特色而互有差异。如《法国民法典》中主要规定了用益权、使用权、居住权和役权（地役权）四种用益物权；《德国民法典》规定了地上权、先买权、土地负担和役权（包括地役权、用益权和人的限制物权）等用益物权；《瑞士民法典》则规定了役权（含地役权、用益权、居住权、建筑权、对泉水的权利）和土地负担两大类物权；《意大利民法典》中主要规定了地上权、永佃权、用益权、使用权、居住权、地役权等六种用益物权；《日本民法典》中对地上权、地役权、永小作权（永佃权）和入会权等用益物权作了规定。

可见，虽然上述各国在用益物权的种类规定上存有差异，但地上权、地役权、永佃权、用益权显然是受到各国物权法普遍重视的用益物权种类。而德国、瑞士等国法律上的土地负担等，则为颇具民族特色的用益物权制度。

2.用益权和土地负担制度简介

关于地上权、地役权、永佃权等问题，我们后面的有关论述中还会有涉及，

---

① 我国《民法典》不仅在总则编第 9 条规定了“绿色原则”，而且在各分编的有关规定中也有该原则的体现，物权编中用益物权分编的第 326 条规定：“用益物权人行使权利，应当遵守法律有关保护和合理开发利用资源、保护生态环境的规定。所有权人不得干涉用益物权人行使权利。”

在此只对用益权和土地负担这两种较有特色的制度作一简要介绍。

（1）用益权。用益权作为一种独立的物权形态，滥觞于罗马法中的役权制度。罗马法上的役权有地役权和人役权之分，人役权的出现较之地役权为晚。人役权是为特定的人的利益设定的役使他人之物的用益物权，其种类包括使用权、用益权、居住权和奴畜使用权，其中以用益权最为重要。制定于自由资本主义时期的《法国民法典》除了废弃对奴隶和他人牲畜的使用权这一不合时宜的制度之外，几乎移植了罗马法中人役权制度的绝大部分内容。依该法第578条的规定，用益权是指“对他人所有之物，如同自己所有，享受其使用和收益之权”。其后的《德国民法典》《瑞士民法典》《意大利民法典》《葡萄牙民法典》及受其影响的我国澳门地区《民法典》等，也均规定了用益权制度。

各国法律上所规定的用益权的主要法律特征是：第一，用益权是用益物权之一种。用益权人享有对物的使用及收益的权利，不仅可以对抗第三人，也可以在一定程度上对抗所有人。[①]第二，用益权具有人身专属性。用益权在其于罗马法上产生之初便具有极强的人身专属性，其设立的目的通常是以遗嘱将某项财产的使用收益权遗赠给他需要照顾的人，而保留空虚所有权给其继承人，在受照顾的人死亡后再由继承人恢复其完全的所有权。近现代各国民法中的用益权，亦均强调其为特定人的利益而设立。第三，用益权之标的物不限于不动产，动产、权利以及集合财产上亦可设立用益权。第四，用益权人对标的物享有充分的占有、使用和收益权利。一些国家的法律或司法实践中，用益权人甚至还可享有部分处分权利，其权能的限制也越来越少。[②]就这些特点来看，用益权虽属于用益物权的一种，但其在设立目的上的人身属性、标的物的范围及权能的宽泛性方面与一般的用益物权有所差异，对用益物权的基本理论和权利构造亦有所突破。

用益权发展到现在，其制度已颇为发达。在《德国民法典》中其条文甚至达61条之多，其标的已扩展至财产和权利，功能也发生了实质性的变化。因此，用益权制度在大陆法系国家用益物权体系中的重要性，值得关注。在我国物权法制

① 如法国的判例就认为在用益权未废止的情况下，所有权人将标的物出卖的，用益权人可主张该买卖行为无效。参见尹田：《法国物权法》，法律出版社1998年版，第337页。

② 中国政法大学民商法教研室编：《民商法纵论——江平教授七十华诞祝贺文集》，中国法制出版社2000年版，第348页。

定过程中，有不少学者主张应对该制度加以借鉴，物权法的数次审议稿中也曾对具有人役权性质的房屋居住权作有规定，但最终被删除。在《民法典》编纂中，又将其增列为用益物权的类型。

（2）土地负担。具有德意志民族传统特色的土地负担，是德国、瑞士等国法律上比较特殊的一种用益物权制度。土地负担又译为实物负担、物上负担，是指从他人的土地出产物中获得定期持续给付的权利。《德国民法典》第1105条第1款规定：土地上可以设定为某人的利益而向其定期持续地给付土地出产物的权利。这种用益物权的特征在于：从权利人角度言，其享有的权利是一种收益权，这种收益不是来源于其对土地的使用（土地负担中的权利人不再享有使用土地的权利），而是来源于土地的其他合法使用人利用土地而收获的出产物，并且仅限于特定土地上的出产物。从义务人角度言，其给付土地上的出产物必须是定期而且持续的，具有反复性，而不是一次性给付。

从土地负担设立的作用来看，其主要是应用于农民的养老，是一种所谓的终老财产权。[①]通常是在农民年老而无力耕种时，与其子女或他人约定设定土地负担，由前者将其土地的所有权转移给后者，而由后者按土地负担的形式定期持续地给予前者必需的土地出产物（如粮食等）。[②]从这一点来看，土地负担与用益权的最初功能是颇为接近的。此外，土地负担在处理相邻权和地役权关系时也有积极作用，如《德国民法典》第1105条第2款规定：土地负担也可以为另一土地的现时所有权人的利益设定。

土地负担至今仍是德国等国用益物权制度的重要类型。不过，作为一种起源于农业经济时代且具有德意志法特点的用益物权制度，其在当今社会的其他国家是否也具有普遍的适用性，受到不少学者的非议，主要原因即在于现今的社会保障制度已比较发达，养老问题远不如农业时代那样突出。就我国情况而言，农村的社会保障制度尚未健全，因此也有学者提出了土地负担制度在我国物权法上的借鉴问题。但学界对这一制度的探讨还不够充分，多数学者并不赞同设立该制

---

① 参见［德］鲍尔、施蒂尔纳：《德国物权法》，张双根译，法律出版社2004年版，第735页以下；孙宪忠：《德国当代物权法》，法律出版社1997年版，第254页。

② 如果给付的非为土地出产物而是金钱或其他费用，则不属于实物负担，而可能是定期金土地债务等。定期金土地债务在性质上已不属于用益物权，而是德国法上担保物权的一种形式。

度。笔者认为，就我国的相关法律规定和实践情况看，修改前的《农村土地承包法》中所规定的农地承包权人可通过出租、转包、入股等利用方式获得收益的做法，与国外的土地负担制度具有异曲同工的意味，只是其在性质上为债权关系、股权关系而已；而2018年修改后的《农村土地承包法》中关于承包方可以自主决定依法采取出租（转包）、入股或者其他方式向他人流转土地经营权的规定，则与土地负担制度的构造和功能更为接近。

（二）我国法律上的用益物权类型

如本书第一章中关于物权制度的历史考察部分所述，我国古代法律上，即已有永佃权、地基权、地役权等用益物权性质的权利类型。民国时期的民法上，借鉴国外立法经验并考虑中国历史传统，规定了地上权、地役权、永佃权和典权（典权系规定于质权与留置权之间）四种用益物权。其中，前三种乃通行的用益物权类别，典权则是具有中国传统特色的用益物权类型。我国台湾地区于2010年修订“民法”物权编时，对永佃权制度进行了重大修改，并将其名称改为“农育权”。

新中国成立后，实行土地等自然资源的社会主义公有制，并在相当长的时期内实行高度集中的计划经济，用益物权制度几近消亡，仅在民间存在某些用益物权性质的不动产利用方式。改革开放政策施行后的40多年来，我国的不动产用益制度有了迅猛的发展，并创设出了一些具有中国特色的用益物权类型。在以往的法律、法规及司法解释中，曾规定或承认有农村土地承包经营权，城镇国有土地使用权，国有耕地、林地、草原和水资源使用权，宅基地使用权，房屋居住权，国有企业经营权，典权以及海域使用权、渔业权、采矿权等多种用益物权或与其性质相近的物之利用形式。但存在概念不清楚、定性不明确、内容不完整、体系不科学等诸多问题。在我国2007年《物权法》的制定过程中，学界和立法机关、相关行政管理部门等针对如何构建我国的用益物权类型体系，提出了诸多建议和立法设想。如由梁慧星先生主持拟定的物权法草案建议稿中设计的用益物权类型为：基地使用权、农地使用权、邻地利用权和典权；[①]由王利明先生主持拟定

---

① 梁慧星等：《中国物权法草案建议稿——条文、说明、理由与参考立法例》，社会科学文献出版社2000年版，第42—60页。

的物权法草案建议稿设计的用益物权类型包括：土地使用权、农村土地承包经营权、宅基地使用权、地役权、典权、空间利用权和特许物权；[①]由全国人大法工委拟定的物权法诸次草案中，曾拟规定的用益物权种类包括：土地承包经营权、建设用地使用权、宅基地使用权、邻地利用权（地役权）、典权、居住权以及探矿权与采矿权、取水权、渔业权、驯养权和狩猎权、海域使用权等。经再三权衡、反复斟酌，我国《物权法》中最后分设专章重点规定了土地承包经营权、建设用地使用权、宅基地使用权、地役权四种典型用益物权，同时在用益物权的"一般规定"中也明确了海域使用权以及探矿权、采矿权、取水权和养殖权、捕捞权的用益物权性质。至于学界不少人主张并在物权法草案中曾有规定的典权、居住权等，由于争议较大，最终未被《物权法》所规定。至2020年《民法典》中，在原《物权法》既有的典型用益物权类型规定的基础上，增设了居住权这一用益物权类型，并承认了由农村土地承包经营权中分出的土地经营权的物权性。

第二节　建设用地使用权

一、建设用地使用权的概念与特征

（一）建设用地使用权的概念

《民法典》第344条（原《物权法》第135条）规定："建设用地使用权人依法对国家所有的土地享有占有、使用和收益的权利，有权利用该土地建造建筑物、构筑物及其附属设施。"据此规定，我国物权法上所称的建设用地使用权，是指土地使用权人为建造并拥有建筑物、构筑物及其附属设施而依法对国家所有的土地予以占有、使用、收益的权利。

应当注意的是，《民法典》中所称的建设用地使用权与《土地管理法》（2019年第三次修正，自2020年1月1日起施行）上所规定的广义的土地使用权及建设

① 王利明主编：《中国物权法草案建议稿及说明》，中国法制出版社2001年版，第63—92页。

用地使用权，在所利用的土地范围和适用的法律规则方面有所不同。根据《土地管理法》第4条、第10条等的规定，国家编制土地利用总体规划，规定土地用途，将土地分为农用地、建设用地和未利用地三类，其中的建设用地是指建造建筑物、构筑物的土地，包括城乡住宅和公共设施用地、工矿用地、交通水利设施用地、旅游用地、军事设施用地等。国有土地和农民集体所有的土地，可以依法确定给单位或个人使用，国家保护其使用、收益的权利，使用土地的单位和个人也有保护、管理和合理利用土地的义务。因此，该法所规定的建设用地使用权，是指单位或个人为营造建筑物或其他工作物等而使用国家所有或者集体所有的土地的权利。而《民法典》物权编第十二章所规定的建设用地使用权，则限指国有土地上的建设用地使用权。该章的最后一条即第361条规定“集体所有的土地作为建设用地的，应当依照土地管理的法律规定办理”明确了集体建设用地使用权与国有土地建设用地使用权在法律适用上的差异。

有必要说明的是，2019年修改的《土地管理法》，坚持农民利益不受损，坚持最严格的耕地保护制度和最严格的节约集约用地制度，依法保障农村土地征收、集体经营性建设用地入市、宅基地管理制度等改革在全国范围内实行，对促进乡村振兴和城乡融合发展具有重大意义。尤值重视的是，修改后的规定中删除了原来关于集体所有的土地经征收为国有土地后才能进入市场、出让的规定，允许集体经营性建设用地直接入市。根据修改后的《土地管理法》第60条、第61条的规定，农村集体经济组织使用乡（镇）土地利用总体规划确定的建设用地兴办企业或者与其他单位、个人以土地使用权入股、联营等形式共同兴办企业的，应当持有关批准文件，向县级以上地方人民政府自然资源主管部门提出申请，按照省、自治区、直辖市规定的批准权限，由县级以上地方人民政府批准；其中，涉及占用农用地的，依照本法第44条的规定办理审批手续。按照规定兴办企业的建设用地，必须严格控制。省、自治区、直辖市可以按照乡镇企业的不同行业和经营规模，分别规定用地标准。乡（镇）村公共设施、公益事业建设，需要使用土地的，经乡（镇）人民政府审核，向县级以上地方人民政府自然资源主管部门提出申请，按照省、自治区、直辖市规定的批准权限，由县级以上地方人民政府批准；其中，涉及占用农用地的，依照本法第44条的规定办理审批手续。该法第63—66条规定，土地利用总体规划、城乡规划确定为工业、商业等经营性用途，并经依法登记的集体经营性建设用地，土地所有权人可以通过出让、出租等方式交由单位或者个人使用，并应当签订书面合同，载明土地界址、面积、动工期限、使用期限、土地用途、规划条件和双方其他权利义务。集体经营性建设用地出让、出租等，应当经本集体经济组织成员的村民会议2/3以上成员或者2/3以上村民代表的同意。通过出让等方式取得的集体经营性建设用地使用权可以转让、互换、出资、赠与或者抵押，但法律、行政法规另有规定或者土地所有权人、土地使用权人签订的书面合同另有约定的除外。集体经营性建设用地的出租，集体建设用地使用权的出让及其最高年限、转让、互换、出资、赠与、抵押等，参照同类用途的国有建设用地执行。具体办法由国务院制定。集体建设用地的使用者应当严格按照土地利用总体规划、城乡规划确定的用途使用土地。在土地利用总体规划制定前已建的不符合土地利用总体规划确定的用途的建筑物、构筑物，不得重建、扩建。有下列情形之一的，农村集体经济组织报经原批准用地的人民政府批准，可以收回土地使用权：（1）为乡（镇）村公共设施和公益事业建设，需要使用土地的；（2）不按照批准的用途使用土地的；（3）因撤销、迁移等原因而停止使用土地的。依照前列第（1）项规定收回农民集体所有的土地的，对土地使用权人应当给予适当补偿。收回集体经营性建设用地使用权，依照双方签订的书面合同办理，法律、行政法规另有规定的除外。

（二）建设用地使用权的特征

1. 建设用地使用权的客体限于国有土地。我国以往的法律文件中规定的“国有土地使用权”和原《物权法》及《民法典》根据土地用途的特点而改称的“建设用地使用权”，其客体均限于国家所有的土地，而不包括集体所有的土地作为建设用地的情况。不过，其一些规则也具有相通性，因此，在集体土地上营造建筑物、构筑物的，除应当依照《土地管理法》等法律规定办理外，也可参照《民法典》的有关规定。

2. 建设用地使用权的设立目的是在土地上建造并拥有建筑物或其他工作物。所谓建筑物，是指在土地上建设的房屋等；所谓其他工作物，是指除建筑物之外的土地上之构筑物及其附属设施等，如桥梁、沟渠、堤坊、地窖、隧道、纪念碑等。需要注意的是，建筑物、构筑物及其附属设施，不仅限于构建于地表，亦得构建于地上空间和地下空间，此即因土地的“垂直利用”而发生的“空间权”或“空间利用权”问题。我国《民法典》第345条、第346条规定：“建设用地使用权可以在土地的地表、地上或者地下分别设立。”“设立建设用地使用权，应当符合节约资源、保护生态环境的要求，遵守法律、行政法规关于土地用途的规定，不得损害已经设立的用益物权。”①

3.建设用地使用权通过出让或者划拨的方式取得。建设用地使用权的取得方式较为特殊，《民法典》第347条规定：“设立建设用地使用权，可以采取出让或者划拨等方式。”“工业、商业、旅游、娱乐和商品住宅等经营性用地以及同一土地有两个以上意向用地者的，应当采取招标、拍卖等公开竞价的方式出让。”“严格限制以划拨方式设立建设用地使用权。”出让和划拨设立的建设用地使用权，在用途、是否有偿和期限等方面存在明显的差别。

4.建设用地使用权具有流通性。与土地所有权不同，建设用地使用权具有商品性质，可以进入流通领域。根据《土地管理法》第2条的规定，我国实行土地的社会主义公有制，即全民所有制和劳动群众集体所有制。任何单位和个人不得侵占、买卖或者以其他形式非法转让土地。土地使用权可以依法转让。《民法典》第353条进一步明确：“建设用地使用权人有权将建设用地使用权转让、互换、出资、赠与或者抵押，但是法律另有规定的除外。”

（三）建设用地使用权的名称确定及其与地上权的关系

我国《物权法》《民法典》中所规定的建设用地使用权，在以往的法律文件和学说著述中也曾被称为国有土地使用权或土地使用权。但“土地使用权”的概念在不同的场合，其含义和范围也有不同。广义而言，土地使用权包括建设用地使用权、农村土地承包经营权和宅基地使用权等在内，甚至还可涵盖对其他自然资源的使用权。狭义上的土地使用权，则专指为营造建筑物或其他工作物而使用国有土地的权利，并不包括为开发建设而使用集体土地的情况，也不

① 该两条规定系对原《物权法》第137条的拆分、修改，更为清晰、准确；依此规定，建设用地使用权包括地表建设用地使用权、地上建设用地使用权和地下建设用地使用权，任何一种后设立的建设用地使用权，均不得损害已经在先设立的建设用地使用权。

包括农业用地使用权、宅基地使用权在内。关于以建造住宅、开发利用、生产经营、社会公益等非农业目的而使用国有土地的权利，在我国物权法上应如何确定其名称，学者中曾有不同的观点。有的建议采用传统民法上的地上权之称谓，而无须另创新词。[①]而多数学者则不赞同直接使用地上权的概念，至于应使用何种概念较为妥当，又有不同的主张，如有的主张沿用原有的“土地使用权”，[②]也有的主张采用《土地管理法》中已经使用了的“建设用地使用权”的概念；还有学者建议改称为“基地使用权”，[③]这一建议与我国台湾地区有将地上权称为“建地使用权”的情况相关。[④]我们认为，鉴于内容上的差异和立法传统上的原因，在我国立法上不宜采用地上权的概念，但无妨其在学理上的使用；土地使用权的概念过于宽泛，难以准确界定建设用地使用权的内涵，故应将其作为各种具体的对土地利用之权利的上位概念来使用；由于“基地”与“建地”均非法律上的用语，其含义并不明确且可能发生歧义，故立法上也不宜采用基地使用权或建地使用权的概念。相较之下，《物权法》《民法典》中选用建设用地使用权的称谓，更为恰当。

在传统物权法中，与我国建设用地使用权制度最为接近的是地上权制度。所谓地上权，是指在他人土地上以所有建筑物或其他工作物或竹木为目的，而使用其土地的权利。地上权具有如下特点：一是地上权为使用他人土地之物权；二是地上权是以所有工作物或竹木为目的之权利；三是地上权有继承性与让与性，并不以支付地租为必要。[⑤]通说认为，我国的建设用地使用权与传统民法中的地上权制度，既有联系，也有区别（其最显著的差别，在于土地所有权的归属不同），不宜等同。

---

① 参见江平主编：《中国土地立法研究》，中国政法大学出版社1999年版，第295—300页。

② 郭明瑞：《关于我国物权立法的三点思考》，载《中国法学》1998年第2期；王利明主编：《中国物权法草案及说明》，中国法制出版社2001年版，第345页以下。

③ 梁慧星等：《中国物权法草案建议稿》，社会科学文献出版社2000年版，第446页以下。

④ 《民法物权编部分条文修正草案——新旧条文对照表暨修正说明》，台北双榜文化事业出版社有限公司1997年版，第19页。

⑤ 参见史尚宽：《物权法论》，中国政法大学出版社2000年版，第189—191页。

二、建设用地使用权的取得

（一）基于法律行为而取得

1.建设用地使用权的设立

根据我国《土地管理法》《城市房地产管理法》等法律的规定，国家实行国有土地有偿、有期限使用制度，但是在法律规定范围内划拨国有土地使用权的除外。国有土地上的建设用地使用权的取得包括以出让等有偿使用的方式取得和无偿划拨取得两种方式。

国有建设用地使用权的出让，是指国家将国有土地使用权在一定年限内出让给土地使用者，由土地使用者向国家支付土地使用权出让金的建设用地使用权取得方式。根据《土地管理法》的有关规定，出让合同中的出让方是代表国家行使权力的县级以上人民政府的自然资源主管部门，受让方则并无资格限制，可以是全民所有制单位、集体所有制单位、公民个人、公司以及中外合资经营企业、中外合作经营企业、外资企业等。以出让等有偿使用方式取得国有土地使用权的建设单位，按照国务院规定的标准和办法，缴纳土地使用权出让金等土地有偿使用费和其他费用后，方可使用土地。《民法典》第348条规定："通过招标、拍卖、协议等出让方式设立建设用地使用权的，当事人应当采用书面形式订立建设用地使用权出让合同。建设用地使用权出让合同一般包括下列条款：（一）当事人的名称和住所；（二）土地界址、面积等；（三）建筑物、构筑物及其附属设施占用的空间；（四）土地用途、规划条件；（五）建设用地使用权期限；（六）出让金等费用及其支付方式；（七）解决争议的方法。"第349条规定："设立建设用地使用权的，应当向登记机构申请建设用地使用权登记。建设用地使用权自登记时设立。登记机构应当向建设用地使用权人发放权属证书。"

国有建设用地使用权的划拨，是指经县级以上人民政府依法批准，在土地使用者缴纳补偿、安置等费用后将该幅土地交付其使用，或者将土地使用权无偿交付给土地使用者使用的行为。[①]依划拨的方式取得国有土地使用权，性质

① 参见1999年第三次修正后的《城市房地产管理法》第23条第1款。

上为无偿取得，土地使用人无需支付土地使用权出让金。《民法典》规定，严格限制以划拨的方式设立建设用地使用权。根据《土地管理法》第54条和《城市房地产管理法》第24条的规定，下列建设用地的使用权，确属必需的，经县级以上人民政府依法批准，可以以划拨方式取得：（1）国家机关用地和军事用地；（2）城市基础设施用地和公益性事业用地；（3）国家重点扶持的能源、交通、水利等基础设施用地；（4）法律、行政法规规定的其他用地。《城市房地产管理法》第23条第2款规定："依照本法规定以划拨方式取得土地使用权的，除法律、行政法规另有规定外，没有使用期限的限制。"

2.建设用地使用权的让与

建设用地使用权具有商品性，可为让与之标的，土地使用人和让与人之间可通过合同转让建设用地使用权。建设用地使用权的让与为物权变动的原因之一，应采书面形式并于登记后发生效力。出于土地管理和防止炒卖土地使用权的需要，国家法律对以出让方式取得的建设用地使用权的转让设有一定的限制性规定，如在未依合同约定支付全部土地使用权出让金、未取得土地使用权证书、未完成开发投资总额的25%或尚未形成工业用地或其他建设用地条件等情况下，不得转让。以划拨方式取得土地使用权的，转让房地产时，应当按照国务院规定，报有批准权的人民政府审批。有批准权的人民政府准予转让的，应当由受让方办理土地使用权出让手续，并依照国家有关规定缴纳土地使用权出让金。以划拨方式取得土地使用权的，转让房地产报批时，有批准权的人民政府按照国务院规定决定可以不办理土地使用权出让手续的，转让方应当按照国务院规定将转让房地产所获收益中的土地收益上缴国家或者作其他处理。房地产转让，应当签订书面转让合同，合同中应当载明土地使用权取得的方式。房地产转让时，土地使用权出让合同载明的权利、义务随之转移。以出让方式取得土地使用权的，转让房地产后，其土地使用权的使用年限为原土地使用权出让合同约定的使用年限减去原土地使用者已经使用年限后的剩余年限。以出让方式取得土地使用权的，转让房地产后，受让人改变原土地使用权出让合同约定的土地用途的，必须取得原出让方和市、县人民政府城市规划行政主管部门的同意，签订土地使用权出让合同变更协议或者重新签订土地使用权出让合同，相应调整土地使用权出让金。[①]

除主动的转让行为外，建设用地使用权还可能因法人的合并与分立、抵押权的实行等原因而发生被动转移。[②]通常认为，在主体不发生变化而仅为公司股权变动导致对土地利用的实际控制权变化的，不属于建设用地使用权的转让。

（二）基于法律行为以外的事实取得

建设用地使用权人为自然人的，在该自然人死亡时，其继承人可在剩余使用期限内依法继承该建设用地使用权（继承房产的，一并继承该房产所占用土地的使用权）；企业法人破产的，其土地使用权连同地上建筑物一并作为破产财产按照企业破产法的规定进行处理和分配。

此外，在国外立法例上还承认地上权得发生时效取得，我国法律上目前尚无这方面的明文规定。

三、建设用地使用权的效力

（一）建设用地使用权人的权利

1.对土地的占有权、使用权、收益权。根据《民法典》第344条的规定和建设用地使用权的设立目的，权利人依法对作为标的物的四至界限明确的国有土地享有占有、使用和收益的权利。

2.享有所建造的建筑物及其他工作物的所有权。《民法典》第352条规定："建设用地使用权人建造的建筑物、构筑物及其附属设施的所有权属于建设用地使用权人，但是有相反证据证明的除外。"

3.将建设用地使用权转让、互换、出资、赠与或者抵押的权利。根据《民法典》第353—357条的规定，除法律另有限制性规定外，建设用地使用权人有权将建设用地使用权转让、互换、出资、赠与或者抵押。建设用地使用权转让、互换、出资、赠与或者抵押的，当事人应当采取书面形式订立相应的合同，其使用

① 参见《城市房地产管理法》第37—44条。

② 参见《民法典》第67条、第395条、第410条等。

期限由当事人约定，但是不得超过建设用地使用权的剩余期限。建设用地使用权转让、互换、出资或者赠与的，应当向登记机构申请变更登记。建设用地使用权转让、互换、出资或者赠与的，附着于该土地上的建筑物、构筑物及其附属设施一并处分；建筑物、构筑物及其附属设施转让、互换、出资或者赠与的，该建筑物、构筑物及其附属设施占用范围内的建设用地使用权亦一并处分。

4.从事必要附属行为的权利。建设用地使用权人为行使建设用地使用权，可以在依法占有使用的土地范围内，进行与营造建筑物或其他工作物有关的附属行为，如开辟道路、修筑围墙、种植花木等。

5.续展建设用地使用权期限权利。《民法典》第359条规定："住宅建设用地使用权期限届满的，自动续期。续期费用的缴纳或者减免，依照法律、行政法规的规定办理。""非住宅建设用地使用权期限届满后的续期，依照法律规定办理。该土地上的房屋以及其他不动产的归属，有约定的，按照约定；没有约定或者约定不明确的，依照法律、行政法规的规定办理。"

6.建设用地使用权被提前收回时获得补偿的权利。对此问题，《民法典》第358条规定："建设用地使用权期限届满前，因公共利益需要提前收回该土地的，应当依据本法第二百四十三条的规定对该土地上的房屋以及其他不动产给予补偿，并退还相应的出让金。"《土地管理法》第58条规定："有下列情形之一的，由有关人民政府自然资源主管部门报经原批准用地的人民政府或者有批准权的人民政府批准，可以收回国有土地使用权：（一）为实施城市规划进行旧城区改建以及其他公共利益需要，确需使用土地的；（二）土地出让等有偿使用合同约定的使用期限届满，土地使用者未申请续期或者申请续期未获批准的；（三）因单位撤销、迁移等原因，停止使用原划拨的国有土地的；（四）公路、铁路、机场、矿场等经核准报废的。""依照前款第（一）项的规定收回国有土地使用权的，对土地使用权人应当给予适当补偿。"《城市房地产管理法》第20条规定："国家对土地使用者依法取得的土地使用权，在出让合同约定的使用年限届满前不收回；在特殊情况下，根据社会公共利益的需要，可以依照法律程序提前收回，并根据土地使用者使用土地的实际年限和开发土地的实际情况给予相应的补偿。"

7.依相邻关系的规定而享有相应的权利。依据相邻关系的法理和法律规定，相邻土地的使用权人之间、土地使用权人与土地所有人之间以及土地使用权人与土地租赁权人之间等，均可适用相邻关系的有关规定。

（二）建设用地使用权人的义务

1.支付建设用地使用权出让金等费用的义务。根据《民法典》第351条和《土地管理法》《城市房地产管理法》的规定，以出让方式取得建设用地使用权的，使用权人应当依照法律规定以及合同约定支付出让金等费用；以划拨方式取得建设用地使用权的，无需支付出让金，但在转让时，应当由受让方办理建设用地使用权出让手续并缴纳土地出让金。

2.对土地的合理使用和保护义务。根据《民法典》第326条、第350条和《土地管理法》《城市房地产管理法》的规定，建设用地使用权人应当按照建设用地使用权设立时登记的用途使用土地，不得擅自改变土地用途；需要改变土地用途的，应当依法经有关行政主管部门批准。同时，建设用地使用权人应当保护土地的完好，按照土地的自然属性和法律属性进行合理的开发利用，维护土地的价值和使用价值。

四、建设用地使用权的消灭

（一）建设用地使用权消灭的事由

1.建设用地使用权的期限届满。建设用地使用权原则上为有期限的权利，当法律规定或当事人约定的使用权期限届满时，建设用地使用权归于消灭。《城市房地产管理法》第14条规定："土地使用权出让最高年限由国务院规定。"该期限及期满后的续展，因土地用途的不同而有所不同。根据《城镇国有土地使用权出让和转让暂行条例》的规定，以划拨的方式取得的土地使用权，除法律、行政法规另有规定外，没有使用期限的限制；建设用地使用权出让的最长期限为：居住用地70年，商业、旅游、娱乐用地40年，工业用地和教育、科技、文化、卫生、体育用地以及综合或其他用地50年。根据住宅用地和非住宅用地的差异，我国《民法典》第359条规定："住宅建设用地使用权期限届满的，自动续期。续期费用的缴纳或者减免，依照法律、行政法规的规定办理。”[①]“非住宅建设用地使用权期限届满后的续期，依照法律规定办理。该土地上的房屋以及其他不动产的归属，有约定的，按照约定；没有约定或者约定不明确的，依照法律、行政法规的规定办理。”《城市房地产管理法》第22条规定：“土地使用权出让合同约定的使用年限届满，土地使用者需要继续使用土地的，应当至迟于届满前一年申请续期，除根据社会公共利益需要收回该幅土地的，应当予以批准。经批准准予续期的，应当重新签订土地使用权出让合同，依照规定支付土地使用权出让金。”“土地使用权出让合同约定的使用年限届满，土地使用者未申请续期或者虽申请续期但依照前款规定未获批准的，土地使用权由国家无偿收回。”

2.建设用地使用权被依法收回。根据《民法典》第243条、第358条和《土地管理法》第58条以及《城市房地产管理法》第20条、第22条等规定，有下列情形之一的，由有关人民政府自然资源主管部门报经原批准用地的人民政府或者有批准权的人民政府批准，可以收回国有土地使用权：（1）为实施城市规划进行旧城区改建以及其他公共利益需要，确需使用土地的；[②]（2）土地出让等有偿使用合同约定的使用期限届满，土地使用者未申请续期或者申请续期未获批准的；（3）因单位撤销、迁移等原因，停止使用原划拨的国有土地的；（4）公路、铁路、机场、矿场等经核准报废的。此外，未依合同约定的土地用途和动工开发期限开发利用土地，导致土地闲置、荒废的，亦可导致土地使用权收回。根据《城市房地产管理法》第26条的规定，以出让方式取得土地使用权进行房地产开发的，必须按照土地使用权出让合同约定的土地用途、动工开发期限开发土地。超

---

① 原《物权法》第149条第1款中只规定了前句，至于自动续期是否还需支付后续的土地使用权出让金以及按什么标准支付的问题，尚有不同意见，立法时难以定论，故《物权法》中对此未作规定，留待以后再加以研究确定，亦可由国务院另行通过行政法规的形式作出规定。参见胡康生主编：《中华人民共和国物权法释义》，法律出版社2007年版，第332—333页。由于实践中已出现住宅建设用地使用权到期后是否需补缴出让金的问题，故此，《民法典》编纂中增加了后句，以明确续期并非当然的无偿、无限期的。但关于续期费用的缴纳或者减免的具体规定，仍未明确。

② 根据《民法典》第243条、第358条和《土地管理法》第58条的规定，因公共利益需要而在建设用地使用权期间届满前收回土地使用权的，应当依照法律规定对该土地上的房屋以及其他不动产给予补偿，并退还相应的出让金；因实施城市规划进行旧城区改建而收回土地使用权的，对土地使用权人应当给予适当补偿。二者情况有异，补充内容的规定也有一定的差异。

过出让合同约定的动工开发日期满1年未动工开发的，可以征收相当于土地使用权出让金20%以下的土地闲置费；满2年未动工开发的，可以无偿收回土地使用权；但是，因不可抗力或者政府、政府有关部门的行为或者动工开发必需的前期工作造成动工开发迟延的除外。

3.土地的灭失。作为建设用地使用权之标的物的土地一旦灭失，建设用地使用权自然随之归于消灭，我国《城市房地产管理法》第21条中也明文规定“土地使用权因土地灭失而终止”。不过，如果土地部分灭失而不影响其他部分使用的，则未灭失部分仍可继续使用。

（二）建设用地使用权消灭的法律效果

《民法典》第360条规定：“建设用地使用权消灭的，出让人应当及时办理注销登记。登记机构应当收回权属证书。”

如前所述，建设用地使用权消灭事由不同，其法律效果也不尽相同。根据我国法律、法规的规定，国家无偿收回划拨的建设用地使用权的，对其地上建筑物或其他工作物，市、县人民政府应当根据实际情况给予适当补偿；国家提前收回出让建设用地使用权的，应当根据建设用地使用权人已使用的年限和开发、利用土地的实际情况给予相应的补偿，因公共利益需要而提出收回的还应退还相应的土地出让金；非住宅建设用地使用权出让合同约定的使用年限届满未如期申请续展或申请未获批准的，建设用地使用权由国家无偿收回。

在国外法律上，一般规定地上权期限届满后，地上权人有地上物取回权、延期请求权、地上物补偿请求权，而土地所有人则有买取权等。不少学者指出，这种根据不同情况分别处理的方式，公允合理，值得我们借鉴。[①]我国的法律、法规上，关于以出让方式取得的建设用地使用权因期间届满而消灭时，对使用权人构建的地上建筑物等应如何处理的问题，前后曾有不同的规定。1990年的《城镇国有土地使用权出让和转让暂行条例》第40条规定，土地使用权出让期限届

① 参见梁慧星、陈华彬：《物权法》（第三版），法律出版社2005年版，第291—292页；梁慧星等：《中国物权法草案建议稿》，社会科学文献出版社2000年版，第500—504页；王利明主编：《中国物权法草案建议稿及说明》，中国法制出版社2001年版，第365页。

满后，“土地使用权及其地上建筑物、其他附着物由国家无偿取得”。这种处理方法，显然不利于对地上物的维护和价值的保持，对使用权人也显失公平。《城市房地产管理法》第22条对此作了改进，规定土地使用权出让合同约定的使用年限届满而土地使用者需要继续使用土地的，应当至迟于届满前1年申请续期，除根据社会公共利益需要收回该幅土地的，应当予以批准。经批准予以续期的，应当重新签订土地使用权出让合同并依照规定支付土地使用权出让金。土地使用权出让合同约定的使用年限届满，土地使用者未申请续期或者虽申请续期但依法律规定未获批准的，土地使用权才由国家无偿收回。原《物权法》第149条中对住宅建设用地使用权和非住宅建设用地使用权分两款作了不同的规定；《民法典》中对此问题的规定再作完善：首先，根据民众的呼声和出于维护民生的考虑，于第359条第1款对住宅用地使用权期满的处理问题，规定为“自动续期”且“续期费用的缴纳或者减免，依照法律、行政法规的规定办理”。其次，第359条第2款对于非住宅建设用地期满后的续期问题，仍依照《城市房地产管理法》的规定办理。该土地上的房屋及其他不动产的归属，有约定的，按照约定；没有约定或者约定不明确的，依照法律、行政法规的规定办理。这种处理方式，基本合理，且依合同约定的方式解决对地上物的处理问题，有利于避免纠纷，亦可与域外有关规定保持一致。

第三节 土地承包经营权

一、土地承包经营权的概念与特征

（一）土地承包经营权的概念

土地承包经营权，又称农村土地承包经营权、农业用地承包经营权，或者简称农地承包经营权，是指农业生产经营者为种植、养殖、畜牧等农业目的对其依法承包经营的农民集体所有和国家所有由农民集体使用的农业用地享有的占有、使用、收益的权利。

土地承包经营权是我国农村土地法律制度中的特有概念，是改革开放以来农村集体经济组织实行土地承包责任制的产物。1986年的《民法通则》第80条中即规定：“公民、集体依法对集体所有的或者国家所有由集体使用的土地的承包经营权，受法律保护。”2002年颁布的《农村土地承包法》（2009年第一次修正，2018年第二次修正）第2条规定：“本法所称农村土地，是指农民集体所有和国家所有依法由农民集体使用的耕地、林地、草地，以及其他依法用于农业的土地。”第3条规定：“国家实行农村土地承包经营制度。”“农村土地承包采取农村集体经济组织内部的家庭承包方式，不宜采取家庭承包方式的荒山、荒沟、荒丘、荒滩等农村土地，可以采取招标、拍卖、公开协商等方式承包。”第4条规定：“农村土地承包后，土地的所有权性质不变。承包地不得买卖。”《民法典》第330条规定：“农村集体经济组织实行家庭承包经营为基础、统分结合的双层经营体制。”“农民集体所有和国家所有由农民集体使用的耕地、林地、草地以及其他用于农业的土地，依法实行土地承包经营制度。”第331条规定：“土地承包经营权人依法对其承包经营的耕地、林地、草地等享有占有、使用和收益的权利，有权从事种植业、林业、畜牧业等农业生产。”

（二）土地承包经营权的特征

1.土地承包经营权的主体是农业生产经营者。享有农地承包权的是从事农业生产的农户及其他的单位或个人，并且一般都是农地所属的农村集体经济组织的成员。《农村土地承包法》第5条规定：“农村集体经济组织成员有权依法承包由本集体经济组织发包的农村土地。任何组织和个人不得剥夺和非法限制农村集体经济组织成员承包土地的权利。”非本集体组织成员的单位或个人也可以承包集体所有的土地，但土地的性质有所限制且需履行一定的程序并通过招标、拍卖、公开协商等方式取得承包权。根据《农村土地承包法》第48条、第52条等的规定，不宜采取家庭承包方式的荒山、荒沟、荒丘、荒滩等农村土地，可以通过招标、拍卖、公开协商等方式承包。以其他方式承包农村土地，在同等条件下，本集体经济组织成员仍有权优先承包。发包方将农村土地发包给本集体经济组织以外的单位或者个人承包，应当事先经本集体经济组织成员的村民会议2/3以上成员或者2/3以上村民代表的同意，并报乡（镇）人民政府批准；签订承包合同前，发包方还应当对承包方的资信情况和经营能力进行审查。

2. 土地承包经营权的客体是农民集体所有和国家所有由农民集体使用的农业用地。根据《民法典》第331条、《土地管理法》第4条、《农村土地承包法》第2条等的规定，农地承包权是一种以土地为客体的用益物权，但由其目的所决定，其标的物限于农民集体所有和国家所有由农民集体使用的农业用地，在城市的国有土地以及农村集体所有的非农用土地上均不得成立农地承包权。土地承包经营权中所称的土地，又称为农村土地、农业用地、用于农业的土地、农用地，是指直接用于农业生产的土地，包括耕地、林地、草地、农田水利用地、养殖水面等。农用地并不限于集体所有的农用地，也包括国家所有而用于农业的土地。根据有关规定，所谓农业用地，是指农民集体所有和国家所有由农民集体使用的以及其他依法用于农业的土地。《民法典》第330条第2款和《农村土地承包法》第2条中所称的“其他依法用于农业的土地”，是指耕地、林地、草地之外用于农业的土地，主要包括农田水利用地、养殖水面以及荒山、荒沟、荒丘、荒滩（通常简称“四荒地”）等。根据法律规定，土地承包经营权的客体主要是农民集体所有的农业用地，但也包括“国家所有由农民集体使用的农业用地”。此外，《民法典》第343条还规定：“国家所有的农用地实行承包经营的，参照适用本编的有关规定。”该条中所称的“国家所有的农用地”，与前面所称的“国家所有由农民集体使用”的农业用地是不同的，是指并未交由农民集体使用的国有农用地，例如国有农场、林场等，此类国有农用地实行承包经营的，“参照适用”土地承包经营权一章以及物权编的其他有关规定。

3. 土地承包经营权的设立目的是从事种植、养殖或畜牧等农业活动。设立农地承包权是为了以农业生产经营为目的而利用土地。而所谓的农业生产经营，主要指从事种植业、林业、畜牧业、养殖业等农业活动。非以农业生产为目的而利用土地的，不得成立农地承包权。

（三）土地承包经营权的名称确定及其与永佃权的关系

传统民法上，与我国法律上的土地承包经营权制度最为接近的是永佃权。所谓永佃权，是指以支付佃租为代价而长期或永久在他人土地上为耕作或牧畜之权。[①]虽然土地承包经营权与永佃权的设立目的都是进行农业生产，但二者在设立的经济基础、当事人双方的地位、收益分配的性质及存续期限等方面均有明显差异，故不可等同。更为重要的是，我国曾有2000多年的封建传统，人们往往将永佃权与封建剥削关系相联系，因此设计我国以土地社会主义公有制为基础的土地用益物权制度时，大多数学者认为不宜采纳永佃权的概念。

在我国物权法制定中，学者及立法机关一致主张对现行的农村土地承包经营权进行彻底的物权化改造，但对采用何种名称曾有不同的意见。如有的认为应继续沿用现行法上的农村土地承包经营权的概念或者简称土地承包经营权、土地承包权；[②]有的认为承包权与承包经营权的概念不够确切，且容易引起歧义，故应采用与基地使用权相对应的农地使用权概念。[③]我国物权法制定中，考虑到原有的土地承包经营权制度的缺陷主要在于其物权性不明确，效力不足，而并不在于概念的使用上，而且土地的承包经营制度作为一种体现我国农村土地制度特色的行之有效的制度，已为广大农民所接受，为求农村土地承包经营关系的稳定和发展，不宜轻易抛弃既有的概念，故此仍沿用了土地承包经营权的概念。修正后的《农村土地承包法》和《民法典》编纂中仍维持了这一权利名称，唯有发展、变化的是，按照中共中央关于农村土地“三权分置”的决定，在土地承包经营权中又分出了“土地经营权”。

二、土地承包经营权的取得

（一）基于法律行为取得

土地承包经营权主要是基于法律行为取得，具体包括设立取得和流转取得两种方式。

---

① 2010年我国台湾地区修订“民法”时，以农育权取代了永佃权，依其第850条之一的规定，所称的农育权，谓在他人土地为农作、森林、养殖、畜牧、种植竹木或保育之权。

② 参见王利明主编:《中国物权法草案建议稿及说明》，中国法制出版社2001年版，第368页以下;《中华人民共和国物权法草案（征求意见稿）》第十三章。

③ 参见梁慧星等:《中国物权法草案建议稿》，社会科学文献出版社2000年版，第500页以下。

1. 土地承包经营权的设立

土地承包经营权主要由发包方与承包方签订土地承包合同而设立，此合同在法律上称为土地承包经营权合同。根据《农村土地承包法》和《民法典》的规定，农地承包分为“家庭承包”和“其他方式的承包”两种，以采用农村集体经济组织内部的家庭承包方式为主。土地承包经营权合同中的发包方因土地所有权人的不同而不同：农民集体所有的土地依法属于村农民集体所有的，由村集体经济组织或者村民委员会发包；已经分别属于村内两个以上农村集体经济组织的农民集体所有的，由村内各该农村集体经济组织或者村民小组发包；国家所有依法由农民集体使用的农村土地，由使用该土地的农村集体经济组织、村民委员会或者村民小组发包。承包合同中的承包方及其取得承包权的方式、条件、期限等，则因承包方式的不同而有所不同。

在家庭承包中，承包方是发包土地的本集体经济组织的农户。本集体经济组织的成员，无论男女老少均依法享有平等、无偿地承包土地的权利，任何组织和个人不得剥夺和非法限制农村集体经济组织成员承包土地的权利。[①]农户内家庭成员依法平等享有承包土地的各项权益。根据《农村土地承包法》的规定，土地承包应当遵循以下原则：（1）按照规定统一组织承包时，本集体经济组织成员依法平等地行使承包土地的权利，也可以自愿放弃承包土地的权利；（2）民主协商，公平合理；（3）承包方案应当按照本法第12条的规定，依法经本集体经济组织成员的村民会议2/3以上成员或者2/3以上村民代表的同意；（4）承包程序合法。土地承包应当按照以下程序进行：（1）本集体经济组织成员的村民会议选举产生承包工作小组；（2）承包工作小组依照法律、法规的规定拟订并公布承包方案；（3）依法召开本集体经济组织成员的村民会议，讨论通过承包方案；（4）公开组织实施承包方案；（5）签订承包合同。承包合同应当采取书面形式，一般包括以下条款：发包方、承包方的名称，发包方负责人和承包方代表的姓名、住所；承包土地的名称、坐落、面积、质量等级；承包期限和起止日期；承包土地

① 从国家政策和立法精神上讲，家庭承包的土地承包经营权和宅基地使用权都具有社会福利性质，具有对集体经济组织成员的社会保障功能。参见黄薇主编：《中华人民共和国民法典释义》（上），法律出版社2020年版，第700页。

的用途；发包方和承包方的权利和义务；违约责任。承包合同自成立之日起生效，承包方承包合同生效时取得土地承包经营权。国家对耕地、林地和草地等实行统一登记，登记机构应当向承包方颁发土地承包经营权证或者林权证等证书，并登记造册，确认土地承包经营权。土地承包经营权证或者林权证等证书应当将具有土地承包经营权的全部家庭成员列入。承包合同生效后，发包方不得因承办人或者负责人的变动而变更或者解除，也不得因集体经济组织的分立或者合并而变更或者解除。国家机关及其工作人员不得利用职权干涉农村土地承包或者变更、解除承包合同。

所谓其他方式的承包，是指对不宜采取家庭承包方式的荒山、荒沟、荒丘、荒滩等农村土地，可以采取招标、拍卖、公开协商等方式承包。根据《农村土地承包法》的规定，荒山、荒沟、荒丘、荒滩等可以直接通过招标、拍卖、公开协商等方式实行承包经营，也可以将土地经营权折股分给本集体经济组织成员后，再实行承包经营或者股份合作经营。以其他方式承包农村土地，本集体经济组织之外的其他单位或者个人也可以通过参加竞标、竞价或公开协商等方式取得承包经营权，但在同等条件下，本集体经济组织成员享有优先承包权；发包方将农村土地发包给本集体经济组织以外的单位或者个人承包的，应当对承包方的资信情况和经营能力进行审查，事先经本集体经济组织成员的村民会议2/3以上的成员或2/3以上村民代表的同意，并报乡（镇）人民政府批准。以其他方式承包农村土地的，承包方也应当通过签订承包合同的方式取得土地经营权；当事人的权利和义务、承包期限等，由双方协商确定；承包费通过公开竞标、竞价确定，或者以公开协商的方式议定。合同生效后，承包方可以经申请登记取得相应的权利证书。

《民法典》从物权变动的角度规定了土地承包经营权的取得问题，该法第333条规定："土地承包经营权自土地承包经营权合同生效时设立。""登记机构应当向土地承包经营权人发放土地承包经营权证、林权证等证书，并登记造册，确认土地承包经营权。"据此规定并结合第335条关于土地承包经营权流转的规定可知，土地承包经营权是自土地承包合同生效时设立或取得，而且纵未登记也具有物权的对抗效力；登记机构发放证书、登记造册，只是为了"确认"土地承包经营权，而非其取得和发生物权效力的要件。这是根据我国农村"熟人社会"之特点并考量农村不动产登记的现状和实际需要而设计出的一种特殊处理方案，这一物权变动模式与意思主义和公示对抗主义模式下的“书面成立、登记对抗”之立法旨趣亦有不同，因此可以认为其是一种颇具中国特色的创新性规定。

2. 土地承包经营权的流转

农业用地承包权作为用益物权之一种，从法理角度来说应允许其自由流转。但从我国农村土地的集体所有制、农业生产的稳定发展和农用土地的管理制度角度看，对土地承包经营权的流转也应作出必要的限制。《农村土地承包法》第二章第一节、第四节和第三章中对两种土地承包经营权的流转都分别作出了规定。根据该法的规定，家庭承包土地承包方享有依法互换、转让土地承包经营权的权利。土地承包经营权互换、转让的，当事人可以向登记机构申请登记。未经登记，不得对抗善意第三人。通过招标、拍卖、公开协商等方式承包农村土地，经依法登记取得权属证书的，可以依法采取出租、入股、抵押或者其他方式流转土地经营权。根据上述规定，土地承包经营权依法以互换、转让、入股等方式流转其土地承包经营权的，受让人取得相应的土地承包经营权。

为落实中共中央关于农村土地“三权分置”的改革要求，2018年修正的《农村土地承包法》和2020年颁布的《民法典》中增加了关于从土地承包经营权中分离出来的土地经营权的规定。《农村土地承包法》第9条、第10条规定：承包方承包土地后，享有土地承包经营权，可以自己经营，也可以保留土地承包权，流转其承包地的土地经营权，由他人经营。国家保护承包方依法、自愿、有偿流转土地经营权，保护土地经营权人的合法权益，任何组织和个人不得侵犯。

《民法典》中对土地承包经营权和土地经营权的流转取得问题也作了原则规定，据其第334条、第335条、第339—342条的规定：土地承包经营权人依照法律规定，有权将土地承包经营权互换、转让，但未经依法批准，不得将承包地用于非农建设。土地承包经营权互换、转让的，当事人可以向登记机构申请登记；未经登记，不得对抗善意第三人。[①]土地承包经营权人可以自主决定依法采取出租、入股或者其他方式向他人流转土地经营权。土地经营权人有权在合同约定期限内占有农村土地，自主开展农业生产经营并取得收益。流转期限为5年以上的

① 第335条中对家庭承包的土地承包经营权以互换、转让采用了“登记对抗主义”的规则，同样属于一种灵活务实的处理方案。

土地经营权，自流转合同生效时设立。当事人可以向登记机构申请土地经营权登记；未经登记，不得对抗善意第三人。[①]通过招标、拍卖、公开协商等方式承包农村土地，经依法登记取得权属证书的，可以依法采取出租、入股、抵押或者以其他方式流转土地经营权。[②]

（二）基于法律行为以外的事实取得

基于法律行为以外的事实取得土地承包经营权（永佃权）的情况，主要是继承取得。另依国外立法通行做法和国内多数学者的主张，农地使用权尤其是"四荒地"、未利用地的使用权还应允许依时效取得，但我国法律上对此并无明文规定。

《农村土地承包法》中对土地承包经营权的继承问题，根据实际需要，区分不同情况而作了有所不同的规定。该法第32条规定：家庭承包中"承包人应得的承包收益，依照继承法的规定继承。""林地承包的承包人死亡，其继承人可以在承包期内继续承包。"第54条中规定："通过招标、拍卖、公开协商等方式取得土地经营权的，该承包人死亡，其应得的承包收益，依照继承法的规定继承；在承包期内，其继承人可以继续承包。"依据上列规定的精神，家庭承包中部分家庭成员死亡的，由于作为承包方的户还存在，因此不发生继承问题，由家庭中的其他成员继续承包；在承包户的家庭成员全部死亡的情况下，考虑到我国农村的实际情况，为缓解人地矛盾，体现社会公平，不应允许由他人继承，而应由集体经济组织收回并根据实际情况作出调整，唯有承包的收益可按照继承法的规定继承。[③]考虑到林业生产经营的周期长、收益慢、投资和风险大，更由于林木所有权与林地不能分离等特点，为调动承包人的积极性并防止可能出现的滥砍滥伐

---

① 关于此种由土地承包经营权中分离的土地经营权的性质问题，理论上有物权说、债权说、准物权说（债权物权化）等不同的认识，立法精神上系将这种期限较长、关系稳定且能够登记的土地经营权作为物权对待。参见黄薇主编：《中华人民共和国民法典释义》（上），法律出版社2020年版，第672—673页。

② 第342条中仅对其他方式承包的"土地经营权"的流转作了明文规定，依当然解释，以其他方式承包的土地承包经营权亦可依法转让。

③ 参见刘保玉、李运杨：《农村土地承包经营权的继承问题探讨》，载《北方法学》2014年第2期。

现象，故例外地允许继承。至于以其他方式获得的土地承包经营权，由于其情况与家庭承包有所不同，故应允许继承。[①]

对于由土地承包经营权中分离的土地经营权能否继承问题，法律上并未明确规定。我们认为，土地经营权与承包经营权不同，其完全不具有人身属性和对农村集体经济组织成员的社会保障功能，与普通财产性权利并无质的区别，因此，土地经营权人死亡的，其在剩余期限内的土地经营权可以作为遗产由其继承人依据继承编的规定继承，但继承人同样不得改变土地的用途。

三、土地承包经营权的效力

（一）承包方的权利义务

根据《民法典》和《农村土地承包法》的规定，承包方（土地承包经营权人）享有的权利主要有以下几项：

1.对所承包土地的占有、使用和收益权。这是基于农村土地承包经营权的设立目的而由承包人享有的最基本的权利。《民法典》第331条的定义性规定中即明确“土地承包经营权人依法对其承包经营的耕地、林地、草地等享有占有、使用和收益的权利，有权从事种植业、林业、畜牧业等农业生产”。《农村土地承包法》第17条第1项也列出承包方“依法享有承包地使用、收益的权利，有权自主组织生产经营和处置产品”。

2.依法互换、转让土地承包经营权的权利。《民法典》第334条和《农村土地承包法》第17条第2项规定均确认了土地承包经营权人的此项权利。根据《农村土地承包法》第33条、第34条的规定：承包方之间为方便耕种或者各自需要，可以对属于同一集体经济组织的土地的土地承包经营权进行互换，并向发包方备案；经发包方同意，承包方可以将全部或者部分的土地承包经营权转让给本集体经济组织的其他农户，由该农户同发包方确立新的承包关系，原承包方与发包方在该土地上的承包关系即行终止。

---

① 参见胡康生主编:《中华人民共和国农村土地承包法通俗读本》，法律出版社2002年版，第69页以下。

3. 依法流转土地经营权的权利。《民法典》第339条、第340条规定："土地承包经营权人可以自主决定依法采取出租、入股或者其他方式向他人流转土地经营权。""土地经营权人有权在合同约定的期限内占有农村土地，自主开展农业生产经营并取得收益。"《农村土地承包法》第9条、第10条、第17条第3项也规定：承包方享有依法流转土地经营权的权利；承包方承包土地后，享有土地承包经营权，可以自己经营，也可以保留土地承包权，流转其承包地的土地经营权，由他人经营。国家保护承包方依法、自愿、有偿流转土地经营权，保护土地经营权人的合法权益，任何组织和个人不得侵犯。《农村土地承包法》第二章还专设一节（第五节）对土地经营权作出了系统的规定：承包方可以自主决定依法采取出租（转包）、入股或者其他方式向他人流转土地经营权，并向发包方备案。土地经营权流转应当遵循以下原则：（1）依法、自愿、有偿，任何组织和个人不得强迫或者阻碍土地经营权流转；（2）不得改变土地所有权的性质和土地的农业用途，不得破坏农业综合生产能力和农业生态环境；（3）流转期限不得超过承包期的剩余期限；（4）受让方须有农业经营能力或者资质；（5）在同等条件下，本集体经济组织成员享有优先权。土地经营权流转的价款，应当由当事人双方协商确定。流转的收益归承包方所有，任何组织和个人不得擅自截留、扣缴。土地经营权流转，当事人双方应当签订书面流转合同，该合同的一般条款包括：双方当事人的姓名、住所；流转土地的名称、坐落、面积、质量等级；流转期限和起止日期；流转土地的用途；双方当事人的权利和义务；流转价款及支付方式；土地被依法征收、征用、占用时有关补偿费的归属；违约责任。但承包方将土地交由他人代耕不超过一年的，可以不签订书面合同。承包方流转土地经营权的，其与发包方的承包关系不变。土地经营权人有权在合同约定的期限内占有农村土地，自主开展农业生产经营并取得收益；经承包方书面同意，并向本集体经济组织备案，受让方可以再流转土地经营权。此外，该法第27条规定：承包期内，承包农户进城落户的，引导支持其按照自愿有偿原则依法在本集体经济组织内转让土地承包经营权或者将承包地交回发包方，也可以鼓励其流转土地经营权；该法在第三章（其他方式的承包）的第53条中规定：通过招标、拍卖、公开协商等方式承包农村土地，经依法登记取得权属证书的，可以依法采取出租、入股、抵押或者其他方式流转土地经营权。

4.以土地经营权融资担保的权利。在修改前的《农村土地承包法》和原《物权法》中，并未赋予家庭承包中以土地承包经营权融资担保的权利，而这一限制非常不利于承包方经营活动的需要。因此，修改后的《农村土地承包法》在土地经营权一节的第47条专门规定："承包方可以用承包地的土地经营权向金融机构融资担保，并向发包方备案。受让方通过流转取得的土地经营权，经承包方书面同意并向发包方备案，可以向金融机构融资担保。""担保物权自融资担保合同生效时设立。当事人可以向登记机构申请登记；未经登记，不得对抗善意第三人。""实现担保物权时，担保物权人有权就土地经营权优先受偿。""土地经营权融资担保办法由国务院有关部门规定。"①《民法典》第342条和《农村土地承包法》第53条规定："通过招标、拍卖、公开协商等方式承包农村土地，经依法登记取得权属证书的，可以依法采取出租、入股、抵押或者其他方式流转土地经营权。"

5.征收补偿权和投资补偿权。根据《农村土地承包法》第17条第4项规定，承包方的承包地被依法征收、征用、占用的，有权依法获得相应的补偿。《民法典》第338条也明确规定："承包地被征收的，土地承包经营权人有权依据本法第二百四十三条的规定获得相应补偿。"除此之外，《农村土地承包法》第27条第4款、第30条、第43条还规定：承包期内，承包方交回承包地或者发包方依法收回承包地时，承包方对其在承包地上投入而提高土地生产能力的，有权获得相应的补偿，承包方自愿交回承包地的还可以获得合理补偿，但是应当提前半年以书面形式通知发包方，且承包方在承包期内交回承包地的，在承包期内不得再要求承包土地；经承包方同意，土地经营权的受让方可以依法投资改良土壤，建设农业生产附属、配套设施，并按照合同约定对其投资部分获得合理补偿。

---

①　本条规定中并未明确家庭承包中的土地经营权融资担保所设立的担保物权究竟是什么，结合《民法典》第342条和《农村土地承包法》第53条的规定，可以推断该担保物权应该同样是抵押权，唯其采用了登记对抗主义规则，此点与担保物权分编的一般规定有异。而其他方式承包中的土地经营权抵押，则未有特殊规定，依法律规定的精神，仍应以办理抵押登记为其成立要件。

6.法律、行政法规规定以及承包合同约定的其他权利。

《民法典》第326条规定："用益物权人行使权利，应当遵守法律有关保护和合理开发利用资源、保护生态环境的规定。"《农村土地承包法》第11条第1款规定："农村土地承包经营应当遵守法律、法规，保护土地资源的合理开发和可持续利用。未经依法批准不得将承包地用于非农建设。"另根据《农村土地承包法》第18条、第63条等的规定，农地承包经营权人所承担的义务主要是：（1）维持土地的农业用途，未经依法批准不得用于非农建设；（2）依法保护和合理利用土地，不得给土地造成永久性损害；（3）法律、行政法规规定以及承包合同约定的其他义务。承包方、土地经营权人违法将承包地用于非农建设的，由县级以上地方人民政府有关主管部门依法予以处罚。承包方给承包地造成永久性损害的，发包方有权制止，并有权要求赔偿由此造成的损失。

关于土地经营权人的权利义务，与土地承包经营权人的权利义务大致相当，兹不再单独叙述。①

（二）发包方的权利和义务

根据《民法典》和《农村土地承包法》第14条等的规定，发包方享有的主要权利有：（1）发包本集体所有的或者国家所有依法由本集体使用的农村土地；（2）监督承包方依照承包合同约定的用途合理利用和保护土地；（3）制止承包方损害承包地和农业资源的行为；（4）法律、行政法规规定的其他权利。例如，《农村土地承包法》第45条第2款规定，工商企业等社会资本通过流转取得土地经营权的，本集体经济组织可以收取适量管理费用。

根据《农村土地承包法》第15条的规定，发包方承担的主要义务是：（1）维护承包方的土地承包经营权，不得非法变更、解除承包合同；（2）尊重承包方的生产经营自主权，不得干涉承包方依法进行正常的生产经营活动；（3）依照承包合同的约定为承包方提供生产、技术、信息等服务；（4）执行县、乡（镇）土地利用总体规划，组织本集体经济组织内的农业基础设施建设；（5）法律、行

---

① 参见黄薇主编：《中华人民共和国民法典释义》（上），法律出版社2020年版，第699—670页。

政法规规定以及承包合同约定的其他义务。

《民法典》第336条和《农村土地承包法》第28条、第29条还专门规定，承包期内，发包方不得调整承包地。承包期内，因自然灾害严重毁损承包地等特殊情形对个别农户之间承包的耕地和草地需要适当调整的，必须经本集体经济组织成员的村民会议2/3以上成员或者2/3以上村民代表的同意，并报乡（镇）人民政府和县级人民政府农业农村、林业和草原等主管部门批准。承包合同中约定不得调整的，按照其约定。应当用于调整承包土地或者承包给新增人口的土地包括：集体经济组织依法预留的机动地；[①]通过依法开垦等方式增加的；发包方依法收回和承包方依法、自愿交回的。此外，根据《农村土地承包法》第四章“争议的解决和法律责任”的有关规定，发包方有下列行为之一的，应当承担停止侵害、排除妨碍、消除危险、返还财产、恢复原状、赔偿损失等民事责任：（1）干涉承包方依法享有的生产经营自主权；（2）违反本法规定收回、调整承包地；（3）强迫或者阻碍承包方进行土地承包经营权的互换、转让或者土地经营权流转；（4）假借少数服从多数强迫承包方放弃或者变更土地承包经营权；（5）以划分“口粮田”和“责任田”等为由收回承包地搞招标承包；（6）将承包地收回抵顶欠款；（7）剥夺、侵害妇女依法享有的土地承包经营权；（8）其他侵害土地承包经营权的行为。承包合同中违背承包方意愿或者违反法律、行政法规有关不得收回、调整承包地等强制性规定的约定无效。当事人一方不履行合同义务或者履行义务不符合约定的，应当依法承担违约责任。任何组织和个人强迫进行土地承包经营权互换、转让或者土地经营权流转的，该互换、转让或者流转无效。任何组织和个人擅自截留、扣缴土地承包经营权互换、转让或者土地经营权流转收益的，应当退还。违反土地管理法规，非法征收、征用、占用土地或者贪污、挪用土地征收、征用补偿费用，构成犯罪的，依法追究刑事责任；造成他人损害的，应当承担损害赔偿等责任。

---

① 法律和政策导向上，对预留机动地采限制乃至否定的态度。《农村土地承包法》在第67条专门规定：“本法实施前已经预留机动地的，机动地面积不得超过本集体经济组织耕地总面积的百分之五。不足百分之五的，不得再增加机动地。”“本法实施前未留机动地的，本法实施后不得再留机动地。”

四、土地承包经营权的消灭

（一）土地承包经营权的消灭原因

土地承包经营权因一定的法律事实而发生，亦得因法定事由的发生而消灭。为维护承包关系的稳定性和承包人的利益，我国法律对土地承包经营权消灭的事由作了明文规定。根据《民法典》《农村土地承包法》的规定，土地承包经营权的消灭事由主要有以下几项：

1.承包期届满不愿继续承包的。《民法典》第332条规定：“耕地的承包期为三十年。草地的承包期为三十年至五十年。林地的承包期为三十年至七十年。”“前款规定的承包期限届满，由土地承包经营权人依照农村土地承包的法律规定继续承包。”《农村土地承包法》第21条第1款中规定了同样的承包期，第2款规定：“……耕地承包期届满后再延长三十年，草地、林地承包期届满后依照前款规定相应延长。”据此，承包期满并非土地承包经营权的消灭原因，而是依法当然续展，唯在承包权届满后承包人不愿继续承包的，土地承包经营权才归于消灭。不过，在实践中，家庭承包的土地承包经营权人在承包期满后不愿意继续承包的情况几乎不存在。

2.承包人在承包期内交回承包地的。《农村土地承包法》第30条规定：“承包期内，承包方可以自愿将承包地交回发包方。承包方自愿交回承包地的，可以获得合理补偿，但是应当提前半年以书面形式通知发包方。承包方在承包期内交回承包地的，在承包期内不得再要求承包土地。”

3.承包人依法将土地承包经营权转让的。《农村土地承包法》第34条规定：“经发包方同意，承包方可以将全部或者部分的土地承包经营权转让给本集体经济组织的其他农户，由该农户同发包方确立新的承包关系，原承包方与发包方在该土地上的承包关系即行终止。”

4.发包人在承包期内依法解除合同、收回土地。《民法典》第337条规定：“承包期内发包人不得收回承包地。法律另有规定的，依照其规定。”《农村土地承包法》第27条在重申“承包期内，发包方不得收回承包地”的同时，还明确规定：

“国家保护进城农户的土地承包经营权。不得以退出土地承包经营权作为农户进城落户的条件。”“承包期内，承包农户进城落户的，引导支持其按照自愿有偿原则依法在本集体经济组织内转让土地承包经营权或者将承包地交回发包方，也可以鼓励其流转土地经营权。”[①]第31条规定：“承包期内，妇女结婚，在新居住地未取得承包地的，发包方不得收回其原承包地；妇女离婚或者丧偶，仍在原居住地生活或者不在原居住地生活但在新居住地未取得承包地的，发包方不得收回其原承包地。”另外，根据《农村土地承包法》第42条、第64条的规定，享有土地承包经营权的承包方流转其承包地的土地经营权而由他人经营后，不得单方解除土地经营权流转合同，但受让方有擅自改变土地的农业用途、弃耕抛荒连续两年以上、给土地造成严重损害或者严重破坏土地生态环境以及其他严重违约行为的除外。土地经营权人有上述行为，而承包方在合理期限内不解除土地经营权流转合同的，发包方也有权要求终止土地经营权流转合同并要求土地经营权人对土地和土地生态环境造成的损害予以赔偿。

5.所承包的土地被依法征收。根据法律规定，国家基于公共利益的需要，在依照法定程序并给予合理补偿的前提下，可以依法征收集体土地，此时设立于该集体土地之上的农地承包权及流转的土地经营权即归于消灭，但承包人、土地经营权人可以依照法律规定获得相应的补偿。

（二）土地承包经营权消灭的法律后果

土地承包经营权消灭的法律后果，主要有以下几方面：

1.返还土地、注销土地承包经营权。承包人的土地承包经营权消灭后，承包人应恢复土地原状并将土地返还给发包人；如果是已经依法登记的土地承包经营权消灭的，还应办理注销手续。

2.取回土地上的出产物和农用工作物。除非另有其他特殊原因，所承包土地上的出产物、农用工作物等，均为土地承包人花费劳力或资金所得，依法应属其

---

① 2018年修正前的《农村土地承包法》第26条第3款则将此作为土地承包经营权消灭时的事由：“承包期内，承包方全家迁入设区的市，转为非农业户口的，应当将承包的耕地和草地交回发包方。承包方不交回的，发包方可以收回承包的耕地和草地。”

所有，在土地承包经营权消灭时，自应由其取回。但发包人或后续承包人提出以市价购买时，土地承包人不得拒绝。

3.偿还改良费用或其他有益费用。土地承包经营权消灭时，土地承包经营权人为增加土地的生产能力或土地的使用便利而对承包地支出的改良费用或其他有益费用，应按照公平合理的精神，在现存的增加值限度内，由发包人或后续承包人予以折价补偿。

4.承包地被征收时的补偿与安置。根据《民法典》第338条等规定，承包地被征收的，土地承包经营权人有权依照本法第243条的规定获得相应补偿与安置。

土地经营权消灭的法律后果，与上述土地承包经营权消灭的后果略同。此外，在承包方、土地经营权人违法将承包地用于非农建设等行为而导致承包地被依法收回、土地经营权流转合同被解除的情况下，承包方、土地经营权人还将会受到行政处罚或者承担赔偿损失的民事责任。

第四节　宅基地使用权

一、宅基地使用权的概念与特征

（一）宅基地使用权的概念

宅基地使用权，是指农村村民为建造自有住宅及其附属设施供作居住等使用，而依法对集体所有的土地享有的占有和使用的权利。《民法典》第362条规定："宅基地使用权人依法对集体所有的土地享有占有和使用的权利，有权依法利用该土地建造住宅及其附属设施。"

宅基地使用权是我国特有的一种用益物权形式，是新中国成立以来在农村土地政策的基础上形成的一个固有制度。广义的宅基地使用权包括城镇居民的宅基地使用权和农村村民的宅基地使用权，但城镇的宅基地使用权属于历史遗留问题，现今已极为少见，法律规定上也不再承认无偿使用的城镇宅基地使用权。《物权法》和《民法典》所规定的宅基地使用权只是针对集体经济组织成员（村民）的宅基地使用权。[①]其规定条文虽然一共只有四条，且非常原则，主要是与土地管理法等法律规定的衔接性规定，但其确认了宅基地使用权是一种用益物权，关乎农民的安身立命之本，因此其重要性不容小觑。在我国的社会保障体系尚无法覆盖广大农村的现实情况下，土地承包经营权解决了农民的基本衣食来源问题，宅基地使用权则解决了农民的基本居住问题。这两项制度，以其鲜明的福利色彩成为维护农业发展、农村稳定和农民权益的重要制度。[②]

（二）宅基地使用权的特征

1.宅基地使用权的主体是具有特定身份的农村村民。宅基地使用权是根据农民集体土地所有权的特点而专为农民集体经济组织的成员（村民）设定的权利，故享有宅基地使用权的人具有特定的身份性。城镇居民、法人和非法人团体等不能享有宅基地使用权；原来具有农村村民资格并取得宅基地使用权，后进城落户的，国家允许其依法自愿有偿退出宅基地，并鼓励农村集体经济组织及其成员盘活利用闲置宅基地和闲置住宅。但如果宅基地使用权人不愿退出宅基地的，不得强迫其退出宅基地。[③]

2.宅基地使用权的客体是集体所有的土地。宅基地使用权的客体，限于集体所有的土地，且须是依照有关法律规定经审核批准的供建造住宅的土地。任何人不得违反法律规定占用永久基本农田或强占耕地等建造住宅。

3.宅基地使用权的设立目的是供建造住宅及其附属设施而占用土地。该项权利的名称即已明确其设立目的是依法建造并保有个人住宅、庭院、畜舍及种植竹木等而对土地进行占有、使用的权利，其用途和功能具有限定性。出于其他目的而使用集体土地的，不能成立宅基地使用权。也正是因为宅基地使用权对农村村

---

① 参见最高人民法院物权法研究小组编著:《中华人民共和国物权法条文理解与适用》，人民法院出版社2007年版，第455页。

② 参见胡康生主编:《中华人民共和国物权法释义》，法律出版社2007年版，第337页；黄薇主编:《中华人民共和国民法典释义》(上)，法律出版社2020年版，第700页。

③ 参见《土地管理法》第62条；最高人民法院民法典贯彻实施工作领导小组主编:《中华人民共和国民法典物权编理解与适用》(下)，人民法院出版社2020年版，第837页。

民具有福利性和社会保障性，其流转和抵押受到一定的限制。[①]

4.宅基地使用权的取得原则上是无偿的。宅基地是农民集体所有的土地的组成部分，而每一农民集体经济组织的成员都是集体的一分子，依法都有利用集体土地建造住宅的权利，此为农民所享有的一种集体福利。因此，宅基地使用权的取得通常是无偿的，无需支付对价，但对于超标准占有宅基地等情况可有例外。[②]

5.宅基地使用权没有期限限制。由宅基地使用权的以上特性所决定，该权利是一种无期限限制的用益物权，具有永久性，不存在因期限届满而消灭的问题。宅基地使用权人死亡的，在符合分配宅基地的条件的前提下，其继承人可以连同地上建筑物一并取得宅基地的使用权；继承人均已分户或因其他原因不符合取得宅基地的条件的，宅基地使用权可以由集体收回，但继承人有权就地上建筑物和附属设施的价值获得补偿。

（三）宅基地使用权与建设用地使用权的区别

宅基地使用权与建设用地使用权（尤其是其中的住宅建设用地使用权）均为建造建筑物等而使用土地的权利，二者有一定的相似性，自然也有一些通用的规则（如关于相邻关系、地役权的规定等）。但其二者也有着明显的差异，是两种不同的用益物权类型。其不同点表现在：

1.设立目的不同。建设用地使用权中所占用的土地，可以用作建造住宅、经营性用房及其附属设施以及公共利益等多种目的；而宅基地使用权所占用的土

---

① 法律上对此并未明文禁止，未来或许有改革、适度放开的空间。参见黄薇主编：《中华人民共和国民法典释义》（上），法律出版社2020年版，第702页。

② 1990年国务院批转国家土地管理局关于加强农村宅基地管理工作请示的通知中，曾提出进行农村宅基地有偿使用的试点（尤其是针对超过用地标准的情况）。1993年，为了减轻农民负担，中共中央办公厅、国务院办公厅发布的《关于涉及农民负担项目审核处理意见的通知》，取消了农村宅基地有偿使用收费和农村宅基地超占费。《物权法》制定和《民法典》编纂中，应否规定宅基地使用权的有偿取得，或者是否应对超过用地标准的部分实行有偿使用制度，曾有不同意见的争论。目前的规定仍维持无偿使用的现状，至于加强用地管理等问题，则应由土地管理法等法律、法规具体加以规定。参见最高人民法院物权法研究小组编著：《中华人民共和国物权法条文理解与适用》，人民法院出版社2007年版，第456—457页；胡康生主编：《中华人民共和国物权法释义》，法律出版社2007年版，第337—338页；黄薇主编：《中华人民共和国民法典释义》（上），法律出版社2020年版，第700—702页。

地，仅限于用作居住、生活使用，一般不得作经营性使用。

2.权利主体不同。建设用地使用权的主体没有限制，自然人、法人、其他组织均可，且无隶属关系、身份关系的限制；而宅基地使用权的主体只能是农村村民，且属于某一集体组织的成员，其与土地所有权人之间存在一定的身份关系。

3.权利客体不同。建设用地使用权的客体是国有土地；而宅基地使用权的客体则是集体所有的土地。

4.取得方式不同。建设用地使用权可以通过由人民政府自然资源管理部门出让或者划拨等方式取得，以有偿出让的取得方式为主；宅基地使用权则主要通过申请和人民政府农业农村主管部门审批的方式取得，且以无偿取得为原则。

5.成立条件不同。建设用地使用权以登记为其成立要件；由于我国广大农村尚未建立起完善的宅基地登记制度，目前只有一些地方实行了登记制度，因此宅基地使用权的取得一般不以登记为要件，经过申请、审批等程序，即属于合法取得。

6.权利内容不同。建设用地使用权的内容非常宽泛，可以较为自由地转让、互换、出资、赠与、抵押等；而宅基地使用权由其功能所决定，其权能内容具有限定性。

7.有无期限不同。建设用地使用权中，除为公益建设需要等而划拨取得外，大量的以出让方式取得建设用地使用权均有期限的限制；而宅基地使用权，则无期限的限制。

二、宅基地使用权的取得

《民法典》第363条规定："宅基地使用权的取得、行使和转让，适用土地管理的法律和国家有关规定。"依据《土地管理法》等法律和有关政策、地方法规的规定，宅基地使用权的取得，通常采取审批的方式，其程序大致包括申请人提出申请、土地所有人同意、行政审批三个步骤。

首先，须由申请人提出申请。欲取得宅基地使用权的农村村民，应当以户的名义向所在的村民小组、村民委员会或者其他农村集体经济组织提出用地申请。提出申请时，应当填写宅基地使用权申请表，其内容主要包括：申请者（即用户）的姓名、家庭人口数、原住址和所属单位；申请建造房屋的种类（平房或楼房等）、间数；申请用地的面积、种类（原宅基地、荒地、空闲地、耕地或者农用地等）及选址意向；申请建房的理由；其他有关事项。申请人提出宅基地使用权的申请，应当符合一定的条件，该条件在地方法规中大都有具体规定，例如：因结婚等原因，确需建房分户，原宅基地面积低于分户标准的；经县级以上人民政府批准的离退休干部职工、复员退伍军人或回乡定居的华侨和港、澳、台同胞，需要建房而无宅基地的；原宅基地被依法征收需要重新分配宅基地的；因自然灾害或者实施村镇规划需要搬迁的；符合县级以上人民政府规定的其他条件的；等等。[①]

其次，应经土地所有权人讨论同意。根据《土地管理法》及地方法规的有关规定，申请人提出申请后，应经村民会议或村民代表会议讨论同意并张榜公布；公布期满无异议的，报经乡（镇）人民政府审核后，报县（市）级人民政府审批。其中占用永久基本农田及其他农用地的，还须依照《土地管理法》的规定办理农用地转用审批手续。

最后，由县级以上人民政府主管部门审核批准并拨付土地和核发土地使用权证。国务院农业农村主管部门负责全国农村宅基地改革和管理有关工作。在审批过程中，县级以上人民政府农业农村主管部门要认真审查申请人是否符合申请条件、拟用地是否符合村镇规划、申请用地的面积是否超过规定的标准等事项。经审查符合条件的，予以批准；不符合条件的不予批准，并说明原因。《土地管理法》第62条规定："农村村民一户只能拥有一处宅基地，其宅基地的面积不得超过省、自治区、直辖市规定的标准。""人均土地少、不能保障一户拥有一处宅基地的地区，县级人民政府在充分尊重农村村民意愿的基础上，可以采取措施，按照省、自治区、直辖市规定的标准保障农村村民实现户有所居。""农民村民建住宅，应当符合乡（镇）土地利用总体规划、村庄规划，不得占用永久基本农田，并尽量使用原有的宅基地和村内空闲地。编制乡（镇）土地利用总体规划、村庄规划应当统筹并合理安排宅基地用地，改善农村村民居住环境和条件。""农村村民住宅用地，由乡（镇）人民政府审核批准；其中，涉及占用农用地的，依照本法第四十四条的规定办理审批手续。""农村村民出卖、出租、赠与住宅后，再申请宅

① 参见房绍坤：《物权法用益物权编》，中国人民大学出版社2007年版，第235页。

基地的，不予批准。”根据上述规定，有关部门审批时，应当遵循“一户一宅”的原则、符合乡村建设规划的原则和节约用地、限制面积的原则。经依法批准的宅基地，农村集体经济组织或者村民小组应及时将审批结果张榜公布。之后，土地管理部门应及时拨付土地，用户应当按照规定要求施工建设。房屋建好后，由土地管理部门和房屋管理部门进行审核后核发集体土地使用权证和房屋所有权证。[①]

宅基地使用权除了通过申请、审批取得这种主要形式外，是否可以在一定条件下通过受让、继承房屋所有权而附随取得宅基地的使用权，法律上并未作出明确规定。不少学者对此持肯定态度并认为这种宅基地使用权的附随取得可以不受“一户一宅”原则的限制。[②]就实践情况来看，各地方、各集体经济组织因自然原因的差异，在转让、继承的限制和附随取得能否突破“一户一宅”原则的问题掌握的宽严程度有所不同。有关问题，尚待随着农村土地制度改革的需要进一步明确。

三、宅基地使用权的效力

《民法典》中并未对宅基地使用权的具体内容、限制和行使等问题作出具体规定，而只是原则性地规定“适用土地管理的法律和国家有关规定”，以便为深化土地管理制度的改革和未来的发展需要留出弹性空间。根据《土地管理法》和地方法规、国家有关政策的规定，宅基地使用权人的主要权利义务如下：

（一）宅基地使用权人的权利

1.对宅基地的占有使用权。农村村民取得宅基地使用权的目的，即在于在宅基地上建造住宅及附属设施，以供居住和其他使用。因此，对依法取得的宅基地的占有、使用权是宅基地使用权人的最基本的权利。具体来说，宅基地使用权人有权在宅基地及其上下一定空间建造住宅和与居住生活有关的其他附属建筑和设

① 参见房绍坤：《物权法用益物权编》，中国人民大学出版社 2007 年版，第 230—232 页。

② 参见房绍坤：《物权法用益物权编》，中国人民大学出版社 2007 年版，第 231 页、第 237 页；最高人民法院物权法研究小组编著：《中华人民共和国物权法条文理解与适用》，人民法院出版社 2007 年版，第 458 页。

施，如庭院、厨房、厕所、储物室、地窖、畜舍等；并且，宅基地使用权人还有权进行与居住生活有关的附属行为，如在庭院的房前屋后栽种树木花草、种植并收获瓜果蔬菜等。

2.利用宅基地进行适当的家庭经营活动并获得收益。尽管宅基地使用权属于生活性用益物权，但法律、法规也并不禁止或限制村民在满足居住生活需要的前提下，利用宅基地及地上建筑物和附属设施从事一定的家庭生产经营性活动。实践中，宅基地使用权人也多有一定的经营性利用。例如利用庭院养殖花木、家畜家禽并出售，利用住房或附属设施开设家庭手工作坊、小商店等，以此经营活动获得一定收入。在风景旅游地区，利用宅基地上的房屋等开设饭店、家庭旅馆则更为常见。只要其合法经营，遵守食品卫生、环境保护、治安管理、相邻关系等方面的规定，这些活动和其所取得收入都是应当受法律保护的。

3.宅基地使用权附随房屋的出租与处分权。由宅基地使用权的功能与特点所决定，其出租、转让、抵押乃至继承等都是不被允许的或者受到严格限制。例如根据《民法典》的规定，宅基地使用权不得抵押（但是法律另有规定的除外）；宅基地使用权本身也不属于遗产范围，不得作为继承的标的。但宅基地上的房屋等建筑物等由村民所有，所有权人当然可以将其住宅及其附属设施出租、转让、抵押以及作为遗产由其继承人继承，进而导致宅基地使用权附随出租和流转。不过，宅基地使用权附随于住房而流转的，在转让的条件、受让人的范围等方面也受到一定限制。例如：应经本集体经济组织同意；受让人限于本集体经济组织的成员，且须符合宅基地使用权的分配条件。国家法律和政策严禁城镇居民在农村购买宅基地或以购买房屋的名义变相购买宅基地，不符合法定条件的单位或个人在农村购买宅基地的，应认定无效。①《土地管理法》第62条第5款规定："农村村民出卖、出租、赠与住宅后，再申请宅基地的，不予批准。"在《物权法》制定以及《民法典》编纂中，是否应对宅基地使用权的

① 参见房绍坤：《物权法用益物权编》，中国人民大学出版社2007年版，第239—240页；最高人民法院物权法研究小组编著：《中华人民共和国物权法条文理解与适用》，人民法院出版社2007年版，第462—463页；梁慧星、陈华彬：《物权法》（第四版），法律出版社2007年版，第282页。

转让、抵押等留出空间或限定条件，曾有不同意见。最后未作明确和具体的规定，目的是待作进一步的调查研究，总结经验，将来根据实际情况通过土地管理法等法律、法规来具体规定。①

4.被征收、征用时的补偿请求权。由于宅基地使用权人对地上的住宅及其附属设施享有所有权，根据《民法典》第243条、第244条、第327条的规定，在权利人的宅基地使用权及住宅和附属设施被依法征收、征用时，被征收、征用的村民有权要求依法获得相应的补偿和安置。

5.物权请求权。宅基地使用权是用益物权的一种，当然具有物权请求权的效力。当宅基地使用权人的权利受到不法干涉、侵害、妨害、剥夺时，有权基于物权请求权而要求停止侵害、排除妨害、消除危险、返还原宅基地等。

6.相邻关系、地役权、空间利用权等相关规定的准用。宅基地使用权及对地上的住宅、附属设施的所有权均属于不动产物权，因此法律关于不动产相邻关系、地役权和空间利用权等的规定，当然亦适用于宅基地使用权，宅基地使用权人因此而相应地享有法律规定的权利。

（二）宅基地使用权人的义务

1.按照批准的用途使用宅基地的义务。不得擅自对宅基地作法律禁止的使用，例如不得在宅基地上建造厂房、宾馆等纯商业用房等。

2.按照批准的面积建造住宅及其附属设施的义务。不得多占多用，超出划定的地界而为建筑和其他利用。《土地管理法》第78条规定："农村村民未经批准或者采取欺骗手段骗取批准，非法占用土地建住宅的，由县级以上人民政府农业农村主管部门责令退还非法占用的土地，限期拆除在非法占用的土地上新建的房屋。""超过省、自治区、直辖市规定的标准，多占的土地以非法占用土地论处。"

---

① 参见胡康生主编：《中华人民共和国物权法释义》，法律出版社2007年版，第337—340页；最高人民法院物权法研究小组编著：《中华人民共和国物权法条文理解与适用》，人民法院出版社2007年版，第458—463页；黄薇主编：《中华人民共和国民法典释义》（上），法律出版社2020年版，第701—702页；最高人民法院民法典贯彻实施工作领导小组主编：《中华人民和共和国民法典物权编理解与适用》（下），人民法院出版社2020年版，第840页。

3.服从国家、集体的统一规划的义务。划定和取得宅基地使用权，应当符合土地管理法律、法规的规定，服从国家、集体的统一规划。因用地规划的调整而需要变更宅基地时，宅基地使用权人应当予以配合搬迁，不得阻挠。当然，变更宅基地而给宅基地使用权人造成损失的，国家、集体应当依法给予补偿并重新分配宅基地。

4.法律、法规规定的其他义务。如行使宅基地使用权不得损害公共利益和他人的合法权益。

四、宅基地使用权的消灭

（一）宅基地使用权的消灭原因

宅基地使用权消灭的原因主要有：

1.宅基地被依法收回。根据《土地管理法》第66条的规定，为了乡（镇）村公共设施和公益事业建设而需要使用原划定的宅基地的，宅基地使用权人不按照批准的用途使用宅基地的，农村集体经济组织报经原批准用地的人民政府批准，可以收回宅基地使用权。另依其他有关规定，采取欺骗手段骗取批准宅基地的、违背“一户一宅”原则占用宅基地的、因“五保户”死亡而腾出的宅基地等，土地所有权人也有权收回。但土地所有权人因乡（镇）村公共设施和公益事业建设需要依法收回宅基地的情况下，应给予宅基地使用权人相应的补偿并另行批给其宅基地。

2.宅基地被依法征收。在国家因公共利益的需要而征收土地的情况下，征收土地范围内的原宅基地使用权消灭，但宅基地使用权人有权获得相应的补偿和安置。

3.抛弃宅基地或因转让、赠与住宅而附随丧失宅基地使用权。宅基地使用权人抛弃其宅基地使用权或者转让、赠与、抛弃其宅基地上的住宅及其附属设施的，也将导致宅基地使用权消灭。

4.宅基地因自然灾害等原因而灭失。从物理属性上来说，土地是不可能消灭的，但从用途上来说，因自然灾害等原因可能导致土地不再适合某种用途，例如因河流改道、山体滑坡、泥石流、地震等原因，均可能导致原土地不再可能作为宅基地而存在，宅基地使用权自然也因此而消灭。不过，这种情况下宅基地使用权人应可重新申请宅基地。

（二）宅基地使用权消灭的法律后果

农村集体经济组织为了乡（镇）村公共设施和公益事业建设而需要收回宅基地，或者国家因公共利益的需要征收土地而导致原宅基地使用权消灭的，集体或者国家应当依照法律规定对宅基地使用权人予以公平合理的补偿，农村集体经济组织并应当另行批给宅基地。

宅基地使用权人不按照批准的用途而非法使用宅基地、长期闲置宅基地而导致土地所有权人收回宅基地的，则不存在获得补偿的问题。至于原宅基地使用权人能否再申请取得宅基地，法律法规尚未有明确规定。实践中，一般掌握的原则是，如果其确实无宅基地可供作建房居住，在认识到其错误的前提下，可以依照法律规定的条件和程序重新申请宅基地。而因抛弃宅基地或因转让住宅而附随丧失宅基地使用权的，则不得再申请取得宅基地。

《民法典》第364条规定："宅基地因自然灾害等原因灭失的，宅基地使用权消灭。对失去宅基地的村民，应当依法重新分配宅基地。"至于宅基地上的建筑物或其他附属物因地震、洪水等原因而灭失，但不影响宅基地的继续使用的，宅基地使用权人可以重新建造房屋而居住、使用。

《民法典》第365条规定："已经登记的宅基地使用权转让或者消灭的，应当及时办理变更登记或者注销登记。"根据我国广大农村的实际情况和农村宅基地、住房登记的现状，该规定中并没有要求宅基地使用权一旦发生变更一律须进行登记，但对于已经登记的宅基地使用权转让或者消灭的，则要求应当及时办理变更登记或者注销登记。该条规定切实可行，并为将来我国农村宅基地使用权和房屋产权登记制度的完善预留了发展空间。[①]

---

① 参见胡康生主编:《中华人民共和国物权法释义》，法律出版社2007年版，第341—342页；黄薇主编:《中华人民共和国民法典释义》(上)，法律出版社2020年版，第703—704页。

第五节　居住权

一、居住权的概念与特征

（一）居住权的概念与意义

所谓居住权，是指设定于住房及其附属物之上，供特定人长期或终生居住的权利。《民法典》第366条规定："居住权人有权按照合同约定，对他人的住宅享有占有、使用的用益物权，以满足生活居住的需要。"

在传统民法上，居住权是役权中人役权的一种，乃用益权在标的物为住宅时的变型。[①]居住权制度起源于罗马法，最早产生于古罗马的婚姻家庭关系中，作为人役权的一种形式，其产生与当时罗马社会家庭状况及概括继承制度有着密切联系，是社会发展到一定阶段的产物。该制度的设立初衷，是解决家庭成员的居住和供养问题，其居住权制度具有伦理性、人身性、长期性、无偿性、排他性的特点。近现代以来的欧陆国家民法典大多继受和发展了居住权制度，如法国、德国、意大利、瑞士、奥地利等国的民法典或特别法中都规定有居住权。[②]我国澳门特别行政区民法典中也规定了居住权制度。而多数东亚国家和地区的法律上虽普遍继受了西方民法中的物权制度，但并未规定居住权等人役权制度，如韩国、我国台湾地区的"民法"上都没有规定居住权制度。日本民法典最初未继受居住权制度，但在最近的民法修改中，根据理论发展和社会生活的实际需要，在相关章节中增加了关于居住权的规定。[③]

我国以往的物权法理论中，对国外的居住权及整体的人役权（或用益权）制

---

① 参见刘保玉：《物权法学》，中国法制出版社2007年版，第294页。

② 《德国民法典》中关于住房权的规定，其内容与居住权类似，此外德国还专门颁布有《住宅所有权及长期居住权法》。参见孙宪忠：《德国当代物权法》，法律出版社1997年版，第240页。

③ 参见黄薇主编：《中华人民共和国民法典释义》（上），法律出版社2020年版，第704—705页。

度研究不够，法律上也无明确的规定。在《物权法》以及《民法典》物权编制定过程中，关于是否规定居住权制度，一直存在较大争议。[①]在物权法草案的第一次至第六次审议稿中曾对居住权作有规定，但关于我国物权法上是否应当规定居住权这种用益权性质的权利，学界有不同的意见；关于居住权的适用范围和具体制度设计，也有多种不同的主张。鉴于各方意见并不统一，且考虑到居住权的适用范围较为狭窄以及设立该制度的价值并未凸显，物权法草案七审稿中删除了关于居住权的规定，最终通过的《物权法》也未规定居住权制度。

笔者认为，尽管居住权的意义和价值显然不能与各种土地使用权相提并论，但在物权法上承认居住权还是有其积极意义的：其一，在我国现阶段社会保障制度还不够完善的情况下，以物权效力确认特定的人对他人住宅的居住权，对于在没有法定扶养、照顾之权利义务关系的社会成员之间中发扬尊老爱幼的优良传统，保护妇女、老人和儿童的利益，维护鳏寡孤独者基本生存需要，构建和谐社会，是十分必要的。其二，从我国当前社会实际情况和司法实践来看，存在多种需要用居住权制度予以解决的情况。如：作为房屋所有权人的父母生前即将房屋过户给其子女，而自己可以保留在特定房屋居住的权利，当子女有不义的行为时，父母的权利能够得到有力的保护；房屋所有权人可以在年老时将房屋出卖而自己保留居住权并取得房屋的价金以颐养天年，这种情况不能通过适用租赁合同的规定或所有权保留制度等来解决，而法律对当事人之间达成的这种合意，应予尊重；我国法律上的遗赠扶养协议制度，在实践中也有变通适用的情况，被扶养人不妨于生前即将住房的所有权转移给扶养人，而自己保留居住权以及扶养人违反义务时的撤销权；在遗嘱中，房屋的所有权人可以将房屋指定由其继承人继承，而为其生前所抚养、照顾的其他人设定居住权；在婚姻关系解除后，房屋通常归一方所有，而另一方可能出现无房居住的情况，司法实践中法院多肯定另一

① 参见钱明星：《论我国用益物权的基本形态》，载易继明主编：《私法》（第1辑第2卷），北京大学出版社2002年版；屈茂辉：《论人役权的现代意义》，载《金陵法律评论》2002年春季卷；申卫星：《视野拓展与功能转换：我国设立居住权制度必要性的多重视角》，载《中国法学》2005年第5期；梁慧星：《制定中国物权法的若干问题》，载《法学研究》2000年第4期；梁慧星：《我为什么不赞同规定“居住权”》，载中国法学网，http://www.iolaw.org.cn/showArticle.aspx?id=1245。

方对房屋的居住权，但此在现行法律上尚无根据，需要解决；实践中，还出现有夫妻居住于一方父母所有的房屋中，现一方意外死亡，生存方是否有权携子女继续居住原房屋等问题。其三，我们不能将居住权人限于子女、配偶、保姆之类人员，其他亲属、朋友等均可成为居住权人。从前面简要列举的情况来看，居住权制度的使用领域和情形，应属不少；而利用物权制度对居住权人的利益予以保护，较之其他方式更为有力、有效和妥当。①

在我国《民法典》的编纂过程中，学界和有关部门对增设居住权的呼声依然高涨。立法机关经反复研究讨论，在《物权法》规定的基础上对用益物权制度作了进一步完善，其中一个重要的改进即是："为贯彻党的十九大提出的加快建立多主体供给、多渠道保障住房制度的要求，增加规定'居住权'这一新型用益物权，明确居住权原则上无偿设立，居住权人有权按照合同约定或者遗嘱，经登记占有、使用他人的住宅，以满足其稳定的生活居住需要。"②从立法精神上讲，增加规定居住权制度是加快建立多主体供给、多渠道保障、租购并举的住房制度的需要，是住房商品化和市场化发展的反映，也是房屋在居民财产体系中地位提高的体现；同时，增加规定居住权制度，能够更好地满足住宅所有权人意思自由的需求，为其对住宅的自由支配提供更多的途径和选择。③

《民法典》居住权一章的规定，仅有6个条文（第366—371条），颇为简略、扼要，诸多细节、具体的规则还有待日后根据社会生活实践的需要，通过学术研究和司法解释等途径加以丰富、完善。

（二）居住权的特征

作为人役权之一种的居住权，具有如下法律特征：

1.居住权的主体只能是特定的人。这种特定的人必须是自然人，并且通常是

---

① 刘保玉：《物权体系论——中国物权法上的物权类型设计》，人民法院出版社2004年版，第262页。

② 王晨：《关于〈中华人民共和国民法典（草案）〉的说明——2020年5月22日在第十三届全国人民代表大会第三次会议上》，载《中国人大》2020年第12期。

③ 参见黄薇主编：《中华人民共和国民法典释义》（上），法律出版社2020年版，第707—708页。

与房屋所有人有特定关系的人，但并不以具有亲属关系为限。一般来说，居住权人的家庭成员、必要的护理人员等可以与其共同居住，但此并不意味着其家庭成员也享有物权性的居住权。

2.居住权的标的物仅限于他人的住宅。受居住权的设立目的的限制，其仅得设定于他人所有的住宅之上，其适用的客体范围颇为有限。但设立居住权的住宅，并不限于单元住宅的全部，在住宅的部分之上也得设立居住权。[①]例如，可以在自己的三室一厅的单元住宅中的一间房屋及共用空间为他人设立居住权，使居住权人与自己同住；亦可在不同的房间为两个以上的人分别设立居住权。[②]

3.居住权的设立目的是为居住而使用他人房屋。为居住之外的其他目的（如作为生产经营活动场所等）而设定的使用他人房屋的权利，不属于居住权；也因此目的的限制，居住权人不能将其享有居住权的住宅出租（当事人另有约定的除外），居住权也不得转让、继承。根据我国住宅的实际情况，在“商住两用”、前店后宅（或楼下店铺、楼上住人）等类型的住宅之全部或部分上，亦不妨设立居住权。

4.居住权以无偿设立为原则，但允许当事人另行约定。居住权是否只能是无偿的，理论上的主张和立法上的规定不完全一致。民法典物权编草案中曾规定居住权无偿设立，但讨论中学界和实务界诸多人士提出了不同意见，后来采用了原则上无偿设立，但允许当事人另行约定的方案。根据实践中可能出现的情况，我们倾向于认为，当事人约定设立有偿的居住权，可以仅是象征性的有偿，也可以是相当于租金的对价；将对他人住宅的租赁关系登记为物权性的居住权以避开20年最长租期的限制并取得物权性的排他效力，亦无绝对的不可，但登记的权利人在享有物权性权利的同时，也同样应受到相应的限制，如居住权不得转让、继承；除非另有约定，否则居住权人也不得将居住的住宅出租。

5.居住权具有长期性或者为居住权人终生享有。由居住权的设立目的及居住权人与住宅所有权人之间的特定关系所决定，其存续期间往往较长甚至为居住权

---

① 参见黄薇主编:《中华人民共和国民法典释义》(上)，法律出版社2020年版，第704页、第708页。

② 当然，如此登记设立居住权的方式，还需配套的登记规则加以确认。

人终生。一般来说，居住权的期限事先有约定的，按照约定；没有约定或约定不明的，居住权至居住权人死亡时才终止。居住权人死亡时，与其共同居住但不享有物权性居住权的家庭成员对该住宅的使用权也随之消灭。

6.居住权是为满足生活居住的需要而对他人的住宅享有占有、使用的用益物权。我国《民法典》中的居住权一章位于用益物权分编，居住权为典型用益物权的类型之一，自然具有物权的性质和效力。考虑到居住权是一种新设的用益物权类型，许多人对此不太了解，且容易与其他居住使用他人房屋的权利混淆，故此，《民法典》在第366条的定义性规定中特别强调了“对他人的住宅享有占有、使用的用益物权”。特别应注意的是，并非所有居住使用他人住宅的权利均属于该条所规定的物权性居住权，例如，因当事人之间存在抚养、扶养、赡养关系而居住他人住宅的权利，属于被抚养、扶养、赡养的权利内容，适用婚姻家庭编的规定；因租赁、借用等关系而使用其他人住宅的权利，性质上属于合同债权，应适用合同编的有关规定。[①]居住权以登记为其成立要件，而其他的居住使用他人住宅的权利不存在登记的问题；当事人订立了居住权合同，但未依法办理登记的，不能成立物权性的居住权，当事人之间仅是一种居住合同关系，也不具有对其他人的对抗效力。

二、居住权的取得

根据《民法典》的规定和社会生活需要及司法实践，居住权的取得方式有以下几种：

（一）订立居住权合同并经登记而设立

这是居住权取得的最常见的方式。《民法典》第367条规定：“设立居住权，当事人应当采用书面形式订立居住权合同。居住权合同一般包括下列条款：（一）当事人的姓名或者名称和住所；（二）住宅的位置；（三）居住的条件和要求；（四）居住权期限；（五）解决争议的方法。”第368条规定：“居住权无偿设立，但是当

---

① 参见黄薇主编：《中华人民共和国民法典释义》（上），法律出版社2020年版，第709页。

事人另有约定的除外。设立居住权的，应当向登记机构申请居住权登记。居住权自登记时设立。”还应提及的是，房屋所有权人可以在其年老时将住宅出卖或在生前即赠与并过户至子女名下而同时约定为自己登记设立居住权。[①]此种情况，仍属于在“他人的住宅”上设立居住权，且无违居住权的设立目的。实践中，夫妻离婚而房屋归一方所有，另一方无力另行购买或租赁房屋的，亦可通过订立合同（离婚协议）的方式为无房一方登记设立一定期限或附条件的居住权。

（二）通过遗嘱的方式设立

《民法典》第371条规定：“以遗嘱方式设立居住权的，参照适用本章的有关规定。”如房屋所有人可以通过遗嘱的方式，为其配偶或他人设立居住权，而同时指定房屋的所有权由其子女或其他继承人继承、受遗赠。至于遗嘱的形式，则应适用继承编的规定；居住权登记，则应由遗嘱执行人或遗产管理人办理。设立居住权的遗嘱生效后，在居住权存续期间，继承人取得的房屋所有权要受到居住权的限制。

（三）依据法院的判决而取得

《民法典》中对这种取得居住权的方式并未作出规定，但实践中有依据法院的判决而取得居住权的事例。这种情况，无违居住权的法理，域外一些立法例上也有相关规定。例如夫妻离婚时，在一方住房确有困难的情况下，法院可以判决其有权于一定期限内或一定条件下居住归属于他方的住宅。但应注意的是，法院判决中所确认一方享有的居住、使用他方房屋的权利，多为临时性、过渡性的居住使用，此不属于物权性的居住权；而判决确认一方享有的较长期限的、稳定的物权性居住权的情况，并不多见，此种居住权的成立，仍应以办理登记为必要。

至于需要抚养、扶养、赡养的未成年人和老年人等，随同负有抚养、扶养、赡养义务的人共同生活、居住的权利（立法例上谓此为“法定居住权”），应适用

---

① 参见刘保玉：《物权法学》，中国法制出版社2007年版，第293页、第295页；黄薇主编：《中华人民共和国民法典释义》（上），法律出版社2020年版，第708页。

《民法典》婚姻家庭编的有关规定，不属于物权制度。[①]

三、居住权的效力

居住权人的主要权利是对他人住宅的全部或部分及其附属设施的占有及合理使用，以满足居住的需要。居住权人对他人住宅的某一部分享有居住权的，可以使用该住房的共用部分。此外，如果合同或遗嘱中没有相反的约定或限制，应允许居住权人家庭成员或必要的服务、护理人员共同居住。商住两用房或前店后宅之类的住宅，当事人在合同中约定居住权人对房屋的使用权利之范围包括店面部分的，应遵从其约定。

依据用益物权效力的原理，居住权登记设立后，住宅所有权人的权利受到相应的限制；该住宅的所有权发生变化的，不影响居住权人的权利；所有权人将登记设立了居住权的房屋又为他人设立抵押权的，抵押权人实现抵押权时亦不得破除居住权。

居住权人的主要义务是应当合理使用他人的住宅。此外，居住权人应承担住宅的日常维修和物业管理等费用，但有偿设立的居住权，可以参照适用租赁关系的处理规则；当事人就住宅的维修、物业费缴纳以及改建、重大修缮等事宜另有约定的，依照其约定。法律关于权利行使的限制、相邻关系的规则等，亦当然适用于居住权人。

另外，由于居住权是一种身份属性极强的权利，因此，《民法典》第369条规定："居住权不得转让、继承。设立居住权的住宅不得出租，但是当事人另有约定的除外。"[②]

---

① 参见刘保玉：《物权法学》，中国法制出版社2007年版，第293页。

② 本条后句中的不得出租，应是指居住权人不得擅自出租；而住宅所有权人自然不得或无法再出租已为他人设立了居住权的住宅之全部或部分，唯仅在住宅的部分上设立居住权的，无妨出租其他部分。本条前句虽明文规定居住权不得继承，但如果当事人在合同中约定居住权人死亡时其配偶或子女等可以继承居住权的，如何对待该约定的效力，不无疑问。依据法律规定的精神，可以肯定的是，居住权人死亡的，居住权消灭，居住权本身不存在继承取得的问题；至于住宅所有权人是否有义务依合同约定为原居住权人的继承人另行登记设立居住权的问题，可能有不同的认识，基于意思自治的理念，笔者倾向于肯定说。

四、居住权的消灭

《民法典》第370条规定："居住权期限届满或者居住权人死亡的，居住权消灭。居住权消灭的，应当及时办理注销登记。"

此外，居住权人在居住权存续期限内放弃居住权、居住权合同约定或者遗嘱设定的居住权的解除条件成就，以及设立了居住权的住宅灭失或者被征收的，也会导致居住权消灭。[①]

对于居住权可否撤销的问题，法律未作规定，域外一些立法上有相关规定。我们认为，《民法典》总则编中关于可撤销的民事法律行为的规定，当然亦适用于居住权；除此之外，当事人对居住权的撤销或解除事由有约定的，遵从约定；没有约定的，住宅所有权人原则上不得单方撤销，但当事人之间的情况有了重大变化，不允许撤销、解除有违法律精神乃至公序良俗的除外。[②]

第六节　地役权

一、地役权的概念与特征

（一）地役权的概念

地役权，是指不动产权利人为了自己的不动产使用的便利和效益，按照合同约定而利用他人不动产的权利。在地役权关系中，为自己不动产的便利而使用他人不动产的一方称为需役地人或地役权人，将自己的不动产供与他人使用的一方

---

① 在设立了居住权的住宅被损毁、征收时，居住权人应有权要求获得相应的赔偿、补偿或妥善的安置。

② 例如，住宅所有权人及其家庭出现居住条件困难的情况，而居住权人并无保留居住权的迫切需要，具备另行解决居住问题的条件或已另有住宅；居住权人对住宅所有权人或其家庭成员有违法犯罪行为或故意侵害行为；居住权人对居住的他人住宅擅自改建、破坏性使用，以及利用该住宅从事不法活动；等等。

称为供役地人或供役地权利人。我国《民法典》第372条规定：“地役权人有权按照合同约定，利用他人的不动产，以提高自己的不动产的效益。”“前款所称他人的不动产为供役地，自己的不动产为需役地。”

地役权制度起源于罗马法，其与人役权共同构成罗马法上的役权制度。罗马法上的地役权分为田野地役权和都市地役权，前者主要为土地耕作的便利而设，后者主要为房屋建筑和使用的便利而设。[①]无论是在古代还是在现代社会，地役权制度对于合理、充分地利用土地及其他不动产，提高其使用价值和使用效益，都具有其他制度不可替代的重要作用。因此，罗马法上的地役权制度为后世各国民法普遍继受，大陆法系国家民法中都把地役权作为一项重要的用益物权类型加以规定。

我国《民法通则》及其司法解释中仅设有相邻关系的规定而未设地役权制度（实质上系把地役权包含于相邻关系之中）。在我国物权法制定中，学界一致认为法定的不动产相邻关系制度与地役权虽具有相似的功能，但二者在设定方式、对不动产利用关系调节的程度、当事人之间的权利义务关系等方面均有明显的差异，不可相提并论，故应借鉴大陆法系各国的通行做法，在相邻关系制度之外设立地役权制度。至于其名称，有学者主张沿用传统民法上的概念而无需另创新词；[②]也有学者主张采用“不动产役权”的概念，以突出地役权的客体不限于土地而是也包括建筑物等在内；[③]还有一些学者建议改称为“邻地利用权”并曾为物权法草案所采用。[④]后经研究讨论，多数学者认为地役权发生虽以需役地和供役地同时存在为前提，但并不以其相邻近为必要，即使不动产不相邻甚至土地远隔千山万水也无妨设立地役权，而邻地利用权的概念则易使人误以为须以不动产相邻为条件，故此概念有其缺陷；不动产役权的概念虽明了且准确，但仍有可能引发

---

① 参见［意］彼德罗·彭梵得：《罗马法教科书》，黄风译，中国政法大学出版社1992年版，第251页以下；周枏：《罗马法原论》（上），商务印书馆1996年版，第360页以下。

② 参见王利明主编：《中国物权法草案建议稿及说明》，中国法制出版社2001年版，第384页以下。

③ 房绍坤：《用益物权基本理论问题研究》，北京大学出版社2006年版，第161—163页。

④ 参见梁慧星等：《中国物权法草案建议稿》，社会科学文献出版社2000年版，第551页以下；《中华人民共和国物权法（征求意见稿）》第十六章。

是否还存在“动产役权”（此可能应属“人役权”的范畴）的猜疑。[①]因此，《物权法》中最终仍沿用了传统民法上约定俗成、词义精当的地役权之概念，并对其设专章作了规定，《民法典》物权编中维持了既有规定。值得说明的是，地役权中的“地”，并不限于土地，而是泛指不动产，包括房屋等建筑物在内；[②]地役权中的“役”，汉语词义中应为“役使”“利用”之意。

（二）地役权的特征

1.地役权是设立于他人不动产之上的物权。地役权的标的以不动产为限，且须设立于他人的不动产之上，在自己的不动产上不存在地役权的问题。由于设立地役权的目的，并不在于调节不动产的所有关系，而重在调节不动产的利用关系，因此对作为供役地的“他人的不动产”或作为需役地的“自己的不动产”，均应作广义理解；地役权不仅可以存在于不同的不动产所有人之间，在不动产的使用人之间以及不动产的使用人和所有人之间都可以设定地役权；如有必要，不动产所有人在自己所有而由他人使用的不动产上也可以为自己设定地役权。[③]至于不动产的租赁使用权人是否可以成为地役权人的问题，就物权理论而言，由于不动产租赁权属于债权，因而不能基于此种权利在他人的不动产上取得性质为物权的地役权。[④]

2.地役权是以限制供役地的所有权或使用权为内容的他物权。关于地役权的本质，学说上曾存在需役地所有权延长说、增加需役地价值说、需役地权利说等不同的观点。但这些学说只是说明了邻地利用权的行使状态或地役权与需役地权

---

① 参见刘保玉:《物权体系论》，人民法院出版社2004年版，第194页。

② 罗马法中采用房地结合、土地吸收建筑物的规则，故其中的“地”已当然包括地上建筑物等在内，其建筑地役或称城市地役、都市地役的规定本身即是有关建筑物之关系的。后来其他国家虽多实行房地分离、各自独立之不动产的原则，但仍沿用了地役权的概念而未作改变。

③ 例如，依《瑞士民法典》第733条的规定，所有人可以在自己所有而为他人设定了地上权的一块土地上，为属于自己的另一块土地使用的便宜而为自己设定地役权。

④ 参见钱明星:《论我国用益物权的基本形态》，载《私法》(第1辑第2卷)，北京大学出版社2002年版，第123页。

利的结合关系，难以完全说明邻地利用权的本质。[①]通说认为，地役权实际上是在他人不动产上所存在的一种负担，其本质是一种以限制供役地所有权或使用权为内容的他物权。我国《民法典》第378条规定："土地所有权人享有地役权或者负担地役权的，设立土地承包经营权、宅基地使用权等用益物权时，该用益物权人继续享有或者负担已经设立的地役权。"第379条规定："土地上已经设立土地承包经营权、建设用地使用权、宅基地使用权等用益物权的，未经用益物权人同意，土地所有权人不得设立地役权。"

3.地役权是以他人不动产供自己的不动产便宜之用的权利。地役权人使用他人不动产的目的，在于更好地利用自己的不动产，以增进其价值和利用效益。所谓便宜，系指方便利用的利益，此种利益不限于经济上的利益，也包括精神上或感情上的利益；既可以是为需役地的直接利益，也可以是为需役地的间接利益；既可以是为现实利用的便宜，也可以是为将来利用的便宜。其主要情形包括：供役地之使用（如通行、排水）；由供役地取得收益（如汲水、伐薪）；限制或禁止供役地为某种使用（如限制在供役地上修筑妨碍眺望的高层建筑）；排除相邻关系规定的适用（如设定竹木根枝或建筑物等可以越界于供役地的地役权）等。可见，地役权的内容十分广泛，只要不违反法律的强制性规定及公序良俗，均可由当事人自由约定。但无论地役权的具体内容如何，其都是为需役地利用之便宜而存在的物权，以供役地和需役地之同时存在为必要；如果不是为了特定的不动产而是为了特定人的利益而存在，则属于人役权而非地役权。

4.地役权关系中的供役地人以承担消极的容忍和不作为义务为原则。依学理和立法通例，需役地便利的取得，以供役地人承担不作为义务为原则，供役地人无须为积极的行为。此即罗马法上所谓"役权不得表现为要求作为"或"作为不得成立役权"的原则。也就是说，供役地人对需役地人就其不动产的利用仅负不作为的义务或容忍义务。即使双方订立特约而使供役地人负担某种积极义务（如为需役地人的方便而修建道路、水渠），该约定的义务也非地役权的内容，其在当事人之间只能产生债的效力，而无物权的效力。因为地役权为物权，其标的物

---

① 参见梁慧星、陈华彬:《物权法》(第四版)，法律出版社2007年版，第285页。

为供役地而非供役地人，受地役权支配者亦为供役地，而非供役地人。[①]

5.地役权具有从属性。地役权的从属性又称附从性、随伴性，这是地役权区别于其他用益物权的一个重要特点。由地役权的构造和功能所决定，地役权必须与需役地相结合，以需役地的存在为前提。若无需役地及对需役地的所有权或使用权，便不能产生地役权；地役权不得与需役地人的所有权或使用权（主权利）相分离而单独存在，亦不得单独予以处分。地役权的从属性主要表现为两个方面：其一，地役权不得与需役地相分离而单独转让。即地役权必须与需役地的所有权或使用权一同移转（或归于消灭），而不得与需役地相分离而单独转让。具体说来，需役地人不能自己保留需役地的所有权或使用权而仅将地役权转让给他人，也不能自己保留地役权而将需役地的所有权或使用权转让给他人，更不能将需役地的所有权或使用权与地役权分别转让给不同的人。其二，地役权不得与需役地的所有权或使用权相分离而作为其他权利的标的。如不能单独以地役权抵押或者出租等；在需役地上设立其他权利时，除非另有特约，否则应认为地役权亦当然包括在内。关于地役权的从属性，我国《民法典》第380条、第381条规定："地役权不得单独转让。土地承包经营权、建设用地使用权等转让的，地役权一并转让，但是合同另有约定的除外。"[②]"地役权不得单独抵押。土地经营权、建设用地使用权等抵押的，在实现抵押权时，地役权一并转让。"另外，根据前引第378条的规定，也可认为与地役权的从属性相关。[③]

6.地役权具有不可分性。地役权是为需役地之全部的便利而存在于供役地之上的，为实现这种便利的目的，地役权须及于需役地和供役地的全部，而不能分割为数部分或仅为一部分而存在，否则地役权设立之目的即可能无法达到。[④]地役权的不可分性实际上是其从属性的延伸，主要在供役地或需役地发

---

① 参见姚瑞光:《民法物权论》，台湾海宇文化事业有限公司1995年版，第179页。

② 此处的"合同另有约定的除外"，一般认为是指当事人可以在合同中约定地役权得因土地承包经营权和建设用地使用权等的转让而归于消灭，不随同之一并转让。

③ 参见房绍坤:《物权法用益物权编》，中国人民大学出版社2007年版，第250页。

④ 例如设立通行地役权后，必须全路段通行，始有"便宜"可言；假若分割为三部分，各得通行三分之一的路段，则其目的就不能达到。参见姚瑞光:《民法物权论》，台湾海宇文化事业有限公司1995年版，第184—185页。

生分割、共有两种情况下显现其意义：其一，在供役地或需役地被分割时，地役权不得被分割为两个以上的权利，原则上也不得使其一部分消灭，除非其他部分已无存在的意义。需役地被分割时，各分割部分仍存在并负担原地役权；供役地被分割时，地役权就各部分仍为存续，各分割部分仍须承担原来的地役权。[①]其二，需役地或供役地为共有的，地役权由各共有人共同享有或共同负担，而非分别享有或负担，即各共有人不得仅就自己的应有部分享有或负担地役权，或使部分地役权归于消灭。当然，如果地役权的设立及行使，依其性质只涉及需役地或供役地的一部分的，在发生分割、共有的情形时，则地役权可以仅就该部分存续，其他部分归于消灭。我国《民法典》第382条、第383条规定："需役地以及需役地上的土地承包经营权、建设用地使用权等部分转让时，转让部分涉及地役权的，受让人同时享有地役权。""供役地以及供役地上的土地承包经营权、建设用地使用权等部分转让时，转让部分涉及地役权的，地役权对受让人具有法律约束力。"另依关于共有的规定，应认为在需役地或供役地发生共有的情形时，也有不可分性的适用。

（三）地役权与相邻关系的区别

地役权与不动产相邻关系十分相似，都是存在于不动产上的权利，其目的也都是为了发挥相邻不动产的利用价值和使用效益。但二者毕竟是两种性质不同的制度，不能混为一谈。其主要区别在于：

1.二者产生的原因不同。相邻关系为不动产所有权或使用权内容的当然扩张或限制，因法律的直接规定而发生；地役权则不是法定的而是意定的，是基于不动产的所有人或使用人之间的合同约定而发生的权利扩张或限制。基于此点不同，约定发生的地役权可以突破法定相邻关系的限度并排除相邻关系规则的适用。

2.是否为独立的权利类型不同。相邻关系不是一项独立的民事权利，更不是一项独立的物权类型，而是不动产所有权或使用权本身的限制或扩张，其与所依存的所有权或使用权共存亡，不能单独地存在或丧失；地役权则是不动产所有权

---

① 参见谢在全:《民法物权论》(上)，中国政法大学出版社1999年版，第426—429页。

或使用权之外的一种用益物权类型，其虽具有从属性而不能单独存在或转让，但却可因约定的原因而单独消灭，非经约定也不能当然发生。

3.二者对不动产利用关系的调节程度不同。相邻关系是法律对邻近不动产的利用关系所进行的最低限度之调节，其对不动产所有权或使用权的限制与扩张程度较小；而地役权作为当事人逾越法定的相邻关系限度而约定的权利义务关系，对不动产所有权或使用权的限制与扩张程度较大，是对不动产利用关系所进行的较高程度的调节，其成立也不以供役地和需役地权相邻为必要。因此，地役权制度可以在有较高程度的利用需要之情况下，弥补相邻关系的不足。[①]

4.二者在取得的有偿性上不同。相邻关系中的当事人取得和行使法律规定的权利，具有无偿的性质，而且只要不给邻人造成损失，即无赔偿或补偿的问题；而地役权的取得既可有偿，也可无偿，并且通常是有偿的。

5.是否需要登记不同。作为法律的直接规定，相邻关系的成立及对抗第三人，无需登记；而地役权作为用益物权的一种，其成立或产生对抗善意第三人的效力，应以登记为必要。[②]

二、地役权的种类

关于地役权的种类，可以从内容、客体和行使等角度进行分类。从内容上看，可以分为通行地役权、建筑地役权、引水地役权、排水地役权、眺望地役权等；从期限上看，可以分为有期限的地役权和无期限的地役权；从客体上看，可分为地表地役权与空间地役权，通常所讲的地役权主要是指地表地役权，但其规则也无妨对空间地役权适用。[③]在理论上，更多的是从地役权的行使上对其进行

---

① 参见房绍坤:《物权法用益物权编》，中国人民大学出版社 2007 年版，第 262 页。

② 参见梁慧星、陈华彬:《物权法》(第四版)，法律出版社 2007 年版，第 187 页以下；郭明瑞等:《民商法原理》(二)，中国人民大学出版社 1999 年版，第 203—204 页。

③ 空间地役权是指以他人土地之上下特定空间供自己土地的上下空间便利之用的权利，为空间权的亚种。依我国《民法典》的规定精神，空间权或空间利用权并非独立的用益物权类型，而是包含于建设用地使用权之中，相应地，法律关于相邻关系、地役权的规定，也同样适用于空间地役权。

以下分类：①

（一）积极地役权与消极地役权

这是以地役权的行使内容为标准而进行的分类。积极地役权又称作为地役权，是以需役地人在供役地上为一定行为为内容的地役权。这类地役权要求供役地人承担容忍需役地人为一定行为的义务，如通行地役权、引水地役权等。消极地役权又称不作为地役权，是以供役地人不为一定行为为内容的地役权，如供役地上的建筑物限高地役、不得在需役地附近栽植高大竹木地役等。消极地役权中，供役地人并非单纯负担容忍义务，而应负不作为的义务。

（二）继续地役权与非继续地役权

这是以地役权的行使方法为标准而进行的分类。继续地役权是指权利的行使无须每次有权利人的行为而能继续行使的地役权，如眺望地役权、筑有道路的通行地役权、装有管道的引水地役权。此种地役权，由于对供役地的使用已具备了适当的状态和设施，故其行使不需要每次有权利人的行为而能无间断地享有。一般而言，消极地役权多属于继续性地役权。非继续地役权是指每次行使权利，均须有权利人行为的地役权，如汲水地役权、放牧地役权等。

（三）表见地役权与不表见地役权

这是以地役权的行使状态为标准而进行的分类。表见地役权又称表现性地役权，是指地役权的行使有外部表现形态，能够自外形事实而认知的地役权，如铺设道路的通行地役权、地面汲水地役权等。不表见地役权又称不表现性地役权，是指地役权的行使没有外部表现形态的地役权，如通过地下管道的排污地役权、汲水地役权，不铺设道路的通行地役权等。消极地役权通常为不表见地役权。

① 参见梁慧星、陈华彬：《物权法》（第四版），法律出版社 2007 年版，第 291—292 页；郭明瑞等：《民商法原理》（二），中国人民大学出版社 1999 年版，第 202—203 页；谢在全：《民法物权论》（中），中国政法大学出版社 2011 年版，第 507—508 页。

三、地役权的取得

（一）基于法律行为而取得

基于法律行为取得地役权，主要包括设定取得和让与取得两种情况。

1. 地役权的设定取得。因设定行为取得地役权，主要是指通过合同设定地役权，但也可以通过遗嘱等单方行为设定地役权。设定地役权，须采取书面形式并经登记方能成立或产生对抗第三人的效力。设定地役权可以是有偿的，也可以是无偿的；可以是有期限的，也可以是无期限的。实践中以设定有偿、有期限的地役权之情形较为常见。我国《民法典》第373条规定："设立地役权，当事人应当采用书面形式订立地役权合同。""地役权合同一般包括下列条款：（一）当事人的姓名或者名称和住所；（二）供役地和需役地的位置；（三）利用目的和方法；（四）地役权期限；（五）费用及其支付方式；（六）解决争议的方法。"第374条规定："地役权自地役权合同生效时设立。当事人要求登记的，可以向登记机构申请地役权登记；未经登记，不得对抗善意第三人。"据该条的规定，我国《民法典》在地役权的成立问题上，采用的是意思主义的立法例，登记为发生对抗善意第三人效力的要件而非地役权的成立要件。①

2. 地役权的让与取得。地役权具有从属性，不能与需役地所有权或使用权分离而单独让与，但需役地所有人或使用权人将需役地连同地役权一并让与时，受让人即因此而取得地役权。让与取得地役权的，同样须经登记才能成立或者发生对抗善意第三人的效力。

（二）基于法律行为以外的原因而取得

1. 继承。需役地人死亡时，地役权即由其继承人继承取得，并且不需要登记。但在采取登记要件主义的法制下，不经登记，继承取得地役权的人不得将其连同需役地所有权或使用权一并再为让与。

---

① 不过，包括笔者在内的许多学者认为对地役权这种不动产用益物权，应以采用登记要件主义为宜。

2. 取得时效。地役权属于财产权，故得因时效而取得。依国外立法例，因时效而取得的地役权，限于继续性的和表现性的地役权。[①]这是由于，非继续性地役权通常只是偶尔使用他人不动产，其使用行为具有非持续性和非连续性，供役地人常常因邻居情面或因损害极小而加以容忍；而非表现性地役权没有外部表现形态，不能从外部认识，其系隐蔽地存在而不易为他人所知，供役地人也往往无法以中断时效来排除。在这两种情况下，若允许因时效而取得地役权，则对供役地人显有不公。故此，立法上多不允许非继续性地役权和不表见地役权依时效而取得。我国法律上未规定取得时效制度，故此，对地役权的类别也未给予足够的关注。

四、地役权的效力

（一）地役权人的权利义务

1. 使用供役地的权利。地役权设定的目的就是为需役地所有人或使用人使用他人不动产提供方便，因此地役权人当然享有使用供役地的权利，这是地役权人的最基本权利。地役权由当事人约定而取得，需役地人应按当事人约定的使用方法、范围和程度来使用供役地，不得超过或变更约定的范围。同一供役地上并存数个地役权时，设定在先的地役权优先于设定在后的地役权。但如果都是消极地役权，则不存在哪个权利优先的问题。依照诚实信用和禁止权利滥用原则，地役权人应选择于供役地损害最小的方法和处所为必要使用，这是地役权人应承担的当然义务。我国《民法典》第376条规定："地役权人应当按照合同约定的利用目的和方法利用供役地，尽量减少对供役地权利人物权的限制。"

2. 为附随行为与设置的权利。地役权人为达到设定地役权的目的，享有为必要的附随行为和设置必要设施的权利。如为达到排水的目的而开凿沟渠，为达到通行的目的而修筑道路。地役权人为这些行为时，同样应选择于供役地损害最小的方法和处所为之。

3. 行使基于地役权所生的物上请求权的权利。地役权人在其权利范围内，对

① 参见梁慧星、陈华彬：《物权法》（第四版），法律出版社2007年版，第292页；郭明瑞等：《民商法原理》（二），中国人民大学出版社1999年版，第202—203页。

供役地有直接支配和排除妨害的权利，不但供役地人应当容忍，第三人也不得妨碍。对于他人妨害地役权的行为，地役权人得请求排除；有妨害地役权的危险的，地役权人得请求预防。

4.维护设置的义务。地役权人既然享有为必要的附随行为并设置工作物的权利，则对于因行使权利而建造的设置（如道路、沟渠等）自然亦应有维护、保养的义务，以维持设置的安全、完好状态，防止供役地因此而受到损害。地役权如果未能善尽此项义务，致供役地人受到损害的，应负损害赔偿责任。

5.工作物取回权与恢复原状的义务。在地役权消灭时，原地役权人对在供役地上所设置的工作物有取回的权利，同时也负有恢复他人不动产原状的义务。但是，如果供役地权利人愿以适当价格购买其工作物时，原地役权人不得拒绝，于此情况下不再产生工作物取回或不动产原状恢复的问题。

6.支付报酬或使用费的义务。依当事人的协议而设立的地役权多属有偿的，在此情况下，地役权人应依约定的方式、时间和标准支付有关的费用或报酬。

（二）供役地人的权利义务

1.费用及赔偿请求权。在有偿的地役权中，地役权人负有支付费用的义务，供役地人则享有请求费用的权利。地役权人不当行使其权利而造成供役地人损害时，供役地人亦当然享有损害赔偿请求权。

2.使用设置的权利与分担维持设置费用的义务。对于地役权人于供役地上所为的设置，供役地人在不妨害地役权行使的范围内有权加以使用。这主要是法律从经济角度考虑，为避免供役地人再行花费不必要的设置费用而为其规定的一项权利。不过，供役地人就该设置的使用如与地役权人发生冲突时，应遵循地役权优先的原则。在供役地人使用地役权人所为的设置时，应负有按其受益程度分担维持设置之费用的义务，以求公平；当事人对设置维持费用的负担另有约定的，从其约定。

3.供役地使用场所及方法的变更请求权。依法理和立法上的通行做法，设定地役权时虽然约定了地役权的行使场所或方法，但如果变更该场所及方法对地役权人并无不利，而对于供役地人有利益的，则供役地人对于地役权人有请求变更地役权行使场所或方法的权利。依公平原则，因此变动而产生的费用应由请求变动的供役地人负担。

4.容忍及不作为义务。地役权是以供役地供需役地便宜之用为目的的，因此，供役地人在地役权的目的范围内负有容忍及不作为的义务。在积极地役权中，供役地人应容忍地役权人于供役地为一定行为；在消极地役权中，供役地人负有不为一定行为的义务，不得进行导致地役权行使不便或内容削减的行为，但供役地人不负有为积极行为（如主动提供方便、维护设置等）的义务。我国《民法典》第375条规定："供役地权利人应当按照合同约定，允许地役权人利用其不动产，不得妨害地役权人行使权利。"第379条规定："土地上已经设立土地承包经营权、建设用地使用权、宅基地使用权等用益物权的，未经用益物权人同意，土地所有权人不得设立地役权。"

五、地役权的消灭

（一）地役权的消灭原因

物权的一般消灭原因，如标的物灭失、约定存续期间届满、抛弃、混同等当然也适用于地役权，但由于地役权具有从属性和不可分性，所以物权的一般消灭原因适用于地役权时也会体现出不同的特点，主要表现在：

1.因法定事由而解除地役权合同。《民法典》第384条规定："地役权人有下列情形之一的，供役地权利人有权解除地役权合同，地役权消灭：（一）违反法律规定或者合同约定，滥用地役权；（二）有偿利用供役地，约定的付款期限届满后在合理期限内经两次催告未支付费用。"

2.不动产灭失。地役权以供役地和需役地的同时存在为其成立与存续要件。地役权不但会因供役地的灭失而消灭，也会因需役地灭失而消灭。不过，基于地役权的不可分性，在供役地或需役地部分灭失时，除导致地役权整体不能行使的情形外，地役权并不消灭。

3.目的不能。设定地役权的目的事实上不能实现，即供役地事实上不能再供需役地便利时，地役权消灭。例如，引水地役权因水源枯竭而消灭。但需注意的是，导致邻地利用权消灭的目的不能必须是永久性的，如果仅为一时不能，则并不足以导致地役权消灭。

4.存续期间届满与约定事由发生。地役权约定有存续期限的，当约定期限届满时，地役权消灭。当事人约定以特定事由发生作为地役权消灭原因的，则该事由一旦发生，地役权也归于消灭。如约定供役地上一旦建成建筑物，通行地役权即归于消灭；约定地役权人转让其权利时，地役权不随同转让而归于消灭等。

5.混同。当需役地与供役地同归属一人时，地役权因混同而消灭，但如果需役地或供役地为第三人权利的客体，其存续对于所有人或第三人有法律上的利益时，地役权不消灭。此外，基于地役权的不可分性，当需役地或供役地为共有时，若仅其中一人有混同现象，地役权也不因混同而消灭。

6.抛弃。通说认为，地役权人能否任意抛弃其地役权，因地役权的有偿与否而不同。无偿的地役权，无论是否有期限，地役权人均可以随时抛弃地役权。有偿的地役权如果定有期限，地役权人通常须支付剩余期间的对价后才能抛弃；如为无期限的地役权，地役权人须事先通知供役地人并支付一定期间的对价后始得抛弃，以兼顾双方的利益。[①]

（二）地役权消灭的法律后果

如前面关于当事人双方的权利义务的阐释，地役权消灭的，双方的权利义务关系亦当然归于消灭，并发生地役权人工作物的取回权及恢复供役地原状的义务。另外，依《民法典》第385条的规定，“已经登记的地役权变更、转让或者消灭的，应当及时办理变更登记或者注销登记”。

第七节　其他几种用益物权

一、典权

（一）典权的概念与特征

所谓典权，是指一方依典契支付典价，于一定期限内占有他人的不动产而为

① 参见谢在全:《民法物权论》(上)，中国政法大学出版社1999年版，第459页以下。

使用收益的权利。典权关系中，占有他人不动产而享有使用收益权的一方，称为典权人；收取典价而将自己的不动产交与他人利用的一方，称为出典人；作为典权客体的不动产，称为典物；典权人为获得典权而付出的对价，称为典价；设定典权关系的合同，通常称为典契。

典权是我国法律传统中的特有制度和物权类型，其法律特征如下：

1.典权的客体是他人的不动产。典权的标的物限于不动产，动产之上不得设定典权。传统典权制度中的标的既可以是房屋，也可以是土地。新中国成立后，土地典权关系不复存在，但土地使用权、房屋等建筑物及其附属设施可以成为典权的标的。

2.典权以对典物的使用收益为主要内容。此与其他用益物权并无不同，但典权的特殊性在于，除当事人另有约定及不得违背法律的强制性规定和公序良俗外，典权人使用、收益的范围并无限制，即使变更典物的用途也是可以的，其权利范围较为宽泛，仅次于所有权；此外，典权还具有担保典权人支付的典价在典权关系终止时返还的功能。

3.典权以占有典物及办理登记为成立要件。为实现使用收益的目的，典权人须占有出典人的典物，但不限于直接占有，典权人亦可将承典之房屋等出租而自己为间接占有。[①]现代法制下，典权作为不动产用益物权的一种，还应以登记为其成立的必要条件。

4.典权人必须支付典价给出典人。典权的设定，为有偿行为；典价的数额由双方当事人约定，一般略低于标的物的售价。典价一般以金钱计算，但也可以实物计算（通常仍应折算为金钱）。

5.典权是有期限的物权。无论典契中有无约定，典权均有存续期限。有约定期限的，从其约定；未约定期限的，其存续也不能超过法律规定的最长期限。

典权为我国历史流传下来的用益物权类型，民国时期颁布的民法中对其作有明文规定；2010年前后我国台湾地区修改“民法”时，尽管典权关系在实践中适用的情形并不多见，但对原有的典权制度仍予保留。我国现行法律中未对典权作

---

① 典权人占有典物是否应为典权的成立条件，有不同的意见。参见王泽鉴：《民法物权》（2），中国政法大学出版社2001年版，第105—106页。

出明确规定，唯最高人民法院的司法解释中曾认可历史遗留的典权关系的存在，并对有关问题的处理作有规定，故典权仅是习惯法上的物权。在我国物权法及民法典物权编的制定中，对于应否增设典权制度，有不同的意见，最终该制度未能入法。

（二）典权的基本制度内容

1.典权的取得

典权的取得主要是基于当事人的法律行为，但也可以因法律行为以外的法律事实（主要是继承）取得。

基于法律行为取得典权，包括典权的设定、让与以及转典。设定典权，要求采取书面合同形式，合同内容中应包括当事人双方的姓名或名称，出典标的物及其附着物的位置、面积，典价及其支付方式，典权的期限及回赎期等。设定典权，依法应当进行登记，典权自登记时成立。在典权成立后，典权人有权将典权转让给他人，还可以就典物为他人再设立典权，转典权人因此转典行为而取得典权。

2.典权的期限

典权的期限是典契中约定承典人用益典物和阻止出典人回赎的期限，典期届满后出典人方可行使回赎权。典权并不因典期届满而当然消灭，还须有出典人行使回赎权或者典权人依法取得典物所有权的事实，典权才归于消灭。典权的期限之长短，通常可由当事人在合同中自由约定，但不得超过法律规定的最长期限。我国台湾地区“民法”中规定约定的典期不得超过30年，超过30年的应缩短为30年；约定的典期不满15年的，不得附有到期不赎即作绝卖之条款。我国最高人民法院的有关司法解释中，对典权的最长期限也限定为30年。在设立典权时，当事人也可以不约定典权的期限。一般而言，在未约定期限的情况下出典人可以随时回赎典物，但回赎权亦不得永久存在。我国台湾地区“民法”规定：典权未定期限的，出典人得随时以原典价回赎典物，但自出典后经过30年不回赎者，典权人即取得典物所有权。我国最高人民法院1984年发布的《关于贯彻执行民事政策法律若干问题的意见》中也曾规定：典期届满逾期10年或者典契未载明期限经过30年未赎的，原则上应视为绝卖。在我国物权法制定中，有学者建议典权的最长期限宜限定为20年；出典人于约定的典期届满后经过2年而未行使回赎权的，其回赎权消灭，典权人即取得典物的所有权；在未约定典期或者约定不明的情况下，自典权设立之日起经过20年未行使回赎权的，回赎权消灭，典权人取得典物的所有权。[①]

3. 典权的效力

典权的效力，主要涉及典权设定后典权人的权利义务和出典人的权利义务两个方面。

典权人的权利，主要包括以下九项：（1）对典物的占有、使用、收益权。典权人对典物为使用收益的方法比其他用益物权要广泛得多，如可以改变典物的用途等，但以不损害出典人的利益为限。（2）出租权。典权人出租典物时，如果典权定有期限，其租期不得长于此期限；典权未定期限的，一般也不得在租赁合同中约定租期。（3）转典权。在典权存续期间，典权人有权将典物转典于他人而无须征得出典人同意，但典契中约定禁止转典的除外。转典不得超过原典权的期限，否则超过部分无效；原典权未定期限的，转典原则上也不得定有期限。转典的典价，原则上不得超过原典价，超过部分由原典权人向转典权人负返还责任。典权人对典物因出租或转典所受的损害，应负赔偿责任。（4）让与权。典权人可以不经出典人同意将典权让与他人，而自己从典权关系中脱离，受让人取得典权人的地位和权利义务。（5）设定担保权。典权人可以就自己所享有的典权设定抵押权，以担保自己对他人的债务之清偿。（6）留买权。出典人出卖典物时，典权人在同等条件下有补足典价与买价的差价而优先购买的权利。（7）重建修缮权。在典权存续期间，典物因不可抗力发生毁损灭失的，典权人在典物遭受灭失的范围内有重建修缮的权利（但并无重建修缮的义务）；重建修缮后，典权人的典权和出典人的回赎权一并恢复。（8）费用求偿权。在出典人回赎典物时，典权人对就典物支出的必要费用、有益费用及重建修缮费用等有权请求出典人偿还。但应由典权人自己承担的普通维修费用，不在此列。（9）取得典物所有权的权利。约定期限的典权于期限届满后一定期限内出典人不回赎，或者未约定期限的典权自

① 参见梁慧星等：《中国物权法草案建议稿》第291条、第300条。

典权经过法定最长期限后不回赎的，典权人即可取得典物所有权。[①]

典权人所应承担的义务，主要有两项：（1）妥善保管、维护典物的义务。典权人既然占有、使用典物，自应负有妥善保管、维护典物的义务。违反此项义务致典物毁损灭失的，应负赔偿责任。（2）返还典物的义务。于出典人回赎典物时，典权人负有恢复典物之原状并返还出典人的义务。但典权人依典权的性质正常用益而致典物有所变更或损耗的，是用益的当然结果，不发生恢复原状的问题。

出典人的权利，主要有以下三项：（1）典物的处分权。典权设定后，出典人并不丧失所有权，因此仍有权以出卖、赠与等方式处分典物。出卖典物时，典权人有优先购买权；其也可不行使优先购买权而对买受人（新的出典人）继续享有原来的典权。（2）抵押设定权。典权设定后，出典人不得在典物上设定与典权相抵触的权利，但仍可基于对典物的所有权而在典物上设定抵押权。（3）回赎权。是指出典人于典期届满时以原典价赎回典物的权利。这是出典人依据典权关系的特性所享有的权利。依据一般做法，约定期限的典权，出典人可以在期限届满后2年内回赎，但典期为15年以上并且附有绝卖条款的，典期届满时应立即回赎，否则回赎权消灭；未约定期限的典权，出典人可以在不超过典权的法定最长期限内随时回赎。出典人在回赎前均应将回赎的意思提前一定时间通知典权人。

出典人的义务，有以下两项：（1）瑕疵担保义务。为保证典权人对典物的使用收益，出典人应负瑕疵担保义务，包括对物的瑕疵和权利瑕疵担保，此项义务准用买卖合同中出卖人瑕疵担保义务的有关规定。（2）费用偿还义务。出典人回赎典物时，应对典权人所支出的有关费用在现存利益限度内予以偿还。

4. 典权的消灭

除混同、抛弃等物权消灭的一般原因外，典权的消灭原因还有以下几种特殊的情形：

（1）因回赎而消灭。回赎典物是出典人的一项权利。出典人于典权期限届满后，得在回赎权行使的有效期限内将原典价返还于典权人而回赎典物，使典权关

---

① 也有学者认为，典权人取得典物的所有权，并不是典权人的一项权利，而是出典人不行使回赎权或典权人行使优先购买权的结果。参见郭明瑞等：《民商法原理》（二），中国人民大学出版社1999年版，第226页。

系归于消灭。从性质上讲，回赎权是一种形成权，出典人并不负担必须回赎典物的义务。

（2）因找贴而消灭。所谓找贴，是指在典权关系存续期间，出典人表示将典物出卖与典权人，而由典权人通过找补、支付典物之时价高于典价部分的差额，以取得典物所有权并因此而使典权消灭的制度。一般认为，由于找贴须基于双方就典物的买卖及补偿的价金达成合意方能成立，故不是典权人或者出典人某一方的权利，而是双方达成的一种买卖契约。

（3）因期限届满而消灭。典权除因回赎、找贴而消灭外，还可以因期限届满而出典人在回赎期限内没有回赎典物致使典权人取得典物所有权的原因归于消灭。

（4）因留买、绝卖、别卖而消灭。出典人出卖典物时，如果典权人愿意购买的，则典权人得行使留买权而取得典物所有权，典权归于消灭；如果典权约定期限超过15年并附有到期不赎即作绝卖条款的，则出典人在期限届满不回赎的，典权归于消灭；如果典契中约定有到期不赎听凭典权人出卖典物收回典价条款的，典权因典物别卖于第三人而消灭。

（5）因典物灭失而消灭。在典权关系存续期间，如果典物因不可抗力的原因而全部或部分灭失时，就其灭失部分，典权及回赎权均归于消灭。亦即是说，由当事人双方共同负担典物灭失的危险：出典人负担典物全部或部分丧失的损失，典权人则负担典价全部或部分不能收回的损失。

（三）典权的性质之争与存废之争

1. 典权的性质之争

关于典权的法律性质如何，学说上一直存在争议，归纳起来主要有以下几种观点：

（1）担保物权说。理由在于：第一，在我国的法制沿革上，典权与质权并没有严格的区别，都具有担保的性质。民间设定典权，大多是因经济困难为筹措金钱而出典田宅，因而当事人之间有借贷关系的存在。第二，出典人在回赎时返还典价，实际上带有清偿债务的性质。而如果认为典价是设定典权的对价，那么在典权消灭时，出典人则应没有返还典价的义务。第三，民国时期制定的民法典将典权规定在质权与抵押权之间，亦表明典权为担保物权。

（2）用益物权说。理由在于：第一，典权的根本内容在于典权人对典物享有占有、使用、收益的权利，与担保物权以对标的物交换价值的支配为内容不同。第二，典权人向出典人支付的典价为获得典权之对价，而不同于担保物权关系中的借款；出典人向典权人返还原典价而收回典物，称为回赎，不同于清偿债务。第三，典权是主物权，可单独让与或作为抵押权的标的；而担保物权从属于债权，不能单独让与或作为担保物权的标的。第四，出典人如果抛弃回赎权，就可使典权关系消灭，即使典物残存价值低于典价，出典人对不足部分亦不负偿还义务。而在担保物权中，当担保财产的变价价值低于主债时，债务人仍负继续偿还的义务。

（3）特种物权说。又称双重性质说或折中说，认为典权既不是纯粹的用益物权，也不是纯粹的担保物权，而是兼有用益物权和担保物权双重性质的特殊物权。其主要理由有：第一，典权虽有使用收益的效能，但典权人一般较富有，其设定典权的最终目的在于取得典物所有权，使用收益只是其次要目的。第二，从历史及当今情况看，典权均具有融通金钱、确保债权实现的功能。典价实质上为出典人所负的金钱债务，典价担保金钱债务是采取最原始的占有标的物并取得标的物所有权以满足债权的方法，类似于国外法律上的不动产质。第三，典权虽具有担保功能，但与作为从权利的抵押权、质权等纯粹担保物权又有不同，因为典权具有占有他人的不动产并为使用收益的内容。

（4）买卖契约说。该说又分为两种观点：一是附买回约款的买卖契约说。认为典权人依其契约而占有并用益他人所移转的不动产，实与买卖行为相同；而出典人回赎权的行使，与附有买回特约的买卖契约中出卖人于条件成就时行使返还其已受领的价金而收回原物的买回权，并无实质差别。二是买卖契约与消费契约的混合契约说。该说认为，典权就典物的移转与典价的取得而言，属于买卖契约；就典价的移转与返还而言，则属于消费借贷契约。

以上诸种学说，以用益物权为通说。[①]笔者亦倾向于用益物权说，但同时认

---

① 参见谢在全：《民法物权论》（上），中国人民大学出版社 1999 年版，第 461 页；李婉丽：《中国典权法律制度研究》，载梁慧星主编：《民商法论丛》（第 1 卷），法律出版社 1994 年版，第 379—384 页。

为，典权虽不宜定性为担保物权，但也不应完全否定其具有一定的担保功能。[①]

2.典权的存废之争

在我国《物权法》及《民法典》物权编的制定过程中，对是否应当规定中国传统制度中的典权，存在保留论与废止论两种不同的主张。

反对规定典权制度的学者所持的主要理由是：其一，典权之所以兴起，在于受我国传统的影响。国人传统观念认为，子孙因经济拮据而变卖祖遗房地产，乃是败家之举，将遭人不齿，但燃眉之急又需解决，于是创造出“典”的方式。出典人可依此方式将房地产典与他人用益，而自己可谋得相应的钱款以解燃眉之急，日后还可回赎；典权人则可以低于买价的金额获得房地产长期、可靠的用益，日后还有可能取得房地产的所有权。故当事人双方可谓各得其所、两全其美。但此种制度已不合于现今情况，随着市场经济的发展，人们生活水平的提高和观念的转变，将不动产抵押乃至出卖来获取资金，已成为正常的经济行为，已不存在遭人耻笑的问题。故而已不复存在采用出典方式的“心理需求”，自亦无保留典权的必要。其二，在我国消灭了土地私有制之后，仅就房屋等可以设定典权，典权制度的适用范围已非常狭小。而且房屋典权与附买回约款的买卖极为相似，可以用后者代替典权。即使仍有人愿意以合同的方式设立典权关系，虽因违背物权法定主义而不能发生物权效力，但仍可准用债法关于附买回约款的买卖规则而使当事人利益获得保护。其三，随着房地产市场的形成，房产不再是甚为匮乏、稀缺的财产，而法律上关于20年的房屋长期租赁权的确认以及房地产抵押制度的发达，也均使传统的典权制度失去了其适用条件。故此，没有必要在物权法上规定典权。

另有许多学者则主张保留典权，其理由主要是：第一，典权是特殊的用益物权，能够同时满足典权人对不动产的用益和出典人对资金的需要，这是其他物权如抵押权所不能代替的。第二，附买回约款的买卖中对出典人的保护，远不如典权的制度设计周到，不能以其代替典权。第三，随着市场经济的发展，单位和个人的土地使用权、住房和经营用房及其他建筑物大量增加，如果法律将典权的标的物扩张而许可其设立于住房之外的其他建筑物、构筑物和不动产用益物权之

---

① 刘保玉:《物权体系论》，人民法院出版社2004年版，第245页。

上，则典权会因其适用范围的扩张而发挥更大的作用。第四，典权这种我国历史流传下来的不动产物权制度，在现代社会仍有其重要价值。典权可以为不动产所有人及土地使用权人提供一种新的融资方式以供选择，或者在住房及经营用房的所有人因各种原因长期不需要房屋而又不愿出卖时，通过设定典权以避免出租或者委托代管的麻烦。例如债权人向借款人贷款的同时，可以约定由其长期地使用债务人的不动产作为经营网点或其他生产经营场所；债务人到期不能偿还债务时，可以将其闲置的不动产在一定期限内交与债权人使用；等等。第五，日本、法国等法律上的不动产用益质权和韩国法律上的传贯权，虽与我国的典权制度在规则设计上有所不同，但其功能和作用大致相同，具有异曲同工之妙。而不动产质权和传贯权制度在这些国家至今依然行之自若，说明该制度在当今仍有其价值，并非渐趋式微。因此，我国法律上可以对传统的典权制度加以改进和完善，使其适应当今之情势而焕发出生机和活力。①

我国的物权法草案中，曾对典权设有规定。但因意见不一，后经反复斟酌，最终舍弃了该制度。《民法典》物权编制定中，虽仍有恢复典权制度的呼声，但未被立法所接受。实践中，当事人约定典权或与其类似的关系的，可依合同法的规定而得到保护，但因物权法定主义的贯彻和无法进行登记，典权合同的约定不具有物权的对抗效力。②

二、空间利用权

（一）空间权与空间利用权的概念

关于什么是空间权，各国立法、学说和判例的见解及表述不尽相同。依据学界的一般认识，所谓的空间权，是指以土地地表之上的一定空间或地表之下的一定地身范围为客体而成立的一种不动产权利。空间权的类别有多种，如依其性质

① 参见刘保玉、陈龙业、张珍宝：《典权、传贯权与不动产质权之比较——兼论典权制度的现代价值》，载渠涛主编：《中日民商法研究》（第4卷），法律出版社2006年版。

② 是否可以借助登记设立有偿的居住权之规定，通过合同约定而达到与设立典权相当或近似的功用，尚待观察，笔者认为不排除这种可能性。

与内容的不同，分为空间所有权与空间利用权、物权性的空间利用权和债权性的空间利用权；根据其客体之位置不同，分为地上空间权（即空中权）与地下空间权（即地中权）；依存续期间的不同，可分为有期限的空间权与无期限的空间权；以空间权可否移转为标准，空间权可分为可移转性空间权与不可移转性空间权；等等。在允许土地私有的国家，不排除他人从私有的土地所有权人处取得某一特定范围的单纯空间所有权的可能性，从而发生非土地所有权人享有该空间的所有权之情况。而我国实行土地公有制，空间所有权也只能由国家或集体享有，其对土地之上下空间的使用，一般都视作对土地当然附属部分的利用，并不具有独立性。①在这种情况下，空间所有权实质上被土地所有权所吸收，因而在物权法上无深入讨论的必要，我国学界所研究的空间权主要限于空间利用权。②易言之，在我国法律上，空间利用权是空间权制度的核心与主要内容。

对于空间利用权的概念和内涵，我国学界亦有多种不同的定义方式。笔者认为，根据物权法理论及相关规定，可以在考虑空间利用权与土地所有权、土地使用权等相关权利的关系和区别之基础上，将其定义为："空间利用权是指在土地使用权及其效力所及空间之外，对地表上下的一定范围内的空间所享有的排他使用权。"在空间利用权概念的内涵和要点上，应作以下限定和必要的解释：

1.空间利用权人必须是土地所有权人以外的其他人。土地所有权人对土地的上下空间之利用问题，为其所有权所吸收，无需单独讨论。而国家和集体之外的其他主体，无从获得土地上下空间的所有权，其所获得的只能是使用权。因此，空间利用权属于他物权。

2.作为空间利用权客体的一定范围之"空间"，是各种土地使用权及其效力所及必要空间范围之外的空间。必须明确的是，建设用地使用权（地上权）等土地使用权的效力所及客体范围，并不仅仅限于地表，土地使用权人为实现所设立的权利之目的，必然也要对一定的空间加以利用。例如，建筑用地的地基必然要

---

① 彭诚信、臧彦：《空间权若干问题在物权立法中的体现》，载《吉林大学社会科学学报》2002 年第 5 期。

② 关于集体土地所有权所及效力范围外的空间归属于谁的问题，不无疑问。根据我国有关法律规定和实际情况，笔者倾向于归国家控制和支配的认识。例如，飞机在地表上一定高度通航，均无须经过集体土地的所有人同意，而是应由国家航空管理部门批准。

及于地下一定空间，建筑物的高度也要及于地上一定空间，其他人的建筑物或构筑物等还须与其建筑物周边保持一定的空间间距；农业用地使用权虽利用的是地表，但为耕种的需要也须及于一定的空间范围。因此，作为空间权客体之空间，显然不是指土地使用权当然范围内的空间，只能是于此之外一定范围的空间。[①]这是认识空间利用权的客体范围时首先必须明确的一个前提问题。

3.空间利用权只能从土地所有权人或其他空间利用权人处取得，而不能从土地使用权人处取得。从所有权人处取得的，通常是所谓“空间地上权”，其取得方式应属创设的继受取得，我国立法上将其作为“建设用地使用权的分层设立”来认识；从其他空间利用权人处取得的，通常为因设立行为而取得的“空间地役权”或“空间役权”，但也可通过转让的方式而从空间利用权人处受让该权利。由于土地使用权人行使其权利所及的必要空间为其土地使用权本身的内容，其如许可他人利用该必要空间，则所设定的应属“地役权”而非“空间役权”。强调这一点是非常重要的，否则将会导致权利类别划分上的混乱。

4.空间利用权人通常是土地使用权人之外的其他人，但也不妨是土地使用权人本人。在前一种情况下，土地使用权和空间利用权这两种权利由不同的主体享有，其相互之间的法律关系和可能产生的权利冲突应是法律规范的重点；在后一种情况下，虽然权利主体同一，但其所享有的是两种权利而非一种权利，两种权利各具独立价值，其取得应当依照法律规定分别办理相应的手续，转让或设定负担时亦同。

5.空间利用权除其客体为“空间”并因此而具有一定的特殊性外，关于其客体必须特定、设立必须登记以及效力的排他性等问题，均准用不动产物权的相应规定（尤其是关于不动产相邻关系、建设用地使用权、地役权的规定）。

（二）关于空间利用权是否为独立物权类型的讨论

关于空间利用权是不是一种新的独立的物权类型，其实质涉及的是该项权利

---

① 参见彭诚信、臧彦：《空间权若干问题在物权立法中的体现》，载《吉林大学社会科学学报》2002年第5期；刘保玉：《空间利用权的内涵界定及其在物权法上的规范模式选择》，载《杭州师范学院学报》2006年第2期。

的性质问题。而对此问题的不同认识，决定了空间利用权在立法上的规范模式之不同。

1. 否定说及其理由。我国台湾地区学者深受大陆法系国家尤其是德国、日本学说判例的影响，认为空间地上权（或称分层地上权）是地上权的一种形式，两者只有量的差别而无质的差异，只是设定的标的范围不同而已；空间地上权性质上等同于普通地上权，而并非系物权的新种类，除有特殊规定外，应适用关于地上权的规定。[①]中国大陆的梁慧星教授及其负责的中国物权法研究课题组也认为："空间权并不是物权法体系中一个新的物权种类，而只是对在一定空间上所设定的各种物权的综合表述。"[②]基于此种认识，在由其主持拟定的物权法草案建议稿中，没有对空间权作出专章或专节规定，而是将其分解成"空间基地使用权""空间农地使用权"和"空间邻地利用权"三种，分别归入基地使用权、农地使用权和邻地利用权三章之中，作为它们各自的特殊类型，分别用一个条文简要加以规定。另有其他学者也认为：空间权的来源与地上权的来源并无不同，空间地上权与普通地上权也无本质不同。空间权性质上并不是一项单独的用益物权，而是对一定空间上设定的各种空间权利类型的抽象概括。[③]

认为空间利用权或空间地上权、分层地上权不是独立的物权类型的学者，虽然在观点表述及理由上各有侧重，但归纳起来，其核心理由体现在：从权源、目的、权利内容上看，空间权与地上权均无质的差异。

2. 肯定说及其理由。肯定空间权或空间利用权是一项新型的独立用益物权的观点，主要见于一些中国大陆的学者。如王利明教授认为："由于空间利用权可以基于土地所有权人、使用人的意志而在特殊情况下与土地所有权和使用权发生分离，且可以通过登记予以公示，因而空间利用权可以成为一项独立的物权。"[④]

---

① 参见史尚宽：《物权法论》，中国政法大学出版社2000年版，第190页；王泽鉴：《民法物权》（2），中国政法大学出版社2001年版，第58页；杨与龄：《论分层地上权》，载《法令月刊》第38卷第6期，第5页；吴珮君：《区分地上权消灭后之效果——兼论物权篇修正草案第八三九条，第八四〇之一、之二条》，载《法令月刊》第52卷第11期，第18页、第24页。

② 梁慧星主编：《中国物权法研究》（下），法律出版社1998年版，第591页。

③ 参见陈祥健：《关于空间权的性质与立法体例的探讨》，载《中国法学》2002年第5期。

④ 王利明：《物权法论》（修订本），中国政法大学出版社2003年版，第644页。

在其主持拟定的《物权法草案建议稿及说明》中单独设立“空间利用权”一节并对其作了较为详尽的规定，理由上认为：“空间利用权是一项独立的权利，应当成为物权法体系中的一个物权种类，由物权法做出统一的规定，而不应分割为不同的权利类型。”[①]另有其他一些学者，也主张在物权法中单独规定空间权或空间利用权。[②]

肯定说的理由，主要在于空间利用权与土地使用权存在差异，不应合一：其一，两者的效力所及范围或者客体不同；其二，两者的着眼点不同；其三，两者存在的前提不同。[③]

（三）空间利用权制度的立法模式选择

关于立法上对空间权或空间利用权问题的规范模式，目前所见主要有以下几种：

其一，单独制定空间权法的模式。美国是实行这一立法体例的典型代表。虽然美国法属于普通法系，但其不动产法律制度对罗马法也有继受，坚持“所有土地的人，即所有空中地中”的法则。依照该原则并经过判例的推动，美国早在19世纪中叶就确立起土地所有者可将其空间予以租赁或让渡的法理。在成文法方面，美国关于空间权问题的第一部法律是1927年伊利诺伊州制定的关于铁道上空让渡与租赁的空间权利法。此后，其他各州和联邦政府承认空间权及有关规制公共设施上空的空间利用问题的立法也陆续出台。到20世纪70年代，以“空间法”为名称的法律提案开始被提出来，首先完成立法的是俄克拉荷马州，此即1973年的《俄克拉荷马州空间法》（Oklahoma Air Space Act）。根据该法规定，空间权是一种不动产，可以成为所有、让渡、租赁、担保及继承的标的，并且在税收和征收上适用不动产的有关规定。[④]

其二，在民法典用益物权的相关章节中规定空间权的模式。德国和日本是实

---

① 王利明主编：《中国物权法草案建议稿及说明》，中国法制出版社2001年版，第409页。

② 参见王卫国：《中国土地权利研究》，中国政法大学出版社1997年版，第225页；彭诚信、臧彦：《空间权若干问题在物权立法中的体现》，载《吉林大学社会科学学报》2002年第5期。

③ 详见何艳真：《空间权问题研究》，山东大学2004年硕士学位论文，第16—17页。

④ 参见陈华彬：《土地所有权理论发展之动向》，载梁慧星主编：《民商法论丛》（第3卷），法律出版社1995年版，第83—84页。

行这一立法模式的典型国家。由于德国、日本等大陆法系国家认为空间地上权在性质上是普通地上权的一种特殊形式，此一理念反映在立法上就是将空间地上权归入使用目的与之相同的土地用益物权中。1896年的《德国民法典》中直接将空间权归入“地上权”一章，并且没有对普通地上权与空间地上权进行区分，一并规定在民法典第1012条。[①]为适应时代发展的需要，德国于1919年颁布的《地上权条例》在吸收民法典中关于地上权概念的基础上规定：地上权是指以在他人土地表面、上空及下空拥有工作物为目的而使用他人土地及空间的权利。显而易见，其所谓的地上权既包括普通地上权，也包括空间地上权。《日本民法典》中原本没有关于空间权的规定。从20世纪50年代末期开始，日本着手进行都市土地立体开发的制度探索，1966年在对民法典予以部分修正时，将空间权的条款附加在“地上权”一章最后一个条款中，成为该条的第2项（即第269条之二），其内容为：“（一）地上或空间，因定上下范围及有工作物，可以以之作为地上权的标的。于此情形，为行使地上权，可以以设定行为对土地的使用加以限制。（二）前款的地上权，即使第三人有土地使用或收益权利情形，在得到该权利者或者以该权利为标的权利者全体承诺后，仍可予以设定。于此情形，有土地收益、使用权利者，不得妨碍前款地上权的行使。”

其三，暂时利用“法律包裹”方式建立空间地上权制度的模式。我国台湾地区采用此种立法模式。适用于台湾地区的“民法”中仅就普通地上权作有规定，而未规定空间地上权。20世纪60年代后，随着台湾地区社会经济的发展、人口与土地紧张关系问题的出现，由此促成了学说和判例、立法上对空间权问题关注。为避免设立一项制度牵涉修订多项法规的局面，台湾地区立法机构采取了“法律包裹”的方式，于1988年制定的“大众捷运法”第19条中确立了空间地上权制度。值得注意的是，在我国台湾地区2010年修订“民法”物权编时，仿效日本的立法体例，在地上权一章增设“区分地上权”一节（第841—1至—6），规定“称区分地上权者，谓以在他人土地上下之一定空间范围内设定

① 但是德国民法中有次地上权之规定。次地上权人根据其权利，支配地上权人支配范围内指定土地的地表或者地表的上下空间，或者仅仅只是支配不连接土地地表的上层空间或者下层空间。次地上权的产生，为土地上下空间脱离地表而独立成为民法物权的客体提供了新的法律手段。参见孙宪忠:《德国当代物权法》，法律出版社1997年版，第228页。

之地上权。”“区分地上权，除本节另有规定外，准用关于普通地上权之规定。”其立法说明中提及：区分地上权的客体限于“土地上下之一定范围”，与普通地上权的客体及于“土地之上下”，“仅有量之差异，并无质之不同，故非物权之新种类”。

在我国《物权法》制定过程中，学者们对于空间利用权如何规定有几种不同规范模式设计。在梁慧星教授主持拟定的物权法草案建议稿中，不主张将空间利用权单设为用益物权的一种，而是将其分别置于基地使用权、农地使用权、邻地利用权之中，各以单独的条文简明扼要地规范各种空间利用权。在王利明教授主持拟定的物权法草案建议稿中，基于空间利用权为独立的用益物权类型的认识，将“空间利用权”作为用益物权一章中的独立一节，设了11个条文，分别对空间利用权的定义、设定、期限、费用、享有、行使、转让、抵押、出租、限制及空间利用权的相邻关系等作了较详细的规定。徐国栋教授主持拟定的《绿色民法典草案》物权法分编中关于“空间地上权”的规定（第547条），位于地上权一节的最后一条。其位置设计和条文内容表述，主要参考了《日本民法典》中的规定。在孟勤国教授拟定的物权法草案建议稿中，先于土地使用权一节的第一个条文（第156条）第2款中明确了土地使用权的效力范围：“土地使用权设定于四至确定的土地，效力及于使用土地所必要的地表上下的一定空间。”然后，在该节的倒数第二个条文（第167条）对空间使用权作了专门规定：“土地上有不为建筑物或其他附着物所必要的空间，可另行设定空间使用权，准用本法土地使用权的规定。”

在法工委的物权法草案诸稿中，均在建设用地使用权一章的第二个条文对建设用地使用权在土地的地表、地上或地下分别设立的问题作了简要规定。最后通过的《物权法》第136条规定：“建设用地使用权可以在土地的地表、地上或者地下分别设立。新设立的建设用地使用权，不得损害已设立的用益物权。”《民法典》在此基础上作了改进，于第345条规定：“建设用地使用权可以在土地的地表、地上或者地下分别设立。”第346条规定：“设立建设用地使用权，应当符合节约资源、保护生态环境的要求，遵守法律、行政法规关于土地用途的规定，不得损害已经设立的用益物权。”这一规定，简明扼要，言简意赅，堪值赞同。

三、海域使用权

（一）海域使用权的概念与特征

根据物权法理论和我国《海域使用管理法》（2001年颁布，2002年1月1日起施行）的有关规定，海域使用权是指申请用海的单位或个人依法定程序并经登记而取得的，对国家所有的某一特定海域在一定期限内持续从事排他性的开发利用活动并享受其利益的权利。这一定义表明：第一，海域使用权的主体是海域所有权人（国家）之外的单位或个人；第二，海域使用权的客体是国家所有的特定海域；第三，海域使用权的取得须经过法定的申请、审批和登记程序；第四，海域使用权是于一定期限内对特定海域的排他使用权；第五，海域使用权是对特定海域为使用、收益的物权性权利。

海域使用权具有以下法律特征：

1.海域使用权的客体具有特殊性。首先，海域使用权的客体是特定的海域。《海域使用管理法》第2条第1款规定："本法所称海域，是指中华人民共和国内水、领海的水面、水体、海床和底土。"可见，公海、毗连区、专属经济区和大陆架均不在该法调整的海域范围之列，也不属于海域使用权的客体。海域具有底土的固定性、水体的流动性、功能的多样性、利用的立体性等特点。正是这些与陆地不同的自然特点，使海域使用权区别于土地（陆域）使用权。其次，海域属于民法上一种特殊的物。海域是与陆地相对应的自然资源，具有立体性的特点。海域虽没有像土地一样的明确的边缘，但随着科技的发展和人们对海洋利用的日渐深化，每一片海域都可以根据经纬度、自然外观或人为地设置海上界标而"特定化"。海域的表面边界与面积特定后，水体、海床与底土也随之特定。最后，海域是一类具有特殊性的不动产。海域由水面、水体、海床和底土几部分构成，它是一个整体的概念而非特指哪一部分。尽管海水具有流动性，但海床和底土却无疑是不可移动的，由此决定作为一个立体空间的海域在整体上具有不可移动性，故海域应属于不动产的范畴。

2.海域使用权派生于国家的海域所有权。根据我国《宪法》《民法典》《土地管理法》和《海域使用管理法》的规定，土地有国家所有和集体所有之分，而海域全部属于国家所有。国务院海洋行政主管部门代表国家负责海域使用权制度的实施。海域使用权是海域所有权中的部分权能与所有权人相分离而形成的权利，即海域使用权派生于国家的海域所有权，是国家将特定海域一定期限内的占有、使用、收益权出让给使用者而形成的权利。

3.海域使用权具有支配性。海域使用权人得依自己的意思及行为对特定海域为管领和使用，实现其利益，而无须他人的意思或行为之介入。海域使用权的义务主体是不特定的任何人，其所负的义务是不为侵害或妨碍的消极义务。对于来自包括海洋行政主管机关在内的任何人的侵扰或妨害，海域使用权人均可依法排除或诉请保护。

4.海域使用权的内容具有综合性。海域使用权的设立以对特定的海域进行使用、收益为目的。至于海域使用权人用海的方式，则既可以是养殖等渔业性用海，也可以是修建港口、码头等建设性用海，还可以是矿业开发性用海以及旅游、娱乐性用海或航运性用海、公益事业性用海等，不一而足，凡法律规定可以对海域及其资源所为的各种利用，均得为之。

5.海域使用权具有排他性。由于海域使用权系对海域直接支配、用益的权利，故同一海域之上不能同时存在两个或两个以上内容相冲突的海域使用权，此即海域使用权的排他性。例如，不得在同一海域中同时设立两个以养殖为内容的海域使用权，不得在同一海域之海底同时设立两个以采矿为内容的海域使用权。但应当注意的是，海域使用权的排他性并非指同一海域之上只能设立一个海域使用权，只要各海域使用权的内容不相冲突，其就可以并存于同一海域之上。如在海域立体利用的场合，在利用海底敷设管线的同时，在海床或水体仍然可以设立以养殖为内容的海域使用权；在利用水面建游乐场所的同时，可以将海床确权给他人用作养殖或管道铺设。《海域使用管理法》第23条第2款也明确规定："海域使用权人对不妨害其依法使用海域的非排他性用海活动，不得阻挠。"

6.海域使用权须经登记设立。依《海域使用管理法》的规定，海域使用权的公示方法为登记。未经登记造册并取得海域使用权证书，不能获得海域使用权。海域使用权的此种公示方法，与土地使用权等不动产物权的公示方法，并无二致。

7.海域使用权具有期限性。为维护海域所有权人的利益并避免海域使用状况的僵化，实现对海域科学合理的开发利用，各国立法都规定了海域使用权的存续期限，此即海域使用权的期限性。我国《海域使用管理法》中也根据不同的用海类型对各种海域使用权的最长期限及其期满时的续展问题作有规定。

8.海域使用权的取得通常应支付使用金，即具有有偿性。海域的有偿使用为当今各国普遍推行的制度，我国《海域使用管理法》第33条中也明确规定："国家实行海域有偿使用制度。单位和个人使用海域，应当按照国务院的规定缴纳海域使用金。"在有关文件中，还对海域使用金的征收标准作有规定。但应当说明的是，对于公益事业用海、公用设施用海、国家重大建设项目用海、养殖用海等，国家可以给予免缴或减缴海域使用金的优惠政策。但这仅是对海域有偿使用制度的例外规定，并不影响海域使用权的有偿性。

（二）海域使用权的性质界定

海域使用权应属何种性质的权利，学界和其他各界的观点不尽一致，归纳起来主要有以下几种：

其一，自然资源使用权说。认为海域是一种重要的自然资源，海域使用权同土地使用权、矿业权等一样也是一种自然资源使用权。[①]

其二，准物权说。认为海域使用权非为民法上的物权，但在效力方面与物权相近，在法律上可以视为物权，并准用物权法的有关规定。[②]

其三，特许物权说。认为海域使用权具有物权性，但属特别法规定的物权，称特许物权更为合适。[③]

其四，物权说。认为海域具有可支配性，符合民法上物的概念，海域使用权

---

① 卞耀武等主编：《中华人民共和国海域使用管理法释义》，法律出版社2002年版，第6页。

② 参见林诚二：《民法总则讲义》(上)，瑞兴图书股份有限公司1998年版，第77页；施启杨：《民法总则》，荣泰书局1982年版，第29页；李开国：《民法基本问题研究》，法律出版社1997年版，第29—294页；张俊浩主编：《民法学原理》(上)，中国政法大学出版社2000年版，第397页。上述学者在论及海域使用权中的养殖权时，将其界定为准物权，故我们将其归纳为"准物权说"。以下"特许物权说""用益权说"与此相同。

③ 转引自崔建远：《准物权的理论问题》，载《中国法学》2003年第3期；参见王利明主编：《中国物权法草案建议稿及说明》，中国法制出版社2001年版，第413页以下。

具有物权的支配性，属于物权。[①]

其五，用益物权说。认为海域使用权具备用益物权的一般要素，符合用益物权的特征，因而性质上属于用益物权。该说又有三种不同观点：一是用益权说，认为海域使用权属于用益物权，并且与其他自然资源使用权一样，属于用益物权中的用益权类型；[②]二是土地使用权说，主张将海域使用权界定为土地使用权之一种；[③]三是独立、典型用益物权说，主张将海域使用权界定为典型的用益物权，是与土地使用权等用益物权种类并列的权利类型。[④]

我们认为，从权利性质上讲，海域使用权属于物权，且应定性为一种新型的用益物权。不过，主张海域使用权是用益物权的一种，并不意味着物权法上一定要将其与建设用地使用权、土地承包经营权并列而作出详细规定，出于立法传统和立法技术上的考虑，物权法中可以只对海域使用权作出原则性规定，明确其性质和地位即可。[⑤]

（三）海域使用权在物权法上的规范方式

由于海域使用权在客体、内容等方面的特殊性，以及人们对此种权利的性质存在不同认识，导致在我国物权法制定中对于是否应当对其作出规定以及如何规定等问题也有不同的主张。

一是沿袭传统，在物权法上不对海域使用权作任何规定，而完全由特别法予以规范。目前世界各国民法典中的物权制度均侧重于对土地这一不动产进行规制，

① 桂静：《海域使用权物权保护研究》，载《海洋开发与管理》2002年第6期。

② 参见屈茂辉：《用益权的源流及其在我国民法上的借鉴意义》，载《法律科学》2002年第3期；房绍坤等：《用益物权三论》，载《中国法学》1996年第2期。

③ 参见梁慧星等：《中国物权法草案建议稿》，社会科学文献出版社2000年版，第518页。该书中提到"为海产品养殖而使用一定近海水面之权利应为民事权利，且具有用益物权的性质，应属于农地使用权之一种"。故我们将其归纳为"土地使用权说"。

④ 陈甦：《中国的海域使用权制度及其对物权法的新发展》，载孙宪忠主编：《制定科学的民法典——中德民法典立法研讨会文集》，法律出版社2003年版，第459页以下。

⑤ 刘保玉、崔凤友等：《海域使用权制度研究》，载梁慧星主编：《民商法论丛》（第32卷），法律出版社2005年版。

海域作为不动产则尚未被明确纳入民法典和物权制度的调整范围。[①]我们认为，这种传统的立法模式显然已不适于海域利用的现状和完善物权法律制度的需要。

二是将海域使用权分解，使之分别纳入“农业用地使用权”和“建设用地使用权”制度之中。[②]我们认为此种设计的不足，系忽视了海域与土地在构造上的重大差异，而且海域使用权的内容或利用方式，也远不能为“农业使用”和“建设使用”所包含，其结果是否定了海域使用权在权利类型上的独立性。

三是在“特许物权”中对海域使用权作出规定。这种设计为主张海域使用权为特许物权的学者所赞同。[③]笔者对特许物权纳入物权法规定的方案本身就持否定态度，而海域使用权在本质上应为一种重要且典型的用益物权，将其作为特许物权或准物权来认识，应属于定性上的失误。

四是在用益物权部分对海域使用权设专章或专节规定，使之成为与建设用地使用权、农业用地使用权等并列的一种典型用益物权类型。在有关部门和学者的建议中还对物权法中“海域使用权”一章应规定的事项和条文进行了细致的思考与颇为成熟的设计。[④]

五是将海域或海域使用权在用益物权的第一章“一般规定”中简单提及，只对其性质和地位予以界定，具体内容则仍由特别法规定。此即所谓的“原则规定”的模式。

我们认为，海域使用权固然具有一定的特殊性，但这种特殊性是在符合物权基本属性前提下的特殊性，其与其他用益物权的共性处于更为重要的地位，因此物权法上一定要赋予其用益物权的地位；在立法观念上，应将同为不动产的海域与土地置于同等重要的法律地位，将海域使用权作为一种典型的用益物权来对

---

① 值得说明的是，纵使在民法典或物权法中不对海域使用权予以规定，也不能成为否认海域使用权之用益物权性的理由。其情形就像知识产权法，到目前为止虽未被大多数国家纳入民法典中，却无人否认知识产权法应是民法的组成部分、知识产权是一种重要的民事权利。

② 依梁慧星教授主持拟定的物权法草案建议稿，可作这种处理。该稿中关于农地利用权的规定中包含“养殖”在内，也体现了这一思路。

③ 参见王利明主编:《中国民法典草案建议稿及说明》，中国法制出版社 2001 年版，第 422—423 页。

④ 参见陈甦:《物权法中“海域使用权”一章的建议草案》，载尹田主编:《中国海域物权的理论与实践》，中国法制出版社 2004 年版，第 380 页以下。

待。至于海域使用权在物权法上的规范模式应如何设计，比较上述几种方案之得失，我们倾向于第五种方案。具体来说，在物权法中，可在三处规定中明确海域使用权的性质与地位：第一，应在物权的客体（或不动产的界定）条文中，将海域界定为不动产的一种；第二，在物权法定原则的表述中，应体现出“其他法律对物权有特别规定的，依照其规定”的精神；第三，在用益物权的“一般规定”中，明确对海域资源的开发利用问题并提及“海域使用权”之权利名称，以便明确海域使用权的用益物权之地位。此种方案的长处是：其一，既顾及了传统物权法的立法模式与体例，符合立法惯例，也同时明确了海域使用权在现代物权体系中的地位，体现了立法与时俱进的精神；其二，与我国目前海域使用制度的立法现状相吻合，立法成本较低，同时也为海域使用权制度本身的成长、发展和特别法对其作出具体规定留下了足够的空间；其三，条文设计的技术细节较容易处理，产生无谓争执的可能性不大，各派主张均可接受此方案，在立法中应不会遇到大的阻力，立法的成本较低。①

考虑到海域使用权是一种综合性的权利，而物权法有关用益物权的规定，是根据土地的不同用途产生的不同法律关系分别规定为土地承包经营权、建设用地使用权和宅基地使用权等，没有综合规定为土地使用权。因此，如果将海域使用权专章规定，会造成物权法用益物权体系的不平衡。所以，强化海域使用权的物权特点，弥补现行海域使用权管理法不足的问题，宜留待修改海域使用管理法时一并解决。②因此，我国的《物权法》和《民法典》中最后采用了上述第五种方案，单列一条（原《物权法》第122条，《民法典》第328条）对海域使用权的性质、地位作了原则规定：“依法取得的海域使用权受法律保护。”此外，《民法典》第395条中还增加规定，债务人或者第三人有权处分的海域使用权可以抵押。根据特别法优先于普通法的原则，有关海域使用权的问题，首先应适用《海域使用管理法》的规定；《海域使用管理法》没有规定的，适用《民法典》物权编的有关规定。③

① 刘保玉、崔凤友等：《海域使用权制度研究》，载梁慧星主编：《民商法论丛》（第32卷），法律出版社2005年版。

② 胡康生主编：《中华人民共和国物权法释义》，法律出版社2007年版，第273页。

③ 黄薇主编：《中华人民共和国民法典释义》（上），法律出版社2020年版，第632页。

四、探矿权、采矿权、取水权、养殖权与捕捞权

（一）探矿权、采矿权

探矿权与采矿权通常合称为矿业权，是指探采人依法在已登记的特定矿区或工作区内勘探、开采一定的矿产资源，取得矿产品，排除他人干涉的权利。

我国1986年颁布的《矿产资源法》中即对探矿权、采矿权作有规定，但在当时计划经济体制下，探矿权人、采矿权人是无偿取得探矿权和采矿权的。根据1996年修改后的《矿产资源法》的规定，勘查、开采矿产资源，必须依法分别申请、经批准取得探矿权、采矿权，并办理登记；国家对矿产资源实行有偿使用制度，探矿权、采矿权以有偿取得为原则，有偿取得的费用可以根据不同情况规定予以减缴、免缴；开采矿产资源，必须按照国家有关规定缴纳资源税和资源补偿费。关于探矿权、采矿权的转让问题，1986年的《矿产资源法》曾规定采矿权不得买卖、出租、抵押；买卖、出租采矿权或者用作抵押的，没收非法所得，处以罚款，吊销采矿许可证。修改后的《矿产资源法》虽然仍规定禁止将探矿权、采矿权倒卖牟利，但已经允许进行有条件的转让，探矿权、采矿权的财产权特征得到了进一步的明确。根据其规定，探矿权人有权在划定的勘查作业区内进行规定的勘查作业，有权优先取得勘查作业区内矿产资源的采矿权。探矿权人在完成规定的最低勘查投入后，经依法批准，可以将探矿权转让给他人。已经取得采矿权的矿山企业，因企业合并、分立，与他人合资、合作经营，或者因企业资产出售以及有其他变更企业资产产权的情形而需要变更采矿权主体的，应依法批准，可以将采矿权转让给他人用于采矿。

（二）取水权

水权，是权利人依法对地表水与地下水为使用、收益的权利。水权为一集合概念，它是汲水权、引水权、蓄水权、排水权、航运水权等一系列权利的总称。[①]取水权为水权中的一种。

① 崔建远：《水权与民法理论及物权法典的制定》，载《法学研究》2002年第3期。

我国1988年颁布的《水法》对取水权作有规定。当时主要是从资源配置和行政管理的角度规范取水权制度的。2002年对《水法》进行了修改，进一步明确了国家对水资源实行有偿使用制度，并完善了取水许可制度。根据该法规定，对水资源利用的方式主要有三种：一是单位和个人直接从江河、湖泊或者地下取用水资源的，应当按照国家取水许可制度和水资源有偿使用制度的规定，向水行政主管部门或者流域管理机构申请领取取水许可证；二是农村集体经济组织及其成员使用本集体经济组织的水塘、水库中的水的，不需要申请取水许可；三是家庭生活和零星散养、圈养畜禽饮用等少量取水，不需要申请取水许可。

根据法律规定，国家水行政主管部门负责全国取水许可制度和水资源有偿使用制度的实施。取水权有优先顺序的规定：首先应当满足城乡居民生活用水，并兼顾农业、工业、生态环境用水以及航运的需要。在干旱和半干旱地区开发、利用水资源，应当充分考虑生态环境用水需要。取水许可证有限期限一般为5年，最长不超过10年；有效期届满需要延续的，取水单位或个人应当在有效期届满前45天向原审批机关提出申请，原审批机关应在有效期届满前作出是否批准延续的决定。关于取水权能否转让的问题，我国法律目前未作规定，有待进一步研究和探索。[①]

（三）养殖权、捕捞权

养殖权和捕捞权通常合称为渔业权，是指在一定的水域、滩涂养殖或捕捞水生动植物的权利。广义上的渔业权则还包括特定渔业权和入渔权、娱乐渔业经营权等。[②]我国《渔业法》（1986年颁行，后经2000年、2004年、2009年、2013年四次修正）中并未使用渔业权的概念，而是对渔业及其所包含的养殖业、捕捞业加以规定。

根据我国《渔业法》的规定，国家对水域利用进行统一规划，确定可用于

---

① 参见胡康生主编：《中华人民共和国物权法释义》，法律出版社2007年版，第275页；黄薇主编：《中华人民共和国民法典释义》（上），法律出版社2020年版，第634页。

② 崔建远：《准物权研究》，法律出版社2003年版，第264页。

养殖业的水域和滩涂。单位和个人使用国家规划确定用于养殖业的全民所有的水域、滩涂的，使用者应当向县级以上地方人民政府渔业行政主管部门提出申请，经批准核发养殖证，许可其使用该水域、滩涂从事养殖生产。县级以上地方人民政府在核发养殖证时，应当优先安排当地的渔业生产者。我国对于捕捞业实行捕捞许可证制度。从事捕捞生产的单位和个人，必须向县级以上地方人民政府渔业行政主管部门提出申请，取得渔业捕捞许可证后方可进行作业。渔业行政主管部门按不同作业水域、作业类型、捕捞品种和渔船马力大小，实行分级审批发放许可证的制度。捕捞许可证也有一定的期限，如内陆水域捕捞许可证的有效期为5年。

（四）我国法律上对上述几种权利的规定

关于探矿权、采矿权、取水权和养殖权、捕捞权的性质，有物权说、用益物权说、资源物权说、特许物权说、准物权说等多种不同意见的争议；对于物权法上应否规定这类权利以及如何规定的问题，也有不同的主张，我国物权法的数次草案中也曾尝试采用了多种不同的规定模式。笔者倾向于将此类权利作为准物权来认识。①

由以上说明可以看到，我国的《矿产资源法》《水法》《渔业法》等单行法律中对上述权利都已作了较为全面的规定。但是，由于这些法律多是从行政管理的角度对相关权利进行规范的，并未明确其物权属性，其作为财产权的内容也不够完善，更缺少对这些权利的民事救济措施的规定。实践中也出现了一些侵犯权利人合法权利的现象，如内水的传统捕捞区被改变用途后，从事捕捞的渔民无法得到相应的补偿和安置。所以，物权法上有必要作出衔接性的规定，明确这些权利受物权法以及相关法律的保护。至于如何进一步完善这些权利的问题，可以通过修改相关的法律加以解决。因此，原《物权法》第123条、《民法典》第329条只对上列权利也同样只作了原则规定：“依法取得的探矿权、采矿权、取水权和使用水域、滩涂从事养殖、捕捞的权利受法律保护。”根据特别法优于普通法的

① 参见刘保玉：《物权法体系设计问题之我见》，载王利明主编：《中国民法典基本理论问题研究》，人民法院出版社2004年版。

原则，上述权利的取得、内容和行使、保护等问题，应首先适用《矿产资源法》《水法》《渔业法》等法律的规定，这些法律上没有规定的，可以适用《民法典》的有关规定。[①]

① 参见胡康生主编:《中华人民共和国物权法释义》，法律出版社2007年版，第276页；黄薇主编:《中华人民共和国民法典释义》(上)，法律出版社2020年版，第634页。

第七章　担保物权

第一节　担保物权概述

一、担保物权的概念与特征

（一）担保物权的概念

法律上所谓的担保，是指通过扩张责任财产范围或者使责任财产特定化的方式保障债权实现的措施。[①]扩张责任财产范围的担保方式，通常称为人的担保，主要是指保证担保（参见《民法典》合同编第十三章）；使责任财产特定化的担保方式，通常称为物的担保，主要是指抵押、质押、留置等，由此方式所成立的权利，为担保物权。而由第三人提供物的担保，既扩张了责任财产范围，又使其特定化，因而对债权实现的保障作用更强。根据《民法典》第387条、第681条的规定，债权人在借贷、买卖等民事活动中，为保障实现其债权，需要担保的，可以选择保证担保的方式，也可以依照本法和其他法律的规定设立担保物权。

担保物权，是以确保特定债权的实现为目的，以支配和取得特定担保财产的交换价值为内容的定限物权。《民法典》第386条规定："担保物权人在债务人不履行到期债务或者发生当事人约定的实现担保物权的情形，依法享有就担保财产优先受偿的权利，但是法律另有规定的除外。"由此可知，担保物权是物权的一

---

① 凡不符合此种构造的交易结构设计，虽可能对债权的实现具有"保障"作用，但不宜称为"担保"。我国《担保法》中所规定的定金担保方式，因担保功能甚为虚弱且不符合担保的构造，故《民法典》中将其从担保制度中剔除而纳入合同编违约责任制度中（第586—588条）加以规定。

种，具有物权的性质与效力；担保物权是在他人的财产上成立的物权，是他物权、定限物权。担保物权以确保特定债权的实现为其目的，以支配和取得担保财产的交换价值为其内容，其在目的和内容以及客体、实现的时间等方面，与用益物权存在明显差异；同时，又因客体的特定性、设立的公示性及实现上的优先性等而区别于保证等债权性担保方式。

担保物权与债权具有密不可分的关系且从属、依附于所担保的债权，但此种权利一经设立，即具有不同于债权的特性，在客体、效力、实现等方面完全符合物权的规格。故此，绝大多数大陆法系国家的民法都将其纳入物权法律制度之中，我国《民法典》物权编中也专设一个分编（第四分编）分四章对担保物权制度作出了系统的规定。本节主要讲述担保物权的原理和担保物权分编“一般规定”章所涉及的共同性问题。

（二）担保物权的特征

我国法律上规定的典型担保物权有抵押权、质权、留置权三种，其共同的法律特征主要有以下几个方面：

1.价值权性。又称为变价性或换价性，是指担保物权以支配和取得担保财产的变价价值（交换价值）为内容。担保物权的支配权性主要并不是体现在支配物之实体及其使用价值，而是体现在对物的处分及对其变价价值的控制方面，最为典型的情形是抵押权人并不占有抵押财产，却仍得控制抵押财产的处分及所得的价款。在债务人届期不履行债务或者发生当事人约定的实现担保物权的情形时，担保物权人无论是以拍卖、变卖担保财产的价款受偿，还是与担保人协议以担保财产折价受偿，均是以担保财产的变价价值受偿债权的。

2.从属性。凡是为担保债权的实现而附加的权益，均对所担保的债权具有从属性。担保物权是为确保债权实现而设立的，自然与所担保的债权形成主从关系，被担保的债权为主权利，担保物权为从权利。担保物权的从属性（又称附随性、随伴性），可以从如下几个方面来认识：

（1）设立上的从属性。担保物权的设定或成立应以债权的存在为前提，不能脱离债权关系而单独设立。对此从属性，不能仅从其与债权成立的时序上来看，而主要应从其与债权的主从关系上来理解。担保物权中的留置权，因发生条件的固有限制，只能对既存债权成立担保。而抵押权与质权，则既可为担保既存债权而设立，也可为担保将来的债权或附条件的债权而设立（如最高额抵押权、最高额质权），但是在担保物权实行之际，必有确定的债权存在。因此，其与被担保的债权之间仍有主从关系。

（2）效力上的从属性。这是指担保物权的效力决定于所担保的主债权，主债权无效的，担保物权随之无效，但是法律另有规定的除外；主债权有撤销事由的，提供物的担保的第三人亦得拒绝承担相应的担保责任。此外，担保物权的效力范围也决定于被担保的债权，担保物权人无权就担保财产的变价价值获得大于其债权范围的清偿。①

《民法典》第388条第1款的规定："担保合同是主债权债务合同的从合同。主债权债务合同无效的，担保合同无效，但是法律另有规定的除外。"第2款规定："担保合同被确认无效后，债务人、担保人、债权人有过错的，应当根据其过错各自承担相应的民事责任。"此与合同编第682条中关于保证合同从属性及其例外、保证无效后当事人的责任等规定在表述上相同。应当补充说明的是：其一，我国立法上虽侧重于担保合同对主债权债务合同的从属性而作规定，实则担保物权、担保法律关系对主债权和主债权债务之法律关系也均具有从属性。其二，目前我国的法律、司法解释中尚无关于担保物权效力上的从属性例外之具体规定，而在保证担保中则有关于银行和非银行金融机构出具的独立保函、备用信用证不受主合同效力影响（即独立保证）的司法解释（参见《担保制度解释》第2条）。其三，《民法典》物权编担保物权分编中未对主债权债务合同有撤销事由时的处理问题作出规定，而合同编的第702条有关于保证人可在主债务人对债权人享有的抵销权或撤销权范围内免责的规定："债务人对债权人享有抵销权或者撤销权的，保证人可以在相应范围内拒绝承担保证责任。"根据《担保制度解释》第20条的规定，人民法院在审理第三人提供的物的担保纠纷案件时，可以适用保证合同中的本条规定。另外，如果是债务人自己提供物的担保而主合同被撤销的，则应适用《民法典》第388条第2款的规定。其四，《担保制度解释》第17条规定："主合同有效而第三人提供的担保合同无效，人民法院应当区分不同情

① 参见《民法典》第389条；《担保制度解释》第3条。

形确定担保人的赔偿责任：（一）债权人与担保人均有过错的，担保人承担的赔偿责任不应超过债务人不能清偿部分的二分之一；（二）担保人有过错而债权人无过错的，担保人对债务人不能清偿的部分承担赔偿责任；（三）债权人有过错而担保人无过错的，担保人不承担赔偿责任。”“主合同无效导致第三人提供的担保合同无效，担保人无过错的，不承担赔偿责任；担保人有过错的，其承担的赔偿责任不应超过债务人不能清偿部分的三分之一。”

（3）移转上的从属性。又称处分上的从属性或附随性、随伴性，是指担保物权原则上应随所担保的债权移转而移转。担保物权虽得因特约而脱离所担保的债权单独归于消灭，却不得脱离债权而单独移转。①

（4）消灭上的从属性。担保物权以担保债权的实现为目的，故当所担保的债权消灭时，担保物权也随之消灭。②

应当注意的是，担保物权在具有从属性的同时，也具有相对独立性，如当事人可以约定担保物权担保主债权的限额；担保物权的设立行为得单独无效；担保物权亦得因特定事由的出现而单独消灭；等等。

3.不可分性。这是指担保物权人于其全部债权受偿之前，得就担保财产之全部行使其权利，担保财产的价值变化及债权的变化不影响担保物权的整体性。具体表现在以下方面：

（1）担保财产部分灭失或价值减少的，其余部分或剩余价值仍担保债权的全部；

（2）担保财产被分割或部分转让的，分割后的各部分仍各担保债权的全部，担保物权人得就分割或转让后的担保财产行使担保物权；

（3）债权因清偿、抵销、混同等原因而部分消灭但未受全部清偿的，担保物权并不相应地缩减，担保物权人仍得就担保财产的全部行使其权利；

（4）债权被分割或部分转让时，担保物权不因此而分割，数债权人按其债权份额共享原来的担保物权；

（5）主债务被分割或者部分转移的，担保人仍应以担保财产担保数个债务人履行债务。但是第三人提供物的担保，债权人许可债务人转移债务而未经担保人

---

① 参见《民法典》第407条、第547条。

② 参见《民法典》第393条第1项。

书面同意的，担保人有权拒绝承担相应的担保责任。[①]

我国法律上未对担保物权的不可分性作出明确规定，但立法精神和学说理论均予认可。《担保制度解释》第38条对此作了系统的补充："主债权未受全部清偿，担保物权人主张就担保财产的全部行使担保物权的，人民法院应予支持，但是留置权人行使留置权的，应当依照民法典第四百五十条的规定处理。""担保财产被分割或者部分转让，担保物权人主张就分割或者转让后的担保财产行使担保物权的，人民法院应予支持，但是法律或者司法解释另有规定的除外。"第39条规定："主债权被分割或者部分转让，各债权人主张就其享有的债权份额行使担保物权的，人民法院应予支持，但是法律另有规定或者当事人另有约定的除外。""主债务被分割或者部分转移，债务人自己提供物的担保，债权人请求以该担保财产担保全部债务履行的，人民法院应予支持；第三人提供物的担保，主张对未经其书面同意转移的债务不再承担担保责任的，人民法院应予支持。"

4. 特定性与公示性。担保物权的特定性，是指担保财产及其所担保的债权必须是特定的、明确的、具体的。担保财产无论是不动产还是动产、财产权利，其名称、数量等在担保物权成立时都须是明确而特定的，能与担保人的其他财产予以合理识别和区分，否则会导致担保合同不成立的后果。[②]原则上，担保财产须在担保物权设立时即已特定，但在浮动担保等特殊情况下，担保财产亦得于担保物权实行时方为确定。[③]担保物权所担保的债权也须是特定的，不能笼统地担保债务人的一切债务。即使是在最高额担保中，所担保的债权的具体数额虽在将来方为确定，但其种类、范围及最高限额仍须在担保物权设立时予以明确。[④]

担保物权的公示性，是指担保物权的设立须以法定的方式公示出来，否则不

---

① 参见《民法典》第391条。

② 《民法典》第400条第2款第3项、第427条第2款第3项中将抵押财产、质押财产的描述方式从详细、具体的描述修改为概括性的一般描述，但仍以达到特定性的要求为基本条件。《担保制度解释》第53条规定："当事人在动产和权利担保合同中对担保财产进行概括描述，该描述能够合理识别担保财产的，人民法院应当认定担保成立。"

③ 参见《民法典》第411条。

④ 参见《民法典》第420条、第423条。

能成立或者不具有对抗善意第三人的效力。担保物权的消灭，亦同样须经依法公示。

5.追及性与物上代位性。担保物权为物权的一种，自亦具有物权的追及效力，即当债务人不履行债务或担保财产被他人非法占有时，担保物权人得追及财产之所在，以保全并实现其权利。①不过，为了在维护担保物权安全性的同时兼顾正常交易中第三人的利益，法律上对动产担保物权的追及效力和出质财产权利的转让通常作有限制性规定。②

担保物权的物上代位性，是指当担保财产灭失、毁损或者被征收而获有保险金、赔偿金或补偿金等时，担保物权的效力及于该担保财产的代替物，担保物权人得就该代替物行使其权利。③这是因为，担保物权以支配担保财产的交换价值为内容，以取得该价值而受偿债权为目的，在担保财产的形态改变而其价值仍然存在时，担保物权人就其变化了的价值形态取偿仍可达到同样目的。故此，担保物财产的形态变化并不影响担保物权人的权利。各国法律均明确规定了担保物权人的物上代位权，我国《民法典》第390条也规定："担保期间，担保财产毁损、灭失或者被征收等，担保物权人可以就获得的保险金、赔偿金或者补偿金等优先受偿。被担保债权的履

---

①　我国《民法典》第406条第1款中改变了原《物权法》第191条第2款关于"抵押期间，抵押人未经抵押权人同意，不得转让抵押财产"的规定，而采用了立法例上通行的追及力规则："抵押期间，抵押人可以转让抵押财产。当事人另有约定的，按照其约定。抵押财产转让的，抵押权不受影响。"其中，以"抵押权不受影响"的表述来体现抵押权的追及效力，颇为准确；"当事人另有约定的，按照其约定"之规定，乃我国立法的创制，《担保制度解释》第43条对此约定的效力认定问题作有进一步的规定。

②　我国《民法典》第404条规定："以动产抵押的，不得对抗正常经营活动中已经支付合理价款并取得抵押财产的买受人。"另外，由于质押的财产权利的转让异常便捷且难以追及，出于安全性考虑，《民法典》中仍维持了原《物权法》中关于出质人不得擅自转让或许可他人使用的限制。

③　关于担保物权人的物上代位权是"代位于赔偿金等的请求权上"，还是"代位于担保财产的变形物或代表物上"，学说和立法上有不同的主张，我国民法理论与实务上对此也有不同认识（参见最高人民法院物权法研究小组编著：《中华人民共和国物权法条文理解与适用》，人民法院出版社2007年版，第511—513页；梁慧星等：《中国物权法草案建议稿——条文、说明、理由与参考立法例》，社会科学文献出版社2000年版，第631页）。我们倾向于二者兼采的主张，《担保制度解释》第42条的规定所体现的也是这种精神。

行期限未届满的，也可以提存该保险金、赔偿金或者补偿金等。”①

6.优先受偿性。是指当债务人不履行到期债务或发生当事人约定的实现担保物权的情形时，担保物权人得就担保财产之变价价值优先于其他债权人而受清偿。此乃物权的优先效力在担保物权中的体现，各国物权法或担保制度中，莫不承认担保物权的这一品性，我国《民法典》第386条、第394条、第425条、第447条中对此也有明确规定。正是由于担保物权人得就担保财产的价值优先受偿，物的担保才成为比人的担保（保证）更可靠、更优越的担保方式。但应当说明的是，担保物权的优先受偿性主要是相对于普通债权人而言的，不能作绝对理解，在遇有“法律另有规定”的优先权等情况下，担保物权的优先受偿性通常要退居次位。

（三）担保物权与用益物权的区别

用益物权与担保物权为他物权、定限物权的两种基本类型，在物权法上占有重要地位。二者具有定限物权的共同特征，且用益物权自身还可以成为担保物权的客体，因而二者有着密切的联系。但用益物权和担保物权毕竟是两种不同的物权类型，二者又有着明显的区别：

1.权利的内容不同。用益物权以取得物的使用价值，对标的物进行使用、收益为目的，而为实现这一目的，须以对物的实体加以直接支配为前提，因此，用益物权又称为实体权。担保物权则是以取得标的物的交换价值、担保债权的优先受偿为目的，权利人无需对物的实体加以支配，仅以对其变价价值加以排他的支配为必要，因此担保物权又称为价值权。用益物权的成立和实现通常须以占有标的物为前提，而担保物权的成立和实现则不以直接占有标的物为必要（依权利的性质须占有标的物的动产质权、留置权除外）；用益物权的内容中不包括对标的物为法律上的处分，而担保物权人于一定条件下得对担保财产为法律上的处分。

2.权利的客体不尽相同。用益物权的客体通常限于不动产。而担保物权的客

① 该条中的“等”字，表明担保财产的代位物并不仅限于保险金、赔偿金、补偿金三种；担保物权的效力及于担保物灭失后的残留物以及发生添附后形成的物、抵押人转让抵押财产所得之价款（参见《民法典》第406条第2款）等，亦可认为与担保物权的物上代位性有关。

体则可以是不动产或者动产，还可以是所有权之外的财产性权利，大凡有财产价值并具有让与性的物与权利，皆可成为其客体。

3.权利实现的时间不同。因用益物权旨在对标的物为使用收益，因此权利人一旦取得用益物权，即可持续性地实现其权利，即用益物权的取得与实现是同时进行的，二者并无时间的间隔。而担保物权成立后，担保物权人虽享有一定权利，但通常并不能立即实现其权利，而只能在其债权已届清偿期或发生约定的情形时始能行使对担保财产的变价受偿权以实现其权利（留置权人行使变价受偿权，还需在债务到期后，债务人于另行约定的履行期限或者于不少于60日的履行期限届满后仍未履行债务的，才能实行其担保权）。因此，担保物权的成立并不意味着担保物权的实现，而担保物权实现之时也是其权利消灭之时。

4.权利是否具有从属性不同。用益物权多为独立物权，不以用益物权人对所有人的财产享有其他权利为前提。而担保物权则为从属物权，以被担保的债权存在为前提，并随债权的消灭而消灭。虽然用益物权中的地役权因其特点所决定而例外地具有从属性，但其与担保物权从属于被担保的债权之特点也有明显的不同。

5.是否具有物上代位性不同。担保物权由其性质和特点所决定，具有物上代位性，其效力及于担保财产因灭失、毁损或被征收等而得到的赔偿金、补偿金、保险金等代替物上。而用益物权不具有物上代位性，无论其标的物灭失的原因如何，均将导致用益物权消灭。宅基地使用权等因自然原因或土地被征收而消灭的，虽可依法另行申请取得宅基地，但此种情况不属于物上代位的问题；居住权的客体因被征收、被侵害等原因而消灭时，居住权人的利益亦应得到一定的保障，但此亦不属于物上代位问题。

二、担保物权的功能与作用

（一）确保债权实现，维护交易安全

这是担保物权最直接的作用与功能。在市场经济条件下，有交易就伴随着风险。影响债的目的实现的交易风险，既有不可抗力的情事发生、市场行情的变幻莫测等客观风险，也有资产与负债变动不居和债务人舍义取利、逃避债务等主观

风险。以诚信为本而追求适法利益的交易主体，莫不希望最大限度地避免债权实现不能的风险，而债的担保即是此种希冀的物化形态。担保制度以扩大保障债权实现的责任财产的范围或使债权人就特定财产享有优先受偿权等方式，增强债权实现的可能性，弥补债权效力上的缺陷，可以有效地克服市场交易中的主观风险，并淡化客观风险造成的危害，维护交易的安全，确保特定债权之目的实现。在债的各种担保方式中，担保物权因具有物权的支配效力、追及效力及优先受偿效力，且其效力及于担保财产的代替物，不受担保人的整体财产状况变化的影响，在确保债权实现的作用方面较之其他担保方式更为可靠和有效。

（二）媒介资金融通，利导商品交易

资金融通与商品流通的法律形式是债。在市场经济条件下，无论是资金的借贷还是商品的交易，只有在债的预期目的能够可靠地实现的前提下才能广泛地开展和顺利进行。如果缺乏足够的信用，资金的融通和商品的流通将会受到极大的窒碍。而债的担保，正是为债务人提供信用的特殊机制，其往往是当事人双方建立信任关系的媒介与桥梁。债的担保不仅可以为资金融通与商品流通提供安全保障，而且还能够引导与促进借贷合同或商品交易合同本身的订立。而在这一方面，尤其是伴随现代社会的发展而出现最高额抵押、财团抵押与浮动担保、证券抵押以及最高额质押、权利质押等融资型担保物权，物的担保的地位与作用日渐重要。

（三）优化营商环境，促进经济繁荣

市场经济是开放经济、自由经济，也是信用经济与法治经济。在市场经济条件下，即时清结的现货交易退居次要地位，非即时清结的交易活动成为交易之常态，而货币之借贷则只能是非即时清结的债的关系。如此，商品交易或资金借贷双方利益的实现即产生了时间差，亦即双方发生了一种以信守为对待给付之诺言为基础的信用关系。如果背信现象偶有发生，个别债的目的不能实现，一般仅影响到当事人的利益；而如若违约、逃债之现象较为普遍地存在，诸多债的目的不能实现，则会发生信用危机，影响到整个社会的交易秩序和经济发展。我国在向市场经济转轨过程中，因种种原因曾出现了大量的“三角债”“连环债”，极大地

妨害了市场经济的健康发展。担保法律制度的健全和完善，对解决这一社会问题起到了至关重要的作用。而担保物权作为担保制度中不可或缺的组成部分，对于克服及预防信用危机，促进经济的发展与繁荣，具有其他法律手段所不可替代的作用。《民法典》中，根据市场经济发展和优化营商环境的需要，进一步拓展了担保财产的范围，完善了担保物权的公示制度和位序规定、实现规则等，这对于担保物权作用的发挥，具有重大的推进意义。

三、担保物权的种类与分类

（一）担保物权的法定种类

依物权法定原则，担保物权的种类与内容须以法律的规定为准。但由于法律传统及国情的不同，各国法律上对担保物权的种类规定也有所不同。

抵押权和质权，是各国立法上公认的担保物权。传统法律上抵押权的客体限于不动产及不动产权利，现今许多国家法律上因应客观经济生活的需要，对动产抵押也予以普遍的承认；关于抵押权的设定方式，有些国家法律上既承认约定抵押权，也规定有法定抵押权，还有的另规定有裁判抵押权与保全抵押权，而另有些国家则只规定了约定设立的抵押权。关于质权，立法上向来有动产质权与权利质权之分，另有些国家还规定有不动产质权，其中权利质权在当今社会的金融活动中日益活跃，其地位也日渐重要。

留置权在各国法律上的地位有所不同，有的立法上规定的留置权为债权性留置权（但在其他规定中往往另辅之以优先权的规定），而另有些立法上则将留置权径行规定为担保物权；有些立法上规定留置权的客体限于动产，也有些立法上承认有价证券和不动产上得成立留置权。

至于优先权或先取特权，个别立法例上认为其属于担保物权的一种（如日本），而多数国家或地区的立法上将其视为担保物权之外的一种特殊权利。另有一些国家的立法或判例上承认让与担保亦为担保物权的类型，但多数国家的立法上并未将其作为典型担保物权加以规定，理论上及实务上通常将让与担保与所有权保留等制度一并作为非典型物的担保来定位。20世纪中叶以后，以美国《统一商法典》为代表的功能主义担保物权理念异军突起，对传统的形式主义的担保物权类型体系和规则设计产生了重要影响。①

我国《民法典》中规定的典型担保物权有抵押权、质权与留置权三种。其中，抵押权与质权只能依约定而设立，为约定担保物权；而留置权在符合法定条件时当然发生，为法定担保物权。抵押权的标的可以是不动产、不动产权利和动产，也可以是集合财产；质权的标的可以是动产或财产权利而不包括不动产；留置权的标的则仅限于动产。此外，借鉴功能主义的担保物权理念之所长，《民法典》第388条第1款中扩大了担保合同的范围，增加规定设立担保物权的合同“包括抵押合同、质押合同和其他具有担保功能的合同”，明确了融资租赁、保理、所有权保留等非典型担保合同的担保功能。②结合《民法典》合同编的有关规定，所有权保留买卖中出卖人对标的物保留的所有权、融资租赁中出租人对租赁物享有的所有权、有追索权的保理合同中保理人受让的应收账款债权以及让与担保中债权人受让的权利等经过登记，也均具有了担保物权的性质和效力。③

（二）担保物权的学理分类

根据不同的标准，在学理上可对担保物权作如下分类：

1. 意定担保物权与法定担保物权

这是根据担保物权的发生原因或成立方式的不同所作的分类。意定担保物权又称约定担保物权，是指基于当事人设立担保物权的合同并经依法公示而成立的担保物权。我国法律上规定的抵押权与质权均为约定设立的担保物权。法定担保物权，是指无须以担保合同的订立为前提而在符合法律规定的条件时当然发生的担保物权。法定担保物权以留置权为其典型形态，域外一些立法例上所规定的优先权以及法定抵押权、法定质权也属此类。约定担保物权较之法定担保物权在适

① 参见高圣平：《动产担保交易的功能主义与形式主义——中国〈民法典〉的处理模式及其影响》，载《国外社会科学》2020 年第 4 期；谢鸿飞：《〈民法典〉实质担保观的规则适用与冲突化解》，载《法学》2020 年第 9 期。

② 参见王晨：《关于〈中华人民共和国民法典（草案）〉的说明——2020 年 5 月 22 日在第十三届全国人民代表大会第三次会议上》，载《中国人大》2020 年第 12 期。

③ 参见刘保玉：《民法典担保物权制度新规释评》，载《法商研究》2020 年第 5 期。

用上更为广泛和普遍。

2. 动产担保物权、不动产担保物权与权利担保物权

这是根据担保物权的客体不同而作的分类。如前面的介绍，不同财产上得成立何种担保物权，各国立法规定有所不同。依我国法律的规定，不动产及不动产用益物权仅得为抵押权的标的；动产之上既得设立质权或成立留置权，也得设立抵押权；其他可转让的财产权利之上得设立权利质权。另外，不少立法例上承认在集合财产上也可设立担保物权（如企业担保或浮动担保），其性质应属于特殊的抵押权，我国《民法典》上仅承认了集合动产的浮动抵押。

3. 留置性担保物权与优先受偿性担保物权

这是依担保物权的主要效力为标准所作的分类。留置性担保物权又称为占有型担保物权，是指以债权人占有、留置担保物而迫使债务人履行义务为主要效力的担保物权。留置权、动产质权和由债权人占有权利凭证的权利质权属之。优先受偿性担保物权又称为非占有型担保物权，是指以支配担保财产的交换价值并从中优先受偿为主要效力的担保物权，抵押权及不占有权利凭证的权利质权属之。留置性担保物权虽更为可靠，但在担保物权存续期间通常会牺牲担保财产的使用价值，故其适用范围有一定的限制，而优先受偿性担保物权则能使物之使用价值与交换价值各得其所，因而更受推崇。

4. 保全性担保物权与融资性担保物权

这是根据担保财产与其所担保的债权之间有无牵连关系所作的分类。保全性担保物权，是指担保财产与所担保的债权之间有牵连关系并以保全该债权为主要功能的担保物权。留置权为保全性担保物权的典型，某些优先权也具有保全特定债权的属性。融资性担保物权，是指担保财产与其所担保的债权之间无须有牵连关系而纯为融资或保障因其他原因发生的债权之实现而设定的担保物权，抵押权、质权等均属此类。一般来说，法定担保物权多具有保全性特点，而约定担保物权均具有融资性特点；保全性担保物权只能为担保既存债权而成立，融资性担保物权则得为将来的债权而设立。

5. 登记担保物权与非登记担保物权

这是根据担保物权的成立是否须经登记所作的分类。动产质权、占有具有权利凭证的权利质权和留置权，本身以占有担保物或其权利凭证为公示方式和成立

要件，不存在登记的问题；某些立法例上作为法定担保物权而规定的优先权，通常也无须登记。因此，只有约定担保物权中的非占有性担保物权以登记为其公示方法；非经登记，此类担保物权或者不能成立，或者不具有对抗（善意）第三人的效力。依我国《民法典》的规定，不动产抵押权非经登记不能成立，故其只能是登记担保物权，唯以土地经营权设立担保物权的除外；[①]动产抵押权，因采登记对抗要件主义，并不以登记为成立要件，故其应归类为非登记的担保物权；在权利质权中，除占有权利凭证的质权之外，其他权利质权也须以登记为成立要件，为登记担保物权；动产质权与留置权，以占有为其成立要件，属非登记的担保物权。

6. 典型担保物权与非典型担保物权

典型担保是指符合担保的特性并被法律明确规定为担保方式的保障债权实现的措施。典型担保分为人的担保和物的担保，前者是指保证担保，后者是指担保物权。一般认为，我国法律上明确规定的典型担保物权包括抵押权（包括不动产抵押权、不动产权利抵押权、动产抵押权）、质权（包括动产质权、权利质权）、留置权（限于动产）。

非典型担保，有时又被称为新类型担保、不规则担保、变态担保、类担保等，是指在法律规定的典型担保方式之外，通过扩张责任财产范围或者使责任财产特定化而保障债权人债权实现的其他措施或方式。非典型担保亦可分为非典型人保与非典型物保，前者如债务加入、差额补足协议、流动性支持、到期或附条件的回购协议、对赌协议等“增信措施”以及担保物权未成立情况下第三人的担保责任等，后者如《民法典》第388条第1款和合同编中所规定的所有权保留买卖中出卖人保留的所有权、融资租赁中出租人享有的所有权、有追索权的保理中保理人受让的应收账款以及将财产或财产权利形式上转让至债权人名下的让与担保等。

---

① 2018年修正后的《农村土地承包法》第47条中关于家庭承包中以土地经营权向金融机构融资担保所设立的担保物权，究竟是何种担保物权，法律上并未明确而留待国务院有关部门出台“土地经营权融资担保办法”具体规定。不过，结合该法第53条中出现的“抵押”字样及其他相关规定来看，以将其归入抵押权为宜。从此种担保物权“自融资担保合同生效时设立；未经登记，不得对抗善意第三人”的表述来看，其应属于非登记担保物权。

非典型人的担保，适用合同编通则的规定并可以参照适用保证合同的相关规定，但保证期间和保证方式的规定不宜适用。经过公示的非典型物的担保，权利人所享有的优先受偿权的顺位排序、实现程序等，可以适用或参照适用担保物权的有关规定。应当说明的是，我国《民法典》中并未使用非典型担保物权的概念，第388条第1款、第414条第2款中所称的“担保物权”应系广义，包括非典型担保物权在内。

7.本担保中的担保物权和与再担保、反担保中的担保物权

根据担保物权所担保的对象等要素的不同，担保物权可以作此分类。通常所讲的担保，系以主债权人对债务人的债权为担保对象。这种担保相对于再担保、反担保而言，称为本担保；相对于再担保而言，又称为正担保或主担保、第一担保。本担保是再担保与反担保成立的前提和基础。

再担保（又称为副担保、第二担保）是指对担保的担保，即以债权人对本担保人的担保权为对象而设定的担保。为防范债务人、保证人届期无力清偿债务以及担保财产贬值、灭失、毁损或被非法转移且无法追还等情况，债权人除可采取其他措施外，还可要求提供再担保，即设定对担保的担保，通过“双保险”以使担保更为可靠。由于再担保是对主担保的担保，故再担保中的担保权人与主担保中的担保权人（主债权人）为同一人，而再担保人则通常是主担保人之外的人，但同一担保人以不同的财产分别设立主担保和再担保，亦无不可。[①]在设定有再担保时，如出现主担保对到期债务的清偿不能奏效的情况，债权人可以对再担保人主张权利；再担保人承担相应的责任后，同样取得向主债务人的追偿权；在主、副担保的担保人不同的情况下，再担保人承担责任后还可向主担保人一并追偿。[②]

---

① 例如，担保人先以某项特定的财产设立抵押担保，复以保证人的身份另行提供保证担保；同一担保人先以A项财产提供抵押或质押担保，复以B项财产为A项担保财产价值足额及发生价值贬损时的价值补足提供质押或抵押担保。

② 在主、副担保人均承担了一定数额的担保责任的情况下，会发生二者对债务人的追偿权如何行使及有无实现顺序的问题。对此问题的处理，法律和司法解释中未设明文。根据再担保的设立旨趣并参酌《民法典》第700条规定的精神，本人认为应当采行的规则是：当事人有约定的，按照其约定；未有约定的，基于第二担保（副担保）对第一担保（主担保）的补充性，主担保人对债务人行使追偿权的，不得损害到再担保人的利益，也即：再担保人的利益高于主担保人的利益、再担保人追偿权的实现顺序优先于主担保人。

但被再保证所担保的主担保并不限于保证，再担保的方式亦不限于保证，也可以是抵押、质押等物的担保的方式（留置权不适用于再担保）。再担保当事人间的权利义务关系等，与本担保的规则并无重大不同。我国目前的法律文件中对再担保问题未有规定，但这并不影响再担保的理论研究和实践运用。

反担保又称为求偿担保，是以债务人之外的担保人对债务人的追偿权为担保对象而设定的担保。债务人以外的第三人为债务人向债权人提供担保的，于债务人届期不履行债务或发生当事人约定的情形时，担保人即须承担担保责任，以自己的一般财产或特定的担保财产代为债务之清偿；担保人代偿债务后，有权向债务人追偿其所受之损失。为避免或减少其追偿权实现的风险，保证人或物上保证人可以要求债务人为其提供反担保。由反担保的功能和构造所决定，作为反担保的对称并为反担保设定之前提与基础的本担保，限于是他人担保，即“第三人为债务人向债权人提供的担保”。反担保中的担保提供人，并不限于债务人本人，也可以是债务人之外的其他人；反担保的方式可以是债务人提供的抵押或者质押等物的担保，也可以是其他人提供的保证或者抵押、质押等物的担保。而由留置权自身的特点所决定，其无法作为反担保方式。[①]反担保在实践中具有重要的意义，甚至是专营担保业务的担保公司等为债务人提供担保时的必备措施。域外立法例上通常有关于求偿保证（即保证反担保）的规定，而无关于反担保的一般规定，我国的《担保法》第4条、《物权法》第171条第2款均对反担保问题作出了一般规定。《民法典》第387条第2款中再次明确：“第三人为债务人向债权人提供担保的，可以要求债务人提供反担保。反担保适用本法和其他法律的规定。”《担保制度解释》第19条补充规定：“担保合同无效，承担了赔偿责任的担保人按照反担保合同的约定，在其承担赔偿责任的范围内请求反担保人承担担保责任的，人民法院应予支持。”“反担保合同无效的，依照本解释第十七条的有关规定处理。当事人仅以担保合同无效为由主张反担保合同无效的，人民法院不予

① 刘保玉：《反担保初探》，载《法律科学》1997年第1期。

支持。”[①]

除以上几种分类外，担保分类中的限额担保与全额担保、自己担保与他人（第三人）担保、单独担保与共同担保、普通担保与特别担保等分类方法，对担保物权或物的担保的分类及其规则适用也具有重要价值。[②]

四、担保物权的取得与消灭

（一）意定担保物权的取得

意定担保物权的典型类型是抵押权和质权，其均以债权人与担保人订立担保合同并经依法公示为主要取得方式。此外，抵押权、质权还可以通过随同主债权而受让、继承的方式继受取得。我们这里主要讲述设立取得中的共同性问题，至于继受取得的问题，留待在各类担保物权的取得方式中讲述。

1. 担保合同

（1）与设立担保物权有关的担保合同的种类。《民法典》第388条第1款中规定："设立担保物权，应当依照本法和其他法律的规定订立担保合同。担保合同包括

① 此一规定对原《担保法解释》第9条的规定进行了矫正，认为反担保从属于担保人承担担保责任或赔偿责任后对债务人的追偿权，担保合同并非反担保合同的主合同；担保合同是否有效对反担保合同不产生影响，反担保人仅在反担保人实际承担担保责任或者赔偿责任的范围内承担责任。参见最高人民法院民事审判第二庭著：《最高人民法院民法典担保制度司法解释理解与适用》，人民法院出版社2021年版，第216—220页；刘贵祥：《担保制度一般规则的新发展及其适用——以民法典担保制度解释为中心》，载《比较法研究》2021年第5期。本人理解，由于担保人承担担保责任或者赔偿责任后对债务人的追偿权无所谓有效无效的问题，故此，只要反担保合同自身不存在无效的事由，反担保人即应对担保人追偿权的实现承担担保责任。本条司法解释规定中关于反担保合同的效力并不取决于本担保合同的态度，对于解决本担保人的追偿权问题有重要意义。但若由此而全部否定反担保合同对本担保合同的从属性，会导致与反担保合同相对应的主合同不明，并引发诸多规则解释上的问题；如同本担保合同中的当事人不同于主债权债务合同一样（主合同债务人并非担保合同的当事人），反担保合同与本担保合同的当事人不同，并非否定其从属性的充分理由。本人认为更为允当的认识或许是：仍然肯定反担保合同是本担保合同的从合同，同时明确其效力不受本担保合同无效的影响。

② 参见刘保玉、吕文江主编：《债权担保制度研究》，中国民主法制出版社2000年版，第53—69页。

抵押合同、质押合同和其他具有担保功能的合同。”据此，与设立担保物权有关的担保合同可分为三类。由于抵押权、质权为典型的担保物权，故当事人为设立抵押权、质权而订立的抵押合同、质押合同为典型物的担保合同。其他具有担保功能的合同，通常又称为非典型担保合同，包括所有权保留买卖合同、融资租赁合同、保理合同以及让与担保合同等，有关问题我们留待在本章第五节中阐述。

（2）担保合同的当事人及担保人的资格限制。根据担保物权的法理和《民法典》第394条、第400条、第425条、第427条等的规定，担保合同的当事人，包括担保物权人和担保人。

抵押合同、质押合同中的担保物权人，称为抵押权人、质权人，其同时也是抵押权、质权所担保的主合同债权的债权人。纵使在因发行附担保物权担保的债券和委托贷款等而出现“担保物权受托持有”的情况下，债券持有人、实际借款人虽不是名义上的合同当事人及登记的担保物权人，但其仍为债权人和担保物权的实际享有人。①抵押合同、质押合同中的担保人，称为抵押人、出质人，其既可以是债务人本人，也可以是债务人之外的第三人（学理上又称“物上保证人”）；可以是自然人，也可以是法人或非法人组织。第三人为主合同债务人提供物的担保的，主合同债务人并非担保合同的当事人，而仅是利害关系人。

由于担保物权的设立是颇为复杂的法律行为，且担保人在特定条件发生时须负担相应的财产责任，故此，作为担保人的自然人须具有相应的行为能力；法人或非法人组织作为担保人的，须符合其设立目的；而公司对外提供担保的，应依法经过决议程序；公司的分支机构对外担保的，应获得相应的授权。

根据《民法典》总则编有关规定的精神，《担保制度解释》中对担保人资格限制中的诸多具体问题作了颇为细致的规定。该解释第5条规定：“机关法人提供担保的，人民法院应当认定担保合同无效，但是经国务院批准为使用外国政府或者国际经济组织贷款进行转贷的除外。”“居民委员会、村民委员会提供担保的，人民法

---

①《担保制度解释》第4条规定：“有下列情形之一，当事人将担保物权登记在他人名下，债务人不履行到期债务或者发生当事人约定的实现担保物权的情形，债权人或者其受托人主张就该财产优先受偿的，人民法院依法予以支持：（一）为债券持有人提供的担保物权登记在债券受托管理人名下；（二）为委托贷款人提供的担保物权登记在受托人名下；（三）担保人知道债权人与他人之间存在委托关系的其他情形。”

院应当认定担保合同无效，但是依法代行村集体经济组织职能的村民委员会，依照村民委员会组织法规定的讨论决定程序对外提供担保的除外。”第6条规定：“以公益为目的的非营利性学校、幼儿园、医疗机构、养老机构等提供担保的，人民法院应当认定担保合同无效，但是有下列情形之一的除外：（一）在购入或者以融资租赁方式承租教育设施、医疗卫生设施、养老服务设施和其他公益设施时，出卖人、出租人为担保价款或者租金实现而在该公益设施上保留所有权；（二）以教育设施、医疗卫生设施、养老服务设施和其他公益设施以外的不动产、动产或者财产权利设立担保物权。”“登记为营利法人的学校、幼儿园、医疗机构、养老机构等提供担保，当事人以其不具有担保资格为由主张担保合同无效的，人民法院不予支持。”

基于公司法人的特殊性，法律对公司对外担保作出了限制性的规定。我国《公司法》第16条规定：“公司向其他企业投资或者为他人提供担保，依照公司章程的规定，由董事会或者股东会、股东大会决议；公司章程对投资或者担保的总额及单项投资或者担保的数额有限额规定的，不得超过规定的限额。”“公司为公司股东或者实际控制人提供担保的，必须经股东会或者股东大会决议。”“前款规定的股东或者受前款规定的实际控制人支配的股东，不得参加前款规定事项的表决。该项表决由出席会议的其他股东所持表决权的过半数通过。”鉴于公司对外担保问题的复杂性，《担保制度解释》第7—12条分别就不同情况对其中的诸多具体问题进行了系统的规定。该解释第7条规定：“公司的法定代表人违反公司法关于公司对外担保决议程序的规定，超越权限代表公司与相对人订立担保合同，人民法院应当依照民法典第六十一条和第五百零四条等规定处理：（一）相对人善意的，担保合同对公司发生效力；相对人请求公司承担担保责任的，人民法院应予支持。（二）相对人非善意的，担保合同对公司不发生效力；相对人请求公司承担赔偿责任的，参照适用本解释第十七条的有关规定。”“法定代表人超越权限提供担保造成公司损失，公司请求法定代表人承担赔偿责任的，人民法院应予支持。”“第一款所称善意，是指相对人在订立担保合同时不知道且不应当知道法定代表人超越权限。相对人有证据证明已对公司决议进行了合理审查，人民法院应当认定其构成善意，但是公司有证据证明相对人知道或者应当知道决议系伪造、变造的除外。”第8条规定：“有下列情形之一，公司以其未依照公司法关于公司对外担保的规定作出决议为由主张不承担担保责任的，人民法院不予支持：（一）金融机构开立保函或者担保公司提供担保；（二）公司为其全资子公司开展经营活动提供担保；（三）担保合同系由单独或者共同持有公司三分之二以上对担保事项有表决权的股东签字同意。”“上市公司对外提供担保，不适用前款第二项、第三项的规定。”第9条规定：“相对人根据上市公司公开披露的关于担保事项已经董事会或者股东大会决议通过的信息，与上市公司订立担保合同，相对人主张担保合同对上市公司发生效力，并由上市公司承担担保责任的，人民法院应予支持。”“相对人未根据上市公司公开披露的关于担保事项已经董事会或者股东大会决议通过的信息，与上市公司订立担保合同，上市公司主张担保合同对其不发生效力，且不承担担保责任或者赔偿责任的，人民法院应予支持。”“相对人与上市公司已公开披露的控股子公司订立的担保合同，或者相对人与股票在国务院批准的其他全国性证券交易场所交易的公司订立的担保合同，适用前两款规定。”第10条规定：“一人有限责任公司为其股东提供担保，公司以违反公司法关于公司对外担保决议程序的规定为由主张不承担担保责任的，人民法院不予支持。公司因承担担保责任导致无法清偿其他债务，提供担保时的股东不能证明公司财产独立于自己的财产，其他债权人请求该股东承担连带责任的，人民法院应予支持。”第11条规定：“公司的分支机构未经公司股东（大）会或者董事会决议以自己的名义对外提供担保，相对人请求公司或者其分支机构承担担保责任的，人民法院不予支持，但是相对人不知道且不应当知道分支机构对外提供担保未经公司决议程序的除外。”“金融机构的分支机构在其营业执照记载的经营范围内开立保函，或者经有权从事担保业务的上级机构授权开立保函，金融机构或者其分支机构以违反公司法关于公司对外担保决议程序的规定为由主张不承担担保责任的，人民法院不予支持。金融机构的分支机构未经金融机构授权提供保函之外的担保，金融机构或者其分支机构主张不承担担保责任的，人民法院应予支持，但是相对人不知道且不应当知道分支机构对外提供担保未经金融机构授权的除外。”“担保公司的分支机构未经担保公司授权对外提供担保，担保公司或者其分支机构主张不承担担保责任的，人民法院应予支持，但是相对人不知道且不应当知道分支机构对外提供担保未经担保公司授权的除外。”“公司的分支机构对外提供担保，相对人非善意，请求公司承担赔偿责任的，参照本解释第十七条的有关规定处理。”第12条规定：“法定代表人依照民法典第五百五十二条的规定以公司名义加入债务的，人民法院在认定该行为的效力时，可以参照本解释关于公司为他人提供担保的有关规则处理。”

（3）担保合同的形式和内容。由于设立担保物权的合同内容较为复杂，另外还涉及公示的问题，因此，《民法典》第400条、第427条中规定设立担保物权的合同应当采用书面形式。至于书面合同的具体形式和要求，应适用《民法典》总则编第六章和合同编第二章的有关规定。

担保合同的内容，除须明确债权人（担保物权人）、担保人及债务人的身份外，通常涉及以下主要条款：被担保债权的种类和数额；债务人履行债务的期限；担保财产的名称、数量等情况；担保的范围；担保物权登记事宜或者质押财产交付的时间、方式。此外，当事人在担保合同中还可以根据需要对债权转让、债务承担、履行期限变化对担保人的影响以及是否允许转让担保财产、是否允许担保物权人以担保财产转设其他担保等事项在合同中作出约定。

2.担保物权的公示

根据物权公示原则，通过法律行为设立担保物权的，须依法经过公示，才能成立或者产生对抗善意第三人的效力。

根据我国法律规定，以不动产抵押的，应当办理抵押登记，抵押权自登记时设立；以没有权利凭证的财产权利设立质押担保的，权利质权自办理出质登记时设立。以动产抵押的，抵押权自抵押合同生效时设立，但未办理抵押登记的，该动产抵押权不具有对抗善意第三人的效力；对于用益物权中的农地经营权抵押，法律也例外地采用了登记对抗主义规则。以动产设立质押担保的，质权自出质人交付质押财产时设立，这里的交付方式，不仅包括直接交付，也包括简易交付和指示交付，但不得以占有改定的方式设立动产质权。

（二）法定担保物权的取得

法定担保物权的特殊性，在于其并不是通过合同设立，而是在符合法定条件时当然产生，故其取得，没有也无须以担保合同为依据，其成立条件也不同于意定担保物权。

我国法律上只承认动产留置权为法定担保物权。为避免重复，有关留置权的成立要件问题留待本章第四节专门讲述。

（三）担保物权的消灭

担保物权因一定的法律事实而产生，也因一定的法律事实出现而消灭。《民法典》第393条规定：“有下列情形之一的，担保物权消灭：（一）主债权消灭；（二）担保物权实现；（三）债权人放弃担保物权；（四）法律规定担保物权消灭的其他情形。”据此并结合其他有关规定，担保物权的消灭原因有如下几项：

1.主债权消灭

担保物权系为担保债权而存在，主债权因履行、抵销、免除、混同等原因消灭的，担保物权自然也随之消灭。但依法理和法律的相关规定，若债务系由第三人清偿时，则担保物权并不当然消灭而应附随债权转移于该第三人，第三人得代位行使原债权人的担保物权；[①]主债权因混同而消灭的，若担保物权的存续对债权人仍有法律上的利益，亦可例外地不消灭并可对抗后顺位担保物权的位次升进。

2.担保物权实现

担保物权人实行担保物权并就担保财产的变价价值受偿债权后，无论其债权是否全部得到清偿，担保物权均因目的实现而归于消灭；债权未能受偿的部分，只能作为普通债权而由债务人另行清偿。在同一担保财产上有数个担保物权的情形下，先顺序的担保物权人实现其权利后，后顺序的担保物权是否归于消灭，应根据担保财产的价值是否还有剩余而作认定。

3.担保物权的放弃

在不损害第三人利益的前提下，担保物权人有权放弃其权利。担保物权的放弃有所谓绝对放弃（抛弃担保物权）与相对放弃（放弃顺位利益）两种情形，导致担保物权消灭的放弃限于绝对放弃，并应以办理注销登记或返还担保财产的占有为必要。《民法典》第409条中对抵押权及其顺位的放弃问题作有规定，其规则对其他登记设立的担保物权也同样适用；《民法典》第435条对动产质权的放弃作有专门规定；另依法理和法律规定的精神，质权人和留置权人任意放弃对担保财产的占有而将其返还的，产生和放弃质权、留置权相同的法律后果。

---

① 参见《民法典》第524条、第547条;《担保制度解释》第14条。

4. 法律规定担保物权消灭的其他情形

主要包括以下几种情况：

（1）担保财产灭失且无代位物。担保物权以担保财产的存在为前提，自然也会因担保财产的灭失而消灭。但应注意的是，依法理和《民法典》第390条规定的精神，原担保财产灭失后仍有残值或者得到赔偿金、保险金、补偿金时，担保物权可基于其不可分性、物上代位性而在担保财产残值及代位物上继续存在。

（2）债权人擅自许可债务人转移债务或放弃债务人本人提供的物的担保。《民法典》第391条规定："第三人提供担保，未经其书面同意，债权人允许债务人转移全部或者部分债务的，担保人不再承担相应的担保责任。"第409条第2款中规定："债务人以自己的财产设定抵押，抵押权人放弃该抵押权、抵押权顺位或者变更抵押权的，其他担保人在抵押权人丧失优先受偿权益的范围内免除担保责任，但是其他担保人承诺仍然提供担保的除外。"第435条中规定："债务人以自己的财产出质，质权人放弃该质权的，其他担保人在质权人丧失优先受偿权益的范围内免除担保责任，但是其他担保人承诺仍然提供担保的除外。"因上述情形的出现而导致物上保证人免除全部责任的，其可以要求注销抵押权、权利质权登记或者返还质押财产。

（3）当事人约定债权转让时担保物权不随同转让而归于消灭的。根据《民法典》第407条的规定，债权转让的，担保该债权的抵押权原则上一并转让，但是法律另有规定或者当事人另有约定的除外。此规定的精神，亦适用于质押担保。亦即，担保合同中可以约定抵押人、出质人仅为特定的债权人提供担保，债权人转让其债权的，抵押权、质权不随同债权转让而归于消灭。对于有留置权担保的债权，债权人也无妨仅转让债权而使留置权单独归于消灭。

（4）抵押权的行使期间届满。对于抵押权的行使有无法定期限的问题，不少国家或地区的立法上规定：抵押权人于主债权的消灭时效期间届满后5年内仍未行使抵押权的，抵押权消灭。我国司法实践中也曾借鉴了这种规范模式，[①]而《物权法》中则侧重于从抵押权的从属性考虑，于第202条规定："抵押权人应当在主债权诉讼时效期间行使抵押权；未行使的，人民法院不予保护。"《民法典》第419条维持了这一规定。关于主债权罹于诉讼时效后，其对抵押权所产生的法律

---

① 参见原《担保法解释》第12条第2款。

效果是不再受法律保护，还是抵押权本身归于消灭，有不同的认识。[①]多数学者认为，作为物权的抵押权并不存在诉讼时效问题，该条规定的是抵押权的行使期间，只是该期间附随于主债权的诉讼时效期间而已；主债权罹于诉讼时效的，抵押权应归于消灭，抵押人得要求注销抵押登记；原抵押人自愿履行所谓“担保义务”的，等同于自愿偿还或代为清偿债务，此与抵押权是否消灭非同一问题。[②]就该条规定的精神和适用问题，最高人民法院2019年发布的《九民纪要》第59条准确地指出：“抵押权人应当在主债权的诉讼时效期间内行使抵押权。抵押权人在主债权诉讼时效届满前未行使抵押权，抵押人在主债权诉讼时效届满后请求涂销抵押权登记的，人民法院依法予以支持。”“以登记作为公示方法的权利质权，参照适用前款规定。”至于以占有标的物为成立和存续要件的动产质权、留置权有无行使期间问题、主债权诉讼时效期间届满的法律后果如何，《民法典》未予明确，理论和实践中亦存在不同认识。为统一裁判规则，《担保制度解释》第44条区分登记型担保物权与占有型担保物权之不同情况，对主债权诉讼时效期间届满对担保物权的影响问题分3款作了不同规定：“主债权诉讼时效期间届满后，抵押权人主张行使抵押权的，人民法院不予支持；抵押人以主债权诉讼时效期间届满为由，主张不承担担保责任的，人民法院应予支持。主债权诉讼时效期间届满前，债权人仅对债务人提起诉讼，经人民法院判决或者调解后未在民事诉讼法规定的申请执行时效期间内对债务人申请强制执行，其向抵押人主张行使抵押权的，人民法院不予支持。”[③]“主债权诉讼时效期间届满后，财产被留置的债务人或者对留置财产享有所有权的第三人请求债权人返还留置财产的，人民法

① 参见胡康生主编：《中华人民共和国物权法释义》，法律出版社2007年版，第439—441页；最高人民法院物权法研究小组编著：《中华人民共和国物权法条文理解与适用》，人民法院出版社2007年版，第601—603页。

② 孙超：《论抵押期间的立法价值与法律效力》，载《内蒙古社会科学》2010年第1期；景光强：《抵押权行使期间的性质和效力》，载《人民司法·案例》2017年第29期；刘保玉：《民法典担保物权制度新规释评》，载《法商研究》2020年第5期。

③ 本条规定中采用了“人民法院不予支持”或者“应予支持”的表述，而未涉及抵押人是否有权申请注销抵押权登记。原因可能在于避免司法解释超越法条文义的嫌疑。笔者认为，《九民纪要》第59条的规定在精神上与《民法典》第419条和本条司法解释的规定并不冲突，应可继续维持。

院不予支持；债务人或者第三人请求拍卖、变卖留置财产并以所得价款清偿债务的，人民法院应予支持。”“主债权诉讼时效期间届满的法律后果，以登记作为公示方式的权利质权，参照适用第一款的规定；动产质权、以交付权利凭证作为公示方式的权利质权，参照适用第二款的规定。”①

（5）根据占有性担保物权成立和存续的要件及《民法典》第457条、第462条等的规定，动产质权人、留置权人丧失对担保物的占有且不能回复的，动产质权、留置权消灭；留置权人接受债务人另行提供担保的，留置权亦归于消灭。

五、担保物权的效力

担保物权的效力涉及担保物权所及于担保财产的范围、所担保的债权范围以及当事人双方的权利义务等多个方面。这里重点讲述具有较多共性的担保范围、担保物权人的权利、担保人的权利以及在同一债权有多项担保时债权人权利的行使问题。至于担保财产的范围界定问题和各种具体的担保物权关系中各方享有的

① 关于占有型担保物权的行使有无期间限制的问题，立法例上未见专门规定，在精神上系无行使期间的限制。最高法院在作本条司法解释规定时，对于究竟是采用约定担保物权（抵押权、质权）与法定担保物权（留置权）区别规定的方式，还是采用非占有型担保物权与占有型担保物权（抵押权和登记设立的权利质权）区别规定的方式，态度曾有所游移，最终采用了后一种区分标准。笔者认为，这一选择并无不妥，且可以对当事人起到行为指引作用。但对上引规定，仍有三个存疑的问题：其一，债务人或者第三人请求拍卖、变卖留置财产或者出质人请求拍卖、变卖质押财产并以所得价款清偿债务的请求权，有无诉讼时效适用问题？其二，对超出债权数额的部分，担保人是否可以要求返还？其三，以何时的价值为标准来判断留置财产、质押财产的价值是否超出债权额及超过多少？对第一个问题，笔者认为担保人的该项请求权为债权请求权，应有诉讼时效的适用，例如在债权人以明示或默示的方式表示以担保财产直接抵债而不作变价清算的，如果担保财产的价值大于债权数额，在担保人应自知道或应当知道权利受侵害之日起3年内主张该项权利，否则即发生诉讼时效期间届满的法律后果。对第二个问题，从本条规定的精神上讲，答案也应是肯定的。否则，担保人请求拍卖、变卖担保财产并以所得价款清偿债权的规定就失去了其意义。但该请求权也应适用诉讼时效的规定。对第三个问题，颇费踌躇。原因在于担保财产的价值会随着时间的推移和市场行情的变化而不断变化，故对担保财产何时进行变价处理，对双方当事人的利益均有影响。在法律和司法解释未作另外规定的情况下，应当认为，司法解释表达的意思是债权人可以在担保物权的实行条件成就后随时主张协议折价或变价清算，并无时间限制；而担保人的此项请求权只要未超过诉讼时效，亦可在其认为适当的任何时候请求清算，且享有《民法典》第437条、第454条规定的请求权。

特殊权利，留待后面各节中分述。

（一）担保物权的担保范围

担保物权的担保范围，是指其所担保的债权的范围，即担保物权人实现担保物权时所能够优先受清偿的债权范围。《民法典》第389条规定："担保物权的担保范围包括主债权及其利息、违约金、损害赔偿金、保管担保财产和实现担保物权的费用。当事人另有约定的，按照其约定。"依此规定，担保物权的担保范围首先按照当事人的约定而确定（如约定限额担保等）；没有约定的，则适用法定的担保范围，即债权人的全部债权，包括下列各项：

1.主债权。主债权又称原债权，是担保物权设定时约定予以担保的债权原本。主债权通常应在担保物权设立时既已确定和明确；登记设立的担保物权，则须将主债权数额予以登记。

2.利息。利息是由主债权所生之法定孳息。在通常情形下，无论法定利息或约定利息、期内利息或迟延利息，均属担保物权担保的范围。利息原则上应依法定利率计算，当事人约定的利率较高时，从其约定，但其应受最高法定利率的限制，超过部分不受法律保护。

3.违约金与损害赔偿金。违约金是债务人不履行债务时依法律规定或合同约定应向债权人一方支付的一定数额的款项；损害赔偿金是债务人不履行债务或为加害给付时应向受到损害的债权人支付的赔偿款项。此两种款项亦在法定的担保范围之内。关于损害赔偿金和违约金的范围及其限制等问题，适用《民法典》合同编中的第583—585条的规定。

基于担保的从属性，为防止担保责任不当地超出债务人应当承担的责任范围，《担保制度解释》第3条专门规定："当事人对担保责任的承担约定专门的违约责任，或者约定的担保责任范围超出债务人应当承担的责任范围，担保人主张仅在债务人应当承担的责任范围内承担责任的，人民法院应予支持。""担保人承担的责任超出债务人应当承担的责任范围，担保人向债务人追偿，债务人主张仅在其应当承担的责任范围内承担责任的，人民法院应予支持；担保人请求债权人返还超出部分的，人民法院依法予以支持。"

4.保管担保财产和实现担保物权的费用。这是指担保物权人因保管及保全和实行担保物权而支出的必要费用，如动产质押人、留置权人对质押财产、留置财产的保管费用，担保物权人申请保全担保财产的费用、诉讼费用、强制执行费用、评估费用、拍卖费用以及合理的律师费用等。由于此等费用系因担保的设立而引起或者因债务人届期不履行债务而发生，故理应在担保物权所担保的债权范围之内。

对于登记设立的担保物权，除主债权的数额应予登记外，一般认为，其他附随债权也应当进行登记，担保物权人优先受偿的债权范围应以登记记载的范围或数额为准。[①]但在目前的登记实践中，除主债权的数额登记没有疑义外，因不同地区的登记机构对于附随债权是否予以登记有不同的做法，因而常常出现合同约定的担保范围与登记簿的记载不一致的情形。对此，司法实践中在坚持担保范围原则上应以登记的范围为准的同时，对于因登记系统不完善导致合同约定的担保范围与登记不一致的情形，为避免债权人承受不公平的结果，对于担保范围的认定亦可以合同的约定为准。当然，此一问题的妥善解决还依赖于登记系统的合理设置和登记规则的完善。[②]

（二）担保物权人的权利

基于担保物权的共同特性，各种担保物权人享有的权利有基本相同的一面；但又由于非占有型担保物权（抵押权、登记设立的权利质权）与占有型担保物权（动产质权和占有权利凭证的权利质权、留置权）在成立要件、担保机能及权利义务的关系构造方面有所不同，所以担保物权人的权利也略有差异。这里仅对较具共性的权利作出列举，具体内容则在后面各节中详述。

非占有型担保物权，除具有物权的共同效力外，担保物权人还享有如下几项权利：保全担保财产的权利；对担保物权的处分权；担保物权的次序权；对担保财产的追及权；物上代位权；特定情形下提前偿债或提存价款的请求权；就担保

① 《担保制度解释》第47条规定："不动产登记簿就抵押财产、被担保的债权范围等所作的记载与抵押合同约定不一致的，人民法院应当根据登记簿的记载确定抵押财产、被担保的债权范围等事项。"

② 参见最高人民法院民法典贯彻实施工作领导小组主编：《中华人民共和国民法典物权编理解与适用》（下），人民法院出版社2020年版，第1004—1005页。

财产之变价价值的优先受偿权；等等。

占有型担保物权中担保物权人的权利，主要包括：留置担保物的权利；担保物的孳息收取权；经许可使用或为保管之目的而使用担保物的权利；优先受偿权；等等。此外，动产质权人还有将质物转质的权利以及对质物的预行变价权。

（三）担保人的权利

在担保物权设定后，担保人对担保财产的权利虽受到了一定限制，但其在不损害担保物权人权利的前提下也仍享有一定的权利。

非占有型担保物权关系中担保人的权利，主要包括：对担保财产继续占有、使用和收益的权利；另行设立担保物权的权利；请求返还超过债权数额部分款项的权利；物上保证人的抗辩权和特定情形下拒绝承担担保责任的权利，以及反担保请求权、追偿权与代位权。另外，基于抵押权的特殊性，抵押人还享有用益物权及租赁权的再设定权和对抵押财产的转让权。

占有型担保物权关系中担保人的权利，主要包括：请求担保物权人及时行使权利的请求权；损害赔偿请求权与担保财产返还请求权；对担保财产进行法律上处分的权利；请求返还超过债权数额部分款项的权利；等等。此外，出质人还可以保留对质物所生孳息的收取权，第三人作为出质人时可以享有反担保请求权、追偿权与代位权；留置财产的所有人，则基于留置权的特性而享有另行提供担保而使留置权消灭的权利。

有关担保人权利的具体内容、行使条件和相关法律规定，留待后面各节中详述，此处从略。

（四）物保与人保并存时的权利行使

两个以上担保人或两项以上的担保财产为同一债权担保的，谓之共同担保。从担保方式上看，共同担保可分为单一担保方式的共同担保与混合担保方式的共同担保。前者主要包括共同保证、共同抵押、共同质押，后者包括人保与物保并存、抵押与质押并存等。从担保人的角度看，可分为由债务人提供的共同担保（限于物的担保）、由第三人提供的共同担保、由债务人与第三人提供的共同担保；根据数个担保人的主观认知不同，可将共同担保分为有意思联络的共同担保和无意思联络的共同担保。

依立法例上的通行规定和多数学者的认识，共同担保的构成要件有二：其一，有两个以上的担保人或担保财产为两项以上（同一担保人提供两项以上抵押、质押财产，亦无碍共同担保的成立和规则的适用）；其二，所担保的债务为同一债务。至于数人为同一债权债务提供担保，其担保合同是统一订立还是分别订立、是否具有共同提供担保的意思联络等，通常并不影响共同担保的成立。

我国以往的立法规定及司法解释中，对共同担保曾有不同的处理规则，其差异主要在于数个担保人之间是否依法存在当然的相互追偿的权利；[①]而对于数个担保人无共同提供担保的意思联络的情形下是否构成共同担保并适用相互追偿的规则，学界存在观点的分歧和争议。[②]为统一裁判规则，《九民纪要》第56条明确提出："承担了担保责任的担保人向其他担保人追偿的，人民法院不予支持，但担保人在担保合同中约定可以相互追偿的除外。"《民法典》编纂中，立法机关经过利弊权衡，最终在人保与物保并存规定的第392条维持了原《物权法》第176条的规定，并相应地在合同编第699条、第700条关于共同保证的规定中修改了原《担保法》第12条的规定，对共同担保的规则进行了统一，其在立法精神上否定了在数个担保人没有明确约定承担连带责任或者分担损失的情况下的相互追偿权。[③]

《民法典》第392条规定："被担保的债权既有物的担保又有人的担保的，债

---

① 参见原《担保法》第12条、第28条，原《担保法解释》第19条、第20条、第75条，原《物权法》第176条。

② 参见刘保玉：《共同保证的结构形态与保证责任的承担》，载《中国法学》2003年第2期；江海、石冠彬：《论混合共同担保——兼评〈物权法〉第176条》，载《海南大学学报》（人文社会科学版）2012年第6期；黄忠：《混合共同担保之内部追偿权的证立及其展开——〈物权法〉第176条的解释论》，载《中外法学》2015年第4期；高圣平：《混合共同担保的法律规则》，载《清华法学》2017年第5期；王利明：《民法典物权编应规定混合共同担保追偿权》，载《东方法学》2019年第1期；刘保玉：《民法典物权编（草案）担保物权部分的修改建议》，载《法学杂志》2019年第3期；崔建远：《混合共同担保人相互间无追偿权论》，载《法学研究》2020年第1期。

③ 参见黄薇主编：《中华人民共和国民法典释义》（上）（中），法律出版社2020年版，第755—756页、第1325—1326页；最高人民法院民法典贯彻实施工作领导小组主编：《中华人民共和国民法典物权编理解与适用》（下），人民法院出版社2020年版，第1021—1022页。

务人不履行到期债务或者发生当事人约定的实现担保物权的情形，债权人应当按照约定实现债权；没有约定或者约定不明确，债务人自己提供物的担保的，债权人应当先就该物的担保实现债权；第三人提供物的担保的，债权人可以就物的担保实现债权，也可以请求保证人承担保证责任。提供担保的第三人承担担保责任后，有权向债务人追偿。”依此规定，在物的担保与人的担保并存情形下，担保权人的权利行使和有关问题的处理规则是：（1）当事人就数个担保中的担保责任份额、清偿顺序等问题有约定的，债权人应当按照约定实现债权。这一规则体现了尊重当事人的意思自治。（2）没有约定或者约定不明确，债务人自己提供物的担保的，债权人应当先就该物的担保实现债权。这一规则，系出于对债务人和保证人、物上保证人责任承担的公平性衡量，同时也有利于减轻第三人承担责任后行使追偿权的讼累、节约成本。[①]（3）在担保人均为第三人且未约定责任顺序的情况下，债权人有选择权，可以就物的担保实现债权，也可以要求保证人承担保证责任。这一规则，是在第三人提供的物的担保与人的担保居于平等地位的基础上，为了债权实现的便宜而充分尊重债权人的意愿。（4）提供担保的第三人承担责任后，有权向债务人追偿，但除非有明确约定，否则提供担保的第三人相互之间并无追偿权或损失分担请求权。这一规则的选择，主要是考虑到各担保人提供担保具有独立性，且其相互间并无意思联络，使其发生连带关系而相互追偿、互相担保的依据不充分，也不合法理；而履行了担保责任的担保人只能向债务人追偿，追偿不能的风险由该担保人承担，符合设定担保时担保人的预期，故不得向其他担保人追偿是公平原则的体现；而且，从程序上讲，允许相互追偿颇为费时费力、烦琐；允许向其他担保人追偿，可操作性很差，如何确定追偿的份额问题，是一道复杂的计算题。[②]

还应说明的是，由于该条规定中所涉及的物的担保，并不限于一个，故此，对该条规定的适用范围可作扩张解释，及于共同抵押、共同质押以及由抵押与质

---

① 这一规则也体现出在第三人和债务人均提供有物的担保的情况下，第三人有类似于一般保证人的先诉抗辩权的权利。《民法典》第409条第2款关于抵押权人放弃债务人以自己的财产设定的抵押权时其他担保人在抵押权人丧失优先受偿权益的范围内免除担保责任的规定，与此规则在立法精神上是一致的。

② 参见黄薇主编：《中华人民共和国民法典释义》（上），法律出版社2020年版，第756页。

押构成的共同担保等情形。

《民法典》的上引规定，其规则的选择虽不无道理，通过法律规定提示和倡导数个担保人在担保合同中明确约定是否为连带关系、可否相互追偿，亦有其积极意义。但是，撇开理论上的争议和域外绝大多数立法例不谈，单就我国的实践情况看，这一处理方案可能存在如下一些问题：数个担保人之间明确约定追偿权的事例，在实践中极为鲜见，而在数个担保人分别或先后为债权人提供担保的情况下，则几乎不可能作此约定；某一担保人与债权人串通或者借助“债权转让”的规则，使其他担保人最终担责的问题如何对待和处理，有待加以明确；如果债权人对各担保人一并主张权利并获裁判支持后，在执行程序中，执行法官所具有的任意选择权，极易滋生司法腐败现象；在共同抵押、共同质押或混合共同物的担保的情况下，如果某一担保财产上存在后顺位的其他担保物权，则债权人或者执行法官对担保财产的任意选择权，则既可能损害到某一财产上后顺位担保物权人的合理利益，也可能使其意外地无端获益，结果上有失公允；如果数个保证人或物上保证人对债权人作出了重复清偿，则如何返还，也是一个颇为棘手的问题。再有，尽管数个担保人约定相互有追偿权的情况目前并不多见，但仍有存在，且可以预测将来会有所增加，所以，在数个担保人之间虽约定相互有连带关系但未明确约定责任比例、追偿份额时，应如何分配其责任比例或追偿份额这一“复杂的计算题”，仍需解答。①

在《民法典》颁布后，不少学者试图通过对相关法条的解释，寻找担保人相互之间得发生追偿关系的法律依据，并大多采用对第700条中规定的“享有债权人对债务人的权利”或者对第519条、第524条、第547条的适用条件、范围等作出扩张解释的途径。②笔者对担保人之间的追偿权或损失分担请求权的合理性亦持肯定态度，且认为纵使在《民法典》已经出台且表明了否定性立法态度的情况下，对相关立法规定也仍存在作出其他解释的空间。笔者认为，数个担保人之间

① 参见刘保玉:《民法典担保物权制度新规释评》，载《法商研究》2020年第5期。

② 参见邹海林:《我国〈民法典〉上的“混合担保规则”解释论》，载《比较法研究》2020年第4期；谢鸿飞:《连带债务人追偿权与法定代位权的适用关系——以民法典第519条为分析对象》，载《东方法学》2020年第4期；高圣平:《民法典担保新规则的解释与适用》，http://www.360doc.com/content/20/0729/17/12424821_927453632.shtml，最后访问日期：2020年7月20日。

有无追偿权，关键看其之间有无连带关系；而除数个担保合同约定为按份担保和债务人自己提供物的担保的情况之外，保证人和物上保证人之间的关系，完全符合《民法典》第178条、第518条关于连带责任、连带债务的实质要素，即债权人有权任意选择请求全部或者部分担保人履行义务、承担责任，而后者均应履行相应的债务或承担相应的责任；如同其他类型的“无……之名，但有……之实”情形应按实质法律关系对待的规则一样，对于数个担保合同中未出现“连带”字样而“无连带关系之名”但“有连带关系之实”的，亦应适用或参照适用连带债务（责任）的规定。[①]至于数个担保人之间应分担的份额或者说追偿权的数额如何确定的问题，虽然“是一道复杂的计算题”，但这不是否定担保人之间追偿权的理由，而且，借鉴域外既有的立法例和计算方法，这个问题并不难解决。[②]

为配合《民法典》的施行并解决前面提出的有关问题，最高人民法院发布的《担保制度解释》对共同担保问题的处理规则作了有益的补充，该解释第13条规定：“同一债务有两个以上第三人提供担保，担保人之间约定相互追偿及分担份额，承担了担保责任的担保人请求其他担保人按照约定分担份额的，人民法院应予支持；担保人之间约定承担连带共同担保，或者约定相互追偿但是未约定分担份额的，各担保人按照比例分担向债务人不能追偿的部分。”“同一债务有两个以上第三人提供担保，担保人之间未对相互追偿作出约定且未约定承担连带共同担保，但是各担保人在同一份合同书上签字、盖章或者按指印，承担了担保责任的担保人请求其他担保人按照比例分担向债务人不能追偿部分的，人民法院应予支持。”“除前两款规定的情形外，承担了担保责任的担保人请求其他担保人分担向债务人不能追偿部分的，人民法院不予支持。”第14条规定：“同一债务有两个以上第三人提供担保，担保人受让债权的，人民法院应当认定该行为系承担担保责任。受让债权的担保人作为债权人请求其他担保人承担担保责任的，人民法院不予支持；该担保人请求其他担保人分担相应份额的，依照本解释第十三条的规

---

① 共同保证人之间，构成连带债务关系，可以直接适用连带债务的规定；而物上保证人提供的物的担保，最终仍是物的所有权人（担保人）的责任承担问题。故，债务人之外的数个物的担保人之间及其与保证人之间，可参照适用连带债务或连带责任的规定。

② 参见刘保玉：《民法典物权编（草案）担保物权部分的修改建议》，载《法学杂志》2019年第3期。

定处理。”[①]

另应提及的是，《民法典》第699条规定：“同一债务有两个以上保证人的，保证人应当按照保证合同约定的保证份额，承担保证责任；没有约定保证份额的，债权人可以请求任何一个保证人在其保证范围内承担保证责任。”第700条规定：“保证人承担保证责任后，除当事人另有约定外，有权在其承担保证责任的范围内向债务人追偿，享有债权人对债务人的权利，但是不得损害债权人的利益。”[②]根据《担保制度解释》第20条的规定，上列规定同样适用于处理物上保证人之间的关系及承担了担保责任的物上保证人对债务的追偿权之行使。

第二节　抵押权

一、抵押权的概念与特征

（一）抵押权的概念

抵押权，是指债权人对于债务人或者第三人不转移占有而供作债务履行担保的财产，在债务人不履行到期债务或当事人约定的情形发生时，予以变价并就其价款优先受偿的权利。

《民法典》第394条规定：“为担保债务的履行，债务人或者第三人不转移财产的占有，将该财产抵押给债权人的，债务人不履行到期债务或者发生当事人约定的实现抵押权的情形，债权人有权就该财产优先受偿。”“前款规定的债务人或者第三人为抵押人，债权人为抵押权人，提供担保的财产为抵押财产。”

---

① 此两条解释规定并未将前面提出的问题全部予以解决，且第13条中的“按照比例分担”的表述仍属原则性规定，如何计算仍待明确；第14条中“受让债权的担保人”是否包括担保人的关联公司、近亲属等，亦有再予明确的必要。故此，笔者认为共同担保问题的处理规则，未来仍有改进或进一步细化的空间。

② 本条中所称的“不得损害债权人的利益”，主要是指在保证人为部分清偿之后向债务人追偿时，其请求权应逊后于债权人对债务人就剩余债权的偿还请求权，而不得影响、损害到债权人对债务人的权利实现。

（二）抵押权的特征

1.抵押权为担保物权的一种。作为物权的一种，抵押权具有绝对性、对世性、支配性、排他性、优先性、追及性等物权的基本属性，物权法的基本原则对抵押权也是完全适用的。抵押权是对客体的价值支配权而非实体支配权，其以担保债权的实现为目的而非以对客体的使用收益为目的，因此抵押权属于物权体系中的担保物权。担保物权的从属性、不可分性、价值权性和物上代位性等在抵押权中均有典型和明确的体现。

2.抵押权是在债务人或第三人提供的财产上设立的物权。提供抵押财产的抵押人既可以是债务人本人，也可以是债务人之外的第三人。尽管有的国家（如德国）法律上规定所有权人也可以在自己的财产上设立抵押权，但绝大多数国家法律上不承认原始的所有人抵押权，仅于特定情况下承认后来发生的所有人抵押权。因此，抵押权非为在自己的财产上设定的权利，而是在他人的财产上设立的物权，因而属于他物权。

3.抵押权是不移转财产占有的物权。抵押权之成立与存续，不以移转担保财产的占有为必要，其公示方法是登记而非占有抵押财产。[①]抵押权制度之设计，使双方当事人各得其益，担保财产之使用价值与交换价值各得其所：就抵押人而言，除得因担保的提供而获得资金的贷与外，并得继续对供作担保的财产为占有、使用、收益；就债权人而言，不仅无占有、保管担保财产之烦累，且能通过登记获得效力强大的担保物权，以担保财产之价值确保债权的优先受偿。抵押权着实为一项优良的担保方式，因此有“担保之王”的美誉。

4.抵押权为得就担保财产之变价价值优先受偿的权利。担保物权为债权人就担保财产的变价价值优先受偿的价值权，抵押权作为典型担保物权的一种，当然具有此一特质。所谓优先受偿，包括三层意义：一是有抵押权担保的债权，债权人得就抵押财产之变价价值优先于普通债权人而受清偿；二是债务人受破产宣告

---

① 在办理抵押登记的同时，当事人又约定附加移转标的物的占有的，不影响抵押权的成立。当事人订立名为动产抵押的合同而未办理抵押登记，却将担保财产移转给债权人占有的，可认为所设立的是动产质权。

时，在前成立的抵押权并不受其影响，抵押权人就特定的抵押财产有“别除权”，仍得就其变价价值优先受偿；三是同一抵押财产上设有两个以上抵押权的，先次序抵押权人得优先于后次序抵押权人而受清偿。

二、抵押权的取得

抵押权主要因法律行为即抵押权的设立而创设取得，此外，抵押权还可因转让和继承而继受取得。在承认法定抵押权的立法上，抵押权还可直接因法律的规定而取得。

（一）抵押权的设立取得

通过法律行为而设立抵押权，主要涉及以下法律问题：

1. 抵押权关系的当事人

抵押权法律关系的主体包括抵押人和抵押权人。抵押权人也就是被担保债权的债权人。抵押人又称设抵人或出抵人，是指以自己所有的或享有处分权的财产为他人的债权设定抵押担保的人。抵押人可以是债务人本人，也可以是债务人以外的第三人（物上保证人）；可以是法人，也可以是非法人组织或者具有完全民事行为能力的自然人。关于法人及其分支机构、非法人组织提供抵押担保的限制问题，已如前述。

2. 抵押财产的范围与限制

抵押财产又称为抵押权的客体、标的、标的物或抵押物，其既可以是不动产、不动产用益物权，也可以是动产。基于抵押权的特性，可以供作抵押的财产应符合下列条件：第一，具有特定性；第二，具有交换价值和可让与性；第三，须为非消耗物，不因抵押人继续占有、使用该物而灭失或损毁；第四，须为依法未被禁止抵押的财产。

《民法典》第395条规定，“债务人或者第三人有权处分的下列财产可以抵押：（一）建筑物和其他土地附着物；（二）建设用地使用权；（三）海域使用权；（四）生产设备、原材料、半成品、产品；（五）正在建造的建筑物、船舶、航空器；（六）交通运输工具；（七）法律、行政法规未禁止抵押的其他财产。”“抵押人可以将前款所列财产一并抵押”。第399条规定：“下列财产不得抵押：（一）土地所有权；（二）宅基地、自留地、自留山等集体所有土地的使用权，但是法律规定可以抵押的除外；（三）学校、幼儿园、医疗机构等为公益目的成立的非营利法人的教育设施、医疗卫生设施和其他公益设施；（四）所有权、使用权不明或者有争议的财产；（五）依法被查封、扣押、监管的财产；（六）法律、行政法规规定不得抵押的其他财产。”

《民法典》上列两条规定，在维持《物权法》中的“正面清单”+“开放式兜底条款”+“负面清单”的规范模式基础上，对抵押财产范围问题作出了三处修改：（1）第395条第1款第3项中删去了原《物权法》第180条第1款第3项中的“以招标、拍卖、公开协商等方式取得的荒地等土地承包经营权”，替换为“海域使用权”。（2）第399条关于禁止抵押的财产范围规定中，删除了原《物权法》第184条第2项中的“耕地的使用权”。此两处修改的原因在于：我国2001年颁布的《海域使用管理法》中对海域使用权的取得、流转、效力等问题作有规定，《民法典》第328条（原《物权法》第122条）也明确了其用益物权的地位，《海域使用权管理规定》《不动产登记暂行条例》及其实施细则还对其抵押登记问题作有规定。因此，明确海域使用权可以作为抵押财产，乃属当然。为落实中共中央关于农村土地“三权分置”的改革要求，我国《农村土地承包法》（2018年第二次修正）和《民法典》中均增加了由土地承包经营权中分离出来的土地经营权的规定。根据《农村土地承包法》第47条、第53条的规定，家庭承包的承包方可以用其承包地的土地经营权向金融机构融资担保；受让方通过流转取得的土地经营权，以及以其他方式承包农村土地的承包人，亦可依法向金融机构融资担保，以抵押等方式流转土地经营权。土地经营权抵押权自融资担保合同生效时设立，未经登记，不得对抗善意第三人。《民法典》第395条、第399条中对原《物权法》中的规定进行删改，正是为适应农村土地经营权制度改革和发展的需要。尽管第395条在可以抵押的财产范围规定中并未明确列出“土地经营权”，但在解释上应无疑义。（3）第399条第3项的规定中，将“以公益为目的的事业单位、社会团体”修改为“为公益目的成立的非营利法人”。这一方面是为了与总则编法人制度的分类规定保持一致，另一方面也使得立法目的和限制抵押的主客体范围在表达上更为精准。

3. 抵押合同

《民法典》第400条规定:“设立抵押权,当事人应当采用书面形式订立抵押合同。”“抵押合同一般包括下列条款:(一)被担保债权的种类和数额;(二)债务人履行债务的期限;(三)抵押财产的名称、数量等情况;(四)担保的范围。”此外,当事人还可在抵押合同中约定其认为需要明确的其他事项。[①]该条规定中,简化了抵押合同的内容,将原《物权法》中对抵押财产的详细、具体的描述改为一般性的概括描述,只需达到足以合理识别且将其与担保人的其他财产区分开来即可。《担保制度解释》第53条规定:“当事人在动产和权利担保合同中对担保财产进行概括描述,该描述能够合理识别担保财产的,人民法院应当认定担保成立。”而如果抵押合同对被担保的主债权种类、抵押财产没有约定或者约定不明而无法确定、无法识别的,抵押合同不能成立。

根据《民法典》有关规定的精神并结合《担保制度解释》的规定,就抵押财产的范围、限制和抵押合同的效力问题,实践中还应注意以下几点:(1)根据《民法典》第395条的规定,抵押人须对抵押财产享有所有权或处分权,否则,其所设定的抵押权原则上应为无效。但债权人依据《民法典》第311条第3款的规定善意取得抵押权的除外。(2)前述《担保制度解释》第5—11条中关于机关法人、居民委员会、村民委员会和以公益为目的的非营利性学校、幼儿园、医疗机构、养老机构等提供担保的限制及其例外的规定,公司及其分支机构等对外提供担保的限制性规定等,当然亦适用于提供抵押担保的情况。(3)《担保制度解释》第37条规定:“当事人以所有权、使用权不明或者有争议的财产抵押,经审查构成无权处分的,人民法院应当依照民法典第三百一十一条的规定处理。”“当事人以依法被查封或者扣押的财产抵押,抵押权人请求行使抵押权,经审查查封或者扣押措施已经解除的,人民法院应予支持。抵押人以抵押权设立时财产被查封或者扣押为由主张抵押合同无效的,人民法院不予支持。”“以依法被监管的财产抵押的,适用前款规定。”(4)《担保制度解释》第49条规定:“以违法的建筑

---

① 但是,根据《民法典》第401条的规定,抵押权人在债务履行期届满前,与抵押人约定债务人不履行到期债务时抵押财产归债权人所有的条款,其效力不为法律所认可,抵押权人只能依法就抵押财产优先受偿。

物抵押的，抵押合同无效，但是一审法庭辩论终结前已经办理合法手续的除外。抵押合同无效的法律后果，依照本解释第十七条的有关规定处理。”“当事人以建设用地使用权依法设立抵押，抵押人以土地上存在违法的建筑物为由主张抵押合同无效的，人民法院不予支持。”（5）《担保制度解释》第50条规定：“抵押人以划拨建设用地上的建筑物抵押，当事人以该建设用地使用权不能抵押或者未办理批准手续为由主张抵押合同无效或者不生效的，人民法院不予支持。抵押权依法实现时，拍卖、变卖建筑物所得的价款，应当优先用于补缴建设用地使用权出让金。”“当事人以划拨方式取得的建设用地使用权抵押，抵押人以未办理批准手续为由主张抵押合同无效或者不生效的，人民法院不予支持。已经依法办理抵押登记，抵押权人主张行使抵押权的，人民法院应予支持。抵押权依法实现时所得的价款，参照前款有关规定处理。”

4. 抵押登记

抵押登记又称抵押权登记，是指经当事人申请，登记机构依法在登记簿上就抵押财产上的抵押权状态予以登录记载的行为。准确地说，抵押登记应称为抵押权登记，属于权利登记的一种，而不属于财产登记。根据法律规定，抵押财产包括不动产（含不动产用益物权）和动产两类，其抵押权登记的机构、效力等也有不同；除正式登记外，抵押权还存在预告登记问题。

（1）不动产抵押登记及其效力

根据《民法典》第210条、《不动产登记暂行条例》和《实施细则》的规定，我国已经建立了不动产统一登记制度，以不动产或不动产权利抵押的，由不动产所在地的登记机构统一办理抵押登记。

根据《民法典》第208条、第209条等的规定，对于不动产物权变动，我国法律上采行登记要件主义，但是法律另有规定的除外。《民法典》第402条规定：“以本法第三百九十五条第一款第一项至第三项规定的财产或者第五项规定的正在建造的建筑物抵押的，应当办理抵押登记。抵押权自登记时设立。”《担保制度解释》第47条规定：“不动产登记簿就抵押财产、被担保的债权范围等所作的记载与抵押合同约定不一致的，人民法院应当根据登记簿的记载确定抵押财产、被担保的债权范围等事项。”

另据《民法典》第215条的规定，订立不动产抵押合同后未及时办理抵押权登记的，并不影响抵押合同的效力。根据《担保制度解释》第46条、第48条的规定，不动产抵押合同生效后未办理抵押登记手续，债权人请求抵押人办理抵押登记手续的，人民法院应予支持。当事人申请办理抵押登记手续时，因登记机构的过错致使其不能办理抵押登记，当事人请求登记机构承担赔偿责任的，人民法院依法予以支持。抵押财产因不可归责于抵押人自身的原因灭失或者被征收等导致不能办理抵押登记，债权人请求抵押人在约定的担保范围内承担责任的，人民法院不予支持；但是抵押人已经获得保险金、赔偿金或者补偿金等，债权人请求抵押人在其所获金额范围内承担赔偿责任的，人民法院依法予以支持。因抵押人转让抵押财产或者其他可归责于抵押人自身的原因导致不能办理抵押登记，债权人请求抵押人在约定的担保范围内承担责任的，人民法院依法予以支持，但是不得超过抵押权能够设立时抵押人应当承担的责任范围。①

《农村土地承包法》中，对家庭承包和其他方式承包中由承包经营权中分离出的土地经营权融资担保，分别规定了不同的生效要件。该法第47条中规定：家庭承包的，“承包方可以用承包地的土地经营权向金融机构融资担保，并向发包方备案。受让方通过流转取得的土地经营权，经承包方书面同意并向发包方备案，可以向金融机构融资担保。担保物权自融资担保合同生效时设立。当事人可以向登记机构申请登记；未经登记，不得对抗善意第三人”。该条规定中所称的“融资担保”“融资担保合同”“担保物权”，具体来说应是指抵押担保、抵押合同和抵押权；与其他不动产抵押权的设立要件不同的是，此种抵押权的设立，法律上例外地采用了“担保合同生效时设立；未经登记，不得对抗善意第三人”的特殊规则。该法第53条规定：“通过招标、拍卖、公开协商等方式承包农村土地，经依法登记取得权属证书的，可以依法采取出租、入股、抵押或者其他方式流转土地经营权。”由此可知，通过其他方式承包的，承包方以土地经营权设立抵押的，与普通土地使用权抵押并无差异，法律上未设其他限制和特殊规定。

---

① 第三人提供抵押担保而因未能登记而导致抵押权不能成立的情况下，抵押人承担的责任的性质是违约赔偿责任、缔约过失责任抑或担保责任，有不同的认识。我们倾向于认为，其可能构成违约责任或者担保责任，亦可能构成两种责任的竞合。参见刘保玉：《第三人担保的共通规则梳理与立法规定的完善》，载《江西社会科学》2018年第10期。

（2）动产抵押权的合同设立与登记对抗

动产抵押权在成立要件、登记的效力方面，与不动产抵押有所不同。《民法典》第403条规定："以动产抵押的，抵押权自抵押合同生效时设立；未经登记，不得对抗善意第三人。"该条规定中，未区分单独动产抵押权与集合动产浮动抵押权，有登记管理制度的船舶、航空器、机动车等特殊动产抵押权与普通动产抵押权的差异，统一采用了合同设立、登记对抗的规则。

在我国《民法典》施行之前，动产抵押登记根据动产类别的不同而分归不同的登记机构办理。《民法典》中删除了具体登记机构的规定，为动产抵押和权利质押统一登记制度预留了空间。2020年12月22日，国务院发布了《关于实施动产和权利担保统一登记的决定》（国发〔2020〕18号），决定自2021年1月1日起在全国范围内实施动产和权利担保统一登记。纳入动产和权利担保统一登记范围的担保类型包括：①生产设备、原材料、半成品、产品抵押；②应收账款质押；③存款单、仓单、提单质押；④融资租赁；⑤保理；⑥所有权保留；⑦其他可以登记的动产和权利担保，但机动车抵押、船舶抵押、航空器抵押、债券质押、基金份额质押、股权质押、知识产权中的财产权质押除外。纳入统一登记范围的动产和权利担保，由当事人通过中国人民银行征信中心（以下简称征信中心）动产融资统一登记公示系统自主办理登记，并对登记内容的真实性、完整性和合法性负责。登记机构不对登记内容进行实质性审查。国家市场监督管理总局不再承担"管理动产抵押物登记"职责。中国人民银行负责制定生产设备、原材料、半成品、产品抵押和应收账款质押统一登记制度，推进登记服务便利化。中国人民银行、国家市场监督管理总局应当明确生产设备、原材料、半成品、产品抵押登记的过渡安排，妥善做好存量信息的查询、变更、注销服务和数据移交工作，确保有关工作的连续性、稳定性、有效性。国务院发布的这一决定，是对《民法典》和《优化营商环境条例》的进一步细化和落实，标志着我国动产和权利担保统一登记正式落地。为进一步提高动产和权利担保融资效率，优化营商环境，根据《优化营商环境条例》《国务院关于实施动产和权利担保统一登记的决定》，中国人民银行和国家市场监督管理总局于2020年12月30日就生产设备、原材料、半成品、产品等四类动产抵押登记的有关过渡安排联合发布了公告（〔2020〕第23号）。根据安排，2021年1月1日后新增登记及此前已做登记的变更和注销等均在人民银行办理，此前已做登记的，不需要重新登记。为保障市场平稳过渡，设置2年的过渡期，征信中心接收国家市场监督管理总局的历史登记数据，过渡期内法定查询义务仍在国家市场监督管理总局，动产融资统一登记公示系统增加便民服务，提供辅助查询服务。人民银行和国家市场监督管理总局联合发布了关于动产抵押登记职责调整后过渡方案的公告，共同做好数据衔接过渡工作。动产和权利担保统一登记实施后，市场主体可在一个系统办理七大类动产和权利担保登记，并能通过一次查询，便捷了解担保人名下所有动产上的担保物权状况，可以使担保物权更加透明，增强担保权人权利实现的确定性，降低信贷交易的风险和成本，提升金融机构等担保权人的放贷意愿。2021年12月，中国人民银行发布了《动产和权利担保统一登记办法》，自2022年1月1日起实施。在全国范围内实施动产和权利担保统一登记，有利于进一步提高动产和权利担保融资效率，便利企业融资，促进金融更好地服务实体经济，优化我国营商环境。据此决定和公告精神，动产和权利担保的登记，在登记内容、编成方式、效力等方面与不动产登记具有重大差异。唯有机动车、船舶、航空器的抵押登记，仍有相应的运输工具管理部门办理。①

域外承认动产抵押的立法例，大多采用"动产抵押权未经登记，不得对抗第三人"的表述，如此，则未登记的动产抵押权实质上仅有合同法上的效力；而我国的立法中在未登记抵押权不得对抗的第三人的范围上增加了"善意"的限制，如此，则未登记的动产抵押权也是担保物权，仍具有优先于普通债权人受偿的效力，只是不具有完全的物权效力，不得对抗善意第三人而已。不过，对于未登记的动产抵押权不得对抗的"善意第三人"的范围如何界定，在理论上和实务中均有不同的认识。②依多数学者的认识和主张以及司法解释的相关规定，此规定不适用于担保物权的顺位排序规则，担保物权的位序仅依法律的规定和公示的先后；未登记的动产抵押权可以就抵押财产的变价价值优先于普

① 特殊动产抵押登记的规则，目前为公安部于2008年5月27日发布、2008年10月1日起施行的《机动车登记规定》（2012年9月12日根据《公安部关于修改〈机动车登记规定〉的决定》作有修正）；交通运输部于2016年12月8日发布、2017年2月10日起施行的《船舶登记办法》；国务院于1997年10月21日发布施行的《民用航空器权利登记条例》和中国民用航空总局于1999年8月27日公布、1999年11月1日起施行的《民用航空器权利登记条例实施办法》。

② 参见龙俊：《中国物权法上的登记对抗主义》，载《法学研究》2012年第5期。

通债权人而受清偿，但不得对抗抵押财产的善意购买人和承租人；动产抵押合同签订后未办理抵押登记，在抵押人的其他债权人向人民法院申请保全或执行抵押财产，或者抵押人破产的情况下，抵押权人主张对该动产享有优先受偿权的，也均不应予以支持。[①]

（3）抵押权的预告登记

在抵押登记中，还应注意抵押权的预告登记问题。根据《民法典》第221条和《不动产登记暂行条例》第3条、第5条以及《实施细则》第85条等的规定，以不动产抵押的或者以预购商品房设定抵押权的，当事人可以按照约定申请办理预告登记。

抵押权的预告登记问题，源自香港传入内地的“楼宇按揭贷款”，但因与我国法律传统和法律术语不相吻合，故以不动产预告登记取而代之。但抵押权预告登记的效力与“按揭”有所不同，[②]故而存在预告登记抵押权所涉及的抵押财产被其他债权人申请查封以及抵押人破产时如何处理等诸多问题。[③]为此，《担保制度解释》第52条有针对性地规定：“当事人办理抵押预告登记后，预告登记权利人请求就抵押财产优先受偿，经审查存在尚未办理建筑物所有权首次登记、预告登记的财产与办理建筑物所有权首次登记时的财产不一致、抵押预告登记已经失效等情形，导致不具备办理抵押登记条件的，人民法院不予支持；经审查已经办理建筑物所有权首次登记，且不存在预告登记失效等情形的，人民法院应予支持，并应当认定抵押权自预告登记之日起设立。”“当事人办理了抵押预告登记，抵押人破产，经审查抵押财产属于破产财产，预告登记权利人主张就抵押财产优先受偿的，人民法院应当在受理破产申请时抵押财产的价值范围内予以支持，但是在人民法院受理破产申请前一年内，债务人对没有财产担保的债务设立抵押预告登

---

① 参见《物权编解释（一）》第6条、《担保制度解释》第54条的规定及本书第四章第四节中就相关问题的阐述。

② 抵押权预告登记通常仅具有保留抵押权顺位的作用，办理预告后，在具备条件的情况下又办理或转为正式抵押登记的，应当认定抵押权自办理预告登记之日起设立；但债权人仅凭预告登记而行使抵押权的，原则上不应支持。

③ 参见刘保玉：《担保物权制度：理解适用与规则完善》（下），载《山东审判》2017年第4期。

记的除外。”

（二）抵押权的受让与继承取得

基于抵押权的物权性和财产权性，抵押权可以转让；又基于抵押权的从属性，抵押权不能单独转让而只能和其所担保的债权一同转让，抵押权亦可依特约不随同债权一并转让而归于消灭。《民法典》第407条规定：“抵押权不得与债权分离而单独转让或者作为其他债权的担保。债权转让的，担保该债权的抵押权一并转让，但是法律另有规定或者当事人另有约定的除外。”第547条规定：“债权人转让债权的，受让人取得与债权有关的从权利，但是该从权利专属于债权人自身的除外。”“受让人取得从权利不因该从权利未办理转移登记手续或者未转移占有而受到影响。”依此规定，在债权人转让有抵押权担保的债权时，纵使未载明抵押权一并转让并办理移转登记，受让人也随同取得抵押权，唯法律另有规定或第三人明确约定抵押权不连同转让的除外。

抵押权为非专属性的财产权，故也可因继承、受遗赠而取得。在被继承人死亡时，被继承人的抵押权应连同债权一并由继承人、受遗赠人依《民法典》继承编的规定取得，且不以办理移转登记为必要。

（三）抵押权的法定取得

基于法律规定而取得的抵押权，称为法定抵押权。法定抵押权在符合法律规定的条件时即可产生，且通常无须以登记为要件。一些国家或地区的法律上承认有法定抵押权，如我国台湾地区“民法”第513条即对承揽人就所承揽之建筑物或其他土地上之工作物的法定抵押权作有明文规定。关于我国法律上是否承认有法定抵押权的问题，通说观点持否定说。但也有学者认为，我国《民法典》第807条（原《合同法》第386条）中所规定的建设工程承包人因发包人拖欠工程价款而就其所建造的工程折价或者拍卖的价款的优先受偿权，在立法精神上应属于法定抵押权；[①]还有学者认为《民法典》第397条关于房地一体抵押以及未依法律规定一并抵押的，未抵押的财产视为一并抵押的规定，也属于关于法定抵押权

① 参见梁慧星、陈华彬：《物权法》（第四版），法律出版社2007年版，第311页。

的规定。我们认为，我国法律上并未承认有法定抵押权这种类型，将建设工程承包人的优先受偿权归入优先权制度之中，在权利的性质和类型划分上更为清晰、允当，没有必要为此孤例而承认另有法定抵押权这一权利类别；而房地一体抵押的规定，则属于法律对于抵押权的效力及于抵押财产的范围问题所作的强制性规定，亦非法定抵押权问题。

三、抵押权的顺位确定

（一）抵押权顺位的意义

抵押权的顺位，又称抵押权的顺序、次序或位序，是指同一抵押财产上设定数个抵押权时，各抵押权人就抵押财产的变价价值优先受偿的先后顺序。抵押权的次序为抵押权人相互之间的关系，为抵押权在实现上的排他效力的重要表现，也是抵押权制度中的重要问题之一。尤其是在发生重复抵押以及因其他原因导致抵押财产的价值不足以清偿两个以上债权时，抵押权的受偿顺序对各债权人的利益实现至关重要。

抵押权作为物权的一种，当然具有排他性，但其排他性不是绝对的，并不意味着同一财产上只能设立一个抵押权。理论上及各国立法上，都承认抵押人对抵押财产的再次出抵权。这一方面是由于其与抵押制度的立法宗旨及抵押权的排他性并不相悖，另一方面也是为了充分发挥抵押财产的担保效用与融资功能。正是由于抵押人得以同一财产向两个以上的债权人抵押，抵押权竞存之现象才可能发生并引发抵押权的顺位排序问题。

抵押人以同一财产向两个以上债权人抵押的，分为两种情况：一是抵押人在抵押财产的价值大于所担保债权的情况下就其价值余额部分再设定另一抵押，即所谓的“余额（值）再抵”或“再次抵押”。对此，理论上及立法上均一致认可。二是抵押人就抵押财产的同一担保价值部分（含部分相同）重复设定另一抵押，即所谓的“重复抵押”。对于重复抵押，绝大多数国家的立法上也并不否定其效力，而是通过抵押权的顺位规则来解决竞存的抵押权之间的效力关系。①

① 参见刘保玉：《论担保物权的竞存》，载《中国法学》1999年第2期。

我国法律上曾有禁止重复抵押的规定，例如《最高人民法院关于贯彻执行〈中华人民共和国民法通则〉若干问题的意见（试行）》第115条规定：在抵押期间，非经债权人同意，抵押人就抵押物价值已设置抵押部分再作抵押的，其行为无效。《担保法》第35条规定："抵押人所担保的债权不得超出其抵押物的价值。""财产抵押后，该财产的价值大于所担保债权的余额部分，可以再次抵押，但不得超出其余额部分。"然而，该条规定中两次出现的禁止性用语"不得"，应系立法用语上的失误。因为从立法本旨及关于抵押权的顺序等规定的精神上看，重复抵押并非归于无效，仅是实现的顺序在后而已；重复抵押中超出抵押物价值部分的债权，更不应归于无效，仅是应属于无担保的普通债权而已。我们认为，对重复抵押及由此而引起的抵押权竞存现象，应予承认。实际上，包括我国在内的绝大多数国家的立法上已对一物数押情况下抵押权的顺位排序作有明确规定，立法、学说及判例也大都采纳前位抵押权消灭时后位抵押权位次升进的规则，重复抵押及由此引起的抵押权竞存问题已得到妥善解决。[①]自《物权法》颁行后，我国法律上彻底废弃了不得重复抵押的错误规定。

（二）抵押权顺位确定的一般规则

《民法典》第414条规定："同一财产向两个以上债权人抵押的，拍卖、变卖抵押财产所得的价款依照下列规定清偿：（一）抵押权已经登记的，按照登记的时间先后确定清偿顺序；（二）抵押权已经登记的先于未登记的受偿；（三）抵押权未登记的，按照债权比例清偿。""其他可以登记的担保物权，清偿顺序参照适用前款规定。"[②]其中所体现的位序确定之规则是：（1）"先登记原则"，即抵押权的顺序依登记的先后顺序定之，先登记的抵押权优先于后登记

---

① 参见刘保玉：《论担保物权的竞存》，载《中国法学》1999年第2期。

② 相较于原《物权法》第199条的规定，本条规定有两处变化：其一，删除了第1款第1项后句中已经过时、不符合登记要求的"顺序相同的，按照债权比例清偿"之规定（在已经实行统一登记制度的情况下，不会再发生当事人同日在不同的登记机构办理数个抵押登记及其如何排序的问题；并且，在已普遍实行的电子登记中，抵押权登记的时间和顺序瞬间升成，也不再存在"同时登记、顺序相同"的问题）。其二，增加了第2款。新增此款规定，意义重大。此款是与第388条第1款中新增"其他具有担保功能的合同"等规定相配套的规则设计，是引进功能主义担保物权制度的不可或缺的环节，其目的是彻底消除"隐形担保"而实现担保物权受偿规则的统一。

的抵押权。无论是不动产抵押还是动产抵押，先登记原则均统一适用。此为各国立法上及国际示范法等通行的规则。（2）“登记在先原则”，即登记的抵押权一律优先于未登记抵押权的，而无论所谓善意、恶意。此规则应仅适用于采行登记对抗主义的动产抵押权等，因为在采行登记要件主义的不动产抵押中，如未登记，抵押权根本即未成立，不存在抵押权的排序问题。（3）“位序同等原则”，即在实行登记对抗主义的动产抵押中，如一物上的数个抵押权均未登记，基于“非登记不得对抗第三人”之本旨，自应使其处于相同地位，由各抵押权人按照债权比例受偿。该条第2款中所称的“其他可以登记的担保物权”，主要是指权利质权登记，融资租赁、保留所有权买卖中的所有权登记，保理中的应收账款转让登记以及让与担保中的权利登记等。由此，我国立法上实现了登记设立的担保物权受偿顺序规则的统一，该条规定也由此而成为登记设立的担保物权的共同排序规则。[①]上述抵押权及其他登记设立的担保物权的顺位确定规则，清晰明确且符合物权法理，应属允当。

在抵押权的次序依法确定后，还可能发生先次序的抵押权因实行以外的原因而消灭时，后次序的抵押权是否依序升进其位次的问题。[②]就此问题，有不同的学说和立法例：其一，否定说（即位次固定主义），此说以德国和瑞士民法为代表。主张先次序之抵押权因实行以外的原因消灭时，后次序的抵押权不得升进位次，亦不得扩张其对抵押物价值的效力范围。其二，肯定说（即位次升进主义），主张先次序之抵押权因实行以外的原因消灭时，后次序的抵押权当然依次升进。以法国和日本民法为其代表，通说认为我国台湾“民法”也采此主义。除此之外，还有折中主义的学说和立法，即主张先次序之抵押权因实行以外的原因消灭时，后次序的抵押权原则上可以升进位次，但在发生混同的情况下有所例外，先顺序抵押权的存续对债权人仍有利益时，先顺序的抵押权不因混同而当然消灭，而是存在形式上的“所有权人的抵押权”，并可以此对

① 刘保玉：《民法典担保物权制度新规释评》，载《法商研究》2020年第5期。

② 先次序的抵押权因实行的原因而消灭的，由于先次序的抵押权人已就抵押财产之变价受偿其债权，如果抵押财产的价值没有剩余，则先后次序的抵押权均归于消灭；如果抵押财产的价值仍有剩余，后次序抵押权人仅可就其剩余价值部分受偿，此种情况不属于次序升进问题。

抗后顺序的抵押权人超越原本可能的优先受偿范围。我国学者大多赞同折中说，司法实践中也采行了这种主张。[①]

（三）动产购置款抵押权顺位确定的特殊规则

在抵押权的顺位确定问题上，还应注意动产购置款抵押权的“超级优先权规则”。[②]考虑到对所有权保留买卖等交易中出卖人就出卖标的物的价金清偿请求权予以特殊保护的必要性，借鉴域外立法关于价金优先权的相关规定，我国《民法典》第416条规定：“动产抵押担保的主债权是抵押物的价款，标的物交付后十日内办理抵押登记的，该抵押权人优先于抵押物买受人的其他担保物权人受偿，但是留置权人除外。”[③]根据立法精神和体系解释，在买受人的购置物上成立的购置款抵押权所担保的债权，既包括动产出卖人的货款债权，也包括为买受人购买该物提供资金者的贷款债权；同时，出于立法政策的考量和同类情形同等保护的

---

① 原《担保法解释》第77条规定“同一财产向两个以上债权人抵押的，顺序在先的抵押权与该财产的所有权归属于一人时，该财产的所有权人可以以其抵押权对抗顺序在后的抵押权”体现的就是这一精神。不过，在抵押权人与抵押人发生企业兼并等情况时，通常均已对资产、债权债务及抵押权等进行了清算，后顺位的抵押权人也可对此提出权利主张。有关问题依据既有规定已足以解决，单独作本条规定并无多大实际意义，故《担保制度解释》中也未再对此问题专门作出规定。

② 此制度源于《美国统一商法典》第九编中的“购买价金担保权”（Purchase Money Security Interest，PMSI）。所谓购置款抵押权，是指为了担保债务人买入动产时对出卖人或者贷款人支付价款之债务的履行，而在其买入的该动产上为出卖人或者贷款人设定的经登记而具有法定优先位序的抵押权。由于此种抵押权只要在法律规定的宽限期内完成登记，即可优先于债务人在该动产设定的其他担保物权（留置权除外），因此在国外的相关制度和学说理论中经常被称为“超级优先权”（Super Priority）。

③ 对于增设此条规定的立法理由，全国人大法律委员会副主任委员沈春耀在其所作的《关于〈民法典各分编（草案）的说明〉——2018年8月27日在第十三届全国人大常委会第五次会议上》中讲道：“针对交易实践中普遍存在的借款人借款购买货物，同时将该货物抵押给贷款人作为价款的担保的情形，草案赋予了该抵押权优先效力，以保护融资人的权利，促进融资。”尤其是在抵押人已将其财产为他人在先设立动产浮动抵押权以及出卖人或者贷款人未即时对债务人的购置物办理抵押登记而债务人却抢先将购置物抵押、质押给他人的情况下，赋予出卖人和贷款人在宽限期（标的物交付后10日）内补办抵押权登记即可对债务人的购置物获得超级优先的受偿顺位，对于保障其价款债权的实现、妥善平衡和公平满足各方的正当利益，具有重要的意义。

需要，购置款抵押权的超级优先规则亦准用于所有权保留和融资租赁交易中的担保性所有权登记。[①]《担保制度解释》第57条对该条规定的适用范围和条件等问题作了进一步的明确："担保人在设立动产浮动抵押并办理抵押登记后又购入或者以融资租赁方式承租新的动产，下列权利人为担保价款债权或者租金的实现而订立担保合同，并在该动产交付后十日内办理登记，主张其权利优先于在先设立的浮动抵押权的，人民法院应予支持：（一）在该动产上设立抵押权或者保留所有权的出卖人；（二）为价款支付提供融资而在该动产上设立抵押权的债权人；（三）以融资租赁方式出租该动产的出租人。""买受人取得动产但未付清价款或者承租人以融资租赁方式占有租赁物但是未付清全部租金，又以标的物为他人设立担保物权，前款所列权利人为担保价款债权或者租金的实现而订立担保合同，并在该动产交付后十日内办理登记，主张其权利优先于买受人为他人设立的担保物权的，人民法院应予支持。""同一动产上存在多个价款优先权的，人民法院应当按照登记的时间先后确定清偿顺序。"我们认为，《民法典》中这一条款的增设和司法解释的补充规定，值得赞同。

四、抵押权的效力

抵押权一经设立，就会发生相应的法律效力。抵押权的效力，涉及抵押权的效力范围（包括及于债权的范围和及于抵押财产的范围）、抵押关系当事人的权利义务等几个方面。关于抵押权所及于的债权范围（即担保范围问题），本章第一节中已有详细阐述，而抵押权所担保的债权范围问题并无特殊之处，故此处不再赘述；抵押权及于抵押财产的范围问题，具有一定特殊性，且其诸多规则对其他担保物权也有参照适用的意义，应予单独阐述；抵押权设立后，当事人双方各自都享有一定的权利，也同时负有相应的义务，且其权利义务有一定的对应关系，各方的权利也有法定或约定的条件与限制，此处我们侧重来讲抵押权和抵押

① 参见高圣平:《民法典动产担保权优先顺位规则的解释论》，载《清华法学》2020年第3期；刘保玉、张烜东:《论动产融资租赁物的所有权登记及其对抗效力》，载《中州学刊》2020年第6期；李运杨:《〈民法典〉中购置款抵押权之解释论》，载《现代法学》2020年第5期。

人双方权利及其行使的条件与限制，顺便提及所负有的义务。

（一）抵押权及于抵押财产的范围

抵押权的效力所及的标的，首先是当事人设定抵押的财产。关于抵押财产自身的范围、限制等问题，我们前面已有多处介绍，此处不赘。除抵押财产本身外，学说和立法一般认为抵押权的效力还及于抵押财产的从物、从权利、孳息、代位物和添附物：

1.抵押财产的从物。依照从物随主物处分的原则，抵押权的效力应当及于抵押财产的从物。我国《民法典》第320条规定："主物转让的，从物随主物转让，但是当事人另有约定的除外。"为进一步明确从物附随主物设立抵押的问题，《担保制度解释》第40条规定："从物产生于抵押权依法设立前，抵押权人主张抵押权的效力及于从物的，人民法院应予支持，但是当事人另有约定的除外。""从物产生于抵押权依法设立后，抵押权人主张抵押权的效力及于从物的，人民法院不予支持，但是在抵押权实现时可以一并处分。"根据以上规定并结合物权制度的原理，法律上在确认了从物附随主物抵押的一般规则之同时，亦承认其有以下例外：（1）当事人约定抵押权的效力不及于从物的，应遵从其约定；（2）在抵押权设立之前，第三人已就从物取得物权或具有物权性效力的权利时，其权利不受后设立的抵押权的影响；[①]（3）抵押权的优先受偿效力不能当然及于抵押权设立后新增的从物，为抵押权实现上的便宜，抵押权人可以将新增的从物随主物一并处分，但抵押权人对新增从物的变价价款并无优先受偿权。

关于在设定抵押权以后新增加的物和从物是否能为抵押权的效力所及的问题，学说上有肯定说、否定说、区分动产与不动产两种情况分别对待说，以及新增之物和从物虽可随主物一并拍卖但不能优先受偿说等多种不同的意见。[②]我国《民法典》第417条规定："建设用地使用权抵押后，该土地上新增的建筑物不属于抵押财产。该建设用地使用权实现抵押权时，应当将该土地上新增的

---

① 参见姚瑞光:《民法物权论》，台湾海宇文化事业有限公司1995年版，第216页；谢在全:《民法物权论》（下），中国政法大学出版社1999年版，第51页。

② 参见谢在全:《民法物权论》（下），中国政法大学出版社1999年版，第582页。

建筑物与建设用地使用权一并处分，但是，新增建筑物所得的价款，抵押权人无权优先受偿。”《担保制度解释》第51条进一步明确：“当事人仅以建设用地使用权抵押，债权人主张抵押权的效力及于土地上已有的建筑物以及正在建造的建筑物已完成部分的，人民法院应予支持。债权人主张抵押权的效力及于正在建造的建筑物的续建部分以及新增建筑物的，人民法院不予支持。”“当事人以正在建造的建筑物抵押，抵押权的效力范围限于已办理抵押登记的部分。当事人按照担保合同的约定，主张抵押权的效力及于续建部分、新增建筑物以及规划中尚未建造的建筑物的，人民法院不予支持。”“抵押人将建设用地使用权、土地上的建筑物或者正在建造的建筑物分别抵押给不同债权人的，人民法院应当根据抵押登记的时间先后确定清偿顺序。”我们认为，这些规定所采用的处理规则是允当的，而且，其精神对于处理主物与从物、添附物的关系也应是适用的。根据上列规定及《民法典》第320条、第400条规定的精神，有关问题应如此对待和处理：当事人有约定的，按照其约定；在没有约定的情况下，一方面，由于抵押权设立后成为抵押财产从物的物，毕竟是由抵押人的一般财产转化而来，不应使其当然成为抵押财产的组成部分。另一方面，也不能因新增之物和从物的出现而给抵押权的行使带来不利影响，故此，抵押权人于必要时得将其随抵押物一并变价，但抵押权人对新增之物和从物的变价部分并无优先受偿权。[①]在抵押权设立后，抵押财产因装修、修缮而增值以及增加附属设施、动产附合于设定抵押的不动产等情况下，亦同。

2. 抵押财产的从权利。从权利与主权利的关系，如同从物与主物的关系，二者的规则及其例外情况大致相同（参见《民法典》第547条）。因此以主权利设定抵押权时，抵押权的效力原则上也应及于从权利。例如，以需役地设定抵押时，从属于需役地之地役权，应为抵押权效力之所及（参见《民法典》第381条）。

另外，虽非本质上的从权利，但该权利如为抵押财产之存在所不可或缺时，为保全抵押财产的经济效用，也可将其扩充解释为从权利或者采用同样的处理规

---

① 参见郭明瑞、唐广良、房绍坤：《民商法原理》（二），中国人民大学出版社1999年版，第250页。

则。[1]我国法律上关于房地一体流转、一体抵押的规定，体现的即是这一精神。《民法典》第397条规定：“以建筑物抵押的，该建筑物占用范围内的建设用地使用权一并抵押。以建设用地使用权抵押的，该土地上的建筑物一并抵押。”“抵押人未依据前款规定一并抵押的，未抵押的财产视为一并抵押。”第398条规定：“乡镇、村企业的建设用地使用权不得单独抵押。以乡镇、村企业的厂房等建筑物抵押的，其占用范围内的建设用地使用权一并抵押。”[2]《担保制度解释》第51条进一步明确：“当事人仅以建设用地使用权抵押，债权人主张抵押权的效力及于土地上已有的建筑物以及正在建造的建筑物已完成部分的，人民法院应予支持。债权人主张抵押权的效力及于正在建造的建筑物的续建部分以及新增建筑物的，人民法院不予支持。”“当事人以正在建造的建筑物抵押，抵押权的效力范围限于已办理抵押登记的部分。当事人按照担保合同的约定，主张抵押权的效力及于续建部分、新增建筑物以及规划中尚未建造的建筑物的，人民法院不予支持。”“抵押人将建设用地使用权、土地上的建筑物或者正在建造的建筑物分别抵押给不同债权人的，人民法院应当根据抵押登记的时间先后确定清偿顺序。”

3.抵押财产的孳息。由于抵押期间，抵押财产仍有抵押人占有，孳息自然亦由抵押人收取，但于抵押权具备实行条件之际，情形则有不同。根据《民法典》第412条的规定，债务人不履行到期债务或者发生当事人约定的实现抵押权的情形，致使抵押财产被人民法院依法扣押的，自扣押之日起抵押权人有权收取该抵押财产的天然孳息或者法定孳息，但是抵押权人未通知应当清偿法定孳息义务人的除外。另根据《民法典》第561条关于费用、利息和主债务的抵充顺序的一般规定，抵押权人所收取的孳息，应当先充抵收取孳息的费用，次充抵主债权的利息，最后才是清偿主债权。

4.抵押财产的代位物。依据抵押权的物上代位性和《民法典》第390条、第406

---

① 参见梁慧星、陈华彬：《物权法》，法律出版社2007年版，第314页；郭明瑞等：《民商法原理》(二)，中国人民大学出版社1999年版，第251页。

② 实践中应注意的是，根据此两条规定及第417条规定的精神，建筑物规划所占范围大于建筑物实际所占范围且大于部分具有独立使用价值的，抵押权人仅能就建筑物及建筑物实际所占建设用地使用权的价值优先受偿。

条规定，抵押权的效力及于抵押财产的代位物以及转让抵押财产的价款。[①]《担保制度解释》第42条对抵押权的物上代位效力作有进一步的补充："抵押权依法设立后，抵押财产毁损、灭失或者被征收等，抵押权人请求按照原抵押权的顺位就保险金、赔偿金或者补偿金等优先受偿的，人民法院应予支持。""给付义务人已经向抵押人给付了保险金、赔偿金或者补偿金，抵押权人请求给付义务人向其给付保险金、赔偿金或者补偿金的，人民法院不予支持，但是给付义务人接到抵押权人要求向其给付的通知后仍然向抵押人给付的除外。""抵押权人请求给付义务人向其给付保险金、赔偿金或者补偿金的，人民法院可以通知抵押人作为第三人参加诉讼。"

5.抵押财产的添附物。在抵押财产发生添附的情况下，由于原抵押物与添附后形成的新物成为一体而不可分，如分离则会降低抵押物的价值，因此添附后形成的新物应为抵押权的效力所及，此为通说。《担保制度解释》第41条规定："抵押权依法设立后，抵押财产被添附，添附物归第三人所有，抵押权人主张抵押权效力及于补偿金的，人民法院应予支持。""抵押权依法设立后，抵押财产被添附，抵押人对添附物享有所有权，抵押权人主张抵押权的效力及于添附物的，人民法院应予支持，但是添附导致抵押财产价值增加的，抵押权的效力不及于增加的价值部分。""抵押权依法设立后，抵押人与第三人因添附成为添附物的共有人，抵押权人主张抵押权的效力及于抵押人对共有物享有的份额的，人民法院应予支持。""本条所称添附，包括附合、混合与加工。"此一规定，应属允当。

（二）抵押权人的权利

抵押权除具有物权的共同效力外，抵押权人还享有如下几项权利：

1.抵押权的保全权。抵押权设定后，抵押财产仍由抵押人占有、使用，如果抵押人的行为导致或可能导致抵押财产的价值减少，则抵押权人将面临难以就抵押财产受偿债权的风险，故立法上均承认抵押权人有保全抵押财产价值的权利。

《民法典》第408条规定："抵押人的行为足以使抵押财产价值减少的，抵押权人有权请求抵押人停止其行为；抵押财产价值减少的，抵押权人有权请求恢复抵押财产的价值，或者提供与减少的价值相应的担保。抵押人不恢复抵押财产的

---

① 参见本章第一节关于担保物权的物上代位性问题的阐释。

价值，也不提供担保的，抵押权人有权请求债务人提前清偿债务。”据此规定和法理，抵押权人的保全权可分为以下几项：（1）抵押财产价值减少防止请求权或停止侵害请求权；（2）恢复原状请求权及增加担保请求权；（3）提前偿债请求权及期前行使抵押权的权利，即抵押财产因抵押人的原因而导致价值减少后，抵押人不能满足或拒绝抵押权人恢复抵押财产价值或另行提供担保的请求时，债务人丧失期限利益，应立即偿还债务，抵押权人也得立即实行抵押权；（4）损害赔偿请求权，依物权基本原理，在抵押财产或抵押权受到损害时，抵押权人对侵害人（不论是抵押人还是第三人）可直接行使损害赔偿请求权。[①]

2.抵押权的处分权。抵押权系一种财产权而非专属权，故抵押权人应享有以转让、抛弃、另行供作担保等方式处分其抵押权的权利（广义上的处分权，还包括对抵押权次序的处分权）。

抵押权人虽有权将其抵押权转让或另行供作担保，但因抵押权具有从属性，所以多数国家立法上规定抵押权不得与其所担保的债权相分离而单独转让或作为其他债权的担保，而只能连同其所担保的债权一并转让或供作其他债权的担保，我国《民法典》第407条对此也作有明确的规定。抵押权人将其抵押权连同债权一并为其他债权设定担保的，所设定的担保权应为附抵押权的债权质权，属于权利质权的一种。

在不损害第三人利益的前提下，抵押权人还有权抛弃其抵押权，即放弃就抵押财产优先受偿的权利。抵押权的抛弃可分为两种情形：其一，绝对抛弃，指抵押权人彻底消灭其抵押权而成为普通债权人，对抵押人的其他任何债权人均不再享有优先受偿权。其二，相对抛弃，指抵押权人仅为抵押人的某一特定的无担保债权人之利益而抛弃优先受偿利益，并以其能够从抵押财产中获得优先分配之金额与受抛弃利益之债权人按两者合计之债权额比例受偿。应注意的是，抛弃虽为抵押权人的权利，但若抛弃抵押权有害于第三人的利益（如该抵押权已随主债权为他人提供了担保，或者会影响到其自身债务的清偿而有损其债权人的利益），则抵押权人不得任意抛弃其抵押权。我国《民法典》第409条对放弃抵押权及抵押权的顺位问题一并作有规定，其精神与上述一般规则无异。

---

① 参见郭明瑞：《担保法》，中国政法大学出版社1998年版，第139页。

3.抵押权的次序权。同一抵押财产上存在数个抵押权时，应按抵押权设定的先后次序受偿，先次序的抵押权人有较后次序的抵押权人优先受偿的权利，这在理论上称为抵押权人的次序权或顺位权。[①]对于次序权，抵押权人也同样可以放弃、变更或转让。

抵押权顺位的放弃与抵押权的放弃相类似，也分为绝对放弃和相对放弃。[②]相对放弃是指前一次序的抵押权人为某一后次序抵押权人的利益而抛弃其优先受偿的位序，使顺位放弃人与受益人居于同一顺位，并将其所能受分配的金额合计后按各人的债权比例受偿。因放弃在先顺位者原本可受优先清偿的总额之限制，顺位权的相对抛弃对其他抵押权人并无不利影响。抵押权顺位的绝对放弃，系指先顺位抵押权人对放弃顺位前所成立的全部后顺序抵押权人均放弃优先受偿的顺序利益。不过，除非明确声明，否则该抵押权对放弃顺位后新设立的抵押权和普通债权而言，仍具有优先受偿的效力。

抵押权顺位的变更，是指同一抵押财产上的数个抵押权人通过协议将其抵押权的顺位相互交换。一般而言，这种顺位交换，对抵押人及其他普通债权人的利益并无影响。但如果是第一顺位与第三顺位的抵押权互换其顺位，则可能因该两个抵押权所担保的债权数额及其届满时间的不同而对第二顺位的抵押权人产生影响，也可能会对先顺位抵押权人的债权人之利益产生不利影响。对此情况，法理和立法上的一般规则是：非经其他抵押权人或利害关系人同意，抵押权顺位的变更不得对其他抵押权人或利害关系人产生不利影响。

在理论上，还有抵押权顺位的让与问题，即同一抵押财产上的先顺位抵押权人为后顺位抵押权人的利益，通过协议将其优先顺位转让给后顺位的抵押权人。关于抵押权顺位让与的性质与效力，学理上有所谓绝对效力说与相对效力说两种主张。[③]但究其实质，所谓顺位让与的绝对效力，其效果等同于顺位变更（顺位交换）；而顺位让与的相对效力，其效果则等同于顺位的相对放弃。故此，理论

① 参见谢在全:《民法物权论》(下)，中国政法大学出版社 1999 年版，第 614 页以下；梁慧星、陈华彬:《物权法》(第四版)，法律出版社 2007 年版，第 318 页以下。

② 有所不同的是，抵押权放弃中的受益人为抵押人的某一或全部普通债权人，而抵押权顺位放弃中的受益人则为抵押人的某一或全部后顺位的抵押权人。

③ 参见陈华彬:《物权法原理》，国家行政学院出版社 1998 年版，第 617 页。

和立法上对抵押权顺位的让与问题通常不作单独的讨论和规定。

我国《民法典》第409条规定："抵押权人可以放弃抵押权或者抵押权的顺位。抵押权人与抵押人可以协议变更抵押权顺位以及被担保的债权数额等内容。但是，抵押权的变更未经其他抵押权人书面同意的，不得对其他抵押权人产生不利影响。""债务人以自己的财产设定抵押，抵押权人放弃该抵押权、抵押权顺位或者变更抵押权的，其他担保人在抵押权人丧失优先受偿权益的范围内免除担保责任，但是其他担保人承诺仍然提供担保的除外。"该两款规定，符合前述顺位权的原理和立法惯例，且有所发展和完善，值得肯定。

4.抵押权的追及权。抵押权的追及权又称追及效力，是指在抵押期间，抵押人将抵押财产转让给第三人的情况下，抵押权不受影响，抵押权人可以追及抵押财产之所在而行使和实现其权利。

在抵押权设定后，在抵押权存续期间，出于市场行情的变化等原因，抵押人可能有对抵押财产及时予以处分的必要。抵押人经抵押权人同意且双方对转让价款如何处理作出约定的，抵押人自然可以处分抵押财产。但也可能出现抵押权人不同意处分（无须理由），或者抵押人擅自处分抵押财产的情况。对此，学说理论和域外立法例通常都是赋予抵押权以追及效力来解决，也即受让人要承受财产上的抵押权负担。我国物权法制定过程中，考虑到赋予抵押人以任意转让抵押物的权利，同时再规定抵押权人的追及权和受让人的涤除权（代为偿还债务而消灭抵押权），不如直接对抵押人的处分权作出一定限制更为简洁，因此，《物权法》第191条中采取了"抵押人未经抵押权人同意，不得转让抵押财产"的立法态度。[①]但多数学者认为，由于抵押权所具有的对抗效力中当然包含有追及效力，故无须作此限制；这一限制性规定在司法实践的适用中亦有所松动。[②]根据理论

① 参见胡康生主编：《中华人民共和国物权法释义》，法律出版社2007年版，第418—419页。

② 如最高人民法院2015年发布的《全国民事审判工作会议纪要》第25条规定："物权法第一百九十一条第二款并非针对抵押财产转让合同的效力性强制性规定，当事人仅以转让抵押房地产未经抵押权人同意为由，请求确认转让合同无效的，一般不予支持。受让人因抵押登记未涂销无法办理物权转移登记而请求解除合同的，可予以支持；受让人要求转让人承担相应民事责任的，应当综合考虑当事人过错程度等因素进行处理。"

共识和立法例上的通行做法，我国《民法典》第406条废弃了非经抵押权人同意不得转让抵押财产的规定，改采抵押权具有追及效力的规则，且对传统的规则作有改进。《民法典》第406条规定：“抵押期间，抵押人可以转让抵押财产。当事人另有约定的，按照其约定。抵押财产转让的，抵押权不受影响。”“抵押人转让抵押财产的，应当及时通知抵押权人。抵押权人能够证明抵押财产转让可能损害抵押权的，可以请求抵押人将转让所得的价款向抵押权人提前清偿债务或者提存。转让的价款超过债权数额的部分归抵押人所有，不足部分由债务人清偿。”

关于该条第1款规定的理解与适用，应当注意以下三点：

（1）该条规定属于抵押权具有追及效力的一般规定。其规定精神适用于抵押人对抵押财产为法律上处分的各种情形，而不仅限于“转让”这一种情形；在抵押财产发生赠与、继承等情形下，抵押权亦同样不受影响，抵押财产的受赠人、继承人等作为继受取得人，当然应承受该财产上的权利负担。但该条规定不适用于抵押人对抵押财产为事实上处分的情形。抵押人对抵押财产为事实上的处分而损害到抵押权人的利益，抵押权人依法可以对抵押财产采取相应的措施以保全其权利（《民法典》第408条）。

（2）该条规定中的“抵押权不受影响”，简明扼要且表意准确，依此，应区分抵押权的类型和登记与否而分别对待其追及效力。对于实行登记要件主义的不动产抵押权，在适用该条规定上没有疑义。但对于动产抵押权，由于我国《民法典》统一采用了登记对抗主义的规则（第403条），如此，则未登记动产抵押权对善意第三人并不具有对抗效力和追及效力。而即使是登记的动产抵押权，其追及效力也是有一定限制的。

考虑到存货抵押中抵押人随时有处理产品、半成品的正常需要，如果在此类交易中一概课以交易相对人查询抵押登记的义务，势必影响交易的效率，不当限制了正常的经营需要。因此，我国《物权法》第189条借鉴《美国统一商法典》中创设并已被普遍接受的“常规商业经营活动中的买受人”（A Buyer in Ordinary Course of Business，BIOC）规则，规定动产浮动抵押权不得对抗正常经营活动中已支付合理价款并取得抵押财产的买受人。《民法典》第404条中又将此规则予以扩展，使其成为动产抵押权效力的一般规则：“以动产抵押的，不得对抗正常经营活动中已经支付合理价款并取得抵押财产的买受人。”[①]《担保制度解释》第56条进一步明确：“买受人在出卖人正常经营活动中通过支付合理对价取得已被设立担保物权的动产，担保物权人请求就该动产优先受偿的，人民法院不予支持，但是有下列情形之一的除外：（一）购买商品的数量明显超过一般买受人；（二）购买出卖人的生产设备；（三）订立买卖合同的目的在于担保出卖人或者第三人履行债务；（四）买受人与出卖人存在直接或者间接的控制关系；（五）买受人应当查询抵押登记而未查询的其他情形。”“前款所称出卖人正常经营活动，是指出卖人的经营活动属于其营业执照明确记载的经营范围，且出卖人持续销售同类商品。前款所称担保物权人，是指已经办理登记的抵押权人、所有权保留买卖的出卖人、融资租赁合同的出租人。”应当说明的是，“正常经营活动买受人”的规定只是对动产抵押权追及效力予以限制的特别规定，而不能将其理解为“动产抵押无追及效力”；结合《民法典》第406条关于抵押权追及效力的一般规定，对于不符合法定适用条件而擅自转让动产抵押物的，动产抵押权仍有追及效力。

（3）当事人另有限制或禁止抵押人擅自转让抵押财产之约定的，应遵从其约定。不过，此种约定如未经登记记载，不应具有对抗善意第三人的效力。在允许抵押人转让抵押财产而赋予抵押权以追及效力的同时，第406条第1款中又明确“当事人另有约定的，按照其约定”。这是我国法律关于此项规定的一个创造。[②]《担保制度解释》第43条规定：“当事人约定禁止或者限制转让抵押财产但

---

① 此规则在适用上，应注意其限定条件：第一，“正常经营活动”是指向出卖人（抵押人）的正常经营活动，而非指向买受人；第二，所交易的担保财产，应为出卖人通常销售之物，即原则上限于“库存”这一类担保物，其他类型的动产（如生产用的机器设备等）则不在此范围；第三，就交易方式而言，经营者出售标的物的行为，必须符合自身或所在行业的习惯性做法；第四，标的物已经交付给买受人且买受人已经支付了合理价款。参见董学立：《论“正常经营活动中”的买受人规则》，载《法学论坛》2010年第4期；纪海龙、张玉涛：《〈民法典物权编（草案）〉中的“正常经营买受人规则”》，载《云南社会科学》2019年第5期；宰丝雨：《美国动产担保交易制度与判例》，法律出版社2015年版，第24页、第116页。

② 不过，对此一“创新性”的规定是否妥适，学界有不同的认识。因为在实践中，大多数债权人会出于对己有利且便宜的考虑而要求在抵押合同中加上“未经其同意，抵押人不得转让抵押财产”的限制，从而有可能使前句规定形同虚设而失去其应有之义。笔者认为，仅在动产抵押中允许当事人另行约定，比较合理。

是未将约定登记，抵押人违反约定转让抵押财产，抵押权人请求确认转让合同无效的，人民法院不予支持；抵押财产已经交付或者登记，抵押权人请求确认转让不发生物权效力的，人民法院不予支持，但是抵押权人有证据证明受让人知道的除外；抵押权人请求抵押人承担违约责任的，人民法院依法予以支持。”“当事人约定禁止或者限制转让抵押财产且已经将约定登记，抵押人违反约定转让抵押财产，抵押权人请求确认转让合同无效的，人民法院不予支持；抵押财产已经交付或者登记，抵押权人主张转让不发生物权效力的，人民法院应予支持，但是因受让人代替债务人清偿债务导致抵押权消灭的除外。”

5.物上代位权和提前偿债或提存的请求权。依据抵押权的物上代位性和《民法典》第390条等的规定，在抵押权存续期间，抵押财产毁损、灭失或者被征收的，抵押权的效力及于抵押人所获得的保险金、赔偿金或者补偿金等代位物并得按原有位序从中优先受偿；被担保债权的履行期限未届满的，也可以提存该保险金、赔偿金、补偿金等。《担保制度解释》第42条还对该权利的行使作有进一步的规定，已如前述。

6.优先受偿权。根据《民法典》第386条、第394条、第410条的规定，在债务人届期不履行债务或者发生当事人约定的实现抵押权的情形时，抵押权人得实行其抵押权，就抵押财产的变价价值优先受偿。这是抵押权作为担保物权所当然具有的效力。抵押权人的优先受偿权主要体现在：（1）在一般情况下，抵押权人优先于普通债权人受偿；在债务人破产时，抵押财产不列入破产财产，抵押权人对此财产有别除权并得就其变价优先于普通债权人受偿。（2）已经设定抵押的财产被其他债权人申请采取查封、扣押等财产保全或者执行措施的，不影响抵押权人的优先受偿权。（3）顺序在先的抵押权优先于顺序在后的抵押权，后顺序的抵押权人只能就先顺序的抵押权人受偿后的余额受偿，但其地位仍优先于普通债权人。

应注意的是，抵押权人的优先受偿权并非绝对，当法律规定有其他更为优先的权利时，抵押权则应处于逊后地位。例如，建设工程承包人的工程价款优先受偿权，优先于在建工程抵押权（《民法典》第807条）；设立了抵押权的动产又被留置的，留置权人优先受偿（《民法典》第456条）。而未登记的动产抵押权，其本身即“不得对抗善意第三人”，其效力更弱一些。《担保制度解释》中则进一步弱化了未登记的动产抵押权的效力，第54条规定："动产抵押合同订立后未办理抵押登记，动产抵押权的效力按照下列情形分别处理：（一）抵押人转让抵押财产，受让人占有抵押财产后，抵押权人向受让人请求行使抵押权的，人民法院不予支持，但是抵押权人能够举证证明受让人知道或者应当知道已经订立抵押合同的除外；（二）抵押人将抵押财产出租给他人并移转占有，抵押权人行使抵押权的，租赁关系不受影响，但是抵押权人能够举证证明承租人知道或者应当知道已经订立抵押合同的除外；（三）抵押人的其他债权人向人民法院申请保全或者执行抵押财产，人民法院已经作出财产保全裁定或者采取执行措施，抵押权人主张对抵押财产优先受偿的，人民法院不予支持；（四）抵押人破产，抵押权人主张对抵押财产优先受偿的，人民法院不予支持。"我们认为，这一解释规定符合物权法理和立法例上的通行规则，且对动产抵押权人有未办理登记的风险提示作用，对当事人办理抵押登记也具有倡导作用，值得肯定。

（三）抵押人的权利

抵押权设立后，抵押人对抵押财产的权利虽受到了一定的限制，但在不损害抵押权的前提下也仍享有一定的权利：

1.对抵押财产的占有、使用和收益权。抵押权为非占有型担保物权，其设立及存续不以移转抵押财产的占有为要件，故此，在抵押期间，抵押人当然仍可继续占有抵押财产并享有依正常方式使用、收益的权利。但若因其不当使用而导致或足以导致抵押财产价值减少的，抵押权人可以行使保全权；另据《民法典》第412条第1款的规定，当债务人不履行到期债务或者发生当事人约定的实现抵押权的情形，致使抵押财产被人民法院依法扣押的，自扣押之日起，抵押人的收益权丧失，而抵押权人则有权收取该抵押财产的天然孳息或法定孳息。

2.抵押财产的处分权。对抵押财产的处分包括事实上的处分和法律上的处分。由于事实上的处分可能会导致抵押物灭失或价值贬损，从而侵害抵押权人对抵押财产的优先受偿权，所以在抵押权存续期间抵押人对抵押财产原则上不得为事实上的处分。通说认为，抵押权设定后抵押人并未丧失对抵押财产的所有权或使用权，其仍有法律上的处分权特别是让与权。这一方面是为了保护抵押人应有的权利和利益，另一方面是由于抵押权的效力具有追及性，其效力及于转让后的抵押财产，抵押权并不因抵押财产的转让而受影响。[①]抵押人对抵押财产的处分权与抵押权的追及效力，乃同一问题的两个方面。如前所述，我国的立法和司法实践中对此问题的态度曾几经变化，[②]《民法典》第406条中对此前的规定作出了修改，采行了除另有约定外抵押人可以转让抵押财产，但抵押权具有追及效力的规则。

3.用益物权及租赁权的设定权。抵押人就抵押财产设定抵押权后，原则上仍得就同一财产再设定用益物权或租赁权等。但如果因此而导致抵押财产难以变价或所得价金不足以清偿所担保的债权时，抵押权人得要求除去此等权利，以抵押财产无该项负担的方式予以拍卖或变卖。而若其他不动产用益物权及租赁权等设定于抵押权之前且经登记或移转了租赁财产的占有，则其存续应不受后设立的抵押权之影响。

我国的《物权法》第190条规定中也采行了上述通行规则，在抵押权与租赁权的关系上区分先押后租与先租后押两种情况而使其产生不同的法律效果，但在表述和实施效果方面存在一些问题。《民法典》第405条又对其进行了修改和完善："抵押权设立前，抵押财产已经出租并转移占有的，原租赁关系不受该抵押权的影响。"[③]如果是在抵押权登记设立后，抵押人又将抵押财产出租的，该租赁关系自然不得对抗在先设立的抵押权。[④]

---

① 参见郭明瑞等：《民商法原理》（二），中国人民大学出版社1999年版，第257页；陈华彬：《物权法原理》，国家行政学院出版社1998年版，第613页；陈本寒主编：《担保法通论》，武汉大学出版社1998年版，第172页。

② 参见原《民通意见》第115条，原《担保法》第49条，原《担保法解释》第67条、第68条，原《物权法》第191条。

③ 本条规定中对先租后押的情况，强调了租赁物的"移转占有"要件，原因在于仅凭租赁合同尚不足以确认租赁关系的真实存在及其发生时间，也难以避免有关当事人倒签租赁合同以对抗抵押权的现象。但本条规定对房屋租赁中"登记备案"（《城市房地产管理法》第54条）的效用未予涉及。笔者主张，不动产抵押权设立前，抵押财产已经出租并办理了登记备案手续的，虽因某种原因尚未实际移转占有，该租赁关系也应不受后设立的抵押权之影响。

④《民法典》第405条删除原《物权法》第190条第2款"抵押权设立后抵押财产出租的，该租赁关系不得对抗已登记的抵押权"的规定，并非意味着原规定错误，而是不言自明，故在法律条文中无须强调。

《民法典》中增设了居住权这一用益物权的类型，而作为居住权客体的住宅，通常也是普通民众融资时所能提供的抵押财产。如此，即可能发生所有权人或有处分权的人将其住宅分别为他人设立居住权和抵押权，从而引发二者竞存时的效力关系问题。对此问题的处理，《民法典》中并未作出明确规定。我们认为，由于住宅的居住权和抵押权均须经登记才能设立，故此，依物权登记的效力规则，在住宅上发生居住权与抵押权竞存的情形时，应依其登记设立的先后而确定其效力关系。至于居住权人是否实际入住（住宅是否移转占有），则不应作为决定其与抵押权效力关系的依据。①

4.担保物权的再设立权。由于抵押权的设立并不移转抵押财产的占有，且抵押财产的价值时时会有变动，未必恰与所担保的债权金额相当，抵押财产的价值高出所担保的债权金额的情况多有存在，为使抵押财产充分发挥融资功能，法律允许抵押人就同一抵押财产设立数个抵押权乃至为重复抵押。数个抵押权的受偿次序规则，已如前述。针对动产抵押物之上可能出现的抵押权与其他担保物权竞存的情况，《民法典》第415条规定："同一财产既设立抵押权又设立质权的，拍卖、变卖该财产所得的价款按照登记、交付的时间先后确定清偿顺序。"第456条规定："同一动产上已经设立抵押权或者质权，该动产又被留置的，留置权人优先受偿。"这些规定，符合法理和先公示的权利优先于后公示的权利、保全性担保物权（留置权）优先于融资性担保物权（抵押权、质权）、法定担保物权优先于意定担保物权之通行规则，值得肯定。

5.返还超过债权数额部分款项的请求权。实践中，由于债权数额（尤其是利息、违约金等从债）随着时间的推移会发生变化，抵押财产的价值也随市场行情而变动不居，由此导致抵押财产的价值与所担保的债权数额往往并不等同；为防止因抵押财产的贬值而导致不能清偿全部债务，在设立抵押时抵押权人往往要求抵押财产的价值大于预计的债权数额。因此，抵押财产变价后的价值多有可能超过债务数额，当然，亦可能出现抵押财产价值不足的情况。为此，《民法典》第413条专设抵押财产变价后处理规则。依据此条的规定，抵押财产折价或者拍卖、变卖后，其价款超过债权数额的部分，仍归抵押人所有，抵押人有权请求抵押权

---

① 刘保玉：《民法典担保物权制度新规释评》，载《法商研究》2020年第5期。

人返还超过债权数额部分的款项；如果抵押财产不足以清偿全部债权数额的，债务人则仍负有继续清偿的义务。

6.物上保证人的反担保请求权、追偿权与代位权。根据《民法典》第387条的规定，第三人为债务人向债权人提供抵押担保的，可以要求债务人提供反担保。反担保的设立、效力等适用法律关于普通担保的规定。另根据法理和《民法典》第392条等规定，为债务人提供抵押担保的第三人在抵押权人实现抵押权后，当然有权代债权人之位而向债务人追偿；设有反担保的，其亦得主张相应的权利而向反担保人求偿。[①]《担保制度解释》第19条第1款还规定："担保合同无效，承担了赔偿责任的担保人按照反担保合同的约定，在其承担赔偿责任的范围内请求反担保人承担担保责任的，人民法院应予支持。"

依立法例的通行做法，在另有其他担保人（共同担保人）依法或依约定应分担担保责任的情况下，承担了担保责任的抵押人还可以代债权人之位而要求其按比例分担责任。我国《民法典》中未规定共同担保人之间的法定代位求偿权，而仅在当事人之间有约定时才支持其相互追偿、分担损失的请求权。有关问题，参见本章第一节中有关共同担保问题的阐述。

7.物上保证人的抗辩权和特定情形下拒绝承担担保责任的权利。为债务人提供抵押担保的第三人，在学理上之所以又称物上保证人，原因即在于其与保证担保都属于他人担保，因而有诸多共通性规则，尤其是在特定情形下对债权人享有的抗辩权和拒绝承担担保责任的权利。[②]如《民法典》第391条关于物上保证人对未经其书面同意而转移的债务不再承担相应的担保责任之规定，与第697条债务承担对保证责任的影响之规定类同；第392条中关于"债务人自己提供物的担保的，债权人应当先就该物的担保实现债权"的规定，也使物上保证人享有类似于一般保证人的先诉抗辩权和后位的补充责任利益；《担保制度解释》第16条第1款关于"借

---

① 基于本担保、反担保的设立初衷和旨趣，参酌《民法典》第700条规定的精神，在本担保人和反担保人对于债务人均享有追偿权的情况下（本担保人承担责任后未能从反担保人处获得全部清偿），本担保人对债务人的追偿权应当优于反担保人，也即反担保人行使对债务人的追偿权，不得损害到本担保人的利益。

② 参见刘保玉：《第三人担保的共通规则梳理与立法规定的完善》，载《江西社会科学》2018年第10期。

新还旧”问题的处理规则，对保证人和物上保证人一体适用，而第2款则仅适用于登记设立的担保物权。[①]此外，还应注意的是，由于第三人提供担保的情况下担保人所享有的抗辩权及其权利保护的规定主要规定在合同编的保证合同一章中，基于第三人担保的共通原理，保证人享有的诸多抗辩权和权利保护的规定，准用于为他人债务提供物上担保的第三人，《担保制度解释》第20条也明确规定：“人民法院在审理第三人提供的物的担保纠纷案件时，可以适用民法典第六百九十五条第一款、第六百九十六条第一款、第六百九十七条第二款、第六百九十九条、第七百条、第七百零一条、第七百零二条等关于保证合同的规定。”[②]尤其是在债务人对债权人享有抵销权或者撤销权以及债权人与债务人协议贷新还旧的情况下，物上保证人行使在相应的范围内拒绝承担担保责任的权利，实质上将会导致物上保证人在相应的范围内免除担保责任及抵押权失去效力的双重后果。

五、抵押权的实行、实现与消灭

（一）抵押权实行的概念与条件

抵押权的实行，是指在债务人届期不履行债务或发生当事人约定的实现抵押权的情形时，抵押权人处分抵押财产并以其变价价值优先受偿其债权的行为。《民法典》第410条规定：“债务人不履行到期债务或者发生当事人约定的实现抵押

---

① 该条规定：“主合同当事人协议以新贷偿还旧贷，债权人请求旧贷的担保人承担担保责任的，人民法院不予支持；债权人请求新贷的担保人承担担保责任的，按照下列情形处理：（一）新贷与旧贷的担保人相同的，人民法院应予支持；（二）新贷与旧贷的担保人不同，或者旧贷无担保新贷有担保的，人民法院不予支持，但是债权人有证据证明新贷的担保人提供担保时对以新贷偿还旧贷的事实知道或者应当知道的除外。”“主合同当事人协议以新贷偿还旧贷，旧贷的物的担保人在登记尚未注销的情形下同意继续为新贷提供担保，在订立新的贷款合同前又以该担保财产为其他债权人设立担保物权，其他债权人主张其担保物权顺位优先于新贷债权人的，人民法院不予支持。”

② 《民法典》第695条第1款系关于主合同变更对保证责任影响的规定；第696条第1款系关于债权转让对保证责任的影响的规定；第697条第2款系关于第三人加入债务不影响保证人的保证责任之规定；第699条系关于共同保证的规则之规定；第700条系关于保证人追偿权的规定；第701条系关于保证人抗辩权的规定；第702条系关于保证人在债务人对债权人享有的抵销权和撤销权范围内免责的规定。

权的情形，抵押权人可以与抵押人协议以抵押财产折价或者以拍卖、变卖该抵押财产所得的价款优先受偿。协议损害其他债权人利益的，其他债权人可以请求人民法院撤销该协议。”“抵押权人与抵押人未就抵押权实现方式达成协议的，抵押权人可以请求人民法院拍卖、变卖抵押财产。”“抵押财产折价或者变卖的，应当参照市场价格。”

抵押权的实行通常又被称为抵押权的实现，这是由于抵押权的实行通常即意味着权利的实现，因此人们通常将二者等同对待。但严格地说，抵押权的实行与实现是有区别的：前者是一种行为，侧重于权利行使的过程；后者是一种法律状态，侧重于权利行使而使债权受偿的结果。区分二者的差异，在某些情况下是有重要意义的，例如，同一财产向两个以上债权人抵押而顺序在后的抵押权所担保的债权先到期的，该抵押权人可以先实行其抵押权而对抵押财产进行变价，但只能就抵押财产价值超出顺序在先的抵押担保债权的部分受偿；顺序在先的抵押权所担保的债权先到期的，抵押权实现后的剩余价款则应予以提存，留待清偿顺序在后的抵押权所担保的债权。此种情况下的规则是：顺序在后的抵押权所担保的债权先到期的，抵押权人虽可先实行其抵押权，但未必可以先实现债权的受偿。

根据法理和法律的规定，抵押权的实行一般应具备两个基本条件：其一，抵押权有效存在。这不仅要求抵押权的设立有效，而且抵押权人须在抵押权的存续期间内行使抵押权。其二，债务人不履行到期债务或者发生了当事人约定的实现抵押权的情形。债务人届期未清偿债务，既包括未清偿全部债务，也包括尚有部分债务未清偿。基于抵押权的不可分性，债务人虽只有部分债务未履行，抵押权人仍可对全部抵押财产主张权利。当事人约定的实现抵押权的情形，如约定在发生债务人资产状况严重恶化、恶意逃避债务等特定情形时，抵押人失去期限利益，债务虽未届期，抵押权人也可提前实行抵押权。

抵押权人实行抵押权，并非必须通过诉讼的方式。为节省时间、提高效率、减轻讼累，在符合法定条件的情况下，抵押权人也可不经诉讼而直接申请人民法院对抵押财产采取执行措施。根据《民法典》第410条第2款和《民事诉讼法》第196条、第197条以及《最高人民法院关于适用〈中华人民共和国民事诉讼法〉的解释》第361—374条的规定，抵押权人与抵押人未就抵押权实现方式达成协议，而抵押权登记设立且其所担保的债权等清晰的、明确的，抵押权人可以直接请求担保财产所在地或者担保物权登记地的基层人民法院拍卖、变卖抵押财产。但在当事人双方就主债务履行情况及抵押权本身是否有效等问题存在争议的情况下，仍应通过诉讼的方式解决。

（二）抵押权实现的方式

根据《民法典》的规定和实践做法，抵押权的实现方式有以下几种：

1. 以抵押财产折价。即抵押权人与抵押人协议以抵押财产的所有权或使用权折价归抵押权人的方式抵偿债务。这种方法的优点是程序简便、省时、成本低，但因这种方法的公开性不足，可能有失公平而损害到抵押人或其他债权人的利益，故立法上多有限制，主要涉及两个方面：

（1）以抵押财产折价的协议须在债务清偿期届满后订立。此前订立的协议属于"流质契约"，法律上不承认其效力。流质契约又称流押契约、流抵契约或期前抵押物抵偿约款、流担保条款，是指当事人于设定抵押权、质权的合同中或于债务履行期届满之前，约定债权届期未获清偿时担保财产即归债权人所有的条款。由于这种约定极易损害担保人和其他人的正当权益，因此自罗马法以来各国法律上大都明文予以禁止。[①]我国的《担保法》第40条、第66条和《物权法》第186条、第211条均明文规定：抵押权人、质权人在债务履行期届满前，不得与抵押人、出质人约定债务人不履行到期债务时抵押或质押的财产归债权人所有。考虑到担保物权的设立目的在于支配担保财产的交换价值而使债权获得清偿，并不是为了取得担保财产的所有权，而流担保条款有违担保物权的本质，应当否认。但若同时否定担保物权的效力而使债权人的债权变为无担保的普通债权，则既不符合当事人的意思自治，也会造成债权人的利益失衡。[②]为明确流担保条款无效的法律后果，避免理解上和处理上的争议与分歧，《民法典》中对流担保条

---

① 不过，当今的一些立法例上，对流质契约的效力亦有缓和的趋向。我国也有不少学者认为，当今情况下债务人不一定系经济上的弱者，流质约款大多出于平等地位的双方当事人之真实意思，先行就担保财产协议折价之约定，可以节约将来实现担保物权的成本和时间；所以，只要不属于显失公平、不损害他人利益，应可承认其效力。流质条款损害担保人或其他利害关系人的利益的，赋予后者以撤销权，应同样达到保护其正当权益的效果。但这种意见最终未被立法所接受。

② 黄薇主编：《中华人民共和国民法典释义》（上），法律出版社2020年版，第778页。

款的效力规定进行了表述上的改进，第401条、第428条规定：抵押权人/质权人在债务履行期限届满前，与抵押人/出质人约定债务人不履行到期债务时担保财产归债权人所有的，只能依法就担保财产优先受偿。相应地，该两条的条名也通常被归纳为"流押/流质"或"关于流押/流质条款效力的规定"之中性表达。《民法典》关于流担保条款效力问题的修改，获得了普遍好评。①

（2）协议以抵押财产折价的，作价应当公平，不能损害其他债权人的利益。依《民法典》第410条的规定，抵押财产的折价以及变卖等，均应当参照市场价格，公平作价。否则，在损害到顺序在后的抵押权人或者其他债权人的利益时，其他权利人得在法定期间内主张撤销该折价协议，并要求以各方都认可的公平价格折价，或者由具有法定资质的评估机构参照市场价格评估后作价。

2.拍卖抵押财产。拍卖因可使抵押财产的变价公开、公平，既最大限度地保障了债权的实现，又保护了抵押人的利益，所以各国立法都把拍卖作为实现抵押权的重要方式。拍卖分为任意拍卖和强制拍卖。前者由当事人自愿委托拍卖人拍卖，后者则是抵押权人申请法院拍卖。有关拍卖的具体程序和效果等，应适用《拍卖法》的有关规定。

3.变卖或以其他方式处分抵押财产。这里的变卖是指以公开拍卖之外的方式将抵押财产卖给第三人，并以变卖所得价金优先偿还抵押权人的债权。此种方式在法律上的限制与抵押财产折价类似。《担保制度解释》第45条还对以拍卖、变卖的方式实现担保物权的程序问题作出规定："当事人约定当债务人不履行到期债务或者发生当事人约定的实现担保物权的情形，担保物权人有权将担保财产自行拍卖、变卖并就所得的价款优先受偿的，该约定有效。因担保人的原因导致担保物权人无法自行对担保财产进行拍卖、变卖，担保物权人请求担保人承担因此增加的费用的，人民法院应予支持。""当事人依照民事诉讼法有关'实现担保物权案件'的规定，申请拍卖、变卖担保财产，被申请人以担保合同约定仲裁条款为由主张驳回申请的，人民法院经审查后，应当按照以下情形分别处理：（一）当事人对担保物权无实质性争议且实现担保物权条件已经成就的，应当裁定准许拍

① 但认真分析就可以发现：其并非实质修改，唯在表述上明确仅是流担保条款本身无效，不影响整个担保合同和担保物权的效力。

卖、变卖担保财产；（二）当事人对实现担保物权有部分实质性争议的，可以就无争议的部分裁定准许拍卖、变卖担保财产，并告知可以就有争议的部分申请仲裁；（三）当事人对实现担保物权有实质性争议的，裁定驳回申请，并告知可以向仲裁机构申请仲裁。”“债权人以诉讼方式行使担保物权的，应当以债务人和担保人作为共同被告。”

除折价、拍卖、变卖方式以外，理论上与实践中一般还承认抵押权人与抵押人协商以其他方式实现抵押权。如实践中时常采用的“强制管理”的方式，即是在抵押财产因市场行情等原因不便折价或拍卖、变卖的情况下，可以由抵押权人接管抵押财产并以持续性的收益（如出租抵押财产的租金）而使债权受偿的方式。①

《民法典》第413条规定：“抵押财产折价或者拍卖、变卖后，其价款超过债权数额的部分归抵押人所有，不足部分由债务人清偿。”依此规定，抵押财产折价或者拍卖、变卖后，对于超过债权数额部分的价款，抵押权人有返还给抵押人的义务，而后者享有相应的返还请求权；如果抵押财产折价或者变价后不足以清偿全部债务的，债权人仍有权要求债务人继续清偿，但债权人的这部分剩余债权沦为无担保的普通债权，不再具有优先受偿性。②另应注意的是，根据《民法典》第418条的规定，以集体所有土地的使用权依法抵押的，实现抵押权后，未经法定程序，不得改变土地所有权的性质和土地用途。

（三）抵押权的消灭事由

根据《民法典》第393条关于担保物权消灭事由的规定和抵押权一章中的第

① 参见刘保玉、吕文江主编：《债权担保制度研究》，中国民主法制出版社2000年版，第379页。

② 对于附抵押权等物权担保的债权人实现债权时是应先以债务人提供的担保财产受偿抑或得自由选择债务人的非担保财产受偿的问题，理论上与立法例上存在先行主义与选择主义之争。从我国的既有规定及司法实践情况来看，宜采“限制型选择主义”的立场，即当事人在相关协议中有先以某种财产变价偿债的约定的，应遵从约定；在“实现担保物权案件的特别程序”中及单纯“发生当事人约定的实现担保物权的情形”时，应仅限于就担保财产申请执行。此外的其他情形下，债权人得自由行使选择权，但债权人选择就债务人的其他财产受偿时，并无优先受偿权。债务人之外的第三人提供抵押、质押担保的，债权人则无权选择担保人的其他财产受偿。参见刘保玉：《附物权担保债权人的执行选择权问题探讨》，载《法学家》2017年第4期。

407条、第409条第2款相关规定，抵押权消灭的主要原因包括：主债权消灭；抵押权实现；抵押权人放弃抵押权；抵押财产灭失且无代位物；抵押权人未在主债权诉讼时效期间内行使抵押权；当事人约定抵押权不附随债权转让而单独归于消灭、债权人擅自许可债务人转移债务或放弃债务人本人提供的抵押担保或抵押权的顺位等。[①]这些消灭事由，已在本章第一节担保物权的消灭事由部分一并讲述，此处从略。唯应注意的是，办理了抵押登记的抵押权消灭的，应办理注销登记并以注销登记的办理时间为准。此外，物上保证人在特定情形下行使拒绝承担担保责任的抗辩权，法律虽未明确其为导致抵押权消灭的事由，但其实际上会导致抵押权人的权利失效。[②]

六、特殊抵押权

前面所述，主要是针对普通（一般）抵押权而言。特殊抵押权又称特别抵押权，是指在主体、客体、成立、内容等方面具有一定特殊性的抵押权。除前面已有述及的所有权人抵押权、购置款抵押权等之外，特殊抵押权还包括最高额抵押权、共同抵押权、浮动抵押权与财团抵押权、证券抵押权等。

（一）最高额抵押权

1.最高额抵押权的概念和特点

最高额抵押权又称最高限额抵押权，是指当事人在预定的最高限额内，为担保将来一定期间内连续性交易所生的债权之清偿而设立的抵押权。最高额抵押权是因应现代经济发展和融资需要而产生的抵押制度，主要适用于一定期间内发生连续性交易关系、劳务提供关系及连续借款关系等场合，许多国家法律上都对此作有规定。我国《民法典》第420条第1款规定：“为担保债务的履行，债务人或者第三人对一定期间内将要连续发生的债权提供担保财产的，债务人不履行到期债务或者发生当事人约定的实现抵押权的情形，抵押权人有权在最高债权额限度

① 参见《民法典》第390条、第391条、第393条、第409条第2款、第419条等。

② 参见《民法典》第702条等;《担保制度解释》第16条、第20条。

内就该担保财产优先受偿。”

与普通抵押权相比，最高额抵押权具有以下特点：

（1）最高额抵押权系为担保将来不特定债权的清偿而设立。最高额抵押权所担保的债权通常不是已经发生的特定债权，而是基于当事人间的连续交易关系而在将来发生的不特定债权。不过，考虑到当事人的实际需要，我国《民法典》第420条第2款规定：“最高额抵押权设立前已经存在的债权，经当事人同意，可以转入最高额抵押担保的债权范围。”

（2）最高额抵押权适用于对一定期间内将要连续发生的债权的担保。法律规定及第三人选择设立此种抵押权之目的，主要在于避免连续交易中每笔债权单独设定抵押权所带来的烦琐。

（3）最高额抵押权设立时，其所担保的债权的具体数额具有不确定性。最高额抵押权所担保的债权不仅主要为将来发生的债权，而且债权之数额在决算期届至前也不确定。

（4）最高额抵押权对所担保的债权预定有最高限额，并附有确定所担保债权实际数额的决算期。所谓最高额，是指抵押权人有权优先受偿的最高债权数额之限度。此最高限额并不一定等于最高额抵押中实际发生的债权额，而只是指决算时剩余的债权额不得超过的最高担保限额。实际剩余的债权额之多少须待决算期到来时始能确定；于未确定前，债权的数额可以增减变动；于确定时，剩余的债权额如超过最高限额，超过部分不在担保范围内，如剩余的债权额低于最高限额，则以实际的债权额为其担保额。

除最高额抵押权外，最高额担保还有最高额质权及最高额保证。最高额抵押权的上述特点，在其他最高额担保中也有同样的体现，因此，我国《民法典》第439条、第690条中规定，最高额质权、最高额保证除分别适用质权和保证合同的规定外，参照适用最高额抵押权的有关规定。

2. 最高额抵押权的设立

最高额抵押权通常也是在当事人订立抵押合同并办理登记后始得成立并生效，此点与一般抵押权并无不同。具有特殊性的是，最高额抵押合同除应具备一般抵押合同的内容外，还特别订明下列两项内容：

其一，抵押权所担保的债权最高限额。未订明此一事项的，不能成立最高额抵押权。

其二，确定计算抵押权所担保的债权实际数额的日期，即决算期。如未明确约定决算期，则应依客观情况和法律的规定确定其决算期。《民法典》第423条规定："有下列情形之一的，抵押权人的债权确定：（一）约定的债权确定期间届满；（二）没有约定债权确定期间或者约定不明确，抵押权人或者抵押人自最高额抵押权设立之日起满二年后请求确定债权；（三）新的债权不可能发生；（四）抵押权人知道或者应当知道抵押财产被查封、扣押；（五）债务人、抵押人被宣告破产或者解散；（六）法律规定债权确定的其他情形。"

3.最高额抵押权的效力

根据《民法典》第424条的规定，最高额抵押权除适用法律的特别规定外，还适用一般抵押权的有关规定。因此，最高额抵押权当然也具有一般抵押权的效力，关于其效力的特殊性，应注意以下几点：

（1）由最高额抵押权的性质决定，其所担保的债权仅限于在最高限额范围内确定其实际数额。最高额抵押权担保的债权于决算期届至前得随时增减变动，纵因清偿或其他事由致债权额于决算期届至前减少或消灭，最高额抵押权也不因此而消灭，学说上称此为抵押权消灭上的从属性之例外。

（2）最高额抵押担保的债权确定前，部分债权转让的，最高额抵押权不得转让，但是当事人另有约定的除外（《民法典》第421条）。

（3）最高额抵押担保的债权确定前，抵押权人与抵押人可以通过协议变更债权确定的期间、债权范围以及最高债权额，但是，变更的内容不得对其他抵押权人产生不利影响（《民法典》第422条）。

（4）当事人约定或法律规定的决算期届至，最高额抵押所担保的债权额方得以确定。抵押权人实现最高额抵押权时，如果实际发生的债权余额高于预定的最高限额的，超过部分不具有优先受偿效力；如果实际发生的债权余额低于预定的最高限额的，则应以实际发生的债权余额为限对抵押财产优先受偿。

（5）当事人在抵押合同中约定的最高限额是否限于主债权原本，应以当事人的约定为准；未明确约定担保的债权范围的，一般认为应当包括主债权原本、利息以及违约金、损害赔偿金等全部债权。《担保制度解释》第15条规定："最高额担保中的最高债权额，是指包括主债权及其利息、违约金、损害赔偿金、保管担保财产的费用、实现债权或者实现担保物权的费用等在内的全部债权，但是当事人另有约定的除外。”“登记的最高债权额与当事人约定的最高债权额不一致的，人民法院应当依据登记的最高债权额确定债权人优先受偿的范围。”

（二）浮动抵押权与财团抵押权

1. 浮动抵押权与财团抵押权的概念

浮动抵押权又称浮动式财团抵押权，是指以企业的并不固定的全部财产或部分财产为标的而设立的抵押权。从某种意义上讲，浮动抵押权属于财团抵押权的一种。财团抵押权有广狭二义，自广义而言，其是指以企业的财产所构成财团为标的而设立的抵押权，浮动抵押权也包含于其中；狭义上的财团抵押权，则仅指固定式财团抵押权，即以企业固定的全部或部分财产所构成的财团为标的物而设立的抵押权。在相对于浮动抵押权而言时，固定式财团抵押权通常简称为财团抵押权。两种财团抵押权中的“财团”，是指由企业的“有形资产”（土地、建筑物、机器设备等）以及“无形资产”（专利权、商标权等）相结合而形成的集合财产，其抵押权的标的既非单纯的不动产或动产，也非单纯的权利，而通常是企业所有的不动产、动产及财产权利之总体。

浮动抵押主要为英美法系国家所采，以英国的浮动担保（Floating Charge）为其代表，对一些大陆法系国家也产生重要影响。财团抵押则主要为大陆法系国家所采，以德国铁路财团抵押为其典范。日本于1950年曾仿效德国铁路财团抵押而颁行多种财团抵押法律；20世纪50年代末期，因应经济发展及融通资金的需要，又以英国浮动担保制度为蓝本而制定了企业担保法。这样，日本现今业已较好地建立了固定式与浮动式两种财团抵押制度。

浮动抵押与财团抵押是近代以来商事主体因经营活动而需要方便地融通大额资金的产物，其在现代市场经济条件下具有十分重要的意义：第一，财团抵押的方式能够更好地发挥企业财产的整体效用和担保价值，增强企业的担保能力，利于企业融通大额的资金，满足扩大再生产的需要；第二，作为抵押标的的财团具有集合的经济效益，其整体拍卖价值往往高于其中各个独立财产的价值总和，因此对于抵押权人债权的实现也较为可靠；第三，将企业的全部不动产、动产及权利等作为一个整体而设立担保，可以避免以单独财产逐一设定担保的烦累，大大节省了时间、提高了效率；第四，财团抵押中抵押权的实行，一般不会导致企业停产、歇业或解体，于社会利益及员工利益的维护也较为有利。[①]

2. 浮动抵押权与财团抵押权的特点

浮动抵押主要有以下四项特点：（1）列入抵押标的的财产一般为企业的全部财产，包括固定资产与流动资产、现有财产及将来取得的财产，但不及于抵押人在正常经营活动中处分而由买受人取得的财产；（2）设立抵押后，作为抵押人的企业仍得利用企业的整体财产继续进行生产经营活动，其各项财产也可以较为自由地流动；（3）浮动抵押为支配继续流动中的企业财产之整体的担保制度，抵押权人虽得就抵押权实行之时构成企业资产的总财产而优先受清偿，但从抵押权设立时至抵押权实行前，供作担保标的的集合财产浮动不定，构成财团的各项具体财产亦不受抵押权的支配；（4）浮动担保因特定事由的发生而转变为担保财产确定的抵押，抵押权人得实现其抵押权。如在债务人届期不能履行债务、债务人破产或当事人约定的其他事由发生时，担保财产的范围确定且固定下来，抵押权人得就现实存在的企业财产之总和而实现其抵押权。此种情况发生所导致的结果在学说上称为浮动担保的结晶（crystalization）。

与浮动抵押相比较，财团抵押有以下不同的特点：（1）列入抵押财团范围的财产限于企业现有的资产，而随企业经营而变化的流动资产不在此列；（2）财团抵押之设立，须将作为抵押标的的财团作成目录，使抵押财产的范围特定化；（3）财团抵押一经设立，抵押人对其财产的处分即受严格限制。概言之，企业财产一旦组成财团设定抵押，构成财团的各个物或权利即统受抵押权支配，而不得与财团任意分离、处分。

二者相较，可以说浮动抵押与财团抵押的制度构造和运行模式各有所长。大体言之，浮动抵押设立后，因企业仍可对其财产为自由处分，企业的生产经营活动不因此而受任何影响，故其更有利于企业的自由经营和发展；但另一方面，如企业因经营不善而致财产大量减少时，便会对抵押权人的债权实现产生不利影响，因此抵押权人通常需要采取适当措施监控担保人的资产状况以保全其抵押

① 参见梁慧星、陈华彬：《物权法》（第四版），法律出版社2007年版，第338—339页；郭明瑞等：《民商法原理》（二），中国人民大学出版社1999年版，第228页。

权。在财团抵押中，企业不得对抵押财团目录中的财产为任意处分，故其对企业的生产经营活动势必会产生不利影响；但抵押财产的固定，有利于抵押权人的债权之安全清偿。另就操作而言，浮动抵押简便易行，而财团抵押则较为烦琐。

3.我国《民法典》中的动产浮动抵押制度

鉴于浮动抵押与财团抵押制度各有其利弊，在我国物权法起草过程中，学者们多主张借鉴日本的立法经验，除进一步明确固定式财团抵押制度外，应增设浮动式财团抵押制度，以便为进行融资交易的主体提供较大的选择余地。[①]《物权法》制定中，立法机关斟酌利弊得失和我国的现实需要，选择规定了动产之上的浮动抵押制度（第181条、第189条、第196条）。《民法典》中又对动产抵押和浮动抵押的规则作了整合与统一。

《民法典》第396条规定："企业、个体工商户、农业生产经营者可以将现有的以及将有的生产设备、原材料、半成品、产品抵押，债务人不履行到期债务或者发生当事人约定的实现抵押权的情形，债权人有权就抵押财产确定时的动产优先受偿。"第411条规定："依据本法第三百九十六条规定设定抵押的，抵押财产自下列情形之一发生时确定：（一）债务履行期限届满，债权未实现；（二）抵押人被宣告破产或者解散；（三）当事人约定的实现抵押权的情形；（四）严重影响债权实现的其他情形。"《民法典》中对包括浮动抵押在内的动产抵押，统一采用了登记对抗主义，第403条规定："以动产抵押的，抵押权自抵押合同生效时设立；未经登记，不得对抗善意第三人。"同时，根据动产抵押的特点，第404条对动产抵押权的追及效力作出了限制性规定："以动产抵押的，不得对抗正常经营活动中已经支付合理价款并取得抵押财产的买受人。"

实践中，可能会发生同宗财产上设立数个浮动抵押权以及浮动抵押权与其中某一财产上的固定抵押权、质权及留置权竞存的情况。对此问题，法律上并未单独作出规定，故此，同样应适用《民法典》第414—416条和第456条关于担保物权清偿顺位的规定，即动产固定抵押与浮动抵押竞存以及浮动抵押权之间竞存

① 参见梁慧星等:《中国物权法草案建议稿——条文、说明、理由与参考立法例》，社会科学文献出版社2000年版，第681页以下；王利明主编:《中国物权法草案建议稿及说明》，中国法制出版社2001年版，第111页以下。

时，仍应依据登记的先后确定其清偿顺序；均未登记的，按照债权比例清偿；动产质押（包括流动质押）与动产浮动抵押竞存的，按照登记、交付的时间先后确定清偿顺序；动产购置款抵押权，在交付后10日内登记的，具有优先于浮动抵押权和固定财产抵押权、质权的效力；浮动抵押中的某一财产又被留置的，留置权人优先受偿。

（三）共同抵押权

1.共同抵押权的概念与特点

共同抵押又称总括抵押、聚合抵押、连带抵押，是指为担保同一债权而于数项财产上所设立的抵押权。鉴于数项财产共同担保同一债权的情况在实践中常有发生，所以共同抵押为各国法律所普遍承认。

共同抵押权设立的方式，与普通抵押权大致相同，即由当事人订立抵押合同并办理抵押登记而设立。共同抵押权与一般抵押权的根本区别，在于抵押财产不是一项，而是数项，即所谓的“数物保一债”。此一特点，使其与因抵押权的竞存而引发顺位问题的“一物保数债”现象相区别。[①]

关于在数个财产上所设立的共同抵押权是一个抵押权还是数个抵押权的问题，在理论上存在单一抵押权说、多项抵押权说和折中说（既可以是单一抵押权，也可以是多项抵押权）三种不同的观点。域外立法例与学说理论通常认为，共同抵押的构成只需具备两个要件：（1）抵押财产为数个而非一个。至于该数个抵押财产的类别如何，在所不问。（2）数个抵押财产所担保的对象为同一项债权。故此，共同抵押中的债权人即抵押权人只能是同一主体，而抵押人是一人还是数人，是债务人本人还是其他人，数个抵押财产是同一抵押人的财产还是不同抵押人的财产等，均不影响共同抵押的成立；共同抵押权可以就数个抵押财产一并设立，也可以先后或分别设立。共同抵押最为典型和复杂的结构形态，是数个抵押财产为不同的抵押人所有且分别设立抵押所构成的共同抵押，而数个抵押财产为同一抵押人所有且一并设立抵押的情形，其结构形态和所产生的法律问题相对简单。据上述分析可知，可以认为折中说的观点较为允当，即共同抵押权既可以是

① 刘保玉：《论担保物权的竞存》，载《中国法学》1999年第2期。

一个抵押权，也可以是数个抵押权。

由于共同抵押权的客体是数项财产，且数项财产是各自独立的，而不是集合在一起被视为一物，此与财团抵押、浮动抵押中将多项财产集合为一体而成立一个抵押权的情况显有不同。共同抵押中各个抵押财产对所担保的债权负全部担保责任，此与连带债务颇为相似，但二者毕竟为不同的法律制度：连带债务为"人的连带"，属债权关系范畴，负连带债务的人为债务人；而共同抵押为"物的连带"，属物权关系范畴，负连带责任之物，不以债务人所有的财产为限，第三人的财产也当然可为共同抵押之标的。

2.共同抵押权的效力

由于共同抵押权是为担保同一债权而于数个抵押财产上成立的一个或数个抵押权，因此抵押权人如何就数个抵押财产受偿债权，遂成该制度中最为特殊和重要的问题。依法理和多数立法例及实务做法，通常分别以以下情形而作不同处理：

（1）如当事人就数项抵押财产负担的金额以特约形式作了明确限定，应按各抵押财产负担的金额各自承担清偿责任。此种情况类似于按份共同保证，唯其为物上按份而已。

（2）如当事人未限定各个抵押财产负担的金额，抵押权人则有权就一项或各项抵押财产卖得的价金受偿债权。换言之，于此场合，每一抵押财产均担保着全部债权。抵押权人为使其债权得以清偿，既有权同时实行数个抵押权，同时变卖数项抵押财产，也可选择行使其中一个抵押权，变卖其中一项抵押财产。此种情形中各抵押财产上的连带关系，类似于连带共同保证。

由此可见，在共同抵押中，如不限定各抵押财产的负担金额，对于抵押权人最为便宜和有利。但是，如果构成共同抵押的数项财产分属于不同的抵押人，且两个以上的抵押人一为债务人本人，一为第三人的，除非另有约定，抵押权人应当先就债务人本人提供的抵押财产变价求偿（类似于物上保证人享有一般保证人的先诉抗辩权或先履行抗辩权）。如果两个以上的抵押人均为债务人以外的人，则抵押权人如何实现其权利，对各抵押人的利益有重大影响；而若各个抵押财产或某一抵押财产上又存在后次序抵押权的，则还会影响到其他抵押权人利益。因为在这种情况下，如果抵押权人任意选择某一抵押人提供的抵押财产受偿，该财产上的后次序抵押权人就可能丧失受偿机会。[①]为平衡各抵押人的利益并解决后次序抵押权人的利益保护问题，法律上往往就抵押权人的受偿问题设立特别规定，选择采用“分担主义”或者“代位求偿主义”规则。

分担主义又称分别主义、同时分配的分割主义，即将抵押权人的债权分割，由数项抵押财产分担的规则。依此主义，抵押权人如同时就各抵押财产卖得的价金受偿时，应按各抵押财产的价格分担其债权额。也就是说，各项抵押财产应按其份额比例分别负担相应的债权。

代位求偿主义又称异时分配主义或异时分配的求偿主义，依此主义，抵押权人若仅就某一抵押财产卖得之价金受偿全部债权时，该财产上的后次序抵押权人得取代抵押权人之地位，就抵押权人于其他共同抵押的财产上得优先受偿的金额之比例而行使其求偿权。

由此可见，代位求偿主义与分担主义异曲同工，两种主义贯彻的实质结果并无大的差异。

3. 我国法律上有关共同抵押权的规则

我国法律上未对共同抵押问题作出明文规定，唯当事人可以将多项财产“一并抵押”的规定与共同抵押相关。最高人民法院发布的原《担保法解释》第75条规定：“同一债权有两个以上抵押人的，债权人放弃债务人提供的抵押担保的，其他抵押人可以请求人民法院减轻或者免除其应当承担的担保责任。”“同一债权有两个以上抵押人的，当事人对其提供的抵押财产所担保的债权份额或者顺序没有约定或者约定不明的，抵押权人可以就其中任一或者各个财产行使抵押权。”“抵押人承担担保责任后，可以向债务人追偿，也可以要求其他抵押人清偿其应当承担的份额。”其中所确立的规则，与域外立法上通行做法大致相当，只是没有明确“代位权”的物权性而已。但是，由于原《物权法》第176条和《民法典》第392条关于物保和人保并存时担保权的实行规则之规定，其中所涉及的物的担保并不限于一个，因此，此项规定对共同抵押中相关问题的处理也是适用

---

① 因为在这种情况下，如果抵押权人任意选择某一抵押人提供的抵押财产受偿，该财产上的后次序抵押权人就可能丧失受偿机会。参见梁慧星、陈华彬：《物权法》（第四版），法律出版社2007年版，第336页。

的。而该规定中废弃了数个担保人之间的法定追偿权，仅承认有约定情况下的追偿权。故此，原《担保法解释》中规定不再符合立法规定的精神，应予废弃。有关共同担保和物保与人保并存时的处理规则问题，本章第一节中已有详述，此处从略。

根据《民法典》第392条及第699条、第700条和《担保制度解释》第13条及第20条等规定的精神，在共同抵押的情况下，抵押权的实行等问题应遵循以下规则:（1）当事人就数个抵押财产所担保的债权份额、清偿顺序等问题有约定的，应当按照约定实现抵押权。（2）没有约定或者约定不明确，债务人自己提供有抵押财产的，债权人应当先就该抵押财产实现债权。（3）在抵押人均为第三人（或者同一物上保证人提供数个抵押财产）且未约定各抵押财产的负担的债权份额及清偿顺序的情况下，债权人有权选择任何一项或者就各项抵押财产实现债权；除非有担保人之间约定了连带共同担保关系或相互之间的追偿权以及各担保人在同一份担保合同签章等情形，否则某一抵押人以其抵押财产承担担保责任后，只有对债务人的追偿权，而无权向其他抵押人或就其他抵押财产主张追偿权或损失分担请求权。

有必要提及的是，物的共同担保除共同抵押之外，还有共同质押以及由质押、抵押所构成的混合共同担保。由于共同抵押是共同物的担保的典型情形，故共同抵押权问题的处理规则对于其他形态的物的共同担保同样适用，有鉴于此，后文中对共同质押等相关问题不再另行阐述。

（四）证券抵押权

1.证券抵押权的概念与特点

证券抵押权系现代许多国家法律上为适应经济发展和交易需要而规定的一种新型抵押权。证券抵押权有广狭二义：狭义的证券抵押或证券抵押权又称抵押权证券，指以流通为目的通过发行证券将抵押权与其所担保的债权合为一体而在该证券上成立的一种特殊抵押权；广义的证券抵押，除包括狭义的证券抵押外，还包括抵押债券。所谓抵押债券，是指以抵押权予以担保的债权性有价证券，如附担保的公司债券。一般所讲的证券抵押权，系从狭义。

证券抵押权的特点及其与普通抵押权的差异主要有两点：

其一，性质不同。一般抵押权为保全抵押权，而证券抵押权则为一种投资抵押权或流通抵押权。保全抵押，是为确保既存债务的清偿而设定的抵押，以债权的存在为其设立的前提；而投资抵押或流通抵押，则为投资和融资的媒介，是诱导债权成立的一种手段，其成立不以债权的先行存在为必要。

其二，形式不同。一般抵押权不发行证券，仅依当事人订立的契约和登记而成立；而证券抵押之成立，则必须发行证券。同时，证券抵押权的移转及行使，须依证券法的规定为之。[①]

2. 证券抵押权的意义与功用

证券抵押，实质上是一种把抵押权证券化，进而依有价证券的法理而使之得以方便地辗转流通的制度。抵押权的证券化，能够使抵押权媒介投资、利导交易的功能得到进一步的发挥。就现今世界范围来看，各市场经济发达国家大多建立了证券抵押制度，其中尤以德国的证券抵押制度最为完备。[②]证券抵押制度之所以在当今社会备受青睐并被普遍承认，乃是由于证券抵押制度具有下列特质：其一，投资的安全性与流动性。资本的安全与周转和循环的高效，是市场经济的客观要求。关于资本的安全，投资者依凭一般的抵押制度即可获得；而要实现资本的高效周转和循环，使资本于流动中不断增值，则有赖于证券抵押制度。其二，转让手续的简化。一般抵押权所担保的债权，虽非绝对不可转让，但此种转让一方面须办理债权让与的手续，如订立契约、交付债权证书及通知债务人等；另一方面时常需要办理抵押权的移转登记等手续，颇为烦琐。而依发行抵押证券的方式予以转让，则此等缺点尽可克服，因证券乃抵押权及被担保债权的化体，只需背书及交付证券即生转让的效力，其手续可谓异常简便。[③]

我国目前法律上尚无关于证券抵押及证券抵押权的明确规定，但已有相关的交易实践，如一些金融机构发行的个人住房抵押贷款证券（RMBS），即属于信贷资产证券的一种。司法实践中对证券抵押也持肯定态度，《担保制度解释》第4条中还专门就与证券抵押或债券抵押密切相关的“担保物权的受托持有”（又称

---

① 参见郑玉波：《民法物权》，台湾三民书局1986年版，第288—289页。

② 参见梁慧星、陈华彬：《物权法》（第四版），法律出版社2007年版，第341页。

③ 郑玉波：《民法物权》，台湾三民书局1986年版，第290页。

代持）问题作出了规定。由于证券抵押及不动产抵押贷款的证券化是现代市场经济条件下的一项重要制度，对我国经济的发展及个人住房抵押贷款业务的发展也具有促进意义，因而有必要借鉴域外法律制度并结合我国国情和需要尽快制定相关的法律、法规或规章。

第三节　质　权

一、质权的概念与特征

（一）质权的概念

根据我国《民法典》的规定和学理通说，所谓质押，是债务人或第三人依担保协议将担保财产移转给债权人占有或经登记而担保特定债权实现的行为，为物的担保方式的一种。而以质押的方式所设立的质权，是指债权人于债务人不履行到期债务或发生约定的情形时，得就债务人或第三人移转占有或经登记而供作担保的动产或权利之变价价值优先受偿的权利。在学理上，质权法律关系中享有质权的债权人，称为质权人；将财产移转给质权人占有而供作债的担保的债务人或第三人，称为出质人或质押人；供作债权担保的财产（动产或财产权利），称为质押财产、入质财产或者质物、质押物、质押标的等。

《民法典》第425条规定："为担保债务的履行，债务人或者第三人将其动产出质给债权人占有的，债务人不履行到期债务或者发生当事人约定的实现质权的情形，债权人有权就该动产优先受偿。""前款规定的债务人或者第三人为出质人，债权人为质权人，交付的动产为质押财产。"除该条关于动产质权的规定外，《民法典》中还对以财产权利出质所形成的权利质权作有明确规定。

（二）质权的特征及其与抵押权的区别

质权作为担保物权的一种，亦具有物权性、担保性、从属性、不可分性及优先受偿性等特点。但作为一种独立的担保物权类型，质权又具有自身独有的法律特征。质权的特征主要通过与抵押权的比较表现出来：

1. 担保财产不尽相同。传统法律上，抵押权的客体以不动产为原型。现代法上，抵押财产除包括不动产、不动产用益物权外，还包括动产在内；而质权的客体，则以动产为原型，近现代法上，供作质押的财产除动产外，还包括不动产用益物权以外的其他一些财产权利。抵押财产与质押财产的范围仅于动产上存在交叉。因此在动产上成立的担保物权究竟为抵押权还是质权，应依合同的约定及公示的方法而为区别。

2. 成立要件不同。抵押权的成立一般须经登记，但无须将抵押财产交付债权人占有；而质权的成立，则以出质人将出质的动产或权利凭证移转于债权人占有为必要，质押标的占有之移转既是质权的公示方法，也是其成立要件。有所例外的是，某些权利质权的成立也以办理出质登记为必要。

3. 担保机能不同。抵押权为非占有性担保物权，主要以其物权性和优先受偿效力来发挥担保作用；而动产质权和以占有权利凭证的权利质权除有优先受偿效力外，尚具有对质押标的的占有、留置效力，即由质权人直接控制质押标的，给出质人施加心理压力，以促使债务如期清偿。这种留置效力，为抵押权所不具有。不过，以登记为成立要件的一些权利质权，其担保机能与抵押权并无二致。①

4.实行方式有所不同。抵押权人实行其抵押权时，如不能就抵押财产的折价、变卖等与抵押人达成协议，一般须通过诉讼或申请法院拍卖、变卖抵押财产并就其价款受偿，而不能强行夺取抵押财产并为变价；而动产质权和以权利凭证交付为成立要件的权利质权，因质权人已占有质押标的，故于债权届期未受清偿或约定事由发生时，在协商不成的情况下，其可不必经司法程序而得径行拍卖或者参照市场价格变卖质押财产并就其变价受偿。出质人如认为变价不公，可另行通过诉讼解决。不过，以登记为成立要件的权利质权，在实现方式上与抵押权类同。

二、质权的分类

对于各国法律上所规定不同的质权种类，学理上通常将其作以下三种分类：

---

① 也正因如此，有些学者主张将以登记为成立要件的权利质权与权利抵押权归于一类。

（一）动产质权、权利质权和不动产质权

这是根据质权的标的之不同而作的分类，这种分类通常为立法所采用。

以动产为标的而设定的质权为动产质权，此为质权的原型和典型形态。以可移转的财产权利为标的设定的质权为权利质权，权利质权是从动产质权中派生出来的一种现代质权形式，在成立方式、效力范围和实现方法等方面均有其自身特点，其地位也日渐重要。上述两类质权为多数国家立法所规定。出于立法技术上的考虑，各国立法上均规定权利质权除适用其特别规定外，准用动产质权的一般规定。关于权利质权的地位，有动产质权说、特别质权说、准质权说和典型质权说等不同的认识。我们认为，在现代社会宜将权利质权作为典型质权的一种形态来定位。①

不动产质权是以不动产为标的物设定的具有用益内容的质权。一般认为，不动产质权是农业经济社会中的一种重要的物权担保形式，但随着近现代工商业的发展，不动产质权因其自身固有的缺点而逐渐被淘汰，尤其是随着抵押权适用范围的不断扩大，不动产质权的地位渐趋衰微。时至今日，多数国家已不承认不动产质权，只有法国、日本等少数国家法律上仍予保留。依我国多数学者的认识，我国法律未规定且不承认不动产质权，是符合世界立法潮流的。②但笔者认为，虽然土地（尤其是农业用地）的质押在当今似已无多大意义，但以建筑物为标的且移转其占有和使用权的不动产质押，在国外仍然行之自若，有其适用价值，其在我国现实生活中也可有变通的采用；③日本、法国等国法律上的不动产质权制度和韩国法律上的传贳权制度、我国传统法律上的不动产典权制度，虽然在制度设计等方面有所不同，但在功用上有共通之处和异曲同工之妙。我国法律上既否认

---

① 刘保玉：《物权体系论——中国物权法上的物权类型设计》，人民法院出版社 2004 年版，第 294 页。

② 参见郭明瑞等：《民商法原理》（二），中国人民大学出版社 1999 年版，第 302 页；梁慧星、陈华彬：《物权法》（第四版），法律出版社 2007 年版，第 345 页。

③ 例如，当事人可以在依法办理不动产抵押登记的同时，另行约定在抵押期间由抵押权人占有并使用或租用担保财产，其效果与不动产质权略同，唯占用或租用的内容不具有物权效力而已。

不动产质权，又废弃了典权制度，其妥当性值得斟酌。[①]

（二）民事质权、商事质权、营业质权

这是根据质权所适用的法律规范之属性不同所作的分类。

在采取“民商分立”的国家，有民事质权与商事质权之分，前者是指适用民法规范的质权，后者是指适用商法规范的质权，但二者并无实质性区别。在实行“民商合一”的国家，则无此区分。我国采取民商合一主义，故不存在民事质权与商事质权之分，《民法典》中所规定的质权，是一种具有普遍适用效力的担保物权。

营业质权是指以质押借贷为营业而适用当铺业管理规则的特殊质权。当铺业的经营，古代社会即已存在，近现代各国法律上也多予承认。从事质押营业者一般称为当铺、典当行、典当公司等。而所谓营业质权，有的称为质当、押当或典当，是指债务人以一定财物（当物或质物）交付于债权人（当铺等）作担保，向债权人为金钱借贷，在一定期限（回赎期限）内，债务人清偿债务后可取回担保物；期限届满而不能清偿的，担保物即归债权人所有，或者由债权人以其价值优先受偿。营业质权与普通民事质权的主要区别是：（1）二者的目的不同。营业质权人以质押借贷为经营活动的主业，并在此种营业中获得利益；而普通质权人仅是一般债权人，其取得质权仅是为债权设定担保，并不以此为牟利的手段。（2）二者的主体不同。从事营业性质押借贷业务的当铺、典当行等属于非银行金融机构，通常须具备营利法人资格及经金融管理机构、公安部门等批准的经营此种业务的资质；普通质权人则无主体范围与资质的限制。（3）二者所形成的法律关系不同。在营业质权中，借贷与质押密不可分地形成一个整体法律关系，而无主从关系可言；而普通质权则具有从属性，其依附于所担保的主债关系。（4）权利义务的具体内容不同。例如，营业质权中有借贷人的回赎权问题，而普通民事质权中只有债务的清偿问题。许多国家的法律中不禁止于营业质权中约定流质条款，或径行规定其为“物的责任制”（即所谓归属质），到期未赎的，当铺得直接以当物抵偿；而普通民事质权中，法律通常否认流质条款的效力。

---

① 刘保玉：《物权体系论》，人民法院出版社2004年版，第246页以下。

关于营业质权及当铺业的管理，有的国家立法上在民法典中加以规定，更多的则是以单行法律、法规或规章加以规定。新中国成立后，曾一度禁止典当业的经营活动，于80年代末重新认可了当铺业及营业质权。目前我国调整营业质权和规范典当行经营活动的法律规范是商务部、公安部于2005年颁行的《典当管理办法》。根据该办法的规定，依法设立的典当行既可以从事动产质押借贷业务，也可以从事权利质押和房地产抵押业务（第3条）。典当行经营典当业务，有关法律、法规要求办理抵押、质押登记的，应当依法办理登记手续（第42条）。绝当物估价金额不足3万元的，典当行可以自行变卖或者折价处理，损溢自负（第43条）。也就是说，其在一定范围内承认了流质条款的效力。

（三）归属质权、收益质权、占有质权

这是根据质权的内容和效力之不同所作的分类。

归属质权，是指以质物代偿债务的质权，质权人于债务人届期不清偿债务时得取得质物的所有权以抵偿债务。归属质权是质权存在的最初形态，而近现代各国民法大都禁止流质契约，因而在民事质权中不承认归属质权，唯在营业质权中有所例外。[①]

收益质权又称用益质权，是指质权人不仅可占有质物，而且得对质物为使用收益的质权。这种质权一般只能在非消耗物尤其是不动产上设定，故其常与不动产质一并被称为不动产用益质。收益质权又有利息质权与销偿质权之分：利息质权是指质权人以质物的收益充抵原本债权之利息的质权，日本法上的不动产质权属于此类（《日本民法典》第358条）；销偿质权是指以质物的收益抵销债权原本的质权，以法国法上的不动产质权为其典型（《法国民法典》第2085条）。现代多数国家法律上未规定不动产用益质权，但是否可以得出此种质权已彻底失去其生命力而走向消亡的结论，尚值进一步考察。

占有质权是指质权人对质物原则上只能占有并得在符合实行条件时以其变价优先受偿债权，但不得对质物为使用、收益的质权。现今各国法律上所规定和我们通常所谓的动产质权，大都属于占有质权。占有质中，原则上都否定流质契约

---

① 参见郭明瑞：《担保法原理与实务》，中国方正出版社1995年版，第228页以下。

的效力，但是否得允许质权人对非消耗性的质物予以使用、收益，各国法律规定有所不同。根据我国《民法典》第431条的规定，在经出质人同意的情况下，质权人可以使用、出租质物。

上述所列的质权分类均为所谓的固定财产质押所形成的质权，而近年来，动产流动质押日益盛行并成为一种颇为重要的担保方式，关于其客体和设立方面的特点及规则适用问题，我们在后面相关问题中予以讲述。

三、动产质权

（一）动产质权的概念与特征

根据前引《民法典》第425条的规定，动产质权是指债权人占有由债务人或第三人因担保债权而移交的动产，于债务届期不履行或发生当事人约定的情形时得就其变价优先受偿的权利。

动产质权具有下列法律特征：

1.动产质权为担保物权。动产质权乃因担保债权而设，故为一种担保物权；其以债权的存在为前提，故又属于从权利。基于担保物权共同的特点，动产质权具有优先受偿的效力，质权人得于债务人不履行到期债务或当事人约定的实现质权的情形发生时就质物的变价价值优先受偿。

2.动产质权以动产为标的。这一特征使其与抵押权相异，而与留置权的标的相同。动产作为质押标的，须具有适质性，例如应具有相当价值、易于存放和变现等特点；此外，动产质押的标的不得为法律禁止流通物，法律、法规禁止转让的动产不得出质（《民法典》第426条）。通说认为，在有形的普通动产之外，以特定化的金钱作为质押标的物的，亦无不可。①

3.动产质权的设立须移转标的物的占有。即由质权人或其受托人直接把握质物的占有，因而其具有留置作用。而以占有改定的方式设立动产质权的，则不为法律所承认。

---

① 参见原《担保法解释》第85条;《担保制度解释》第70条。

（二）动产质权的取得

1. 基于法律行为而取得

质权的取得方式主要是依当事人的协议而设立。依合同而设立质权的，以移转质物之占有为其成立要件。《民法典》第427条规定：“设立质权，当事人应当采用书面形式订立质押合同。”“质押合同一般包括下列条款：（一）被担保债权的种类和数额；（二）债务人履行债务的期限；（三）质押财产的名称、数量等情况；（四）担保的范围；（五）质押财产交付的时间、方式。”第429条规定：“质权自出质人交付质押财产时设立。”依据法律和司法解释的相关规定，当事人在质押合同中对质押财产进行的概括性描述，应当达到“能够合理识别担保财产”的程度，否则可能导致质押合同不能成立。债务人或者第三人未按质押合同约定的时间移交质物，因此给质权人造成损失的，出质人应当根据其过错承担赔偿责任；质物有隐蔽瑕疵造成质权人其他财产损害的，应由出质人承担赔偿责任，但质权人在质物移交时明知质物有瑕疵而予以接受的除外。

质权设定中动产占有的移转，通常指现实交付；以简易交付与指示交付的方式移转占有的，亦无不可。但不得以占有改定的方法设定质权，这是各国立法的通制，我国法律上也不承认以占有改定的方式设立质权。[①]应予说明的是，在“动态质押”（或称“流动质押”）等情形下，质押财产虽因存储条件等特殊需要仍存放于出质人的库房等场所，但质权人委托第三方以适当方式监管、控制质押财产的，不属于占有改定，无碍质权的成立。[②]《民法典》第427条第2款第5项中特别增加“质押财产交付的方式”之规定，目的正在于为流动质押的确认留下解释空间。[③]《担保制度解释》第55条进一步明确规定：“债权人、出质人与监管人订立三方协议，出质人以通过一定数量、品种等概括描

---

① 《民法典》第226条、第227条关于简易交付、指示交付的规定，均适用于“动产物权设立和转让”的情形，而第228条关于占有改定的规定，则仅适用于“动产物权转让”的情形。

② 参见《九民纪要》第63条。另参见刘保玉：《民法典物权编（草案）担保物权部分的修改建议》，载《法学杂志》2019年第3期。

③ 参见刘保玉：《民法典担保物权制度新规释评》，载《法商研究》2020年第5期。

述能够确定范围的货物为债务的履行提供担保，当事人有证据证明监管人系受债权人的委托监管并实际控制该货物的，人民法院应当认定质权于监管人实际控制货物之日起设立。监管人违反约定向出质人或者其他人放货、因保管不善导致货物毁损灭失，债权人请求监管人承担违约责任的，人民法院依法予以支持。”“在前款规定情形下，当事人有证据证明监管人系受出质人委托监管该货物，或者虽然受债权人委托但是未实际履行监管职责，导致货物仍由出质人实际控制的，人民法院应当认定质权未设立。债权人可以基于质押合同的约定请求出质人承担违约责任，但是不得超过质权有效设立时出质人应当承担的责任范围。监管人未履行监管职责，债权人请求监管人承担责任的，人民法院依法予以支持。”

除设立的方式外，动产质权也可随同债权让与而由受让人取得。同抵押权的让与一样，动产质权不得与其所担保的主债权分离而单独地转让或另行供作担保，其只能随主债权一同移转（或者因质物的返还等原因而单独归于消灭）；另据《民法典》第547条关于从权利随主权利转让的规定，受让人取得作为从权利的动产质权，不因未转移质物的占有而受到影响。

2.基于法律行为以外的事实而取得

基于与动产所有权的善意取得相同的理由，多数国家法律也承认动产质权可以善意取得，即无处分权人将其占有的他人之物为债权人设定质权，如债权人为善意，可就该动产取得质权。根据《民法典》第311条第3款的规定，我国法律上亦明确肯定了动产质权的善意取得制度。

动产质权为财产权，因此在质权人死亡时，得由其继承人在继承债权的同时取得质权。

此外，某些国家法律上还承认动产质权得因法律规定而取得（即所谓“法定质权”）以及因取得时效而取得。我国法律上不承认有此取得方式。

（三）动产质权的效力范围

动产质权的效力范围包括标的物的范围和所担保的债权范围两个方面。

作为担保物权的一种，动产质权及于标的物的范围同样包括动产本身和从物、孳息、代位物和添附物等。唯应当注意的是，如果质押合同中对质押的财产约定不明，或者约定的出质财产与实际移交的财产不一致的，应以实际交付占有的财产为准；从物未随同质物移交质权人占有的，质权的效力不及于从物。由于动产质权中系由质权人占有质物，因此存在质物的孳息收取问题，《民法典》第430条规定："质权人有权收取质押财产的孳息，但是合同另有约定的除外。""前款规定的孳息应当先充抵收取孳息的费用。"

根据《民法典》第389条等的规定，质押担保的范围包括主债权及利息、违约金、损害赔偿金、质物保管费用和实现质权的费用；质押合同另有约定的，按照其约定。与抵押权有所不同的是，质权担保的债权范围还包括质物的保管费用和损害赔偿金。这是由于动产质权的成立和存续以质权人占有质物为必要，因此质权人可能有保管费用的支出；质物移转于质权人后，因质物隐有瑕疵致质权人受损害时，会发生出质人的损害赔偿责任问题。

（四）质权人的权利义务

质权人的权利与义务，实质上即动产质权设定后对于质权人的效力。除物权的一般效力外，质权人所享有的权利主要包括：

1. 留置质物的权利。质权人于其债权受偿前，得持续地留置质物并以质物的全部行使其权利，对债务人或第三人返还质物的请求有权拒绝。唯在出质人清偿所担保的债权后，质权人方应返还质物。

2. 质物孳息的收取权。除合同另有约定的外，质权人有权收取质物所生的孳息。质权人收取孳息，应尽善良管理人的注意义务，并依通常的方法为之。根据《民法典》第430条和第561条的规定：所收取的孳息应先充抵收取孳息的费用，次充抵主债权的利息，最后充抵债权本金。

3. 经许可使用质物的权利。根据《民法典》第431条的规定，质权人在质权存续期间，未经出质人同意，擅自使用、出租、处分质押财产，造成出质人损害的，应当承担赔偿责任。以此推论，经出质人同意质权人当可以使用、出租乃至处分质物。这对于克服质押担保的固有缺陷、发挥质物的效用，是有积极意义的。

4. 将质物转质的权利。通常所谓的转质，是指质权人为担保其自己的债务，将出质人交付的质物移交于自己的债权人而为其设定新质权的行为。不过，质权人为担保他人的债务而转质质物的，亦可构成转质。[①]在因转质所形成的法律关系中，原质权人为转质中的出质人（又称转质人），因转质而取得质权的人（通常为原质权人的债权人）称为转质权人；原质权人享有的质权与转质权人的质权，通常被分别称为原质权与转质权。除质物的转质外，在权利质权中亦有转质的适用。

从学理和各国立法及实务看，转质有承诺转质和责任转质两种情况，其发生条件和效力等有重大差异，分说如下：

（1）承诺转质。又称同意转质，是指质权人经出质人同意，为供自己债务的担保而将质物移转占有于其债权人，就质物再设定新质权的行为。承诺转质由于是原出质人同意以自己的财产为原质权人的债务作履行担保，将质物的处分权授予原质权人，因此，法律上当然应承认其效力，其规则适用也无特殊之处。

承诺转质的效力，主要表现为转质权人取得的新质权（即转质权）与转质人（原质权人）之原质权的相互独立：第一，转质权人对于转质人所享有的债权如已届清偿期或符合约定的实现质权的情形，其即得实行其质权，而无论转质人对其债务人（原出质人）的原债权是否已届清偿期。第二，转质权不因原质权的消灭而消灭，因为转质权的成立不是以原质权为基础，而是基于转质权人与转质人间的债权债务关系。承诺转质发生后，原出质人只能以第三人的地位向转质权人清偿转质人的债务以消灭转质权，才能取回其质物。第三，转质人的转质既然已得到出质人的同意，故不存在因转质而加重原出质人责任的问题，转质权所担保的债权数额也可以高于原质权担保的债权额。

多数国家法律上对承诺转质设有明文规定，但纵无明文，法理和实务上也均予承认。我国《民法典》中虽未对承诺转质设明文规定，但依第434条等规定的精神，当然承认质权人经出质人同意的转质之效力。

（2）责任转质。责任转质是指质权人在质权存续期间，未经出质人同意而以自己的责任将质物转质于其债权人而设定新质权的行为。这种转质无须经出质人同意，故属于质权人的一种权利。也正是由于未经出质人同意，因此法律上通常

---

① 参见最高人民法院物权法研究小组编著:《中华人民共和国物权法条文理解与适用》，人民法院出版社2007年版，第639页。

对转质人的责任规定得较为严格：在转质期间对质物发生的一切损害，即使是由于不可抗力造成的，只要是不转质就不会发生的，转质人都应负赔偿责任。如《日本民法典》第348条规定："质押人，于其权利存续期间，可以以自己的责任，转质质物。于此情形，对于因不可抗力造成的、不转质就不会产生的损失，亦负其责任。"

关于责任转质的性质，理论上有质物再度出质说、质权出质说（即所谓的"质权质"）、附质权的债权出质说（质权与债权共同出质说）、附条件的质权让与说等几种不同的主张。其中以质物再度出质而设立新质权的观点为多数学者主张，可谓通说。[①]而其他几种认识，则要么错误理解了转质的标的，[②]要么将转质与质权的转让（或连同债权一并转让）混为一谈，不足为取。

责任转质在发生条件及效力等方面与承诺转质均有重大差异，通说认为，责任转质成立后，发生以下效果：第一，转质人的质权仍继续存在，但其实现受到限制。只有在原质权所担保的债权额超过转质权所担保的债权额时，转质人才得于超出的范围内受主债务人的清偿。转质人因转质权的设定而将其所把握的质物之担保价值赋予转质权人，于转质权的担保数额范围内，其受有不得使质物担保价值消灭的拘束，亦不得抛弃其债权或者免除主债务人的债务。第二，原质权人将转质的事实通知主债务人后，如果主债务人未经转质权人同意而对原质权人为清偿，则其清偿不得对抗转质权人。第三，转质权人只能于转质人对于主债务人所享有的担保债权额内实现其质权。第四，转质权人的债权虽已届清偿期，但若原质权人对于主债务人的债权尚未届清偿期，则转质权人不得实行其质权。第五，转质权具有优先于转质人的原质权之效力。当质权实行时，对于质物卖得的价金，转质权人的债权应先受清偿，若有剩余时转质人方可从中受偿。第六，在转质期间，转质人对质物所发生的损害应负赔偿责任。该损害即使是由于不可抗力造成的，但只要是不转质（即不移转占有于他处）就不会发生的，转质人亦应负赔偿责任。

由于责任转质实际上已超出了原质权的担保目的范围，构成对质物的一种处

① 参见梁慧星、陈华彬：《物权法》，法律出版社1997年版，第354—355页；郭明瑞等：《民商法原理》（二），中国人民大学出版社1999年版，第316页。

② 质权人将其附质权担保的债权向他人出质的，所设立的质权应为权利质权（债权质或应收账款质权），而非转质权问题。

分，因而对其应否承认，各国立法及理论上的态度不一。如《瑞士民法典》第887条规定："质押人经出质人同意后，始得将质物转质。"德国民法上也不承认责任转质，但其均承认质权的善意取得。[①]我国的学说理论上，对于法律上应否承认或有无必要承认责任转质曾有较大争议。[②]我国《民法典》中维持了原《物权法》中的规定，一方面承认质权的善意取得，另一方面也肯定了责任转质的效力，唯规定了较为严格的赔偿责任而已。[③]《民法典》第434条规定："质权人在质权存续期间，未经出质人同意转质，造成质押财产毁损、灭失的，应当承担赔偿责任。"[④]

5.质权的保全权。在质押财产因不可归责于质权人的客观原因而毁损或者价值明显减少的情况下，理论和立法上通常承认质权人有保全质权的权利，包括增加担保请求权和对质物的预行拍卖权。我国《民法典》第433条规定："因不可归责于质权人的事由可能使质押财产毁损或者价值明显减少，足以危害质权人权利的，质权人有权请求出质人提供相应的担保；出质人不提供的，质权人可以拍卖、变卖质押财产，并与出质人协议将拍卖、变卖所得的价款提前清偿债务或者提存。"由于动产质押与动产抵押中担保财产的占有情况不同，故而法律在二者的保全权的适用条件和内容的规定上也有不同，应注意其差异。[⑤]

---

① 是否承认责任转质与是否承认质权的善意取得，是两个有关联但又不同的问题，其所产生的法律效果亦有重大差异，不可混为一谈。

② 参见刘保玉：《论担保物权的竞存》，载《中国法学》1999年第2期。原《担保法解释》第84条、第94条承认质权的善意取得和承诺转质，但否定了责任转质。

③ 参见胡康生主编：《中华人民共和国物权法释义》，法律出版社2007年版，第466—467页；最高人民法院物权法研究小组编著：《中华人民共和国物权法条文理解与适用》，人民法院出版社2007年版，第521—522页。

④ 本条规定中并未对承诺转质作出明确规定，稍有缺憾；其规定的内容，在表述上也不太精确。其中"未经出质人同意转质，造成质押财产毁损、灭失的"表述，在文义上容易使人误以为须是因转质所造成的财产损失才构成赔偿责任，而这显然是对传统规则的不当限缩。笔者曾对转质问题提出了更为简洁明了、清晰明确的建议条文（参见刘保玉：《论我国质权制度的完善》，载《现代法学》2017年第6期）："在质权存续期间，质权人经出质人同意，以其所占有的质押财产转质于第三人的，转质权的效力优于原质权。""在质权存续期间，质权人未经出质人同意转质的，转质财产毁损、灭失的风险由质权人承担。"在《民法典》已经颁行的情况下，其仍可作为理解和解释转质规则时的参考。

⑤ 参见最高人民法院民法典贯彻实施工作领导小组主编：《中华人民共和国民法典物权编理解与适用》（下），人民法院出版社2020年版，第1201—1203页。

6.质权的实行权与优先受偿权。《民法典》第436条第2款规定:“债务人不履行到期债务或者发生当事人约定的实现质权的情形,质权人可以与出质人协议以质押财产折价,也可以就拍卖、变卖质押财产所得的价款优先受偿。”关于质权的实行方式及流质约款的效力(《民法典》第428条)问题,与抵押权相同,此不赘述。关于质权人的优先受偿权,与抵押权也大致相同,但有两点值得说明:其一,有些国家法律承认同一动产质上得依指示交付的方式设定数个质权,并规定了其顺序,我国法律上不承认动产一物二质现象,唯承认在转质的情况下,可以发生原质权与转质权的并存,并适用后设立的转质权优先于原质权人的规则。其二,在同一动产上发生质权与抵押权竞存的情况时,通说认为应以权利设定(交付、登记)的先后定其位序。[①]《民法典》第415条规定:“同一财产既设立抵押权又设立质权的,拍卖、变卖该财产所得的价款按照登记、交付的时间先后确定清偿顺序。”

质权人在享有权利的同时,也应承担一定的义务。根据法律规定,质权人的义务主要有三项:(1)妥善保管质押财产的义务。《民法典》第432条规定:“质权人负有妥善保管质押财产的义务;因保管不善致使质押财产毁损、灭失的,应当承担赔偿责任。”“质权人的行为可能使质押财产毁损、灭失的,出质人可以请求质权人将质押财产提存,或者请求提前清偿债务并返还质押财产。”(2)及时行使质权的义务。债务届期而未获清偿的,质权人既有实行质权的权利,也有及时行使的义务。《民法典》第437条规定:“出质人可以请求质权人在债务履行期限届满后及时行使质权;质权人不行使的,出质人可以请求人民法院拍卖、变卖质押财产。”“出质人请求质权人及时行使质权,因质权人怠于行使权利造成出质人损害的,由质权人承担赔偿责任。”[②](3)债权受偿后返还质物或多余款项的义

---

① 原《担保法解释》第79条第1款中关于法定登记的动产抵押权一概优先于质权的规定,有违法理,应属不妥。参见刘保玉:《论担保物权的竞存》,载《中国法学》1999年第2期;房绍坤、郑莹:《担保物权司法解释的缺陷》,载《法律科学》2002年第4期。

② 本条规定中仅涉及出质人可以“在债务履行期限届满后”请求或催告质权人及时行使质权,而对于“当事人约定的实现质权的情形”发生时,出质人有无此请求或催告的权利及质权人怠于行使权利造成损害的有无赔偿责任的问题,未作规定。我们认为,在后一种情况下出质人亦应享有此项权利,但条件应慎重把握。

务。《民法典》第436条第1款规定："债务人履行债务或者出质人提前清偿所担保的债权的，质权人应当返还质押财产。"第438条规定："质押财产折价或者拍卖、变卖后，其价款超过债权数额的部分归出质人所有，不足部分由债务人清偿。"

（五）出质人的权利义务

出质人的权利与义务，即动产质权设定后对于出质人的效力。以上所述质权人享有的诸项权利，即是出质人所应承担的义务和负担。但动产质权设定后，出质人并非仅仅是承担义务和负担，其也仍享有一定的权利。与上述质权人应承担的义务和责任相对应，出质人对质权人分别享有三项基本权利，即损害的预防和赔偿请求权、及时行使质权和适时变价的请求权、清偿债务后对质押财产或多余款项的返还请求权。除此之外，出质人还享有以下几项权利：

1.质押财产孳息的收取权。根据《民法典》第430条的规定，质押财产虽由质权人占有，但是在合同另有约定的情况下，出质人仍可保留自己对于质押财产所生孳息的收取权。

2.质押财产的处分权。出质人虽将质押财产的占有移转于质权人，但并不因此丧失对于质押财产的所有权，出质人得以简易交付或指示交付的方式让与质押财产或再设定动产抵押权。此种情况下，质权人的权利并不因此而受影响。依法理和法律规定的精神，当质物应当适时出卖以取得较高售价时，纵使债务履行期尚未届至，出质人也可以请求质权人及时出卖质物而将价款提前还债或者提存。

3.偿债后请求返还质押财产或超出债权数额部分价款的权利。根据《民法典》第436条、第438条的规定，质权人在债权受偿后负有返还质押财产或多余款项的义务，而出质人则享有相应的权利。另根据《担保制度解释》第44条第2款、第3款中的规定，债权人并未因行使质权而受偿债权的，在主债权诉讼时效期间届满后，出质人并不享有返还出质财产的请求权，但仍有权请求以拍卖、变卖质押财产的价款清偿债务并请求返还超出债权数额部分的价款。

4.物上保证人的反担保请求权、追偿权与代位权。根据《民法典》第387条第2款、第392条和《担保制度解释》的有关规定，与第三人提供抵押担保的情形相当，第三人为债务人向债权人提供质押担保的，当然也可以要求债务人提供反担保；该第三人因质权的实行而丧失质押财产的损失，对债务人有追偿权和代位权，亦可依据约定向其他担保人主张分担担保责任。

（六）动产质权的消灭

根据《民法典》第393条、第391条等关于担保物权消灭事由的一般规定，动产质权消灭的主要原因包括：主债权消灭；质权实现；质权人放弃质权；质押的动产灭失且无代位物，以及当事人约定质权不附随债权转让而单独归于消灭、债权人擅自许可债务人转移债务等。[①]这些消灭事由，已在本章第一节担保物权的消灭事由部分一并讲述，此处从略；此外，如同第三人提供抵押担保一样，提供质押担保的第三人在特定情形下行使拒绝承担担保责任的抗辩权，法律虽未明确其为导致质权消灭的事由，但其实际上亦会导致质权人的权利失效。[②]

应当特别强调的是，动产质权为占有型担保物权，故其在消灭原因问题上亦有不同于抵押权的特殊之处，主要表现在如下四点：

其一，由于动产质权不存在顺位问题，故关于质权人放弃债务人提供的物的担保的效果，《民法典》第435条作出了与抵押权（第409条第2款）有所不同的规定：“质权人可以放弃质权。债务人以自己的财产出质，质权人放弃该质权的，其他担保人在质权人丧失优先受偿权益的范围内免除担保责任，但是其他担保人承诺仍然提供担保的除外。”

其二，动产质权得因质物的任意返还而消灭。动产质权的成立与存续，以质权人占有质物为必要，因此如质权人任意将质物返还于出质人时，则不问其返还的原因为何（如出借、寄托或将质物返租等），亦不问是否对质权的继续存在作了保留之约定，质权均归于消灭或者不得对抗第三人。[③]我国法律上对此虽无明文规定，但依法理和法律规定的精神，此属当然解释。但应注意的是，因质物返还于出质人而导致质权消灭的，必须是出于质权人之意思的返还（即所谓“任意返还”），若因出质人的侵夺或其他不可归责于质权人的事由而丧失对质物的占有

---

① 依法理和解释，《民法典》第407条的规定也同样应适用于质押担保。

② 参见《民法典》第702条等；《担保制度解释》第16条、第20条。

③ 郑玉波：《民法物权》，台湾三民书局1986年版，第319页。

的，则并不当然产生消灭质权的效果。

其三，动产质权还可因质权人丧失质物的占有且不能回复而消灭。这里所称的丧失占有，是指因遗失、被盗、被侵夺或其他非出于质权人意思的原因而导致质权人对质物失去事实上的管领力的情形。根据《民法典》第460条、第462条关于占有人权利保护的规定，质权人因此类情形而丧失对质物的占有，如果无法请求返还、回复占有或返还请求逾时效期间的，其质权应归于消灭；但是，质权人虽暂时丧失质物的占有，但能够依物上请求权的规定而请求返还的，其质权仍不消灭。

其四，占有型担保物权（动产质权、占有权利凭证的权利质权、留置权）无行使期间的限制，故动产质权不存在因所谓的行使期间届满而归于消灭或不受保护的问题。我国《民法典》第419条对抵押权的行使期间作了规定，而对质权、留置权是否存在诉讼时效或行使期间的问题则未有明确规定。对相关问题应如何处理，有不同的主张。笔者主张：以登记方式设立的权利质权，准用关于抵押权行使期间之规定；而以占有标的物或其权利凭证为成立和存续要件的动产质权、权利质权和留置权，则不应存在行使的时效或期间问题（这也是域外立法例和学说理论上通常采用的规则）。占有型担保物权中的权利人在主债权的诉讼时效届满未实行其担保物权也未放弃对担保财产的占有的，应当推定其意思为以担保财产归自己所有的方式抵偿债权。担保财产的所有人如果认为这种依单方意思所做的处理损害了自己的合法权益（如担保财产的价值超过债权数额等），则其应在知道或者应当知道其权利被侵害之日起3年的诉讼时效期间内主张自己的权利，否则人民法院不予保护，也不再作出处理。[①]《担保制度解释》对此问题的处理方案，经过了反复权衡，最终采用了与笔者主张基本一致的规则。根据第44条的规定，主债权诉讼时效期间届满后，动产质权和以交付权利凭证作为公示方式的权利质权中的出质人、财产被留置的债务人或者对留置财产享有所有权的第三人请求债权人返还质押财产、留置财产的，人民法院不予支持；但其请求拍卖、变卖留置财产并以所得价款清偿债务的，人民法院则应予支持。

① 参见刘保玉：《物权法学》，中国法制出版社2007年版，第359—360页。

四、权利质权

（一）权利质权的概念和特征

权利质权，是指以所有权、用益物权以外依法可让与的财产权利为标的而设立的质权。

在古罗马法中即已存在债权质及质权质等权利质权的形式。近现代法上，因应经济生活和社会发展的客观需要，权利质权有了长足的发展，可供作质押的财产权利范围日益扩张，权利质权的地位和其在金融业中的重要性日益凸显。所有权和不动产用益物权以外的可转让的财产权，与有体动产一样具有交换价值，是一种金融资源，具有担保债务清偿、促进资金融通的功用。以权利为客体而设定权利质权，赋予证券、票据、债权、股权、知识产权等财产权以担保债权实现的功能，一方面可以克服动产质押须移转占有而影响质物的使用价值及保管质物的烦累，另一方面也符合担保物权直接支配担保财产之交换价值的本质要求。而且在财产权利有证券化趋势的现代，以体现为有价证券的权利设质来担保债权之实现，无论在设定方式上还是在实行方式上，都更合乎融资担保的社会需求。有鉴于此，我国在《担保法》时代即参酌市场经济发达国家的立法经验，设专节规定了权利质权制度，《物权法》和《民法典》中又对权利质权制度作了发展和完善，更加凸显了该制度的地位和价值。

权利质权具有如下法律特征：

1.权利质权以可让与的财产权利为标的。权利质权之标的为权利，而非有体物。但并非任何权利均可作为权利质权的标的，充任质权标的之权利应具备以下条件：（1）须为财产权。（2）须为可让与的财产权，具有人身专属性而不可让与的财产权如扶养费和赡养费请求权、继承权、人身损害赔偿请求权等均不得出质。这些不得出质的权利主要包括扶养费、赡养费、人身伤害赔偿请求权等。（3）须为适于设质的权利。质权设定之目的在于使质权人在一定条件下得就质押财产的交换价值而受债权之清偿，虽为财产权但不能进行变价交易或不适宜设定质权的，亦不得充任质押财产。另外，由于传统的权利分类之原因，以不动产用益物权设定担保的，不属于权利质权，理论上和多数采形式主义担保物权理念的大陆法系国家立法上将其归入权利抵押权。

2.权利质权以交付权利凭证或登记为其公示方法。由于权利质权标的的特殊性，其公示方法与动产质权有所不同。以具有权利凭证的财产权利设立质权的，应将该权利凭证交付质权人占有；而以无权利凭证的权利设立质权的，则如同抵押权一样，只能采用登记的方式。[①]

3.权利质权是一种独立且具有特殊性的质权形式。在传统民法上，一向把动产质权视为质权的一般形式，而权利质权则为质权的特殊形式。这一方面是由于权利质权的标的与动产质权不同；另一方面是由此又带来了公示方式、标的的价值评估、权利的保全及实现方式等诸多方面的差异。依登记方式设定的权利质权，与权利抵押权并无本质不同，只是由于人们在观念上一般将不动产权利以外的其他财产权利视为动产的特殊形态，故而传统民法上将其划归质押财产的范围。在现代法上，可以质押的财产权利范围日益拓展，其在经济和金融生活中的作用也与早期社会不可同日而语，故此立法上通常将权利质权与动产质权一并作出规定，使其成为质权的两大类型。但鉴于权利质权仍有诸多不同于动产质权的特点，立法上须对此作出特别规定；至于权利质权与动产质权的共性问题，则不再重复规定，而是准用动产质权中的有关规定。我国《民法典》中也采用了上述通行的规则和立法技术，于第446条规定：权利质权除适用本节规定外，适用本章第一节（即动产质权）的有关规定。

（二）权利质权的性质

关于权利质权的性质，理论上主要有权利让与说和权利标的说两种不同的观点。

权利让与说流行于德国普通法时代，该说认为：质权的标的应以有体物为限，质权在本质上即是指物上质，权利之上不得产生质权；所谓权利质，实质上

---

① 参见《民法典》第441条、第443—445条。另应说明的是，《民法典》中删除了原《物权法》中各种权利质权具体登记机构的规定，根据《国务院关于实施动产和权利担保统一登记的决定》（国发〔2020〕18号），自2020年1月1日起在全国范围内实施动产和权利担保统一登记制度，但债券质押、基金份额质押、股权质押、知识产权中的财产权质押除外，此几种权利质权的登记仍由原登记机构按原登记规则办理。

是以担保为目的而让与债权或其他权利。尤其对于债权质，质权人有直接收取作为质权标的的债权的权能，若不将债权的出质作为债权的让与，则无法说明其理由。在权利让与说中，对于权利让与的具体内涵又有附停止条件的权利让与说、内容受限制的让与说及设定的让与说等几种稍有差异的解释。

权利标的说又称权利出质说或权利目的说，该说认为：权利质与物上质在本质上并无任何差异，所不同者仅其标的而已，即物上质以物为标的，权利质以权利为其标的；在现代社会，权利可成为物权标的的观念已为多数人所接受，也为立法所采取，实无再以借权利让与来说明权利质权的必要，况且，权利让与并非创设新权利，仅是权利主体的变更，而权利质押为创设新权利，与权利让与有根本区别。因此，权利质权并不是权利的让与，而是一种以权利自身为标的、以担保为目的而设定的质权。[①]《德国民法典》中采用了权利标的说（第1273条第1项），自此以后，权利标的说成为各国学说和立法上的通说。我国学界和立法上，采纳的也是权利标的说。

（三）权利质权的标的

我国《民法典》第440条规定："债务人或者第三人有权处分的下列权利可以出质：（一）汇票、本票、支票；（二）债券、存款单；（三）仓单、提单；（四）可以转让的基金份额、股权；（五）可以转让的注册商标专用权、专利权、著作权等知识产权中的财产权；（六）现有的以及将有的应收账款；（七）法律、行政法规规定可以出质的其他财产权利。"按照该条规定，可以出质的权利包括以下几类：

1.汇票、本票、支票

根据《票据法》的规定，汇票是指出票人签发的，委托付款人在见票时或在指定日期无条件支付确定的金额给收款人或者持票人的票据。汇票分为银行汇票和商业汇票。汇票根据记载收款人的形式分为记名汇票和指示汇票。记名汇票是

① 参见郭明瑞、杨立新：《担保法新论》，吉林人民出版社1996年版，第233页；梁慧星、陈华彬：《物权法》（第四版），法律出版社2007年版，第358页；胡康生主编：《中华人民共和国物权法释义》，法律出版社2007年版，第475页。

指出票人在汇票上明确记载收款人的姓名的汇票；指示汇票是指不仅在汇票上记载收款人的姓名，而且记载“或者其他指定人”字样的汇票。我国《票据法》上不承认无记名汇票。《票据法》第35条第2款规定：“汇票可以设定质押；质押时应当以背书记载‘质押’字样。被背书人依法实现其质权时，可以行使汇票权利。”

本票是出票人签发的，承诺自己在见票时无条件支付确定的金额给收款人或者持票人的票据。本票主要是指银行本票，我国《票据法》上要求本票必须记载收款人或者其指定人的名称，即只允许签发记名本票和指示本票，不允许签发无记名本票。我国《票据法》上对本票能否出质未作明文规定，原《担保法》《物权法》和《民法典》上则均规定本票可以质押。

支票是出票人签发的，委托办理支票存款业务的银行或者其他金融机构在见票时无条件支付确定的金额给收款人或者持票人的票据。支票分为记名支票、指示支票和无记名支票。我国《票据法》对支票出质未作规定，但鉴于支票作为有价证券，不仅具有支付功能，也具有信用功能，同样具有流通性和价值性，支票上的权利应为一种债权且具有可让与性，因此我国的原《担保法》《物权法》和《民法典》上均规定支票可以出质。①

2. 债券、存款单

债券，是由政府、金融机构或者企业为了筹措资金而依照法定程序向社会发行并约定在一定期限内还本付息的有价证券。债券实际上是一种借款凭证，按其发行主体的不同而分为政府债券（国库券）、金融债券和公司债券。

存款单也称存单，是指由银行或其他储蓄机构发给存款人的证明其存款债权并承诺到期还本付息的债权凭证。一般来说，适于出质的存款单主要是指各类大额的定期存单，而活期存单则可随时支取相应款项，无须烦琐地以此作担保融资。

3. 仓单、提单

仓单是指有仓储保管人应存货人的请求而填发的证明存货人交付仓储物和提取仓储物的凭证。根据《民法典》合同编第二十二章中的规定，存货人交付仓储物的，保管人应当出具仓单、入库单等凭证。保管人应当在仓单上签名或者盖

---

① 参见最高人民法院物权法研究小组编著：《中华人民共和国物权法条文理解与适用》，人民法院出版社2007年版，第475页。

章。仓单包括下列事项：（1）存货人的姓名或者名称和住所；（2）仓储物的品种、数量、质量、包装及其件数和标记；（3）仓储物的损耗标准；（4）储存场所；（5）储存期限；（6）仓储费；（7）仓储物已经办理保险的，其保险金额、期间以及保险人的名称；（8）填发人、填发地和填发日期。仓单是提取仓储物的凭证。存货人或者仓单持有人在仓单上背书并经保管人签字或者盖章的，可以转让提取仓储物的权利。

提单是指用以证明海上货物运输合同和货物已经由承运人接受或者装船，以及承运人保证据以交付货物的单证。根据《海商法》的规定，提单中载明的向记名人交付货物、按照指示人的指示交付货物或者向提单持有人交付货物的条款，构成承运人据以交付货物的保证。货物由承运人接受或者装船后，应托运人的要求，承运人应当签发提单。提单可以由承运人授权的人签发，提单由载货船舶的船长签发的视为代表承运人签发。提单的内容包括下列各项：（1）货物的品名、标志、包数或者件数、重量或者体积，以及运输危险货物时对危险性质的说明；（2）承运人的名称和主营业所；（3）船舶名称；（4）托运人的名称；（5）收货人的名称；（6）装货港和在装货港接收货物的日期；（7）卸货港；（8）多式联运提单增列接收货物地点和交付货物地点；（9）提单的签发日期、地点和份数；（10）运费的支付；（11）承运人或者其代表的签字。提单缺少上述规定的一项或者几项的，不影响提单的性质。提单分为记名提单、指示提单和不记名提单。记名提单不得转让；指示提单经过记名背书或者空白背书可以转让；不记名提单无须背书即可转让。

4. 可以转让的基金份额、股权

基金份额是指向投资者公开发行的，表示持有人按其所持份额对基金财产享有收益分配权、清算后剩余财产取得权和其他相关权利，并承担相应义务的凭证。这里所称的基金，仅指《证券投资基金法》中规定的证券投资基金，即通过公开或者非公开募集资金设立证券投资基金，由基金管理人管理，基金托管人托管，为基金份额持有人的利益，以资产组合方式进行证券投资活动的信托契约型基金。

股权是指股东因向公司直接投资而享有的权利。我国《公司法》上规定公司包括有限责任公司和股份有限公司。有限责任公司股东的股权的表现形式是

出资证明书；股份有限公司股东的股权的表现形式是股票。出资证明书是有限责任公司向股东签发的证明投资人已经依法履行缴付出资义务、成为有限责任公司股东的法律文件。根据《公司法》的规定，有限责任公司成立后，应当向股东签发出资证明书，并由公司盖章。出资证明书应当记载下列事项：（1）公司名称；（2）公司成立日期；（3）公司注册资本；（4）股东等姓名或者名称、缴纳的出资额和出资日期；（5）出资证明书的编号和签发日期。股票是股份有限公司签发的证明股东所持股份的凭证。股票采用纸面形式或者国务院证券监督管理机构规定的其他形式。股票应当记载下列事项：（1）公司名称；（2）公司成立日期；（3）股票的种类、票面金额及代表的股份数；（4）股票的编号。股票由法定代表人签名，公司盖章。发起人的股票，应当标明发起人股票字样。出资证明书和股票就是股东享有股权的法定凭证，股东凭此证券就可以享有相应的权利。

基金份额和股权均具备较强的流通性和可变现性，设定与实现质权都极为方便，所以在实践中成为出质的佳品而备受债权人青睐。[①]应注意的是，只有依法可以转让的基金份额和股权才可以作为权利质权的标的。而有的基金份额和股权依法不得转让，也就不能出质。如根据《公司法》的规定，发起人持有的本公司股份自公司成立之日起1年内不得转让；公司公开发行股份前已发行的股份，自公司股票在证券交易所上市交易之日起1年内不得转让。根据《证券投资基金法》的规定，非公开募集资金，不得向合格投资者之外的单位和个人转让，在转让时也不得超出法律规定的投资者人数的限制。因此，这类有转让限制的股票和基金份额在出质时也需要遵守相应的限制性规定。[②]

5. 可以转让的知识产权中的财产权

知识产权，是指人们对于自己的创造性智力成果和经营管理中的标记所依法享有的专有权利，包括注册商标专用权、专利权、著作权等。我国《民法典》第123条对知识产权在民事权利中的地位作出了概括性规定，《专利法》

---

① 参见最高人民法院物权法研究小组编著：《中华人民共和国物权法条文理解与适用》，人民法院出版社2007年版，第657页、第663页。

② 黄薇主编：《中华人民共和国民法典释义》（上），法律出版社2020年版，第843页。

《商标法》《著作权法》等法律中对各种知识产权的内容作有具体规定。知识产权主要是一种财产性权利，但某些知识产权如著作权既有人身性权利也有财产性权利，人身性权利依其性质不得转让，也不得出质，唯知识产权中的财产权可以转让或者作为权利质权的标的。由于认识上的原因和价值评估、变现方面遇到的一定困难，目前我们在现实生活中以知识产权出质的情况尚不多见，但随着知识产权在当今社会的价值和重要性日益凸显，从国外的情况和我国未来的发展趋势看，知识产权中的财产权将会成为一种重要的担保资源。[①]

6.现有的以及将有的应收账款

在会计学的概念上，应收账款是指企业因销售商品、产品或提供劳务等原因，应向购货客户或接受劳务的客户收取的款项或代垫的运杂费等。[②]在现代应收账款融资实践中，一般将应收账款定义为“金钱债务形式的、不以流通票据为证的一种无形资产”，包括“现有应收账”“未挣得应收账款”和“未来应收账款”。[③]应收账款的发生是企业在日益激烈的市场竞争环境下，为扩大业务量，把产品或服务赊销给客户，为客户垫付短期资金而采取的一种商业促销策略。用法律上的语言表述，应收账款是指在票据、存单债权之外债权人有权向债务人主张和收取的一定数额的金钱债权。该金钱债权不限于已经发生的债权，还包括将来可能发生的债权，但此类金钱债权须未被票据等有价证券所表彰。我国原《物权法》中所言的应收账款，其范围已非常广泛，包含了以前的法律、法规中所规定的公路、桥梁收费权等不动产收费权、基础设施项目收益权或收费权、电信业服务收费权、高校学生公寓收费权、出口退税权等在内。考虑到其中的一些收费权等权利虽然在主体和用途上具有一些特殊性，但在本质上仍是一种未来应收账款（未来债权），故而法律上未再将其独立规定，而是将其纳入应收账款

---

① 参见最高人民法院物权法研究小组编著:《中华人民共和国物权法条文理解与适用》,人民法院出版社 2007 年版，第 667 页。

② 中国注册会计师协会编:《会计》(2005 年度注册会计师全国统一考试辅导教材)，中国财政经济出版社 2005 年版，第 29 页。

③ 参见中国人民银行研究局等:《中国动产担保物权与信贷市场发展》，中信出版社 2006 年版，第 223 页、第 428 页。

之中。[①]中国人民银行于2019年11月发布的《应收账款质押登记办法》第2条规定：“本办法所称应收账款是指权利人因提供一定的货物、服务或设施而获得的要求义务人付款的权利以及依法享有的其他付款请求权，包括现有的和未来的金钱债权，但不包括因票据或其他有价证券而产生的付款请求权，以及法律、行政法规禁止转让的付款请求权。”“本办法所称的应收账款包括下列权利：（一）销售、出租产生的债权，包括销售货物，供应水、电、气、暖，知识产权的许可使用，出租动产或不动产等；（二）提供医疗、教育、旅游等服务或劳务产生的债权；（三）能源、交通运输、水利、环境保护、市政工程等基础设施和公用事业项目收益权；（四）提供贷款或其他信用活动产生的债权；（五）其他以合同为基础的具有金钱给付内容的债权。”《民法典》中结合我国金融实践的需要并借鉴国际通行规则，明确规定“现有的以及将有的应收账款”可以作为质押标的，以法律的形式明确了将来发生的债权可以作为质押的客体。[②]这对于解决中小企业融资难的问题并发挥应收账款这种沉淀资本的作用，具有重要的意义。

7. 法律、行政法规规定可以出质的其他财产权利

这是对可以出质的权利所作的保底性规定。[③]前面的列举性规定并不能涵盖所有可以出质且适合出质的权利范围，为此该条作了一个授权性的规定，根据现实需要、权利质押的可行性、市场风险等因素，法律、行政法规可以对其他可以出质的权利作出规定。[④]

（四）权利质权的设立

权利质权的取得原因大抵与动产质权相同，有基于法律行为而取得者，也有

---

① 参见胡康生主编：《中华人民共和国物权法释义》，法律出版社2007年版，第481—483页；刘保玉、孙超：《物权法中的应收账款质押制度解析》，载《甘肃政法学院学报》2007年第4期。

② 参见黄薇主编：《中华人民共和国民法典释义》（上），法律出版社2020年版，第845页。

③ 本条第7项采用的是封闭式的兜底条款规定，此与第395条第1款第7项可以抵押的财产范围的开放式兜底条款不同。其原因应在于《民法典》第115条中“法律规定权利作为物权客体的，依照其规定”的限制；另外，也考虑到了以财产权利出质的风险较大等因素，不宜过度放开。

④ 参见黄薇主编：《中华人民共和国民法典释义》（上），法律出版社2020年版，第846页。

基于法律行为以外的事实而取得者，同样是以当事人通过合同的方式设立质权最为多见和重要。有关质押合同的形式和内容等已如前述，此处仅对其公示问题稍作说明。

根据质权客体类别的差异，可将权利质权分为证券债权质权、基金份额、股权质权、知识产权质权和应收账款质权等几种。[①]出质权利的性质和特点不同，质权设立的要件也有所不同。

1.证券质权的设立

《民法典》第441条规定："以汇票、本票、支票、债券、存款单、仓单、提单出质的，质权自权利凭证交付质权人时设立；没有权利凭证的，质权自办理出质登记时设立。法律另有规定的，依照其规定。"依多数国家立法的规定，证券的种类不同，其质权成立的具体要求也不尽相同。我国《民法典》中本条的规定也区分了两种情况加以规定：

其一，有权利凭证的，质权自权利凭证交付质权人时设立。这主要是针对以汇票、本票、支票、存款单、仓单、提单和一部分具有权利凭证的实物债券等出质的情况而作的规定。[②]

其二，没有权利凭证的，质权自有关部门办理出质登记时设立。在我国，部分债券如记账式国库券和在证券交易所上市交易的公司债券都已经实现了无纸化，这些债券没有权利凭证，如果要出质，须到法律、法规规定的有关登记部门办理出质登记，质权自办理出质登记时设立。由于债券交易管理和出质登记的特殊性，其不适用动产和权利担保统一登记规则。由于债券的品种不同以及交易所债券市场和银行间债券市场的区分等，债券质押登记，分别到中国证券登记结算机构、中央国债登记结算有限责任公司、上海清算所并按其登记办法的规定进行

---

① 在学理和域外一些立法例上，通常还承认一般债权（普通债权）质权。一般债权质的设定应以书面质权合同为之；有债权证书的，通常还规定应将其证书交付于债权人，质权始为成立。除此之外，当事人还应将订立质权合同的情况通知第三债务人，否则质权不能成立或不能对抗债务人及第三人。我国立法中未明确规定一般债权质权，但《民法典》中所规定的应收账款质权，与之类同。

② 由于存款单造假的可能性较大且以虚假存单质押的情况时有出现，因此，为安全起见，债权人接受存单质押时通常会要求储蓄机构出具"核押"证明，但是否核押并非存款单质押的成立要件。

登记。

另外，由于我国《票据法》《公司法》等法律对以汇票、记名公司债券出质的，应背书记载“质押”字样的特殊要求，为与特别法的规定衔接一致，故本条在原《物权法》第224条规定的基础上增加规定：法律另有规定的，依照其规定。[①]《担保制度解释》中还对证券质权设立中的有关问题作了进一步规定。该解释第58条规定：“以汇票出质，当事人以背书记载‘质押’字样并在汇票上签章，汇票已经交付质权人的，人民法院应当认定质权自汇票交付质权人时设立。”第59条第1款规定：“存货人或者仓单持有人在仓单上以背书记载‘质押’字样，并经保管人签章，仓单已经交付质权人的，人民法院应当认定质权自仓单交付质权人时设立。没有权利凭证的仓单，依法可以办理出质登记的，仓单质权自办理出质登记时设立。”第60条第1款规定：“在跟单信用证交易中，开证行与开证申请人之间约定以提单作为担保的，人民法院应当依照民法典关于质权的有关规定处理。”

2. 基金份额、股权质权的设立

基金份额和股权质权的设立方式因出质的基金份额、股权的性质、种类不同而异。《民法典》第443条第1款规定：“以基金份额、股权出质的，质权自办理出质登记时设立。”据此规定，以基金份额、股权出质的，除应订立质押合同外，尚须办理出质登记。考虑到建立统一的动产和权利担保统一登记制度的需要，《民法典》该条规定和第441条、第444条、第445条中均将原《物权法》相应条文中的登记机构的规定删除。但根据《国务院关于实施动产和权利担保统一登记的决定》，权利质押中的债券质押、基金份额质押、股权质押、知识产权中的财产权质押未纳入动产和权利担保统一登记的范围，仍由原登记机构按其登记规则办理。

在我国目前的实践操作中，基金份额、股权的质押登记差异较大、情况复杂，分别由多个登记机构进行相应的权利质押登记。基金份额如果其本身是在证券登记结算机构登记，以该基金份额出质的，仍在证券登记结算机构办理出质登

① 参见黄薇主编：《中华人民共和国民法典释义》（上），法律出版社2020年版，第846页；最高人民法院民法典贯彻实施工作领导小组主编：《中华人民共和国民法典物权编理解与适用》（下），人民法院出版社2020年版，第1254页。

记；[①]以未在证券登记结算机构登记的其他基金份额出质的，则在其他基金份额登记结算机构办理出质登记。以股权出质的，上市公司的股权、在全国中小企业股份转让系统转让股权的股份公司以及退市公司股权的质押登记，在证券登记结算机构登记办理；有限责任公司的股权和未在证券登记结算机构登记的股份有限公司的股权质押登记，在市场监督管理机构办理。[②]应注意的是，以基金份额、股权出质的，除适用《民法典》的规定外，还应遵守《证券投资基金法》和《公司法》《证券法》等法律的有关规定及其限制。

3.知识产权质权的设立

《民法典》第444条第1款规定："以注册商标专用权、专利权、著作权等知识产权中的财产权出质的，质权自办理出质登记时设立。"负责办理注册商标专用权、专利权质押登记的机构是国家知识产权局，目前适用的登记规则分别是：2020年4月22日发布、2020年5月1日起施行的《注册商标专用权质押登记程序规定》（2009发布的原登记程序规定同日起不再执行）；2010年8月26日发布、2010年10月1日起施行的《专利权质押登记办法》（1996年的《专利权质押合同登记管理暂行办法》同时废止）；负责办理著作权质押登记的机构是国家版权局，目前适用的登记规则是2010年11月25日发布、2011年1月1日起施行的《著作权质权登记办法》（1996年的《著作权质押合同登记管理办法》同时废止）。另应注意的是，由于知识产权质权于实行时通常要将设质的权利转让、变价，因此，知识产权质权的设定还应遵循《商标法》《专利法》《著作权法》等法律上关于知识产权转让、质押等相关规定。

4.应收账款质权的设立

《民法典》第445条第1款规定："以应收账款出质的，质权自办理出质登记时设立。"应收账款质押中的商业风险之规避和消解，主要应依赖于信贷机构的风险管理能力以及对客户的信用评估和资金流动的监控能力，法律不必也不应过

---

① 证券登记结算机构是指专门为证券交易提供集中登记、存管与结算服务的不以营利为目的的法人，目前即是指中国证券登记结算有限责任公司。其适用的登记规则是《证券登记结算管理办法》和《证券质押登记业务实施细则》（2020年修订版）。

② 参见黄薇主编：《中华人民共和国民法典释义》（上），法律出版社2020年版，第847—848页。目前股权质押的登记规则仍是原国家工商行政管理总局2008年9月1日公布、2008年10月1日起施行、2016年4月29日修订的《工商行政管理机关股权出质登记办法》。

多干预；而其法律风险则主要应通过公示制度加以规制和解决。在应收账款质权的设立上，考虑到交付债权证书和通知第三债务人的传统方式不足以达到公示的要求，故我国《物权法》中规定以办理出质登记作为其公示方式，并选择信贷征信机构（具体为中国人民银行的信贷征信中心）作为应收账款质押的登记机构。[①] 中国人民银行信贷征信机构已建立了全国联网的电子化的信贷征信咨询系统，该系统信息量大、覆盖面广，运行快捷、安全，且便于查询。由于该系统的登记规则合理、整体运行状况良好，受到各界好评，故此，在《民法典》颁行后，国务院2020年12月22日发布的《关于实施动产和权利担保统一登记的决定》中明确由中国人民银行征信中心负责动产和权利担保统一登记的事宜。中国人民银行2021年12月发布了《动产和权利担保统一登记办法》（自2022年2月1日起施行，原《应收账款质押登记办法》同时废止），对应收账款质押登记的登记机构和程序等问题作出了具体规定。

（五）权利质权的效力

关于权利质权所担保的债权范围、所及于标的物之范围以及质权人、出质人的权利义务和质权的消灭原因等内容，大多准用动产质权的有关规定，此不赘述。这里仅将几项具有特殊性的规定和限制列出并作说明：

1.关于证券债权质权的效力

《民法典》第442条规定："汇票、本票、支票、债券、存款单、仓单、提单的兑现日期或者提货日期先于主债权到期的，质权人可以兑现或者提货，并与出质人协议将兑现的价款或者提取的货物提前清偿债务或者提存。"《担保制度解释》第59条第2—4款规定："出质人既以仓单出质，又以仓储物设立担保，按照公示的先后确定清偿顺序；难以确定先后的，按照债权比例清偿。""保管人为同一货物签发多份仓单，出质人在多份仓单上设立多个质权，按照公示的先后确定清偿顺序；难以确定先后的，按照债权比例受偿。""存在第二款、第三款规定的情形，债权人举证证明其损失系由出质人与保管人的共同行为所致，请求出质人

① 参见胡康生主编：《中华人民共和国物权法释义》，法律出版社2007年版，第489—490页；刘保玉、孙超：《物权法中的应收账款质押制度解析》，载《甘肃政法学院学报》2007年第4期。

与保管人承担连带赔偿责任的，人民法院应予支持。”第60条规定：“在跟单信用证交易中，开证行与开证申请人之间约定以提单作为担保的，人民法院应当依照民法典关于质权的有关规定处理。”“在跟单信用证交易中，开证行依据其与开证申请人之间的约定或者跟单信用证的惯例持有提单，开证申请人未按照约定付款赎单，开证行主张对提单项下货物优先受偿的，人民法院应予支持；开证行主张对提单项下货物享有所有权的，人民法院不予支持。”“在跟单信用证交易中，开证行依据其与开证申请人之间的约定或者跟单信用证的惯例，通过转让提单或者提单项下货物取得价款，开证申请人请求返还超出债权部分的，人民法院应予支持。”“前三款规定不影响合法持有提单的开证行以提单持有人身份主张运输合同项下的权利。”另外，在实践中，以存款单出质的，签发银行核押后又受理挂失并造成存款流失的，应当承担民事责任；签发银行对虚假存款单核押的，亦应承担存款单所记载的兑付责任。

2.关于基金份额、股权质权的效力

《民法典》第443条第2款规定：“基金份额、股权出质后，不得转让，但是出质人与质权人协商同意的除外。出质人转让基金份额、股权所得的价款，应当向质权人提前清偿债务或者提存。”

3.关于知识产权质权的效力

《民法典》第444条第2款规定：“知识产权中的财产权出质后，出质人不得转让或者许可他人使用，但是出质人与质权人协商同意的除外。出质人转让或者许可他人使用出质的知识产权中的财产权所得的价款，应当向质权人提前清偿债务或者提存。”以知识产权中的财产权出质后，不仅存在出质人擅自转让的问题，而且还存在因许可他人使用而导致出质权利价值贬损的问题，故此，法律对其作出了“不得转让或者许可他人使用”的双重限制。依据法律规定的精神，出质人未经质权人同意而转让或者许可他人使用已出质的知识产权中的财产权的，应当认定无效，因此给质权人或者第三人造成损失的，由出质人承担相应的民事责任。

4.关于应收账款质权的效力

《民法典》第445条第2款规定：“应收账款出质后，不得转让，但是出质人与质权人协商同意的除外。出质人转让应收账款所得的价款，应当向质权人提前清偿债务或者提存。”另依《民法典》合同编中关于债权转让的相关规定，以应收账款出质的，应以送达设质通知为债权质权对抗该债务人的要件，如果不对其为通知，该债务人得因向出质人清偿债务而免责；以应收账款出质的，应收账款债务人仍有权向质权人主张基础合同中对出质人的抗辩权，但应收账款债务人放弃该抗辩权或者与出质人恶意串通损害质权人利益的除外。《担保制度解释》第61条对应收账款质权的效力问题补充规定："以现有的应收账款出质，应收账款债务人向质权人确认应收账款的真实性后，又以应收账款不存在或者已经消灭为由主张不承担责任的，人民法院不予支持。""以现有的应收账款出质，应收账款债务人未确认应收账款的真实性，质权人以应收账款债务人为被告，请求就应收账款优先受偿，能够举证证明办理出质登记时应收账款真实存在的，人民法院应予支持；质权人不能举证证明办理出质登记时应收账款真实存在，仅以已经办理出质登记为由，请求就应收账款优先受偿的，人民法院不予支持。""以现有的应收账款出质，应收账款债务人已经向应收账款债权人履行了债务，质权人请求应收账款债务人履行债务的，人民法院不予支持，但是应收账款债务人接到质权人要求向其履行的通知后，仍然向应收账款债权人履行的除外。""以基础设施和公用事业项目收益权、提供服务或者劳务产生的债权以及其他将有的应收账款出质，当事人为应收账款设立特定账户，发生法定或者约定的质权实现事由时，质权人请求就该特定账户内的款项优先受偿的，人民法院应予支持；特定账户内的款项不足以清偿债务或者未设立特定账户，质权人请求折价或者拍卖、变卖项目收益权等将有的应收账款，并以所得的价款优先受偿的，人民法院依法予以支持。"

5.关于财产权利出质后转让权的限制

应当注意的是，《民法典》编纂过程中，关于是否应基于担保物权的追及效力规则而一并修改原《物权法》中关于担保财产转让的规定，有不同的主张。[①]最终，《民法典》在关于权利质权效力问题的第443条、第444条、第445条第2款规定中，仍维持了《物权法》中"财产权利出质后不得转让，但是经出质人与质权人协商同意的除外"的规则，此与抵押权中除另有约定外抵押人可以转让抵押财产但抵押权人有追及效力的规定显有不同。采此不同规则的原因，应该在于

① 参见刘保玉：《民法典物权编（草案）担保物权部分的修改建议》，载《法学杂志》2019年第3期。

财产权利的转让颇为迅捷、简便且不易追及，若允许出质人自由转让，其后果将难以控制，对质权人而言风险太大。为保护质权人的利益不因此而受到损害，故法律对出质人转让或许可他人使用已出质的权利作出了限制性规定。依此规定的精神，出质人擅自转让出质权利的，应属无效。

6.关于权利质权准用或参照适用法律的其他相关规定

《民法典》第446条明确规定：权利质权除适用本节规定外，适用本章第一节（动产质权）的有关规定。此点，前已述及。学理上一般还认为，除法律另有规定及因权利性质的差异不能准用或参照的外，抵押权制度中的其他相关规则（质押的财产权利价值不当降低时的质权人的救济措施等）亦应准用于权利质权，或者可为质权制度之参照。我国法律上对此也有相关规定，如《民法典》第414条第2款中规定登记设立的权利质权的清偿顺序参照适用抵押权的位序规则；《担保制度解释》第44条第3款中明确了以登记作为公示方式的权利质权的行使期间参照适用抵押权行使期间的规定。我们认为，除法律明确规定权利质权的追及力等规则不同于抵押权外，抵押权中的其他相关规定，亦得参照适用于权利质权；由于以财产权利出质与财产权利转让中的相应问题存在相似性和一致性，故权利质权的设立、效力等问题还应参照适用《民法典》总则编、合同编及其他法律关于权利转让的规定。此点，法律上虽无明文，但依法理和法律规定的精神，当然可以得出这一结论。①

第四节　留置权

一、留置权的概念与特征

（一）留置权的概念

留置权，是指债权人按照合同约定或基于其他法律关系合法占有债务人的动产，于债务人不履行到期债务时，对该动产予以留置并就其变价优先受偿的权

① 参见刘保玉:《论我国质权制度的完善》，载《现代法学》2017年第6期。

利。《民法典》第447条规定：“债务人不履行到期债务，债权人可以留置已经合法占有的债务人的动产，并有权就该动产优先受偿。”“前款规定的债权人为留置权人，占有的动产为留置财产。”

留置权主要是基于保管、运输、承揽、行纪等特定的合同关系而依法产生的一种债的担保方式，它的法理基础在于双务合同法律关系中的平等、公平原则，督促债务人及时履行债务。在合同关系中，当保管人、承运人、承揽人、行纪人依约履行了自己的义务，而委托人却不按合同约定履行支付保管费、运费、加工费、报酬等义务的情况下，如果标的物仍在债权人控制之中，则债权人即可留置该动产（或与债权额相当的部分），经催告，债务人仍不能于合理期限内清结其债务的，债权人有权依法以该动产折价或者就其变价价款优先受偿其债权。留置权在符合法定条件时当然发生，债权人能从合同标的物本身受偿其债权，颇为简便而且比较可靠，故其为担保的方式和担保物权的一种。从我国原《担保法》等以往的法律上所规定的留置权发生条件来看，其适用范围过于狭窄，只存在于特定的合同关系中，[①]这在一定程度上影响了留置权这种担保方式发挥作用的空间。《物权法》和《民法典》中对其适用范围予以扩张，除特定的合同关系外，在发生无因管理、不当得利乃至侵权责任等情形下，如果债权人合法占有的动产与其债权的发生属于同一法律关系，债权人即有留置权；企业之间财产的留置，也不受债权因同一法律关系而发生的条件限制。

（二）留置权的性质

留置权在历史上曾有民事留置权与商事留置权之分。民事留置权起源于古罗马法的恶意抗辩权，其核心内容为同一债务关系中两个对立债权的拒绝给付权，类似于现代法上的抵销抗辩权和同时履行抗辩权，是债权性权利而不具有物权的性质。具有物权性质的商事留置权源于中世纪意大利的商业习惯法。[②]近现代各国民事立法中，有的借鉴了罗马法上的债权性留置权的传统，也有的受到了具有物权效力的商事留置权影响，因此在立法体例上形成了债权性留置权和物权性留

---

① 参见原《担保法》第82条、第84条；原《合同法》第422条等。

② 陈华彬：《物权法原理》，国家行政学院出版社1998年版，第736页。

置权两种不同的留置权制度。[①]

法国、德国、意大利等国的民商法采用债权性留置权制度。留置权在性质上只是债权效力的延伸，债权人在相对人履行债务前，对其已经占有的相对人的财产有拒绝给付或返还的权利，而没有直接支配并从中优先受偿债权的权利。法国民法上直接继承罗马法的传统，将留置权作为双务合同同时履行抗辩权的特例。德国民法上将留置权规定于债编总则（第273条），在精神上与法国民法大致相同。

瑞士、日本等的立法例上，采用的是物权性留置权制度。留置权是债权人为担保债权受偿而对合法占有的债务人的财产所享有的一种法定物权。瑞士法上将留置权和质权并列，在性质上将留置权视同法定动产质权，并赋予其优先受偿效力。日本民法上虽将留置权作为担保物权的一种加以规定，但其所规定的留置权仅有留置效力而无优先受偿效力。

应当指出的是，尽管多数大陆法系国家法律上直接关于留置权的规定有所谓“债权性留置权”和“物权性留置权”的差异，但其同时还有许多关于优先权（或先取特权）的规定，而在发生留置权的场合，权利人几乎都同时另有基于法定优先权而就标的物的优先受偿权。[②]因此，可以说绝大多数国家法律上所规定的留置权都具有留置标的物的效力和优先受偿效力，应属于或实质上属于担保物权的一种，唯其对留置权与优先权两种制度的结构安排和内容设计有所不同而已。我国许多著述中，往往仅关注了某些立法例上关于留置权本身的效力规定，却忽略了其优先权的制度设计，以至于得出的结论有失片面。

依国内学界的一般认识，英美法中的留置权种类繁多，计有30多种，有普通法上的留置权、衡平法上的留置权、法定留置权、海事留置权等，在性质上属于物的担保范畴。但值得澄清的是，国内学界对英美法中的“lien”的认识存在普遍性的错误。在英美法中，lien并不是指大陆法上的所谓“留置权”，而是指在他人财产上设定的旨在担保债务或义务履行的负担，它是英美担保法上的一个核心的上位概念。英美学界根据不同的标准将lien划分为不同的种类：如以权利人是否占有担保物为标准，lien被分为占有性的lien和非占有性的lien；以产生

① 邹海林、常敏:《债权担保的方式和应用》，法律出版社1998年版，第310页。

② 参见陈龙业:《留置权若干问题研究》，山东大学2006年硕士学位论文。

的规则体系为标准，lien被分为衡平法上的lien和法律上的lien；以产生方式为标准，lien又被分为意定的lien和法定的lien，后者还可细分为普通法上的、成文法上的和司法程序中的lien。以大陆法视角观之，英美法上的lien既包含担保物权等实体性权利，又含有为保障判决得以执行的程序性权利；其成文法上的lien还囊括了不属于私法范畴的公权力。这种独特分类依据的不是权利性质而是权利的作用，它体现的是一种典型的功能主义和实用主义。[①]因此，对英美法中的lien，大致可理解为相当于大陆法系国家中“物的担保”，而绝不仅仅是留置权；采行功能主义和实用主义担保权理念的英美法中也没有大陆法系国家抵押权、质权、留置权的明确分类。

我国民国时期的民法，效仿瑞士和日本的立法例，在物权编中规定留置权，并将其优先权的效力规则合并于留置权之中，从而明确赋予其物权性的优先受偿效力。我国法律上自《民法通则》以来，一直将留置权作为法定担保物权对待。

（三）留置权的特征

依我国法律的规定和理论上的共识，留置权具有以下性质和特征：

1. 留置权是担保物权的一种。首先，留置权具有物权性。这主要表现在留置权人对其所占有的债务人的特定财产能够排他地控制、支配上。物权所具有的标的物的特定性，权利性质与效力的支配性、绝对性、对世性、排他性等特质，留置权也均具备。其次，留置权具有担保性，留置权是基于债的关系而产生的，其目的在于为特定债权的受偿提供担保，因此属于担保物权。担保物权所共同具有的从属性、不可分性、物上代位性、价值权性、优先受偿性等，留置权无不具备。因此，留置权为担保物权的一种。

2. 留置权是动产担保物权和占有型担保物权。首先，留置权是动产担保物权，其标的物仅为动产，不动产上不发生留置权问题，相关问题通过其他法律制度（如优先权等）解决。在标的物的范围限定上，留置权与抵押权、质权均有不同。其次，留置权是占有型担保物权，只有在债权人已经合法占有债务人的动产的前提下，留置权才能成立并存续；如果丧失对留置财产的占有且不能回复的，留置权消灭。

---

① 参见孙新强、秦伟：《“船舶优先权”制度之反思》，载《法学研究》2007年第5期。

3.留置权是具有二次效力的担保物权。与其他担保物权有所不同的是，留置权具有二次效力性。留置权的第一次或首位效力为留置效力，即债权人在债务人清偿债务前，有权就其已合法占有的留置物为继续占有，并得对抗债务人对标的物的返还请求权；债务人欲使留置权人返还其标的物，须以先清偿债务为条件，此留置效力也具有同时履行抗辩权的性质。留置权的第二次或第二位的效力是优先受偿效力，即当债务人不履行到期债务，经催告后仍不履行的，留置权人有权变卖、拍卖留置物，或以留置物折价以使自己与留置物有牵连关系的债权优先得到清偿。留置权的先留置再优先受偿的二次效力特点，是其与其他担保物权的重要差别，而且，留置权的优先受偿效力强于抵押权和质权（参见《民法典》第456条、第416条）。

4.留置权是法定担保物权。留置权的法定性，是指当符合一定条件时，依法律规定当然发生或成立债权人的留置权，而无须当事人事先约定，也无须登记。留置权的法定性及其成立条件的要求，使其仅能为担保既已发生的特定债权而成立，只能是保全性的担保物权，而不具有融资性担保物权的功用。这也是留置权与抵押权、质权的重要区别。另应注意的是，留置权有其法定的适用条件和范围，不得滥用；同时，留置权虽为法定权利，但当事人得在基础合同中事先约定排除（参见《民法典》第448条、第449条）。

（四）留置权与类似权利的区别

1.留置权与动产质权的区别

留置权与动产质权均是基于对动产标的物的占有而产生的担保物权，二者有许多相似之处，但其差异也是明显的：

（1）产生的依据不同。留置权是法定担保物权，依法律规定产生，无需当事人事先约定；而动产质权属意定担保物权，其产生须以当事人订立质押合同为基础。

（2）取得占有的原因不同。留置权中，债权人合法占有债务人的财产，乃为履行合同或成立同一法律关系本身所必需，而非专为设定担保，只有在履行期届满而债务人未履行义务时，随着留置权的产生，该财产才成为特定的担保物；而在动产质权中，标的物系专为担保债务的清偿并基于质押合同的约定而移转给债权人占有。

（3）目的和功能不同。留置权的目的在于担保与留置物有牵连性或属于同一法律关系的特定债权获得清偿，纯属保全性担保物权，不具有金融媒介的功能；而质权所担保的债权无须与担保物有任何关系，质权的设立除具有确保债权实现的功能外，还可具有融通资金的媒介作用（其典型情形如最高额质权），因而可以是融资性担保物权。也正因如此，留置权的适用范围有一定的限制，而质权的适用范围法律上通常不作限制。

（4）标的物范围不同。留置权的标的物一般限于债务人本人的动产，且该动产与留置权人的债权之间须有牵连性或属于同一法律关系；而质权的标的物除可由债务人提供外，还可由第三人提供，且不要求其与担保的主债权有牵连关系。

（5）实现条件不同。留置权实现分为留置和变价两个阶段：当合同约定的期限届满债务人仍未履行义务时，债权人可留置标的物，经催告，债务人在一定期限内仍未履行的，债权人才可将留置物变价以受偿债权；而动产质权，于债权已届清偿期而未受偿或者约定的条件成就时即可实行，无须先为催告。

（6）消灭原因有所不同。除共同的消灭原因外，留置权还有债务人另行提供担保并被债权人接受的消灭原因；而动产质权则并不因债务人另行提供担保而当然归于消灭。

2. 留置权与抵押权的区别

留置权与抵押权同为担保物权，都具备定限性、从属性、不可分性、物上代位性、优先受偿性等担保物权的一系列特征。但留置权与抵押权也具有显著的区别：

（1）成立的依据不同。留置权属法定担保物权，非依法律规定不能成立；抵押权属意定担保物权，由当事人通过约定而设立。[①]

（2）成立与存续的要件不同。留置权的成立与存续以债权人实际占有债务人的财产为必要条件；抵押权则是不转移担保财产的占有而依登记的公示方式设定

---

① 不过，法国、日本、瑞士等国的立法中承认有法定抵押权。法定抵押权一般用于保护公共利益、国家财产或未转移不动产占有之债权人的利益，例如税务机关对纳税义务人的财产享有的法定抵押权等。瑞士民法上的法定抵押权还分为公法上的法定抵押权和私法上的法定抵押权，前者无需登记，而后者非经登记不生效力。法定抵押权与留置权成立的依据相当，但在其他各方面仍有区别。参见郭明瑞:《担保法原理与实务》，中国方正出版社 1995 年版，第 122—123 页。

的担保物权。

（3）标的物的范围不同。我国法律上规定的留置权，其标的仅限于动产（个别国家的立法上承认有不动产留置权）；而抵押权的标的则可以是动产、不动产或不动产权利。留置权与抵押权的客体，唯在动产上有交叉。

（4）担保财产与债权的关系不同。依我国《民法典》的规定，留置财产应当与所担保的债权属于同一法律关系，但是企业之间留置的除外；抵押权则无此限制。这一差异，显示了留置权与抵押权的目的和功能之不同。

（5）权利实现的方法和步骤不同。留置权的实现分为先留置、再催告、最后变价等几个步骤，只有当法定期限届满且经催告债务人仍未履行义务时，债务人才可将留置物变价以受偿债权；而抵押权不以占有抵押财产为条件，不存在留置标的物的问题，债权人于债务人届期不清偿债务或约定的情形发生时，便可直接主张变价受偿的权利。此外，在变价的程序上，两者也有不同。留置权以债权人实际占有留置物为基础，因此除协议以留置物折价受偿之外，债权人无需经债务人许可便可行使变价受偿的权利；而抵押权人并不实际管领、控制抵押财产，所以无论是以抵押财产折价还是以拍卖、变卖的方式受偿债权，都必须与债权人达成协议，否则，只能通过诉讼或申请法院强制执行的方式来实现抵押权。

（6）权利消灭的原因有所不同。除担保物权的共同消灭原因外，留置权存在债权人丧失对留置物的占有或债务人另行提供担保并被债权人接受的消灭原因；而抵押权则不存在因丧失占有而消灭的问题，也不因债务人另行提供担保而当然消灭。另外，抵押权人未在主债权诉讼时效期间内行使，会发生抵押权消灭或者不受保护的后果，而留置权不因此而受影响（参见《担保制度解释》第44条）。

3. 留置权与同时履行抗辩权的区别

同时履行抗辩权，是指在未定先后履行顺序的双务合同中，一方当事人在他方未为对待履行以前，有权拒绝其向自己提出的先予履行请求的权利（参见《民法典》第525条）。同时履行抗辩权与留置权都是法律基于公平的理念而作的规定，其发生原因颇为相似，且也无妨同时存在。但仍不可将二者等同看待，其区别主要表现在：

（1）性质不同。留置权属担保物权，具有物权的支配性和担保物权的从属性、不可分性、物上代位性和优先受偿性，其效力可以对抗相对人及其他任何人；而同时履行抗辩权属双务合同的一种效力，为债权性权利，以拒绝相对人的请求为内容，且只能对合同的相对人主张。

（2）目的和功能不同。留置权以担保债务履行为目的，在权利人留置标的物并催告债务人后，可依法对标的物变价并优先受偿其债权；而同时履行抗辩权的发生和行使主要不在于担保债务履行，而在于谋求双方同时履行，以维护利益的公平，其只能消极地阻止对方的请求，并无积极实现自己的债权的功能。基于性质和目的此基本差异，二者的消灭原因也迥然有异。

（3）适用范围不同。留置权系法定担保物权，只适用于法律明确规定的特定债权，其适用范围具有限定性；而同时履行抗辩权适用的合同债权的种类并无限定，只要是双务合同且事先未约定当事人双方履行合同的先后顺序，原则上均得发生该项抗辩权。例如，买卖合同中常发生同时履行抗辩权，但留置权在买卖合同关系中无从发生。

（4）标的不同。留置权所留置的标的限于动产，且该动产不属于债权人所有；而同时履行抗辩权中一方拒绝给付的标的，不限于物，还可以是金钱以及劳务等，在拒绝给付的对象为物时，该物通常属于行使抗辩权的一方当事人所有。

4. 留置权与抵销权的区别

抵销权，是指当事人双方互负债务，其债务的标的物种类、品质相同，或者虽有不同但经当事人协商一致的，任何一方均有要求将自己的债务与对方的到期债务抵偿冲销而不再交互履行的权利（参见《民法典》第568条、第569条）。留置权与抵销权均源于罗马法上的恶意抗辩权，都是法律基于债务履行中的公平观念所确立的制度。[①]但二者又是性质不同的两种制度，其区别主要是：

（1）性质及目的不同。留置权系担保物权，其目的在于担保债务的履行；而抵销权在性质上为形成权，其行使的目的在于使当事人之间对立的债务于等额上归于消灭，以节省交互履行的成本。

（2）适用条件不同。留置权是在主债权基础上产生的担保权，其产生的过程中只存在一个合同关系或其他债的关系；而抵销权则适用于当事人之间互有债权、互负债务的情形，存在两个或两个以上债的关系。

① 参见郭明瑞：《担保法原理与实务》，中国方正出版社1995年版，第321页。

（3）标的物范围不同。留置权的标的物只能是动产；而抵销权的标的可以为一切适于抵销的债权债务，纵使其标的物的种类、品质不同，经双方协商一致也可以抵销。

（4）效力不同。留置权具有物权的支配力与对抗力、优先受偿效力，而抵销权无此效力；但留置权并不能直接使双方的债权债务归于消灭，而抵销权的行使则有使双方的债权债务在抵销的范围内确定地、终局地消灭的效力。

二、留置权的成立要件

由于留置权是法定担保物权，其产生不以当事人协商一致为条件，故不存在依法律行为而“设定”“设立”的问题，当符合法定条件时留置权当然产生或成立，除非当事人约定排除。根据《民法典》的规定和学理通说，留置权的取得或成立须具备以下四个要件，其中前三项为积极要件，最后一项则为留置权成立的消极要件。

（一）债权人因合法原因已经占有债务人的动产

留置权系为担保债权而成立，故留置权人自然须为债权人。但并非任何债权人都可以享有留置权，只有债权人已经合法地占有债务人的动产时，才有可能发生留置权。此要件包含以下几层意思：（1）这里的占有，是指对物的实际控制，既可以是直接占有，也可以是间接占有。但单纯持有不能成立留置权，例如雇员占有商店的财物，其性质上为持有，雇员不得以此迫使店主支付工资或其他费用。（2）必须是有合法原因而占有。基于合法原因而占有他人的动产通常基于一定合同关系，如因保管、运输、承揽、行纪合同，债权人自然应占有他人的保管物、托运物、原材料、委托物等。因其他正当原因而占有他人交付的物、给其造成损害的物品等，也属于合法占有，但此种情形并不多见。如果是强占债务人的与债务无关的物品而迫使其偿还债务，则构成侵权行为，不能发生留置权。（3）标的物须为动产。关于留置物是否限于动产，各国立法规定不尽一致，我国法律上将留置物明确限定于动产。（4）债权人占有的动产一般是债务人本人所有的或有处分权的动产，但并不以此为限，债权人对于第三人的动产亦有可能发生留置权。

不少学者认为，如果标的物非为债务人之动产而债权人不知情的，可以“善意取得”留置权，原《担保法解释》第108条也曾采此精神。我们认为，对法条中所称的“债务人的动产”应从宽解释，债务人所有的、债务人有处分权的以及由债务人送交债权人占有的动产等，均属之；债权人只要是因正常的业务活动而占有与其债权有牵连关系的他人之动产，即可产生留置权，根本无须也不应限定留置权人必须为不知情的“善意”债权人。[①]例如，借人车辆使用而损坏，借用人送至汽修厂修理，无论修车厂是否知道送修人非为车的主人，于其修理费未清偿前，均得留置该车。《担保制度解释》中纠正了原有的不妥规定，并对在第三人的财产上成立留置权作出了合理限制。该解释第62条第1款规定：“债务人不履行到期债务，债权人因同一法律关系留置合法占有的第三人的动产，并主张就该留置财产优先受偿的，人民法院应予支持。第三人以该留置财产并非债务人的财产为由请求返还的，人民法院不予支持。”第3款规定：“企业之间留置的动产与债权并非同一法律关系，债权人留置第三人的财产，第三人请求债权人返还留置财产的，人民法院应予支持。”我们认为这一规定在尺度和分寸的把握上，非常允当。

（二）债权人所占有的动产原则上应与其债权属于同一法律关系

留置权是为担保特定债权的实现而依法产生的担保物权，其适用范围应有必要的限制。否则，若允许债权人任意留置债务人的与债权无关的任何财产，则必将导致法律关系和法律秩序的混乱。因此，各国立法一般都以留置物与所担保之债权间存在一定的“牵连关系”为留置权成立的必要条件。商事留置权，则在适用条件上有所不同。但是，关于“牵连关系”应如何界定，各国立法上的态度及理论上的观点有相当的分歧，可分为两种：一种是债权与债权有牵连关系说，即主张债权人占有的相对人的物上能否成立留置权，取决于债权人的债权与相对人的物之返还请求权之间是否存在牵连关系，唯两方之债权请求权产生于同一法律关系者，方为有牵连关系。此说主要为采行债权性留置权制度的德国、法国等所

① 参见刘保玉：《论担保物权的竞存》，载《中国法学》1999年第2期；刘保玉：《留置权成立要件规定中的三个争议问题解析》，载《法学》2009年第5期。另见胡康生主编：《中华人民共和国物权法释义》，法律出版社2007年版，第509页。

采用。[1]另一种是债权与物之间有牵连关系说，即主张债权与债权人占有的标的物之间有牵连关系时，才可成立留置权。瑞士、日本均采取这种主张。[2]在理论上，对于如何界定留置权人的债权与占有的物之间有牵连，也有主张占有物为债权发生的原因应采用“统一的、单一的标准”的“一元说”和主张包括直接关联与间接关联两者在内的“二元说”之分歧。一元说中对于何为发生原因，又有直接原因说、间接原因说、相当因果关系说和社会标准说等不同的认识；二元说中对于哪些情况是引起债权发生的“间接原因”，亦同样存在多种不同看法。[3]足见理论上对“牵连性”问题所作的解释，颇为烦琐和复杂，不利于法律适用的统一性要求。

我国多数学者认为，债权的发生与所占有动产之间的牵连关系包括三种情形：一是债权系由占有的动产本身而生（包括对标的物支出费用所生的费用偿还请求权、因标的物所生的损害赔偿请求权两类）；二是债权与该动产的返还义务系基于同一法律关系而生；三是债权与该动产的返还义务系基于同一事实关系而生。[4]根据原《担保法》规定的精神，债权人只有依特定的合同关系（如保管、运输、承揽、行纪）占有债务人的财产时才能发生留置权，也就是说，债权、债务和债权人对标的物的占有取得，均基于同一原因事实（同一个合同）而发生的，才有牵连关系，才能成立留置权。原《担保法解释》第109条规定：“债权人的债权已届清偿期，债权人对动产的占有与其债权的发生有牵连关系，债权人可以留置其所占有的动产。”这一解释中所采用的是债权与所占有的动产的牵连关系说，而且限于直接关联关系。

鉴于牵连关系的概念过于模糊，范围不易确定，法律适用中也容易发生分歧，又考虑到原《担保法》中将留置权的适用范围仅限于特定的合同关系，未免

---

① 参见《德国民法典》第273条。

② 参见《瑞士民法典》第895条；《日本民法典》第295条。

③ 参见郭明瑞等：《民商法原理》（二），中国人民大学出版社1999年版，第353—354页；梁慧星、陈华彬：《物权法》（第四版），法律出版社2007年版，第372—373页；胡康生主编：《中华人民共和国物权法释义》，法律出版社2007年版，第499页。

④ 参见邹海林、常敏：《债权担保的方式和应用》，法律出版社1998年版，第332页；梁慧星、陈华彬：《物权法》（第四版），法律出版社2007年版，第373页。

过于狭窄，因此，我国《物权法》第231条中既未采用牵连关系的概念，也未维持原《担保法》的规定，而是对其作了修改，[①]采用了颇有新意的表述方式。《民法典》第448条维持了《物权法》中的原有规定："债权人留置的动产，应当与债权属于同一法律关系，但是企业之间留置的除外。"依该条规定的立法旨趣和多数学者的理解，该条前句是关于普通留置权的规定，而后句中则是关于商事留置权的特殊规定。前句中的"同一法律关系"，系指"同一个法律关系"，虽属同类但不属于同一个法律关系的，不能发生留置权；此同一法律关系的范围，并不限于合同关系，基于其他法律关系而符合相应条件的，亦可有留置权的发生。该条后句中"企业之间留置的除外"，主要是考虑到在实践中，企业之间相互交易频繁，追求交易效率，讲究商业信用，如果在有持续交易关系的企业之间也严格要求留置财产必须与债权的发生具有同一法律关系，则有悖交易迅捷和交易安全原则，故设此但书，意在表明特殊情形下的某些商事留置权的成立，不受"同一法律关系"的限定。域外立法例和有关的示范法中，也有类似的规定。[②]为防止商事留置权的滥用，《担保制度解释》第62条第2款、第3款规定："企业之间留置的动产与债权并非同一法律关系，债务人以该债权不属于企业持续经营中发生的债权为由请求债权人返还留置财产的，人民法院应予支持。""企业之间留置的动产与债权并非同一法律关系，债权人留置第三人的财产，第三人请求债权人返还留置财产的，人民法院应予支持。"此两款规定间接地对商事留置权的成立条件作出了限定，即在企业之间留置的动产与债权之间并非同一法律关系的情况下，债权人的债权须属于"企业持续经营中发生的债权"方可发生留置权，而且此种情况下债权人能够留置的动产也限于债务人本人的动产而不能是第三人的动产[③]。如果企业之间的留置的动产与债权属于同一法律关系的，则属于普通留置权并应

---

① 参见胡康生主编:《中华人民共和国物权法释义》，法律出版社2007年版，第499—500页。

② 商事留置权的成立，原则上只要求留置财产与被担保债权之间有一般的关联性即可，而不要求两者间有直接的牵连关系或属于同一法律关系；至于一般的关联性如何表述，则有不同的限定方式。参见最高人民法院物权法研究小组编著:《中华人民共和国物权法条文理解与适用》，人民法院出版社2007年版，第678页。

③ 此与该条第1款普通留置权可以在债权人合法占有的第三人的动产上成立的规定不同。

适用一般规则，自不待言。[①]

（三）债权已届清偿期

留置权系法律基于公平观念而设，于债务人届期未清偿其债务时，债权人方得留置债务人之动产而拒绝返还。如债权未届清偿期，在债权人尚无请求债务人履行债务的权利时便允许债权人留置债务人的动产，则显失公允。因此，债权已届清偿期，应为留置权发生的当然要件。但作为例外，债务人受破产宣告时，其未到期的债务视为到期。在能够证明债务人丧失支付能力的情况下，债权即使未届清偿期，债权人也有留置权，学说上谓此为“紧急留置权”或“留置权的紧急行使”。我国的立法精神和学说理论也对此持肯定态度。

（四）不存在留置权发生的法定或约定障碍

留置权的发生，除需具备以上三个积极要件外，还必须不存在留置权成立的法定或约定障碍。否则，也不能成立留置权。留置权成立的法定或约定障碍，通常被称为留置权成立的消极要件，主要有以下情形：

第一，行使留置权违反公共秩序或善良风俗的。公共秩序与公共利益之维持及国民道德观念的尊重，应较保护债权人利益为重。因此，债权人行使留置权如违背公序良俗时，法律自当予以禁止。我国《民法典》中也明确规定了公序良俗原则，第449条规定：“法律规定或者当事人约定不得留置的动产，不得留置。”例如，对抗疫、救灾的物资，其保管人、运输人、承揽人等不得主张费用未付而留置该物资；尸体之运送人，不得以运费未付而留置尸体。另外，如果扣留他人的物品足以造成债务人公法上的障碍，或者留置之物为维持债务人生活上或职业上的必需品的，也应认为违反公序良俗。前者如扣留债务人之身份证、户口簿、录取通知书、毕业证、学位证等；后者如留置债务人必需的炊饭器具、技工之谋生工具或跛者之拐杖等。[②]

---

① 本条司法解释的规定，整体上是值得肯定的。唯如果与担保物权制度中的其他相关规定保持一致，将商事留置权适用的主体范围扩张为“企业、个体工商户、农业生产经营者”，则体系效应和适用效果会更好一些。

② 参见谢在全:《民法物权论》(下)，中国政法大学出版社 1999 年版，第 406 页。

第二，合同约定排除留置权的。留置权虽为法定担保物权，其发生无须约定，但法律上允许当事人在有关合同中约定不得留置的物或排除留置权的适用。根据《民法典》第449条的规定，除法律规定不得留置的动产外，当事人约定不得留置的动产，也不得留置。当事人在合同中有排除留置权适用的特约时，亦应遵从其约定。

第三，行使留置权与债权人所承担的义务相抵触的。域外立法例和理论通说认为，债权人行使留置权与其承担的义务相抵触的，或者债权人的债权未届清偿期但其交付占有标的物的义务已届履行期的，则不能行使留置权。但是，债权人能够证明债务人无支付能力的除外。我国法律的相关规定和司法实践中也持同样的态度。例如，在承揽合同中，如果约定承揽人应先行交付工作物并经定作人验收合格后始为付款的，则承揽人就不再享有留置权，除非其能够证明债务人无支付能力而得依法行使不安抗辩权。

三、留置权的效力

（一）留置权所担保债权的范围和及于标的物的范围

根据《民法典》第389条的规定，留置权的担保范围包括主债权及其利息、违约金、损害赔偿金、留置物保管费用和实现留置权的费用。此与其他担保物权尤其是动产质权并无不同。

与抵押权、质权及于标的物的范围相当，留置的财产也并不限于动产本身，还应包括该动产的从物、孳息及其代位物、添附物。应当注意的是，为求公允，在留置权关系中，如果留置财产为可分物的，留置财产的价值应当相当于债务的金额（《民法典》第450条）。当然，留置物为不可分物的，留置权人在债权未受全部清偿前，可以就留置物的全部行使留置权。此外，由于留置权为法定担保物权，且留置的动产为债权人占有，因此债权人当然有权收取留置财产的孳息，而且不存在如动产质押中合同另有约定的问题。[①]

---

① 参见《民法典》第452条并比较其与第430条的差异。

（二）留置权人的权利和义务

1.留置权人的权利。主要有以下几项：

（1）持续占有所留置的动产的权利。留置权本身即为占有性担保物权，留置权人于债权未受清偿前，自有持续占有、控制标的物，拒绝予以返还的权利。

（2）收取留置财产所生孳息的权利。《民法典》第452条规定："留置权人有权收取留置财产的孳息。""前款规定的孳息应当先充抵收取孳息的费用。"

（3）为保管之目的而使用留置财产的权利。标的物在留置权人占有期间，留置权人负有妥善保管的义务，并不享有留置财产的使用权，只有在有效地保管留置财产、维护其价值的限度内方可使用，例如，为防生锈而使用机械、电器。但经留置物所有人同意而为使用的，不在此限。

（4）实行留置权并优先受偿的权利。当法定条件成就时，留置权人享有就留置物折价或以其变价价值优先受偿债权的权利。需要说明的是，债权已届清偿期只是留置权的成立条件，而非留置权的实行条件。各国法律上通常规定留置权人实行其留置权的，尚须以债务人不履行债务超过一定期限或事先通知债务人为必要。《民法典》第453条规定："留置权人与债务人应当约定留置财产后的债务履行期限；没有约定或者约定不明确的，留置权人应当给债务人六十日以上履行债务的期限，但是鲜活易腐等不易保管的动产除外。债务人逾期未履行的，留置权人可以与债务人协议以留置财产折价，也可以就拍卖、变卖留置财产所得的价款优先受偿。""留置财产折价或者变卖的，应当参照市场价格。"第455条规定："留置财产折价或者拍卖、变卖后，其价款超过债权数额的部分归债务人所有，不足部分由债务人清偿。"

关于留置权人的优先受偿权的内容，与抵押权、质权大致相同，不再赘述。但应注意的是，根据《民法典》第456条、第416条的规定，同一动产上的抵押权、质权与留置权并存时，留置权人优先于抵押权人、质权人受偿；纵使是动产购置款抵押权，其顺位也逊后于留置权。留置权优先受偿的位序规定，与留置权的成立时间先后及留置权人是否知晓标的物上已设有抵押权、质权无关，易言之，留置权与其他担保物权竞存时具有绝对优先的效力。[①]

2. 留置权人的义务。留置权人在享有权利的同时，也应负担相应的义务，主要有以下几项：

（1）妥善保管留置财产的义务。《民法典》第451条规定："留置权人负有妥善保管留置财产的义务；因保管不善致使留置财产毁损、灭失的，应当承担赔偿责任。"

（2）不得擅自使用、出租或不法处分留置财产。根据《民法典》第451条规定的精神并参照第431条的规定，留置权人擅自使用、出租留置财产而给留置财产所有人造成损失的，应当承担赔偿责任。在不符合法定条件和期限的情况下，债权人处分所留置的他人动产的，自亦应承担赔偿责任。

（3）返还留置财产或超出债权数额部分价款的义务。根据《民法典》第393条、第455条、第457条的规定，当留置权担保的债权因清偿而消灭或者债务人另外提供担保并为债权人所接受而导致留置权消灭时，留置权人负有返还留置财产的义务；留置财产折价或者拍卖、变卖后，其价款超过债权数额的部分归债务人所有，留置权人自应负有返还的义务。

（三）留置财产所有人的权利

在留置权关系中，留置财产的所有人（通常为债务人本人）亦享有一定的权利。根据法律规定，其享有的权利主要有以下几项：

1. 损害赔偿请求权。在留置权法律关系中，留置权人负有妥善保管留置财产的积极义务以及不得擅自使用留置财产的消极义务，留置权人违反此义务造成留置财产毁损、灭失以及价值贬损的，留置物所有人也就相应地享有损害赔偿请求权，亦可因此而主张与其所负的债务相抵销。

2. 留置财产的处分权。留置权成立后，留置财产的所有人并不丧失所有权，其有权对留置财产为法律上处分，但该项处分不得影响留置权的效力和留置权人的利益，因处分留置财产所得价款，应优先清偿留置权人的债权。

---

① 参见刘保玉：《论担保物权的竞存》，载《中国法学》1999年第2期；黄薇主编：《中华人民共和国民法典释义》（上），法律出版社2020年版，第870—871页。

3.请求留置权人及时行使留置权的权利。《民法典》第454条规定："债务人可以请求留置权人在债务履行期限届满后行使留置权；留置权人不行使的，债务人可以请求人民法院拍卖、变卖留置财产。"[①]

4.留置财产或超出债权数额部分价款的返还请求权。根据《民法典》第393条、第455条等的规定，当债务人清偿债务后，留置权人应向留置财产的债务人返还留置财产，否则，债务人有权请求返还并追究迟延返还所造成的损失；留置权人实行留置权而使债权受偿后，就留置财产的价款超过债权数额的部分，出质人则享有请求返还的权利。另据《担保制度解释》第44条第2款的规定，留置权人并未因行使留置权而受偿债权的，在主债权诉讼时效期间届满后，财产被留置的债务人或者对留置财产享有所有权的第三人并不享有留置财产的返还请求权，但仍有权请求以拍卖、变卖留置财产的价款清偿债务并请求返还超出债权数额部分的价款。

5.另行提供担保而使留置权消灭的权利。此项权利，为其他担保物权关系中所没有，是留置权关系中留置财产所有人享有的一项特殊权利。

此外，当债务人与留置财产的所有权人不一致时，留置财产所有权人因债权人行使留置权而受到的损失，当然有权向债务人主张赔偿。

四、留置权的消灭

留置权的消灭原因，除主债权受偿、留置权的实行、留置物灭失、留置权的放弃等之外，还有下列几种特殊原因：

（一）担保的另行提出

留置财产本身并非债务人主动提供的担保物，留置权的作用也仅在于担保并促使债务的清偿，因此，若债务人为债务的履行另行提供了有效的担保，留置权

---

① 本条规定与《民法典》第437条关于出质人享有的相应的权利之规定有所不同：其一，未有"及时"的字样；其二，没有留置权人经债务人请求而怠于行使权利造成损害的赔偿责任之规定。至于为何有此差异，未见到合理说明。我们认为，此两处规定所适用的情形相当，在规定或实际处理上也应当采用同样的规则。

即无存续的必要。否则，留置权的制度设计就对债务人限制过多，妨害了债务人对留置财产的利用，有违诚实信用和公平原则。[①]根据《民法典》第457条的规定，债务人另行提供担保并被债权人接受的，留置权消灭。债务人另行提供的担保，可以是由其本人或第三人提供的抵押或质押，也可以是第三人提供的保证担保，只要其足以担保债务的清偿即可；留置权人无正当理由应不得拒绝接受债务人另行提供的担保或拒不返还留置财产。

（二）留置财产占有的丧失

留置权以债权人对留置财产的占有为其成立与存续要件，因此，留置权因占有之丧失而消灭。《民法典》第457条中对此也有明文规定。不过，占有丧失的原因可分为两种：一是出于留置权人自己的意思而将留置财产返还给债务人。此种情况实际上等同于抛弃留置权，自然会导致留置权消灭。二是非出于留置权人自己的意思而丧失占有，如留置财产被债务人或他人侵夺等。在这种情况下，如能依《民法典》第462条关于占有保护的规定请求返还原物时，则仅属暂时而非确定地丧失占有，故在返还请求权的行使期限届满前，留置权不消灭。

（三）债权清偿期的延缓

留置权的成立，以债权已届清偿期而未受清偿为前提。因此，债权人若嗣后同意债务人延缓履行债务的期限，则不能再认为债务已届期而未履行，因而也就欠缺了留置权的成立要件，原已发生的留置权应归于消灭。但其后债务人于延缓期届满时仍未履行其债务的，若符合留置权发生的其他条件，则无妨再行成立留置权。[②]当然，债权人亦可于同意延期清偿债务的同时，与债务人协议以原留置财产设定动产质权或者要求债务人另行提供其他担保。

---

① 胡康生主编：《中华人民共和国物权法释义》，法律出版社2007年版，第510页。

② 郭明瑞等：《民商法原理》（二），中国人民大学出版社1999年版，第371页。

第五节　非典型物的担保

一、非典型物的担保的概念与特点

（一）非典型物的担保的概念

所谓非典型物的担保，是指未被立法明确规定为担保物权，但依据交易模式设计而使责任财产特定化，因而具有保障债权实现功能的措施或方式。

较早产生的非典型物的担保，主要指所有权保留和让与担保。晚近以来，随着交易发展的需要，动产抵押、融资租赁、保理等所具有的担保功能亦渐次被判例或立法所接受。不过，各国法律及判例、学说中对待非典型担保的态度并不完全相同。例如，有些国家或地区的法律上不承认让与担保，但却在特别法上承认与其功能相当的动产抵押，而有些立法或判例学说中同时承认让与担保和动产抵押；在英美法系国家，通认融资租赁、保理合同中出租人、保理人享有的权益是一种担保权，而在大陆法系国家，这种观念并未获得主流的认可。

（二）非典型物的担保的特点

相较于典型物的担保即担保物权，非典型物的担保的特点在于：

其一，在社会交易实践中自发产生。法律规范均来源于社会生活实践，但交易实践中的规则上升为法律规范，通常需要一个相对漫长的过程，与担保有关的交易也是如此。成熟、典型并被普遍运用的物的担保方式，被法律规定为担保物权。而此外的萌生于交易实践物的担保方式，则仍在实践中运用并逐渐成型。

其二，通过交易模式设计而使保障债权实现的责任财产特定化。既称物的担保，自然须以责任财产的特定化为其构造机理。非典型物的担保，亦须通过交易模式的设计而使保障债权实现的责任财产与债务人的其他财产区分开来，而债权人就此财产享有较其他人更为优越的权利。

其三，非典型物的担保，以将担保财产上的权利形式上移转于债权人所有为其常见形态。在典型担保中，担保权人享有的仅为“定限”性的权利，而担保财产的所有权等权利仍保留于设定人手中；而非典型物的担保，则通常是将担保财产的所有权或其他权利之整体（即所谓的“全权利”）移转于债权人，在构造上，其被归于“权利移转型担保”。

其四，担保的旨趣较为明确。无论是较早出现的让与担保、所有权保留，还是发展历程较短的融资租赁、应收账款保理等，其交易模式设计在满足当事人双方各自需求的同时，对债权的实现均具有明确的担保功能与作用。

其五，尚未被法律明确为担保物权的类型，但通常为判例和学说所认可。此种在社会交易实践中自发产生的担保方式，由于尚未定型化，故尚未被法律确认为担保物权的类型，但也并非偶有为之，而是在交易实践中较为常见，且已为学说和判例承认为担保交易的类型。

（三）非典型物的担保产生的原因

法律一经产生，在调整、规范、引导社会生活关系的同时，也会逐渐落后于社会生活的发展，担保制度也是如此。交易实践中普遍采用的抵押、质押、留置等物的担保方式被法律规定为担保物权后，囿于物权法定与物权公示原则，担保财产的范围、担保的债权范围、担保物权的成立要件和实现方式等即被定型化。一方面，这有利于规范物的担保，妥善平衡各方的利益，引导担保交易安全、顺畅地进行。但另一方面，也有僵化、呆板、不够灵活或者不能满足当事人的特定需要的缺陷。法律的局限性往往会窒碍交易的实践发展，而由于交易结构的日趋复杂、市场行情的变化难测，当事人实有必要在法律规定之外设立其他的担保方式，以满足担保财产范围与种类的拓展、财务报表的优化、税费成本的降低、担保权益实现的便捷等方面的需要。当然，其中也往往存在逃避税费乃至规避法律某些限制性规定的动因。故此，非典型物的担保，不仅涉及当事人之间的利益，也关涉第三人的利益和整个社会交易秩序的维护、法律的强制性规定的贯彻等问题，因此，对于交易实践中产生的非典型物的担保，司法政策和法律规范有加以妥当应对、调整的必要。

二、非典型物的担保的主要类型

（一）让与担保

1.让与担保的概念与特点

通常所说的让与担保，是指债务人或者第三人为担保债务的履行，将供作担保的物或财产权利转于债权人，在债务清偿后，再将担保财产返还于让与人；债务人不履行债务时，债权人则就担保财产受偿的担保方式。

让与担保具有悠久的历史，可以说是物的担保的最早形态，也是一种较原始的形态。罗马法上最早的物的担保方式在性质上为让与担保的信托质权（fiducia），其后才又发展形成了物件质权（pignus，即动产质权）及契据质权（hypotheca，即抵押权）。欧陆法典化之后，物的担保以担保物权为主流，让与担保这种早期担保形态退居次要地位，各国立法上也少有规定。但以设定担保物权的方式提供担保，亦非至善尽美，[①]当事人于担保实践中往往出于各种考虑而以让与财产所有权或其他权利的原始担保方式来担保债权的实现，不少国家的判例及学说中承认这种担保方式的存在及其效力。

让与担保设立的经济目的，在于担保债务人债务的偿还。在这一点上，其与典型物的担保所不同之处在于让与担保的成立与存续须移转担保财产的所有权等权利，而不是仅在担保财产上设立定限物权。让与担保有下列几个主要特点：

（1）让与担保为权利移转型的非典型物的担保。首先，让与担保为物的担保。它是就特定的担保财产担保债权实现的方式，而非以担保人的信用或一般财产担保债权的实现，因此，让与担保不属于人的担保而为物的担保。其次，让与担保为非典型物的担保。如前所述，典型物的担保是以在担保财产上设定担保物权的方式来担保债权的，担保权人所享有的权利为“定限”性的权利，担保财产的所有权或其他财产权利仍保留于设立人手中。而让与担保，是以移转标的物的所有权或其他整体权利的方式来担保债权实现的，担保权人取得的是对担保财产的“全”权利而非“定限”性权利，故让与担保的实质是“所有权担保，即由债权人

① 参见陈本寒主编:《担保法通论》，武汉大学出版社1998年版，第330页以下。

以拥有所有权来担保其债权的实现的担保制度”。[①]由于让与担保与担保物权的构造形态不同，且法律上通常并未明确对其作出规定式，故其属于非典型物的担保方式。

（2）让与担保设立人通常仍保有担保财产的占有、使用、收益权等。在以财产所有权为标的而设立的让与担保中，标的物由谁占有、使用，并非其成立要件，因而当事人可以约定标的物归谁占有、使用并收益。由于在标的物的占有、利用等权利与所有权本身一并移转于债权人的情况下，当事人双方的地位与利益过于失衡，往往会损害担保人的利益。故让与担保通常以占有改定的方式设立，使债权人取得标的物的所有权及对标的物的间接占有，而担保物的供与人仍直接占有标的物并得为使用收益。股权的让与担保中，也通常仅是将股权形式上转让至债权人名下，而股东权利则仍由担保供与人行使。此点，也正是让与担保的长处之所在。

（3）让与担保以担保债权的实现为目的并以债权的存在为前提。让与担保中，尽管担保财产的所有权等权利形式上依约定而转移给了债权人，但当事人之间的关系并不是以移转和取得担保财产的所有权等权利为目的，而是以移转所有权等权利的形式来担保债权的实现。因而，在债务人履行债务后，债权人应将担保财产的所有权等权利返还于担保设立人；并且，担保权人就其所取得的权利，负有不超过担保目的而行使的义务，如其于债务履行期届满前将标的物出卖，则发生违反义务的责任问题。让与担保既以担保债权为目的，因而其存在以所担保的债权存在为前提。如果被担保的债权不成立或者无效、被撤销，让与担保也应归于无效。

此外，通说认为让与担保还具有不可分性、物上代位性。至于债权人担保权益的实现，是就担保财产的价值优先受偿，还是得依约定直接、确定地取得担保财产的所有权等权利，则依各国法律或司法政策的差异而有所不同。一些国家或地区的法律或司法政策上，在典型物的担保中严格禁止流质约款，但在让与担保中则例外承认债权人得依约定的归属清算的方式取得担保财产的所有权等权利。

2. 让与担保的设立

让与担保一般由当事人双方依契约而设立。让与担保契约之双方当事人，一

---

① 孙宪忠：《德国当代物权法》，法律出版社1997年版，第340页。

方为担保财产的提供人，称为让与担保的设定人或设立人、担保供与人，其可以是债务人或者第三人；另一方为让与担保财产的权利取得人，即债权人、担保权人；让与担保所担保的债权，以金钱之债或已存在的债权为常见，但不以此为限，纵对将来的债权、非金钱债权，乃至将来变动中的不特定的债权等，亦得设定让与担保；担保设定人所移转的财产权利，通常为担保物的所有权，但不限于所有权，凡可以转让的不动产、动产、股权、债权、知识产权以及集合财产、尚在形成中的权利等，均得作为让与担保的标的。[①]但不具有让与性的财产或财产权，不得为让与担保的标的。

以非登记的动产或财产权利等为标的设定让与担保的，不以办理登记为成立要件，担保权人也无须占有标的物，但既未登记亦未占有标的物的，担保权人的权利不具有对抗第三人的效力；而以依法须登记的财产设定让与担保的，则须办理所有权移转登记、股权变更登记等，否则，不能成立或不具有对抗第三人的效力。[②]

3.让与担保的效力

让与担保及于担保财产的范围和所担保的债权范围与典型担保物权并无差异。但让与担保当事人之间的权利义务关系以及让与担保对第三人的效力，与典型担保物权稍有不同。

（1）让与担保当事人之间的权利义务关系。此为让与担保的内部效力。通说认为，让与担保中设定人与担保权人之间的关系属债的关系的范畴，具有信托行为的性质。当事人之间的权利义务关系应由其自行约定，未有明确约定的情况下，应受担保目的的约束。对担保权人而言，其仅得在担保目的范围内取得担保财产的所有权或其他权利，其权利之行使不得逾越此目的范围。因此，在担保权人占有标的物的情况下，担保权人负有妥善保管的义务，在债务履行期届满前不得处分标的物，违反上述义务而给设定人造成损失的，应负损害赔偿之责任；在债务人届期未履行债务时，担保权人有就担保物取偿的权利。就担保设定人而言，如依约定标的物仍由其占有、用益，则其在符合担保目的的前提下负有妥善

---

① 参见梁慧星、陈华彬：《物权法》（第四版），法律出版社2007年版，第385—386页。

② 参见邹海林、常敏：《债权担保的方式和应用》，法律出版社1998年版，第405页。

保管及正常使用担保物的义务，违反此项义务而处分标的物或使其灭失、毁损，或因怠于管理而致标的物价值减少的，设定人即构成契约的违反，应负损害赔偿的责任；让与担保所担保的债务履行后，设定人有权向担保权人请求返还担保财产的所有权或其他权利。

（2）让与担保对第三人的效力。此为让与担保的对外效力，主要包括三种情况：

其一，第三人侵害担保财产。由于担保权人已依让与担保而取得担保财产的所有权或其他权利，因此，当第三人侵害担保财产或妨害其权利的行使时，担保权人得以其所有权或其他权利被侵害为由请求损害赔偿或请求排除妨害。

其二，第三人对担保财产主张权利。在担保权人与担保设定人的其他债权人之间的关系上，如设定人的其他债权人对设定人主张权利，请求对担保财产为查封、执行时，担保权人得提出异议，对抗其查封、执行请求；当担保设定人破产时，担保权人有将担保财产从担保人处取回并将该财产别除于破产财产之范围的权利。在担保权人与其自己的债权人之间的关系上，因担保权人为担保财产的形式上的所有权人，故而如担保权人的债权人对其主张权利，而担保权人又无其他财产可供偿还的情况下，债权人对该担保财产请求为查封、执行时，担保权人及担保设定人均不得提出异议。

其三，担保财产的处分与第三人的取得。让与担保当事人之间依其约定而发生的内部关系，对当事人之外的第三人原则上不生效力。因此，在让与担保设定后至债务清偿期届满前，担保权人处分担保财产的，因其为担保财产的法律上的所有权人或其他权利人，故无论担保财产的种类如何以及第三人为善意或恶意，均发生处分的效力，第三人得取得受让财产的所有权或其他权利；担保权人就担保财产设立定限物权的，亦同。至于担保设定人擅自处分担保财产的情况，一般来说，如担保财产为不动产，由于担保权人已登记为所有权人，设定人无处分的权利，也无从发生处分的效力；担保财产为动产且由设定人占有、用益的，设定人对其予以处分而第三人又为善意受让时，该第三人得依善意取得的法理和规定取得标的物的所有权，否则，担保权人得以其权利对抗恶意第三人。

4.让与担保的实现与消灭

让与担保的目的在于担保债务之清偿，因此，在债务履行期届至而债务人未为清偿时，担保权人即得实行其担保权益，就担保财产取偿。让与担保的实行或实现方式，一般有下列两种：

其一，处分清算型。又称清算型、变价受偿型方式，即担保权人将担保财产予以拍卖、变卖，从卖得的价金中优先受偿其债权。以担保财产之变价价值偿债后，如有余额，应返还给设定人；如有不足，债权人仍得向债务人请求偿还。

其二，归属清算型。又称估价受偿型、代偿型，即当事人对担保财产的价值予以适当评估后，债权人直接取得担保财产的所有权或其他权利而了结债权债务关系。担保财产的价值超过债权额或有所不足的，不发生返还余额或补偿差额的问题。这实质上是流质的让与担保，债务人以担保财产负“有限责任”。此种清偿债务的方式，虽有便捷的长处且可省却担保财产的评估、变现费用，但由于可能损害到当事人一方尤其是设定人的利益，故而法律上或实务上常对当事人之间的这种约定设有限制，即在不构成暴利的情况下才承认此种约定的效力；司法政策上也通常以“流质契约之禁止”的法律精神否定这种约定的效力。①

以上两种实现让与担保的方式，原则上得由当事人约定或协商择定。在未有约定且不能达成一致意见时，判例与学说上通说认为以采用处分清算型为宜。

让与担保除因实行的原因而消灭外，一般认为，让与担保还得因让与担保所担保的债权消灭、让与担保的标的物灭失且无代位物的存在等原因而消灭。

（二）所有权保留

1.所有权保留的概念

所有权保留，是指在买卖合同中当事人约定买受人先行占有、使用标的物，但在特定条件成就（通常是价金的全部清偿）之前，出卖人仍保留标的物的所有权，待条件成就后，再将所有权转移给买受人的担保方式。

所有权保留也是一项源远流长的制度，有学者考证在罗马法上即有了类似的制度。但长期以来，该项制度并未引起人们的重视。至19世纪末期，伴随着工业革命而来的供求膨胀使信用经济勃然兴起，分期付款买卖成为流行的交易方式，所有权保留作为与分期付款买卖紧密结合的担保方式又受到各国立法的重

① 参见郭明瑞：《担保法》，中国政法大学出版社1998年版，第302页；孙宪忠：《德国当代物权法》，法律出版社1997年版，第303页。

视，并成为现代法上普遍承认的一项制度。[①]现代法上，无论是大陆法系国家还是英美法系国家，大都对所有权保留制度设有明文规定，如《德国民法典》第455条规定："动产的出卖人在支付价金前保留所有权者，在发生疑问时应认为，所有权的移转以支付全部价金为停止条件，并在买受人对支付价金有迟延时，出卖人有解除契约的权利。"美国的所有权保留制度诞生于19世纪末期，名称上为附条件买卖（Conditional Sale），1952年的《美国统一商法典》中，根据客观情况的需要，将所有权保留制度并入该法典关于"担保约定"（Secured Agreement）的规定之中。

所有权保留买卖在现代法上之所以受到普遍重视，是因为其有着其他担保方式所不可替代的长处。在其制度构造中，出卖人价金债权之担保，既不必求诸他人，也不必求诸他物，而可径就买卖标的物为之，效力既宏，且设定和实行手续也颇为简便，因而是分期付款买卖中担保债权人债权实现的最佳担保制度。[②]而且，采用这种担保方式，对生产经营者来说也是一种很好的促销手段；对消费者来说，可以按期付款，而不必一次花大钱就可取得对高价商品的消费。实务上，所有权保留的担保方式在机器设备和价格较高的耐用商品的买卖中具有广泛的适用价值。[③]

2.所有权保留的性质与特点

所有权保留的法律性质如何，理论上向有争议，主要有三种观点：其一，为附停止条件的所有权移转说。该说认为，所有权保留的性质为附停止条件的法律行为，其效力随着条件的成就而成就。其二，为担保物权说。该说认为，出卖人所保留的所有权，实质上系一种担保物权，对此，法律上有予以明确的必要。[④]根据《德国民法典》第455条的规定，本系采纳附停止条件的所有权移转说，但

① 王轶：《所有权保留制度研究》，载梁慧星主编：《民商法论丛》（第6卷），法律出版社1997年版，第594页。

② 参见王轶：《所有权保留制度研究》，载梁慧星主编：《民商法论丛》（第6卷），法律出版社1997年版，第596页；王泽鉴：《民法学说与判例研究》（一），中国政法大学出版社1997年版，第127页。

③ 参见郭明瑞：《担保法》，中国政法大学出版社1998年版，第286页。

④ 崔建远：《我国担保法的解释与适用初探》，载《吉林大学社会科学学报》1996年第2期。

在当代德国民法实践中，附条件买卖合同的形式，已被普遍用来作为买卖关系中的物权担保制度，即出卖人以迟延移转物所有权为手段，担保其获得全部卖价的债权。此时出卖人手中的所有权，就成为其实现卖价请求权这一债权的担保物权。①其三，所有权共有说。该说认为，出卖人将标的物交付买受人的同时，为所有权的一部也随之移转于买受人，于是形成出卖人与买受人共有一物的所有权形态。这种部分性的所有权移转，在随部分价金之给付的同时，作分量上的“阶段性”地移转于买受人。②

以上诸说都有一定的道理，其差异主要是观察的角度不同。第一种观点，侧重于所有权保留制度的构造，第二种观点，侧重于所有权保留的实际功能，而第三种观点，则主要是从双方的法律地位上来看的。我们认为，所有权保留制度是物权制度与债权制度的有机结合，在所有权保留买卖中实际上存在两种法律关系：就其发生原因来看，它是买卖合同中的一种约定条款，以限制所有权移转的时间和条件，而买卖关系是债的关系。由于所有权保留条款的约定，当事人对于买卖合同的履行在移转标的物所有权问题上附加了条件，从而出卖人在条件成就前未移转标的物的所有权不构成违约；买受人于条件成就前，对标的物所有权的移转具有一种期待权，该期待权本质上应属债权，但该权利较之普通债权效力更为强大，具有了某些物权的特点。③所有权保留中的物权关系，主要表现在出卖人享有的权利上。在买受人依约付清全部价金之前，出卖人仍是出卖物的所有权人和间接占有人，但其所保留的所有权的功能在于发挥担保的作用，而非发挥用益作用。这一担保作用，和让与担保中债权人所享有的权利大致相当，如买受人在付清钱款前破产，出卖人得行使取回权以保障自己的权利实现；当买受人付清买价时，因所有权保留所附的条件成就，所有权移转于买受人，从而形成一种新

---

① 孙宪忠：《德国当代物权法》，法律出版社 1997 年版，第 345 页。

② 参见马建华：《房屋分期付款买卖实务中的若干法律问题》，载《法制与社会发展》1997 年第 1 期。

③ 例如，在全部钱款付清之前，如果出卖人破产，买受人应得付清钱款而取得标的物的所有权。而不应像普通债权人那样参加破产财产的分配而仅按比例受偿前已支付的价款。参见邹海林、常敏：《债权担保的方式和应用》，法律出版社 1998 年版，第 421 页。

的物权归属关系。[1]由于所有权保留制度中的物权关系及其所具有的担保作用，依物权法的一般规定即可解决，而该制度重点要解决的问题，即买卖关系中所有权附条件的转移，乃债法上的买卖合同的履行问题，故而多数国家立法上将其置于债法中规定。[2]不过，无论将所有权保留制度规定于物权法还是债权法，均不影响从另一方面来研究其性质，事实上，也只有从物权与债权结合的角度才能更准确、全面地阐释所有权保留的性质。

从担保的角度来看所有权保留制度，可以归纳出其所具有的三个主要特点：

（1）所有权保留是一种非典型物的担保。其并非法律明确规定的物的担保方式，而是于交易习惯中发展起来的一种具有担保作用的交易方式。在通常的买卖关系中，标的物的所有权应从交付于买受人时转移，而所有权保留则是于标的物交付后出卖人仍保留其所有权，直至价款付清方移转所有权与买受人，反推之，亦可认为其与让与担保的构造类似，即买受人复将买受之标的物的所有权让与出卖人以担保债务的履行。所以，理论上一般仍将所有权保留视为权利移转型物的担保。而且，所有权保留中债权人对标的物的权利形式上是所有权，尽管该所有权的行使受到了一定限制，但毕竟与典型的担保物权不同，故此，所有权保留仍应定性为一种非典型物的担保。

（2）所有权保留是担保出卖物价款债权实现的物的担保。所有权保留的约定，以担保出卖物的价款债权受偿为目的。为避免买受人获得标的物的所有权后不能依约定支付价款而使出卖人沦为普通债权人，造成其债权实现的风险，出卖人设立了所有权保留，在债务人未按约定付清价款之前暂不转移出卖物的所有权。这可以促使债务人为获得标的物的所有权而积极履行给付价款的义务，同时，在所有权保留买卖的制度构造中，出卖人价金债权之担保直接设立于买卖标的物之上，既不必求诸他人，也不必求诸他物，其设立和实行手续颇为简便，实为一种精巧、便捷的担保制度。

（3）所有权保留是当事人于买卖合同中约定的物的担保。所有权保留条款是当事人在买卖合同中特别约定的，是买卖合同本身的内容之一，而不是在买卖合

① 参见孙宪忠：《德国当代物权法》，法律出版社1997年版，第346页。

② 参见邹海林、常敏：《债权担保的方式和应用》，法律出版社1998年版，第416页以下。

同之外另行单独设定的一种担保。其实质是买卖合同中当事人对买卖标的物所有权的移转所附的停止条件。这点与其他物的担保方式的设定是有所不同的。

3.所有权保留的效力

（1）所有权保留的标的物和所担保的债权的范围。所有权保留作为一种担保的方式，其担保财产，就是出卖人所出卖的标的物自身，至于其从物、孳息、添附物等，通常也为担保的效力所及；所有权保留所担保的债权的范围，包括买卖标的物的价金、买受人迟延付款所产生的违约金或逾期利息，标的物受损害时应支付的赔偿金以及债权人实现担保权益的费用等。此与抵押权的效力范围并无差异。

（2）买受人的期待权。所有权保留关系中，买受人对标的物享有占有权、使用权、收益权、对标的物的损害赔偿请求权，自不待言。而买受人获得标的物所有权的期待权，乃买受人最重要、最基本的权利，买受人权利的保护规则，多由此而展开。

所有权保留中买受人的期待权，即在分期付款买卖而发生所有权保留关系中，买受人得期待付清全部钱款后获得标的物所有权的权利。在条件成就前，买受人的该项权利应得到法律的保护，出卖人侵害买受人的该项权利的，应承担相应的法律责任。关于买受人期待权性质问题，学说上有期待权形成权说、期待权否认说、期待权物权说、期待权特殊权利说、期待权为物权化的债权说等不同的观点。[①]国内学者多赞同期待权物权说，但我们认为物权化的债权说更为可取。

由于买受人于条件成就前之期待权地位，得因条件的成就而转化为标的物的所有权，具有财产价值，而且随着价金支付的增多，其价值越大。如能使其成为交易上的客体，则买受人可因转让期待权而获利，并从交易中解脱出来，而这对所有权保留的效力未有任何损害，对出卖人也并无不利。因此，现代立法与学说上均承认买受人之期待权得为让与的客体，其受让人得于全部价款成就时取代原买受人而取得标的物的所有权。不过，从债法观点来讲，由于分期付款买卖属于

---

①　参见梁慧星、陈华彬：《物权法》（第四版），法律出版社 2007 年版，第 398 页以下；王轶：《所有权保留制度研究》，载梁慧星主编：《民商法论丛》（第 6 卷），法律出版社 1997 年版，第 623 页以下。

双务合同，转让期待权通常也还涉及债务和标的物的占有的移转，因此，买受人期待权之让与应征得出卖人的同意，否则，出卖人得行使取回权。

买受人期待权之保护，涉及出卖人再行转让标的物或在标的物上设定其他担保物权，以及第三人侵害标的物等情况下买受人利益的保护问题：

所有权保留买卖中，于条件未成就前，买受人虽已实际占有使用标的物，但其所有权仍归出卖人。出卖人如向第三人转让标的物的所有权，势必会侵害买受人之期待权，于是发生买受人期待权的保护问题。对此，学说与立法大多区分所有权保留买卖登记与否而作出不同的处理：在已经登记的情况下，该登记具有对抗第三人的效力，出卖人将标的物所有权再行让与第三人的行为对买受人不生效力，买受人于条件成就时仍得获取标的物的所有权。在虽未经登记但由买受人占有担保物的情况下，由于出卖人无法向第三人为动产的交付，所以难以发生所有权的移转，而占有标的物的买受人的期待权应优先于不占有标的物的第三人的权利；在出卖人将出卖的不动产再次出卖与第三人的情况下，在先的占有不动产的买受人亦可基于对物占有的事实而阻却第三人的善意取得。唯在买受人并不占有标的物的情况下，一般认为第三人得依善意取得的法理从出卖人手中取得标的物的所有权。此种情况下有关问题的处理，与一物二卖的处理规则相当，只是占有标的物的买受人的期待权居于优越地位而已。在出卖人另行以标的物为他人设定担保的情况下，有关问题的处理规则，亦应遵循同样的原理。

在第三人侵害标的物而害及买受人期待权实现的情况下，占有标的物的买受人的利益之保护，得适用占有保护之规定。当标的物受他人之侵害而致价值贬损或灭失时，买受人之期待权应受侵权法之保护，买受人得请求损害赔偿。但由于此时标的物之所有权仍为出卖人所保留，因此究竟何人得向加害人请求赔偿，遂生疑问。多数人认为，此时应类推适用不可分连带债权之法理，使保留所有权之出卖人及买受人为共同利益向加害人请求损害赔偿，至于赔偿金在权利人内部如何分配，可由当事人约定；在无约定时，则应以使买受人作为受益人为宜。

（3）出卖人的取回权。在所有权保留买卖中，出卖人的利益主要表现为对价金的收取权及特定条件下对标的物的取回权。出卖人的取回权，是指在标的物所有权移转于买受人之前，如买受人不依约定偿付价款或有其他妨害出卖人权益的行为时，出卖人得从买受人手中取回标的物，并得于买受人在一定期间内不履行契约赎回标的物时将其再行变卖的权利。

关于出卖人取回权的法律性质，理论上主要有解除权效力说、附法定期限解除契约说及就物求偿说三种学说。通说采第三种观点，但各国立法或实务上也均承认买受人于违约而被出卖人行使取回权之后，在一定期间内享有赎回权。[①]只有在法定或约定的回赎期间届满后，买受人仍不履行契约义务的，出卖人方可将标的物再行出卖，并将所得价款于支付必要费用后用来清偿买受人尚未支付的价金债务。如有剩余，应返还买受人；如有不足，出卖人仍得继续向买受人追偿。应当说明的是，在买受人违约的情况下，出卖人虽得取回标的物并就其再行出卖的价金受偿全部债权，但其并不能因此而回复对标的物的完整所有权，或者拒绝返还超出剩余债权额的价金。原因在于，如此做法，相当于“流质”“流押”的归属型清算方式，背离了所有权保留买卖的担保功能，且将导致当事人之间的利益失衡，因此学说与立法、判例中少有支持。

买受人向出卖人付清钱款后，出卖人保留的所有权应移转于买受人，双方的买卖及担保关系消灭。出卖人于债务人违约而取回标的物并就其价值受偿债权后，其担保权益亦归于消灭；债权纵未能获得全部清偿，亦只能归属普通债权并通过债权保护方式求偿。

（三）其他非典型物的担保

依据发端于《美国统一商法典》，并对世界各国立法和有关国际公约有重要影响的功能主义的担保物权观念，凡能以适当方式公示并能就特定财产的价值优先受偿债权的交易模式，均属于担保交易。依此观念，则当下盛行的融资租赁合同、保理合同中，也蕴含着物的担保形式。

在融资租赁交易尤其是动产融资租赁合同中，于承租人付清全部租金之前，出租人依约继续保有租赁物的所有权；当出现承租人违约情形时，出租人有权收回出租物，并得就其拍卖、变卖的价款优先受偿剩余的租金债权。其中，出租人所保有的租赁物所有权，也属于具有担保功能的所有权；该担保权益如果经过登

---

① 参见陈本寒主编:《担保法通论》，武汉大学出版社1998年版，第346页。

记，则具有物权性的对抗效力。其中的担保功能，在交易结构设计方面与所有权保留买卖类同。

保理合同的担保功能及与担保物权有关的内容，体现在有追索权的保理交易中。[①]有追索权的保理中应收账款债权人将应收账款移转于保理人的性质，虽有债权让与说、债权让与担保说、间接移转说及应收账款质押说等不同的认识，但以债权让与说与债权让与担保说为通说。[②]此两说虽名称有异，但在含义的解释上并无质的不同，其都揭示了保理人受让应收账款债权的担保功能，又符合保理的性质和特点。唯债权让与担保说更为直接、明确地表明了保理合同与物的担保之内在联系，更值采行。[③]依此界定，在应收账款债权人将应收账款债权转让给保理人，而保理人提供资金融通、应收账款管理或者催收、应收账款债务人付款担保等服务的合同中，有追索权的保理人既可以向应收账款债务人主张应收账款债权，也可以向应收账款债权人主张返还保理融资款本息或者回购应收账款债权。而其向应收账款债务人主张应收账款债权的，所实现的债权在扣除保理融资款本息和相关费用后如有剩余，应当将剩余部分返还给应收账款债权人；如有不足，则应由融资人即应收账款债权人继续清偿。由此，保理人享有以应收账款债权作为担保财产的让与担保权或者类似于应收账款质权人的权利。而这种保理交易如果经过登记，保理人就担保财产所享有的权利则具有了物权性的优先受偿效力。

三、我国法律和司法解释中关于非典型物的担保的规定

（一）《民法典》之前的担保实践与相关规定

一般认为，我国《民法典》之前的立法中，虽有关于所有权保留、融资租赁等问题的规定，但并未明确其具有非典型物的担保的性质、地位及优先受偿的效

① 无追索权的保理，实为应收账款债权的让与（买卖），与担保问题无关。

② 参见最高法院民二庭:《最高人民法院民事审判第二庭法官会议纪要——追寻裁判背后的法理》，人民法院出版社 2018 年版，第 280 页；李宇:《保理合同立法论》，载《法学》2019 年第 12 期。

③ 参见何颖来:《〈民法典〉中有追索权保理的法律构造》，载《中州学刊》2020 年第 6 期。

力。《民法通则》第72条第2款、《最高人民法院关于贯彻执行〈中华人民共和国民法通则〉若干问题的意见（试行）》第84条，涉及所有权保留问题的规定；《合同法》第九章（买卖合同）中的第133条、第134条、第167条，肯定了分期付款交易中的所有权保留约定的效力；2020年修正前的《最高人民法院关于审理买卖合同纠纷案件适用法律问题的解释》（法释〔2012〕8号）第六部分（第34—37条）对“所有权保留”问题作了专门规定，明确了其适用范围、出卖人取回标的物的权利、另行出卖的权利等；[①]《合同法》第十四章中，对融资租赁合同中出租人享有租赁物的所有权、于承租人破产时对租赁物的别除权、于承租人违约时解除合同及收回租赁物的权利等，也作有规定。但上述规定中，并未规定所有权保留买卖中出卖人保留的所有权、融资租赁合同中出租人享有的所有权的公示方法，亦未明确其具有优先受偿的效力；尤其是，一旦取得标的物占有的买受人、承租人违背诚信原则而将标的物转卖于他人，则出卖人保留的所有权并不具有对抗善意第三人的效力。因此，其物的担保功能并不明显。为解决融资租赁中出租人权利的保护问题，2020年修正前的《融资租赁合同司法解释》（法释〔2014〕3号）第9条中，肯定了当事人对租赁物进行外观标识以表明租赁物权属、出租人授权承租人将租赁物抵押给出租人并在登记机关依法办理抵押权登记两种做法。但出租人在租赁物上自行设置的外观标识，其样式和内容等并无统一规定且缺乏法律上的权威性，亦无法避免背信的承租人将租赁物的标识涂销后再予以处分的情况；而将租赁物办理抵押权登记的做法，虽然能够起到间接保护出租人利益的作用，但这种“反向抵押”的结构设计并非当事人真实交易关系的反映，无异于迫使当事人以虚假方式满足登记的形式要求，且所有权人抵押权与我国立法上的抵押权之功用并不吻合，故其并非解决问题的良策。[②]

---

① 2020年12月，根据《民法典》的相关规定，修改后的《最高人民法院关于审理买卖合同纠纷案件适用法律问题的解释》删除了原规定中的第34条、第37条，并将原第35条、第36条修改后作为第25条、第26条，分别涉及所有权保留买卖不适用于不动产、出卖人取回权的限制。

② 参见高圣平：《统一动产融资登记公示制度的建构》，载《环球法律评论》2017年第6期；曾大鹏：《融资租赁法制创新的体系化思考》，载《法学》2014年第9期。2020年12月根据《民法典》的相关规定修改后的《融资租赁合同司法解释》已删除了原规定中的第9条。

在我国《物权法》的制定过程中，诸多学者主张在担保物权制度中增设让与担保，物权法草案中也曾吸纳了学界的建议而作出过相关的制度设计。[①]但也有不少学者对让与担保的制度价值及在物权法中规定让与担保的合理性、必要性等提出了质疑。在物权法草案三审稿及此后的审议稿直至最终颁布的《物权法》中，均没有再规定让与担保制度，其主要的考虑是：让与担保主要涉及动产担保，而物权法对动产担保已经作了较为全面的规定，可以满足动产担保的需要；从国外情况看，大多数国家也没有在物权法或物权编中规定让与担保。因此，我国物权法中以暂不规定让与担保为宜。今后，随着社会经济的发展，人们需要使用让与担保这种方式的，可以先进行实践加以摸索和完善，积累经验，留待将来立法时再加以斟酌和规范。[②]不过，在我国的金融实践中，让与担保在证券担保、有追索权的保理、股权转让、融资租赁以及普通买卖合同等领域已多有采用。但由于法无明文规定，对于其能否发生物权性的优先受偿效力，有不同的认识，有关纠纷也出现相左的裁判结果。为统一裁判规则，《民间借贷司法解释》（法释〔2015〕18号）第24条对以签订买卖合同作为民间借贷合同担保的问题处理作出了规定；[③]2019年最高人民法院发布的《九民纪要》第71条中再次对让与担保的处理问题表明了司法态度："债务人或者第三人与债权人订立合同，约定将财产形式上转让至债权人名下，债务人到期清偿债务，债权人将该财产返还给债务人或第三人，债务人到期没有清偿债务，债权人可以对财产拍卖、变卖、折价偿还债权的，人民法院应当认定合同有效。合同如果约定债务人到期没有清偿债务，财产归债权人所有的，人民法院应当认定该部分约定无效，但不影响合同其他部分的效力。""当事人根据上述合同约定，已经完成财产权利变动的公示方式转让至债权人名下，债务人到期没有清偿债务，债权人请求确认财产归其所有

---

① 如物权法草案（二审稿）第二十一章即为"让与担保"，其中对让与担保制度设计的基本精神是：让与担保以协议＋公示的方式设立；在权利的构造上，采用的是"担保权构成论"而非所有权移转论；在实现方式上，采用的是"变价清算型"；其在其他一些方面，也注意了双方当事人利益的平衡。

② 参见胡康生主编：《中华人民共和国物权法释义》，法律出版社2007年版，第367—368页。

③ 2020年12月修改后作为第23条。

的，人民法院不予支持，但债权人请求参照法律关于担保物权的规定对财产拍卖、变卖、折价优先偿还其债权的，人民法院依法予以支持。债务人因到期没有清偿债务，请求对该财产拍卖、变卖、折价偿还所欠债权人合同项下债务的，人民法院亦应依法予以支持。”另根据2019年修订后的《应收账款质押登记办法》第34条、第35条的规定，动产和权利的让与担保，亦具有了登记能力。故此，可以说，具有物的担保性质和优先受偿效力的让与担保，在司法实践和登记规则中已经得到认可。

（二）《民法典》及司法解释中的相关规定

根据担保交易的实践发展需要，借鉴域外功能主义担保物权观念和制度设计，我国《民法典》物权编担保物权分编在《物权法》规定的基础上，为了给优化营商环境提供有效的法治保障，进一步完善了担保物权制度，其中最为重要的一个改进措施，即是在第388条第1款中扩大了设立担保物权的担保合同之范围，明确融资租赁、保理、所有权保留等非典型担保合同的担保功能，增加规定“担保合同包括抵押合同、质押合同和其他具有担保功能的合同”。①结合该条款规定的前后文句并根据立法说明，融资租赁、保理、所有权保留以及让与担保等非典型担保合同的担保功能亦得到确认，辅之以动产和权利担保统一登记制度，则此类合同中具有担保功能的权利（即所谓的非典型担保物权）亦将纳入担保物权的体系，并受统一规则的调整。②为配合《民法典》有关规定的实施，最高人民法院发布的《担保制度解释》第1条关于适用范围的规定中，除规定“因抵押、质押、留置、保证等担保发生的纠纷，适用本解释”外，还明确了“所有权保留买卖、融资租赁、保理等涉及担保功能发生的纠纷，适用本解释的有关规定”。此外，该司法解释专列了第四部分（关于非典型担保），用了8个条文（第63—70条）就各种非典型物的担保问题作出了较为系统的规定。对于具有担保功能的合

① 参见王晨：《关于〈中华人民共和国民法典（草案）〉的说明》，载《中国人大》2020年第12期。

② 《民法典》中并未出现非典型担保物权或非典型物的担保的概念，而是将其纳入广义担保物权的概念之中。但由于此类物的担保只是“参照”适用担保物权的有关规定，且其位置亦未居于“担保物权分编”之中，故其实质仍属于非典型物的担保。

同的效力问题，该解释第67条统一规定："在所有权保留买卖、融资租赁等合同中，出卖人、出租人的所有权未经登记不得对抗的'善意第三人'的范围及其效力，参照本解释第五十四条的规定处理。"

《民法典》中关于所有权保留买卖合同、融资租赁合同的担保功能及与担保物权有关的内容，主要体现在合同编买卖合同章的第641—643条和融资租赁章的第745条、第758条。其中最显著的标志是关于出卖人、出租人对标的物的所有权登记之规定。根据《民法典》第641条第2款、第745条的规定，所有权保留买卖中"出卖人对标的物保留的所有权"和融资租赁交易中"出租人对租赁物享有的所有权"，"未经登记，不得对抗善意第三人"。据此，出卖人、出租人对标的物的所有权经由登记将产生与担保物权类同的效力，能够对抗包括善意第三人在内的任何人；依据立法精神和学说解释，在未来的动产和权利担保统一登记系统中登记的这种所有权，并非自物权、完全物权意义上的所有权，而是一种具有担保功能和作用的所有权，其目的在于保障出卖人、出租人的价款债权、租金债权等的实现；此种"担保性所有权"所保障的权益的实现，除适用《民法典》第642条第1款、第643条、第758条等专门规定外，还可以参照适用典型担保物权的顺位规则、优先受偿的实现方式等规定。[①]《担保制度解释》中还对所有权保留买卖、融资租赁中有关担保问题的处理作了补充规定。该解释第64条规定："在所有权保留买卖中，出卖人依法有权取回标的物，但是与买受人协商不成，当事人请求参照民事诉讼法'实现担保物权案件'的有关规定，拍卖、变卖标的物的，人民法院应予准许。""出卖人请求取回标的物，符合民法典第六百四十二条规定的，人民法院应予支持；买受人以抗辩或者反诉的方式主张拍卖、变卖标的物，并在扣除买受人未支付的价款以及必要费用后返还剩余款项的，人民法院应当一并处理。"第65条规定："在融资租赁合同中，承租人未按照约定支付租金，经催告后在合理期限内仍不支付，出租人请求承租人支付全部剩余租金，并以拍卖、变卖租赁物所得的价款受偿的，人民法院应予支持；当事人请求参照民事诉讼法'实现担保物权案件'的有关规定，以拍卖、变卖租赁物所得价款支付租金的，人民法院应予准许。""出租

① 参见《民法典》第414条、第642条第2款。

人请求解除融资租赁合同并收回租赁物，承租人以抗辩或者反诉的方式主张返还租赁物价值超过欠付租金以及其他费用的，人民法院应当一并处理。当事人对租赁物的价值有争议的，应当按照下列规则确定租赁物的价值：（一）融资租赁合同有约定的，按照其约定；（二）融资租赁合同未约定或者约定不明的，根据约定的租赁物折旧以及合同到期后租赁物的残值来确定；（三）根据前两项规定的方法仍然难以确定，或者当事人认为根据前两项规定的方法确定的价值严重偏离租赁物实际价值的，根据当事人的申请委托有资质的机构评估。”

《民法典》中关于保理合同的担保功能及与担保物权有关的内容，体现在合同编保理合同章中有追索权的保理类型之规定上。该章中有追索权的保理人权利的实现规定（第766条）、多重保理的清偿顺序规定（第768条）等，明确体现出有追索权的保理中采行了应收账款让与担保说的观念。《担保制度解释》第66条对保理中有关担保问题的处理作了补充规定：“同一应收账款同时存在保理、应收账款质押和债权转让，当事人主张参照民法典第七百六十八条的规定确定优先顺序的，人民法院应予支持。”“在有追索权的保理中，保理人以应收账款债权人或者应收账款债务人为被告提起诉讼，人民法院应予受理；保理人一并起诉应收账款债权人和应收账款债务人的，人民法院可以受理。”“应收账款债权人向保理人返还保理融资款本息或者回购应收账款债权后，请求应收账款债务人向其履行应收账款债务的，人民法院应予支持。”

《民法典》的条文和立法说明中虽未明确提及“让与担保”问题，但让与担保合同的效力及受让人所取得的权利之担保性质，在立法精神上和司法实践、登记实践中实际上已得到认可。[①]《担保制度解释》中对此作了进一步明确和细化。该解释第68条（将财产形式上转让至债权人名下的担保）规定：“债务人或者第三人与债权人约定将财产形式上转移至债权人名下，债务人不履行到期债务，债权人有权对财产折价或者以拍卖、变卖该财产所得价款偿还债务的，人民法院应当认定该约定有效。当事人已经完成财产权利变动的公示，债务人不履行到期债务，债权人请求参照民法典关于担保物权的有关规定就该财产优先受偿的，人民法院应予支持。”“债务人或者第三人与债权人约定将财产

① 参见刘保玉：《民法典担保物权制度新规释评》，载《法商研究》2020年第5期。

形式上转移至债权人名下，债务人不履行到期债务，财产归债权人所有的，人民法院应当认定该约定无效，但是不影响当事人有关提供担保的意思表示的效力。当事人已经完成财产权利变动的公示，债务人不履行到期债务，债权人请求对该财产享有所有权的，人民法院不予支持；债权人请求参照民法典关于担保物权的规定对财产折价或者以拍卖、变卖该财产所得的价款优先受偿的，人民法院应予支持；债务人履行债务后请求返还财产，或者请求对财产折价或者以拍卖、变卖所得的价款清偿债务的，人民法院应予支持。”“债务人与债权人约定将财产转移至债权人名下，在一定期间后再由债务人或者其指定的第三人以交易本金加上溢价款回购，债务人到期不履行回购义务，财产归债权人所有的，人民法院应当参照第二款规定处理。回购对象自始不存在的，人民法院应当依照民法典第一百四十六条第二款的规定，按照其实际构成的法律关系处理。”第69条（将股权形式上转让至债权人名下的担保）规定：“股东以将其股权转移至债权人名下的方式为债务履行提供担保，公司或者公司的债权人以股东未履行或者未全面履行出资义务、抽逃出资等为由，请求作为名义股东的债权人与股东承担连带责任的，人民法院不予支持。”

需要强调的是，尽管我国《民法典》《担保制度解释》中对所有权保留买卖、融资租赁、保理以及让与担保等“权利移转型担保”予以了肯定性规定，但流担保条款的效力则一概为法律所否定（《民法典》第401条、第428条），亦即，此类物的担保中担保权益的实现，仍须对担保财产进行清算，担保权人只能依法就担保财产的变价价值优先受偿其债权，而不能直接将担保财产归其所有。

在上列四种非典型物的担保之外，《担保制度解释》“非典型担保”部分还对其他一些有关物的担保问题作出了规定。如该解释第63条（不能登记或者无法定登记机构的担保合同）规定：“债权人与担保人订立担保合同，约定以法律、行政法规尚未规定可以担保的财产权利设立担保，当事人主张合同无效的，人民法院不予支持。当事人未在法定的登记机构依法进行登记，主张该担保具有物权效力的，人民法院不予支持。”第70条（保证金质押）规定：“债务人或者第三人为担保债务的履行，设立专门的保证金账户并由债权人实际控制，或者将其资金存入债权人设立的保证金账户，债权人主张就账户内的款项优先受偿的，人民法院应予支持。当事人以保证金账户内的款项浮动为由，主张实际控制该账户的债权人对账户内的款项不享有优先受偿权的，人民法院不予支持。”“在银行账户下设立的保证金分户，参照前款规定处理。”“当事人约定的保证金并非为担保债务的履行设立，或者不符合前两款规定的情形，债权人主张就保证金优先受偿的，人民法院不予支持，但是不影响当事人依照法律的规定或者按照当事人的约定主张权利。”

第八章　物的占有

第一节　占有概述

一、占有的概念与特征

（一）占有的概念

通说认为，占有指占有人对于物有控制与支配之管领力的事实状态。在物权法的意义上，物的占有是一种受法律保护的对物为控制和支配的事实状态。在物的占有法律关系中，其主体为对物有管领力之人，即占有人，而相对人则为不特定的一切人；其客体为被占有人管领、控制的动产或不动产，即占有物。

对物的占有可因享有所有权、他物权、债权或者其他权利而发生，也可因某种缺乏权利依据的行为以及单纯的自然事实而发生。占有保护为大陆法系国家均已设立的一项物权法上的制度。在英美法上，虽然没有成文的占有制度，但其对于占有的事实也是给予保护的。法律上设立占有制度的目的，在于维护物的事实秩序而非维护物的法律秩序（权利秩序），即维护现有的物的占有状态，禁止他人以私力加以破坏，从而维护社会的安定与和平。

现代各国民法上的占有制度，一般认为在历史上有两处渊源：一是罗马法上的占有（Possessio）制度，二是日耳曼法上的占有（Gewere）制度。在罗马法上，仅可对物为事实支配的占有与可对物为全面支配的所有权是分离的，二者皆受法律的保护。即使占有人对物之占有并没有其背后合法权利之支持，法律也出于维护社会和平与法律秩序的目的而给予保护；保护占有的法律手段为占有诉权，其占有制度就是以占有诉权为中心而构筑的制度。与罗马法将占有作为一种事实而予以承认与保护不同，日耳曼法上的占有虽然从总体上来说也是对于物的事实支配状态，但并非仅是一种单纯的事实，而是对物的支配权的一种表现，占有具有“权利的外衣”性质。占有因其与法律上的权利之相互联系，被作为权利的外在表现而受到法律的一并保护。因罗马法上的占有与真实的支配权相分离，所以其占有诉讼仅保护占有这一事实，而不涉及真实的权利问题。而在日耳曼法上，因其视占有为权利之外衣，故其占有诉讼不仅解决占有本身的问题，还一并解决占有物实际权利的归属问题。

现代法上的占有制度，汲取罗马法与日耳曼法的占有制度之合理成分，兼具两者之性质与特点，如占有诉权（占有人的物上请求权）、占有物的孳息收取权与费用偿还请求权等，主要来自罗马法占有制度；而权利推定、权利移转（即动产物权的移转以动产的交付为要件）及善意取得等，则主要源于日耳曼法的占有制度。①

（二）占有的特征

作为物权法上的制度，物的占有具有以下法律特征：

1. 占有关系以物为其客体。占有所反映的是一种人对物的管领、控制关系，其客体须为有体的动产和不动产。对于无体的权利，虽能为支配，但无从成立占有。唯作为占有客体的物，并不以独立物为限，物之一部或构成部分亦可成为占有的客体。如将临街房屋的墙壁出租于他人供作广告之用等。可见，占有并不受物权法一物一权主义的限制。②

2. 占有人须对标的物有事实上的管领力。占有的成立须占有人对物有事实上的管领力。③所谓事实上的管领力，是指对物的事实上的控制与支配。所谓控

---

① 参见梁慧星、陈华彬:《物权法》(第四版)，法律出版社2007年版，第399—400页。

② 参见郭明瑞、唐广良、房绍坤:《民商法原理》(二)，中国人民大学出版社1999年版，第387页。

③ 理论上称此项成立要件为占有的“体素”。除体素外，占有的成立是否还同时需要内心的意思要件（即所谓的“心素”），理论上则存在主观说、客观说和纯客观说三种主张。主观说认为，占有不仅要求对物有事实上的管领，还须有占有的意思。至于何为占有的意思，又有不同的解释，如德国学者萨维尼的所有人意思说、温得夏（Windscheid）的支配意思说、邓堡（Dernburg）的为自己意思说等。客观说为德国学者耶林所持，其认为占有不以特别的意思存在为必要，除时效取得须有所有的意思外，一般占有只要有持有（即握有标的物）的意思就够了，理由是内在的意思是难以判断的，而法律不能因为当事人的观念变化就使同一占有事实不断变换性质。这种学说随后又发展为纯客观说，认为占有只要求纯客观的事实支配状态，而不管占有意思是否存在。目前，纯客观说为大多数学者所主张。当然，这并不否认占有意思在占有中的意义，如自主占有与他主占有的区分就是以此为据的，不过此种占有的意思已无关占有成立与否，而只是涉及不同占有的法律效果问题。

制，是指物处于占有人的管理或影响之下；所谓支配，是指占有人能够对物加以利用。通常对于动产的占有表现为控制，而对不动产的占有表现为利用。某人的控制与支配力能否及于某物，应依社会一般观念，并结合空间关系、时间关系以及法律关系确定。空间关系是指人与物在空间上有一定的足以使他人认识的某种结合关系。但这种结合关系不以对不动产或动产有物理上的直接控制与支配为必要，依社会一般观念，只要某物并未脱离某人的控制与支配力，就可认为该人与该物有事实上的结合关系。时间关系是指人与物的关系在时间上须有相当的继续性，使他人足以认为该物为该人事实上所控制与支配。短暂的控制因不能建立确定的支配关系，不能成立占有。法律关系是指当人与物存在某种法律关系时，即使没有空间或时间上的结合关系，仍可有占有的成立。如通过占有辅助人的占有、间接占有等，皆为其适例。①

3. 占有是一种为法律所保护的事实。占有的本质是一种权利还是一种事实，历史上就存在分歧。如前所述，罗马法上认为占有是一种受法律保护的事实，不管占有人是真正的权利人还是盗贼等非法占有人，法律出于维护社会的和平与秩序等目的皆对其予以保护。而日耳曼法上则以占有为权利的外衣而认为其是一种物权。现代民法对此也有争论，有的认为占有是一种权利（占有权），理由是从法理上讲，权利就是利益加法力，占有本身无疑是存在利益的，而这种利益又得到了法律的承认与保护。但更多的人则认为，占有是一种事实而不构成权利。②法律上确立占有制度，旨在保护对物的事实支配状态，而不问是否具有法律上的正当权利。从另一方面讲，将占有定为一种事实而非权利，也有助于对占有人的保护。因为占有人不必为其具有权利而举证，而仅仅基于其占有的事实即可要求保护。③我国学界通说认为：占有是

---

① 在占有的特征上，还应注意其与“持有”的区别。参见谢在全:《民法物权论》（下），中国政法大学出版社 1999 年版，第 934 页。

② 关于占有与权利的区别，参见谢在全:《民法物权论》（下），中国政法大学出版社 1999 年版，第 934—935 页。

③ 从近现代各国立法来看，两种观念皆有所反映。例如《法国民法典》《日本民法典》中，认为占有为权利;《德国民法典》中的占有，系两种观念的混合;《瑞士民法典》及我国民国时期的民法中则将占有作为一种单纯的事实。

一种受法律保护的对物为控制管领的事实。《物权法》和《民法典》中实际上采用的也是这种认识。鉴于占有为事实而非权利，但其又有一定的利益在内，且受法律的保护，能产生一定的法律效果，故此，可以认为占有在性质上是一种“法益”。[①]

二、占有制度的意义

（一）占有在物权法上的价值

任何一个理论和制度体系皆以自身的完善为其追求的目标之一，物权法也不例外。占有制度的价值主要就是弥补物权理论和物权法规范调整范围的不足，与自物权、他物权制度一并承担起维护物的归属和利用秩序的任务。物之归属、支配、利用关系的调整，仅有所有权及他物权制度显然力有不及，这不仅表现在有些对物的所有或利用权利因证明之艰难而可能丧失以物权来保护的机会，也表现在有些对物的事实支配关系本身就无法证明其权利基础，如不能对这一部分支配关系予以有效地调整，物权法及其理论就无法做到自身体系的完善，也就无法实现其为物的归属、利用、流转和市场经济的秩序建立稳固基础的目标。占有制度在物权法上的价值具体表现在两个方面：

1. 占有制度完善、优化了物权法理论体系，成为物权制度中不可或缺的组成部分。占有制度，使某些难以证明有权利基础的对物的事实支配关系得以调整，使物权法在调整范围上更为周延；同时，其与所有权、他物权制度相结合而优化了物权制度的功能，对某些物之归属、占有秩序的保护，占有人既可基于效率、便宜的考虑而选择行使占有保护请求权，也可以为实现确定、终局的权利保护而行使基于物权的请求权。

2. 占有制度是物权法中许多制度及其规则建立的基础。如作为动产物权公示方法的占有与占有的移转（交付）以及占有改定、指示交付规则，善意取得、取得时效、无主物的先占制度，善意占有与恶意占有的效果差异等，均以占有制度

---

① 参见李岩：《民事法益研究》，吉林大学2007年博士学位论文，第9页以下、第81页以下。

为其规则设计的基础。如果没有占有的一般规定，物权法中的诸多制度均需重复规定何为占有及对占有状态的要求，物权法体系的严谨性、科学性就无从谈起，立法的成本也会大大提高。

（二）占有制度的社会作用

与物权法中的所有权和他物权制度以权利为本位、以公平与安全为价值目标的法律调节模式不同，占有制度以占有的事实为基础，以维护对物的支配秩序的和平与稳定为价值目标。占有制度不仅完善了物权法的体系，而且对物权法之社会作用的发挥也起到了重要的补充作用，主要表现在：

1.有利于稳定现实占有关系，维护对物支配的和平秩序。这一功能主要是通过占有保护请求权（占有诉权）的行使来实现的。占有制度不必按照物权制度那样须在明确主体的权利之基础上才能予以保护，而是基于占有本身即可直接给予保护，这不仅使无本权或难以证明本权的占有人对物的占有可以得到一定程度的保护，避免了对物之占有的任意侵夺，而且使有权占有人得以选择行使物权请求权或者占有保护请求权，在其选择后者时也能在承担较轻的举证责任的情况下受到保护，从而体现经济、效率的原则。

2.有助于协调各方当事人的权益，维护社会之公平观念。例如，占有人对占有物的孳息收取权与对权利人的费用偿还请求权，主要是为了保护占有人的个人正当利益，而把占有区分为善意占有和恶意占有、和平占有和强暴占有等不同情况并使其产生不同的法律效果，以及占有的状态推定及举证责任的分担规则，则是出于对占有人与本权人乃至个人与社会之间的利益平衡之考虑，体现了法律的公正持平之价值目标。

3.有助于维护交易安全，促进社会经济的发展。这一作用是通过占有的权利推定与善意取得机能来实现的。在现实的财产交易中，财产（尤其是动产）的占有人一般即被视为有处分权之人，据此处分而取得财产之人，只要没有恶意便可受到法律的保护，而不必担心因正常交易行为而取得的标的物受到追夺。因此，占有制度对于维护交易安全和促进交易的发展也具有重要的意义。

三、占有的分类

（一）有权占有与无权占有

这是以占有是否有真正的权利基础为标准而作的分类。有权占有又称为有权源的占有、有本权的占有，是指有法律或合同依据的占有，如所有权人、留置权人以及保管人、承租人、质权人等对标的物的占有。无权占有又称无权源的占有、无本权的占有，是指没有法律上或合同上根据的占有，如对赃物、遗失物的占有。原有的占有根据丧失或被确认无效后对他人之物的占有，亦属无权占有，如借用、租赁期满后对物的继续占有等。有本权但无法证明的占有，一般应视为无权占有。由于有权占有的问题，通常依据本权成立的约定和法律关于权利保护的规定即可解决，而无须依赖占有的规则，因此物权法上的占有制度重点规范和解决的问题，乃是无本权以及虽有本权但无法举证或难以证明的占有。

对占有作此区分的意义在于，二者受法律保护的依据和程度不同：其一，有权占有可基于其基础法律关系而受法律保护，而无权占有则应直接依据法律关于占有的规定而受保护。我国《民法典》第458条规定："基于合同关系等产生的占有，有关不动产或者动产的使用、收益、违约责任等，按照合同约定；合同没有约定或者约定不明确的，依照有关法律规定。"其二，有权占有人可以基于其合法的占有权对抗任何人；无权占有人则不能对抗权利人返还原物的主张，而只能依法排除其他人对其占有的侵犯或妨害。如承租人在租赁期内不仅可以其租赁权对抗其他人的妨害，而且可以对抗出租人返还租赁物的主张。而遗失物的拾得人在所有人请求返还时，则应予以返还，唯有补偿必要费用的请求权；但拾得人对其他人侵占拾得物的行为得主张受占有之保护，对无关人员要求其交付拾得物的主张也有权予以拒绝。

（二）自主占有与他主占有

这是以占有人是否以所有的意思进行占有为标准所作的分类。自主占有是指占有人以自己所有的意思对物进行的占有；而他主占有则是指占有人非以所有的意思对物进行的占有。基于占有媒介关系占有他人之物的，如承租人、借用人、保管人、质权人等对物的占有，皆属他主占有。自主占有不以对物有所有权为必要，误认他人之物为自己所有而占有、误将他人的财产作为遗产而继承并占有、以将拾得物据为己有的意思而占有以及盗贼对盗窃物的占有等，皆可构成自主占有。自主占有和他主占有之间，可以因一定的原因和事实而发生转换，例如，明确了误占他人之物的情况并表示愿意返还，占有人在返还之前的占有即转化为他主占有；基于占有媒介关系的他主占有，亦可经过向权利人明示自己所有的意思而变更为自主占有。

区分二者的意义在于，时效取得及先占取得所有权等，均须以自主占有为要件。

（三）善意占有与恶意占有

这是以无权占有人的主观状态为标准而对无权占有的再分类。善意占有是指占有人不知道或不应知道自己无占有的权利而为的占有；恶意占有是指占有人明知或者应知无占有的权利以及对有无占有的权利有所怀疑而仍然进行的占有。在善意占有中，以占有人有无过失为标准，还可以再分为过失占有与无过失占有。依法理和法律的通行规则，只有不知自己无占有的权利且无重大过失者，方构成善意占有。

区别二者的意义在于：第一，在时效取得中，善意占有与恶意占有的时效期间不同（如不少立法例上规定，动产时效取得的期间一般为10年，但占有之始为善意的则为5年）；第二，动产的善意取得的要件之一，即为受让人取得占有时为善意；第三，占有人对于返还请求权人的权利义务，因其占有为善意或恶意而有所不同。

（四）直接占有与间接占有

这是以占有人是否直接占有标的物为标准而作的分类。直接而现实地把握、占据、控制标的物的，为直接占有。不直接占有标的物，但对于物的直接占有人有返还请求权因而间接对该物有管领力的，为间接占有。例如，质权人、承租人、保管人等对物的占有，为直接占有，而出质人、出租人、寄托人等，则对物只有间接占有。[1]

区分二者的意义在于：直接占有可以独立存在，而间接占有不能独立存在，间接占有人与直接占有人之间必须存在一定的法律关系。严格地说，间接占有并非真正的占有，所以法律上关于占有保护的规定通常仅限于对直接占有人而适用。

（五）自己占有与辅助占有

这是以占有人是否亲自对标的物进行占有为标准所作的分类。自己占有是指占有人亲自对标的物进行的占有；辅助占有是指基于特定的从属关系，受他人指示而对标的物为事实上的管领，如营业员对店内货物的占有。

区分二者的意义在于：辅助占有不能独立存在，交易时应认清真正的占有人；另外，自己占有在一定条件下可以取得某种权利，而辅助占有通常不能作为取得权利的依据（如基于他人的指示而为无主物的先占，辅助占有人不能取得其所有权）。

（六）单独占有与共同占有

这是以占有的人数为标准所作的分类。单独占有是指占有人为一人的占有；共同占有是指二人及以上对物的占有。

区分二者的意义在于：在共同占有时，各占有人之间就物的使用不得互相请求占有的保护；在对外关系上，共同占有人可以共同主张权利，有时也须连带承担义务，共有的一些规则得适用于共同占有。

（七）和平占有与强暴占有

这是依占有的手段不同而作的分类。以强暴手段而为的占有，为强暴占有

---

① 德国、瑞士民法所确立的间接占有，对罗马法的占有进行了彻底的变革，其之所以确立间接占有这一制度，是基于该制度具有的两项功能：一是使占有的规定原则上适用于间接占有，尤其是在取得时效与占有保护请求权方面；二是使动产的交付得以依指示交付、占有改定的方式为之，便利了物的交易与流转。但不容否认的是，所谓间接占有在本质上是一种权利而非事实状态，这就为占有是事实还是权利提供了争议的依据。参见刘心稳主编：《中国民法学研究综述》，中国政法大学出版社 1996 年版，第 348 页。

（如抢夺或抢劫他人财物而为的占有）。非以暴力取得但以暴力对抗权利人的返还请求的，亦构成强暴占有。非以暴力取得和维持的占有，方为和平占有。

区分二者的意义在于，诸如时效取得之成立等特定情形，须符合和平占有的要件。

（八）继续占有与不继续占有

这是以占有的时间是否间断为标准所作的区分。时间上继续无间断的占有为继续占有，反之为不继续占有。

区分二者的意义在于，时效取得及其期间的计算一般以继续占有为条件。

（九）公然占有与隐秘占有

这是以占有方法为标准所作的分类。公然占有指不以隐藏方法避免他人发现而为的占有，反之则为隐秘占有。

区分二者的意义在于，时效取得的成立以对物的公然占有为必要条件，隐蔽占有无论经过多长时间也不发生时效取得。

（十）无瑕疵的占有与有瑕疵的占有

这是依占有的整体样态之不同而作的分类。以自主、善意、和平、公然及继续的方式和状态而进行的占有，为无瑕疵占有；与此相反或欠缺其中某一要素的占有，则均为有瑕疵的占有。

区分两者的意义在于，后一占有人主张合并前占有人的占有时，应承继其占有的瑕疵。鉴于占有的状态对于取得时效及占有的保护等有重大影响且举证较为困难，故为了加强对占有人的保护，各国民法一般规定，除有相反证据外，应推定占有为无瑕疵占有。

（十一）物的占有与权利占有

从占有的客体上分，占有还有物的占有与权利占有之分。通常所讲的占有，均指对有体物的占有。而权利占有则是指以财产权为客体的占有，即通常所称的“准占有”。一般认为，准占有的成立包括三个条件：其一，准占有的客体限于财产权。其二，准占有仅适用于不以物的占有为成立要件的财产权。此类财产权如商标权、专利权、著作权、债权及抵押权和某些地役权等。其三，占有人须事实上行使其财产权。财产权之行使指实现其财产权的行为，如债权人向债务人请求履行债务，为债权之行使；对技术秘密于生产经营中使用，为商业秘密权之行使。是否事实上行使财产权，须就财产权之种类、性质及外观等多方面因素综合认定，通常依一般社会观念，有使人信其为真正财产权人之外观即可。

准占有之效力一般准用有关占有之规则。如占有状态、占有事实的推定、占有权利之推定及占有保护等。此外，准占有还有两项特有之效力：一是对于债权的准占有人善意而为的清偿，有清偿的效力；二是准占有的标的如为可继续行使的权利，某些情况下可能发生所有权以外的财产权之时效取得。[①]我国法律上未采纳准占有的概念，法律通常对权利的“占有”及其行使问题另行作出规定。

第二节 占有的取得与消灭

一、占有的取得

占有的取得也称占有的发生，是指占有人依照某种事实或原因对物产生了事实上的支配与控制。与所有权的取得类似，占有的取得也分为原始取得和继受取得。

（一）占有的原始取得

占有的原始取得是指不以他人既存的占有为根据而取得的占有。例如，无主物的先占、遗失物的拾得、抢夺物的占有等。占有的原始取得不以占有人的意思表示为要素，因此是事实行为而非法律行为，并不要求占有人取得占有时具有民事行为能力。占有原始取得的标的物既可以是动产，也可以是不动产；占有取得人可以亲自占有，也可以由辅助人代为占有；另外，原始取得的占有，也不以直接占有、善意占有、自主占有为限，间接占有、恶意占有、他主占有也无妨成立

① 参见梁慧星、陈华彬：《物权法》（第四版），法律出版社2007年版，第416—417页。

原始取得。

应注意的是，原始取得物的占有，未必就能取得其所有权。因为占有纯为一种事实状态，其与事后占有人是否因此取得占有物的所有权并无必然联系；占有人是否能取得标的物的所有权，应依法律的相应规定而确定。

（二）占有的继受取得

占有的继受取得是指基于他人占有的移转而取得的占有。占有虽然是一种事实，但现代各国民法均承认占有具有移转性，可以继受的方式取得，其情形主要有以下两种：

1.占有的让与。占有的让与是指占有人通过法律行为将其占有物交付于他人，受让人因此而取得占有。通说认为，占有的让与须具备两项条件：第一，占有人须有让与占有的意思表示。占有的让与既然是依法律行为而发生，则自然需有移转占有的意思表示，至于该意思表示是单方为之还是需双方合意，则依让与的情形不同而有所不同。非依占有人的意思发生的占有转移，如物之窃取，可能发生占有的原始取得而不能发生继受取得。第二，须交付占有物。只有物的交付才能使受让人得以对标的物形成事实上的管领力，这是后一占有成立的必要条件。与所有权的转移要件不同的是，对于不动产的占有之让与，也因交付而成立。

2.占有的继承。占有能否因继承而取得，有不同的主张。否定说认为，占有是一种事实而非权利，占有人死亡，其占有的意思随之不复存在，其对物的管领力也当然消灭，所以无继承性可言。肯定说认为，占有虽只是一种事实，但其有法律上的利益且不具有人身专属性，故可以继承。现代各国民法多采肯定说。对于占有转移至继承人的时间，通说认为是自继承开始之时，不要求继承人知悉继承事实的发生，也不要求继承人事实上已管领其物或存在交付行为，更不需要作出继承的意思表示。可见，占有的继承完全系出于法律之拟制，与占有的让与中须受让人对于物具有事实上的管领力显有不同。①

在占有继受取得的效力问题上，应当注意的是，占有的继承人或受让人可以主张将自己的占有期间与前占有人的占有期间合并计算，以享受取得时效期间计

---

① 参见谢在全:《民法物权论》(下)，中国政法大学出版社 1999 年版，第 958—959 页。

算上的利益。但占有人主张合并计算的，应当在享有前占有人之期间利益的同时承继前占有人的占有状态，即如果前占有存在瑕疵（例如前占有为隐秘占有或恶意占有等），后占有人也须一并承受，而不管后占有人是否知悉前占有的瑕疵。如果继承人或受让人单独主张自己的新占有，则无须承受前占有的瑕疵。所以，合并计算占有期间，并非意味着对后占有人一定有利。是否主张合并计算，继承人或受让人具有选择的权利。这种占有继受人可选择合并或分别主张占有期间以享受利益的效力，与通常的权利继受取得规则有所不同，为占有制度所特有，是占有继受取得的特殊效力。[①]

二、占有的消灭

如果占有人对标的物事实上的支配力与控制力不复存在，占有便归于消灭。对于占有物的管领力丧失之确定，须就具体事实并依法律规定及一般社会观念予以认定。至于导致占有人丧失管领力的原因是法律行为还是事实行为抑或自然力，是否基于占有人的意思等，均非所问。但需注意的是，占有人对占有物的管领力的丧失，须为确定的、持续的丧失。如果仅是一时不能实行管领，或非出于自己意思丧失管领但仍能够依法诉请追回的，则占有并不消灭。

当占有人丧失对物的支配力而致其占有消灭时，如果客体尚存，则无妨他人再行取得占有。

第三节　占有的效力

占有的效力是指占有所具有的法律上的证明力和强制力，也就是指法律为了平衡占有关系中各主体的权益而对其权利义务所作的强制性配置。占有的效力主要体现为对占有人的保护，同时也须兼顾真正权利人和社会整体的利益。占有的效力主要有状态推定效力、权利推定效力、时效取得效力、善意取得效力、占有

---

① 梁慧星、陈华彬：《物权法》（第四版），法律出版社2007年版，第406页。

人的权利义务等。由于我国《民法典》中未规定取得时效制度，所以对于占有的类型及效力等事项的规定也颇为简略，而善意取得问题前面已有讲述，故这里只谈占有的状态推定效力、权利推定效力和占有人的权利义务。

一、占有的状态推定效力

法谚云：“经证明两端者，得推定中间”；“今昔为占有者，常为占有者”。此为对占有的持续性推定规则的形象描述。所谓占有的状态推定效力，是指为了更好地保护占有人的利益，实现占有制度设立之宗旨，在无相反证明情况下，法律所作的推定占有人的占有为自主、善意、和平、公开的占有，以及在能证明前后两端为占有时推定为无间断的持续占有等规定。换言之，法律上直接推定占有人的占有为无瑕疵的占有，但有相反证据证明的除外。

占有的状态对取得时效有直接且重大的影响。依据各国民法的通行规定，占有人须以自主占有的意思，和平、公然并继续占有标的物达一定期间，才能因时效取得其所有权；善意占有的时效期间通常要短于恶意占有。而占有人的占有为自主或他主、善意或恶意，均依其内心意思所定，难以举证；占有为公开或隐秘、和平或强暴、继续或间断，有时也难以证明和确定。所以，为了加强对占有人的保护，消除占有人的举证困难，合理分担有关当事人的举证责任，各国法律大都设立了上述推定规则。

作为一种法律上的推定，占有状态的推定效力当然可以通过反证来推翻，并且只有在有确切的反证时才能被推翻。至于举证责任，则应由意欲推翻无瑕疵占有之推定者承担。

二、占有的权利推定效力

占有的权利推定效力，是指基于占有之背后真实权利存在的盖然性，为保护占有人和与其进行交易行为的第三人的利益，实现占有制度的立法宗旨，法律所作的占有人基于其占有而产生的各种权利外观具有真实的权利基础之推定。也就是说，占有人于占有物上行使之权利，推定其适法有此权利。占有的权利推定，是占有的最主要的效力。

在现代民法中，占有是动产上权利变动的要件，是权利的外观；而占有之存在时，通常也以实质或真实的权利为其基础。基于这种盖然性而赋予占有以权利推定的效力，体现了占有制度维护对物占有的和平社会秩序、保护占有背后盖然存在的权利、促进交易安全、贯彻经济效益原则的价值取向。①

关于占有的权利推定效力，应注意如下几个要点：（1）占有人在占有物上行使的权利，推定其合法有此权利。占有人在占有物上行使的权利可为依占有所表现的一切权利，不仅限于物权，也包括债权。例如，占有人于占有物上行使所有权或质权时，就推定其有所有权或质权；于占有物上行使租赁权或借用权时，也推定其有该权利。但是，不以占有为内容的权利，如抵押权等，不在推定之列。（2）受权利推定的占有人不承担有权占有的举证责任。唯在他人提出反证证明其无占有的权利时，占有人才负有推翻该反证的举证责任。（3）权利的推定效力，不仅占有人可以主张，第三人也可以主张。如债权人对于债务人占有的动产，得主张该动产为债务人所有而划入其责任财产之内。（4）受权利推定规则保护的人，包括一切占有人，无论占有人的占有是否存在瑕疵。（5）权利的推定，既可以是为占有人的利益而为推定，也可以是为占有人的不利益而为推定。例如推定占有人为所有人，则物上的负担也应由占有人承受。（6）权利的推定仅具有消极的效力，占有人不得利用此项推定作为享有权利的证明。例如，占有人不得利用权利的推定而申请权利登记。（7）占有的权利推定规则适用于普通动产和没有登记的不动产，已登记的不动产及船舶、航空器、机动车等特殊动产则不发生此种权利推定问题。②

三、占有人的权利和义务

占有人的权利与义务，包括有权占有人的权利义务和无权占有人的权利义务。有权占有人通常可依其权利寻求救济而不必借助占有制度，所以这里只重点

---

① 参见王泽鉴：《民法物权》（2），中国政法大学出版社2001年版，第234页。

② 参见郭明瑞等：《民商法原理》（二），中国人民大学出版社1999年版，第401页；梁慧星、陈华彬：《物权法》（第四版），法律出版社2007年版，第408页。

讲无权占有人的权利义务。该权利义务主要存在于两个方面：一是无权占有人基于占有物而发生的权利义务；二是无权占有人对于真正权利人的权利义务。概括而言，主要有如下几项。

（一）善意占有人的使用权、收益权

占有人对占有物的使用权、收益权，通常限于善意占有人享有，恶意占有人不能享有此项权利。如我国台湾地区“民法”第952条规定：“善意占有人，依推定其为适法所有之权利，得为占有物之使用及收益。”善意占有人对占有物的使用、收益，应以其权利推定的权利范围为限。也就是说，只有当所推定的善意占有人的权利中有使用、收益的内容时，才可在其推定的权利范围内为使用、收益，如果被推定的权利本身就没有使用、收益的内容，如质权、留置权等，占有人则不能享有此项权益。此外，善意占有人对于占有物的使用、收益，还应当依物的用途，按法律所不禁止的方法进行。善意占有人对物的使用、收益及取得的孳息，在返还占有物时一般不必返还。这是由于善意占有人不知其为无权占有，故对收取的孳息得依自己的意志加以处置；如果在权利人请求返还占有物时，再使其返还所得利益及孳息，无异于使无辜者受害。因此，善意占有人不必返还收益及孳息，为各国民法上的通行规定。例如《日本民法典》第189条中规定：“善意占有人取得由占有物产生的孳息。”法国、德国等的民法典中也有类似规定。

（二）费用偿还请求权

费用返还请求权也称费用求偿权，是在权利人请求返还原物时，占有人享有的请求其偿还有关费用的权利。有关费用一般分为必要费用与有益费用两种。必要费用是为保持占有物的效用和价值，避免物的毁损灭失而支出的费用，如占有物的维修费、饲养费等；有益费用是指能使占有物增值的费用，如对占有物进行加工、改良，对房屋进行改建等。依据法理和各国法律的通行规定，善意占有人和恶意占有人有权要求偿还的费用范围是不同的。善意占有人对占有物所支出的必要费用和有益费用，都有权要求权利人偿还。但有两点需要注意：其一，如果占有人已在占有期间就占有物取得孳息，则不再享有必要费用的求

偿权；[1]其二，对有益费用的求偿以原物返还当时仍然存在的增加价值为限。[2]恶意占有人仅对其支出的必要费用享有求偿权，而对有益费用则不享有求偿权。对于必要费用的求偿，得按照无因管理的规定请求返还，即以有利于本人且不违反本人可推知的意思而支出的必要费用为限。[3]如果恶意占有人对必要费用的支出因不符合条件而不能构成无因管理，则只能依不当得利的规定请求返还。[4]

我国《民法典》第460条（原《物权法》第243条）规定："不动产或者动产被占有人占有的，权利人可以请求返还原物及其孳息；但是，应当支付善意占有人因维护该不动产或者动产支出的必要费用。"该条规定在立法时斟酌了以上学说和立法的利弊得失，并作了简化的处理，使其便于操作。[5]但其规定的精神，只肯定了善意占有人的必要费用偿还请求权，而未承认其取得收益、孳息的权利和有益费用的偿还请求权，对善意占有人的保护水平相对较低。司法实践中通常认为，对善意占有人对占有物支出的有益费用，也应予以保护。[6]

（三）返还占有物的义务

无论是善意占有人还是恶意占有人，对于真正权利人皆有返还占有物的义务。但对于占有期间收取的孳息，立法上则通常区分占有为善意或恶意而有不同

① 因为依通常情形，为保存物的效用和价值所支出的费用与从物上取得的收益大体相当，且在人们的一般观念中，取得收益者亦应负担其必需费用。因此，法律上通常作此规定。例如《德国民法典》第994条规定：占有人得向所有人请求偿还对占有物所支出的必要费用，但在占有人保留收益期间所需的保存费用，不得请求偿还。

② 这是因为善意占有人已就占有物加以使用与收益，自应负担占有物返还之前其增加价值的损耗，如果增加的价值因各种原因于占有物返还时已不再存在，则物的权利人即不再负有偿还该费用的义务。如《德国民法典》第996条规定：占有人支出的有益费用，以在所有人取回其物的当时因支出费用而增加了的物的价值者为限，始得请求偿还。

③ 如我国台湾地区"民法"第957条规定："恶意占有人因保存占有物所支出的必要费用，对于回复请求人得依关于无因管理的规定请求偿还。"

④ 参见魏振瀛主编：《民法》，北京大学出版社、高等教育出版社2000年版，第296页。

⑤ 参见胡康生主编：《中华人民共和国物权法释义》，法律出版社2007年版，第515—516页。

⑥ 最高人民法院物权法研究小组编著：《中华人民共和国物权法条文理解与适用》，人民法院出版社2007年版，第706页。

的处理：善意占有人对占有物有使用权、收益权，当然亦可取得占有物的孳息，无论该孳息是天然孳息还是法定孳息以及该孳息是否仍然存在，占有人对权利人皆无返还或偿还的义务；而恶意占有人所收取的孳息则应当返还给权利人，如果孳息已被消费或因其过错而毁损灭失的，则应偿还相应的价金。

依我国《民法典》第460条的规定，无论是恶意占有人还是善意占有人，均有返还原物及其孳息的义务。

（四）赔偿损失的义务

当占有物因可归责于占有人的原因而损毁灭失时，占有人负有向权利人赔偿损失的责任。这种赔偿责任通常也因占有的善意、恶意而有所不同：善意占有人因为对于占有物行使的权利被推定为合法，其也不能预见到自己应负什么样的责任，这时如使善意占有人对占有物的全部损失负赔偿责任，未免失之过苛。[①]所以各国（地区）大都对善意占有人规定了较轻的赔偿责任，适用不当得利的返还原则，善意占有人仅在其因占有物的损毁灭失所得到的利益范围内负赔偿责任。[②]恶意占有人的占有既无法律上的根据，又缺乏道德上的正当性，在法律上没有保护的必要，因此各国（地区）均对其规定了较重的责任。占有物因可归责于恶意占有人的原因而损毁灭失的，按侵权行为处理，其应负赔偿全部损害的责任。[③]

我国《民法典》第459条、第461条（原《物权法》第242条、第244条）规定：“占有人因使用占有的不动产或者动产，致使该不动产或者动产受到损害的，恶意占有人应当承担赔偿责任。”“占有的不动产或者动产毁损、灭失，该不动产或者动产的权利人请求赔偿的，占有人应当将因毁损、灭失取得的保险金、赔偿金或者补偿金等返还给权利人；权利人的损害未得到足够弥补的，恶意占有人还应当赔偿损失。”上述规定中所体现的规则，与立法例上的通行

---

① 钱明星:《物权法原理》，北京大学出版社1994年版，第394页。

② 如我国台湾地区“民法”第953条规定:“善意占有人，因可归责于自己的事由，致占有物灭失或毁损者，对于回复请求人，仅以因灭失或毁损所受之利益为限，负赔偿责任。”

③ 如我国台湾地区“民法”第956条规定:“恶意占有人或无所有意思之占有人，因可归责于自己之事由，致占有物灭失毁损者，对于回复请求人，负损害赔偿之责。”

做法大致相当。[①]

第四节　占有的保护

一、物权法上的保护

（一）占有人的自力救济权

自力救济又称私力救济，是指当权利受到侵害或妨害时，权利人以自我保护力排除妨害，确保其权利得以实现的行为。对于占有人的自力救济权的态度，各国立法并不完全一致。通说认为，现代社会虽然以公力救济为主要权利救济手段，但当权利人的权利受到他人侵害来不及寻求国家有关机关的帮助，且权利如不马上进行保护日后将不能实现或实现显然有困难时，法律应允许权利人以自助行为实行自力救济。法律上设立自力救济制度的意义在于，在不破坏社会安定秩序的前提下，在一定范围内赋予权利人以自力救济权作为公力救济的补充，有利于对民事主体权利的及时保护，也有利于节约社会公共资源和解决纷争的成本。占有虽不是权利，但属于受法律保护的法益，基于同一精神，亦得适用权利保护的自力救济规则。我国《民法典》中对占有人的自力救济权未作单独明文规定，但在解释上，占有人的"合法权益"当然可以适用侵权责任编中第1177条关于自助行为的规定。[②]

依法理和立法例上的规定，占有人于其占有被侵害时的自力救济权包括以下两种：

其一，自力防御权。又称为占有防御权，是指占有人对侵夺或妨害其占有的

① 参见胡康生主编：《中华人民共和国物权法释义》，法律出版社2007年版，第517—519页。

② 《民法典》第1177条（自助行为）系新增的条文，该条规定："合法权益受到侵害，情况紧迫且不能及时获得国家机关保护，不立即采取措施将使其合法权益受到难以弥补的损害的，受害人可以在保护自己合法权益的必要范围内采取扣留侵权人的财物等合理措施；但是，应当立即请求有关国家机关处理。""受害人采取的措施不当造成他人损害的，应当承担侵权责任。"

行为得以自己的力量予以防卫、抵御的权利。占有人自力防御权的行使，除须符合自助行为的规定条件外（如只能针对现存的侵夺或妨害行为，对已过去的侵夺或妨害行为不得行使；情况紧迫且不能及时获得公力保护；所采取的防御措施应当适当等），还应注意的是，只有直接占有人或辅助占有人才能行使此项权利，间接占有人则无此项权利。因为法律赋予占有人此项权利的目的是确保占有人对占有物的事实管领，而间接占有人既无对标的物的事实上管领，自然也无自力防御的问题。此外，恶意占有人及其他有瑕疵占有的占有人，虽然也有自力防御权，但如其占有为侵夺原占有人的占有而来，则其对于原占有人的就地追索或追踪取回，无自力防御权可言。因为此时原占有人或其辅助人的就地或追踪取回，也系自力防御权的行使，两相比较，显然原占有人更值得保护。

其二，自力取回权。又称占有物取回权，是指占有人在占有物被侵夺后，有立即以自力取回占有物而恢复占有的权利。一般认为，占有人在防御侵害或者取回占有物时，可以使用一定的强力，但以暴力夺回则仍为法所不许。对于自力取回权，除应注意须由占有人或其辅助人针对侵夺行为人行使外，还要注意行使的权利的时间限制。通常情况下，被侵夺的占有物如为不动产，占有人应在被侵夺后即时排除；被侵夺之物如为动产，占有人可就地或及时追踪向加害人取回。若非及时行使取回权，以致形成新的占有秩序，则只能通过公力救济的方式来寻求保护。

（二）占有保护请求权

占有保护请求权又称占有人的物上请求权，指占有人在其占有被侵夺或妨害时，请求侵害人返还原物或者防止及除去妨害的请求权。相对于占有人的自力救济权而言，占有保护请求权属于公力救济权。在占有保护请求权的行使中，占有人有无占有的本权以及侵害人对于侵害是否具有过失等，均非所问。占有保护请求权与所有人等物权人的物权请求权作为对不同权益予以保护的两种制度，既有严格的区别，又可以协同发挥权益保护的效力。无权占有人，仅可依占有保护请求权获得一定的保护，而合法占有人则可根据条件而选择行使两种请求权中的任何一种。就举证责任而言，主张占有保护请求权较为有利（尤其在占有人难以举证证明其占有之本权的情况下），但如想获得终局、确定性的保护，则应选择物权保护请求权。[①]

占有保护请求权包括三种：占有物返还请求权（又称回复占有请求权）、占有妨害除去请求权（又称占有妨害排除请求权）和占有妨害防止请求权（又称占有妨害预防请求权）。其适用的情形与条件，与物权请求权的相应情形大致相同。[②]值得注意的是，占有保护请求权可因一定期间内不行使而消灭，此期间各国立法一般规定为1年。不过，立法例上对此期间的性质界定有所不同，有的国家或地区规定为消灭时效，有的则认其为除斥期间。

我国《民法典》第462条规定："占有的不动产或者动产被侵占的，占有人有权请求返还原物；对妨害占有的行为，占有人有权请求排除妨害或者消除危险；因侵占或者妨害造成损害的，占有人有权依法请求损害赔偿。""占有人返还原物的请求权，自侵占发生之日起一年内未行使的，该请求权消灭。"这一规定，与立法例上的通行规则并无差异。应说明和讨论的是：（1）根据占有受到侵害的情形不同，占有保护请求权分为占有物返还请求权、占有妨害排除请求权和占有妨害预防请求权（消除危险请求权）三种，即第462条第1款前两句规定的情形；而该款尾句中所规定的损害赔偿请求权，性质上属于占有的债权保护方法，应当适用诉讼时效的一般规定。（2）关于占有物返还请求权的1年期间的性质，多数说认为从其起算点、不发生中止与中断、期满未行使的后果以及设立目的和实际功能等方面看，应将其定性为除斥期间；该项期间规定只针对返还原物请求权而适用，不适用于排除妨害或消除危险请求权；如果占有人对物享有本权（如所有权），则可依其本权保护的时效规定提出返还请求，而不受该期间的限制。[③]但也有学者认为其是权利失效期间，因为其适用对象为请求权，而非形成权。[④]笔者

① 参见梁慧星、陈华彬：《物权法》（第四版），法律出版社2007年版，第415页。

② 参见郭明瑞等：《民商法原理》（二），中国人民大学出版社1999年版，第407—410页；梁慧星、陈华彬：《物权法》（第四版），法律出版社2007年版，第415—416页。

③ 参见胡康生主编：《中华人民共和国物权法释义》，法律出版社2007年版，第520—522页；最高人民法院物权法研究小组编著：《中华人民共和国物权法条文理解与适用》，人民法院出版社2007年版，第711—712页；黄薇主编：《中华人民共和国民法典释义》（上），法律出版社2020年版，第880页；最高人民法院民法典贯彻实施工作领导小组主编：《中华人民共和国民法典物权编理解与适用》（下），人民法院出版社2020年版，第1358—1359页。

④ 参见崔建远：《物权法》，中国人民大学出版社2017年版，第171页。

赞同少数说。本款规定的1年期间，在法律后果上显然不同于诉讼时效，而在适用对象、起算点方面与《民法典》第199条关于除斥期间的规定也有不同，因此，如同保证期间、抵押权的行使期间一样，将其界定为一种权利行使的特别期间之规定更为允当，只是在该期间为不变期间、期间届满发生权利消灭的后果方面，与除斥期间类同。（3）对于未登记不动产的占有返还请求权的1年行使期间与《民法典》诉讼时效规定的协调适用问题，法工委和最高人民法院编著的释义书中均未涉及，其他著述中也鲜有讨论。这一问题应如何认识，不无疑问。一方面，该条第1款中明确了返还原物的请求权适用于不动产，第2款中虽未再重复规定返还原物的范围，但并未将不动产排除在外，故在精神上应一体适用。但另一方面，《民法典》第196条第2项中明确规定了“不动产物权的权利人请求返还财产”，不适用诉讼时效的规定。由于无产权房、小产权房等未登记的不动产本身并未取得或无法获得法律所认可的物权（即所谓“法律物权”），其建造人或购买人如果只能受占有的保护，则在该不动产被他人侵占的情况发生之日起1年内未行使返还原物请求权的，将导致其丧失法律救济的机会，这实际上意味着其失去了全部权益，而侵占人却由此取得了相应的权益，这一结果恐与第196条第2项规定的精神相悖，也不符合我国的现实情况和民众的法感情；而如果认为未登记的不动产权利人不能受物权的保护，只能受债权的保护并适用诉讼时效的规定，与法律规定的精神也有龃龉，其结论也难以被接受。故此，我们倾向于认为，未登记的不动产权利人不仅受占有的保护，其能够证明其建造、购买等事实的，还应当承认其享有“事实物权”并受相应的权利保护；在其对不法占有人返还原物请求权因行使期间届满而消灭后，其权利的保护问题仍可援用《民法典》第196条第2项的规定，不受诉讼时效的限制。

二、债权法上的保护

（一）不当得利返还请求权

现代民法理论认为，占有虽然只是一种事实状态，但因其具有法律上的利益，因而亦可以成为不当得利的客体。因占有产生的不当得利包括两种：一是因侵害他人占有而获得利益；二是因给付目的未达到而发生的不当得利。当合法占有人的占有被不法侵害后，可选择行使物权法上占有返还请求权或者债权法上的不当得利请求权，两种请求权在内容与效果上基本相同，设立不当得利请求权的意义在于为占有的保护增加了一种方法。不过，不当得利请求权更多地适用于原物灭失的情况下。在不法占有人占有他人之物并获有利益的情况下，该两种请求权可以并用。

（二）侵权损害赔偿请求权

占有能否作为侵权行为的对象或客体，学理上有两种观点。否定说认为，占有仅为一种事实状态而非一种权利，与侵权行为法保护的对象不符，故不应成为侵权行为的客体。肯定说又有两种观点：一种观点认为，一旦法律承认了占有这一事实状态具有法律上的利益并对其予以保护，占有也就形成了一种权利，当然能成为侵权行为的客体；另一种观点认为，无论占有是否可以解释为权利，占有人在占有物上行使事实上的权利，可推定占有人享有一种利益或法益。所以，占有可以成为侵权行为的客体，任何侵害合法占有者，皆应承担侵害占有的侵权责任。[①] 比较而言，笔者认为肯定说中对法益的侵害说较为合理。

我国《民法典》第462条中关于“因侵占或者妨害造成损害的，占有人有权依法请求损害赔偿”的规定以及侵权责任编第1164条关于该编调整“因侵害民事权益产生的民事关系”等规定，实际上已肯定了占有人享有侵权损害赔偿请求权。

---

① 参见王利明：《物权法论》，中国政法大学出版社1998年版，第834—836页。

图书在版编目(CIP)数据

物权法学 / 刘保玉著 .—2 版 .—北京：中国法制出版社，2022.1

ISBN 978-7-5216-2405-2

Ⅰ.①物… Ⅱ.①刘… Ⅲ.①物权法—法的理论—中国 Ⅳ.① D923.21

中国版本图书馆 CIP 数据核字（2022）第 007646 号

责任编辑：侯鹏　　封面设计：杨鑫宇

物权法学

WUQUAN FAXUE

著者 / 刘保玉

经销 / 新华书店

印刷 / 三河市国英印务有限公司

开本 / 710 毫米 ×1000 毫米　16 开　　印张 / 38　字数 / 617 千

版次 / 2022 年 1 月第 2 版　　2022 年 1 月第 1 次印刷

中国法制出版社出版

书号 ISBN 978-7-5216-2405-2　　定价：129.00 元

北京市西城区西便门西里甲 16 号西便门办公区

邮政编码 100053　　传真：010-63141600

网址：http://www.zgfzs.com　　**编辑部电话：010-63141826**

市场营销部电话：010-63141612　　**印务部电话：010-63141606**

（如有印装质量问题，请与本社印务部联系。）